はじめに

　映画英語アカデミー学会（ TAME=The Academy of Movie English ）は、会則第２条において「本学会は、映画の持つ教育研究上の多様な可能性に着目し、英語Educationと新作映画メディアEntertainmentが融合したNew-Edutainmentを研究し、様々な啓蒙普及活動を展開するなどして、我が国の英語学習と教育を豊かにすることを目的とする」としています。

　そこで本学会では、毎年3月、ロサンゼルスとビバリーヒルズに本拠を置く映画芸術アカデミーが主催するアカデミー授賞式の時期に合わせて、前年１月から12月末日までに我が国で発売が開始された新作映画DVD（ブルーレイ、3D、４K等）を対象に、小学校、中学校、高等学校、大学の各部門の英語教育に最も相応しいと思える作品をそれぞれ選考し、「映画英語アカデミー賞映画」として推薦し、普く世に発表しています。これは、映画で英語を学びたい学習者と教育機関で映画を利用して英語教育を実践したいと考えている教育者の方々に対する、教材として相応しい「映画選びのお手伝い」をする本学会の主要な活動なのです。日本全国の書店の書棚を飾っている『第5回映画英語アカデミー賞』も、言うまでもなく、こうした趣旨のもとに出版している学会誌です。

　ところで、日本では毎年100タイトル前後の新作映画が公開されていますが、それらは通例、映画館上映が終了してからおよそ３か月後に、映画会社

各社によりDVDとして発売開始されます。そして、こうした作品が我が「映画英語アカデミー学会」が授与する「映画英語アカデミー賞」の対象となるわけです。とはいえ、現在、我が国で発売中のタイトルが2000を超えるといわれる旧作映画も決して見逃せません。様々な角度から見て、英語教材として新作映画を遙かに凌ぐ、優れたものが数多く存在しているからです。

　そうした事から、本学会では、社会人部門を加え5部門チームを編成し、旧作映画の中からそれぞれ100タイトルを厳選して、平成23年9月より、『先生が薦める英語学習のための特選映画100選』として約100名の著者集団で執筆を開始し、平成26年6月に『小学生編』を発刊いたしました。そして、この度、第三弾として『大学生編』を発行する事ができました。なお今後、他の部門についても編集作業が整い次第、順次、発刊していく予定です。

　我が学会の本活動が、映画で英語を学ぶことに興味を持っておられる学習者、また映画を使った英語教育の実践を考えておられる教育者の方々にとっての映画タイトル選定の、これまでにない斬新な「道しるべ」となり得れば、これ以上の喜びはありません。

　平成29年3月
　　　　　映画英語アカデミー学会　　　　　　　会　長　曽根田 憲三

目　次

はじめに ……………………………………………………………… 2
本書の構成と利用の仕方 …………………………………………… 6
原稿執筆共通ルール表 ……………………………………………… 8
リスニング難易度 …………………………………………………… 9
映画メディアのご利用にあたって ……………………………… 10

愛を読むひと	The Reader	12
赤ちゃんはトップレディがお好き	Baby Boom	14
あの頃、ペニーレインと	Almost Famous	16
アビエイター	The Aviator	18
アメリカン・ビューティー	American Beauty	20
嵐が丘（1992）	Wuthering Heights (1992)	22
イングリッシュ・ペイシェント	The English Patient	24
インセプション	Inception	26
インドへの道	A Passage to India	28
ウェディング・プランナー	The Wedding Planner	30
ウォール・ストリート	Wall Street：Money Never Sleeps	32
麗しのサブリナ	Sabrina	34
エターナル・サンシャイン	Eternal Sunshine of the Spotless Mind	36
エバー・アフター	Ever After	38
エリザベス（1998）	Elizabeth (1998)	40
エレファント・マン	The Elephant Man	42
大いなる遺産（1998）	Great Expectations (1998)	44
カッコーの巣の上で	One Flew Over The Cuckoo's Nest	46
カポーティ	Capote	48
ガンジー	Gandhi	50
キッズ・オールライト	The Kids Are All Right	52
ギルバート・グレイプ	What's Eating Gilbert Grape	54
グッド・ウィル・ハンティング	Good Will Hunting	56
ザ・クライアント/依頼人	The Client	58
クラッシュ	Crash	60
刑事ジョン・ブック　目撃者	Witness	62
恋におちたシェイクスピア	Shakespeare in Love	64
コーヒー＆シガレッツ	Coffee and Cigarettes	66
告発	Murder in the First	68
ゴスフォード・パーク	Gosford Park	70
（500日）のサマー	(500) Days of Summer	72
サンキュー・スモーキング	Thank You For Smoking	74
ザ・シークレット	The Secret	76
シービスケット	Seabiscuit	78
JFK	JFK	80
シッピングニュース	The Shipping News	82
シャイン	Shine	84
シャッターアイランド	Shutter Island	86
ジュリア	Julia	88
ジョー・ブラックをよろしく	Meet Joe Black	90
ショコラ	Chocolat	92
真実の瞬間	Guilty by Suspicion	94
スーパーサイズ・ミー	Super Size Me	96
スティング	The Sting	98
セブン・イヤーズ・イン・チベット	Seven Years in Tibet	100
戦場のピアニスト	The Pianist	102
ソフィーの選択	Sophie's Choice	104
ダークナイト	The Dark Knight	106
タイタニック	Titanic	108

目　次

太陽と月に背いて	Total Eclipse	110
ダンサー・イン・ザ・ダーク	Dancer in the Dark	112
父の祈りを	In the Name of The Father	114
チェンジリング	Changeling	116
ツインズ	Twins	118
つぐない	Atonement	120
ティファニーで朝食を	Breakfast at Tiffany's	122
テルマ＆ルイーズ	Thelma & Louise	124
遠い夜明け	Cry Freedom	126
トレインスポッティング	Trainspotting	128
七年目の浮気	The Seven Year Itch	130
ハート・ロッカー	The Hurt Locker	132
バガー・ヴァンスの伝説	The Legend of Bagger Vance	134
薔薇の名前	The Name of the Rose	136
遥かなる大地へ	Far and Away	138
日の名残り	The Remains of the Day	140
ビューティフル・マインド	A Beautiful Mind	142
ファンタスティック Mr.FOX	Fantastic Mr.Fox	144
フィラデルフィア	Philadelphia	146
プライベート・ライアン	Saving Private Ryan	148
プラダを着た悪魔	The Devil Wears Prada	150
フラッシュダンス	Flashdance	152
ブリジット・ジョーンズの日記	Bridget Jones's Diary	154
ブロークバック・マウンテン	Brokeback Mountain	156
ベスト・キッド（1984）	The Karate Kid (1984)	158
ベスト・キッド	The Karate Kid	160
ベンジャミン・バトン 数奇な運命	The Curious Case of Benjamin Button	162
ボウリング・フォー・コロンバイン	Bowling for Columbine	164
ボーン・アイデンティティー	The Bourne Identity	166
ホリデイ	The Holiday	168
マイ・ルーム	Marvin's Room	170
マイケル・コリンズ	Michael Collins	172
マッチポイント	Match Point	174
マディソン郡の橋	The Bridges of Madison County	176
マルコヴィッチの穴	Being John Malkovich	178
ミスティック・リバー	Mystic River	180
ミルク	Milk	182
麦の穂をゆらす風	The Wind That Shakes the Barley	184
めぐりあう時間たち	The Hours	186
メンフィス・ベル	Memphis Belle	188
モナリザ・スマイル	Mona Lisa Smile	190
モリー先生との火曜日	Tuesdays with Morrie	192
欲望という名の電車	A Streetcar Named Desire	194
ラストサムライ	The Last Samurai	196
リプリー	The Talented Mr. Ripley	198
ルル・オン・ザ・ブリッジ	Lulu on the Bridge	200
レインメーカー	The Rainmaker	202
ザ・ロイヤル・テネンバウムズ	The Royal Tenenbaums	204
ロスト・イン・トランスレーション	Lost in Translation	206
ロミオ＆ジュリエット	Romeo + Juliet	208
ワーキング・ガール	Working Girl	210

索引（原題による一覧表）	212	発起人	219
会則	214	理事会	220
運営細則	216	ノミネート委員会、リスニングシート作成委員会	221
支部会則	218	入会申し込み用紙	222

本書の構成と利用の仕方

■ 先生が薦める英語学習のための特選映画100選「大学生編」■

本書の編集は映画1タイトルに対して、見開きタイプで、おのおの2ページを配置しています。

左ページには「邦題と原題」から「公開情報」を掲載、右ページには「薦」から「キャスト」を掲載しています。おのおのの内容の詳細については下段をご覧ください。

なお、「セリフ紹介」は、該当の映画に出てくるキーワード、決まり文句、覚えておきたいセリフを取り上げています。また「学習ポイント」は、この映画で英語を学習する人たちへの先生たちからの学習アドバイスです。ただし、『小学生編』では、学習者が英語を学ぶ初心者ということで、この「学習ポイント」は「ふれあいポイント」としています。主に、一緒に学習される保護者への留意点として解説しています。

「リスニング難易度」は「お薦めの理由」に加えて、映画で発声されているセリフ音声を英語

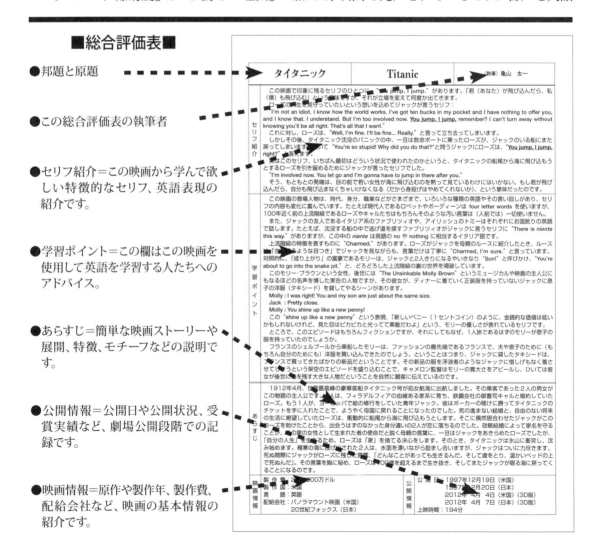

■総合評価表■

● 邦題と原題

● この総合評価表の執筆者

● セリフ紹介＝この映画から学んで欲しい特徴的なセリフ、英語表現の紹介です。

● 学習ポイント＝この欄はこの映画を使用して英語を学習する人たちへのアドバイスです。

● あらすじ＝簡単な映画ストーリーや展開、特徴、モチーフなどの説明です。

● 公開情報＝公開日や公開状況、受賞実績など、劇場公開段階での記録です。

● 映画情報＝原作や製作年、製作費、配給会社など、映画の基本情報の紹介です。

学的に詳しく9項目に因数分解して、おのおの5段階の評価点数で表したものです。

　また、「薦」は先生がお薦めする学校レベルに「●」がつけられていますが「大学生」だけとは限りません。他にもお薦めと評価される映画には「高校生」他にも「●」がつけられています。

　「授業での留意点」は本学会誌「映画英語アカデミー賞」では「発展学習」とされている欄で、「学習ポイント」でふれられなかった、さらに詳しい学習アドバイスが解説されています。

■索引■

本書の212ページにある「索引」は英語原題による一覧表です。アルファベット順です。

本書の目次とそもそもの本書掲載順序は「邦題」（日本語タイトル）を採用していますので、「原題は分かっているのだけれども…」という方に便利です。

なお、原題冒頭にある定冠詞（the）と不定冠詞（a）は無視して配置しています。

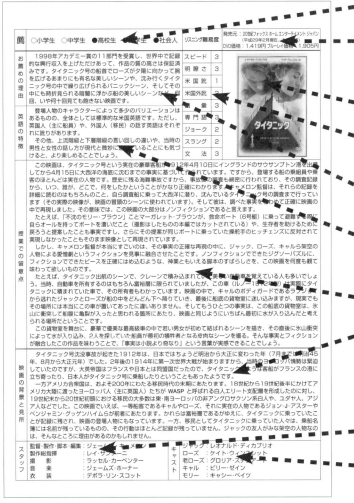

- ●お薦め＝お薦めレベルを小学生から社会人まで（複数有り）
- ●発売元＝DVDとブルーレイ情報です。発売元と価格は時々変わりますからご注意ください。（日付に留意を）
- ●写真＝この映画のDVD表紙の写真です。
- ●リスニング難易表＝この映画の発声者の特徴を9項目各5点満点で評価しました。
- ●お薦めの理由＝小学生から社会人などにお薦めしたい理由の説明をしています。
- ●英語の特徴＝会話の速度、発音の明瞭さ、語彙、専門用語、文法の準拠度など、この映画の英語の特徴を解説します。
- ●授業での留意点＝この映画を学校の授業で使用する為の留意点です。
- ●映画の背景と見所＝あらすじや背景でふれられなかった他の重要事項の説明です。

この映画の歴史的背景、文化的背景の説明、事前知識、映画構想と準備、製作の裏話などの解説です。

- ●スタッフ＝監督など、スタッフの紹介です。
- ●キャスト＝主演など、キャストの紹介です。

原稿執筆ルール表

（平成29年2月27日現在。本「ルール表」は連絡なく適時更新されます。執筆前に、ＨＰにて最新のものを確認ください）

■ 一種類の映画につき、1頁 B5サイズで2頁割り当ての統一レイアウトです。
- ・著者色々ご意見ありましょうが『特選映画』『アカデミー賞』共通です、変更できません。
- ・各枠の項目題名は社会人編の「発展学習」など特定の場合以外は変更できません。
- ・各枠の上下にある仕切りラインは原則として移動できません。やむを得ない場合のみ「1行分」のみ増減可能です。それ以上は責任者とご相談ください。
- ・ただし、左頁が右頁に、右頁が次の頁に、頁を超過し、はみ出すことはできません。
- ・各枠内は一行の余りも出ないように、必ず、文章等で原稿を執筆ください。
- ・各枠内のスタイルは執筆者の自由です。図表等などの文章以外の原稿も可能です。
- ・「スタッフ」や「監督」など、絶対に必要な情報は必ず、調べて原稿にしてください。
■ 文章スタイルは「です。ます。」調でお願いします。
■「映画情報」は原則的に、以下を参考に記入してください。
  The Internet Movie Database （ IMDb ） http://www.imdb.com/
■「DVD 情報」等は、各販売会社のホームページを参考に記入してください。価格はDVD 会社が設定している税込み価格です。Amazon 等で販売しているディスカウント価格ではありません。
  （参考）http://www.vanda.co.jp/でタイトル検索後、プライスオフ前の価格を採用
■「薦」にある各学校種別お薦めマーク『●』は該当部分のすべてに『●』印をおつけ下さい。
■「英語の特徴」にある
- ・第1回映画英語アカデミー賞時採用の項目「英語その他」は「英語の特徴」に統合されました。
■「リスニング難易度」とは該当映画のセリフに関する、各項目（易）1→5（難）の点数表示です。
- ・これまでスクリーンプレイ社が25年以上にわたって表示してきた評価手法を学会も採用しました。
- ・現在、全9項目に科学的・客観的評価規準はありません。著者の主観によって参考評価ください。
- ・ただし、できるだけ公平・同一の点数規準とするために、評価点数のモデルが次頁にあります。
- ・なお『米国訛』とは、米語を前提として、米国内での地方性、民族性などを意味します。
- ・また『米国外訛』とは、米国からみた『外国』の発声特徴を意味します。英国も外国となります。
■「セリフの引用」について
- ・英文表記法では、原則、本文内での引用セリフは、「発声者名」に間を空けずに、「：」コロン+「半角スペース」等で、続けて「セリフ」です。
  （一例を示すと右となる。Puss: I do not steal from churches. のように表示する）
- ・ただし、連続したセリフ表示で、行のセリフ開始位置を揃えたい場合は、上記でも、レイアウト上の印「：」コロンとして使用して、各行の左右の位置を揃えても良いです。

  Puss: I do not steal from churches.　　　　Puss　　: I do not steal from churches.
  Man 2 : The boys' orphanage has ......　　　Man 2 : The boys' orphanage has ......
  Puss: I do not steal from orphans.　　　　 Puss　　: I do not steal from orphans.
■表現
- ・頻繁に登場する「アメリカ」は「米国」、「イギリス」は「英国」と短縮表示します。
- ・価格表示は、「DVD 価格」「ブルーレイ価格」「DVD&ブルーレイ価格」
- ・価格表示は、「3,990円（税込）」「4,935円（税込）」（4桁には「,」を）
- ・「オープニングウィークエンド」ではなく、「オープニングウィーケンド」
- ・製作費や興業収入、オープニングウィーケンドは、「000百万ドル」「000万000ドル」
- ・「公開日」の表示は（日）（米）ではなく、（日本）（米国）
- ・「公開日」は一般への映画興行開始日のことで、映画祭への出展日ではありません。
- ・製作費、製作年、製作国、製作監督と、「制」でなく、「製」の文字で統一します。
- ・「お奨めの理由」ではなく、「お薦めの理由」と表示します。
■上記以外に、『ルール』に加えておいた方がよいと思われるご意見があったらご連絡ください。

リスニング難易度

評価項目	評価基準（参考） 易 ① → ⑤ 難			趣　旨
	タイタニック	フォレスト・ガンプ	ショーシャンクの空に	
Conversation Speed 会話スピード	3	3	4	セリフにおける発声スピード 通常の会話を『3』とする それより遅いを以下に、早いを以上に
Pronunciation Clarity 発音の明瞭さ	3	3	4	セリフにおける発音の明瞭さ 通常の明瞭さを『3』とする わかりやすいを以下に、にくいを以上に
American Accent 米 国 訛	1	3	4	米国英語における米国内の訛り 標準米国英語を『1』として 訛りが強いにしたがって以上に
Foreign Accent 米 国 外 訛	2	3	4	米国英語を標準にしての外国訛り 米語を『1』として（英語も『1』） 他国訛りが強いにしたがって以上に
Vocabulary 語　彙	3	3	2	語彙の種類と難易度 JACET8000基準に高校生レベル『3』 易しいを以下に、難しいを以上に
Jargon 専門用語	3	2	4	専門用語の種類と多さ 日常会話レベルを『1』として 専門用語の種類と多さで『5』まで
Jokes ジョーク	2	3	4	英語的ジョークの種類と多さ 日常会話レベルを『1』として ジョークの種類と多さで『5』まで
Slang & Vulgarity ス ラ ン グ	2	2	5	英語的スラングの種類と多さ 日常会話レベルを『1』として スラングの種類と多さで『5』まで
Grammar 文　法	3	3	3	英語の文法ルールについて 完全に文法ルール厳守を『1』 文法違反、難解文法で『5』まで

映画メディアのご利用にあたって

■ 発売元と価格 ■

　本書は、映画メディア（DVD、ブルーレイ、3D、4K など）の発売元と価格に、必ず情報時点を表示しています。発売元は時々変わりますからご注意ください。また、価格は発売元が設定した希望小売価格です。中古価格、ディスカウント価格ではありません。

■ 購入とレンタル ■

　映画メディアは、購入されるか、レンタルされるか、購入者から適法に借り受けるか、となります。最近ではiPad や携帯のアプリでのダウンロードでもお楽しみいただけます。

■ 家庭内鑑賞 ■

　一般家庭向けに販売されている映画メディアは、映画冒頭に警告画面があります。これは、少人数の家庭内鑑賞にのみ目的で販売されていることを意味していますのでご注意ください。また、「無許可レンタル不可」などとも表示されています。

■ レンタルDVD ■

　各種レンタル店でレンタルした映画メディアも同様です。通常は、家庭内鑑賞しかできませんので、上映会はできません。

■ 映画上映会 ■

　不特定多数が鑑賞する映画上映会は、DVD 販売会社などによる事前の許可が必要です。各会社にお問い合わせください。

　また、正規に、上映会用映画メディアを貸し出している専門の会社もあります。

映画上映会の㈱M.M.C.　　ムービーマネジメントカンパニー

Tel ： 03-5768-0821 URL ： http//www.mmc-inc.jp/

著作権法

　第三十五条　学校その他の教育機関（営利を目的として設置されているものを除く。）において教育を担任する者は、その授業の過程における使用に供することを目的とする場合には、必要と認められる限度において、公表された著作物を複製することができる。ただし、当該著作物の種類及び用途並びにその複製の部数及び態様に照らし著作権者の利益を不当に害することとなる場合は、この限りでない。

　第三十八条　公表された著作物は、営利を目的とせず、かつ、聴衆又は観衆から料金（いずれの名義をもってするかを問わず、著作物の提供又は提示につき受ける対価をいう。以下この条において同じ。）を受けない場合には、公に上演し、演奏し、上映し、又は口述することができる。ただし、当該上演、演奏、上映又は口述について実演家又は口述を行う者に対し報酬が支払われる場合は、この限りでない。

■ 授業におけるDVDの上映 ■

　著作権法第三十八条等の著作権法が特に許容する方法によれば、例外的に上映することも可能です。

　例えば、映画のDVDを、公教育（民間英語学校を含まない）の授業の目的に沿って、教室で一部または全部を上映して、（無料で）生徒たちに見せることは、著作権法が許容する方法の一つです。

■ テキストの作成 ■

　著作権法第三十五条等の著作権法が特に許容する方法によれば、映画のセリフなどを文字に起こして、授業用のテキストや問題を作成することも可能です。

　例えば、映画のセリフを教師または生徒が自ら聞き取り、公教育（民間英語学校を含まない）の授業の目的に沿って、映画のセリフをそのまま記載した必要部数の印刷物を作成することは、著作権法が許容する方法の一つです。ただし、学習用教材として一般販売されている書籍をコピーすることは、違法のおそれがあります。

■ 写真の利用 ■

　映画DVDの画像をキャプチャーして、印刷物に無断で使用することは違法のおそれがあります。もし必要とあらば、映画の写真を有料で貸し出している会社が、国内でも数社ありますのでご利用ください。

■ ルールを守って英語教育 ■

　その他、映画を使用した英語教育には著作権法上のルールがあります。さらに詳しくは、映画英語教育学会発行「著作権ガイドライン」などを参考にしてください。

著作権ハンドブック

　映画英語教育学会（ATEM, The Association for Teaching English through Movies）では「映画ビデオ等を教育に使用する時の著作権ハンドブック」を発行しています。

　著作権の複製権から頒布権などの用語解説に始まり、次に映画ビデオの教育使用に関するさまざまなQ&Aで編集されています。さらに、法的な解説と進み、最後に日本の著作権法全文の紹介と米国オレゴン州で公開された「Copyright Guidelines」の日米対訳もあります。

問い合わせ先
映画英語教育学会事務局
〒169-0075 東京都新宿区高田馬場4-3-12-4階　アルク高田馬場4F
株式会社広真アド内　　　http://atem.org/new/

		愛を読むひと	The Reader	（執筆）松原知津子

セリフ紹介

寡黙なマイケルが娘ジュリアに言う "I'm not open with anyone." は、少年時代にハンナに突然去られた後、誰にもその心の内をうちあけることができず、ずっと心を閉ざし続けて来た彼の性質を良く表しています。彼は家庭でも、学校でも、誰かに心を許して多弁になることはありませんでした。

ロール教授が学生たちに言う言葉 "Societies think they operate by something called morality, but they don't. They operate by something called law. You're not guilty of anything merely by working at Auschwitz... To prove murder you have to prove intent. That's the law. The question is never 'Was it wrong?' but 'Was it legal?' And not by our laws, by the laws at the time." は、上層部の命令通り動かなければならなかった看守ら下級公務員だけが裁かれればよいというわけではないこと、時代そのものを裁くべきだと言うことを示しています。

サイクリング旅行の場面にかぶせた詩の朗読からは、マイケルがどれほどハンナを愛していたかがうかがえます。

"I'm not frightened. I'm not frightened of anything. Why should I be? I welcome obstacles, because they'll be like mountains I can fly over to be in your arms. The more I suffer, the more I love... / Danger will only increase my love, and sharpen it, it will give it spice. I'll be the only angel you need. On this arm, Luise, you will go dancing through life. You will leave life even more beautiful than you entered it. Heaven will take you back and look at you and say 'Only one thing can make a soul complete, and that thing is love.'" 文豪の小説や詩などを朗読していたマイケルが、唯一、自作の詩としてノートに残したハンナを詠んだ詩です。

学習ポイント

マイケルの半生は次の5つの時代に要約されます。ハンナと知り合う1958年（15歳）、法廷で裁かれている彼女を傍聴席から見つめる1966年（23歳）、幼い娘を実家の母親に会わせに行き、実家で日記帳を見て当時を思い出し、朗読を思いつく1976年（33歳）、20年以上の間、模範囚だったハンナの唯一の知り合いとして、出所の連絡をもらった1988年（45歳）、そして成人した娘と会い、ハンナの話を彼女に語る1995年（52歳の現在）です。

52歳のマイケルが昔を回想する形式で話は進んでいきます。タイトルの The Reader である主人公マイケルは、自らの若き日々をどのような思いで振り返るのでしょうか。大人のマイケルを演じるレイフ・ファインズの憂いを湛えた表情は、セリフが少ないがゆえにより多くのことを顔の表情で表しています。家族にも友達にも恵まれていたマイケルですが、初めて知った年上の女性の魅力に抗うことはできませんでした。

一方、ハンナにとってマイケルは単に愛の対象だっただけではなく、朗読者でもありました。法廷で、アウシュビッツを生き延び、本の執筆をした生き証人マーサが明らかにしたように、ハンナはマイケルと出会うずっと以前にアウシュビッツの看守をしていた際にも、若い女性の囚人に朗読をさせていました。それはなぜだったのでしょうか。また、ハンナを含む6人の看守が相談の上で行ったはずの囚人の「選択」において、なぜ彼女は責任者にされたのでしょうか。それはどちらも、被告ハンナにとって裁判で有利にはなるけれども、本人が絶対に他人に知られたくなかったあることが理由でした。だからこそ、マイケルはあえてそれを明らかにしなかったのです。この重大な秘密は、後にマイケルがマーサをニューヨークに訪ねた際に、初めて明かされます。彼女にはハンナとの関係も問いただされ、マイケルはこれも初めて他人に明かします。マーサはそれを聞き、昔に思いを馳せるものの、ハンナを許すわけではありません。しかし、マイケルは長年、自分1人の胸中にしまっておいた錘を解き放った気がしたことでしょう。

原作者、ベルンハルト・シュリンク（1944 – ）は法学者、弁護士で、法律を教える教授でもあります。1987年に作家デビューし、ミステリーを3冊出した後、1995年に出した『朗読者』はドイツ、米国でベストセラーになり、39ヵ国語に翻訳されました。日本では新潮文庫から松永美穂訳（2000）が出ています。彼の法学者としての考えはロール教授の言葉として述べられます。セリフ紹介で取り上げた言葉です。「社会を動かしているのは道徳だと人は言うが、それは法だ」

ナチスの犯した残虐行為に加担した大勢の犯罪者の中の一看守にすぎなかったハンナが罪を償うことになった過程、彼女を支えようとするマイケルの誠実な態度、戦争という狂気に満ちた時代が残したものによって押しつぶされてしまう個人の幸せ…。学習し、考えるべき題材はいくつもありそうです。

あらすじ

ベルリンに住む弁護士のマイケル・バーグは少年時代を思い出します。15歳だった彼は、下校途中に気分が悪くなり、助けてくれた市電の車掌ハンナ・シュミットと知り合いました。20歳以上も年の差のある彼女に彼は夢中になり、学校帰りに彼女のアパートに通うようになります。彼女はマイケルに本を朗読してもらうことを日課にしました。しかし彼女は車掌としての仕事ぶりを認められて事務職への昇進を告げられると、突然彼の前から姿を消します。

なぜハンナが何も言わずに去って行ったのかわからないままハイデルベルグ大学の法科に進んだ彼は、ゼミでナチス戦犯の裁判を傍聴に行きます。驚いたことに、被告席には5人の女性とともにハンナがいたのです。彼女には必死で守ってきたある重大な秘密がありました。思い悩んだマイケルですが、それを指摘することはできませんでした。他の5人が4年の刑なのに対し、彼女は無期懲役の有罪となります。

10年後、マイケルは昔ハンナに朗読していた本を、今度はカセットテープに録音して獄中の彼女に送り始めます。4年後には彼女から感謝の手紙が届きます。そして8年後、模範囚だったハンナが出所できるとの連絡を受けた彼は、出所1週間前に刑務所を訪れ、30年ぶりに言葉を交わし、彼女の仕事や住まいを用意し、迎えに来る約束をします。そして約束の日がやってきます。

映画情報

製作費：3,200万ドル
製作年：2008年
製作国：米国、ドイツ
言　語：英語
ジャンル：ドラマ

公開情報

公開日：2008年12月10日（米国）
　　　　2009年 6月19日（日本）
上映時間：124分　興業収入：3,419万4,407ドル
受賞：第81回アカデミー主演女優賞／英国アカデミー賞主演女優賞
　　　ゴールデン・グローブ助演女優賞（ケイト・ウィンスレット）

薦	○小学生　○中学生　○高校生　●大学生　●社会人	リスニング難易度		発売元：20世紀フォックス ホーム エンターテイメント ジャパン （平成29年2月現在、本体価格） DVD価格：1,419円 ブルーレイ価格：1,905円

お薦めの理由	15歳の夏、最高の思い出をくれたハンナに対してマイケルにできたこと、それは弁護士だったからではなく、ともにひと時を過ごした彼だからこそできたことでした。彼の朗読は、彼女に学ばせるきっかけを与えました。いくつになっても人は学ぶことができるということを思い知らされます。学ぶことは視野を広げ、思考を掘り下げ、人生観をも変えていくことになるのです。	スピード	2
		明瞭さ	2
		米国訛	2
		米国外訛	1
英語の特徴	舞台はドイツですが、全て話は英語で進みます。全編を通してセリフの数は少なく、しかも短いものが多く、わかりやすいです。マイケルが本を朗読する場面は、それぞれの本の情景を思い浮かべながら、表情豊かに朗読しています。法廷での裁判長の言葉もゆっくりはっきり発音されており、その意図するところもよくわかります。看守の仕事について問われたハンナの答えは信念に基づいた毅然としたものです。	語彙	2
		専門語	3
		ジョーク	2
		スラング	2
		文法	2

授業での留意点

映画が始まって15分から40分の間の、ハンナの部屋のシーンにはベッドでの朗読の場面がありますが、この朗読は後で大きな意味を持ってくるので、見逃せないところです。

大学でのロール教授のゼミではカール・ヤスパースの『ドイツ人の罪の意識』が参考資料のリストにあげられています。マイケルら数名の学生たちは教授とともに電車に乗って、ある法廷に行き、そこで本物の裁判を傍聴します。映画ではナチスの親衛隊 SS の働きや、1944年の死の行進、アウシュビッツなどが言葉でのみ出てきますが、収容所での看守の仕事、収容所を生き残った人々の証言や彼らが執筆した本などの予備知識があると、よりわかりやすいでしょう。「親衛隊（Schutzstaffel、略号 SS）」はアドルフ・ヒトラーを護衛する党内組織として1925年に創設され、ナチスが政権を取った1933年以降は政府の警察組織との一体化が進められました。第二次世界大戦中には強制収容所を組織してユダヤ人の絶滅を図ろうとしたことはホロコーストとして有名です。ハンナはそのようなさなかの1944年に親衛隊に看守の募集があったことを知って応募したことになっています。「死の行進」とは、前線が迫り、閉鎖することになった強制収容所から何千人もの囚人が他の収容所やドイツ領内へ移動させられたものです。1944年1月の行進のことをマーサが本に書いたことになっています。「アウシュビッツ」はドイツ占領下のポーランド南部の都市オシフィエンチムのドイツ名で、この近辺に次々と三棟作られた強制収容所では数百万人のユダヤ人、ポーランド人が虐殺され、その選別にハンナも関わったというのがこの裁判の罪状でした。マイケルは、公判が行われている間に、ハイデルベルク大学から一番近い強制収容所、フランス東部のアルザス地方にあったシュトルートホーフ（Struthof camp）に1人で足を運び、当時の様子をしのびに行きます。

ユネスコは1979年にアウシュビッツ＝ビルケナウ強制収容所を「負の世界遺産」に認定しました。アウシュビッツを題材にした作品としては『夜と霧』（小説1946、映画1955）、『ソフィーの選択』（小説1979、映画1982）、『シンドラーのリスト』（小説1982、映画1993）などがあります。

この映画は、ラブストーリーであると同時に、ホロコーストの影をひきずった映画でもあるのです。映画の中で占める時間を見てもマイケルとハンナが2人で楽しく過ごす時間と、法廷でハンナが厳しく裁かれているのを傍聴席のマイケルが複雑な面持ちで傍聴している時間がほぼ同じ位です。歴史上、第二次世界大戦後間もない1945年11月から翌10月にかけて連合国がドイツの戦争犯罪人を裁いたニュルンベルク裁判の後、1963年12月から1965年8月にかけてドイツ人がドイツ人を裁いた意義深い裁判として「アウシュビッツ裁判」が開かれました。映画のハンナの裁判もこの一環で、傍聴席の様子からドイツ人にもナチズムを否定していた人が数多くいたことが分かります。

映画の背景と見所

主人公ハンナ役のケイト・ウィンスレットと壮年期のマイケル役のレイフ・ファインズは英国人ですが、少年マイケル役のダフィット・クロス、マイケルの娘ジュリアン役のハンナー・ヘルツシュプルングはドイツ人、マーサ役のレナ・オリンはスウェーデン人とロール教授役のブルーノ・ガンツはスイス人と国際色豊かな顔ぞろいとなっています。レイフ・ファインズは『シンドラーのリスト』（1993）で強制収容所の所長役、ブルーノ・ガンツは、『ヒトラー～最期の12日間～』（2004）でヒトラー役を演じました。ケイト・ウィンスレットは22歳のときに『タイタニック』（1997）で主人公ローズを演じました。『愛を読むひと』では36歳から66歳までを1人で演じています。

多感な15歳の少年が1人の女性を知って成長していく様が一つの見どころです。家族や友達の目と自分の心身の欲求との狭間で受ける葛藤、古典・現代小説・漫画などさまざまな本を彼女のために朗読し、彼女の詩を書き、彼女と一緒にいることへの少年の喜びなどには、共感する人も多いことでしょう。普段は厳しい顔つきでまじめに仕事をこなすハンナですが、マイケルが計画したサイクリング旅行で見せるこぼれるような頬笑みは印象的です。

弁護士になったマイケルは、受刑中のハンナに本を朗読したカセットテープを送り、彼女は図書館で借りた本とテープの朗読を突き合わせてある作業を行います。マイケルのみが知る秘密がここで明かされます。

スタッフ	監　督　：スティーブン・ダルドリー 脚　本　：デヴィッド・ヘアー 製作総指揮：ボブ・ワインスタイン 　　　　　　ハーヴェイ・ワインスタイン 原　作　：ベルンハルト・シュリンク『朗読者』	キャスト	ハンナ　　　：ケイト・ウィンスレット マイケル　　：レイフ・ファインズ（壮年期） 　　　　　　　ダフィット・クロス（少年期） ロール教授　：ブルーノ・ガンツ マーサ　　　：レナ・オリン（老年期）

赤ちゃんはトップレディがお好き		**Baby Boom**	（執筆）朴　真理子

|セリフ紹介| 突然親戚の赤ちゃんを引き取ることになったキャリアウーマン J.C. は、かつての勢いを失くし仕事への集中力を欠くようになったと上司のフリッツに指摘され、花形部門から小規模部門へ移るように示唆されます。

Fritz : <u>Swallow your pride</u>, J.C. Ferber's is a low-profile account. You'll have more time to spend with the baby. I told you, you can't have all. Nobody can… not me, not anybody…. <u>You've been on the fast track a long time, kiddo</u>. It's okay to slow down. Nobody's keeping score.
「<u>自尊心を捨てるんだな</u>。…子供と過ごせる時間が増えるんだよ。すべてを持つことは無理だと言っただろ。…<u>君は今まで突っ走ってきたじゃないか</u>。少しくらいペースを落として仕事をするのもいいものだ…」
J.C : Fritz, I can't go out there now and say that I'm working on the Ferber Dog Chow account.
「今更格下の仕事はできないわ」
Fritz : <u>I guess</u> you're going to have to do what you have to do. 「仕事なんだ。やるしかないな」

　Fritz の 'I guess' は厳しい内容をオブラートに包んで伝える役割を果しています。後にビジネスで成功した J.C. とフリッツが再会した際、「すべてを持つことは無理だ」というフリッツのセリフを覚えていた J.C. が、「その気になれば可能である」と断言するのです。 |

|学習ポイント| 　子育てのために退職を余儀なくされた主人公 J.C. がかつての上司達とのビジネス交渉を行う場面では多様な比喩表現が使用されています。一例として、'It's water under the bridge.' 「それはもう昔のこと（すべて水に流した）」という表現に注目してみましょう。

Fritz : J.C., ….I assured him that you were big girl now and that <u>what happened between us is strictly under the bridge.</u> (1) 「…略… 我々の間に起こったことはすっかり水に流した (1)」
J.C. : Oh, well, it's water under the bridge depending on how good your offer is. (2)
「水に流すかどうかは条件次第ね (2)」
交渉成立を目前に J.C. は皆の予想に反してオファーを拒否します。
J.C : My answer is no. 「私の答えはノーよ」
Fritz : Well, which part no? No 350,000 base? No bonus tie-in?
「どの部分が気に入らないんだ？年俸？ボーナス？」
J.C. : No to all of it, Fritz. Country baby is not for sale.
「すべてが気に入らないわ。カントリーベビー（自分の会社）は売らないわ」
Fritz : But this is a world class deal. It'll make you richer than you ever dreamed!
「これは超一流の取引だぞ。君が夢見ていたよりもずっと裕福になれるんだぞ」
J.C. : I'm sorry, Fritz. I think I'm gonna have to stay right where I am.
「ごめんなさい。私はここにいなくちゃならないの」
Hughes : Perhaps all that's happened between us isn't water under the bridge. (3)
「過去のことはまだ水に流してはいないのだろう (3)」
　Fritz は(1)で strictly、Hughes は(3)において perhaps を併用することにより、「過去は水に流していてほしい」という自らの願望が J.C. には受け容れてもらえるという期待、あるいは、期待に応えてもらえなかったことへの諦めを表現しています。一方 J.C. はかつての自分の職場に対して辟易した気持ちを 'rat race' という言葉で表現しています。
J.C. : I just think the rat race is gonna have to survive with one less rat. (4)
「生き馬の目を抜く競争は私抜きでやってちょうだい (4)」
　英語の 'rat race' が、日本語では「生き馬の目を抜く競争」という比喩として理解される点は注目しどころです。 |

|あらすじ| 　J.C. ワイアットはイエール大学卒業後にハーバード大学で MBA を取得後、パークアベニューにある Slone & Curtis という一流会社の角部屋オフィスを与えられ、高額の年俸を稼ぐ、敏腕のキャリアウーマンです。妥協を許さず着実に実績を重ねる仕事ぶりが高く評価され、重役に抜擢される日も近い J.C. を同僚達は別格扱いし「タイガーレディ」と呼んでいました。ところがそんなある日、独身の J.C. のもとにいとこの遺産相続の電話が入ります。J.C. の期待とは裏腹に、その遺産とは遺児となった乳児のことであったと判明します。まだおむつも取れぬ、片言もおぼつかないような乳児のエリザベスを引き取ることになったことが原因で、当時同棲中の彼と別れることになってしまいます。挙句の果てには部下に出し抜かれ、自ら会社を去ることを余儀なくされます。傷心の J.C. が決断したのはエリザベスとのバーモント州での田舎暮らしでした。しかし女手ひとつで始める田舎暮らしは、予期せぬ苦労の連続でした。購入した家は欠陥だらけで電気や水道等が次々に故障し、家を手放したくとも買い手は現れそうにありません。しかし、そんな中、ひたすら作り続けたりんごの離乳食が飛ぶように売れ始めます。いち早くそれに目をつけた元上司が法外な好待遇で J.C. を再び呼び戻そうとします。ところが J.C. はその提案をあっさりと辞退するのです。J.C. にはバーモントに戻って現在の暮らしを手放したくなくなるような出会いと心境の変化があったのです。 |

|映画情報| 製作年：1987年
製作国：米国
言語：英語
配給会社：ユナイト映画
カラー映画 |公開情報| 公開日：1987年10月 7日（米国）
　　　　1988年 3月22日（日本）
上映時間：110分
興行収入：2,671万2,476ドル
字幕：日本語、英語 |

薦	○小学生　○中学生　●高校生　●大学生　●社会人	リスニング難易度	発売元：20世紀フォックス ホーム エンターテイメント ジャパン（平成29年2月現在、DVD発売なし）中古販売店等で確認してください		
お薦めの理由	映画は1980年代のもので古い作品ながら、女性が出産後に働き続けて社会で自己実現するうえでどのような困難が生じるのかを具体的に示してくれています。また、合理的な説明を求める社会において自らの気持ちを表現しつつ、きちんと自分の考えを主張する主人公の姿は参考になると言えるでしょう。依頼、断り、断定、説明等様々な機能表現が多く、英語特有の表現方法を身につける上でお薦めです。	スピード	3		
^	^	明瞭さ	3	^	
^	^	米国訛	3	^	
^	^	米国外訛	3	^	
英語の特徴	米国英語、特に東海岸地域に含まれるニューヨーク州とバーモント州の英語が中心です。映画前半は主人公 J.C. 以外も会話速度が比較的速いのですが、後半は J.C. のテンポの速い英語と周囲のゆったりとした会話速度のコントラストが楽しめるでしょう。また、ビジネス交渉、契約交渉等の場面ではユーモア表現と共に数字が多く含まれており、聞き取りの練習にも適していると言えるでしょう。	語　彙	3	^	
^	^	専門語	4	^	
^	^	ジョーク	3	^	
^	^	スラング	4	^	
^	^	文　法	3	^	
授業での留意点	この映画にはビジネスシーンに欠かせない交渉に関わる表現が多く含まれています。その特徴を活用して学生同士で以下に関する英語での role play や議論を行う等、実践的な視点を採り入れた授業展開を試みたいものです。 ①インタビュー（養子縁組の面接）：乳児エリザベスを養女に出す際、J.C. は自分が育てられない理由や状況を説明しようとするのですが、養子縁組の担当者は極めて事務的に対応します。その際のやりとりは、特に米国のような合理主義を重んじる国では英語での表現の仕方が非英語圏とは大きく異なります。文化的背景が個々の表現の仕方に影響を与えている点を例示しつつ学習することにより、コンテクストの大切さにも学生が気づく良い機会になると思われます。 ②ベビーシッター雇用の面接：J.C. はエリザベスを養女に出すことを逡巡し、最終的には自分ひとりで育てようと決断を下します。しかし過酷なビジネスの世界で生きてきた J.C. は仕事をこれまでどおりにバリバリこなすにはベビーシッターの必要性を痛感します。そこで早速ベビーシッターを採用するための面接を行うのですが、ここでは学生に予め理想のベビーシッター像、採用基準等を予め考えておいてもらい、実際に J.C. の立場になってベビーシッターにふさわしい人を映画の中の候補者から選び、その理由を述べてもらうなどの activity を行うことが可能です。その後、J.C. が採用したベビーシッターがどのような人物であったかについてのシーンを見せ、学生達のベビーシッターの採用基準や人物評価を行うための適切な質問等について再度検討してもらうことも可能でしょう。採用される側ではなく採用者として英語で考えることも学生が実社会に出る前の有意義な体験になるでしょう。 ③公園デビュー：実際に子育てをすることは単に身の回りの世話をすることに留まらず、発達段階に応じた教育をすることも親としての大切な役割です。ここでは J.C. が母親として所謂「公園デビュー」を果たし、ママ友たちと情報交換をする場面を取り上げ、実際に学生達にも「早期英才教育」の是非について英語でディベートを行う機会をもってもらったり、日米間、及び、現在と映画製作当時との考え方の違いについて議論を行うこともまた可能であると言えるでしょう。 ④Slone & Curtis とのビジネス交渉場面：J.C. は、かつて自分を解雇した会社との交渉場面で、質問、駆け引き、そしてスピーチも率なくこなし、切り返しも忘れず上司達をたじたじとさせます。J.C. の発話の中で最も印象に残っているセリフを、学生に選んでもらい3～4名のグループ単位で他の学生達とも各々の選択について報告しあいます。その際、選んだセリフを比較したうえ、気になった理由を議論するのもよいでしょう。				
映画の背景と見所	映画の製作は1980年代で米国のベビーブーム世代の女性の社会進出が盛んになった頃でした。日本でも団塊の世代が社会人となりバブル経済の只中にある頃でした。当時、DINKS（Double Income No Kids の略）という言葉が流行し、共働きで子供を持たない人々が増えた時代でもありました。つまり、経済が豊かさを増し人々はお金さえ出せば何でも手に入れることができ、結婚をするかしないかという選択肢も子供を持つか持たないかという選択肢も全て自分達の希望により決めればよいという時代の幕開けでもあったのです。それは従来の、女性は家で家庭を守り、男性は外で仕事をして家計を支えるという構図が崩壊した時期でもあったと言えます。当時はバブル経済の影響もあり、日本では「三高（身長、学歴、収入のすべてが高いこと）」を結婚相手に求める女性も少なくありませんでした。興味深いのは、きわめて多くの日本人女性が寿退職（結婚退職）後に専業主婦を志向した時代に、この映画では、米国人の高学歴のキャリアウーマンが子供を育てながら自己実現のための道を模索しつつ格闘する姿を扱っていた点です。主人公 J.C. を通して語られるメッセージ、とりわけ、J.C. が元上司達の前で行ったスピーチは、80年代当時においては女性が「社会で働くこと」や「選択すること」の意義を問うものとして、また、現代においては性別に関わらず全ての人にそれらの意義を問うものになっているという点で見所となっていると言えるでしょう。				
スタッフ	監　督：チャールズ・シャイアー 脚　本：ナンシー・メイヤー、チャールズ・シャイアー 製　作：ナンシー・メイヤー、ブルース・ブロック 撮　影：ブルース・ブロック 音　楽：ビル・コンティ	キャスト	J.C.ワイアット　　　：ダイアン・キートン スティーブン　　　　：ハロルド・レイムス フリッツ・カーティス：サム・ワナメイカー クーパー獣医　　　　：サム・シェパード エリザベス：クリスティーナ・ケネディ/ミシェル・ケネディ		

	あの頃ペニー・レインと	**Almost Famous**	（執筆）三井　敏朗

セリフ紹介

　評論家レスター・バングスは、ロック・ジャーナリスト志望のウィリアムに、"It's just a shame you missed out on rock'n'roll. It's over. You got here just in time for the death rattle. Last gasp. Last grope."（0:14）と言い放ちます。この "shame" は「恥ずかしい」ではなく「残念だ」の意味。"miss out" は「〜に参加できない、見落とす」という慣用句です。また "rattle" はノドを苦しげにゼイゼイ、ゴロゴロと鳴らす音として使われています。つまりレスターは、「お前は一足遅かった。ロックはもう瀕死の状態だ、おしまいだ」と言っているのです。映画の舞台となったのは1973年。1960年代に生まれたロックの屋台骨を支えてきた、クリームやビートルズといったバンドはすでに解散し、ジミー・ヘンドリックスやジャニス・ジョップリンなどのカリスマたちはもうこの世にいません。ロックの歴史を見守ってきたレスターは、何かが大きく変化していくのを感じていたのでしょう。

　確かにロックが社会変革や自由というイメージと結びついていた時代は終わりました。そしてロックや「若者文化」が、これから先どのような道筋をたどって行くのか、誰にもわからなかったのです。スティルウォーターの新しいマネージャーはこう言います。"...if you think Mick Jagger'll still be out there trying to be a rock star at age fifty, you're sadly, sadly mistaken."（1:17）Mick Jagger は言うまでもなくローリング・ストーンズのボーカリストのことを指しています。1973年当時、Mick は30才ですが、彼が50才になってもまだステージで歌っているとは、誰も思ってもいなかったのでしょう。ちなみに2014年、Mick Jagger は70才を越えましたが、現役で世界ツアーを続けています。

学習ポイント

　映画の活用法はたくさんありますが、ここでは半期の授業で取り扱う方法を考えてみたいと思います。1回の授業では映画の10－15分程度を使用することになります。まずは実際の授業を想定し、シミュレートしてみましょう。今回使用するのは冒頭の場面、オープニングから12分間です。

リスニング　ウィリアムと姉のアニタ、母エレインの会話です。時代は1969年。同級生よりも幼く見えるというウィリアムが、自分の本当の年齢を知らされる場面です。

　ANITA: Mom, it's time. ELAINE: <u>Can this wait</u> till we get home? ANITA: Mom, <u>pull over</u>. <u>Tell him the truth</u>. Tell him how old he is. ELAINE: He knows <u>how old he is</u>. ANITA: But other kids <u>make fun of</u> him because of how young he looks. Nobody includes him. They call him "The Narc" behind his back. WILLIAM: They do? ELAINE: What's a narc? ANITA: A narcotics officer. ELAINE: Well, <u>what's wrong with that</u>? WILLIAM: Come on, you guys. It's <u>no big deal</u>. I'm twelve. She <u>skipped me a grade</u>. Big deal. I'm a year younger.　（0:06 – 0:08）

下線部は日常会話でしばしば使われるフレーズです。これらを使って穴埋めの問題を作ります。リスニングのポイントは語彙です。知っている単語やフレーズは少々早口でも理解できますが、知らない語はいくら耳を澄ませてもなかなか聞き取れません。語彙を増やすことがリスニング上達の早道なのです。上にあげた箇所では主に日常的な表現しか使われていませんが、"narc" や "narcotics officer" といった耳慣れない単語も出てきます。事前に新出の単語や重要なフレーズを予習しておくと、理解を深める助けになるでしょう。また授業で扱ったリスニング部分を使い、学習者同士でペアを作り、ロールプレイを行うもの有効です。

内容理解　内容の把握に重点を置いた問題を作ります。例をあげてみましょう。
1. Why do you think Anita hides the record under her coat?
2. What do you think "no environment" is?
3. Why does not William know his true age?

答えは可能な限り映画の中で使われた単語や表現を利用するのが望ましいと思います。自然な表現が学べるからです。ここであげたのは学習者が自分なりの答えを探し出す形式の問題ですが、レベルに合わせて選択式の解答を用意する方法もあります。作品全体を通してのテーマを追っていくのなら、1960年代から70年代という時代背景をはっきりと示している箇所などから問題を作成します。上記の問題では1. が該当します。

あらすじ

　舞台は1973年。姉が残していったザ・フーの「トミー」をきっかけに、ロックに深くのめり込んでいったウィリアムが主人公です。高校生になったウィリアムは有名な音楽雑誌『ローリング・ストーン』の依頼を受け、スティルウォーターという新進バンドのツアーに同行することになりました。ツアーの取材を通して、彼はビートルズの曲名と同じ、ペニー・レインと名のる少女と知り合います。本名を明かさず、「いつかモロッコに行って、別な人生を始めるの」と語るペニーに恋心を抱きますが、彼女はスティルウォーターのギタリスト・ラッセルの恋人なのです。

　長期にわたるツアーではさまざまな事件が起こり、ときには生身の人間同士の醜い一面を露わにすることもあります。記事を書くためにすべてを見届けようとするウィリアムは、スティルウォーターのメンバーからはなかば親しみを込め、なかば本気で "the enemy" とあだ名をつけられます。

　記事の締め切りが迫ったウィリアムは、バンドに好意的な記事を書くか、それとも真実をさらけ出すべきかで悩みます。先輩ジャーナリストであるレスター・バングスから警告を受けていたのにも関わらず、彼はスティルウォーターというバンドに深入りしすぎていたのです。友情とジャーナリストとしての義務との間で揺れ動いた末、ついにウィリアムは決断を下し、真実を語る道を選びます。

映画情報	製 作 年：2000 年 製 作 国：米国 配給会社：ドリームワークス（米国） 　　　　　コロンビア映画（日本） ジャンル：ドラマ	**公開情報**	公 開 日：2000年9月13日（米国） 　　　　　2001年3月17日（日本） 上演時間：122分 受 　　賞：第73回アカデミー助演女優賞、脚本賞 　　　　　第58回ゴールデン・グローブ作品賞

薦	○小学生 ○中学生 ○高校生 ●大学生 ●社会人	リスニング難易度	発売元：ソニー・ピクチャーズ エンタテインメント （平成29年2月現在、本体価格） DVD価格：1,410円 ブルーレイ価格：2,381円

お薦めの理由	1973年の米国のロック・シーンを背景に、高校生ウィリアムの音楽に注ぐ情熱と、彼の初恋が描かれます。ウィリアムはスティルウォーターのツアーに同行し、華やかなステージとその裏に隠された人間の生身の姿を目撃するのです。スティルウォーターは架空のバンドですが、実在のグループをモデルにしています。当時の音楽に興味のある人は、どのグループなのかを推測してみるのも面白いと思います。	スピード	3
		明瞭さ	3
		米国訛	4
		米国外訛	1
英語の特徴	英語自体はあまり難しくありません。若者たちが使うスラングは比較的多く登場し、作品の舞台となった1973年の雰囲気を出すのに役立っています。ロックに関係した言葉が頻出するのもこの映画ならではでしょう。レスター・バングスが地元のラジオに出演したときには、DJ の女性を相手に The Doors, Marc Bolan, The Guess Who などの名前を口走りますが、彼らはみな当時の人気ミュージシャンです。	語　　彙	4
		専門語	4
		ジョーク	4
		スラング	4
		文　　法	3

授業での留意点

　言語を使ったコミュニケーションを行うには、語彙や文法の知識が不可欠ですが、それだけでは十分とは言えません。文化的な背景の知識もある程度持っていなければ、お互いを本当に理解することはできないでしょう。映画を観ていて、何ということもない場面でふと違和感を感じたことはないでしょうか。そこには意外な文化的差異が隠れているのかもしれません。ここではその見地から映画の中で使われたセリフを見てみましょう。

　「学習ポイント」で使用する映画の冒頭部は、10分少々の間に1969年という時代を見事に描き出しています。大きな時代のうねりと、その足元の人びとの日々の生活が描かれているのです。そこからいくつか取り上げてみます。

　まずはウィリアムの年齢を偽っていた母を、姉のアニタが非難する場面です。

　　ANITA　 : You've robbed him of an adolescence.
　　ELAINE : Adolescence is a marketing tool.　（0:08）

"adolescence" とは「若者時代、青春時代」といった意味です。本当は11才なのに13才だと思い込まされていたウィリアムは、青春時代の大切な2年間を奪われた、というのです。それに対してエレインは青春とは「商売上の道具」だと反論します。何のことでしょう？若者時代、青春が素晴らしいものだ、というのは今でこそ当たり前のようですが、実はその観念が生まれたのは主に1950年代なのです。一説によると、それまでティーンエイジャーは社会の中で単なる「半人前」としてしか認識されていなかったのですが、50年代を迎えると社会が豊かになり、彼らもある程度の経済力を持ち始めます。すると彼らをターゲットとした音楽や流行が生まれ、大きなマーケットとなりました。つまり「若者、青春」とは商業と深く結びついているというのです。上にあげたのは短い会話ですが、若者文化を奉ずる姉と、簡単には社会の風潮に流されない、学者肌の母の雰囲気が凝縮されています。

　アニタがコートの下に隠し持っていたのは、1968年に発表されたばかりの「サイモンとガーファンクル」のレコード、『ブックエンド』です。彼らの歌は、"about drug and promiscuous sex." だと非難する母に腹を立て、アニタは "It's unfair that we can't listen to our music."（0:04）と叫びます。彼女の言う "we" や "our" とは、同年代の若者たちのことなのでしょう。短いフレーズですが、世代間の不理解、ギャップといった現代にも通じる問題を描き出しています。アニタはついに母と決別し、サンフランシスコへ旅立ちます。荷物をまとめて家を出る時、ステレオから流れてくるのはサイモンとガーファンクルの「アメリカ」です。アニタはウィリアムに "This song explains why I'm leaving home to become a stewardess."（0:08）と話します。アニタを駆り立てるこの歌は、何を語っているのでしょうか。アニタが "poetry" と語るその歌詞についてくわしく調べてみましょう。

映画の背景と見所

　キャメロン・クロウ監督の自伝的な色彩の濃い作品です。第58回ゴールデン・グローブ賞と第73回アカデミー脚本賞を受賞しています。主人公ウィリアムと同様に、クロウ自身も高校生のときに『ローリング・ストーン』誌の記者となり、サザンロックの代表的バンド、オールマン・ブラザーズ・バンドの同行取材を行いました。映画の中のエピソードは実際に彼が経験した出来事がもとになっています。実在の身近な人物をもとにしたキャラクターも多く、ウィリアムの母エレインはクロウ自身の母親が、ペニー・レインはクロウの友人がモデルになっています。

　キャメロン・クロウは1957年カリフォルニアに生まれ、映画で描かれたのと同様の音楽とジャーナリズムに情熱を注いだ少年時代を過ごしました。22才のときに書いた小説『初体験／リッチモンド・ハイ』（1982）がベストセラーとなり、映画化されるにあたって自ら脚本を担当します。監督としてのデビュー作はジョン・キューザック出演の『セイ・エニシング』（1989）です。その後も『バニラ・スカイ』（2001）や『幸せへのキセキ』（2011）など多くの作品を監督しています。ペニー・レインを演じたケイト・ハドソンは本作でゴールデン・グローブ助演女優賞を受賞しました。母親はコメディー女優ゴールディ・ホーンです。ウィリアム役のパトリック・フュジットはユタ州ソルトレイク出身で、本作で映画デビューしました。『幸せへのキセキ』では再びクロウ監督の映画に出演しています。

スタッフ	監督・脚本・製作：キャメロン・クロウ 製　　作　：イアン・ブライス 編　　集　：ジョー・ハッシング 撮　　影　：ジョン・トール 音　　楽　：ナンシー・ウィルソン	キャスト	ウィリアム・ミラー：パトリック・フュジット ペニー・レイン　　：ケイト・ハドソン ラッセル・ハモンド：ビリー・クラダップ レスター・バングス：フィリップ・シーモア・ホフマン エレイン・ミラー　：フランシス・マクドーマンド

アビエイター	The Aviator	（執筆）冬野　美晴

<table>
<tr>
<td>セリフ紹介</td>
<td>

　大富豪で実業家のハワード・ヒューズは、誰の目にも完成など不可能と思われた超大作映画『地獄の天使』の製作に挑みます。周囲のスタッフや友人達はことあるごとにハワードを諫めますが彼は聞く耳を持たず、財力と熱意で周囲を巻き込みながら映画を完成させます。前半の彼のセリフの端々に、そんな彼の強い意思を見ることができます：

Man1　　: ...They won't make it.
Howard : It's the climax of the picture.　**Make it work.**

　ハワードにとってプライオリティは飛行機と映画です。そのためならば会社を抵当に入れても、受け継いだ遺産をつぎ込んでも新しいことに挑もうとします。
　可能性の話をする部下に対して、強い意思を表明するセリフです：

Howard : Mortgage Tool Co.　Every asset.　You heard me.
Man2　　: If you do that, you could lose everything.
Howard : Well, **I won't. ...I won't.**

　ジェット飛行機の導入を提案する場面です。ここでもハワードの決めたことは必ずやり遂げる一面が見えます：

Howard : You know about jets?
Man3　　: No, but it sounds expensive.
Howard : Oh, **it will be, but we gotta get started.**

</td>
</tr>
<tr>
<td>学習ポイント</td>
<td>

　映画の前半、前代未聞の製作規模の映画『地獄の天使』を完成させるため、ハワードはさまざまな無茶をしていきます。部下に強く命令することもあれば、映画の完成に必要な知識や物品を持つ目上の相手に丁寧に依頼しに行く場面もあります。ハワードが相手によってさまざまな『命令』『依頼』の英語表現を使い分ける様子を観察しリスニングするのは良い習になります。
　ハワードの無茶な行動の一つに、不足しているカメラをライバル会社から借りようとする試みがあります。ここでは彼は、ライバル会社社長に依頼表現で話しかけます。"I was wondering if I could have a moment of your time." という遠回しで丁寧な言い方と、ダイレクトな表現を織り交ぜた話法が印象的です：

Howard : Mr. Mayer.　I don't know if you remember me.　My name's Howard Hughes.
　　　　　 I was wondering if I could have a moment.
Mayer　 : Oh, Howard Hughes.　The airplane picture?
Howard : Exactly.
Mayer　 : I remember.　Hell's Angels.
Howard : You heard of it.　Good.　**I was wondering if I could have** a moment of your time.　I need a few cameras.
Mayer　 : Yeah?
Howard : Yeah, two, to be exact.　I bought every camera I could find.　We're shooting our big dogfight sequence.
　　　　　 I need two more.　Desperately.　**You think MGM could help me out**?

　Mayer には当然のように断られてしまいますが、ハワードは全く意思を曲げません。ハワードの周りの部下たちは、why don't you...? などの『提案』表現を用いて、いつもハワードの無茶を諫めようとします。

John　　 : **Why don't you try** and make do with what you have.
Howard : What I have isn't enough, John, not for how I see it.

　また、プレイボーイとしても名の知れたハワードは、女性を口説くことにも積極的です。映画の中でも彼と親密になる数人のヒロインが登場します。ロマンスシーンでも、様々な依頼表現を聴くことができます。

Howard : **Would you do me a favor** and just...?　Would you just smile for me one time?　Just once?

本作ではハワードの人生が破天荒に描かれていますが、一つひとつの英語表現はプレーンでシンプルなものが多く、『命令』『依頼』『提案』など、日常でも使う表現が多々登場しますので、そこに注目して観るのがお薦めです。

</td>
</tr>
<tr>
<td>あらすじ</td>
<td>

　1920年代の米国。莫大な遺産を相続した青年実業家ハワード・ヒューズは、大規模な航空映画『地獄の天使』の製作に挑みます。遺産をつぎ込み3年がかりで映画は完成しましたが、その道のりは簡単なものではありませんでした。しかし、完成した映画は大ヒットを果たし、ハワードはハリウッドで名の知れた存在となり、人気女優たちと数々の浮名を流します。
　その後、ハワードは飛行機メーカー事業やエアライン事業などさまざまな分野へ進出し、世界最速の飛行機の開発に着手します。だが、順風満帆に見える日々の中、ハワードは次第に強迫神経症を悪化させ、精神的に不安定になっていきます。
　ある日、自ら操縦棹（そうじゅうかん）を握っていた飛行機で、ハワードは高級住宅街に機体ごと落ち、重傷を負ってしまいます。華やかな家々を壊しながら落下するその姿は、ハワードの人生そのものの象徴のようでした。仕事に復帰した後、ハワードはブリュースター上院議員らの手により、FBIの家宅捜査を受け、不正な経理等に関して公聴会で厳しく追及されることになります。精神状態も悪化した中で不名誉を被るハワードでしたが、かつての恋人・キャサリンの励ましや部下達の存在に助けられ、公聴会では逆に上院議員を詰問し、世論を味方にするのでした。

</td>
</tr>
<tr>
<td>映画情報</td>
<td>

製　作　費：1億1,000万ドル
製　作　年：2004年
製　作　国：米国　　言　　語：英語
配給会社：ミラマックス（米国）
　　　　　　日本ヘラルド/松竹（日本）

</td>
<td>

公開情報

公　開　日：2004年12月17日（米国）
　　　　　　2005年　3月26日（日本）
上映時間：169分
受　　　賞：第77回アカデミー助演女優賞、撮影賞、
　　　　　　編集賞、美術賞、衣装デザイン賞

</td>
</tr>
</table>

薦	○小学生　○中学生　○高校生　●大学生　●社会人	リスニング難易度		発売元：松竹 （平成29年2月現在、本体価格） DVD価格：3,300円　ブルーレイ価格：2,000円

お薦めの理由	大富豪で実業家のハワード・ヒューズの半生を描いているという内容から、前半はビジネスシーンの定番表現や日常会話にも使える『依頼』『勧誘』などの表現がバラエティ豊かに登場します。歯切れよく話すハワードと、彼に振り回される部下達のやり取りは軽快で、英語もクセが無く聴き取りやすいため、基礎的なビジネス英語の勉強にちょうどよいリスニング教材と言えるでしょう。	スピード	2	
		明瞭さ	2	
		米国訛	2	
		米国外訛	2	
英語の特徴	レオナルド・ディカプリオ演じる主人公ハワード・ヒューズは、クセが無く聴き取りやすい米国英語を用います。演説シーンなどもたいへん熱意に溢れ、聴いている内に自然と引き込まれるような話し方、そして英語らしいリズムを味わうことができます。メイン・ヒロインであるキャサリン・ヘプバーン（ケイト・ブランシェット）は往年の大女優で、彼女らしく大変さばさばとした歯切れの良い英語で話します。	語彙	3	
		専門語	4	
		ジョーク	2	
		スラング	2	
		文法	2	

授業での留意点

1. 英語の難易度
　スピードは中程度、訛りは一部の登場人物（フィッツ教授など）を除いてほぼありません。特に、主人公ハワード・ヒューズ（レオナルド・ディカプリオ）と、後半彼を凋落させようと画策するオーウェン・ブリュースター上院議員は、人前に立つことに慣れた人物らしい明朗な英語を用います。ハワードと議員の会話や、ハワードと部下の会話などにフォーカスしてリスニングやロールプレイなどを行うとスムーズに授業を進められるでしょう。

2. 専門用語
　上記の通り全体的な難易度は中程度ですが、特に前半には航空・気象関連の専門用語がしばしば出てきます。gyro（ジャイロ）、strut（複葉機の上の翼を支える支柱部分）、cumulonimbus（積乱雲・入道雲）など、普段は耳にしない語もありますので、そのような語が登場するシーンを使用する場合は、授業内で適宜補足説明を行うと良いでしょう。

3. 実在の人物との比較
　ストーリーにはキャサリン・ヘプバーン（ケイト・ブランシェット）やエヴァ・ガードナー（ケイト・ベッキンセイル）など、米国映画史に残る名女優たちが登場します。彼女たちがハワードと話すシーンを観ると、ケイト・ブランシェットやケイト・ベッキンセイルが、外見の印象はもちろん話し方なども実在の女優を意識して演じていることが分かります。特に、キャサリン・ヘプバーンを演じたケイト・ブランシェットは、この映画で第77回アカデミー助演女優賞を受賞したほど、彼女の男まさりのキャラクターを生き生きと演じきっています。授業の中で、キャサリン・ヘプバーン本人の動画を取り上げ、本作品と見比べたり、英語を聴き比べてみたりるのも面白いエクササイズになるのではないでしょうか。

4. 注意点
　しばしば女性差別的な表現や人種差別的な表現が出てきます。また、後半は主人公ハワード・ヒューズが精神の安定性を欠き、次第に心を患っていく流れになりますので、肌の露出が多いシーンや暴力的なシーンも見られます。授業で取り上げるシーンを決定する際に考慮が必要かもしれません。
　一般的な授業での使用に適した場面は、特に前半（ハワードが映画『地獄の天使』を撮影し完成するまで）と後半のクライマックス部分（ハワードがブリュースター上院議員の陰謀により公聴会に数度出席する場面）に多く見られます。

映画の背景と見所

　まずは前半、1920年代のノスタルジックな情緒漂う米国を舞台に、主人公ハワード・ヒューズが自分の道を切り開いて映画製作に挑む姿は痛快です。テンポも速く、次々と違う分野の専門家を巻き込んでいく彼の姿と話術に注目してみましょう。
　映画製作に成功した後、ハワードはさまざまな女優たちと恋に落ちて行きます。そのうちの1人、本作のメイン・ヒロインであるキャサリン・ヘプバーンは自立した女性像を当時の米国に投げかけた男まさりの女性。得意とするゴルフをハワードと共にプレイしながら、歯切れの良い英語で彼に応じます。ハワードと比較するとすこし異なる訛りのある彼女の英語を楽しみながら、2人の恋の進展を見守りましょう。
　映画の後半、ハワードは持病の強迫神経症を悪化させ、しかもライバル会社と手を組んだ上院議員により、何度もFBIの家宅捜査を受けることになってしまいます。不正経理の件で公聴会にも召喚され、ハワードの人生は終わったかにみえます。そんなハワードを、キャサリンや彼の部下達が支え、ラストのクライマックスの公聴会のシーンで、かつてのように堂々とした口ぶりで演説をするハワードの姿は感動的です。エキセントリックで複雑な役柄を見事に演じきった主演レオナルド・ディカプリオの演技にも注目です。

| スタッフ | 監督：マーティン・スコセッシ
脚本：ジョン・ローガン
編集：セルマ・スクーンメーカー
撮影：ロバート・リチャードソン
音楽：ハワード・ショア | キャスト | ハワード・ヒューズ　　：レオナルド・ディカプリオ
キャサリン・ヘプバーン：ケイト・ブランシェット
ブリュースター上院議員：アラン・ホルダ
エヴァ・ガードナー　　：ケイト・ベッキンセイル
フィッツ教授　　　　　：イアン・ホルム |

アメリカン・ビューティー	**American Beauty**	（執筆）三井　敏朗	

<table>
<tr>
<td>セリフ紹介</td>
<td>

　レスターがナレーションで語る、"Today is the first day of the rest of your life." (1:20) を取り上げてみましょう。日本語にするなら「今日はあなたに残された人生の最初の一日」というところでしょうか。これは英語の格言の1つで、標語としてＴシャツやポスターのデザインで使われているのを目にします。一日一日を大切に過ごそう、という呼びかけが本来の意味でしょう。レスターも基本的にはこの言葉に賛成のようですが、さらにこう続けます。"Well, that's true of every day except one. The day you die." (1:20) これも確かにその通りなのでしょう。しかし彼の言葉は通り一遍の、皮肉なあげ足取りではありません。映画冒頭のナレーションで "In less than a year, I'll be dead. Of course, I don't know that yet." (0:01) と語っているのですが、この映画では語り手のレスターはすでに死んでいて、彼自身もそのことを知っているのです。つまり一日を大切に過ごそう、前向きに生きていこう、と呼びかける言葉を使って、彼がその日に死ぬことを予告していることになります。

　最後の瞬間を経験した男が自分の人生を振り返っているのですから、彼は人生のすべて、始まりから終わりまでを知り抜いている訳です。映画の終盤、すでに死を迎えたレスターはナレーションで "I guess I could be pretty pissed off about what happened to me... but it's hard to stay mad, when there's so much beauty in the world... I can't feel anything but gratitude for every single moment of my stupid little life..." (1:50) と締めくくります。家族が崩壊し、自分自身も銃殺されたのにも関わらず、彼の脳裏には今まで経験してきた美しいものの記憶が浮かび、溢れかえるほどだというのです。死を迎えたその瞬間、彼は探し求めていた安らぎを得たのです。

</td>
</tr>
<tr>
<td>学習ポイント</td>
<td>

　映画の活用法はたくさんありますが、ここでは半期の授業で取り扱う方法を考えてみたいと思います。1回の授業では映画の10ー15分程度を使用することになります。まずは実際の授業を想定し、シミュレートしてみましょう。使用するのはラストの場面（1:44 - 2:05）、Chapter 26からエンドロールまでです。

　リスニング　レスターと落ち着きを取り戻したアンジェラの会話部分を使用します。早口でもなく、穏やかに言葉を交わしています。小声ですが一言ずつ、比較的はっきりと発音しているので、聞き取りやすいと思います。

　LESTER: <u>How's Jane?</u>　ANGELA: What do you mean?　LESTER: <u>I mean,</u> how's her life? Is she happy? Is she <u>miserable?</u> I'd <u>really</u> like to know, and she'd die before she'd ever <u>tell me about it.</u>　ANGELA: She's really happy. She thinks <u>she's in love.</u>　LESTER: <u>Good for her.</u>　ANGELA: How are you?　LESTER: God, <u>it's been a long time since</u> anybody asked me that. <u>I'm great.</u> (1:44 - 1:46)

　下線部は日常会話でしばしば使われるフレーズです。これらを使って穴埋めに問題を作ります。リスニングのポイントは語彙です。知っている単語やフレーズは少々早口でも理解できますが、知らない語はいくら耳を澄ませてもなかなか聞き取れません。語彙を増やすことがリスニング上達の早道なのです。事前に新出の単語や重要なフレーズを予習しておくと、理解を深める助けになるでしょう。また授業で扱ったリスニング部分を使い、学習者同士でペアを作り、ロールプレイを行うもの有効です。

　内容理解　内容の把握に重点を置いた問題を作ります。例をあげてみましょう。

　1. Why do you think Lester smiles when Angela asks him "How are you"?
　2. What happens to Lester when he is watching his family photo?
　3. Where is Angela when she hears the gun shot?

　答えは可能な限り映画の中で使われた単語や表現を利用するのが望ましいと思います。自然な表現が学べるからです。学習者のレベルに合わせて選択式の解答を用意する方法もあります。作品全体を通してのテーマを追っていくのなら、登場人物たちの心の変化、彼らの本当の姿を隠していた仮面が外される箇所などから問題を作成します。上記の問題では1と2が該当します。

　ディスカッション　この回は最終回になりますので、映画全体を見終えての感想や意見などを各自でまとめて発表します。テーマは「なぜ、レスターは心の平穏を得ることができたのか」「なぜ、アンジェラは嘘をついていたのか」「もしもレスターが殺されなかったら、家族は絆を取り戻せただろうか」などが考えられます。

</td>
</tr>
<tr>
<td>あらすじ</td>
<td>

　つまらない日々の生活に疲れ果て、無気力になった42歳のレスター・バーナムが主人公です。心を消耗させるだけの仕事に追われるうちに、不動産業を営む妻のキャロリンとも、娘のジェーンとも、いつからか心を通わせることができなくなっていました。彼だけではなく、キャロリンやジェーンもまたそれぞれの問題を抱えて、世界との折り合いをつけようと必死なのです。ある日レスターはジェーンの友人アンジェラにひと目で夢中になってしまい、彼女の気をひこうと筋トレやジョギングを始めます。生きがいを見つけたレスターは活力を取り戻しますが、そんな父の姿を目にしたジェーンは戸惑い、家庭内での孤立感を深めていきます。やがてジェーンは隣に越してきたリッキーと親密になります。リッキーはハンディビデオでジェーンを追い回したり、風に舞うビニール袋の姿に究極的な美しさを見出すような、一風変わった少年です。ジェーンは彼が構えるビデオに向かって「父さんを殺して」と淡々と語ります。ある日レスターは、家に泊まりにきたアンジェラとついに2人きりになります。レスターを受け入れる直前、彼女は自分が処女であることを告白します。アンジェラが実は無垢な少女だったと気づいたレスターの中で、何かが変化します。彼は心の平穏を取り戻し、父親的な温かさでアンジェラを包みこむのです。その直後、家族の写真に見入っていたレスターは、彼をゲイだと誤解していた大佐に後頭部を撃たれ、命を落とします。

</td>
</tr>
<tr>
<td>映画情報</td>
<td>

製 作 年：1999 年
製 作 国：米国
配給会社：ドリームワークス（米国）
　　　　　UIP（日本）
ジャンル：ドラマ

</td>
<td>公開情報</td>
<td>

公 開 日：1999年10月　1日（米国）
　　　　　2000年　4月29日（日本）
上演時間：122分
MPAA（上映制限）：R-18（米国）
受　　賞：第72回アカデミー最優秀主演男優賞他

</td>
</tr>
</table>

薦	○小学生　○中学生　○高校生　●大学生　●社会人	リスニング難易度		発売元：NBCユニバーサル・エンターテイメント （平成29年2月現在、本体価格） DVD価格：1,429円　ブルーレイ価格：2,381円
お薦めの理由	崩壊した家庭、心の奥に秘密を抱えた人びとなど、現代の米国を描くとどうしても悲劇的な要素が入り込んでくるようです。男女のあからさまな欲望が描かれますが、これも現代の生身の人間の姿なのでしょう。主人公もやりきれない日々の中で、やがて心の平穏を取り戻していきます。普通のいわゆるハッピーエンドとは異なりますが、ラストで人生すべてを振り返るモノローグは温かく、大変に印象的です。	スピード	3	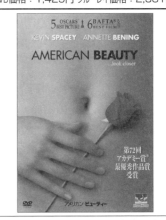
		明瞭さ	3	
		米国訛	4	
		米国外訛	1	
		語　彙	3	
英語の特徴	ジェーンが口にする、"They're trying to, you know, take an active interest in me."（0:13）（私に無理やり関心を持とうとしている）や "Mom, is it okay if Angela sleeps over night?"（1:20）（アンジェラを泊めてもいい？）など、現代米国のティーンエイジャーが日常で使う表現が多数登場します。現代の米国を舞台にした映画の特徴かもしれませんが、性的な比喩表現や卑語が頻出します。	専門語	2	
		ジョーク	4	
		スラング	4	
		文　法	3	

授業での留意点

　登場人物たちはみな、表の顔とは別の、隠された裏の顔を持っています。物語が進むにつれて少しずつ本当の姿が現れていくのです。彼らの話す言葉が全て文字通りに心の内を語っているとは限りません。そこには表面的なものとは別の意味が隠されているのです。そのように一筋縄ではいかない人物たちのセリフをいくつか拾い上げてみましょう。

　キャロリンが得意なのは、なんといっても皮肉な表現です。上司から受けた仕打ちについて興奮して話すレスターに、キャロリンはこう言い放ちます。"Could you be just a little more dramatic, please?"（0:06）文字通りに意味を取れば「もっと大げさに話せないの？」ということになりますが、真意は「少し落ち着いてちょうだい」ということでしょう。また彼女は野暮ったい服を着た娘のジェーンに "Are you trying to look unattractive?"（0:03）と言います。これは「もっとまともなかっこをしなさい」と皮肉っているのです。

　レスターは典型的なティーンエイジャーの悩みを抱えたジェーンについてこう語ります。"I wish I could tell her that's all going to pass... But I don't wanna lie to her."（0:03）「そんな問題はすぐに消えてしまう、と言えたらいいのに。でも嘘はつきたくない」というのです。何を意味しているのでしょうか。彼の真意を考えてみましょう。

　セリフの中には、文化的な背景を知らないとすぐには理解できないものがあります。アンジェラはジェーンへの電話でこう言います。"I star sixty-nined and it called you back."（0:22）これは米国のシステムで、数字ボタンの中の＊、6、9を順番に押すと、直前にかけてきた相手の番号に発信できるというものです。また家族の食事の場面でジェーンが口にする "this elevator music"（0:06）はイージーリスニング風の音楽。日本で言えば、スーパーで流れているBGMのようなものでしょうか。

　言葉は時に本人の意思とは関係なく、全く違う意味を伝えてしまうことがあります。ゲイ嫌いだったはずのフィッツ大佐は、レスターの "Nope, our marriage is just for show. A commercial, for how normal we are."（1:36）という「自分の結婚は見せかけだ、もう愛情はない」との言葉を取り違えて、「本当は女性には関心がない」と受け取り、自分自身の隠された性癖を露わにしてしまいます。

　フィッツ大佐の誤解は後に悲劇へとつながっていくのですが、時に何気ない、ありふれた言葉が人を救うこともあります。ラスト近く、アンジェラが口にした "How are you?"（1:45）という一言が、レスターを心の平穏へと導きます。意味としては「あなたはどうなの？」という程度のことですが、それを聞いたレスターの顔に穏やかな微笑みが広がっていくのです。なぜでしょう？この言葉が彼に何をもたらしたのでしょうか？これらのセリフを通して、言葉の持つ深さ、面白さをじっくりと味わって欲しいと思います。

映画の背景と見所

　『アメリカン・ビューティー』はアカデミー賞の8部門にノミネートされ、作品賞、主演男優賞、監督賞など5つの賞を獲得しました。主人公レスターを演じたケヴィン・スペイシーはニュージャージー出身で、高校生の頃から演技の道を目指し始めました。シェイクスピア劇などの舞台俳優を経験した後、1986年に『心みだれて』で映画デビュー。1995年にブラッド・ピット主演の『セブン』に出演し、また同年の『ユージュアル・サスペクツ』ではアカデミー助演男優賞を獲得します。その演技力には定評があり、本作でも欲望をむき出しにした中年男が、一瞬にして父親のような温かさを取り戻してアンジェラを包み込む場面を見事に演じています。キャロリン役のアネット・ベニングは2010年の『キッズ・オールライト』でゴールデン・グローブ賞の主演女優賞を獲得しています。ジェーンを演じたソーラ・バーチは幼い頃から子役で活躍していました。ミーナ・スヴァーリは『アメリカン・パイ』（1999）や『デイ・オブ・ザ・デッド』（2008）などの映画の他に、テレビドラマの『ER 緊急救命室』（1996）にも出演しています。

　監督のサム・メンデスは英国出身で、ロイヤル・シェイクスピア・カンパニーで演出を行っていました。本作が映画監督のデビュー作です。映画のタイトルになったアメリカン・ビューティーとは赤いバラの一種です。その鮮やかな色合いと裏腹に、作中ではどこか不吉なイメージで登場します。

スタッフ	監　督：サム・メンデス 脚　本：アラン・ボール 製　作：ブルース・コーエン、ダン・ジンクス 撮　影：コンラッド・L・ホール 音　楽：トーマス・ニューマン	キャスト	レスター・バーナム　：ケヴィン・スペイシー キャロリン・バーナム：アネット・ベニング ジェーン・バーナム　：ソーラ・バーチ アンジェラ・ヘイズ　：ミーナ・スヴァーリ リッキー・フィッツ　：ウェス・ベントリー

嵐が丘 (1992)	**Wuthering Heights (1992)**		（執筆）武藤美代子

セリフ紹介	作品冒頭で、借家人ロックウッド氏が嵐が丘屋敷の主人ヒースクリフに挨拶に行った夜、吹雪でスラッシュクロス屋敷に帰れず、泊めてもらいます。その夜彼は、"Let me in. Let me in."「入れてよう。入れてよう」という少女の声を聞き、美しい顔を窓の外に見、さらに小さな冷たい手で両手を掴まれるという不思議な体験をします。原作の文体は年号が明記されるなどリアリズム風ですが、内容は魂や亡霊という見えない世界が描かれロマンス風です。キャシーはヒースクリフを愛しながらも、都会的なエドガーの求婚を受け入れます。"My love for Linton is like the foliage in the woods. Time will change it. My love for Heathcliff is like the eternal rocks beneath a source of little visible delight but necessary. Nelly, I am Heathcliff. I cannot live without my life. I cannot live without my soul."「私のエドガーへの愛は森の木の葉と同じ。時とともに変わるわ。私のヒースクリフへの愛は大地の岩のようなもの。人を楽しませはしないけど、なくてはならない。ネリー、私はヒースクリフなの。私は自分の命なしでは生きられない。自分の魂なしでは生きられない」と、彼女は家政婦ネリーに告白します。「私はヒースクリフなの」というキャシーの不可解なことばは、彼女とヒースクリフとの特別な関係を物語ります。キャシーが産後亡くなった後ヒースクリフは言います、"Haunt me. I know that ghosts have wandered the earth. Be with me always. Take any form. Drive me mad. Only do not leave me in this abyss where I cannot find you. I cannot live without my life."「幽霊が迷い出るのは知っている。私の所に出てくれ。どんな姿でもいい。私の正気を奪え。君のいないこの世は奈落の底なんだ。自分の命なしではいられない」と。ヒースクリフの異常なまでのキャシーへの愛情が窺えることばです。
学習ポイント	原作は名作ですので、映像を楽しむと同時に原作を味わう学習方法を紹介します。従って、映像による聴解と発話練習、そして原作の読解を取り入れた学習方法です。内容を十分に味わうために、読みやすく retold された Graded Reader（様々なレベルあり；以後 Text と表記）を薦めます。Text を読んで、文字から作品世界を自分で想像することも大切な作業ですので、ここでは映像を見る前に作品を読む方法を紹介します。Text は授業外で読むことを課題とします。全員が読んだことを確認する意味で、Summary をグループで発表させると良いでしょう。この場合、事前に字数を指示し Summary を書いてくることを課題に課すと良いでしょう。発表時は原稿を見ずに発表させるのも良い訓練になります。読解した内容を簡潔にまとめる脳の訓練やそれを人に伝えるための文章力および表現力の養成に加えて、英語の発話および聴解練習ができます。または、その場で要約を日本語で書かせて、発表させても良いでしょう。内容の理解度が確認できます。さらに、作品に関する自分の意見や感想、あるいは作品の主題等を英語で発表させても良いでしょう。グループの代表を選出してもらい、クラス全体で発表させても良いでしょう。情報を共有できると同時に、人の発表を聞くことは反省を促し向上心を育む機会となります。グループワークの場合、教授者は適宜机間巡視して、難解な箇所の説明や適切な英語表現等を指導すると良いでしょう。 　次に、映像を見ます。音声は英語です。クラスのレベルに応じて、字幕なし、英語字幕、あるいは日本語字幕にするか、さらに見方も決めましょう。2つの見方を紹介します。まず全体を見る方法です。視聴前あるいは後に、ワークシートで語句（意味や英語を書く、英語とその意味をマッチングする等）や内容に関する（True / False や選択式等）問題、英文穴埋め問題などに取り組ませます。さらに、聞き取れた英単語や英文、印象に残った英語表現などを書かせても良いでしょう。次に、場面を選んで視聴する方法です。本作品を理解する上で重要な場面（冒頭部分のキャシーの亡霊が出る場面やヒースクリフが戻ってきた場面など）を選びます。視聴後、ワークシートで難解な語句や重要な文法事項を学習した後、英文穴埋めによる聞き取り練習をします。このとき和訳をつけても良いですし、あるいは和訳を付けずに、意味を発表させても良いでしょう。さらに、登場人物の人数に合わせて、ペアあるいはグループでロール・プラクティスをし、一部暗唱させても良いでしょう。暗唱発表の前には音声を繰り返し聞き、シャドーイング等何度も発話練習をする時間を取りましょう。最終的に映画の音声を消し、アテレコでグループ発表させても楽しいでしょう。その場合全グループが同じ箇所、あるいは、各グループが連続する違う箇所を担当し皆で作品の一部を語らせるかを選択しましょう。クリスマスや学期末に、劇として発表させても良いでしょう。動きとセリフを一体化させることにより、ことばが定着し、実際の場面で使えることに繋がります。
あらすじ	原題の "Wuthering" は、「嵐のときに丘に吹きすさぶ風の怒り騒ぐさまを形容したこの地方の方言です」（原作より）。そこから、邦題は『嵐が丘』とされました。本作品は、嵐が丘の屋敷を舞台に繰り広げられるヒースクリフとキャシーの激しい恋の物語と彼の復讐劇です。2人の激情は、烈風吹きすさぶ嵐が丘の厳しい自然に呼応しています。本映画の冒頭に作者が登場し、物語創作の背景を説明します。語り手は荒れ果てた屋敷を見つけ、そこに実在したであろう世界を創作したと語ります。すなわち、現実と想像の世界を融合させた世界であることを宣言します。その想像力は目に見えない世界にまで飛翔し、魂を追求し、亡霊も登場する幻想的な世界が描かれます。ある日、キャシーの父親が旅先で浮浪児ヒースクリフを拾ってきます。2人は兄妹のように仲良く育ち、しだいに男女としての愛を育みます。一方、キャシーの兄ヒンドリーはヒースクリフを虐待し続け、父親の死後はますますひどくなり下男として扱うようになります。その後しだいにキャシーは町の生活に魅せられ、スラッシュクロス屋敷に住む紳士エドガーと結婚します。ヒースクリフは絶望し、ある日忽然と姿を消し、数年後裕福な紳士になって嵐が丘に戻り、彼の悪魔的な復讐劇が始まります。本作品はヒースクリフとキャシー、そして2人の子供の二世代に渡る壮大な物語となっています。構図的にも、2つの屋敷が表象する自然と文化を対立させバランスの取れた世界が描かれています。

映画情報	製 作 年：1992年 製 作 国：英国 言 　語：英語 ジャンル：ドラマ、ロマンス、文学作品 カラー映画	公開情報	公 開 日：1992年10月16日（英国） 　　　　　1993年 7月10日（日本） 上映時間：106分　画面アスペクト比：1.85：1 MPAA（上映制限）：（一般向きだが）子供には 　　　　　　　　　　　　保護者の指導が望ましい

薦	○小学生 ○中学生 ●高校生 ●大学生 ●社会人		リスニング難易度	発売元：NBCユニバーサル・エンターテイメント （平成29年2月現在、本体価格） DVD価格：3,980円

お薦めの理由	「おまえにしろ誰にしろ、自分以上の『自分の生命』がある、またはあらねばならぬ、という考えはみんな持ってるでしょう。もし私というものがここにあるだけのものが全部だったら、神が私をお作りになった甲斐がどこにあるでしょう」と、女主人公は言います。肉体と魂という深淵な問題を提示している作品です。作者の自由な想像力が読者の想像力を掻き立ててくれます。	スピード	3
		明瞭さ	3
		米国訛	4
		米国外訛	2
		語　彙	2
英語の特徴	この映画は、キャシーとヒースクリフの愛憎と彼の二世代に渡る復讐劇です。従って、会話では愛や激情、苦悩、怒り、妬み、恨みなどの表現が聞かれます。同時に、親子の深い愛情、祈りそして希望の表現も聞かれます。さらに、目に見えない世界が描かれ、心や魂、霊そして来世などについて語る読者の想像力を喚起する幻想的表現が聞かれ、豊かな表現を学ぶことができます。	専門語	3
		ジョーク	2
		スラング	3
		文　法	2

授業での留意点	原作は、ブロンテ姉妹として名高い次女エミリー・ブロンテによって書かれた名作です。世界の十大小説の1つとされ、あるいはシェイクスピアの『リア王』、ハーマン・メルヴィルの『白鯨』と並べて英語文学の三大悲劇の1つとされています。作品の創作の背景および主題は、階級社会と密接な関係があります。作品をより深く理解するために、その背後にある階級制度を調べさせても良いでしょう。階級差は、語彙、話し方および生活習慣等に現在も見られます。英語表現に見られる階級差を調べさせても良いでしょう。言葉の成り立ちおよびそれを包含する英国文化を知る重要な手がかりが得られるでしょう。 　19世紀ヴィクトリア朝は女性の名前では作品が売れないという事情から、ブロンテ3人姉妹は男性のペンネームを用いました。姉シャーロットの『ジェーン・エア』が売れ注目を浴びるようになった後、出版社に身元を明かすという経緯があります。社会で尊敬されている職業階級の親の娘として生まれながら経済的に自活できない女性たち、特に知的能力や芸術的才能に恵まれた娘がそれを生かす職業で自活したい場合、ガヴァネス（住み込み女性家庭教師）になるしかありませんでした。3姉妹はガヴァネスでした。ガヴァネスになる資格を得るため寄宿学校に行くことは必定でした。上流階級の子供が私立の寄宿学校に送られる前の家庭の教育や躾は母親ではなく、乳母、次に女性家庭教師の役目でした。19世紀は経済的に豊かになった市民階級が台頭し上流階級のまねをするため、寄宿学校の需要が急増したというのもこの時代特有の社会現象です。しかし、当時の英国のガヴァネスは実際のところ女中と同じで身分は低く、さらに他の召使いからは反感を持たれ、屈辱的な職業でした。この時代をより深く理解するために、女性の家庭および社会での地位やガヴァネスそして寄宿学校などを調べさせても興味深いでしょう。 　作品では、嵐が丘に建つアーンショー家と町にあるリントン家はそれぞれ自然と文化を表象し、構図的にバランスがとれた二項対立になっています。原作の書き出しに年号が明記され、あるいは、本映画の語り手が30年前の物語と言うようにリアリズム風に書かれていますが、魂や霊という目に見えない世界を描きロマンス風でもあり、両者を巧みに融合させた深淵な世界となっています。原作の構造は入れ子式で、作品の中に2つの物語があります。1つは、家政婦がヒースクリフとキャシーの過去の話を語り手ロックウッドに語ります。その家政婦から聞いた話を彼が読者に語るという形式です。さらに、物語は2人の子供の世代にまで及ぶ壮大な世界が描かれています。本映画は、その原作の壮大な世界を忠実に描いている貴重な作品です。原作の結末では、2人の亡霊が荒野を彷徨い、まるで子供時代に回帰した形で作品を閉じています。本映画は、子供の世代に焦点を充て、希望の暗示で終わらせています。原作および本映画の構造や翻案の意義についてなど、話し合わせても良いでしょう。

映画の背景と見所	原作の創作の社会的背景は、英国の階級制度が深く関わっています。ブロンテ姉妹の父親は牧師ですので社会的に尊敬され地方の上流階級と見做されますが、牧師の給料は安く経済的には地主階級と対等には付き合えません。しかし、牧師の娘たちはレディと見做され、さらに教養がありプライドもありますので農民階級とは別の人種という自負もあり、結果姉弟（全部で6人）だけの狭い空想世界で遊び、そこから作品が生まれたという経緯があります。ここに、著者を含む英国人特有の複雑な階級意識を窺うことができます。それは、本作品に色濃く反映されています。本作品は愛憎と復讐の物語ですが、その根底に強い階級意識が流れています。 　主人公ヒースクリフがキャシーの兄から虐待を受けるのは、ジプシーだからです。そして、愛するキャシーは結婚相手として彼ではなく、紳士のエドガーを選びます。キャシーへの愛は憎悪となり、加えてかねてからの虐待と屈辱により、ヒースクリフの嵐が丘屋敷とスラッシュクロス屋敷の人々に対する復讐劇が始まります。すなわち、ヒースクリフは階級社会の犠牲者とも言え、彼の憎悪と復讐心を中心に物語は展開します。彼の復讐劇はまず自分も紳士となり、且つ経済力を備えてきてから始まります。作者はさらに、魂の解放というテーマを加えます。身分が違うため現実世界で結ばれなかった2人は、異世界で結ばれます。ここに、魂に込められた作者の希望が窺えます。

スタッフ	監　督：ピーター・コズミンスキー 脚　本：アン・デブリン 製　作：メリー・セルフェイ 原　作：エミリー・ブロンテ 音　楽：坂本龍一	キャスト	キャシー　　　：ジュリエット・ビノシェ ヒースクリフ：レイフ・ファインズ ネリー　　　　：ジャネット・マクティア ヒンドリー　　：ジェレミー・ノーサム エドガー　　　：サイモン・シェパード

	イングリッシュ・ペイシェント	The English Patient	（執筆）井土　康仁

セリフ紹介	アルマシーは何かに縛られることなく、自由に生きることを望む人物です。彼が冒険家であることもそのためでしょう。自由を好む彼は、キャサリンに対して次のように言います： Almasy　　：What do you hate most? Katharine：A lie.　What do you hate most? Almasy　　：Ownership.　Being owned.　When you leave, you should forget me. 　もちろんアルマシーのセリフは、彼がキャサリンとの関係に溺れないために張った予防線でもあります。しかし彼はキャサリンを愛し、その愛に縛られ生きることにします："I promise I'll come back. I promise I'll never leave you."飛行機事故の後、洞窟に残していくキャサリンへの言葉です。彼は随分前から "Being owned" されていたことを次のように告白します："Every night I cut out my heart but in the morning it was full again." 　キャサリンとアルマシーの間に交わされるセリフには、男女の心の機微が垣間見えますが、ハーディの事故死の後の、キップとハナのセリフを追うと、この映画の別のテーマが見えてきます： Kip　：I was thinking – yesterday – the Patient and Hardy: they're everything that's good about England. I couldn't even say what that was. ...He didn't ask me if I could spin the ball at cricket or the Kama Sutra... Hana：You loved him. 　植民地と帝国がもたらした傷は、個々の間から癒されていくのかもしれません。

学習ポイント	主人公アルマシーは、ハンガリー人の伯爵です。彼は家柄ばかりか、知性も高く、常識をわきまえた人間です。英国地理学協会に加わり、地図の作成に関わっていることも、彼の人物像をよく表しているかもしれません。地図を作るためには、常に客観的な視点・思考が求められます。対象との距離を正確に測定し、判断する思考が。それゆえアルマシーは、自身をも常に客観的に見る癖がついてしまったのかもしれません。その時々の自分を冷静に観察し、判断を下す癖です。映画の最初のところで、彼が英国人士官から尋問を受けている際に、自分の酷い状況を分析する箇所が出てきます： "I have this much lung... the rest of my organs are packing up – what could it possibly matter if I were Tutankhamen? I'm a bit of toast, my friend – butter me and slip a poached egg on top." 　ジョークは、物事を客観的に見られてはじめて、生み出すことができます。瀕死の状態でも冗談が言えるほど冷静でいられる彼の心ですが、キャサリンの登場をきっかけに動きはじめます。そんな彼の気持ちの動きを追うことが、この映画の学習のポイントの1つとなるでしょう。 　アルマシーの心を動かしたキャサリンは、たとえ夫が一緒とはいえ、地図も整備されていないような時代に、砂漠にやってくるようなタフな女性です。そんな彼女の逞しさは、砂漠での事故の場面でよく見て取ることができます： "No, I insist.　There clearly isn't room for all of us.　I'm the least able to dig, and I'm not one of the walking wounded.　It's only one night!" 　アルマシーが自分に寄せる気持ちに気づきつつあるキャサリンは、砂漠で取り残される可能性さえある状況で、砂漠に残ると言い張ります。今でこそ、既婚の女性が夫とは別の男性と恋に落ちる話は、文学作品で頻繁に取り上げられるテーマですが（映画の中でも、ジェフリーがふたりの関係に気づいていることをにおわす箇所で、『アンナ・カレーニナ』の話が出てきます）、第二次世界大戦前後の時代にあって、キャサリンのような行動がもたらす波紋を調べていくのもいいように思います。 　最後に、もうひとりの映画の中心人物であるハナにも触れておきます。彼女はかなり若い、女性というよりはむしろ少女という設定です。彼女が愛した人達が死んでしまったこともありますが、少女であるがゆえに、ハナは周りの大人であれば歩かないところを歩いてしまい、どうなるか分からない状況下でアルマシーを看護すると言うのです。アルマシーを看護している間、彼女はいろんな人と出会い、徐々に変わっていきます。ハナの成長と、失望からの回復にポイントを置いて、彼女のセリフを追うのも効果的な学習となるでしょう。

あらすじ	一機の飛行機が砂漠で撃墜され、飛行機の中から大火傷を負った男が救出されました。男は、記憶はおろか自分の名前さえ定かではありません。時は第二次世界大戦末期。大火傷を負った患者が回復に努めている頃、彼は軍の部隊に所属するカナダ人看護師ハナと出会います。ハナはこれまで、何人もの人の死を目にしてきました。ときにそれは、愛する人でもありました。ある日友人が彼女の目の前で地雷の犠牲になります。その事故を受け、ハナは明確な理由を述べることなく、行動をともにしていた部隊から離れ、火傷を負った患者を看護することにしました。 　患者の身元は、すぐにははっきりしません。しかしながら、ハナが患者の傍らで語る物語がきっかけとなって、患者の過去が次第にその輪郭を取るようになっていきます。患者の名前は、アルマシー。ハンガリー人の伯爵で、冒険家としてアフリカの地図の作成に参加していました。そのアフリカの砂漠で彼はキャサリンと運命的な出会いをします。彼女は美しく、おまけに砂漠にやってくるようなタフな女性です。彼女が既婚者であることを知りながら、アルマシーはキャサリンにどうしようもなく惹かれていきます。やがてキャサリンも彼の気持ちに気づき、お互い駄目だと分かっていながら、離れられなくなってしまいます。そんな2人の関係に気づいたキャサリンの夫ジェフリーは、自らの命を賭して2人の仲を裂こうとします。

映画情報	製 作 費：約2,700万ドル 製 作 年：1996年　　製 作 国：米国、英国 言　　語：英語、ドイツ語、イタリア語、アラビア語 製作会社：ミラマックス 撮影場所：イタリア、チュニジア	公開情報	公 開 日：1996年10月（イタリア） 　　　　　1997年　4月26日（日本） 上映時間：162分 興行収入：7,865万1,430ドル（米国） 受　　賞：アカデミー作品賞他

薦	○小学生　○中学生　○高校生　●大学生　●社会人	リスニング難易度		発売元：ワーナー・ブラザース ホームエンターテイメント （平成29年2月現在、DVD発売なし） 中古販売店等で確認してください。

お薦めの理由	多くの映画が2時間弱の長さの中にあって、本作は大変長い作品となっています。ですので、大学の授業であっても1コマの中ですべてを観ることができません。 　しかしながら本作では、英語を学ぶ以上に映画を成り立たせているコンテクストを詳細に見ることで、作品を分析する力を養うことが出来るように思います。第二次世界大戦前後の世界情勢を整理するためにもいいように思います。	スピード	4	
		明瞭さ	2	
		米国訛	1	
		米国外訛	3	
英語の特徴	登場人物の多くが英国人ということもありますので、英国英語がこの映画の中心となっています。しかしながら、キップのようなインド系の人物も出てきますし、ハナはカナダ人という役ですので、様々な種類の英語を聞くことが出来ます（ちなみに、ハナ役のジュリエット・ビノシュはフランス人です）。米国英語に慣れてきた学生にとって本作は、国際英語に触れるいい機会になるでしょう。	語　彙	4	
		専門語	4	
		ジョーク	2	
		スラング	3	
		文　法	3	

授業での留意点

　一本の映画をすべて授業の中で見せることは、よほどの環境が揃わない限り難しく、それが二時間半を超えるような大作となると余計難しいでしょう。しかしながらこの作品は、時代的・文化的な背景説明を要する箇所が大変多く、学生に映画を観る、あるいは分析するための幾つもの視点を与えられる作品ですので、特にヨーロッパの現代史や文化史、あるいは文学それ自体を取り上げる授業には、大変良い教材になるように思います。専攻する分野を突き詰めるのも重要なことですが、分野を超える視点をもつことの大切さも、この映画で伝えられるでしょう。

　まずは、この映画には原作があり、原作と映画とはいささか違った物語が展開されていることを指摘するのもいいでしょう。文章が映像に変換される際、原作から失われてしまうものや、あるいは新たに付け加えられるものが生まれます。その変化＝アダプテーションをみていくことで、原作者と映画監督それぞれの小説理解をあぶりだすことが出来ます。文章から生み出されるものと、映像が生み出すものの差異を、この映画を授業で使うことでよりよく知ることが出来るように思います。

　映画の舞台が第二次世界大戦前後ということもあり、映画の中には歴史の流れが理解できていないと意味がとれない部分が大変多くでてきます。ですので、授業前におおまかな国際関係を復習しておくのもいいように思います。カラヴァッジョが逮捕され、アルマシーが名前を名乗れなかった理由も、歴史を知っておけばしっかりと理解できます。

　この映画では、地図が大きな役割を果たします。人工衛星を使ったマッピングが当たり前の今日とは大きく違い、地図を作成すること、つまり地図を所有することは、当時の国家にとって大きな意味を持ちました。莫大な費用をかけて作り上げた地図をもとに、戦略が立てられ、軍事を遂行していました。情報の量の違いが、戦争の勝敗を決定的に左右したのです。地図の歴史を紐解きながら、アルマシーたちが地図を作成していた状況を理解していけば、アルマシーのキャサリンに対する想いの重さを、より深く理解できるでしょう。

　登場人物の多くが英国人、というところも指摘しておく必要があるように思います。帝国であった英国が、アフリカの地図を作成する意図を調べさせることで、当時の国家間の争いの果てに今の国際関係があり、その影響の大きさを実感させられるように思います。

　キップがインド人であることも、この映画で深く考えさせられる点です。彼は地雷を処理する、大変危険な任務についています。その任務を担っていた彼が、英国が統治していたインドの出身であるという事実。それゆえ彼は、英国人に対し複雑な感情を持っています。彼と危険を共にするハーディが、キップの下で働き、お互い信頼しあっているというのも、キップという人物に深みを与えています。

映画の背景と見所

　原作者マイケル・オンダーチェは、スリランカで生まれ、11歳の時に英国に移住しました。その後、カナダへ渡っています。彼が書いた作品を読むとわかるのですが、アジアやアフリカなど様々な土地が、その小説の舞台となっています。これはもちろん、彼の直接の体験が関係しているというのもあるでしょうが、彼が文学作品を書きはじめたころにちょうど、世界の文学を支えていた価値観が失われつつあったことも大きく関係しているように思います。

　ちなみに、彼が最初の文学作品を世に問うこととなる処女詩集を出版したのは1967年で、エドワード・サイードが『オリエンタリズム』の殆どを書き上げたのが1970年代の半ばでした。

　西洋の視点から見た東洋というものに光が当てられ、そこに潜む歪みに意識的になること。この映画にも描かれている帝国主義的なやり方もまた、西洋中心が揺らいでいる今日的な視点から考えられるべき点でしょう。

　映画の見所としては、この物語がコンテクストと深く結びついて成立していることが挙げられるでしょう。簡単に言ってしまえば、歴史に翻弄される男女の物語となっていますが、作者はとても意識的にコンテクストに依存しながらこの作品を作っています。その意図された仕掛けを、一つひとつ解きほぐしていくのも、この映画の大きな見所となっています。

スタッフ	監督・脚本：アンソニー・ミンゲラ 製　　作：ソウル・ゼインツ 製作総指揮：ボブ・ウェインステイン 原　　作：マイケル・オンダーチェ 音　　楽：ガブリエル・ヤール	キャスト	アルマシー　　：レイフ・ファインズ ハナ　　　　　：ジュリエット・ビノシュ カラヴァッジョ：ウィリム・デフォー キャサリン　　：クリスティン・スコット＝トーマス ジェフリー　　：コリン・ファース

	インセプション	Inception	（執筆）山本　幹樹

<table>
<tr>
<td rowspan="2">セリフ紹介</td>
<td colspan="3">
Cobb　　　：What do you want from us?
Mr. Saito：Inception. Is it possible?

　　　　　　　（中略）

Mr. Saito：Hey, Mr. Cobb. How would you like to go home?
　　　　　　　　　To America. To children.
</td>
</tr>
<tr>
<td colspan="3">
　産業スパイであるコブが、ある会社から依頼を受け、サイトーに近づき情報を盗もうとします。しかし、計画をサイトーに見破られ、失敗に終わってしまいます。コブの一連の動きを見ていたサイトーは彼の仕事ぶりを買い、彼に、「インセプション」という難解な依頼をします。「できるか？」と問うサイトーに初めは「無理だ」とコブは断りますが、「家に帰るというのはどうかね？ アメリカに。子どもたちのところに」と、サイトーは取引の条件を提案します。世間を表立って歩くことのできないコブの心理を巧みについた提言で、結果的にはコブは依頼を引き受けることになります。
　上記のサイトーの依頼の仕方に注目してください。
</td>
</tr>
<tr>
<td rowspan="1">学習ポイント</td>
<td colspan="3">
　丁寧さについて、日本語と英語では大きく異なる場合があり、英語における丁寧な表現というものを我々は度々誤解することがあります。日本人ならではの気遣いというものが、不要であったり逆に誤解を与えたりする場合があります。例えば、英語は率直さを好む、と初めは教わりますがそれがいつでも通用するかといえばそうではありません。
　まず、"Thank you." という言葉1つでも違います。日本では買い物をすると、店員が「ありがとうございました」と言いますが、米国では、買ったものやおつりを渡してもらう時に、客の側が "Thank you." と言います。また、レストランで、ウェイターが料理を運んでくれたり、飲み物を注いでくれたり、何か機転を利かせてくれると、それに対して "Thank you." と言います。他に一例をあげると、学校において授業が終わる際に、教員が "Thank you for coming." ということもあります。このようなことは、日本ではなかなか見られないかもしれません。こうした、相手に何かをしてもらうという時は、してくれる側に対する配慮を示します。
　同様に、依頼の場合もそうです。例えば、気のおけない友人同士の間柄でも、頼む内容が大変になればなるほど、依頼する側の丁寧さはどんどん増していきます。宿題を手伝って欲しい場合は、結構丁寧な話し方が必要でしょう。依頼する際は、"Can（Will）you...?","Do you mind...?" と言った表現よりも、"Could you...?","Would you mind...?" の方が丁寧さが増しますし、もっと丁寧な話し方になれば "I was wondering if you could..." のような表現を使います。特に、面識のない人に対する場合はなるべく丁寧に話を切り出した方が良いでしょう。例えば、こんな笑い話があります。英国のテムズ川に落ちて溺れてしまった人が、通りがかりの人に助けを呼ぶ場合、"Help!" というのでは、大変失礼になってしまいます。そこで、まず、相手に呼びかけるために "Excuse me," と切り出し、"I was wondering if you could help me...." と長々と丁重に、助けてもらえるように呼びかけなければなりません。しかしその間に溺れてしまいそうですね。ただ、丁寧度を増すことで、相手が承諾してくれやすくなることもあれば、過剰に丁寧だと、かえって、相手に不快を与えるので気をつけましょう。
　丁寧表現については、依頼者の立場や肩書が相手より上にある場合でも、内容によっては、丁寧度をあげて伝えます。「セリフ紹介」のサイトーとコブの会話をみてみましょう。サイトーのセリフ "How would you like...?" は、「〜はいかがですか」という意味で、商売でもよく使われる表現です。このセリフはサイトーが頼む側であることを意味し、また、相手が "Yes" と言いやすいようにするための策略でもあります。この条件は、コブにとっては実現困難な、しかし切実な願いです。サイトーにはそれを実現できる能力や財力を持ち合わせていることも意味しています。サイトーの巧みな取引の手腕をじっくり見てみましょう。
</td>
</tr>
<tr>
<td rowspan="1">あらすじ</td>
<td colspan="3">
　主人公ドム・コブは、他人の見る夢の中に入り込み、その夢の中から重要な秘密を盗み出すことができます。夢を見る時の人間というのは無防備な状態にあるので、潜在意識に潜り込むことが容易であり、コブはそこから情報を盗むことを仕事としています。企業家はコブの才能を買い、産業スパイとしてライバル社の情報を盗むことを依頼します。しかし、国際指名手配をされ、最愛の家族とも切り離された生活を続けなければなりません。また、いかに綿密に立てた計画も強敵が予測不能に登場し、失敗してしまいます。そうした中、新たな依頼主サイトーが現れます。彼の要求はこれまでとは内容が異なり、情報を盗むのではなく、情報を植え付けることだと言います。サイトーはそれを "Inception" と呼びます。産業スパイを続けるコブを解放し、家族との平穏な生活を約束するというサイトーとの取引に彼は応じます。コブはこの難解な任務のために、仲間を集めます。銃も飛び交う熾烈な攻防戦の中、かろうじて計画は進み、ようやく目的達成かというときに、やはり強敵が現れます。それは、そもそもコブが精神的な問題を抱えているためです。夢の設計士として仲間に入ったアリアドネは、計画がうまく行かない原因がコブにあることを悟ります。計画を遂行する中で、コブの過去が次第に明らかになって行きます。彼が "Inception" を行ったのは、実は初めてではなく、その際は悲惨な結果を招き、そのことで、コブの精神状態は不安定になっていることが分かります。
</td>
</tr>
<tr>
<td rowspan="1">映画情報</td>
<td colspan="1">
製 作 年：2010年
製 作 国：米国
言　　語：英語
配給会社：ワーナー・ブラザース
撮影場所：米国　　ジャンル：SFアクション
</td>
<td rowspan="1">公開情報</td>
<td colspan="1">
公 開 日：2010年7月23日（日本）
上映時間：121分
興行収入：8億2,553万2,764ドル
音　　声：英語
字　　幕：日本語、英語
</td>
</tr>
</table>

薦	○小学生　○中学生　●高校生　●大学生　●社会人	リスニング難易度		発売元：ワーナー・ブラザース ホームエンターテイメント （平成29年2月現在、本体価格） DVD価格：1,429円 ブルーレイ価格：2,381円

お薦めの理由	日本人俳優の渡辺謙氏が出ているというだけでなく、彼の話す英語にはヒントがたくさんあります。他にも、英国人、フランス人、アジア人等、国際色豊かなキャストや、めくるめく舞台設定が、現代のグローバル化社会を象徴しているでしょう。コブの任務は犯罪行為ではありながらも、国際色豊かな仲間が集い計画を実行する姿は、今の世界に求められる共生を表しているとも言えるかもしれません。	スピード	3	
		明瞭さ	3	
		米国訛	3	
英語の特徴	アクション映画で、セリフがあまり多くありません。ですが、表題のインセプション（"inception"）に代表されるように、難解な語彙が多用されます。ちなみにこの語彙は、アルクが作成した語彙レベル（SVL12000）の12段階のうち最も高いレベル12に相当します。また、登場人物が様々な国の出身ですので、Mr. Saito の英語を筆頭に、外国訛りも聞かれますし、場面の端々では現地の言葉も発せられます。	米国外訛	3	
		語　彙	4	
		専門語	4	
		ジョーク	3	
		スラング	3	
		文　法	4	

授業での留意点	世界共通語となった英語は、"World Englishes" と呼ばれることがあります。"World Englishes" とは、英語は1つではなく、英語を母国語とする国や地域、また、英語が話される国や地域の数だけ存在するという意味です。これは、英語には話者の出身国や地域によって多様性が生じる、つまり、話者の国や地域の文化が反映されており、文法や語彙、発音にもそれぞれ特徴が表れることを示しています。例えば、国や地域ごとで独自の文法や語法ができていたり、語彙の意味や用法、また発音が大きく異なったりします。現行の TOEIC でも、リスニング問題は、英国、米国だけでなく、カナダ、オーストラリア等の英語の発音で出題されています。このように、グローバル化に伴い、英語はますます多様化を見せています。「その多様化を認めようではないか」という姿勢があり、さらには、TOEIC にも見られるように、世界のあらゆる英語に対応できる能力が必要とされるようになってきてもいます。 　この映画の展開においても重要となるサイトー役の渡辺謙氏の英語を聞いてみましょう。彼の発音は米国人や英国人の発音とも異なり、日本人独特であると言えるかもしれません。日本の英語の教材は、圧倒的に米国英語が多いので、それに慣れていると、渡辺謙氏の英語はしばしば異なって聞こえることもあるでしょう。英語を話す上でも、発音は重要ですが、「日本人はどうして米国人の英語のまねばかりするのか」と批判されることもあります。これは、米国英語が多い音声教材の影響も十分にありますが、米国英語や英国英語に近い発音をすることが良い発音、という考え方になってしまっていることは否めません。 　しかし、この映画を元に「日本人が話す日本人の英語があっても良いじゃないか」と、発音の良し悪しを気にせず、積極的に相手と関わる姿勢をサイトーに学ぶことができるのではないかと思うのです。筆者は、日本人の発音について、2015年の秋から冬にかけ、身近なネイティブスピーカーに5人程インタビューしてみました。日本人が発する英語の発音は、ぎこちなく聞こえる場合もあるが、さほど聞き取りにくいことはないという回答でした。"l" と "r" の使い分けや "th" の発音は、日本人が苦手とされるものですが、過剰に気にすることはないようです。もちろん、発音を間違ってしまうと、違う意味の語彙に聞こえてしまうし、意味が通じないこともありますから、注意は必要です。しかし、発音以上に、語と語の固まり（チャンク）や、イントネーションが重要になったりもします。様々な国の人々と交流するために、渡辺謙氏扮するサイトーの名セリフから学んでみるのはいかがでしょうか。 　また、日本の企業家が世界を飛び回る姿からも、現代のグローバル化を実感することができるでしょう。もはや、日本国内だけでは経済競争から脱却してしまう今の世の中です。この映画を元に「現代をどう見るか」といった目を養うことも必要となるでしょう。

映画の背景と見所	夢をテーマにしたストーリーがまず面白いと思います。映画の世界観はユニークで、内容の説明もなかなか難しいところです。作品は、コブの周りに次々仲間が集うと同時に、夢の世界の構造が分かりやすく説明されていきますので、徐々に理解できるようになり、その展開に引き込まれることでしょう。登場人物や舞台設定が国際色豊かで、物語の展開もスピード感があります。この作品は数々の過去のヒット作と、細かいところでつながりがありますので、これまでの名作のオマージュであると考えることができます。重なるシーンを探してみるのも面白いかもしれません。ちなみに、監督のクリストファー・ノーランは『ダークナイト ライジング』の監督でもあり、同一のキャストが、全く異なる役柄を演じているところも見所だと思います。見比べてみると面白いかもしれません。 　タイトルの "inception" とは「初め、発端」（『リーダーズ英和辞典』研究社）という意味です。この作品では、元々本人には存在しない概念を夢の中で「植え付ける」という意味で使われます。このキーワードを発するのが、渡辺謙氏扮するサイトーで、彼が、産業スパイとして暗躍するコブと、どのように取引するのかがかがまず見所だと思います。コブは産業スパイとしてはやり手ですが、この能力のせいで、過去に引き起こした事件に傷ついてもいます。つまり、精神的に抱えている問題があります。コブの心理的葛藤とその克服にも注目したいところです。

スタッフ	監督・脚本・製作：クリストファー・ノーラン 製　作　：エマ・トーマス 撮　影　：ウォーリー・フィスター 音　楽　：ハンス・ジマー 美　術　：ガイ・ヘンドリックス・ディアス	キャスト	ドム・コブ：レオナルド・ディカプリオ サイトー：渡辺 謙 アーサー：ジョセフ・ゴードン＝レヴィット モル　　：マリオン・コティヤール アリアドネ：エレン・ペイジ

インドへの道	**A Passage to India**	（執筆）朴　真理子

セリフ紹介

　日常生活では年長者からいろいろと学ぶことがあるものです。ここでは年長者である Mrs. More が若い Adela を諭し温かく見守る様子が興味深く描かれています。以下は Adela と Mrs. More が野外でティータイムを楽しんでいる際の会話です。そこで Adela は突然不満そうにつぶやきます。

Adela　　　：Cucumber.「キュウリだわ」Adela が何気なく漏らした言葉から Mrs. More は、Adela が現状に対する不満を抱えているらしいことを瞬時に察して次のように言います。

Mrs. More：My dear, life <u>rarely</u> gives us what we want <u>at the moment we consider appropriate.</u> Adventures <u>do occur, but not punctually.</u>
　　　　　　「ねえ、人生では自分に都合の良い時に欲しいものが手に入ることはめったにないものよ。わくわくするようなことも確かに起こりはするわ。でも、期待通りのタイミングで起こるというわけではないのよ」

また Adela が気まずそうに Mrs. More に詫びるシーンで Mrs. More はさりげない気遣いをみせます。

Adela　　　：<u>I'm sorry to have been so difficult.</u>「ずっと気難しくしてごめんなさい」

Mrs. More：Oh, I shouldn't worry. It's partly <u>to do with</u> this country and the odd surroundings.
　　　　　　「あら、気にしていないわ。きっとこの国とおかしな環境に関係があるのね」

相手の真の意図を汲み取るには、経験や相手への思いやりが大切なのかもしれませんね。

学習ポイント

　この映画を語学学習に役立てるうえでお薦めしたいのは、1. 発音、2. 表現、3. 論理構造のポイントに注目することです。では、これらについて以下に示してみましょう。

1. 発　　音：この映画では、英国式とインド式英語の発音の特徴を味わうことができます。例えば、英国式の発音は子音に特徴があり、とりわけ、/p/, /t/, /k/の音にはアスピレーション現象（強く呼気を用いる現象）が見られます。英国式の子音の発音については英国人の階級意識と深い関連があるとされていることも興味深い点です。その他、/r/の音では、英国式では米国式英語のように舌を巻いて発音しないことも特徴のひとつとして挙げられます。一方、インド式英語は英国式英語の影響を受けているものの、子音へのこだわりは英国式ほど強くないようです。こういった点に慣れておくことも、TOEIC 等の listening section 対策になるかも知れません。

2. 表　　現：この映画では、様々なセリフが楽しめますが、特に裁判シーンのセリフは、次の①〜⑦のように日常的にも使用できるものがあります。①Are you with me?「私の言っていることがわかりますか？」②I don't quite follow (you).「おっしゃることがよくわかりません」③I shouldn't have done that.「そんなことをするべきではなかったのに（してしまいました）」④That is what I meant.「そういう意味です」⑤Could I have a minute?「ちょっとお時間を頂けますか？」⑥I'm afraid I made a mistake.「間違いをしてしまったのではないかと思います」⑦I withdraw everything.「全面的に取り下げます」これら①〜⑦のセリフのうち、馴染みのない単語はどれくらいあったでしょうか？もし知らない単語があればこの機会に辞書を使って調べてみましょう。英単語の意味は１つの単語に１つの意味と限定して理解しないように注意したいものです。

3. 論理構造：英語と日本語の決定的な相違点は、単語レベルでは見えない論理構造に顕著に示されています。つまり、英語では、結論を先に述べてから理由や詳細を述べるのに対して、日本語では、理由や詳細の説明が結論に先行するという特徴があるということです。論理構造というものは、各文化により独自の特性があるのですが、センテンスやパラグラフ、文章全体のまとまりレベルに拡大されればされるほど、その相違が顕著に見えてきます。また、会話レベルでの応答においても、その特徴が感じられる場面がこの映画の中にも見られます。そういった違いに注目しながら映画を見るという視点も英語学習を行う上で大切にしたいものです。

あらすじ

　インドで治安判事の職に就いている Ronny に会うために母である Mrs. More と Ronny の婚約者の Adela が英国からインドにやってきます。インドに来て以来 Adela は Ronny との関係において違和感のようなものを感じ始めるのですが、それが何であるのか本人にもわかりません。そんな中出会った親切なインド人医師 Dr. Aziz が、Adela の中では次第に気になる存在になってゆきます。

　ある時 Dr. Aziz がたまたま提案した洞窟探検に Mrs. More と Adela が興味を示します。途中で気分が悪くなった Mrs. More が休憩している間、Dr. Aziz が Adela を洞窟へと案内することになります。Adela はひとりで洞窟に入ってしまいますが、Dr. Aziz は責任を感じ、懸命に Adela の名を呼び続けて探します。ところがその後、Dr. Aziz が Adela に乱暴を働いたという無実の罪で訴えられることになってしまうのです。Adela の妄想が生んだ話が原因で裁判にまで発展してしまいますが、証言の席で Adela は自らの申立を取り下げます。Dr. Fielding は英国人としては珍しくインド社会に偏見を持たない人物であり、Dr. Aziz の良き理解者であったのですが、裁判後に Dr. Fielding が Adela に同情を示したことが原因で Dr. Aziz と Dr. Fielding の間の友情に決定的な亀裂が生じてしまうのです。月日が流れても2人の間の溝が埋まることはありませんでした。

映画情報

製 作 費：1,600万ドル
製 作 国：英国、米国
言　　語：英語、ヒンドゥー語
配給会社：コロンビア映画
カラー映画

公開情報

公 開 日：1984年12月14日（米国）
　　　　　1985年　8月10日（日本）
上映時間：164分
興行収入：2,718万7,653ドル
字　　幕：日本語、英語他

薦	○小学生　○中学生　●高校生　●大学生　●社会人	リスニング難易度	発売元：20世紀フォックス ホーム エンターテインメント （平成29年2月現在、本体価格） DVD価格：1,419円

お薦めの理由	この映画は国籍、性別、貧富の差、肌の色、言葉、文化、及び、宗教の違いを超えて果して友情が成立するのかという困難なテーマを扱った作品です。テーマは必ずしも軽いものではなく結末もハッピーエンドとは言い難いものですが、インドという大自然が人間の理性も感情も全てを包み込み融合させるかのような救いを感じさせてくれるところにこの作品の魅力があると言えるでしょう。	スピード	2
		明瞭さ	3
		米国訛	1
		米国外訛	4
		語彙	3
英語の特徴	英国式とインド式の発音が混在していますが、スピードが早くないため聞き取りの負担は比較的少ないようです。時折ヒンドゥー語が混じりますが返事や叫び声程度であるため、内容の理解に影響は少なく、俗語、四文字言葉、暴力的、或いは、性的用語やシーンもごく僅かな例外を除き殆どと言ってよいほど含まれていません。民族間の若干の対立的揶揄は含まれますがごく一部の短いシーンに限られます。	専門語	3
		ジョーク	3
		スラング	2
		文法	3

授業での留意点

　この映画を授業で使用されるうえでは、異文化間コミュニケーションにおける問題解決方法という点について議論してみる、或いは、「差異」を理解しあうためにはどのような課題が生じるのかという点を学習者と考える良い機会となるでしょう。その際、教員から模範解答を示したり、「こうあるべき」という視点を与えたりせずに学習者の意見を自由に引き出すことが大切です。具体的な方法としてはペア、グループワーク、或いは、クラス全体という単位で議論してみることが可能です。また植民地支配という歴史現象を英語で学習することも一案です。一例を以下に示します。

①異文化理解タスク
　ペアワークで支配者役や被支配者役に分かれロールプレイを行います。その際、葛藤する場面の想定（どのような場面で葛藤や衝突が想定できるか）を学生間で行います。その後、葛藤や衝突への解決とは何かを話し合い、解決に至るプロセスまでに必要なことについて話し合って解決方法を模索します。ペアワークで話し合ったことをさらにグループメンバーと共有し、その内容を英語でクラス全体に伝えるためにどのようなpresentationが必要であるか相談し、準備を行ないます。質疑応答も含めてpresentationを行い、その後、教員から学生の学びで良かった点や今後の課題をフィードバックして終了します。まとめの際には、異なる文化を排除したり、批判したりするのではなく、受容し、共に歩もうとする姿勢を育みつつ学習者を見守りたいものです。

②植民地支配に関するリサーチタスク
　世界の様々な地域で植民地支配という現象が起こり、現在も尚苦しむ地域が世界中に多々あります。こういった事実については、インターネットなどを駆使して学習者自らに調査し、まとめてもらうような課題を設け、1）植民地支配が起こった経緯と現状の調査を行い、2）1）の共有をふまえて問題解決の提案をペアワークで行い、3）2つのペアが1グループ（4人グループ）となり、1）を共有します。それをふまえて、今後支配者側と被支配者側が対等な関係に発展するうえでの障害となると考えられること、また、対等な関係になるために解消されるべき問題等について共有します。それに対するフィードバックとして教員は、（民族）対立を平和的に解決するための方法として学習者の考えで特に良かった、或いは、評価できる点と今後の課題を整理してまとめます。
　以上1、及び、2については単独でも組み合わせて行うことも可能です。冒頭でも述べたように、学習者が先入観や偏見を持つことを避けるために教員が自らの考えを提示するのではなく、フィードバックとして最小限の軌道修正や補足説明を示すにとどめることが好ましいと言えるかも知れません。

映画の背景と見所

　この映画では植民地における支配者側と被支配者側という立場から、相手の文化をどのようにとらえるかという点が対比的に描かれています。また異なる立場同士が理解しあうこととはどのようなことなのか、理解をするためにどのような困難がつきまとうのかという人類普遍のテーマについて、宗教、年齢、性別、民族、人種等の差異を網羅しつつ描写し、問題の核心に迫っています。
　裁判シーンもまた見所の1つです。英国人が感情による根拠をいかにも論理的であるかのように論じてみせてもインド人の冷めた論理の前では呆気なく無残にも玉砕してしまうところはユーモラスです。また、登場人物の名前も重要なポイントとなっており、Adelaの苗字であるQuestedという語は、冒険心旺盛で枠の中では納まることのできない女性というイメージ形成に貢献しています。
　何といってもこの映画最大の見所は、インドの壮大な自然の中を象に乗って登場人物たちが移動してゆく華麗なシーンです。映画全体を通して感じられる生と死をモチーフとした豊かな描写、インドの生命力に満ちた鮮やかな色彩、野生の動植物、洞窟内のエコー、スコール、雪解けの川の流れなどの大自然のダイナミックで神秘的な描写は魅力に溢れており、圧巻です。

スタッフ

監　　督：デヴィッド・リーン
脚　　本：デヴィッド・リーン
製　　作：ジョン・ブラボーン
　　　　　リチャード・B・グッドウイン
原　　作：E. M. フォースター

キャスト

アデラ・クウエステッド：ジュディー・デイビス
アジズ医師　　　　　　：ヴィクター・バナルジー
ミセス・モア　　　　　：ペギー・アシュクロフト
フィールディング　　　：ジェイムス・フォックス
ロニー　　　　　　　　：ナイジェル・ハーバース

| | | ウェディング・プランナー | The Wedding Planner | （執筆）大石　晴美 |

（場面1）

　メアリーとスティーヴが互いの結婚式場から抜け出し、公園で出会った場面です。メアリーは、スティーヴに「私のところに来てくれてなんて親切なの？」と言ったあとに会話は続きます。

セリフ紹介

Mary : Where's Fran?
　　　（フランはどこ？）
Steve : She's in Tahiti... on our honeymoon. We didn't get married.
　　　（彼女は、新婚旅行に行くはずだったタヒチに旅立ったよ。僕たち結婚しなかったんだよ）
Mary : Because?
　　　（なぜ？）
Steve : Because she needs to find her own life. And I—
　　　（彼女は、彼女の人生を見つけたかったんだよ）
Mary : You what? What does Steve want?
　　　（あなたはどうしたいの？　スティーヴは、どうしたいの？）
Steve : I want to dance... with you.
　　　（僕はダンスを踊りたいね…君とね）

学習ポイント

　映画の中には、結婚式にまつわるさまざまな会話が出てきます、ロマンチックな表現、それに対比するかのようにギャグで笑いを誘う表現。ハラハラしながら、また、時に、笑いながら豊かな英語表現を習得することができます。
　結婚式の定型表現として、"This contract is not to be taken lightly but thoughtfully and seriously with a deep realization of its obligations and responsibilities...."　また、結婚を目前として、不安を表現する時に、"That's not chemistry, that's anxiety."「相性が心配ではなく、不安なんだよ」、自信をなくす新婦に対して励ましのセリフも出てきます。"You are exquisite."「すばらしいね」、"You are timeless."「かがやいているね」、などです。

　慣用表現も多く使用されています。いくつか紹介します。
1)　"Wedding is tomorrow. You do the math."　結婚式を翌日に迎えたある1人の女性クライアントが酷く日焼けをしてしまい、どうしたらよいのか相談している場面です。math は算数。つまり、「計算してみなさい」という表現から、「明日結婚式だよ。考えてみればわかる」という意味になります。
2)　"The clock is ticking"　時計がカチカチと時を刻んでいる、という表現です。意味は、「結婚式は3ヶ月後に控え、時間が足らない」ことを表しています。
3)　"I'd really like to just pick apart your brain."　医学に興味があるという会話の中で、「あなたの脳の一部分をつかんでみたい」という表現、つまり、「専門家と話して知識を得たい」という意味になります。
4)　"We need to powwow."　スティーヴとメアリーがダンスをしている会話の中で、フィアンセがいることを隠していたスティーヴに対して「ちょっと話をしたいことがある」とメアリーが言っています。
5)　"How about a quick recap here, Mary?"　メアリーの馬が逃走したときに、スティーヴが救助し、そのときにスティーヴ、メアリーも婚約者がいたと理解し「ここで話をつけよう」という意味で問いかけています。
　映画の中のセリフで、比較、現在完了形、関係代名詞に注目することもできます。"When I did Whitney Houston's wedding, she was even more nervous than you."「ホイットニー・ヒューストンの結婚式をプロデュースしたときには、彼女はもっと緊張していたよ」、"No one else has been married here before."「ここで結婚式を挙げるのは初めてだよ」、"I found you a man who has agree to marry you."「君と結婚したい人がいるよ」などです。何度も見るうちに、文法項目を意識せずに、自然に英語表現が身についていきます。また、状況に応じた独特の表現が面白くて繰り返し見たくなります。場面と英語表現がセットで記憶に残り、英語学習には効果的です。

あらすじ

　女性なら誰でもあこがれる結婚式が映画の舞台です。ジェニファー・ロペスが扮する主人公メアリーは、サンフランシスコで超一流のウェディング・プランナーです。幼い頃から結婚に憧れるものの、仕事に没頭し恋愛とは無縁の生活を送っています。父のサルヴァトーレは、そんなメアリーを心配し、メアリーの幼なじみであるマッシモとの結婚を勧めますが、メアリーは、当時の酷い印象が記憶に残り断固として拒否。そんなある日、会社社長の娘フランの結婚式のプロデュースを依頼されます。成功すれば共同経営者になる可能性があります。メアリーは、仕事にのめりこむあまり足元を見ないで歩き、路上でハイヒールが溝蓋にはまり歩けなくなり、その瞬間大きなゴミ箱がころがってきて事故に遭いかけてしまいます。偶然、その場に居合わせ助けてくれたのはハンサムな医師スティーヴ。メアリーは彼に一目ぼれをしてしまいます。しかし、ある日、スティーヴはフランの婚約者であることが発覚します。メアリーとスティーヴは、互いに惹かれ合うもののフランとスティーヴの盛大な式のプロデュースを進めていきます。やきもきするメアリーは、同日にマッシモとの結婚式を挙げることにしました。しかし、結婚式の当日、メアリーもスティーヴも、式場を抜け出してしまいます。最後は映画『卒業』を思い出させるシーンです。2つのカップルの恋愛関係を描く会話の中で、時折ギャグも発せられハラハラする場面を解消してくれます。

映画情報

製作費：3,500万ドル　　製作年：2001年
製作国：米国　　　　言語：英語
配給会社：コロンビア映画（米国）
　　　　　日本ヘラルド映画（PCH）（日本）
撮影場所：米国、サンフランシスコ

公開情報

公開日：2001年1月26日（米国）
　　　　2001年6月16日（日本）
上映時間：103分
MPAA（上映制限）：PG-13
字　幕：日本語

薦	○小学生　○中学生　●高校生　●大学生　●社会人	リスニング難易度	発売元：日本ヘラルド映画 （平成29年2月現在、本体価格） DVD価格：3,800円	

お薦めの理由	上映時間は2時間程度で学習にも最適です。結婚がテーマとなり家族や男女の人間模様とともに英語表現を学習することができます。これからの人生で、出会い、結婚を迎える学生にとって、英語学習のモチベーションも上がるでしょう。また、コミュニケーションにおいて微妙なニュアンスを表現するときは、慣用表現を使うのが効果的です。本映画は、場面が伴った慣用表現を容易に習得できるでしょう。	スピード	4
		明瞭さ	3
		米国訛	2
		米国外訛	2
英語の特徴	登場人物は、老若男女です。年代、性別によって、使われている英語表現がバラエティーに富んでおり、話す速度も異なります。周辺言語（速度、ピッチ、イントネーション）を把握することも、話者の意図を理解するのに効果的です。 　結婚式の誓いのセリフなどは、発話速度が遅くなり、危険が迫っている時など緊急性を要する場面では速くなります。こうした生の英語表現は、英語学習には必要な要素です。	語　彙	3
		専門語	2
		ジョーク	4
		スラング	2
		文　法	3

授業での留意点	この映画は、授業で用いても楽しく学ぶことができます。いくつかのシーンに分かれていますので、一つひとつのシーンを味わって、じっくり時間をかけることも効果的です。 　たとえば、1）導入：結婚式の裏舞台　　　　　　2）ウェディング・プランナーのオフィス 　　　　　3）スティーヴに助けられた路上　　　　4）メアリーと父親の会話 　　　　　5）フランとメアリーの会話　　　　　　6）結婚式を挙げるゴールデンゲートパーク 　　　　　6）フランとスティーヴの結婚式前　　　7）メアリーとマッシモの結婚式　など。 　これらの様々な場面に応じたイキな表現を学ぶこともできます。結婚式を目前に控え、双方にとってふさわしい相手なのか悩むシーンもあります。2つのカップルの恋愛模様を描いていますが、ドロドロとした感情の交差はなく、相手のことを考える表現であったり、時にコメディータッチの表現がされています。学生の動機を高め、会話表現の習得に直結します。結婚式の当日、式をキャンセルするのは、家族にとっても、招待客にとっても大きな影響があるはずですが、軽いタッチで描かれており、授業などでも、英語表現に集中することができます。 　日本人学習者にとって、映画の中で理解が難しい点は、ジョークやギャグが導く笑いです。映画の中の笑いを誘う表現もいくつか紹介します。父がメアリーにマッシモを紹介する場面で、メアリーが「マッシモって、小さいころふざけて泥を食べた男？」といった矢先に、ハンサムになったマッシモが現れ、祖母が、"That mud did him good." 「泥が彼をかっこよくしたのね」と発し、場を盛り上げています。路上で、スティーヴがメアリーを助けて上に乗ったまま苦しくないかと尋ねた時、メアリーが、"You are on top of me, cutting off my air supply." 「あなたが上に乗ってるから息苦しいの」と答えています。小児病棟に運ばれ子供たちに、メアリーが、ベッドの上で手足を伸ばし、"I'm paralyzed. I'm paralyzed." 「私、麻痺しちゃった！」と言ったことに対して、子供たちが、"If you're moving your arms and legs, you're clearly not paralyzed." 「手足が動かせるなら、麻痺してないわ！」とコメントしています。また、スティーヴがメアリーの首のギプスを外すときに、"You've got a big neck." 「大きな首だね」と言い、3年以上6歳以上の人にギプスをはめたことないからと皮肉な理由を述べています。ジョークは、その場の状況を把握しなければ理解できません。一人ひとりの発言に注意を向けてみましょう。 　結婚をテーマにした映画はいくつかあります。「映画の背景と見所」のセクションでも紹介しましたが、『卒業』、『ベストフレンズ』も引き続き鑑賞すると似たような表現がでてきます。同様のテーマを扱った映画を数多く見ることは、何度も同様の場面、同様の表現に出会います。語彙力、表現力を強化する良い学習方法です。
映画の背景と見所	結婚をテーマにした映画は、これまでにも多く製作されました。ダスティン・ホフマンが演じる『卒業』や三角関係を描く『ベストフレンズ』などがヒットしました。本映画『ウェディング・プランナー』も、2001年製作全米で公開されて、2週連続NO.1を獲得しました。夢いっぱいの憧れのウェディング・プランナーの仕事に就いていながら恋愛が苦手な主人公の恋の顛末が描かれています。彼女が一目惚れした相手がクライアントの婚約者だったことは、観衆が推測できるストーリーでしょう。仕事と恋の板挟みに悩む主人公メアリーの姿を描いたラブコメディーでもあります。 　尚、この映画は、主人公メアリーを演じるジェニファー・ロペスのために作られたスター映画ですが、ウェディング・プランナーの仕事も魅力的に描かれ、結婚式の裏舞台を垣間見ることができ興味深いです。同時に、サンフランシスコの美しい街並みも効果的な演出となっています。 　見所は、やはり最後のシーンです。ウェディング・プランナーのメアリーと偶然知り合った医師スティーヴ。互いに惹かれあいながらも恋はかないません。2人とも挙式当日に逃げ出してしまうストーリーは、予測できる展開ではあります。真の幸せは何かと問い、自分自身に正直に生きる瞬間が人々の注目を惹くところでしょう。ハラハラドキドキする中で、ところどころコメディーとしての笑いが観衆をほっとさせます。

スタッフ	監　　督　：アダム・シャンクマン 製作総指揮：ニナ・R・サドウスキー他4名 編　　集　：リザ・ゼノ・チャーギン 撮　　影　：ジェリオ・マカット 衣装デザイン：バメラ・ウィザース	キャスト	メアリー・フィオレ　：ジェニファー・ロペス スティーヴ・エディソン：マシュー・マコノヒー フラン・ドノリー　：ブリジット・ウィルソン マッシモ　：ジャスティン・チェンバース ペニー（メアリーの同僚）：ジュディ・グリア

ウォール・ストリート	**Wall Street:** Money Never Sleeps	（執筆）山本 幹樹	

Jake : You want to make last trade?
Gordon : Well, that depends.
Jake : Did you ever really want to reconcile with her?
Gordon : I'm human.
Jake : Then why did you do it?
Gordon : Well, it's the same answer.
　　　　　　（中略）
Jake : But no matter how much money you make, you'll never be rich.

セリフ紹介

物語後半の、ゴードン・ゲッコーと、主人公ジェイクの会話です。ジェイクに協力するはずだった彼は、娘をもだまし、彼女の資産を運用して投資家に返り咲きます。そんなゴードンを、ジェイクが問いつめるシーンです。ジェイクは最後の駆け引きを持ちかけ、娘と「本当に和解したかったか」と問うと、ゴードンは「人間だからね」と答えます。しかし、「なぜあんなこと（娘をだますこと）をしたのか」と問われると、「同じ答えだ」と言います。金の亡者のようなゴードンに対し、ジェイクは「どんなに金を得ても、あなたは決して豊かにはなれない」と言います。ゴードンの一連の行為が、果たして賛成し得るものなのか、見る側にも問いかけている場面だと思います。

学習ポイント

物事の本質は、易しい表現で十分に伝えることが可能であることを示す例文です。資本主義の世の中を象徴するようなゴードンのセリフにまず注目しましょう。この世の中で常にテーマとなる「金をとるか愛をとるか」という選択を迫る問いに対するセリフです。娘との関係を取り戻したいと言う気持ちは、ゴードンには確かに存在し、そこには家族愛が見られます。同時に、「なぜああいうことをしたんだ？」と問われても、同じく「人間だから」と言います。つまり、この世の中、愛も金も大切であると言う彼自身の哲学や、ある種の潔さが見られると思います。このように、逆の問いに対し、同じ答えをするところが面白いと思いませんか。会話は至ってシンプルですが、「人間だから」というセリフで、ゴードンの全てを表しているとも言えるでしょう。このように、自分の気持ちを簡単な言葉で表現することが重要です。難解な語彙を使う必要はありません。

それから、もう1つ重要と思われるのは、上記の最後のジェイクのセリフです。こちらも、物事の本質をついていると言えるでしょう。"no matter how..." は「いかに～でも（しようとも）」という意味で、参考書では "however" と置き換えられると説明されることが多い表現ですが、上記では "you'll never be rich" を強めます。いかに金持ちでも豊かになることはできない、つまり、豊かさとは何かというテーマを、ゴードンだけでなく、見ている者にも問いかけているように思えます。豊かさとは何でしょうか。上記は、映画を見た後にも、長く問いかけ続けるセリフではないかと思います。あなたも上記の表現を使って、名言を作り出してみませんか。

"no matter" は疑問詞をつなげて、同様の表現をたくさん作り出すことができます。例えば、"no matter who..." （誰が～しようとも）、"no matter what..." （何・どれが～しようとも）、"no matter when..." （いつ～しようとも）などがあります。上記のセリフのように、主張を強める時に使うと効果的です。こうした本質をつくようなことばを表現できるようになると良いですよね。

また、前後しますが、最初のジェイクのセリフの "trade" に目を向けてみましょう。ある情報をゴードンに与える代わりに、ゴードンに1つの要求をすることを「取引」と呼んでいるところは、ある意味比喩的でもあります。彼らは将来的に義理の息子と父親となる間柄であるのに、信託会社の社員と、その顧客として接しているように見えるからです。こうした表現に、彼らを義理の親子である以上に、お互いの投資家らしさを特徴付ける働きがあります。この映画には、このように、比喩表現がかなり見られます。それは、セリフの内容を豊かにし、話し手の知性を示します。味わい深さが増すのです。物事を何かにたとえることは、日本語でも行いますが、例えば、金を使った表現でいえば、"time is money" のように、こうした比喩表現を利用して、英語を話したり書いたりしてはいかがでしょう。

あらすじ

主人公ジェイクは、投資銀行に勤める金融マンで、社長からも信頼され、恋人との生活も順調に過ごしています。ところが、勤務先の銀行が突然破綻し、父親同然に慕っていた社長が自殺をしてしまいます。銀行の破綻が、実は陰謀によるものだと知ったジェイクは、その陰謀を企てた者がブレトンであることを突き止めます。その頃、過去に金融界に名を馳せていたゴードン・ゲッコーが本を出版します。ゴードンは、インサイダー取引の罪で逮捕された後、服役し、出獄していました。実は、ゴードンは、ジェイクの恋人ウィニーの父親なのですが、当時の事件で家族が離散し、息子（ウィニーの兄）が死別したため、ウィニーは父を嫌っています。ウィニーには内緒で、ジェイクは社長の復讐をするためにそのゴードンに近づきます。ゴードンに投資のヒントを得る代わりに、ジェイクはゴードンと娘の不和を解消するという取引をします。ゴードンは、不動産投資が間もなく焦げ付き、世界中が株価の大暴落に見舞われることを予測していました。そのような中、ジェイクの企てた復讐劇は、初めはうまく行くように思えたものの、後に失敗してしまいます。ブレトンが一枚上手だったというわけです。さらには、ゴードンさえも、予測のつかない行動に出てしまいます。ウィニーは父に絶望し、仲もなかなか元には戻りません。ジェイクの計画が裏目に出てしまい、ウィニーはジェイクとの婚約を解消してしまいます。

| 映画情報 | 製 作 年：2010年 製 作 国：米国 配給会社：20世紀フォックス 撮影場所：米国 ジャンル：サスペンス　　言　語：英語 | 公開情報 | 公 開 日：2011年2月4日（日本） 上映時間：127分 興行収入：1億2,730万2,512ドル 音　　声：英語 字　　幕：日本語、英語 |

薦	○小学生　○中学生　●高校生　●大学生　●社会人	リスニング難易度	発売元：20世紀フォックス ホーム エンターテイメント ジャパン （平成29年2月現在、本体価格） DVD価格：1,419円　ブルーレイ価格：2,381円

お薦めの理由	経済界を舞台にしたエンターテイメント映画ですので、楽しみながら経済について考えられる内容になっていると思います。ウォール街の出来事は日本経済とは決して無関係ではありませんから、この映画をきっかけに、世界経済にも関心を広げてみてはいかがでしょうか。また、単純なエンターテイメントではなく、人間の本質と資本主義というテーマ性も重要です。	スピード　3 明瞭さ　3 米国訛　4 米国外訛　2 語彙　4 専門語　4 ジョーク　3 スラング　3 文法　3	
英語の特徴	設定がウォール街という、特殊な舞台となっていますから、経済用語が多用されます。また、リーマンショックにまつわる話題から、時事的な語彙も多く出現しますので、こういった難度の高い語彙を増やすには良い教材となるでしょう。さらに、生活を金融界の用語で表したり、金融界を文学的に表現したりと、セリフは比喩の宝庫でもあります。会話スピード速くはなく、聞き取りにくいことはないと思います。		

授業での留意点

　この映画は、背景知識を身につける程、面白く鑑賞できる作品だと思います。逆に、背景知識に乏しければ、話の展開を理解するのに難しいテキストであるとも言えます。例えば、舞台の時間軸の設定が、リーマンショック前後の金融界となっていますから、リーマンショックとは一体何だったのか、知っておく必要があります。この事件は世界中を巻き込みましたし、日本経済にも大いに影響を与えましたから、ある程度知っていて当然だと言えるでしょう。この出来事は構造自体が複雑ですが、池上彰著の『知らないと恥をかく世界の大問題（第1弾）』（角川SSC新書）に分かりやすく書かれていますので、この映画を鑑賞する前後（できれば前）に一読されることをお薦めします。また、経済学に関する書物を英語で読んでみるのも良いでしょう。『スタンフォードで一番人気の経済学ミクロ編』および同タイトルの『マクロ編』（ティモシー・テイラー著、かんき出版）は大学の講義録で、米国を土台にした経済学であり、日本の事情とは異なる部分もありますが、経済学そのものの基本を中心として書かれていますから、共通点も多く見られますし、異なる視点から日本を見てみるのも良いでしょう。そこで、この原書に挑戦してみてはいかがでしょうか。もちろん、経済の専門用語は出てきますが、内容的には、高校までの政治経済の知識があれば十分だと思われます。翻訳をそばにおいて読むも良し、翻訳を読んだ後で読むも良し、発展的な学習ができるでしょう。

　映画において、金融界は、中国、インド、ブラジルなどの顧客をターゲットに、取引を進めていきます。経済競争の激化が世界規模で高まっている現代の世相を反映しているでしょう。これらの国々は著しい経済発展を見せていますから、今後注目する必要があると思います。こうした社会情勢を、自分のことばで、易しい表現で構いませんから、説明できるように練習してみてはいかがでしょうか。また、もちろん、日本経済を無視することはできません。2020年の東京オリンピックに向けて、日本経済も動き始めました。これまでのオリンピック開催国を鑑みれば、著しい発展を遂げたことは明白ですが、果たして、日本はどのように変わっていくでしょうか。こうした世の中の動きを見つめ、日本がどうあるべきかという、自分の意見を培い、外に発信していく必要があるように思われます。前出のティモシー・テイラー氏は、「経済学の基礎を知れば、世の中の仕組みが見えてくる。国民のためにどんな政策が必要かも分かってくる」（『マクロ編』p.2）と言います。自分たちの国をどういった方向に発展させていくべきか、意見を構築し、世界に向けて、日本はこういう国で、このように世界と共存していかなければならない、ということを発信していけるようになりましょう。

　さらに、この映画のテーマでもある、愛か金かという問題についても互いに意見交換してみるのはいかがでしょうか。ほんとうの豊かさとは一体なんだろうかとじっくり考えてみることも大切だと思います。

映画の背景と見所

　この作品は、1987年製作の『ウォール街』（Wall Street）の続編という形をとっています。監督は同じオリバー・ストーンで、初作はゴードン・ゲッコーを主人公としていました。両作とも、金融界という舞台から資本主義社会を映し出す映画となっています。今回の作品は、ジェイクや、婚約者であるウィニー（ゴードンの娘）、ジェイクの同僚や上司とのやり取りが中心となりますが、ゴードンも重要な役割を担っています。その昔幅を利かせたゴードン・ゲッコーからは資本主義を象徴するようなたくさんの名言が飛び出します。それを賛否するかは見る人それぞれだと思いますが、なかなか考えさせられるセリフだと思います。

　また、金を相手にゲームを進めるゴードン、ジェイク、ブレトンとは対照的な存在がウィニーです。彼女は非営利団体としての活動を進めており、金中心に計画を進めるジェイクに、時には辛辣な程、批判を浴びせます。極端に言えば、金か人間か、大切なのはどちらなのか、ウィニーの存在が問いかけになっています。失墜、復讐、失敗、成功といったエンターテイメントの要素が含まれるだけでなく、人間にとって大切なものは何かについて考えさせられる映画となっていると言えるでしょう。金融会社の破綻、新たな会社の設立、さらには破綻といったことが繰り返し行われ、ある意味この社会を風刺してもいると思われます。

スタッフ	監　　督：オリバー・ストーン 脚　　本：アラン・ローブ、スティーヴン・シフ 製　　作：エドワード・R・プレスマン 　　　　　エリック・コペロフ 音　　楽：スチュアート・コープランド	キャスト	ゴードン・ゲッコー：マイケル・ダグラス ジェイク：シャイア・ラブーフ ウィニー：キャリー・マリガン ブレトン：ジョシュ・ブローリン シルヴィア：スーザン・サンドラン

麗しのサブリナ	Sabrina	（執筆）網野千代美

セリフ紹介

　Don't reach for the moon. というセリフが、主人公サブリナの父親、フェアチャイルドによって映画の中で何度も繰り返されます。これは「身分違いの人」、「手に入らぬものに手を伸ばすな」という父親から娘へのアドバイスなのです。そして、映画の最初から画面上に浮かぶ大きな月が手の届かないものの象徴として使われています。パリに発つ前は父親のアドバイスを聞き入れ、デイヴィッドのことを忘れようとするサブリナです。

　パリでサブリナが大きな影響を受けるのが料理学校で知り合った74歳の男爵です。男爵は可憐なサブリナが気に入って、彼女が洗練された淑女に育つ手助けをします。I am trying to get over it. と恋を諦めようとするサブリナに向かって、Why try to get over it? You speak of love like it was a bad cough. と言ってからかいます。また、He doesn't even know I exist. Might as well be reaching for the moon. と言ったサブリナに、That's quite a moon. Oh, you young people, you are so old-fashioned. We are building rockets to reach the moon. と言い、時代がどんどん変わっていることを教えます。このセリフが老齢の男爵から発せられることによって、時代に敏感な心の柔軟さを持てるのは年齢に関係ないことに気付かされます。

　帰国後、サブリナは父親の言った言葉に心を乱される様子は全くありません。彼女は異国の地で男爵から様々なこと教えられ、人生とは自分で選び取るものだということを学び、自信にあふれて帰ってくるのです。父親に再度 Don't reach for the moon. と言われると、The moon is reaching for me. と切り返します。この表現によって、観客は彼女の内面に起こった大きな変化を知ることになります。大変興味深いセリフの展開になっています。

学習ポイント

　映画で使用されている言語は米国英語、英国英語、フランス語訛りの英語等です。英語は世界の共通語ですが、異なる地域で異なる英語が使用されています。英語学習では米国英語と英国英語が学ぶべきお手本であると考えられています。そして、確かにどちらかを学んでおけば困ることはありません。しかし、世界中には様々な訛りで英語を話す人口の方が多いことを知っておくべきです。母語ではない言語を話す時、母語訛りの英語になることは問題ではないのです。もちろん、なるべくネイティブの発音に近い発音が出来たら良いですが、それはまず無理でしょう。ただし、日本語にない音素、例えば/f/, /v/や、/l/, /r/等、意味の違いを生み出す音の発音の仕方は学んで身につけておくべきでしょう。後はあまり神経質にならないことです。ポイントが抑えられていれば理解してもらえるはずですから。この映画でもサブリナや父親の話す英語は英国英語ですし、ライナスやデイヴィッドの話す英語は米国英語です。また、パリの料理の先生や同じ教室の男爵はフランス語訛りの英語を話しますが、聴く人にはちゃんと意味が通じます。ポイントを押さえて、重要な音は発音されているからです。それぞれの英語の特徴を聴き分けて映画を観るとまたさらに興味深いでしょう。

　また、興奮した時、人の話すスピードは速くなります。例えば、自殺を図ったサブリナをライナスが救い出す時、デイヴィッドが新聞で自分がいつのまにか婚約したことになっているのを知って、その真相を知るためにララビー社のライナスの元へ出かけた時のスピード感溢れる話し方は大変面白いです。この場面の話のスピードについていけるようなら、かなりリスニング力が付いたということになるでしょう。

　この映画の中で気付くのは、主従関係です。英語は日本語と比較すると上下関係があまりない言語と言えますが、この作品では主人と使用人という構図がはっきりと示される場面が多く観られます。例えば、ライナスとサブリナの父親との会話場面で、聴かれる sir という敬称に気づくでしょう。目上の人に対して目下の人はこのように敬称を付けることで、お互いの立場の違いを示すことになるのです。日本ではこの敬称を英語教育の比較的最初の段階で習うため、女性にも付けて平気な人がいますが、女性の場合の敬称は ma'am であることを覚えておくと良いでしょう。男性と女性の話す表現があまり差がないとされる英語ではありますが、やはり、男性、女性と区別をしなければならないことがあります。

　この映画の主人公役のヘップバーンの他の作品、『ローマの休日』（この作品でアカデミー主演女優賞を獲得）、カポーティの原作を映画化した『ティファニーで朝食を』、『マイ・フェア・レディ』等を鑑賞し、役柄によって貴族の話し方、下町の花売り娘の話し方などを使い分けているのを鑑賞するのも面白いでしょう。

あらすじ

　主人公サブリナは、ニューヨークに近いロングアイランドに住む大富豪、ララビー家のお抱え運転手の娘です。ララビー家には2人の息子がいます。長男ライナスは名門イエール大学を卒業し、実業家として辣腕をふるっています。一方、二男のデイヴィッドは名門大学を出たり入ったり、結婚も3度のその度に離婚を繰り返しています。彼は兄との共同事業に名前を連ねてはいますが、事業を拡大することにはまったく興味がありません。彼の興味はもっぱら女性にあるというプレイボーイです。サブリナはそんなデイヴィッドに幼いころから憧れ、恋していました。身分違いのかなわぬ恋に心を燃やす娘を観て、不憫に思った父親のフェアチャイルドは、彼女をパリの料理学校に送ることを決意します。デイヴィッドから時間と距離をおくことで、娘が恋を諦めるのではないかと考えたからです。料理学校で腕を磨き、そこで知り合った男爵から人生についても色々学んだサブリナは2年後、見違えるように洗練された女性となって戻ってきます。彼女の美しさに心を奪われたデイヴィッドはすっかり夢中になり、婚約者がいることも忘れそうになります。彼の結婚はララビー家にとっては事業を大きくするための重要な意味を持つものであったため、兄のライナスは策略をめぐらせ、サブリナとデイヴィッドの仲を裂こうと画策します。しかし、やがてライナス自身がサブリナの魅力にとらわれ恋に落ちてしまうのでした。サブリナ、デイヴィッド、ライナスの恋のゆくえは…。

映画情報

原　　作：サミュエル・テイラー
製 作 費：2,238万,813ドル
製 作 年：1954年
製 作 国：米国　　言　語：英語
撮影場所：米国　　配給会社：パラマウント映画

公開情報

公 開 日：1954年9月22日（米国）
　　　　　1954年9月28日（日本）
上映時間：113分　興業収入：1,000万ドル
受　　賞：第27回アカデミー衣装デザイン賞
　　　　　（白黒部門）

薦	○小学生 　○中学生 　●高校生 　●大学生 　●社会人	リスニング難易度	発売元：NBCユニバーサル・エンターテイメント （平成29年2月現在、本体価格） DVD価格：1,429円　ブルーレイ価格：2,381円

お薦めの理由	殺伐とした社会情勢だからこそ、こんなおとぎ話が現実から逃避させてくれる清涼飲料水のような役割を果たします。また、白黒の画面から、観るものの想像力が一層掻き立てられます。例えばサブリナがパリに出かける前の服装や、パリから持って帰ったドレスの色は何色だろう、などと考えるだけでも楽しいでしょう。薄汚い場面がなく、汚い言葉も話されていないので、どの年齢層にも使って問題ないでしょう。	スピード	3
		明瞭さ	3
		米国訛	2
		米国外訛	3
		語　　彙	3
英語の特徴	米国英語と英国英語の対比を楽しめます。ライナスやデイヴィッドの話す英語は米国英語ですが、フェアチャイルドが話す英語は英国英語です。助動詞 can の彼の発音に耳を傾けて、英語の違いに気づいてください。また、サブリナの話す英語は大変明瞭で聴き取り易いです。ライナスの口ごもるような発音が聴き取れるかどうか、デイヴィッドが怒る時のスピードの速さについていけるかを試すのも面白いでしょう。	専門語	2
		ジョーク	1
		スラング	1
		文　　法	3

授業での留意点	映画のセリフにスラングが少なく、どこの場面を切り取っても英語学習に役に立ちます。一部を紹介します。 1) 映画の最初の場面は Once upon a time というおとぎ話の最初の表現から始まっていて、これを覚えると学習者は自分でストーリーを書き始められます。 2) ララビー家のパーティーの夜に木に登ってその様子を覗いているサブリナと通りかかったデイヴィッドとのやり取りに David: I thought I heard somebody.　Sabrina: No, it's nobody. とあります。ここでは some, any, no の使い分けを学習できます。 3) テニスコートでデイヴィッドとそのガールフレンドが一緒のところを見て、ショックを受けたサブリナが部屋に駆け上がる前に、父親と交わす会話では否定表現を学ぶことが出来ます。英語と日本語における否定語で回答する場合、違いがあることを、また、付加疑問文の作り方も同時に学習できます。 Fairchild : You won't forget your passport in the morning?（朝パスポートを忘れるんじゃないよ） Sabrina　 : No, father.（はい、お父さん） 日本語では「はい」、ですが、彼女の発言は No となっています。つまり、否定文を肯定する場合と否定する場合の英語と日本語の答え方が異なることを学習出来るのです。 4) 手紙の場面では、サブリナが書く文章を英語学習に利用できます。 Dearest Father, I don't want to go to Paris.　I want to die.　Please forgive me for what I am about to do. Goodbye, Sabrina. P.S. Don't have David at the funeral.　He probably wouldn't even cry. まずは手紙の書き出し、Dear またはDearest を使用すること。さらに、熟語 be about to の使い方。また、P.S. の意味。加えて、動詞 have の所有以外の用法等、この短い手紙文でかなり多くの文法を学ぶことが出来ます。 5) 自殺を図ったサブリナと彼女を助けたライナスとの言葉のやり取りの中で、仮定法を学ぶことが出来ます。 Sabrina : I didn't want to disturb anyone. Linus 　 : You might never have disturbed anyone again. Linus 　 : Certainly, what do you suppose would've happened if I hadn't come along? Sabrina : I'd have died. 上記は映画の前半のほんの一部です。その他、映画のどの場面を切り取っても英語学習の教材として教室で安心して使用できます。

映画の背景と見所	この映画が作られたのは1950年代。日本はまだ敗戦から完全には復興していない時期です。しかし、ライナスを乗せる車にはすでに電話が取り付けられています。車内からオフィスの秘書に色々な指示を出す場面や、ニューヨークの街並みが21世紀の現代とそれほどかけ離れてはいない映像を観ると、いかに当時の米国が豊かな国であったのか思い知らされます。さらに、街並みを歩く人々の服装に目を向けると、当時の人々の生活ぶりを窺い知ることができます。人々は現代よりもきちんとした身なりをし、確実に場面に応じて礼装しています。階級や身分制度の賛否は別にして、立場によって身につけるものが異なっている映像に触れると、最近あまり聞かれなくなった T.P.O. という表現が思い出されます。全てがカジュアルになり過ぎた現代、このころを少し見習いたい気分になるのです。 　この映画の最大の魅力はなんといっても主人公サブリナを演じたオードリーにあります。彼女がパリに発つ前の素朴な美しさ、そして、帰国した時の洗練された美しさ、どちらも非常に魅力的です。目の前に彼女が現れたらどんな人も心を鷲づかみにされることでしょう。さらに、サブリナを取り巻く人々の暖かさが心地よいのです。父親はもちろん、ララビー家に勤めている誰もがサブリナを愛し、彼女の幸福を願っている様子が大変ほほえましいです。何度観ても夢を与えてくれるホッとする内容の映画だと思います。

スタッフ	監督・製作・脚本：ビリー・ワイルダー 脚　本：サミュエル・テイラー、アーネスト・レーマン 編　集：アーサー・シュミット 撮　影：チャールズ・ラング 音　楽：フレデリック・ホランダー	キャスト	ライナス・ララビー　　　　：ハンフリー・ボガード サブリナ・フェアチャイルド：オードリー・ヘップバーン デイヴィッド・ララビー　　：ウィリアム・ホールデン トーマス・フェアチャイルド：ジョン・ウィリアムズ オリヴァー・ララビー　　　：ウォルター・ハンデン

		エターナル・サンシャイン	Eternal Sunshine of the Spotless Mind	（執筆）平野　順也

セリフ紹介

MARY　　　　　: Yeah, oh, and there's this other one I like. It's by Pope Alexander, and I goes….
DR. MIERZWIAK : Alexander Pope?
MARY　　　　　: Oh, yeah… yeah. Shit. It's just that I told myself not to say "Pope Alexander" and sound like a dope… and then I go ahead and say it.
DR. MIERZWIAK : Well, it's no big deal.
MARY　　　　　: You're such a sweetheart. The quote goes…
　　　　　　　　 How happy is the blameless vestal's lot
　　　　　　　　 The world forgetting, by the world forgot
　　　　　　　　 Eternal sunshine of the spotless mind
　　　　　　　　 Each pray'r accepted, and each wish resign'd

　この場面では、メアリーが上司である DR. ミュージワックに好印象を与えるために、彼女が最近読んだ本から心に残った引用を披露しています。一生懸命な彼女ですが、アレキサンダー・ポープのポープを彼の姓ではなく、「法王」という尊称と勘違いして、彼から正されています。彼女の引用に映画のタイトルもありますので、映画を理解するためにも重要なセリフだといえるでしょう。

学習ポイント

　ジョエルとクレメンタインの恋愛物語がこの映画の中心です。「授業の留意点」で詳しく説明しますが、物語の筋は複雑に構成されており、恋愛物語に特有の、出会いから始まり恋が実ったり、時には別れたりすることで終わりを迎えるというような、単調な流れでは進みません。セリフの細かい表現に注意することで、2人の関係が今どの段階にいるのか、幸せなのか、不幸せなのか、が理解できるようになっています。例えば、次のセリフの例では何が分かるでしょうか。

JOEL　　　　　　: "November 19th 2003. Dinner at Kang's, again. Are we like those bored couples you feel sorry for in restaurants? Are we the dining dead? I can't stand the idea of us being a couple people think that about." (He fixes Clementine's hair) I like that. How's chicken?
CLEMENTINE : It's good. More?
JOEL　　　　　　: No. no, thank you. "She's gonna be drunk and stupid now."
CLEMENTINE : Hey, would you do me a favor and clean the goddamn hair off the soap when you're done in the shower? It's really… gross.
JOEL　　　　　　: Yeah, it's gross.
CLEMENTINE : It's just..
Both JOEL and CLEMENTINE : …repulsive.

　この場面では、ジョエルが Kang's での食事を回想しています。"November 19th 2003. Dinner at Kang's, again."で始まります。ここで "again" が使用されているだけですが、新しいレストランを見つけるわけでもなく、同じ場所に繰り返し訪れているということが理解できます。勿論、その後に続く会話からも2人が倦怠期を迎えていることが分かります。「チキンの味はどう？」と、ジョエルが聞いているのも沈黙に耐えられないからでしょう。ジョエルが途中で "She's gonna be drunk and stupid now." とかなりストレートに彼女に対する嫌悪感を表していますが、ここはジョエルの心情を表しているセリフで、決してクレメンタインに届いていないという点にも注意する必要があります。また、このようなセリフがなくても、この場面の会話から2人の間にある大きな溝を理解することができるでしょう。シャワー後の掃除について話し始めたクレメンタインは、明らかに食事を楽しんでいるわけではないようです。最後に "It's just repulsive." というセリフが使用されていますが、repulsive とクレメンタインが言い終える前に、ジョエルも同じことを言っていることから、このセリフが彼女の口癖であることが分かります。

あらすじ

　ある朝、さえないサラリーマンのジョエル・バリッシュはいつものように目を覚まします。しかしなぜか心重く、出勤する気分にもならず、そして理由もわからないまま、海のある街モントークに向かいます。そこで物思いにふけるジョエルは青く髪を染めた不思議な女性クレメンタインに出会います。最初は訝しげに思っていましたが、ジョエルはクレメンタインに徐々に惹かれていきます。そして2人は仲睦まじいカップルになるのですが、問題がなかったわけでもなく、ある日を境にクレメンタインはジョエルを全くあったこともない赤の他人のように扱うようになるのです。そして、ジョエルは彼の友人から、クレメンタインはジョエルに関する全てを消去する手術を受けたのだと教えられ、ジョエルも同じ手術によってクレメンタインのことを忘れ去ろうとするのです。手術はジョエルの眠っている間に、2人の医師によって行われます。手術では、まるでコンピューターのデータのようにジョエルの脳内に存在するクレメンタインの思い出を特定し、それを消去していくのです。手術中のジョエルは1つまた1つと消されていくクレメンタインに寂しさを感じるのですが、睡眠薬を飲んでいるため何もできません。しかし、やがてジョエルは彼女との思い出の大切さに気づき、「思い出」のクレメンタインとともに、医師たちから彼女を守るため、消されつつある記憶の中で逃亡を始めるのです。

映画情報

製　作　費：2,000万ドル
製　作　国：米国
製作会社：ディス・イズ・ザット
配給会社：フォーカス・フィーチャーズ（米国）
　　　　　ギャガ（日本）

公開情報

公　開　日：2004年3月19日（米国）
　　　　　　2004年3月19日（日本）
上映時間：107分
興業収入：3,440万301ドル（米国国内）
　　　　　3,785万7,825ドル（米国国外）

薦	○小学生　○中学生　○高校生　●大学生　●社会人	リスニング難易度	発売元：ギャガ（平成29年2月現在、本体価格）DVD価格：1,143円 ブルーレイ価格：2,000円

お薦めの理由	この映画の魅力はユニークな物語と映像効果にあります。登場人物の脳内で繰り広げられるラブ・ストーリーと逃亡劇が、時には面白く、時には悲しく綴られていきます。不思議な設定でありながら、誰もが共感できるような内容になっています。セリフの多くも私たちが一度は経験したことがある、恋愛の楽しさや悲しさを表していて、映画を楽しみつつも、英語を学習することができると思います。

スピード	3	
明瞭さ	4	
米国訛	4	
米国外訛	1	

英語の特徴	詩的なセリフが多いですが、難易度は決して高いわけではありません。また使用されている語彙も、比較的簡単で、セリフの内容把握は難しくないでしょう。基本的に恋愛物語に登場するようなセリフが多く、例えば単語が分からないといった場合であっても文脈から推測しやすいかもしれません。発音も聞きやすいので、教材として使用しやすいですが、物語が複雑なので、場面の説明を丁寧に行う必要があります。

語彙	3	
専門語	3	
ジョーク	5	
スラング	4	
文法	4	

授業での留意点	「学習ポイント」で簡単に説明しましたが、この映画の面白さは単純な時間の流れというのが無視され、現在と過去の出来事が、起こった順番を無視されて、物語の筋に組み込まれています。また、記憶を消去する手術を受けている場面では、手術が実際に行われている「現在」と記憶されている「過去」が絡み合う時もあります。そのため、物語や会話をきちんと理解するためには、今、いつの出来事が扱われて、誰が登場し、その時の心境はどのようなものなのか、を把握しなくてはなりません。「学習ポイント」では倦怠期を迎えている2人がいつもと同じ Kang's で食事をしている場面を紹介しましたが、ここではその続きをみてみましょう。Kang's の場面の後は、パトリックとスタンが眠っているジョエルからクレメンタインの記憶を消去している「現在」の場面が続きます。そして、そこではパトリックがクレメンタインに電話し、2人の会話を Kang's でクレメンタインと食事をしている「過去」のジョエルが聞くという摩訶不思議な場面です。ここではパトリックがクレメンタインに対して好意を持っており、彼女に近づいているということが説明される、物語の進行において非常に重要な場面でもあります。 STAN　　　　　　　　　　　　　　　：Patrick, can we get through this? Patrick? PATRICK (to the phone)　　　　 ：Hey tangerine. CLEMENTINE (on the phone)　：Oh, Patrick, it's you. Ugh, I'm so miserable right now. PATRICK (to the phone)　　　　 ：What's wrong? CLEMENTINE (on the phone)　：I don't know. I'm just kind of confused about everything. PATRICK (to the phone)　　　　 ：Confused? Well, what are you confused about? Everything's fine. Do you love me? CLEMENTINE (on the phone)　：Of course, I do. Do you think I'm ugly? PATRICK (to the phone)　　　　 ：No. You're beautiful. Maybe I should come over. CLEMENTINE (on the phone)　：Oh, no. I don't know. I'm a mess, Patrick. PATRICK (on the phone)　　　　：Just let me come over. I'll cheer you up. CLEMENTINE (on the phone)　：OK. PATRICK　　　　　　　　　　　　 ：Stan, can I leave for a while? My girlfriend's really upset. STAN　　　　　　　　　　　　　　　：Patrick, we're right in the middle of erasing. クレメンタインとパトリックの会話は「現在」、聞いているジョエルは「過去」にいる奇妙な場面です。

映画の背景と見所	チャーリー・カウフマンやミシェル・ゴンドリーという名前を聞いてピンとくる人なら、かなりの映画通だといえるでしょう。2人ともオーソドックスなハリウッドの枠には入らない非凡な才能の持ち主です。もしかして、ハリウッド的と思われること全てから距離を置いていると言った方が適切かもしれません。そんな2人がタッグを組んだ映画では非常にユニークな物語が不思議な映像を通して語られています。脚本を担当したチャーリー・カウフマンは、名優ジョン・マルコヴィッチの脳内に続く穴を見つけるという『マルコヴィッチの穴』やニコラス・ケイジがチャーリー・カウフマン自身と彼の双子の弟（実際にはチャーリーに双子の弟はいません）を演じる『アダプテーション』という一癖も二癖もある映画の脚本で有名です。監督のミシェル・ゴンドリーは、ビョーク、ローリング・ストーンズ、そしてホワイト・ストライプスのミュージックビデオの監督として名をはせ、その後は『恋愛睡眠のすすめ』、『僕らのミライへ逆回転』、そして最近では『ムード・インディゴ：うたかたの日々』といった、決してテクノロジーに頼ることなく手作り感覚のあたたかい特撮が満載の作品で知られています。この映画では、勿論脳内の記憶の中で起こる逃亡劇という不思議なシチュエーションでの恋愛物語を楽しむことができますし、またこのような物語を飾る個性溢れた演出が見所だと言えるでしょう。

スタッフ	監　督：ミシェル・ゴンドリー 脚　本：チャーリー・カウフマン 製　作：アンソニー・ブレグマン 原　案：ピエール・ビスマス 音　楽：ジョン・ブライオン	キャスト	ジョエル・バリッシュ　　　　　：ジム・キャリー クレメンタイン・クルチェンスキー：ケイト・ウィンスレット パトリック　　　　　　　　　　：イライジャ・ウッド メアリー　　　　　　　　　　　：キルスティン・ダンスト ハワード・ミュージワック：トム・ウイルキンソン

エバー・アフター	Ever After	（執筆）網野千代美

セリフ紹介

Henry : I have no desire to be king.
Danielle : Oh, but think of all the wonderful things you could do, for your country, for the world.
Henry : Yes, but to be so defined by your position, to never be seen as who you are, but what you are. You have no idea how insufferable that is.
Danielle : You might be surprised.
Henry : Really?
Danielle : A gypsy, for example, is rarely painted as anything else. They are defined by their status as your title defines you, yet it is not who they are. You have been born to privilege and with that comes specific obligations.

　王にはなりたくないと言うヘンリーに、その地位があることで国のため、世界のために何かが出来ると諭すダニエル。それに対して、王子は自分が何者であるかではなく、身分によって判断されることがどれだけ耐えがたいことかと反論します。しかし、彼女はジプシーを例に挙げ、ジプシーはジプシーとしてしか扱われないのだと理論を展開。さらに彼女の言う「あなたは特権を持って生れてきたのだから、それに伴う義務もあるのです」と言うセリフはヘンリーの母親である女王によってもお城の中の一場面で You were born to privilege, and with that comes specific obligations. と語られています。人は立場によって、なさなければならないことがあることを気付かせる場面です。

学習ポイント

　映画は、貴族が出てきたりするので話し手と聞き手の身分関係がはっきりわかります。また、場面によってはきわめて丁寧な表現が多く使われています。ですから、どの場面のセリフを取り上げて学習するのか躊躇する必要はありません。英語においても丁寧な表現や敬語に当たるものが含まれていることを学ぶことが出来るはずです。例えば、人に呼びかける場合、話し手の身分に対する敬称等が出てきますから、それによって、話している当人たちの関係が理解できるのです。ここではそれらの例をいくつか出してみましょう。

　Sir（男性に対する敬称）、Sire（高位あるいは権威ある人物に対して用いる敬称）、Signor（Mr. に当たるイタリア語）、Your Highness, Your Majesty, Baroness, Madame, My Lord, など、挙げれば、きりがありません。また、親子の関係においても、ダニエルが義母に対して、Madame という敬称を使っている場面や、母親が娘たちに対して、呼びかけるときに Ladies を使ったりする場面が出てきます。

　敬称は呼びかける側が、相手に対してどのような立場であるのかによって異なります。また、相手にどのような感情を抱くかによっても異なります。場面によっては相手に対して気持ちの変化が起こり、とたんに敬称が違うものになったりします。例えば、ふさわしくない敬称を使ったことが分かった時や、相手への怒りがこみ上げたりしたときなどにも変化します。2つの場面を上げて説明してみましょう。

1）馬を取られそうになったダニエルのヘンリー王子に対しての呼び方が変化した場面です。最初は王子にたいして "thief"（泥棒）と呼びますが王子であるとわかったとたん、呼び方が "Highness"（陛下）に変わります。

　　Danielle : Forgiveness, Your Highness. I did not see you.

2）ヘンリーが腹を立てたときにレオナルド・ダ・ヴィンチに対しての呼び方が変化した場面です。ヘンリーはレオナルドに対して尊敬の念を抱いているので、彼に話しかけるときには "Signor" を用いています。しかし、ダニエルをうそつき呼ばわりして城から追い払ったヘンリーの態度を見て、レオナルドがヘンリーを責めます。すると、責められたヘンリーはレオナルドに怒りを覚え、この場面では "Signor" という呼びかけは "old man" に変化します。怒りによって、ヘンリーのレオナルドへの気持ちが微妙に変化したことが分かります。

　　Da Vinci : What have you done?
　　Henry : I have been born to privilege, and with that comes specific obligations.
　　Da Vinci : Horse shit!
　　Henry : You're out of line, old man.

あらすじ

　バルバラック家の娘ダニエルは父親に愛され、幸せな生活を送っていました。ある時、その父親が男爵夫人と再婚することになりました。夫人には2人の娘がいました。再婚後、父親が突然亡くなってしまいます。亡くなる間際に彼は娘に I love you. という言葉を残します。その後、義母は義理の娘であるダニエルを召使として扱い、辛い仕打ちをします。おまけに、義理の姉妹である上の娘マルガリートは性格が悪く、ダニエルに意地悪ばかりをするのです。ダニエルにとって、父親の召使たちとその息子の優しさが何よりの慰めでした。また、義理の姉妹のうちで妹のジャクリーヌが何かと心を砕いてくれることも救いでした。そんなある日、ダニエルは屋敷で飼っている馬に乗っていこうとするヘンリー王子を泥棒と間違えて、捕まえようとします。これが2人の初めての出会いでした。誤解が解け、王子は詫びのつもりで彼女に金貨を与えます。そのお金で、義母に売られてしまった召使を買い戻そうと、ダニエルは貴族の娘を装って出かけ、王子と再会します。その時、2人はジプシーの一味に襲われますが、ダニエルの機転によって王子は救われます。ダニエルを未来の妻として選ぼうと決めた王子に、ダニエルの義母は彼女が貴族ではなく、自分の召使であると告げるのです。騙されたと思った王子は怒りにまかせて舞踏会の席でダニエルを罵るのです。傷心のダニエルはガラスの靴の片方を残し舞踏会から駆け出してしまいます。さて、2人の恋のゆくえは…。

映画情報

原　　作：グリム童話（シンデレラ）	
製作費：2,600万ドル	
製作年：1998年	
製作国：米国　　言　　語：英語	
配給会社：20世紀フォックス	

公開情報

公 開 日：1998年7月29日（米国）
　　　　　1999年4月24日（日本）
上映時間：118分
興行収入：9,800万5,666ドル
受　　賞：サターン衣装デザイン賞

薦	○小学生　○中学生　●高校生　●大学生　●社会人	リスニング難易度		発売元：20世紀フォックス ホーム エンターテイメント ジャパン （平成29年2月現在、本体価格） DVD価格：1,419円

お薦めの理由	誰もが知っているシンデレラの物語を基盤に製作された映画ですが、現れるヒロインは自分を迎えに来てくれる白馬の王子をただ待っているだけの女性ではありません。彼女は可憐な中にも強さを秘めていて、ここぞという時には大変な力を発揮し、自分の運命を切り開くために闘います。さらに、学問に対しても興味を示し、将来人の上に立つ資質を備えた素晴らしい女性として描かれています。	スピード	3	
		明瞭さ	4	
		米国訛	2	
		米国外訛	5	
		語彙	4	
英語の特徴	貴族の館やお城で話される英語が出てきて、一般庶民とは異なる英語表現が使われています。また、スラング等は使用されていません。英語そのものはそれほど難しい表現を使ったりはしていませんが、比喩が使われる場面があり、それが何を意味するのかを知るためには、英語の力ということだけではなく、知識と教養が求められます。真に言語を学び使えるためには避けて通れない問題であることを知らされます。	専門語	4	
		ジョーク	2	
		スラング	1	
		文法	5	

授業での留意点

　映画の中には人生訓とも思われる表現がたくさん出てきます。それらのセリフを取り上げて、学ぶのも興味深いのではないでしょうか。2箇所ほど例を挙げてみます。
1) 人間の扱い方についてダニエルがヘンリーに語った部分です。売られそうになった召使を救おうとした時のセリフですが、ダニエルは彼らには召使として生きるしか道がないことをヘンリーに訴えます。また、民衆が十分な教育を受けられず、その結果、盗みを働くような堕落した人生を送らざるを得ないとしたら、それは誰に責任があるのかを問うのです。国を治めるものが、民衆の教育に無関心であるならば、教育がないために罪を犯すような人間が出てきて、結果として彼らを捕まえざるを得なくなるのだと説きます。王という立場であれば、どのように民衆と向かい合うべきなのかを問う言葉です。

　　Danielle : A servant is not a thief, your Highness, and those who are cannot help themselves.
　　Henry　　: Really? Well then, by all means… enlighten us.
　　Danielle : If you suffer your people to be ill-educated, and their manners corrupted from infancy, and then
　　　　　　　punish them for those crimes to which their first education disposed them, what else is to be
　　　　　　　concluded, sire, but that you first make thieves and then punish them?

2) 農民の困窮について理解していないヘンリーにダニエルが語った場面です。トーマス・モアの唱えた思想を持ち出して、国がいかに農民たちに支えられているのかを説いた場面です。将来王となるヘンリーの立場であれば、農民たちの状況を把握し、彼らに敬意を払わねばならないと諭したのです。

　　Danielle : The prince has read Utopia?
　　Henry　　: I find it sentimental and dull. I confess, the plight of the everyday rustic bores me.
　　Danielle : I gather you do not converse with many peasants.
　　Henry　　: Certainly not, no, naturally.
　　Danielle : Excuse me, sire, but there is nothing natural about it.
　　　　　　　A country's character is defined by its "everyday rustics," as you call them.
　　　　　　　They are the legs you stand on, and that position demands respect, not…
　　Henry　　: Am I to understand that you find me arrogant?
　　Danielle : Well, you gave one man back his life… but did you even glance at the others?

映画の背景と見所

　映画はグリム童話のシンデレラ物語を基盤として製作されていますが、これはおとぎ話ではなく、実在の人物がいたという設定です。映画は、ある貴族の館にグリム兄弟が招かれ、そこに住む"陛下"と呼ばれる侯爵から自分たちの書いた童話には実在の人物がいたと明かされるところから始まります。彼らが目にとめたのは美しい女性の肖像画でした。その肖像画の女性を前にして侯爵はガラスの靴を取りだして、彼らに見せます。そして、それがその女性が履いていたものであったと言い、おなじみの"昔々"でストーリーが始まります。また、このお話には偉大な画家であり、発明家であったレオナルド・ダ・ヴィンチを登場させています。さらに、映画の最後には侯爵が、実はその美しい女性は童話に出てくるシンデレラその人であり、自分の曾々祖母に当たるということを明かして映画は幕となります。おとぎ話の手法で、「昔々から始まり、王子さまと王女様は幸せに暮らしました」という終わり方をしています。しかし、ある意味古いストーリー仕立てを背景にしつつも、出てくるヒロインには、白馬にまたがった王子様を、ただただ待ち続けている女性ではない姿、人生を自分の手で切り開くという姿勢を持たせています。そうすることによって、21世紀の現代に相応しい、新しいタイプのシンデレラ物語を作り出したと言えるのではないでしょうか。それがこの映画の一番の魅力になっていると思います。

スタッフ	監督・脚本：アンディ・テナント 脚　　本：スザンナ・グラント、リック・パークス 製　　作：ミレーユ・ソリア、トレーシー・トレンチ 撮　　影：アンドリュー・ダン 音　　楽：ジョージ・フェントン	キャスト	ダニエル　　　：ドリュー・バリモア 継母ロドミラ　：アンジェリカ・ヒューストン ヘンリー王子　：ダグレイ・スコット 貴婦人"陛下"：ジャンヌ・モロー レオナルド　　：パトリック・ゴッドフリー

エリザベス（1998）	Elizabeth（1998）	（執筆）武藤　美代子

セリフ紹介

"I ask you why we must tear ourselves apart for this small question of religion. Catholic, Protestant! "（なぜ、こんな些細な宗教的なことで醜くいがみ合うのですか。カトリックとプロテスタントというだけじゃないですか）。これは異母姉メアリー1世の治世中に、エリザベスが反逆罪の疑いでロンドン塔に幽閉され尋問されたときに言った言葉です。2人の父王のヘンリー8世は英国国教会を創設しカトリックから離脱しました。しかし、彼の死後、メアリー1世はスペインの王女であった母親と同じカトリックに戻し、"Bloody Mary"（流血のメアリー）と言われるほど、多くのプロテスタントを迫害しました。エリザベスは父王と同じプロテスタントであったため、いつも命の危険に晒されていました。女王即位後、カトリックとプロテスタントを融合させた彼女の治世を窺わせる言葉です。"Perhaps there is nothing this universe but ourselves and our thoughts."（この宇宙に存在するのは、人間とその欲望だけだ）。これは、後にエリザベス女王の側近となるプロテスタントのウォルシンガムという人物の言葉です。メアリー1世治世中海外に逃亡していた彼は帰国しますが、幽閉中に刺客を差し向けられます。しかし、カトリック側に暗殺を命じられた純真無垢な若者に、宗教とは何か、人間とは何かと問いかけ巧みに彼の心を揺さぶり、逆に若者を殺してしまう場面の言葉です。政治と宗教が一致することの怖さを痛感させられる場面です。"All men need something greater than themselves to look up to and worship."（大衆は崇拝できる自分より偉大な者を必要とします）。これも、ウォルシンガムの言葉です。敵対するすべてのカトリックを処刑した後、女王に助言した言葉です。そして、彼女は最後に、"I am married to England."（私は英国と結婚します）という有名な言葉を言います。

学習ポイント

エリザベス1世の前半生を描く16世紀英国の歴史映画です。人間関係が複雑ですので、視聴前に、カトリックとプロテスタントの対立関係およびエリザベス1世を取り巻く人間関係を図式化して説明を加えると良いでしょう。また、冒頭場面はまだメアリー1世治世下のため残虐な処刑シーンから始まりますので、視聴前に一言添えてあげると良いでしょう。

授業では、映像とスクリプトを活用する総合英語学習法（語彙力および英語表現法拡充、英作文、会話、聴解訓練）をお薦めします。まず、映像の見方を決めましょう。音声は英語です。クラスのレベルに応じて、字幕なし、英語字幕、あるいは日本語字幕にするかを選びましょう。次に、映画全体を視聴するのか、あるいは場面を選んで視聴するのかを決めましょう。それによって、授業の組み立てや準備が変わってきます。どちらの方法も視聴前に、ワークシートで語句（単語や意味を書く、単語と英語表記の意味をマッチングさせる、選択式穴埋め等）の問題に取り組ませましょう。単語の意味の確認後は、必ず音読練習させましょう。あるいは、ペアでクィック・レスポンス（1人が日本語あるいは英語を言い、他方がそれに答える練習）で楽しく単語を習得させましょう。音として認識した語は視聴するとき、「聞き取れる」につながります。映画全体を視聴する場合は、1回分を決め、視聴後毎回ワークシートで難解な語句や重要な文法事項を学習した後、内容（True / False や選択式問題）や英語表現（英文穴埋め問題等）を確認しましょう。リスニング問題では、クラスのレベルに応じて、和訳付英文穴埋め式か、あるいはディクテーションにするかを決めましょう。さらに、聞き取れた英単語や英文、印象に残った英語表現などを書かせても良いでしょう。上級クラスでは発展させ、内容について英問英答の記述問題に取り組ませても良いでしょう。

次に、場面を選んで視聴する方法です。すべてが英国史を物語る見応えのある場面です。特に、冒頭場面の残虐な火あぶりの刑に続くメアリー1世の治世時代の場面は、父王ヘンリー8世が崩御したあと英国がカトリックとプロテスタントに二分し、同じ神を信じながらも同じ国民が醜く争う経緯が描かれ、宗教とは何かを考えさせる場面です。また、ロンドン塔に幽閉中のエリザベスがメアリー1世と対面する場面は、エリザベスの母親アン・ブーリンが父王の命令で処刑されたという悲劇が聞かされます。しかし、何と言っても名場面は映像的にも、エリザベス女王の戴冠式でしょう。チューダーのバラの紋様とテンの毛皮で飾った豪華な即位衣装を纏い、王杓を持ち王冠を戴いた女王が玉座に座る姿は肖像画でお馴染みですが、その絢爛豪華さを見事に再現しています。視聴後は、全体視聴と同様のアクティビティに取り組ませましょう。会話練習は、場面を選んで、ペアあるいはグループでロール・プラクティスをし、一部暗唱させても良いでしょう。暗唱発表の前には、シャドーイング等何度も発話練習をする時間を取りましょう。

あらすじ

16世紀英国の若きエリザベス1世を描いた歴史ドラマです。史実を基に、当時の政治と宗教の密接な関係にロマンスを交え、人間ドラマともなっています。本作品では、肖像画でお馴染みの豪華絢爛な衣装に限りなく近いものに再現していますが、改めて肖像画の衣装の豪華さを想起させ、当時エリザベス朝時代の国力と女王の権力の絶大さを推察させます。エリザベスは王女時代命の危険に脅かされながらも、メアリー1世に子供がなかったため、「イングランド、フランス、そしてアイルランド女王」の座に就きます。穏健な性格と賢明さから急激な改革は避け、カトリックとプロテスタントの調和を図りますが、ヴァチカン市国から刺客が送り込まれるなど常に命の危険に晒されます。2人の有能な側近、ウィリアム・セシルとフランシス・ウォルシンガムの忠誠心と助力を得て、25歳の若い女王は内政、宗教、そして外交問題に取り組みます。王女時代からの恋人ロバート・ダドリーと親密な関係を続けますが、国家安泰のためウィリアム・セシルから大国スペインやフランスとの政略結婚を迫られます。諍いの絶えないスコットランドと戦い大敗し、少年兵まで派遣したことに苦悩する人間的な女王が描かれています。スコットランドのメアリー・スチュアート女王とは従姉妹関係にあり、正当なイングランド王位継承者であると主張しているため、彼女もエリザベスを脅かす存在です。国の統一を図るためカトリックを弾圧し、強大な統治者への道を進みます。

| 映画情報 | 製作費：3,000万ドル
製作年：1998年
製作国：英国
言　語：英語
ジャンル：歴史ドラマ | 公開情報 | 公 開 日：1998年10月 2日（英国）
　　　　　1999年 8月28日（日本）
上映時間：124分
受　　賞：アカデミー賞（メイクアップ賞）、ゴールデン・グローブ賞
　　　　　（主演女優賞）、英国アカデミー賞他 |

薦	○小学生　○中学生　●高校生　●大学生　●社会人	リスニング難易度		発売元：NBCユニバーサル・エンターテイメント （平成29年2月現在、本体価格） DVD価格：1,429円　ブルーレイ価格：1,886円
お薦めの理由	メアリー1世、エリザベス1世、スコットランドのメアリー・スチュアートは、3人ともイングランドの王位継承者です。メアリー1世はスペイン国王フィリペ2世と結婚し、メアリー・スチュアートは生後6日でスコットランド王となり、後にフランス王妃となりますが、最後はエリザベスに処刑されます。運命に翻弄された3人の王妃物語として見ても、大いに感動します。エリザベスの豪華な衣装も必見です。	スピード	3	
^	^	明瞭さ	3	^
^	^	米国訛	1	^
^	^	米国外訛	2	^
^	^	語彙	4	^
英語の特徴	本映画は、宗教問題が全編を覆っていますので、"God"（神）のつく言葉が目立ちます。例えば、"God bless you"を始め、"For God's sake"や"For the love of god"など、多々あります。また、"Your Majesty"、"Her Majesty"、"His Majesty"他、"my Lord"など高位の人の呼びかけも目立ちます。さらに、"heresy"（異端）や結婚を神聖なものとする"the sanctity of marriage"も特徴的な語です。	専門語	2	^
^	^	ジョーク	1	^
^	^	スラング	1	^
^	^	文法	2	^

授業での留意点	本映画は史実を基に、16世紀英国の宗教問題と華麗で残酷な宮廷で、数奇な運命を辿ったエリザベスが女王として成長していく姿を描いたものです。堅固な城を舞台に、存在感のある名優の名演技、予算の半分以上を使ったという豪華な衣装、物語に感情と表情を添える音楽等々で、当時の政治、宗教、信仰、愛が描かれています。DVD付属のシェカール・カプール監督自身による本編の音声解説編は必見です。監督自ら、創作過程、撮影方法そして俳優・配役に関する情報に加えて、全編通して各場面を史実と関連させながら詳細に解説しています。中でも、その場面の状況や登場人物の内面を表現するために工夫したというカメラ・アングル手法の解説は、映画を観賞する上で有益です。これによって、俳優の表情や声の調子、およびカメラのアングルを意識するようになり、より深い鑑賞ができます。インド出身の彼が英国の歴史劇を映画化した理由として、「自国の文化とは違う英国の歴史に共通点を見出し、現代人も共感できるようにした」と語っています。東洋と西洋の文化の共通点、そして映像に描かれている400年前の世界に共感するものがあるか否か小グループで感想を話し合わせてもいいでしょう。カプール監督の解説も音声と字幕共に日英で確認できますので、ワークシートで内容確認問題（クラスのレベルに応じて、英文穴埋め問題、英問日答や英問英答の記述問題など）に是非活用して下さい。通常知ることのできない映画製作の裏側を知ることができ、フィクションとドキュメンタリーの両方に感動します。 　冒頭のプロテスタントの火刑の場面と、その直後の美しい自然に囲まれた郊外の城でエリザベス王女が恋人のロバートとダンスをしたり戯れている場面は、対照的です。これは、信じる宗教が違うというだけで処刑される残酷な時代に彼女が生きているということを効果的に印象づけています。即位後の御前会議で、エリザベスは平和な国を築くために宗教を1つにするとして次のように提言します。"There is one thing higher than royalty …and that is religion. …There is one God. We have a common. …If there is no uniformity of religious belief here then there can only be fragmentation. …it is better to have a single Church of England."（忠誠心以上に高徳なものは、宗教です。神は1つです。信じる神は同じです。信仰を統一しなければ、この国は分裂してしまいます。英国国教会に統一します）これに対してカトリック派は激怒し、"…by this Act, you force us to relinquish our allegiance to the Holy Father. …this is heresy!"（法王への忠誠を捨てろと強制するのか。異端だ）と反論します。エリザベスはユーモアを交えた巧みな話術で、英国の最高権威者国王とカトリックの最高権威者ローマ法王という2人の主人に仕えるのは不可能だと、説得します。この場面1つ取っても、政治と宗教や信仰と良心という複雑な問題を描いています。その他の、王権と王室、国家と国民、外交、時代の特性などについて、リサーチさせても良いでしょう。
映画の背景と見所	6人の妃を持ち、愛する女性と結婚するために英国宗教革命を起こしたヘンリー8世は有名です。男子の後継者を望み、アン・ブーリンと結婚するためキャサリン王妃と離婚することにします。教義上離婚できないカトリックから離脱するため、ヘンリー8世は国王至上法を制定し英国国教会を創設します。アン・ブーリンが産んだのは男子ではなく、エリザベスでした。激怒した王は反逆罪をねつ造し、第2王妃を処刑します。このとき、エリザベスは2歳でした。庶子となり王女の称号と王位継承権をはく奪されますが、第6王妃の助力で王位継承権が復活されます。 　唯一の男子後継者エドワード6世に次いで即位したメアリー1世は、カトリックに戻し多くのプロテスタントを迫害します。女王の病死後、エリザベス1世が即位します。自らの過酷な運命、王女時代に体得した政治と宗教の理想像を基にプロテスタントとカトリックの調和を図りつつ、賢明な政策により英国を世界の大国へと成長させます。また、文化の発展にも寄与し、シェイクスピアなどが登場し、イギリス・ルネサンスの最盛期を迎えます。 　本作品が描き出す王女時代から英国女王即位後のエリザベス1世の波乱万丈の人生を通して、華麗で残酷な王朝絵巻を観賞し、宗教と信仰という深淵な問題を考えさせられ、同時に英国の歴史とこの時代に開花したイギリス・ルネサンスに興味を抱かせてくれます。
スタッフ	監　督：シェカール・カプール 脚　本：マイケル・ハースト 編　集：ジル・ビルコック 音　楽：デヴィッド・ハーシュフェルダー 衣　装：アレクサンドラ・バーン
キャスト	エリザベス　　　　　　　：ケイト・ブランシェット ロバート・ダドリー　　　：ジョセフ・ファインズ フランシス・ウォルシンガム：ジェフリー・ラッシュ ウィリアム・セシル　　　：リチャード・アッテンボロー ノーフォーク　　　　　　：クリストファー・エクルストン

エレファント・マン	The Elephant Man	（執筆）藤原　まみ

<table>
<tr>
<td rowspan="1">セリフ紹介</td>
<td>
1. 役人から見世物小屋をたたむことを言い渡された興行主バイツのセリフ。
　　Bytes : He's a freak. How else can he live ?（奴は奇形なんだ。他にどうやって生きていけるってんだ？）
　　19世紀末当時、障害を持った者がおかれていた社会的状況を示しています。
2. トリーブスが大勢の聴衆の前で、「エレファント・マン」を使って講義をしている際のセリフ。
　　Treves : So then, gentlemen, owing to this series of deformities : (...) the patient has been called, "The Elephant Man."
　　　　（だから、皆さん、この様々な奇形故に、この患者は「エレファント・マン」と呼ばれているのです）
　　19世紀末当時における学問と見世物小屋との奇妙な類似性を示しています。
3. ジョン「エレファント・マン」の寝ている姿を見て、トリーブスが言うセリフ。
　　Treves : Why is he sitting up like this ? He needs rest.（何故、このように座っているんだ？ 休ませるべきだ）
　　Bytes　: That's the way he sleeps. If he lays down, he'll kill himself. Head's too big.
　　　　（こうやって、奴は寝るんだ。横になったら、死んでしまう。頭がでかいからな）
　　映画のクライマックスでジョンが願ったことに至る伏線を示しています。
4. 「まるで、壁に話しかけてるみたい」と婦長が言い残して部屋を出て行った後、トリーブスがジョンに言ったセリフ。
　　Treves : We are going to show them that you're not a wall.（君が壁なんかじゃないことを証明しよう）
　　ジョンが知性を持たない怪物と見なされていた様子が窺えます。
</td>
</tr>
</table>

<table>
<tr>
<td rowspan="1">学習ポイント</td>
<td>
＜19世紀当時の学問と19世紀末ロンドンの情景＞
　映画『エレファント・マン』には、19世紀末ロンドンの様々な状況が示されています。特に、白と黒の対比が強調された映像には、19世紀末当時、ロンドンの下町が呈していた猥雑な様子が如実に表されています。いわゆる「普通」であるものと、その体系からはずれた「異常」なものとの間に、歴然とした違いがあることを自明のこととし、さらに、「異常」なものに対して偏見のまなざしを注ぐという姿勢は、日常においてのみならず、学問の世界においても見受けられることではないでしょうか。特に、19世紀の学問世界は「異常」であることが、身体的特徴と関連づけられて「研究」されてきた時代といえます。この時期には、様々な特徴や瑕疵（かし）を持つ顔や身体が蒐集され、犯罪学、（精神）医学、文化人類学などの学問体系の下で、分類・分析されています。例えば、ロンブローゾ（Cesare Lombroso, 1835-1909）は、犯罪者や非ヨーロッパ人などの身体各部や顔を収集し、『犯罪人論』（L'uomo delinquente, 1876）の中で「（犯罪者、非ヨーロッパ人、女、子供の）顔や身体には原始性が含まれている」と、主張しています。トリーブスがジョン（エレファント・マン）の身体を大勢の人々の目に晒しながら研究発表をしている場面は、当時の大学の講義風景がいま見られると同時に、19世紀末当時の学問が孕んでいた、知的暴力装置としての機能もあからさまにしています。

＜「ロミオとジュリエット」＞
　女優のケンドール夫人はジョン・メリック（エレファント・マン）の部屋を訪問し、彼にシェイクスピアの本をプレゼントします。ジョンはその本の中から『ロミオとジュリエット』の一節を朗読し、それにケンドール夫人も加わって、2人は舞台上のロミオとジュリエットのように言葉を交わします。2人が「演じていた」場面は、ロミオとジュリエットが初めて出会い、恋に落ち、お互いの心のうちを、If I profane with my unworthiest hand, This holy shrine, the gentle fine is this: My lips, two blushing pilgrims, ready stand, To smooth that rough touch with a tender kiss. のように、修辞を駆使した知的な掛け合いで表した有名な場面です。ケンドール夫人を前にしたジョンが、『ロミオとジュリエット』のこの場面をことさらに選んで朗読している点から、ジョンの異性への憧れと淡い恋心が表されている、と考えることもできるでしょう。ちなみに、『ロミオとジュリエット』はジュリエット役オリヴィア・ハッセー、ロミオ役レナード・ホワイティングで、1968年に映画化されています。また、映画『恋におちたシェイクスピア』には、『ロミオとジュリエット』初演時のシェイクスピアが描かれています。
</td>
</tr>
</table>

<table>
<tr>
<td rowspan="1">あらすじ</td>
<td>
　舞台は19世紀末のロンドン。外科医トリーブス（アンソニー・ホプキンス）はフリーク・ショウ（見世物小屋）で、その身体的特徴（奇形）のために、エレファン・マンと呼ばれている青年ジョン・メリック（ジョン・ハート）の姿を目の当たりにします。彼の身体が魅力的な研究材料になると考えたトリーブスは、ジョンの雇い主であると同時に庇護者でもある興行主バイツと交渉し、彼を借り受けることに成功します。その後、ジョン・メリックがバイツによって、身体的にも精神的にも虐待を受けている事実を知ったトリーブスは、彼を病院にひきとります。けれども、病院内においても、ジョンは見世物小屋での日々と同じく、好奇の対象とされ、知能の低い庇護されるべき者として扱われる日々を過ごします。しかし、トリーブスや病院内の人々はジョンの人間性に触れていくに従い、彼との友情を深めていきます。一方、ジョンは様々な人々と関わりを持っていくことによって、生きていくことの苦しみだけではなく、人間としての喜びも味わいます。生まれて初めて幸せの絶頂を味わったジョンは、その夜、今迄決してできなかったこと ― 他の人のように、ベッドに横になって眠ること ― を行い、静かに息をひきとります。ベッドに横になれば呼吸困難に陥る為、彼はこれまで一度もそのような姿勢で寝たことはありませんでした。ジョンが最後に望んだことは、1人の人間として生き、そして死ぬことだったのです。
</td>
</tr>
</table>

<table>
<tr>
<td rowspan="1">映画情報</td>
<td>
原　　作：フレデリック・トリーブス
　　　　　アシュリー・モンタギュー
製 作 年：1980年
製 作 国：米国、英国
ジャンル：伝記、ドラマ
</td>
<td rowspan="1">公開情報</td>
<td>
公 開 日：1980年10月10日（米国）
　　　　　1981年 5月 9日（日本）
上映時間：124分
興行収入：2,601万864ドル
画面アスペクト比：2.35：1
</td>
</tr>
</table>

薦	○小学生　○中学生　○高校生　●大学生　●社会人	リスニング難易度	発売元：NBCユニバーサル・エンターテイメント （平成29年2月現在、本体価格） DVD価格：1,429円　ブルーレイ価格：1,886円		

お薦めの理由	19世紀末当時のロンドンの雰囲気 ― 衛生環境、病院、学問研究の場、見世物小屋、街の人々、劇場など ― を味わうことが出来ます。見た目のおぞましさからエレファント・マンと言われたジョン・メリックの清らかな心と、姿は平均的でありながら、卑しい心根をもった「普通」の人々との対比が、見所の1つです。また、デヴィッド・リンチ監督の独特の映像美に触れることもできます。	スピード	3	
		明瞭さ	3	
		米国訛	1	
		米国外訛	1	
英語の特徴	全般的に、明瞭で聞き取りやすい発音の英語です。また、比較的ゆっくりとした速度で話されています。故に、英語の聞き取りに関しては、それほど難しく感じることはないのではないでしょうか。しかしながら、エレファント・マンであるジョン・メリックの発声は、器官の変形等を演出するためにくぐもったものとなっています。そのため、彼の発言に関しては、かなり聞きづらく感じることがあるでしょう。	語　　彙	3	
		専門語	3	
		ジョーク	2	
		スラング	3	
		文　　法	2	

授業での留意点	この映画は、恐ろしい姿形のフリークス（奇形、異形）が登場するグロテスクなホラー映画でもなければ、かわいそうな人の話というような、ただのヒューマン・ドラマでもないことに留意して授業を展開していく必要があります。 　授業においては、映画に描かれた当時の社会状況、偏見などを理解させ、そこから、各人の問題へとつなげていくことも可能でしょう。 　さらに、他のデヴィッド・リンチ監督作品も合わせて視聴することによって、特徴や映像美をより深く味わうことができるのではないでしょうか。また、彼の作品が80年代の芸術・文化に果たした役割について考察していくことも、発展学習として考えられます。 ◆デヴィッド・リンチ（David Lynch, 1946–）80年代にカルト的人気を誇った映画監督。 　80年代のカウンターカルチャーを理解する上で重要な人物の1人です。また、彼の作品の多くは米国の片田舎を舞台としています。米国人自身の目を通したアメリカ像の一端を窺うこともできるのではないでしょうか。 『イレイザーヘッド』（*Eraserhead*, 1976）：リンチの長編デビュー作。 　主人公ヘンリーはメアリーに妊娠を告げられ、やむなく結婚をします。しかし、生まれた赤ん坊は、奇怪な姿をしていました。赤ん坊の、悲鳴にも似た声が響き渡る狭いアパートの中で、生活の様々な重圧に耐えかねたメアリーはノイローゼとなり、ついには実家へ戻ります。一方、1人残されたヘンリーは赤ん坊の世話に忙殺されます。次第に追いつめられていくヘンリーは精神に変調をきたし、幻影に悩まされ、ついに赤ん坊に暴挙を犯してしまいます。『エレファント・マン』と同じ白黒の映像ですが、今作の白は銀色のような特徴的な色調を持っており、これが映像に差し挟まれている様々な奇妙なイメージと相まって、見る人を惹き付けます。意味づけることを拒否するイメージ映像の重ねあわせは、デヴィッド・リンチ自身がその影響を認めている、シュールレアリスムとの関連を窺わせます。 『デューン/砂の惑星』（*Dune*, 1984）：評価は高くありません。ミュージシャンのスティングが起用されています。 『ブルーベルベット』（*Blue Velvet*, 1986）：欲望と暴力、善と悪が交錯するミステリー作品。 　不法侵入、覗き見、性的虐待などの倒錯的行為が全編を通して表現されています。特に性的倒錯が描写されていることが原因で、公開当時は米国での人気は高くありませんでした。後に芸術作品として高く評価されます。 『ツイン・ピークス』（*Twin Peaks*, 1989, 1990–1991）：複雑に絡まりあった人間関係、殺人事件の捜査を巡る ミステリー、性・麻薬・虐待・社会問題・宗教・超常現象など、様々なテーマが入り乱れて展開されていくTVドラマシリーズ。日本からロケ地を巡るツアーが企画される程の大ブームとなりました。
映画の背景と見所	ジョン・メリックは19世紀末のロンドンに実在した青年です。彼の人生は本として出版され、人々の関心を集めました。『エレファント・マン』はこの本を元に製作されています。デヴィッド・リンチはカルト的人気を誇る監督で、主演のジョン・ハートやアンソニー・ホプキンスの演技も秀逸です。また、このドラマはデヴィッド・ボウイ（David Bowie, 1947–2016, ミュージシャン）主演で舞台化されました。彼が演じた『エレファント・マン』は、美形である事と奇形である事との差異が、いかに曖昧で恣意的なものであるかを示し、当時絶賛されました。 　外科医トリーブスは自分自身と興行主バイツとの類似性に思い悩みます。両者共に、「エレファント・マン」を好奇の目に曝し、そこから名声あるいは収入を得ているからです。ここで表されている見世物小屋と学問研究との近似性は、19世紀末から20世紀にかけて、医学や精神分析学や文化人類学などの様々な学問が、いかに知的暴力装置として機能していたかを、はっきりと示しています。デヴィッド・リンチ独特の世界観が表れた映像の中で、まるで、見世物小屋の中のフリークスのような、ロンドン市中の「普通」の人たちが、恐ろしげに醜く蠢いているところも見所の1つでしょう。トリーブスがジョンに言葉を教えている場面は、『マイ・フェア・レディ』のパロディとも言えます。

スタッフ	監督・脚本　：デヴィッド・リンチ 編　　集　：ジョナサン・サンガー 撮　　影　：フレディ・フランシス 音　　楽　：ジョン・モリス 衣裳デザイン：パトリシア・ノリス	キャスト	ジョン・メリック：ジョン・ハート トリーブス　　：アンソニー・ホプキンス ケンドール夫人：アン・バンクロフト カー・ゴム院長：ジョン・ギールグッド バイツ　　　　：フレディ・ジョーンズ

大いなる遺産（1998）		**Great Expectations (1998)**	（執筆）武藤美代子

セリフ紹介

　"Give me your hand."（手を貸して）"What's this?"（これは何）"It's my heart. It's broken."（これは私の心よ。壊れた心よ）。これは作品冒頭で主人公フィン少年が初めて州一番の富豪ディンズムア夫人の屋敷に行ったとき、彼女に言われた言葉です。そして結末部分で、これとまったく同じ言葉を、フィンはディンズムア夫人に言います。結婚式の日、婚約者に裏切られたディンズムア夫人の心情を表す言葉であると同時に、不幸にも彼女の男への復讐の餌食として選ばれたフィンの心情を表すことばでもあり、本作品の基調となる言葉です。

　"What could her reason be, if not make me equal Estella?"（ディンズムア夫人が経済的援助をしてくれる理由は何なのか、ぼくをエステラと同じ立場の男にするためか）。ニューヨークで個展を開かせてくれるという匿名の経済的支援者が現れます。フィンはその支援者をディンズムア夫人だと思い込み、その延長戦上にエステラとの結婚が約束されていると夢想し始めます。フィンは上昇していくエレベーターの中で、この言葉を述べています。貧しい出自の青年が富を得て、社会的階段を一気に昇っていく姿を視覚的に見せている象徴的な場面です。

　"The night all my dreams came true. Like all happy endings it was a tragedy."（その夜ぼくの夢はすべて叶った。ハッピーエンディングの裏には必ず悲劇がある）。これはニューヨークでの個展が成功し、富と名声を一挙に得たことを実感したときのフィンの言葉です。この直後に、真の影の支援者が現われ、このことばはその後の彼の人生の伏線となります。そして、一転、作品は急転換し、意外な事実が暴露され、悲劇的な結末に向かわせる契機となる言葉です。

学習ポイント

　原作が名作ですので、映画とテキストを併用して総合英語学習法（読解、英作文、会話、聴解訓練）をお薦めします。映画鑑賞後にテキストを読むか、あるいはその逆のどちらでも可能です。クラスのレベルや状況に応じて決めましょう。本項では紙面の都合上、テキストを読んだ後映画を鑑賞する方法のみを紹介します。映画を楽しみながら英語を習得することが第一目的ですので、テキストは易しく書き直された Graded Reader（様々なレベルあり）を活用すると良いでしょう。さらにコミック版（The Graphic Novel）も出ていますので、クラスのレベルに応じて選択すると良いでしょう。但し、本映画は登場人物の名前、地名（原作はロンドンが舞台）、設定（原作は19世紀英国紳士階級の在り様、本映画はニューヨークでの画家としての成功）等原作と違う部分がありますので、参考図書を活用して適宜簡潔に説明を加えると良いでしょう。原作の理解が深まると同時に、英国19世紀ヴィクトリア朝社会や文化についての知識も得られます。さらに、原作と映像媒体による翻案との違い等への興味を喚起する絶好の機会となるでしょう。本作品は三部構成となり、子供時代、ニューヨーク時代、クライマックスの謎の支援者登場場面です。本映画を通年、あるいは半期で使用するのか、また授業時毎回あるいは数回使用するのかによって、バランスよく課題箇所や鑑賞箇所を選択しましょう。まず、授業外でテキストを読み、内容に関する Questions（Answers 付）を書いてくることを宿題に課しましょう。一回の読む量や Questions の数は、クラスのレベルに応じて指示しましょう。

　授業では小グループに分け、Questions & Answers Activity をさせましょう。会話練習の機会となります。テキストの表現を活用し内容を説明したり、自分の意見を英語で表現できるようになります。その間、教授者は机間巡視し、随時質問に対応したり、不活発なグループを補助したり等、自主的な Activity を促しましょう

　鑑賞時音声は英語です。クラスのレベルに応じて、字幕なし、英語字幕あるいは日本語字幕にするかを決めましょう。内容を確認するプリントに取り組ませると、問題意識をもって鑑賞できるでしょう。プリントは、True or False の問題、記述問題（クラスのレベルに合わせ、英問英答、英問日答、日問日答等）、単語（英単語と英定義、英単語と日本語の意味をマッチングさせる等）などです。あるいはリスニング練習として、場面を選んで字幕なしで数回聞かせ、穴埋めあるいはディクテーションのプリントに記入させ、再度映画を観賞しながら英語字幕で確認する作業も有益です。この場合、レベルに応じてプリントに和訳を併記しても良いでしょう。Call - System のある教室では、Self 学習に取り組ませるのも良いでしょう。その後会話練習として、穴埋めしたプリントを見ながらペアあるいはグループで会話したり、そのセリフを覚え、自分の言葉のように対話させるのも良いでしょう。名文句を習得したり、自然な発音の修得につながるでしょう。

あらすじ

　文豪チャールズ・ディケンズによる同名作の映画化（カラー）です。原作に忠実なデヴィッド・リーン監督版（1946、白黒）も好評ですが、米国を舞台とする斬新な現代的翻案の本作品も必見です。特に、冒頭の青い海とディンズムア夫人邸の緑美しい庭が特徴的です。原作およびリーン監督版の死を暗示する暗いイメージに対して、本作品は生を想起させる緑と光が基調となっています。フロリダに住む絵の才能のあるフィン少年は、ある日脱獄囚に足枷を切る鑢（やすり）を貸し、また食べ物を与えて親切にします。その後、近隣の大富豪のディンズムア夫人邸で美少女エステラに会い、恋心を抱きます。数年後のある日弁護士がフィン青年を訪問し、匿名の支援者の依頼で、彼がニューヨークで画家として成功できるように取り計らうと告げます。個展は大成功し富と名声を掴んだフィンはエステラに求婚しようとしますが、他の男性と結婚すると知らされます。失意のどん底にある彼を、ある初老の男性が訪問します。彼は、少年の頃にフィンが親切にした脱獄囚でした。彼から哀しい真実が告げられます。唯一優しくしてくれたフィンへの恩返しとして匿名の支援者となり、個展の絵画もすべて彼が買ったことが知らされます。物語は、冒頭に登場した脱獄囚がその後どう関わるのか、匿名の支援者は誰なのか、2人は結婚するのかなどミステリー風に展開し、視聴者を惹きつけながら、フィンの内面の成長を描き、人間の心の在り様を考えさせる深い内容となっています。

映画情報

製　作　年：1998年	
製　作　国：米国	
言　　　語：英語	
配給会社：20世紀フォックス	
ジャンル：ドラマ、ロマンス、文学作品	

公開情報

公 開 日：1998年1月30日（米国）
　　　　　1998年6月20日（日本）
上映時間：112分
興行収入：5,549万4,066ドル
オープニングウィークエンド：67万2,376ポンド

| 薦 | ○小学生　○中学生　●高校生　●大学生　●社会人 | リスニング難易度 | 発売元：20世紀フォックス ホーム エンターテイメント ジャパン（平成29年2月現在、DVD発売なし）中古販売店等で確認してください。 |

お薦めの理由	原作を読んでいなくてもおもしろく、且つ、美しい緑色を基調とする芸術作品のような映像を楽しめる映画です。人生において、成功とは何でしょう。富を得ることでしょうか。社会的地位や名誉を得ることでしょうか。愛する人と結婚することでしょうか。それらをすべて手にしたら、人間は幸せでしょうか。この映画を見ながら、人間の在り方という深淵な問題を考えさせてくる作品です。	スピード	3
		明瞭さ	3
		米国訛	4
		米国外訛	2
		語　　彙	2
英語の特徴	この映画は、美少女エステラを道具としてディンズムア夫人が男に対して行う復讐劇が主軸となって展開します。 従って、会話では愛、誘惑、裏切り、謝罪などの表現が聞かれます。さらに、優しいジョーからは思いやりのある表現、脱獄囚からは経験による人生訓や願望を語る表現、フィンは夢と失望など、人間の感情を表すさまざまな表現が学べます。	専門語	3
		ジョーク	2
		スラング	3
		文　　法	2

授業での留意点	作品は、現代の人にその魅力を伝えるべく思い切った現代的な設定としています。英国19世紀ヴィクトリア朝社会を浮き彫りにする原作や、その原作を忠実に映像化しているデヴィッド・リーン監督版とは印象はまったく異なりますが、原作の本質的な主題を保持し、巧みに現代人の心を魅了する傑作です。原作同様本作品も、大人になった主人公フィンが過去を回想する形式を取っています。原作では"see"（見る）が key words の1つとなっていますが、本作品では"feel"（感じる）が鍵となっています。冒頭で、"There either is or is not a way things are."（記憶というものは必ずしも事実どおりではない）、さらに、"You remember how it felt."（過去の記憶、過去にあった出来事の事実ではなく、その時の気持ちを覚えている）と語り、記憶というものは単に物事を頭で覚えているのではなく、その時どう感じたかという感情すなわち心の記憶であることを強調しています。原作の基調の心の記憶によるアイロニーは本作品にも一貫して描かれています。学生に、映像から窺える本作品の主題を考えさせても良いでしょう。 　また、文学作品の映像化の効果について発表させても良いでしょう。あるいは、本作品を原作やデヴィッド・リーン監督版と比較させても良いでしょう。例えば、作品の主要な場面の冒頭部分のフィン少年が脱獄囚に会う場面や、貧しいフィン少年の内面変化を起こすきっかけとなる初めてディンズムア夫人とエステラに会う場面や、育ての親ジョーが我が子同然のフィンの成功を祝うべくニューヨークの個展会場に来た場面や、匿名の支援者が登場する場面などを比較検証させても良いでしょう。"I think she's a snob."（気取ってると思う）は、初めてエステラに会ったときのフィンの印象です。"snobbism"（俗物根性）や"respectability"（うわべだけの上品さ）は、ヴィクトリア朝特有の社会現象を表象する言葉です。脱獄囚はフィンに、"People say the eyes are the window to the soul. Bullshit. Hands. That's the sign of a gentleman."（目は心の窓というやつがあるが、それは嘘だ。手だよ。手を見れば育ちがわかる）と言います。これは原作にはないセリフですが、"hands"は原作において重要な意味をもち、象徴的に使われています。エステラにざらざらした手をなじられた原作のピップは、自分の手を恥ずかしく思うようになります。 　この日からピップはエステラに見合うべく"gentleman"になりたいと夢想し始めます。本作品のフィンの夢の実現に複雑に関わる脱獄囚に「手」の重要性を言わせ、それを「紳士」と結びつけることによって、ケアロン監督は原作の主題「紳士の在り様」を「人間の在り様」に発展させ、現代に通じるテーマにしています。元々ジェントルマンの最重要資格は「生まれ」でしたが、19世紀の経済的および社会的大変動によりジェントルマンの本質が変わりました。 　そこには中世封建時代に始まり現在も複雑な形で残っている英国特有の階級制度が背景にあります。それらを調べさせたり、この時代に紳士の資格がどのように変わったのかを調べさせても良いでしょう。

映画の背景と見所	原作『大いなる遺産』は文豪チャールズ・ディケンズの傑作であり、1860年12月1日から1861年8月3日まで、彼が主宰する週刊誌『オール・ザ・イヤー・ラウンド』に連載されました。特に好評なデイヴィッド・リーン監督版とテレビシリーズを含め、1917年から2012年までに14本の映画化がされています。このことからも、いかに時代を超えて愛されている作品であるかがお分かりでしょう。同作品は、過去と現在、幻想と現実、期待と失望、復讐と恩返し、犯罪と道徳的な罪、裏切りと赦し等、普遍的なテーマを二項対立的に提示し、英国階級社会とヴィクトリア朝社会を浮き彫りにしながら人間のあり様を描いています。 　しかし、ケアロン監督は画期的な翻案を施し、舞台を19世紀ロンドンから現代ニューヨークに移し、冒頭場面も原作およびリーン監督版のテムズ河口の沼地にある暗い墓地から光輝く広々とした青い海へと大胆に変え、ディンズムア夫人（原作ハビシャム夫人）も、車椅子に座ったままの暗く陰気な死人のような人物から明るく陽気なダンサーとして生き返らせています。さらに、原作で象徴的に使われている火は、映像全体に流れる光とし、現代版に象徴的な意味をもたせています。そして、ヴィクトリア朝の男性の理想の極致である紳士であることは、画家として成功して富と名誉と社会的地位を得ることとして描かれ、原作の主題を巧みに説得力ある現代版に甦らせています。

| スタッフ | 監　　督：アルフォンソ・ケアロン
脚　　本：ミッチ・グレイザー
製　　作：アート・リンソン
編　　集：スティーヴン・ワイズバーグ
音　　楽：パトリック・ドイル | キャスト | フィネガン・ベル　　　　：イーサン・ホーク
エステラ　　　　　　　　：グウィネス・パルトロウ
脱獄囚／アーサー・ラスティング：ロバート・デ・ニーロ
ジョー　　　　　　　　　：クリス・クーパー
ディンズムア夫人　　　　：アン・バンクロフト |

| | カッコーの巣の上で | One Flew Over the Cuckoo's Nest | （執筆）石垣　弥麻 |

セリフ紹介	この映画では主に、病院を実質的に管理しているラチェット婦長の感情のないセリフ、患者たちの素直なセリフ、そしてマクマーフィの感情を露わにした活き活きとしたセリフから構成されていますが、ここではマクマーフィのセリフを紹介しましょう。 　映画の中で、患者たちはラチェットによってコントロールされていますので、ミーティングと称するグループセラピーの間も、彼らはラチェットの質問に答えるのみで、自らの意志で発言することはありません。そこへやって来たマクマーフィは、故意に精神異常を演じており、ラチェットのやり方に次々と反抗していきます。彼は他の患者たちとは対極にあり、ラチェットからも危険な人物としてみなされてしまいます。 　そんなある日、マクマーフィは、野球の試合をテレビで観戦したいと申し出ます。当然ラチェットからは断られますが、なんとか多数決で決めることを許可されます。結局入院患者の過半数に達することなく観戦はできませんでしたが、マクマーフィは、入浴室で蛇口のついたコントロール・パネルを外して外へ出て町で観戦すると言い出します。重量が重すぎて外すことはできませんでしたが、その時彼は次のように述べます。 　"But I tried, didn't I? Goddammit! At least I did that." 　このように、マクマーフィは結果がどうであれ、自分の意志で考え、行動し、そして努力するということを他の患者たちに見せつけます。ここは、患者たちが、彼の影響を受けて少しずつ変化していくことになる重要な場面の1つと言えるでしょう。
学習ポイント	映画の登場人物は、大きく分けて、スピーヴィ博士やラチェットなど医師や看護師、彼らに雇われているアフリカ系アメリカ人の助手たち、そして患者たちです。この映画は、セリフを理解することが重要な作品と言えますので、比較的聞き取りやすいラチェットのセリフから聞き取りの練習をしていきましょう。その際取り上げるのは、ミーティングの場面が良いでしょう。ラチェットは基本的に患者に対して質問し、患者たちがそれに答えるという形で話しをしていきますので、ゆっくりとわかりやすく話します。ただ、マクマーフィが入ることによって、その場が混乱し、患者たちが感情的に話しをすることも多いため、患者の中でも比較的聞き取りやすいハーディングのセリフに注目するのも良いでしょう。しかし重要な箇所を観るのであれば、多数決を取る場面がよいでしょう。 　その場面は、まずラチェットが"Last time we were discussing Mr. Harding and the problem with his wife. And I think we were making a lot of progress. So who would like to begin today?"と述べます。ここで手を挙げるのがマクマーフィです。彼は次のように話します。"I've been thinking about what you said about, you know, getting things off your chest. Well, there's a couple of things that I'd like to get off my chest."この言葉を聞いたラチェットが、胸の内を話すことを許可します。そして彼は、"Today, as you may or may not know, it doesn't matter, is the opening of the World Series. What I'd like to suggest is that we change the work detail tonight... so that we can watch the ball game."と日課を変更して野球のワールドシリーズをテレビで観戦したいという要望を述べます。ここで多数決を取り、マクマーフィは敗者となりますが、自分の気持ちを伝えるという行動に他の患者たちは戸惑います。この場面は、患者たちに影響を与える重要な場面でもありますので、ぜひセリフと併せてみてみましょう。 　また、ミーティングの場面以外であれば、マクマーフィとチーフのやりとりがよいでしょう。チーフは聾唖者（ろくあしゃ）という設定ですので、マクマーフィは、彼にゆっくりと話しかけることが多くみられます。しかも2人の場面は、映画の中で鍵を握る重要な場面も含まれており、その意味でも彼らに注目してみましょう。 　ここでは、マクマーフィがバスケットを教える場面を取り上げてみましょう。1人でいるチーフに話しかけて、 　"Ever play this game, chief? Come on, I'll show you. Old Indian game. It's called "put the ball in the hole." Now, that ought to be just... Hold it right there. All right. Now, that's your spot. Don't move. Never move. That's your spot. You understand? Right there, you don't move. Now... take the ball. That's it, hold on to it. Not too hard, Chief."という具合にゆっくりと説明をします。 　これらの場面を中心に、リスニングやシャドーイングなどにぜひ活用していきましょう。
あらすじ	オレゴン州立精神病院に、マクマーフィという人物がやって来ます。彼は、刑務所の強制労働を逃れるため、精神異常者のふりをしてここへ来ました。彼は院長と面接をした後、一緒に過ごすことになる仲間たちのいる場所へ案内されます。そこで彼が見たものは、婦長のラチェットによってコントロールされている患者たちの姿でした。 　そんな彼らの様子を見たマクマーフィは、婦長に反抗し、ある日病院を抜け出して、仲間たちと一緒に海へ行きます。そこで無断で船に乗り込み、みんなで釣りを楽しみますが、結局病院へ連れ戻されることになります。病院に戻されたにもかかわらず、この出来事がきっかけとなり、患者たちは少しずつ自分の意志で話すようになります。 　ある日、ラチェットに反抗した1人の患者を擁護し、マクマーフィとチーフと呼ばれる患者が一緒に別の病棟へと連れて行かれます。そこで3人は電気ショックをかけられますが、チーフとマクマーフィは親しくなります。マクマーフィはチーフに逃亡の話を持ちかけますが、この時はチーフに断られます。そしてある日逃亡計画を立て、実行に移そうとしますが失敗し、婦長にも知られ、患者の1人が自殺します。そこで激昂したマクマーフィはラチェットに襲いかかり、絞殺しようとしますが失敗し、廃人同様になって仲間の元へ戻ります。それを見てチーフはある行動にでます。彼らは果たして自由を手に入れることができるのでしょうか。
映画情報	原　　題：One Flew Over the Cuckoo's Nest 製 作 費：440万ドル　　　製 作 年：1975年 製 作 国：米国　　　　　　言　　語：英語 撮影場所：オレゴン州、カリフォルニア州 ジャンル：ドラマ	公開情報	公 開 日：1975年11月21日（米国） 　　　　　　1976年 4月17日（日本） 上映時間：133分　　興行収入：1億1,200万ドル 受　　賞：第48回アカデミー作品賞、監督賞 　　　　　　主演男優賞、主演女優賞、脚色賞

薦	○小学生　○中学生　●高校生　●大学生　●社会人	リスニング難易度	発売元：ワーナー・ブラザース ホームエンターテイメント（平成29年2月現在、本体価格） DVD価格：1,429円　ブルーレイ価格：2,381円

お薦めの理由	物語及び、俳優たちの演技がすばらしい作品と言えます。フォアマンが徹底したリアリズムを追求したおかげで、俳優たちは、演技を超えて自然に患者になりきっています。パーティーやミーティングの場面などはアドリブも混じっていたようですが、その姿は完全に患者にしかみえません。そしてまた、彼らがマクマーフィによって変化し、自己の存在を意識し、感情を露わにしていく過程も見事であると言えます。	スピード	3
		明瞭さ	3
		米国訛	3
		米国外訛	2
		語彙	3
英語の特徴	病院が舞台なので、病院関係者は発音やアクセントも明確で理解しやすいでしょう。マクマーフィや他の患者たちは感情的に話すことも多いので、早さも一定しているとは言えませんが、全体的に米国の標準的な英語と言えるでしょう。時々罵り言葉などが混じるので、わかりにくいところもありますが、落ち着いて話しをしているときのセリフであれば比較的聞き取り易いでしょう。	専門語	4
		ジョーク	3
		スラング	3
		文法	3

授業での留意点

　映画を観て、登場人物や内容を英語でまとめてみましょう。登場人物で言えば、ラチェットやマクマーフィ、チーフなど一人ひとりの性格を分析してみましょう。そこから、あらすじやテーマを考えて英語で書くことにもチャレンジしてみましょう。

　次に、原作を読んでさらに理解を深めていきましょう。原作では、チーフが語り手になっており、彼の出生の詳細や、チーフと呼ばれるようになった理由が言及されています。また、彼は物語の舞台になっている病院を「コンバイン」と呼んでいますが、その言葉は重要なキーワードになっているため、繰り返し登場します。「コンバイン」という言葉には何が反映されているのかということをぜひ考えてみましょう。

　また、原作ではラチェットがなぜ黒人の助手たちを雇うことにしたのかという過程についても述べられています。雇われる黒人たちの境遇も描かれ、人種差別の問題なども考えることができます。細かいところですが、原作では映画には登場しない日本人看護師も登場しますので、作者はさまざまな人種を取り上げていたことがわかります。その他にも、海釣りの場面や後半の病室内でのパーティーの場面、そしてチーフが出て行く場面など、少しずつ原作と異なる描写が含まれていますので、比較しても面白いでしょう。

　そして、映画に焦点を絞るならば、ハリウッドの歴史的な背景についても考察してみましょう。この映画は「ニューシネマ」の傑作映画の1つとして取り上げられることが多い作品です。ニューシネマとは、1960年代後半から70年代にかけて製作された映画を指し、主に反体制的な人物が主人公となり、体制に抗う作品が多いのですが、その背景にはベトナム戦争や人種差別などがあり、当時の米国社会への不信感があります。ニューシネマの成立過程をたどるには、第二次世界大戦後の40年代後半頃から調べていくとよいと思いますが、その過程で、テレビの台頭やスタジオ・システムの崩壊など、興味のある項目があればさらに詳細をみていきましょう。

　そして最後に、ぜひこの作品の監督であるミロス・フォアマンについても調べてみましょう。チェコ出身のフォアマンは、もともとは自国で映画を製作していましたが、1968年に起こったプラハの春を契機に米国に渡ります。彼が製作した映画には、モーツァルトやゴヤなどを描いた伝記的な作品や、『ラグタイム』（1981）やこの映画でみられるようなさまざまな人物像を取り上げた作品など、いくつかのタイプに分けられますが、彼がどんな人物を描き、何を表現しようとしているのかということについても考えてみましょう。この映画に関して興味深いことは、フォアマンが故郷であるチェコの社会を作品の中に投影していると述べたことです。このことから、チェコの歴史なども踏まえて作品を分析してみるのも面白いでしょう。

映画の背景と見所

　この作品は、原作の内容を気に入った俳優のカーク・ダグラスが権利を買って舞台化しました。マクマーフィを演じた彼は、舞台が終了した後も継続を希望しましたが、他の俳優たちの賛同を得られず断念します。彼はその後チェコのプラハでミロス・フォアマンと出会い、この作品の監督を頼みます。監督と会った後で原作をフォアマンに送りますが、検閲に引っかかり、没収され、結局本は届きませんでした。連絡が途絶えて10年後に、カーク・ダグラスの息子であるマイケル・ダグラスとソウル・ゼインツがこの本をフォアマンに届け、75年に映画が製作されます。

　映画のタイトルの"One Flew Over the Cuckoo's Nest"は原作と同じですが、その一文はマザーグースの中でも歌われています。そして、"cuckoo's nest"には「カッコウの巣」と「精神病院」という2つの意味を持っており、その両方の意味が原作でも映画でも表現されています。

　フォアマンは実際に精神病院を貸し切って撮影を行い、徹底してリアリズムを追求しました。俳優たちは撮影前から病院で過ごし、撮影に入るときには完全に患者になりきっていたという徹底ぶりです。このような経緯をたどって完成した作品から、私たちは人生に不可欠で大事なことを教えられます。それが何かをタイトルの意味と併せて考えてみましょう。

スタッフ	監　督：ミロス・フォアマン 脚　本：ローレンス・ホーベン、ボー・ゴールドマン 製　作：ソウル・ゼインツ、マイケル・ダグラス 原　作：ケン・キージー 音　楽：ジャック・ニッチェ	キャスト	マクマーフィ　：ジャック・ニコルソン ラチェット婦長：ルイーズ・フレッチャー ハーディング　：ウィリアム・レッドフィールド マーティニ　　：ダニー・デビート チーフ　　　　：ウィル・サンプソン

カポーティ	Capote	（執筆）井土　康仁

<table>
<tr><td rowspan="1">セリフ紹介</td><td>

　トルーマン・カポーティは、本作のテーマの1つとなっている『冷血』を書き上げるために、文字通り心血を注ぎました。事件が発生してから、約7年の歳月を経て、ようやく『冷血』は出版されることになります。何故そこまで、カポーティはこの作品を完成させることにのめり込んだのかといえば、その理由の1つに、彼自身新しいスタイルを身につける必要があったからだと思われます。そんな彼の思惑が、本作では次のように表現されています：

C : I'm following Breakfast at Tiffany's by blazing a different path. By inventing an entirely new kind of writing. The nonfiction novel.

　続くセリフから、『冷血』を作品として成り立たせている「骨格」のようなものが見て取れます：

C : Two worlds exist in this country. The quiet, conservative life, and the life of those two men. The underbelly. The criminally violent. And those worlds converged that bloody night.

　カポーティは『冷血』を完成させるために、ペリーと数多くの会話を重ね、彼の生い立ちや人となりを深く知ることになります。その結果、取材対象であったはずのペリーに、カポーティはそれ以上の感情を抱くことになります：

E : Are you going to be finished by October? / C : I think so. You know, they're scheduled for next month.

E : To hang. Yeah. We're gonna commit as many issues as it takes to publish. Whatever it takes.

C : Well, I'm going to Kansas tomorrow, and I'll get Perry to talk. (…) Hey, this may sound strange to you, but I'm going to miss him.　　　　　　　　　　　　　　　　　　　　　　　　　　　　　(C = Capote, E = Editor)
</td></tr>
</table>

<table>
<tr><td rowspan="1">学習ポイント</td><td>

　カポーティが生きた時代、とくに米国南部の社会では、性的マイノリティーに対する不寛容さが目立っていました。そういった社会状況と、映画のカポーティの態度を追っていくことも、本作の学習ポイントの1つかと思われます。それらを踏まえれば、次のようなカポーティのセリフも、よりよく理解できることでしょう：

C ： Oh, it's hardest when someone has a notion about you, and it's impossible to convince them otherwise. Ever since I was a child, folks have thought they had me pegged, because of the way I… the way I am. You know the way I talk. And they're always wrong.

　静かな雰囲気で統一されている本作は、俳優陣が抑制を効かせた声で話しているので、しっかり集中しないとリスニングしづらいことがあります。ただそれでも、話されている語や発音は、それほど聞き取りづらいものではありません（ペリーの英語は聴きづらくはありますが）。しかしながら、カポーティの話す英語は例外です。実際のカポーティもそうであったようですが、かなり特徴的な話し方（映画の中でもありましたように）をしていますので、その点は授業で指摘すべきことかと思います。

　映画は、事件と裁判が1つの軸として作られていますので、裁判用語を英語で学習する際にも大変有効な教材となるように思います。例えば以下のようなやりとりを授業で取り上げることで、裁判で用いられる表現を数多く学ぶことができるでしょう：

CJ ： Members of the jury, have you reached a verdict? / J1 : Yes, sir.

CJ ： Defendants, rise. Perry Edward Smith and Richard Eugene Hickock. You stand accused of four counts of the crime of murder in the first degree. Have you reached a unanimous verdict?

J1 ： We have, Your Honor. / CJ : What is your verdict?

J1 ： Guilty on all four counts. / Have you unanimously reached a sentence? / We have, Your Honor.

CJ ： What is the sentence? / J1 : Death.

　最後に、『冷血』（In Cold Blood）という題名に込められた意味を考えることも、この作品あるいはカポーティという人物を理解するうえで、いい課題となるように思います。映画では、その意味を以下のように解釈しています：

C ： I've decided on a title for my book. (…) In Cold Blood. Isn't that good?

D ： And that refers to the crime or the fact that you're still talking to the criminals?

C ： The former, among other things.　　　(C = Capote, CH = CJ = Chief judge, J1 = Jury, D = Duye)
</td></tr>
</table>

<table>
<tr><td rowspan="1">あらすじ</td><td>

　ある少女がクラター家を訪れるところから映画ははじまります。そこで彼女は、一家4人全員が惨殺されているのを目にします。米国中西部カンザスの、とても静かなところで起きた殺人事件でした。

　その事件のことを、カポーティは「ニューヨーク・タイムズ」の記事で知ります。その頃彼は、これまで発表されたものとは違うスタイルの作品を書こうとしていました。そのような折に起きた殺人事件に、カポーティはひどく惹かれ、事件を題材とした小説を書くために、徹底的な取材を行うことにしました。

　後に『アラバマ物語』で一躍時の人となるネルと一緒に、事件の現場となったカンザスへ向かいます。しかしそこは、カポーティが育った南部のように、様々な意味で保守的な町でした。つまり「男性あるいは女性はこうあるべき」という型からはみ出してしまうような人を、快く迎えてくれる町ではなかったのです。しかしながら、デューイ捜査官（彼の妻はカポーティ・ファンなのです）の協力のもと、取材は着々と進んでいきます。

　そしてある日、犯人が逮捕されます。容疑者はペリー・スミスとリチャード・ヒコック。一夜のうちに4人も殺した犯人達を、世間は人間ではないと強く非難します。ところがカポーティは、そんな彼ら（特にペリー）と会話を重ねるうちに、彼らの中に複雑な人間性を見出しはじめるのでした。
</td></tr>
</table>

<table>
<tr><td>映画情報</td><td>

製　作　費：700万ドル
製　作　年：2005年
製　作　国：米国、カナダ
言　　　語：英語
ジャンル：ドラマ、伝記、犯罪
</td><td>公開情報</td><td>

公　開　日：2005年9月30日（米国）
　　　　　　2006年9月30日（日本）
上映時間：114分
オープニングウィーケンド：32万4,857ドル
画面アスペクト比：2.35：1
</td></tr>
</table>

薦	○小学生　○中学生　●高校生　●大学生　●社会人	リスニング難易度	発売元：20世紀フォックス ホーム エンターテイメント ジャパン （平成29年2月現在、DVD発売なし） 中古販売店等で確認してください。

お薦めの理由	カポーティの作品に触れたことはあっても、彼の人となりを知らない学生も多いかもしれません。あるいは天才的な作家であったことは知っていても、『冷血』の執筆が彼に与えた苦悩を知らない学生がいるかもしれません。『アラバマ物語』にまつわるエピソードも出てきますので、米文学を専攻する学生はもとより、一般教養として当時の米文化を学ぶのに、うってつけの映画かと思います。	スピード	4
		明瞭さ	2
		米国訛	5
		米国外訛	1
英語の特徴	映画の舞台の中心がニューヨークと米国中西部ですので、それぞれに使われている英語の違いを学生に聴き取らせるのも、いいリスニングの練習になるかと思います。 加えて、カポーティを演じているフィリップ・シーモア・ホフマンは、彼の癖のある話し方を再現していますので、少々聴き取りづらいことがあるかもしれません。しかしそれこそが、この映画の英語の特徴となっています。	語彙	5
		専門語	4
		ジョーク	3
		スラング	4
		文法	4

授業での留意点

　本作の中でも言及されていますが、『冷血』を発表するにあたり、カポーティは「ノンフィクション・ノベル」という新しいジャンルを確立（しようと）しました。彼は大変な意気込みをもって、『冷血』を仕上げたのでした（ちなみに、『冷血』が出版される頃を境にして、米国では「ニュー・ジャーナリズム」という、実際に起きた事件を、文学作品のように仕上げていく手法が隆盛となりました）。

　英語学習という切り口で作品を分析し、授業でいわゆる「学習教材」として使うのもいいかと思いますが、米文学史上においても重要な出来事が、この映画の中心の話題となっていることもありますので、米文学史をみるためのイントロダクションとして使われるのも、1つの利用法かと思います。冒頭で語られているカポーティのセリフは、当時の文学あるいは文化への理解を手助けしてくれる内容となっています：

Capote : I had lunch with Jimmy Baldwin the other day. (...) And he told me the plot of his new book. And he said to me, "But I just want to make sure it's not one of those problem novels." And I said, "Jimmy, your novel's about a Negro homosexual who's in love with a Jew. Wouldn't you call that a problem?"

　とはいえ、カポーティ自身もスキャンダラスな小説を発表してきました。たとえば有名なところでは、『ティファニーで朝食を』は、当初掲載予定だった雑誌から内容に関して文句が出て、掲載拒否となりました。

　そんなカポーティは、多くの作家がそうであるように、虚実を混ぜ合わせて作品を作り上げてきました。『草の竪琴』や『ミリアム』などが好例です。

　ところが「実」に重きを置いた『冷血』を境にして、彼はフィクション性の高い作品を完成させられなくなります。映画の中でも描かれていることですが、それはペリー・スミスとの関係に深入りしていたことも無関係ではないように思われます。映画が終盤に近づくにつれ、彼は終始アルコールを口にするようになりますが、アルコールの力でも借りない限り、『冷血』の執筆からくる精神的負担に耐えることが出来なかったのでしょう。彼の心が蝕まれていく様子が、明らかになっていきます。カポーティの人生の結末を知った上でその様子を見ると、本作の作者の意図がよりくっきりと見えてくるように思います。

　映画の中盤で、カポーティが自分とスミスの過去との類似点を指摘する箇所が出てきます。彼もまた小さい頃に両親と離ればなれになりました。そういったエピソードは、彼の小説に度々描かれてきました。そしてそれら一連の作品群は、米国文学界に大きな衝撃を与え、彼に「神童」の名を与えることになります。そのような事を踏まえた上で、カポーティの初期の作品を読むと、さらに理解がすすむでしょう。

映画の背景と見所

　映画の大半が、殺人事件を取材するカポーティの様子と、ペリーとリチャードを裁くまでの過程を描いていますので、かなり暗い雰囲気ではあります。ときおりカポーティが顔を出す、当時の社交界の様子も見所の1つと言えるでしょう。実際のカポーティも、（愛憎あい半ばではあったようですが）社交界でスポットライトを浴びることが嫌ではなかったようです。それに時代もまた、彼に味方しました。大きな戦争が終わり華やかな時代になって、あちらこちらでスキャンダルを撒き散らす彼のような存在を、必要としていたのかもしれません。

　カポーティが進歩的な社交界で水をえた魚のようになれたのは、生い立ちが関係していると思われます。当時、彼は大変保守的な南部で育ちました。カポーティのような「マイノリティー（少数派）」にはとても生きづらいところでした。それは彼の取材を拒否する町の人々の姿にはっきりと描かれています。ネイティヴ・アメリカンとして同様に「マイノリティー」であったペリーに対する強い共感は、そこから生じたように思います。カポーティがカンザスの町に上手く溶け込めない様子と、ペリーの生い立ちとその人間性は、授業でしっかりと指摘するべき点かと思います。

　最後に、死刑制度について、この映画を観ながら学生とともに考えるのもいいかもしれません。裁判員裁判が行われるようになった現在の日本で、その制度のあり方を考えるきっかけにもなるかと思います。

スタッフ	監　　督：ベネット・ミラー 脚　　本：ダン・ファターマン 製作総指揮：フィリップ・シーモア・ホフマン他3名 原　　作：ジェラルド・クラーク 撮　　影：アダム・キンメル	キャスト	トールマン・カポーティ：フィリップ・シーモア・ホフマン ネル・ハーパー・リー　：キャサリン・キーナー ペリー・スミス　　　　：クリフトン・コリンズ・Jr. アルヴィン・デューイ　：クリス・クーパー ジャック・ダンフィー　：ブルース・グリーンウッド

ガンジー	Gandhi	（執筆）松居　敏子

セリフ紹介

1. 独立を勝ち取ろうとしているガンジーがインド人に向けて行ったスピーチ。

Gandhi : My message tonight is the message I have given to your brothers everywhere. To gain independence we must prove worthy of it.

Gandhi : There must the Hindu-Muslim unity – always. Secondly, no Indian must be treated as the English treat us so we must remove untouchability from our lives, and from our hearts.

Gandhi : Third – we must defy the British.

Gandhi : Not with violence that will inflame their will, but with firmness that will open their eyes.

2. アムリツァール虐殺事件後のニューデリーの総督府の会議室でのガンジーと英国側とのやり取り。

Gandhi : We think it is time you recognized that you are masters in someone else's home. Despite the best intentions of the best of you, you must, in the nature of things, humiliate us to control us. General Dyer is but an extreme example of the principle. It is time you left.

Kinnoch : With respect, Mr. Gandhi, without British administration, this country would be reduced to chaos.

Gandhi : Mr. Kinnoch, I beg you to accept that there is no people on earth who would not prefer their own bad government to the "good" government of an alien power.

Brigadier : My dear sir, India is British! We're hardly an alien power!

学習ポイント

1. 言語は文化によって育まれる物である一方、世界共通語となっている英語には別の面があります。英国英語、インド英語とこだわることなく、英語はコミュニケーションの道具であり、まずはどんな英語でも発信できることが優先であると割り切り、気楽に、但し、明確な英語を心がけ、日本英語を恐れず使う事を学ぶのに良い作品です。ガンジーやジーナや妻の演説、ガンジーの交渉や対話などにおける説得力が大いに参考になります。

2. 説得力は言語の力ではなく、真実を述べているその中身の力であり、また、言語は手段であって、大切なことは内容であると認識させてくれる作品でもあります。国民会議派がインド独立を目指しはじめた時、ガンジーは演説で "This Congress tells the world it represents India. …Until we stand in the fields with the millions who toil each day under the hot sun, we will not represent India – nor we ever be able to challenge the British as one nation." と述べ民衆の心を掴みました。また 総督府での会議では、"Yes… in the end you will walk out. Because one hundred thousand Englishmen simply cannot control three hundred fifty million Indians if the Indians refuse to co-operate. And that is what we intend to achieve – peaceful, non-violent, non-co-operation." と堂々と英国に立ち向かいました。

3. インドの独立史を知ることは当時のイギリス帝国を、そして世界を学ぶことにも通じます。イギリス帝国は1877年に英領インド帝国を成立させ、イギリス第二帝国とも言われました。第一次世界大戦後の白人の自治植民地は本国と対等の国となり、第二次世界大戦後は "帝国" は連邦となり弱体化し1947年にはインドとパキスタンに分れて独立をしました。このことは両教徒の間に激しい内戦状態をもたらしました。

4. 宗教：神のもとすべての宗教が1つの木であると信じていたガンジーはイスラムの子供を殺したヒンズー教徒に対して、"Find a child – a child whose mother and father have been killed. A little boy – about this high. And raise him as your own. Only be sure that he Is a Muslim. And that you raise him as one." と述べ生きる道を示しました。ガンジーの言葉は宗教を超越し人間愛に満ちたものでした。

5. ガンジーを取材してきたメディアの言葉も重要です。『ニューヨーク・タイムズ』の記者ウォーカーは、真の「非暴力」を製塩所で実践した、イスラムとヒンズー両教徒の勇姿を目の当たりにして "Whatever moral ascendance the West held was lost today. India is a free for she has taken all that steel and cruelty can give, and she has neither cringed, nor retreated." "In the words of his followers, 'Long live Mahatma Gandhi.' " と発信しました。

あらすじ

　ガンジーが暗殺される場面から始まり、そこに至るまでを青年時代から描いた作品です。1893年、英国の植民地の南アフリカで、弁護士ガンジーは凄まじい人種差別を受けそれがきっかけで彼は22年間、南アフリカでインド系移民の権利擁護運動を続けました。協力者に英国人牧師アンドリュースや米国記者ウォーカー等がいて世界へも報道されました。英雄としてインドへ帰り南アフリカと同様の闘いを求められたガンジーはインドの現状を見て回りました。農民を独立の闘いへ引き入れた非暴力運動は英国を脅かしガンジーは逮捕され、英国軍は見せしめに無抵抗の群衆に発砲して1,516人もの死傷者をだしました。このアムリツァール虐殺事件はガンジーを打ちのめしました。その後もガンジーは非暴力での英国製品のボイコットを主導しましたが、インド人の暴力が激しくなってしまい、断食をして非暴力を訴えました。1930年には「製塩禁止法」に対抗し「塩の大行進」をしてインド人の製塩所を作りましたが、結局は英国に取り上げられガンジーや多くのインド人が逮捕されました。英印円卓会議に独立の期待を持ってロンドンへ行きましたが、失望に終わりました。その上ヒンズー教徒とイスラム教徒との対立が激しくなり、インド統一の願いはかなわず1947年に回教徒のパキスタンとヒンズー教徒のインドに分離独立しました。1948年、ガンジーは狂信的なヒンズー教徒に暗殺されました。

映画情報

製 作 費：2,200万
製 作 年：1982年
製 作 国：英国、インド
言　　語：英語
配給会社：コロンビア映画　　ジャンル：歴史映画

公開情報

公 開 日：1982年12月10日（米国）
　　　　　1983年 4月16日（日本）
上映時間：188分　　興行収入：5,276万7,889ドル
受　　賞：アカデミー賞8部門
　　　　　ゴールデン・グローブ賞、英国アカデミー賞

薦	○小学生　○中学生　●高校生　●大学生　●社会人	リスニング難易度	発売元：ソニー・ピクチャーズ エンタテインメント（平成29年2月現在、本体価格）DVD価格：1,410円　ブルーレイ価格：2,381円		
お薦めの理由	この作品は第55回アカデミー賞で8部門を受賞した名作です。「インド独立の父」であるガンジーの青年時代から暗殺されるまでの歴史映画で偉大なガンジーの人間を学ぶと共に世界史をより深く知る事にもなります。比較的分かり易い英国英語とインド英語が使われていますので、英語がより身近に感じられるでしょう。人間の愚かさ、残酷さ、賢さ、優しさなど様々な人間の本性を見つめられる作品です。	スピード	2	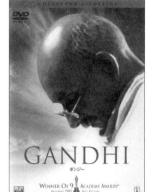	
^	^	明瞭さ	2	^	
^	^	米国訛	1	^	
^	^	米国外訛	3	^	
^	^	語　彙	3	^	
英語の特徴	この映画では英国英語とインド英語が使われています。インド英語は【r】が強調される等特徴がありますが、英語は今や世界共通語です。様々な国の第二言語としての英語に興味をもって学んで欲しいと思います。演説、会議での議論、諭し、対話など、作中の英語は丁寧で明確な英語が多くを占めていて、スピードも程よく聴きとり易いです。整った、正確で、丁寧な英語が多いので、とても役に立つ作品です。	専門語	1	^	
^	^	ジョーク	1	^	
^	^	スラング	1	^	
^	^	文　法	2	^	

授業での留意点	この作品に関連して発展学習になりうる例をいくつかあげてみます。 1. ガンジーの数々の名言を作品内外問わずにインターネットや名言集等で学ぶ。 　＊The weak can never forgive. Forgiveness the attribute of the strong. 　＊Happiness is when what you think, what you say, and what you do are in harmony. 　名言を英語で学び覚えながら、人生の事を色々考えるのは一石二鳥です。 2. ガンジーがインド独立へと導く過程で起きた大きな事件を掘り下げて、歴史、政治を学ぶ。 　a) ガンジーの反英運動、塩の行進、英印円卓会議など。 　b) 2013年3月にエリザベス女王は英連邦加盟国に向けた「あらゆる差別を撤廃し権利の平等を保障する文書」に署名しました。これは歴史的なことで女王のそのスピーチを読むことは非常に意義があります。 3. ガンジーの世界への影響、特に影響を受けた指導者達について学ぶ。 　a) 米国の公民権運動の指導者キング牧師は、ガンジーの本を読んで感銘し、「非暴力」をアフリカ系アメリカ人に訴え、それを貫いて公民権の獲得に成功しました。（バスボイコット運動、ワシントン大行進等） 　b) チベットを1959年に亡命したダライダマ第14世はチベットと中華人民共和国の争いを解決しようとガンジーの影響を受け非暴力を長年貫いて来ています。 4. ガンジーはごく平凡な少年でしたが、なぜ世界的な政治家になったのか、ガンジーの心の軌跡を探るガンジーに影響を与えた、南アフリカでの人種差別、インドでの大量虐殺、内戦状態、彼を支えた人々を総括して彼の心の葛藤、気づきに焦点をあててみるのも有意義です。 5. 政治学者であるノーマン・フィンケルシュタインの著作：『ガンジーの言葉：非暴力、抵抗、勇気について』 　(What Gandhi Says: About Nonviolence, Resistance and Courage) を読む。 　著者はガンジーの「非暴力」とは何かについて述べています。また彼はガンジー時代のインドにパレスチナとの類似を見出していますので、この著書を読めばさらに広い観点から、理解が深まるでしょう。 6. 2007年のインド英語『ガンジー、わが父』から偉大なガンジーの別の面を探し出す。 　この映画はガンジーの不肖の息子の視点から父親を描いたもので、人間ガンジーが興味深いです。 7. 英語は世界の共通語の認識から、米国英語、英国英語だけでなく、世界各国の英語を気軽に楽しく学ぶ英語を母語としない英語使用者は15億人程いますので様々な英語をインプットすることが必要と考えられます。
映画の背景と見所	インドの独立運動を導いたガンジーの生涯を描いた作品です。第一次世界大戦に、インドの自治を条件に英国に協力しましたが、実現せず、また1919年には悪法のローラット法が施行された為、民族運動が盛んになって行きました。その頃、ガンジーは、ヒンズー教徒、イスラム教徒をまとめ、「非暴力、不服従」による独立運動を始め、1920年には、英国製品のボイコットをしました。1930年には塩の製造、販売を独占している英国に対して「非暴力、不服従」の「塩の行進」を行い、その後製塩を阻止する英国政府に、ヒンズー教徒もイスラム教徒も一緒に無抵抗で闘いました。その後ガンジーは独立を求めロンドンの会議に出席しましたが、失敗でした。やがて国内ではヒンズー教徒とイスラム教徒の対立が激化し、1946年には5,000人もの死者を出す内戦状態になりました。第二次世界大戦で英国は国力が弱体化しインドから手を引きましたが、インドの統一はかなわず、1947年ヒンズー教徒はインド連邦、イスラム教徒は東西パキスタンとして分離独立しました。1948年ガンジーは狂信的なヒンズー教徒に暗殺されてしまいました。普通の青年から世界に影響をあたえる政治家に大成した彼の根底に流れるのは、真実を見極める力であると思います。イギリス帝国と闘ったその時々の真実をついた言葉に説得力があり十分味わって欲しいですし、そして自我を超えた普遍的な考え方を味わって欲しいと思います。

スタッフ	監督・製作：リチャード・アッテンボロー 脚　　本：ジョン・ブライリー 編　　集：ジョン・ブルーム 撮　　影：ビリー・ウィリアムズ 音　　楽：ラヴィ・シャンカール	キャスト	マハトマ・ガンジー　：ベン・キングズレー バーク・ホワイト　　：キャンディス・バーゲン アーウィン卿　　　　：ジョン・ギールグッド ウォーカー　　　　　：マーティン・シーン ダイヤー将軍　　　　：エドワード・フォックス

キッズ・オールライト	The Kids Are All Right	（執筆）藤原　まみ

セリフ紹介

　子供達2人（ジョニとレイザー）がポール（子供達の生物学上の父親、精子提供者）と会っていたことを知り、彼に会わざるを得なくなった母親2人（ニックとジュールス）の会話。

Nic　　：He's their biological father and all that crap but it still feels really shitty. Like we're not enough or something, you know?
　　　　（あの人は生物学的には父親ってわけだけど、なんだか不愉快でむかつく。私たちだけじゃ駄目みたいじゃない？この気持ち分かってくれる？）

Jules　：Of course I know. I don't want to time-share our kids with someone. Especially when it's Joni's last summer home. No way.
　　　　（分かるわ。子供達との時間を誰にも邪魔されたくない。ジョニが家で過ごす最後の夏なのよ。冗談じゃないわ）

Nic　　：Let's just kill him with kindness and put it to bed.（おもいっきり愛想良くして、バイバイよ）

　ジュールスとの関係が露見した後のポールが、旅立つジョニに語るセリフ

Paul　：No, it wasn't bullshit at all. I know I don't seem credible right now but I really care about you...
　　　　（ちがうよ。君とレイザーのことは、どうでもいいものなんじゃない。今の僕なんて信用できないだろうけれど、でも、本当に、心から、君たちを大切に思っているよ）

学習ポイント

　レスビアン・カップルのニックとジュールスは精子バンクに登録された同じ精子を使って、それぞれがジョニとレイザーを出産します。この映画はレスビアン・カップルのニックとジュールス、その子供達で異母兄弟であるジョニとレイザー、そして、精子バンクに精子を登録し、自身の与り知らぬところで、ジョニとレイザーの父親になっていたポールを主な登場人物として話が展開していきます。ジョニとレイザーは性・家族・自分・将来についての悩みがつきない、多感な年頃の若者達です。一方、子供を産み育ててきたニックとジュールスの2人と突然父親的ポジションに立っているポールは、「セリフ紹介」で示したような、子供達2人との関係性においてライバル同士のような不安定な関係にあり、さらに、それぞれが思春期の子供であるかのように自身に不安を抱え惑っています。題名である『キッズ・オールライト』とは、子供達だけは成長しない大人達と違って大丈夫という意味なのか、それとも、大人もまた Kids であり、それだからこそ全てはどうにかうまくなりうる可能性がある、ということなのか、映画視聴後に考えてみて下さい。

　映画にはレスビアン・カップルを核とする家族の日常風景や、性的な話題も含めた家族間の問題が描かれています。けれども、描写された問題のいくつかは、どのような形態の家族においても起こりうる、普遍的な家族の問題とも考えられるものです。偏見や先入観を持たずに鑑賞しましょう。

　本作には対称的な「父親」像が呈示されています。1人目の父親は、ジョニとレイザーの生物学上の父親、ポールです。大学を中途退学し、無農薬野菜を使う小洒落たレストランを経営している彼は、バイクを乗り回し若い女性との気ままな恋を楽しむ、セクシーで不良っぽい魅力にあふれた男性です。彼は精子バンクに自身の精子を登録してはいても、それによって自分が誰かの父親になる可能性が生じることについては全くの無関心でした。要するに、自身の遺伝子を受け継いだジョニとレイザーの2人が尋ねてくるまで、ポールは父親としての責任とは全く無縁の日々を送っていたわけです。彼等と会うようになってからも、ポールは年上の友人的立場に立ち続け、父親的役割を果たしてはいません。一方、もう1人の父親であるニックは生物学的には女性ですが、伝統的社会規範に則した父親像を体現しています。彼女は食卓では家長の席につき、家族のそれぞれに礼儀や勉強などについて厳しく指導するために、彼等からは少し煙たがられている存在です。また、パートナーのジュールスが経済的に自立することを（潜在的に）嫌い、専業主婦の役割に甘んじることを望んでもいます。

　この点から、「女性らしさ」や「男性らしさ」とは何か？と、ジェンダー（性差）の問題について、掘り下げて考えていくことができるでしょう。

あらすじ

　ロサンゼルスに住むニックとジュールスのレズビアン・カップルとその子供達ジョニとレイザーの4人家族、そして、子供達の生物学上の父親であるポールが登場するコメディータッチのドラマです。長女のジョニが大学へ進学する18歳の夏に、ある出来事をきっかけとして、ニック、ジュールス、ジョニ、レイザー、ポールは各自が抱える問題に直面せざるを得なくなります。そのことによって各自は成長し、家族の絆を再認識します。

　大学への進学が決まったジョニと弟のレイザーは、夏休みにレズビアン・カップルであるそれぞれの母親達に精子を提供した「父」（ポール）を探し出し、彼に会いに行きます。子供達はポールとの関係を深めていき、やがて、母親達もポールに向き合わざるを得なくなります。自分に自信を持てないジュールスは、衝動的にポールと性的関係を持ち、罪悪感を感じながらも関係を続けます。一方、ニックは家族の中で自分だけがポールを受け入れられないことを反省し、家族4人と彼の自宅で晩餐を共にすることを決意します。しかし、ポールと意気投合した夜、ニックは彼の自宅に残されたジュールスの浮気の痕跡を見つけてしまい家族は崩壊の危機に瀕します。それをきっかけとして、ポールは自分の事やジュールスとの関係について真剣に考え、彼女との関係を続けていこうとします。しかし、ニック、ジュールス、ジョニ、レイザーは、各々の方法で家族の再生を模索する道をとることを決断します。

映画情報

製 作 年：2010年 製 作 国：米国 言 　語：英語 撮影場所：ロサンゼルス、カリフォルニア、米国 ジャンル：コメディー、ドラマ	**公開情報**	公 開 日：2010年7月9日（米国） 上映時間：106分 受 　賞：ベルリン国際映画祭テディ賞、アカデミー賞4部門ノミネート、ゴールデン・グローブ作品賞（ミュージカル・コメディ部門）、主演女優賞（A・ベニング）

薦	○小学生　○中学生　○高校生　●大学生　●社会人	リスニング難易度	発売元：アミューズソフト（平成29年2月現在、本体価格）DVD価格：3,800円
お薦めの理由	長女ジョニはこの夏に高校を卒業したばかりの18歳です。彼女は秋に生まれ育った家庭から独立し、大学寮生活という新しい暮らしを始めることになっています。入寮の場面では米国の大学生活の一端がかいま見れます。また、ジョニと思春期真っ最中の弟レイザーが直面する家族との関係や性の問題は、思春期が過ぎ去った方にも、今まさにその時期の皆さんにも共感できるものとして描かれています。	スピード　2 明瞭さ　2 米国訛　2 米国外訛　1 語　彙　3	
英語の特徴	会話のスピードは速い方ではないでしょう。 大人同士の会話や子供世代の会話の中にも、性的なものを含めた様々なジョークがふんだんに盛り込まれています。その為に、多少理解しづらい点があると言えるかもしれません。しかし、ジョークの内容はそれほど難解なものではないでしょう。また、訛りもそれほど強くない英語です。がんばって取り組んでみましょう。	専門語　3 ジョーク　4 スラング　4 文　法　3	

授業での留意点	様々なカップルによる性交場面があからさまに描かれています。また、子供を持つ親達の「不倫」、性に関する冗談や物事など、煽情的な事柄も様々に表現されています。授業では配慮を必要とする場合も想定されます。また、ジョニやレイザーの抱えている問題は、彼等の家族がホモ・セクシュアル・カップルを核とする「特殊」なものであることに起因しているように思えるかもしれません。しかし、彼女達が直面した家族の問題は、程度の違いはあれ、その年代の若者であれば誰でも直面するものであることに留意して視聴しましょう。また、複雑で深刻な人間関係が語られてはいますが、それらを包み込んでいる極上のユーモアを楽しんで下さい。 　ジュールスはパートナー（＝ニック）がいるにも関わらず、ヘテロ・セクシュアル的性向を持ったポールと性的関係を持ってしまいます。ポールの性的な放恣と、ヘテロ・セクシュアルに対するジュールスの衝動的な欲望が、この関係の発端であった点は否定できません。ジュールスのこの行動は性的な性向、パートナーの存在、子供の信頼に対する裏切りを意味しますが、ポールが子供達の生物学上の父親である為に、新たな家族形態の生成でもあるかのような面も呈しています。ジュールスとポールの両者が刹那的な欲動に身を任せた結果であるこの歪な性的関係を、ジュールスはその後も惰性的に続けてしまいます。ジュールスのこのような軽はずみな行動を、モラルに反したものである、と非難することもできるでしょう。しかし、パートナーがいてもなお、どうにも解消できない孤独の為に、彼女は間違いを犯してしまったとも言えるでしょう。同性カップルであるために、鮮明に可視化される格差、パートナー間のライバル関係も無視できぬ要因であったと考えられます。このような、同性カップルが必然的に孕むパートナー間の複雑な関係性は、BL（ボーイズ　ラブ）小説やコミックにおいても様々に表現されているので比較してみましょう。 　2015年に米国では全州で同性婚が認められました。同性カップルは米国社会において、今では、認知・容認・理解された存在であると言えるかもしれません。しかし、米国における同性婚の実態は、サンフランシスコの市長が2003年に同性婚を認めた後、たちまち全米中に反対運動が広まったことや、当時のブッシュ大統領が同性婚に反対であることを声高に主張して再選したことなどの意味を把握しないままでは理解できません。この作品には同性カップルに対する偏見のまなざしは、それと判るような鮮明さでは描かれていません。しかし、性的マイノリティーに対する米国社会の実態を踏まえた上で、この作品を鑑賞し、また、その姿勢を他作品における同性愛カップルの描かれ方について考察する際に活用してみてください。 　また、この映画で取り上げられている精子ドナーや、最近話題になった卵子凍結の問題などから、生命科学の発展・技術と生命倫理の問題についても考察してみて下さい。

映画の背景と見所	リサ・チョロデンコは『ハイ・アート』『しあわせの法則』などをてがけた監督です。映画では、彼女は監督に加えて脚本も担当しています。本作は低予算のインディーズでありながら、ベルリン国際映画祭でテディ賞、また、アカデミー賞では4部門ノミネート、そして、ゴールデン・グローブ賞ではミュージカル・コメディー部門の作品賞と主演女優賞（アネット・ベニング）を獲得しています。 　リサはニックやジュールスと同じく、レズビアン的性向を持った女性で、そのことを公表しています。この作品の企画中にリサ自身も精子バンクをつかって子供を出産しています。彼女によれば、このような彼女自身の個人的事情や体験が、本作には反映されているそうです。 　映画内で使用されている、デヴィッド・ボウイやジョニ・ミッチェルなどの音楽も、絶妙にドラマを盛り上げています。本作の中で、ニックはポールに向かって「ジョニ・ミッチェルのよさがわかるヘテロの男に初めて会った」と言っていますが、映画『ラブ・アクチュアリー』の中では、英国人の主婦が「ジョニ・ミッチェルは英国人女性に感情を教えたのよ」と言っています。この機会にジョニ・ミッチェルの曲や歌詞に触れ、その文化的意義について考察してみてもおもしろいのではないでしょうか。

スタッフ	監督・脚本：リサ・チョロデンコ 脚　　本：スチュアート・ブルムバーグ 編　　集：ジェフリー・M・ワーナー 音　　楽：カーター・バーウェル、ネイサン・ラーソン 　　　　　クレイグ・ウェドレン	キャスト	ニック　　：アネット・ベニングス ジュールス：ジュリアン・ムーア ポール　　：マーク・ラファロ ジョニ　　：ミア・ワシコウスカ レイザー　：ジョシュ・ハッチャーソン

	ギルバート・グレイプ	What's Eating Gilbert Grape	（執筆）河口　和子

セリフ紹介	ベッキーがエンドーラの町に突然やってきたことによって、次第にギルバートの考え方に変化が表れます。次のセリフは、彼が彼女から今まで考えたこともない質問を突きつけられる印象的で、重要な場面でのやりとりです。 Becky : I'm not into that... that whole external beauty thing, you know. 'Cause it... it doesn't last. It's what you do that really matters. What do you wanna do? Gilbert : Oh, uh, I don't know. I mean, there's not so much to do here, really. 夕焼けを見ながら彼女が語る空は広い世界を表しています。 Becky : It's changing. That's what's wild about the sunset. It'll just change really, really slowly in front of your eyes. I love the sky. It's so limitless. It is big. It's very big. Big doesn't even sum it up right. That – that word "big" is so small. You'd have to get those really giant words... とうとうベッキーに触発されたギルバートは、自分の心に押し込めていた思いが膨らみ、一気に吐露します。 Becky : Okay. What do you want? Faster! Gilbert : Okay. I want a new thing. House. I want a new house for the family. I want a... I want Mama... to take aerobics classes. I want Ellen to grow up. I want a new brain for Arnie. I want... Becky : What do you want for you? Just for you. Gilbert : I want to be a good person. I can't... I can't do this. I can't...

学習ポイント	題名 What's Eating Gilbert Grape の "eat" は「食べる」という意味のほかに、口語で「人を困らせる」「いらいらさせる」という意味があります。ですから、直訳すると「何がギルバート・グレイプをいらいらさせているのか」ということになります。邦題からではわかりにくい原題の意味を解説しながら、では「彼は何に苛立っているのか」という主人公ギルバート・グレイプの心情を探っていくことから授業を始めるとよいでしょう。そうすることで、映画の内容を深く理解することができますし、登場人物の心理を理解することによって、真の人間理解につながっていきます。そしてこの作品のテーマも見えてくるでしょう。 　ギルバート・グレイプは、何が原因で苛立っているのでしょうか。同級生や兄弟が次々と都会へ出て行く中で、どうして彼はエンドーラに残っているのでしょうか。彼には面倒を見なくてはいけない家族がいて、彼が町を出て行ってしまったら家族はどうなるか想像がつくからです。肥満の母は何もせずただ食べているだけ。知的障害の弟は目が離せません。一家の稼ぎ手はギルバートが担っており、責任感が強く、優しい彼は、家族のしがらみから逃れられずひしがれていきます。象徴的なシーンがあります。アーニーが夜寝る前に、ギルバートに "Good bye." といいます。ギルバートは、"Good bye" はどこかに行くときに使うから "Good night" だと正します。"No, it's not goodbye. It's a good night. Goodbye is for when you're going away, and we're not going anywhere, are we?" アーニーは、わかったよ。僕と兄ちゃんはどこにも行かない。"We're not going anywhere." と言いますが、すぐその後 "Good bye." と言うのです。アーニーは間違って言葉を使っているのでしょうが、ギルバートの心のうちを代弁しているようにも思われます。また、アーニーは高いところに上ることや、国道まで出てトレーラーが町を通り過ぎるのを見るのが好きです。これも遠くの世界を見たいということを表しているのかもしれません。ギルバートは、またカーヴァー夫人と腐れ縁の関係を持っています。彼の心が次第に離れてきたとき、彼女は彼の気を引こうといろいろと問題を起こします。そのときギルバートはどうして僕を選んだのかを問うと、彼女は「町を出て行かないから」と答えます。"I could've had any guy. Any guy! ...But... I chose you... Because... I knew you'd always be there... Because I knew you'd never leave." 健全な青年が希望や夢をもっていない訳はないのです。しかし、そういう高鳴る気持ちを前面に押し出しながらこの町では生活できません。知り合いが外の世界へ出て行くのを目の当たりにしながら、自分の正直な気持ちを押し殺し、悶々としながら、代わり映えのない生活を送ります。そんな気持ちを題名で示しているのではないでしょうか。そして彼の強く閉ざされた心を徐々に広げていく役割が外の世界からやってきたベッキーなのです。

あらすじ	この話はアイオワ州のエンドーラという小さな田舎町が舞台です。生まれてこのかた24年間、この町の外に出たことがないギルバート・グレイプという名の青年をめぐってストーリーが展開されます。彼は町の食料品店で働きながら、家族の面倒を見ています。母は超肥満体で過食症です。彼女は、17年前夫が自殺してから食べ続け、ここ7年間は一歩も家の外に出たことがありません。弟アーニーは、もうじき18歳の誕生日を迎える知的障害者。そして、家族のために母親代わりとして家事をこなす姉エミーと大人になりきれていない妹エレンがいます。ある日、この町にベッキーという少女がやってきます。旅の途中でキャンピングカーが故障し、しばらくここに留まるというのです。自由で意思のしっかりしたベッキーに、ギルバートは次第に惹かれていきます。ベッキーと交流するうちに、ギルバート自身の生き方について深く考えるようになり、彼の内面に変化が表れ始めます。そんな折、10歳までは生きられないだろうと赤ん坊の時に医師に宣告されたアーニーの18回目の誕生日を迎え、家族や友達全員で最高のお祝いをします。しかしその晩、思いがけないことが起こります。母が息を引き取ってしまうのです。そのことがきっかけになり、ギルバートは重大な決断をします。つまり、彼は、彼をこの町に引き継いでいたしがらみをすべて燃やしてしまい、翌年、19歳になった弟アーニーとともにエンドーラを出て、もっと広い世界へと旅立っていきます。

映画情報	原　作：ピーター・ヘッジス 　　　　*What's Eating Gilbert Grape* 製作費：1,100万ドル　　　製作年：1993年 製作国：米国　　　配給会社：パラマウント映画 言　語：英語　　　ジャンル：ドラマ　　カラー映画	公開情報	公開日：1993年12月17日（米国） 　　　　1994年　8月20日（日本） 上映時間：118分　　MPAA（上映制限）：PG-13 受　　賞：第66回アカデミー賞、ゴールデン・グローブ賞　助演男優賞ノミネート（レオナルド・ディカプリオ）

| 薦 | ○小学生　○中学生　●高校生　●大学生　○社会人 | リスニング難易度 || 発売元：アスミック
（平成29年2月現在、本体価格）
DVD価格：1,219円 |

お薦めの理由	米国は自由で夢や希望を叶えてくれる国だと考えている人は多いでしょう。しかし、米国の中でも、閉塞感や焦燥感を感じながら狭い社会の中で暮らしている人たちもたくさんいます。そして、社会的弱者に対する社会の冷たさも米国にはあります。ステレオタイプ的なイメージを脱し、あらゆる角度から米国社会を見ることはとても大切なことです。この観点からこれは最適な教材といえます。	スピード	3
		明瞭さ	3
		米国訛	2
		米国外訛	2
		語彙	3
英語の特徴	この映画は、米国アイオワ州の田舎町が舞台で、そこで暮らす、ごくありふれた町人が繰り広げる日常を描いています。したがって、特に強い米国訛りで話す登場人物もいませんし、専門用語、スラング、ジョークが頻発することもありません。知的障害を持つアーニーの話し方に特徴がありますが、とても簡単な表現ですので問題はないでしょう。比較的聞きやすく、英語学習するうえで最適な教材といえます。	専門語	2
		ジョーク	3
		スラング	3
		文法	3

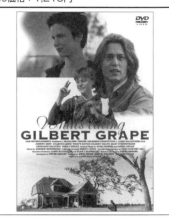

授業での留意点

　多くの人びとは米国についてどんなイメージを抱いているのでしょうか。「アメリカンドリーム」という言葉があるように、機会は均等に与えられ、勤勉や努力をし続けていれば成功を勝ち取ることができる国、夢や希望は実現不可能ではない、チャンスに満ちあふれた国というイメージがあるのではないでしょうか。確かに、困難な状況にありながらも、努力して成功を勝ち取った人も多くいます。成功した人びとをヒーローとして、目標にしながら苦しい日々を乗り切ろうとしている人びとも多くいます。米国映画界においても、まさにこのアメリカンドリームを抱き、厳しい状況の中でも努力し続けるヒーローが成功を勝ち取るサクセスストーリーが王道です。そしてまた多くの人びとから求められる作品でもあります。しかしこの作品においては、全くこれらのヒーローとはかけ離れている人びとが登場しますし、またそのプロットは決して成功物語とはいえないものです。私たちはこれらの手法に爽快感は得られないもののなぜか共感は抱けます。それは、主人公ギルバートが苛立ちや悩みを抱える、ごく普通の青年であり、私たちにもどこか彼に共感できる部分があるからではないでしょうか。社会的に弱い立場の人びとも、状況は違っても私たちの弱い部分を体現しているのかも知れません。彼らに焦点を当てることによって、彼らの視点からものごとを見ることもできます。それはマジョリティーからの視点や価値観とは違う、別の視点や価値観で物事を考えるということです。それによって、必ずしもマジョリティーの価値観が絶対のものではないということが理解できます。授業の中で、サクセスストーリーの王道とも言える映画を選び、この映画と比べてみるのも面白いかもしれません。学生たちはこれらの違いを発見し、たくさん意見を出し合うことでしょう。

　また、海外の学生は、様々なトピックに関して、常に自分の意見をしっかり持ち、機会があればその意見をきちんと発表できると言われています。留学して海外の学生と意見を交わしたり、社会に出て自分の意見を求められたりする場面が、これからますます出てきます。大学教育においてもそれに備えての訓練が必要になってくるでしょう。この作品には、様々な社会問題が内在していますので、そのような授業に最適な素材といえます。また、この映画を通して、米国が抱える社会問題や異文化理解についても同時に学ぶことができます。この作品の中では、肥満の問題、自殺遺族の問題、障害者の問題、田舎の過疎化、若者の就職難、閉塞的な田舎社会など様々な問題を提示しています。例えば母は200キロを超える超肥満体です。それに対して、社会はほとんど何も手助けしていません。社会が物理面、心理面で援助をしないため、ますますその家族だけが社会から孤立していきます。このように1つのテーマをトピックにあげ、全員で意見を交わしたりするのもよいでしょうし、この作品に内在するさまざまな社会問題を、テーマごとにグループ分けをして、それを調べ発表する機会を設けるのもよいでしょう。

映画の背景と見所

　幸福な結婚をして愛する家族に囲まれた生活を送ることや、仕事で出世をして洋々たる未来を開くこと、それがアメリカンドリームです。多くの人びとはこのような人生に憧れ、それに向かって突き進もうとします。そして、それを可能にしてくれるのが、まさに米国と考えている人も多いのではないでしょうか。しかし、米国の中にも、アメリカンドリームなどとは全く無縁の世界もあるのです。この映画の主人公ギルバートは、家族のしがらみから逃れることができず、悶々としながら、つまらない田舎町にじっと留まっています。彼には面倒を見なくてはならない、肥満で過食症の母と知的障害の弟がいるためです。母は肉体的にも精神的にもまともな社会生活を送ることは不可能です。アーニーも家族からは守られていますが、社会からは必ずしも温かい保護を受けている訳ではありません。彼らのような社会的に弱い立場の人たちも米国社会の中には多くいますが、社会からの手厚い保護がないため、彼らの家族に負担が当然のようにかかります。この映画はこれらの社会的弱者の人びとに焦点を当て、温かい視点から彼らとその家族を描いています。これは映画界の王道とは別の視点です。私たちは人間の尊厳に基づいて彼らに寄り添った視点から彼らについて考えていくことができます。そしてこの映画を通して、いつもとは違う別の視点から、社会や家族とは何かを改めて考えることができるのです。

| スタッフ | 監　　　督：ラッセ・ハルストレム
製作総指揮：ラッセ・ハルストレム、
　　　　　　アラン・C・ブロンクィスト
原作・脚本：ピーター・ヘッジス
撮　　　影：スヴェン・ニクヴィスト | キャスト | ギルバート・グレイプ：ジョニー・デップ
アーニー・グレイプ　：レオナルド・ディカプリオ
ベッキー　　　　　　：ジュリエット・ルイス
ベティ・カーヴァー　：メアリー・スティーンバーゲン
ボニー・グレイプ　　：ダーレン・ケイツ |

グッド・ウィル・ハンティング	**Good Will Hunting**	（執筆）井土　康仁

<table>
<tr>
<td rowspan="1">セリフ紹介</td>
<td colspan="2">

　ボストンから一度も出たことのないウィル。彼の知識のほとんどは、それまで読んできた膨大な書物の情報で成り立っています。それは彼にとって大変な武器になります。たとえばウィルがハーバードの大学院生とやりあう場面：

"You got that from Vickers' "Work in Essex County", was it pages ninety-eight to one-oh-two, what? Do you have any thoughts of your own on the subject or were you just gonna plagiarize the whole work for me?"

　チャッキーをからかった大学院生に、ウィルが仕返しをする場面です。実はこのセリフは、のちのショーンとのやりとりへの伏線になっています。ショーンはウィルにこう言います：

"So if I asked you about art, you could give me the skinny on every art book ever written... Michelangelo? You know a lot about him I bet. Life's work, criticisms, political aspirations."

　続くショーンのセリフは、ウィルの今後を予感させるものです：

"But you couldn't tell me what it smells like in the Sistine Chapel. You've never stood there and looked up at that beautiful ceiling."

　ショーンと同じくチャッキーもまた、ウィルの将来を気にかけ、次のように言います：

"Look, you're my best friend, so don't take this the wrong way, but in twenty years, if you're livin' next door to me, comin' over, watching the fuckin' Patriots' game and still workin' construction, I'll fuckin' kill you."

　ウィルのことも自分のことも、冷静に判断できてしまうチャッキーの哀しみも、この作品のテーマの1つです。
</td>
</tr>
<tr>
<td rowspan="1">学習ポイント</td>
<td colspan="2">

　主人公ウィルは、幼い頃に受けた体験で心が大きく傷ついています。そんな彼の心は、映画が進むにつれて大きく変化していきます。ウィルのセリフを追うことで、彼の心の移り変わりを知ることができます。彼の心情を英語で学習することが、この映画を教材として使う大きな学習のポイントとなるように思います。

　映画の最初の部分では、やり場のない気持ちをウィルがうまく処理できない箇所が数多く出てきます。たとえばセラピーを受ける場面。ウィルはセラピーを受ける前に、セラピーを行う臨床心理学者の著作物を読んでしまいます。本を読み、心理学者の考えを理解した後、彼はセラピーを受けるのですが、心理学者がウィルを理解する以上に、ウィルは心理学者を理解してしまいます：

Will 　　　　　: Do you find it hard to hide the fact that you're gay?

Psychologist : What?

Will 　　　　　: C'mon, I read your book. I talked to you. It's just something I know to be true.

　ウィルは昔に負った心の傷のせいもあり、他人を馬鹿にしたり攻撃的になったりすることで、自分を守ろうとします。それはショーンとの関係でも最初のうちは変わりません。ウィルはショーンの絵を見て、彼の心理を分析しようとします：

"Maybe you were in the middle of a storm, a big fuckin' storm – the waves were crashing over the bow, the goddamned mast was about snap and you were cryin' for the harbor. So you did what you had to, to get out. Maybe you became a psychologist."

　ウィルにとって自分を十全に理解してくれる相手、つまり「心の友（a soul mate）」と呼べる相手は、シェイクスピア、ニーチェ、フロストといった歴史上の人物だけだったのです。

　しかしながら、自分の数学的才能を理解し、親身になって支えてくれるランボー教授や、突き放すことなく、寄り添うように話を聞いてくれるショーンのおかげで、ウィルは次第に心を開きはじめます。ウィルの心の傷の深さを理解するばかりでなく、自分の負った傷もさらけ出してウィルと向き合おうとするショーン。2人のやり取りを丁寧に追っていけば、2人の最後の場面に出てくるセリフの必然性が見えてくるように思います。

Sean : Do what's in your heart, son. You'll be fine.

Will : Thank you, Sean.

　ショーンとのこのやり取りのあと、ウィルはショーンの言葉に従って、旅立っていくのです。
</td>
</tr>
<tr>
<td rowspan="1">あらすじ</td>
<td colspan="2">

　舞台はボストン。主人公ウィルは、天才的な才能を持った若者です。しかし彼はその才能を活かすことなく、単純労働で稼いだお金で日々の暮らしをつなぎ、仕事が終れば友達と酒を飲み、休日はビール片手に草野球を観戦するような毎日をおくっています。そんなある日、マサチューセッツ工科大学で清掃員として働いている最中、彼は黒板に書かれた数学の問題を目にします。それは MIT の学生ですら手におえない問題です。ところがウィルは熟慮の末、その解を導き出してみせました。ウィルの才能を見出したランボー教授は、数学の研究を一緒にやろうとウィルにもちかけます。ある条件のもとではありますが。

　その条件とは、ウィルにカウンセリングを受けてもらうというものでした。幼いころに父親から受けた虐待がきっかけで、彼は心の平穏を保つことが難しい状態にありました。そこで、ウィルの心の変革をしようと、心理カウンセラーを彼にあてがったのです。ところがウィルは、大変頭がよく、クライアントとしては大変扱いづらい人物でした。幾人か当たった末、ランボー教授は友人であるショーンに頼むことにしました。ショーンもウィルと似たような環境で育った人物だったからです。ウィルとショーンは幾度も衝突を繰り返しながら、次第に信頼関係を築いていきます。ウィルが将来と向き合うことになったとき、彼はショーンの助言に従って、自分の行き先を決めるのでした。
</td>
</tr>
<tr>
<td rowspan="1">映画情報</td>
<td>

製　作　費：（約）1,000万ドル（米国）
製　作　国：米国　　　言　語：英語
撮影場所：米国
配給会社：ミラマックス（米国）、松竹富士（日本）
ジャンル：ドラマ
</td>
<td>

公開情報
公　開　日：1997年12月2日（米国）
　　　　　　1998年 3月7日（日本）
上映時間：126分
オープニングウィークエンド：1,040万ドル
受　　賞：アカデミー脚本賞他
</td>
</tr>
</table>

薦	○小学生　○中学生　●高校生　●大学生　●社会人	リスニング難易度		発売元：ワーナー・ブラザース ホームエンターテイメント （平成29年2月現在、DVD発売なし） 中古販売店等で確認してください。

	お薦めの理由	映画の舞台の中心が大学ですし、学生とさほど変わらない年齢の若者たちの物語ですので、学生が素直に感情移入しやすい作品だと思います。やり場のない気持ちを抱えた青年たちの心を上手く表現しています。国籍や使う言語が違っていても、学生くらいの若者が思い悩み、抱える問題というのは、どの国にいてもそれほどかわらないことをこの映画は教えてくれます。多くの学生が共感できる作品です。

スピード	4
明瞭さ	2
米国訛	5
米国外訛	1
語彙	4
専門語	4
ジョーク	4
スラング	4
文法	3

英語の特徴

若者が主人公の映画ですので、20世紀末の米国、しかもボストン界隈の若者に使われていた英語を知るために、大変適した作品といえるでしょう。英語の特徴としては、若者が使うあまり品の良くない英語もたくさんありますし、four-letter word もたくさん出てきます。しかしながら、アカデミックな議論からカウンセリングの場面まで、美しい英語表現もまた、数多く使われています。

授業での留意点

天才的な頭脳を持った青年が主人公の映画ですので、「青春群像」とは言えないかもしれませんが、基本的には様々な背景を持った若者たちが、来るべき将来に向けてそれぞれの仕方で立ち向かう準備をする内容ですので、学生にとって感情移入がしやすく、それゆえ授業内で鑑賞するだけでも多くの学ぶべきポイントを学生自ら見つけられる映画です。

舞台の中心の1つがマサチューセッツ工科大学のキャンパスで、日本の大学のキャンパスとはいささか違った雰囲気を味わうことが出来ます。授業の仕方も日本のものとは少し違いますので、学生にとっては新鮮なものに感じられる気がします。キャンパス内外の生活を知ることで、日米の学生生活の違いを知るいい機会になるように思います。

米国の学生生活を知ることができるのもさることながら、この映画を授業で取り上げることで、米国社会が抱える様々な問題も指摘することができます。

今では白人の貧困問題が頻繁に取り上げられる機会も多くなりましたが、ウィルとその友人が陥っている状況は、米国でも深刻な問題になりつつあります。人種差別の是正を推し進める中で、その煽りをまともに受けてしまう層が出てきています。その現状の一端を、この映画を通じて知ることができるように思います。

学歴がなければ、米国社会では思い通りの職業に就くのが難しいことも、この映画は暗に示しています（もちろん、その「学歴」を獲得する難しさも授業内で指摘すべきでしょう）。ハーバード大学に通うクラークが、ウィルとの論争に負けた後、吐き捨てるように（むしろ勝ち誇ったように）言うセリフが印象的です：

"But I will have a degree, and you'll be serving my kids fries at a drive-through on our way to a skiing trip."

クラークの言葉を受けて、ウィルは "Maybe. But at least I won't be unoriginal." と言います。この言葉をウィルの強がりであると理解すると、映画の主旨を履き違えてしまいますが、クラークのセリフには米国社会が抱える冷たい現実が反映されているのも事実です。

あるいは米国におけるアイルランド人の問題も授業の中で取り上げてもいいかもしれません。単に映画を観ているだけでは、なかなか知ることのできない点であるように思いますので、授業内でそういった点を指摘することで、学生の映画理解をさらに促せるように思います。

ウィルが背負わされた心の傷の問題は、日米問わず深刻な問題です。彼がなぜそのような目にあわねばならなかったのか、それは単に家庭の問題として処理できるのか、あるいは社会問題として取り組むべきなのか、といった議論も授業内で展開してもいいように思います。

映画の背景と見所

この映画でウィル役をやっているマット・デイモンと、チャッキー役のベン・アフレックは、私生活でも実際の友人関係にあります。彼らは10歳のころに出会い、何をするにも一緒だったそうです（ちなみに映画の中でボストン・レッドソックスの試合の話が出てきますが、2人はよく一緒にレッドソックスの試合を観戦しに行ったそうです）。

デイモンもアフレックも大変よく勉強ができ、2人ともハーバード大学へ進学しました（その事実を踏まえると、ウィルたちがハーバード大の学生をナンパする場面は、この映画の見所の1つとなるかもしれません）。ところが彼らは卒業することなく、大学を辞めてしまいます。彼らは俳優になりたかったのです。大学を辞めた後、彼らは LAで暮らしはじめます。そこで5年の歳月を費やして書き上げたのが本作品のスクリプトです。映画自体もさることながら、彼らの映画にかける情熱もまた、学生にとっては刺激になるエピソードになるように思います。

ウィルの知識の幅広さも、本作品の見所の1つであるかと思います。彼の知識はショーンが指摘するように、殆どが書物から得られたものです。しかしながら、ウィルが触手を伸ばす書物の多くは、古典となっているものです。哲学や文学に関する本を読みたいけれど、どれから読んだらいいのか分からないという学生がいれば、まずはウィルが読んだものを手にしてみるよう言ってみるのもいいかも知れません。

スタッフ

監　督：ガス・ヴァン・サント
脚　本：マット・デイモン、ベン・アフレック
製　作：ローレンス・ベンダー
音　楽：ダニエル・エルフマン
美　術：メリッサ・スチュアート

キャスト

ウィル　　：マット・デイモン
ショーン　：ロビン・ウィリアムス
チャッキー：ベン・アフレック
スカイラー：ミニー・ドライヴァー
ランボー　：ステラン・スカルスゲールド

ザ・クライアント/依頼人	The Client	（執筆）石田　理可

セリフ紹介	自殺を邪魔された Romey は主人公の Mark にどのように事件の秘密を話したのか確認してみましょう。 Romey : What's your name? Mark　: Mark. Mark Sway. Romey : Jerome Clifford. Attorney at law. So, since we are both pretty tired right now... call me Romey.　...中略... 　　　　Grew up here. I played in these woods. Now I'm gonna die here, too. Mark　: Why are you doing this? Romey : Because if I don't kill myself... he will. Mark　: Who's "he"? Romey : The Blade. Barry "The Blade" Muldano. Mark　: Wow. Is this Blade coming to kill you? Romey : Cause I know... I know where the proverbial body is buried. Mark　: Whose body? Romey : See, my client... killed Senator Boyd Boyette and hid the body. So, now my client, he wants to kill me. You know where the body's buried? The body's buried? He hid the body. It's still buried there, can you believe it? They haven't found it yet. FBI's dug half of New Orleans. They haven't found it and they're not gonna find it. No way.

学習ポイント	主人公 Mark と弟の Ricky が、偶然にも遭遇・目撃したある事件の秘密を知ってしまった弁護士 Romey の自殺。本来ならば、彼らは単なる不運な目撃者だけにすぎないのですが、Mark の正義感・親切心があだになって大きな事件に巻き込まれてしまいます。彼らの簡単な短い会話からどんどん事件の深みにはまっていく Mark の様子を知ることができます。スラングがかなり含まれますが、注意深く聴きとって理解してみましょう。 　母親のバッグからこっそり盗んだタバコを吸う為に、行くことを禁じられていた森に出かけて行きます。まだ幼い Ricky は母親の言いつけに背いたこと、人気のない森に行くことが全て不安そうですが、お兄ちゃん Mark のすること全てを真似したい、同じことがしたいのです。Mark はお母さんに頼まれたことでもありますが、お兄ちゃんぶってちょっと生意気にリードします。そんな彼らの目前で自殺を図ろうとする男が現れます。短い言葉の連続ですが、心情がよくわかると思います。Ricky が Mark を呼ぶ時、Mark が Romey と会話する時、どのように呼んでいるかなど細かい部分も聞き漏らさないように注意しましょう。簡単な表現ですが聴き取れるかどうか試してみましょう。 Ricky　: Come on. Let's go.　　　　　　　　　　　Mark　: No. We're gonna make sure he's OK. Ricky　: You think he's dead?　　　　　　　　　　Mark　: I don't know. Romey : Damn! Nothing workin'! Nothing workin'!　　Mark　: He is crazy as hell. Romey : Damn!　　　　　　　　　　　　　　　　　Ricky　: Let's go, Markey. Please. Come on. Mark　: No, we can't. If he kills himself, we know anything about it, we can be in all kinds of bull shit. Ricky　: We won't tell no one. Just let him die.　　　Mark　: No, we're not leaving until I say we're leaving. Ricky　: Sit down. 　　そして… Romey : Now, sit there! Don't you touch that damn door! Sorry, kid. You had to be a cute ass, had to stick your 　　　　dirty little nose in my business, didn't you? So, I think we should die together. Just you and me, pal. 　これらの会話には、上記したようにかなりのスラングや学校教育では習わない表現が含まれていますのでスペリングも想像しているものではないかもしれません。 　たまにこういった表現をわざと好んで使用し、いかにも英語慣れしているように装ったり、自己満足に陥っていたりする人に出会うことがあります。きちんとした英語もわかった上でこれらを TPO に応じて使い分けられればもちろん結構ですが、そうでない限り相手に不快感を与えてしまう可能性もあることも忘れてはいけません。

あらすじ	主人公の11歳の少年 Mark Sway は8歳の弟 Ricky と森の中で弁護士 Jerome Clifford（通称 Romey）の自殺を偶然目撃してしまいます。自殺を今にも行おうとする準備中に運悪く出くわしてしまったのです。自殺を阻止しようと試みた Mark は重大な秘密を暴露され、危うく道連れにされそうになります。 Romey : If the Blade finds out what I told you, he will kill you anyway. 　　　　（俺がお前に何をしゃべったか Blade が知ったらどっちみち生かしちゃおかないだろうからな） 　隙をついて逃げ出した Mark は泣きじゃくる弟の Ricky と共にその男の最期を目撃してしまうのでした。幼い Ricky には精神的に相当大きな衝撃だったため、植物人間状態に陥ってしまいます。 　警察の事情徴収を受けることになった Mark は聞かされた秘密を話したら殺されると思って口を割りません。自分の追っている大きな鍵となるその重大な秘密をどうにか聞き出そうと連邦検察官の Roy Foltrigg と FBI、そしてばらされてはこまるマフィアが Mark を追います。家族と自分を守らなければならない Mark は女性の弁護士 Reggie Love を全財産1ドルで雇い、依頼人となるのでした。法廷への召喚状まで出され、断れば拘留、証言すれば生命が危険。そんな Mark はわずか1ドルの報酬で救ってもらうことができるのでしょうか。

映画情報	製　作　費：4,500万ドル 製　作　年：1993年 製　作　国：米国 言　　　語：米語 ジャンル：犯罪、ドラマ、ミステリー	公開情報	公　開　日：1994年　7月22日（米国） 　　　　　　1994年10月　8日（日本） 上映時間：119分 MPAA（上映制限）：PG-13 オープニングウィークエンド：1億1,761万5,211ドル

薦	○小学生　○中学生　●高校生　●大学生　●社会人	リスニング難易度	発売元：ワーナー・ブラザース ホームエンターテイメント（平成29年2月現在、本体価格）DVD価格：1,429円　ブルーレイ価格：2,381円

お薦めの理由	"The Client" の原作（同タイトル）を書いた John Grisham（1955-）は彼自身も弁護士なので、自らの経験を生かして、legal thriller を数多く執筆しています。実際に誰もが巻き込まれるかもしれないような事件です。今迄の日常生活や常識では考えられない出来事・展開に遭遇するかもしれない多様化している現状、そして未来。どのような手段で解決できるのか、救われるかを少し知っておいてもいいのでは。	スピード	3
		明瞭さ	3
		米国訛	5
		米国外訛	1
		語彙	3
英語の特徴	米国社会で "indigent" 層に属する主人公 Mark とその家族の言葉遣いはけして上品なものではなく、スラング的文法ミスもかなりありますが、聞き取りやすい発音です。法学的専門用語も、中心となるのが11歳の少年のためかほとんどありません。訛りも全く気にならない程度に、Barry "The Blade" Muldano があるぐらいです。ゆえに listening が苦手、入門・初級レヴェルという方にも理解し易いでしょう。	専門語	1
		ジョーク	2
		スラング	4
		文法	2

授業での留意点

　この映画にはかなりのスラングや一般的には学校教育では習わない表現が含まれています。こういった表現は一見とても英語が上手でまるで native のようだと自己陶酔する人がいるようです。カッコいいと勘違いしてしまうのでしょうか。
　方言や訛りによって出身地や育成地がわかるのはご存知だと思います。それと同様に社会言語学的に言うと使用言語表現によってもその人の back ground がわかります。それを利用してわざと身分や身元を隠す人もいます。
「学習ポイント」に紹介したセリフを用いてどのような表現かみてみましょう。

　Mark : We're **gonna** make sure he's OK.

最近は Americanized なのか globalized なのか英国でも使用する人たちもいますが、典型的な American English ですね。本来、学校教育で学ぶ表現は We're **going to** make sure he's OK. ですよね。同じような表現に wanna ➡ want to もあることも確認しておくといいでしょう。

　Romey : Damn! Nothing **workin'**! Nothing **workin'**!

Spelling で省略形を用いてあります。慣れていないとなかなか最後の音の有無まで聞き取れないと思います。どういう時こういう表現になるのか調べてみましょう。

　Mark : No, we're not **leaving** until I say we're **leaving**.

いわゆる現在進行形を用いて近い未来の行動を示しています。近い未来の「移動」を表すときに用いられる表現です。これも学校教育では No, we're not **going to leave** until I say we're **going to leave**. でしょうか。他にも move や fly、そしてもちろん go などに用いられます。

　Romey : **Damn**!
　Mark : If he kills himself, we know anything about it, we can be in all kinds of **bull shit**.
　Romey : Now, sit there! **Don't you** touch that damn door! Sorry, kid. **You had to be a cute ass, had to stick your dirty little nose** in my business, didn't you?
　　　　　So, I think we should die together. Just you and me, **pal**.

思わず口走る悪い言葉や名前を使わない呼びかけの言葉など、日本語とは異なる独特の表現ですね。また、'you' を入れた省略しない強調命令も。聴き取って理解することはできても、慣れないうちは自分で使うにはなかなかどういう時に使っていいのかわからない表現です。だからこそ、逆に思わず使いたくなる表現なのかもしれませんね。

映画の背景と見所

　弁護士 Reggie が連邦検察官 Roy に対して Mark 達を守るために要求、利用した US Federal Witness Protection（WITSEC, 証人保護プログラム）は日本にはない制度です。米国では「報復を恐れて証言を拒否」できないので、法廷あるいは上下両院、諮問委員会での証言者を被告発者による制裁から保護するために設けられた制度のことです。該当者は裁判期間中、その間住所を特定されないような政府極秘・国家最高機密の場所で暮らすことができます。生活費や報酬などは全額連邦政府から支給されます。内通者により居所が漏洩することも考えられますので パスポートや運転免許証などの ID は全く新しいものが交付され完全な別人になります。居住地は米国内に限らず、南米各国や在外の米軍基地内、EU 領内 NATO の官舎が割り当てられることもあるそうです。
　弁護士でもある John Grisham 原作の映画には法学部の学生にお薦めな物が多そうです。"The Client" 以外にも "A Time to Kill"（『評決のとき』1996）、"The Firm"（『ザ・ファーム 法律事務所』1993）、"The Pelican Brief"（『ペリカン文書』1993）、"The Chamber"（『チェンバー/処刑室』1994）"The Rainmaker"（『レインメイカー』1997）、"The Runaway Jury"（『ニューオーリンズ・トライアル』2003）、"The Gingerbread Man"（『相続人』1998）などがあります。残念ながら日本では全てではありませんが、数多く公開されています。

スタッフ	監督：ジョエル・シュマッカー 脚本：アキヴァ・ゴールズマン、ロバート・ゲッチェル 製作：アーノン・ミルチャン、スティーブン・ルーサー 原作：ジョン・グリシャム 音楽：ハワード・ショア	キャスト	マーク・スウェイ　　　：ブラッド・レンフロ レジー・ラヴ　　　　　：スーザン・サランドン ロイ・フォルトリッグ：トミー・リー・ジョーンズ ダイアン・スウェイ　：メアリー=ルイーズ・パーカー バリー・マルダーノ　：アンソニー・ラパリア

クラッシュ	Crash	（執筆）石田　理可

セリフ紹介

　黒人は無教養な人間ではありません。当然善悪もわかり、環境に順応することも知っています。しかし、現実において、米国社会では、黒人として、富や階級に対しての資格が与えられていない、というような感情を抱いています。
　検事側の白人 Flanagan に、弟 Peter の訴訟を餌に、ある事件の真実から目をつぶるように言われた黒人刑事 Graham がその申し出を一度断った後の会話です。

Flanagan : Fucking black people, huh?　「黒人野郎め」
Graham　 : What did you just say?　「今、何て言った」
Flanagan : I mean, I know all the sociological reasons why, per capita eight times more black men are incarcerated than white men... Schools are a disgrace, lack of opportunity, bias in the judicial system, all that stuff... But still... but still, it's... it's gotta get to you, I mean, on a gut level, as a black man. They just can't keep their hands out of the cookie jar. Course, you and I know that's not the truth. But that's the way it always plays, doesn't it?
　「黒人の囚人が白人の８倍なのは社会が悪いってことだ。学校教育はいい加減、チャンスは不足、司法は不平等とか、全てにおいてさ。だが、それでも、黒人は根っこのレベルで犯罪に手を染めやすいんだ。事実じゃないってわかってるけど。ついそう思ってしまうよな」

学習ポイント

　Los Angeles という街は西海岸のごみごみした大都会というイメージがあります。当然、New York や Chicago と同じく多民族都市でもありますが、大きく異なるのは、広々とした地形なので生活移動手段が自動車中心だという点です。この映画の最初、中盤、そして最後に車の事故（CRASH）が用いられている理由だと考えられるでしょう。
　車中心の社会では、試みれば誰とも話さずとも生活可能です。そんな中で起きた事故（CRASH）。否が応でも他人との関わり（CRASH）が生じます。今まで全く関係なかった他人との関わり（CRASH）からどのような縁が生まれ、どのような影響をそれぞれの人生に及ぼすのでしょう。
　個人個人、いろいろな考え方、感じ方があるのと同様に、一個人はいろいろな面を持っています。「いい人」と周りの人々が誉めるような人でも、ある人には冷たかったり意地悪だったりする「悪い人」と呼ばれる面を見せているかもしれません。また逆にどんなに冷酷な極悪人と嫌われ、恐れられるような人であっても、ある人にとっては優しく親切な人かもしれません。日本人特有の（?）「本音とたてまえ」を使い分ける人、「二枚舌」、「世渡り上手」、「八方美人」とかげ口をたたかれるようにあからさまな人もいるかもしれません。
　この映画では、現代、世間一般においてタブー視されている 差別・偏見 ― 自分とは異なった人種、民族、性、階級、学歴、年齢、思想、職業、収入などへの ― を描いています。それらに関する、普段は良心・理性・モラル・常識などから心の奥底に隠され、親しい友人やパートナー、あるいは家族にさえ見せない感情、もしかすると、本人自身さえ気付いていない感情かもしれません。ある意味怖い映画だとも言えるでしょう。
　例えば「自分は差別しない」、「差別主義者じゃない」と思っていても、心のどこかで「怖い」、「汚い」、「臭い」、「大きい」、「小さい」などの単純な感想を他人に対して一度も持ったことのない人はいないのではないでしょうか。
　また、「自分は被差別者かも」、あるいは「被差別者だ」と思ったことはありますか。日本に住んでいて人種的な差別を受けることは、極めて少なくまれだと思いますが、世界的には「日本人は差別される側だ」という意識・認識がない人もいるようです。この映画に黄色人種として登場するのは中国人と韓国人ですが、残念ながら実際には、日本人に対しても同じような感情を持たれているかもしれないと考えても間違いはなさそうです。第二次世界大戦（World War II 1939–45）下、第32代大統領 Franklin Delano Roosevelt（1882-1945）が1942年2月下旬から行った日系人と日本人移民への家や資財の没収、銀行預金の凍結、解雇、白人との結婚禁止、強制収容所への収監などの影響もまだ残っているかもしれません。差別する側、される側。どちらの立場も感情も、辛いことですが、知っておくことはとても大切です。よりよくお互いを理解し、必要のない（CRASH）を避けるためにも。

あらすじ

　冬の Los Angels。クリスマスに近い、ある２日間のお話です。
　主な登場人物は15人。Los Angels に住んでいるという共通点があるだけで、全く無関係な人物たちです。そんな人たちに、ある交通事故（CRASH）がきっかけで、それぞれを主人公に、それぞれに起こった CRASH が全く別の視点からオムニバス形式で描かれていきます。
　人種も職業も年齢も異なったそれぞれが、小さな（CRASH）をきっかけにお互いの人生に影響を及ぼすのです。偶然なのか必然なのか、様々な背景をもつ人たちが、運命的な出来事を通してお互いに CRASH し合います。その結果、心の奥底に隠れていて日頃見せることのない、もしかすると本人さえ気づくことのなかった潜在的な感情が表に出現します。怒り、哀しみ、憎しみ … 負の感情が CRASH することでまた新たな連鎖を生み出します。
　人は、傷つき、傷つけられることを怖れながら生きています。それでも、誰かと関わっていたい、繋がっていたいと願いながら生きています。登場人物たち、それぞれも。
　Moving at the speed of life, we are bound to collide with each other.
　「人生は高速で流れ、僕たちはお互いに衝突し合う」

映画情報

製 作 費：650万ドル　　製 作 国：米国、ドイツ	公開情報	公 開 日：2005年5月 6日（米国） 　　　　　　2006年2月11日（日本）
言　　語：英語、ペルシャ語、スペイン語 　　　　　　マンダリン語、韓国語		上映時間：112分　　MPAA（上映制限）：PG-12
ジャンル：ドラマ		オープニングウィークエンド：910万7,071ドル
配給会社：シンジゲート フィルムズ　　カラー映画		受　　賞：第78回アカデミー作品賞、脚本賞、編集賞

薦	○小学生　　○中学生　　○高校生　　●大学生　　●社会人	リスニング難易度	発売元：東宝 （平成29年2月現在、本体価格） ブルーレイ価格：2,800円		

お薦めの理由	「自由の国」と日本では憧れる人が多いように思われる米国。いろいろな意味で世界のリーダー的な国でもあります。実際はどのような人々が生活しているのでしょうか。　「移民の国」とも言われるように Pilgrim Fathers が Mayflower 号で上陸（1620）して以来、多種多様な人々が住んでいます。真実の心、本音を覗いてみましょう。知らない感情を発見して CRASH（衝撃）を受けるかも。	スピード	3
		明瞭さ	2
		米国訛	5
		米国外訛	4
英語の特徴	Los Angels の人種分布は、この映画で見るように有色人種の割合が白人の割合と比較して多くなってきています。一昔前の yuppie（young urban professionals）と呼ばれる白人エリートの話す英語よりも、多種多様な人々のそれぞれの母語・居住地・コミュニティー・職業などの影響を強く受けているような英語を聞くことになります。本当の意味での生きた英語を聞いてみましょう。	語　　彙	3
		専門語	2
		ジョーク	2
		スラング	4
		文　　法	3

授業での留意点

　オムニバス形式のこの映画には人種も階級も何もかもが異なる複数の主人公が登場します。同じ場所、同じ時間に生きる彼らが偶然のきっかけでぶつかり合い（CRASH）、感情を交わし（CRASH）、人生を交差させて（CRASH）いきます。目を背けたくなるような醜さや憎しみ、皮肉な運命・出来事が容赦なく描かれています。まるで人間の内側を覗き見るようです。一見しただけではわからない「本音、本質」が鮮烈に描き出されています。すさまじい誤解に晒されながら、「誰かと触れ合いたい」と願い、懸命に生きる人々の心の叫びを見ることができます。言い換えれば、「人間の多様性、多面性」が描かれているともいえるでしょう。

　主な15人の登場人物を中心に断片的なエピソードを積み重ねながらの作品ですので、お話についていくことにとまどう人がでてくるかもしれません。しかし、これら一つひとつのエピソードには差別や偏見が1つの大きなテーマとして描かれていますので、それを軸に観るとよいでしょう。主人公たちが、それぞれ必死に生きる姿が描かれています。どんな問題が彼らに直面しているのか、それらにどのように対応し、解決しようとしているのか。そして、もし自分だったらどう感じ、どう考え、どう行動するか、話し合ってみましょう。

　また、この映画の大きな特色として、差別される側の痛みだけではなく、差別する側の痛みをも描いています。他人を偏見の目で見て、蔑み、区別/差別し、憎み、傷つけることは容易にできます。しかし、この映画の主人公たちは自分の予想以上、想像以上に相手を傷つけ、追い込んでしまったことの事実に気付くと、そのおろかな言動を恥じ、後悔するのです。「何故あんなことをしてしまったのだろう。何故あんなことを言ってしまったのだろう。あんな風に他人を傷つけてしまうなんて」と。主人公たちが、それぞれ自分の犯した過ちに気付き、とる言動は？

　主人公たちを簡単に紹介しておきましょう。

Graham　：黒人。刑事。白人刑事が黒人刑事を射殺した事件の担当者。
Ria　　　：ヒスパニック系。刑事。Graham の職務上の相棒、兼、恋人。
Rick　　　：白人。地方検事。白人の妻、黒人と白人の秘書をもつ。　Jean：白人。Rick の妻。人種偏見保持者。
Cameron　：黒人。TVディレクター。　　　　　　　　　　　Christine：黒人。Cameron の妻。アフリカ系黒人に偏見。
Ryan　　　：白人。警官。職務に忠実だが人種差別主義者。　　　Tom：白人。警官。Ryan の職務上の相棒。
Anthony　：黒人。Peter の友人。人種差別に被害妄想的。　　　Peter：黒人。Graham の弟。Anthony の友人。
Daniel　　：メキシコ系の錠前屋。　　　　　　　　　　　Flanagan：白人。Rick の側近。人種差別主義者。
Farhad　　：ペルシャ系。小売店主。アラブ系に偏見。　　　　Dorri：ペルシャ系。医師。Farhad の娘。

映画の背景と見所

　クリスマスを目前とした Los Angels で発生したある交通事故（CRASH）を軸に、米国に住む多種多様な人物たちを主人公としたお話が展開します。一見無関係な人達が、この交通事故（CRASH）を軸に様々な要因で一本の糸に絡まって（CRASH）していくのです。「人種の坩堝（るつぼ）」あるいは「サラダボール」のようだと形容される米国で差別・偏見・憎悪・ねたみ・愛などの感情が渦巻いています。望む、望まぬ関係なくいろいろな人との CRASH が始まるのです。

　交通事故に巻き込まれた黒人刑事 Graham とその同僚であり恋人のヒスパニック系の Ria。そして交通事故の相手は韓国系の Kim Lee。Graham は呟きます。

"It's the sense of touch. In any real city, you walk, you know? You brush past people, people bump into you. In L.A., nobody touches you. We're always behind this metal and glass. I think we miss that touch so much, that we crash into each other, just so we can feel something."

「触れ合いなんだよ。どんな街でも、歩けば人と身体が触れたり、ぶつかったりするだろ。でも、Los Angels では触れ合いなんて無いんだ。みんな車の中に閉じ籠もっちゃってて。みんな、触れ合いたいんだよ。衝突し合って何か感じてみたいんだ」

スタッフ	監督・脚本　：ポール・ハギス 脚　　本　：ボビー・モレスコ 撮　　影　：J・マイケル・ミューロー 音　　楽　：マーク・アイシャム 衣装デザイン：リンダ・バス	キャスト	グラハム　　：ドン・チードル ライアン　　：マット・ディロン アンソニー　：クリス・"リュダクリス"・ブリッジス クリスティン　：サンディ・ニュートン トム・ハンセン：ライアン・フィリップ

刑事ジョン・ブック　目撃者		Witness		（執筆）石川　有香

セリフ紹介

　ペンシルベニア州の農村で暮らしているアーミッシュの少年、サミュエル（Samuel）は、母のレイチェル（Rachel）に連れられて、ボルティモアの叔母を訪ねることになりました。生まれてはじめて、村の外へ出るサミュエルは、落ち着きがありません。いよいよ列車に乗り込む時となって、2人を見送る祖父のイーライ（Eli）は、以下のように注意を与えます。
　Eli: You be careful out among them English.
　アーミッシュの村では、皆が、神の教えを守り、お互いに助け合いながら生きています。信仰のあついイーライにとっては、村を一歩出ると、そこは、神を恐れぬ危険な輩がうごめく世界。「村の外の連中は、信仰を持たず、暴力だって振るう。信用してはいけないよ、気をつけなさい」というのです。
　そもそもペンシルベニア州は、英国とオランダの植民地戦争を経て、英国人が植民地統治を行っていたという経緯があり、English には特別な感情があるようです。イーライは、村にやってきたジョンを English と呼んでいましたし、ジョンも自分は English だと言っていました。しかし、ここでの「英国人」とは、言葉のあやで、アーミッシュ以外の「よそ者」を指していると言えるでしょう。このセリフが、映画の最後にも、もう一度、繰り返されていることに注意をしてください。今度は、命がけで犯人を逮捕して、村を出て行く刑事ジョン・ブックに対して、イーライは同じセリフを投げかけるのです。
　You be careful out among them English.

学習ポイント

　「アメリカ大陸の発見」により、17世紀には、ヨーロッパ諸国から多くの人々が新生活を夢見て海を渡りました。たとえば、スペイン人はテキサス州、フランス人はルイジアナ州、オランダ人はニューヨーク州やペンシルベニア州など、それぞれが特定の地域に入植していきました。そのため、米国では、現在でも、地域により、独自の文化を持つ共同体が見られ、それぞれの州や地域も、独自の法律や教育制度を持っています。
　さて、映画の舞台となるペンシルバニア州中西部のランカスターでは、実際に、「アーミッシュ（Amish）」と呼ばれるドイツ系の住民が、独自の文化を守りながら生活しています。彼らは、ヨーロッパの旧世界で、キリスト教の主流派から激しい迫害を受けて、米国にやってきた人々の子孫であるとされます。映画でも、科学技術に頼り、華美で贅沢な生活を求めて、自己の利益を追求する生き方を否定し、信仰を軸として、非暴力による平和を求めています。傲慢（hochmut）にならぬよう、簡素（plain）な服装で簡素な生活を送っています。共同体で決められた、厳しい戒律（ordnung）を守り、世俗との交流を避け、できる限り、自給自足の生活を送ろうとしています。
　この映画で、「アーミッシュ」という言葉をはじめて耳にした学習者も多いでしょう。授業では、キリスト教にまつわる争い・迫害をはじめ、アーミッシュの歴史や生活情報を調査するだけでも、興味深い学習活動ができるでしょう。しかし、一歩進んで、単に知識を学習するだけではなく、異なる他者、「よそ者」について考え、共生の問題を取り扱ってみてはどうでしょう。たとえば、映画では、「よそ者」とは交流せず、独自の生活習慣を守り続けるサミュエル達をどのように描いているでしょう。街の人々には、どのように映っているのでしょう。
　映画は、冒頭で、黒い服に身を包んだ集団が映し出され、ドイツ語がひびき、馬車が連なって走っていきます。変わった服装で、馬車に乗って、時代錯誤の行動をとる「集団」には、一種の「気味の悪さ」を感じるかもしれません。我々は、自分の中の「偏見」には気がつきにくいものです。まずは、最初のこの場面だけで、村の人々がどのような集団なのか推測し、クラスで感想を話し合うとよいでしょう。次いで、映画中盤以降では、仲間のために家を建てる村人や、サミュエルの鐘を聞いて、農場のあちこちから集まってくる人々が、「集団」として描かれています。最初と同じように、変わった服装の「集団」ですが、今度は、観客側も共同体側に共感を覚えています。服装も真っ黒というわけではありません。むしろ、心理的には、集団側に立っている人も多いのではないでしょうか。しかし、一方、視点を変えると、他者と交流を持とうとしない彼らは、まだ、街の人からは「変わり者の集団」と映ったままでしょう。観光客や町の人の反応は、映画では、自己中心的で身勝手なものとして描かれていますが、あえて、彼らの立場に立って、彼らの言い分を推測してみる活動も、共生社会の問題を考える上でよい活動となるでしょう。

あらすじ

　ある日、少年サミュエルは、母レイチェルと一緒に出かけた大都会のフィラデルフィア駅で、偶然にも、殺人事件を目撃してしまいます。被害者は、麻薬組織に潜伏捜査を行っていた刑事でした。事件を担当するブック刑事は、仲間の刑事を殺した犯人を捕らえようと、サミュエルに協力を求めます。犯人グループのうち、サミュエルが目撃した1人を特定したところで、ブックは、犯人グループの残党に襲われます。警察署内部にも犯人の仲間がいたのです。
　サミュエルの命を守るため、目撃者記録の末梢を友人の刑事に秘密裏に依頼し、瀕死の重傷を負いながらも、なんとか、サミュエルとレイチェルの親子をアーミッシュの村まで送り届けます。傷を癒したブックは、村に隠れて、真犯人逮捕を目指します。アーミッシュの村では、一切の娯楽を遠ざけ、電気や車、電話も使用していません。潜伏には好都合です。ブックは、神への信仰と昔ながらの共同生活を守る村人とも少しずつ打ち解けていきます。
　しかし、犯人グループの魔の手は、ついに、アーミッシュの村まで迫ってきます。仲間の刑事も殺されました。ブックは、銃を持って乗り込んできた殺人犯達を相手に、非暴力のアーミッシュの村で、サミュエル親子を守りきることができるのでしょうか。殺人事件から真犯人を捕らえるまでのサスペンスの要素に加え、何があっても非暴力を貫き、前近代的な生活習慣を守っていこうとするアーミッシュの人々と、大都会の刑事との交流が描かれています。

映画情報	製　作　費：1,200万ドル 製　作　年：1985年 製　作　国：米国 言　　　語：英語、ドイツ語 ジャンル：犯罪、ドラマ、ロマンス、スリラー	公開情報	公　開　日：1985年2月　8日（米国） 　　　　　　1985年6月22日（日本） 上映時間：113分　　興行収入：6,870万ドル、 受　　　賞：第58回アカデミー脚本賞・編集賞 　　　　　　（他6部門でノミネート）

薦	○小学生　○中学生　●高校生　●大学生　●社会人	リスニング難易度	発売元：NBCユニバーサル・エンターテイメント （平成29年2月現在、本体価格） DVD価格：1,429円　ブルーレイ価格：2,381円		
お薦めの理由	勧善懲悪のハリウッド型ストーリーで、楽しんでみることができます。推理映画としての筋立ても、学習者の興味を十分にひきつけるものですが、なによりも、この映画には、異文化理解教育の手がかりとしての題材が多数含まれていることがお薦めの理由です。最初の殺人シーンが残酷ですので、そこを除けば、中学校の教室でも十分に使用でき、多様な活動に結びつけることができます。	スピード	2	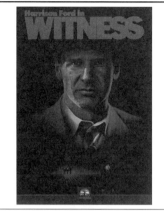	
:::	:::	明瞭さ	2	:::	
:::	:::	米国訛	3	:::	
:::	:::	米国外訛	4	:::	
英語の特徴	わかりやすい英語が使用されている場面が多く、英語学習に適しています。ペンシルベニア・ダッチと呼ばれる、ドイツ語の方言を第一言語として使用する人々を描いているため、会話中にドイツ語が使用される場面もありますが、「どういう意味なのか」と質問が出て、映画内で解決されています。こうした場面を利用すれば、英語で、特定の日本語を説明する学習活動の導入にも使用できます。	語彙	2	:::	
:::	:::	専門語	3	:::	
:::	:::	ジョーク	2	:::	
:::	:::	スラング	3	:::	
:::	:::	文法	3	:::	

授業での留意点

　最初の殺人事件の場面で、かなり、残虐な映像が含まれています。数秒ですので、授業で見る場合は、早送りする方がよいでしょう。そのほか、女性の入浴場面も含まれています。カットをする必要があるかどうかは、適宜、教員が判断をする必要があるかと思われます。そうした点を除けば、映画を手がかりとして、米国の歴史、宗教、マイノリティー文化等についての知識を学ぶ活動や、多様な人種、多様な文化を背景とする人々が共生する上での問題を考えるための活動につなげやすい映画です。

　たとえば、映画では、アーミッシュの人々が、ボタンを使わない理由が明かされています。華美な服装で着飾ったり、贅沢をしたりしているうちに、傲慢な人間になってしまうことがないように、自己を厳しく律している様子が描かれています。信仰心に基づく決まりですが、飾りのない簡素（plain）な服装は、都会の住民から見ると、奇妙な（funny）服装ということになります。そのため、自分達とは異なる「変わり者」「よそ者」の集団に対して、「興味」を持って、アーミッシュの村を見物にやってくる観光客一行が描かれています。

　相手の気持ちも都合も考えず、興味本位で村に入ってくる人たちに対して、アーミッシュの人々は、反感を抱いています。自分たちは、ただ、信仰を守り、規律を守り、毎日早起きをして乳を搾り、土を耕し、贅沢をせず、簡素な生活を送っているだけです。何があっても怒らず、暴力を振わず、誰にも迷惑をかけていません。なのに、なぜ、「見世物」のように扱われなければならないのでしょうか。不愉快には思っていますが、口を閉ざして、じっと耐えています。一方、観光客もツアーガイドも、彼らが周囲と打ち解けず、無愛想な理由が分かりません。ガイドは、写真を撮ろうとする観光客に、"Now, be careful with photographing the Amish, they don't like it. But you can sneak one now and then." と言って、こっそり撮るように指導していますが、本心では、観光客がもっと喜ぶように、アーミッシュの人々も写真撮影くらいは協力をしてくれたらいいのに、と不満に思っているようです。実は、アーミッシュの人々は、宗教上の理由から写真撮影を避けています。観光産業のために、自分たちを「見世物」にして、写真を撮らせるガイドに辟易としているのです。街の人とアーミッシュの人との間の溝が描かれています。

　映画では、プライバシーを侵害している観光客やガイドを単純化して描いていますが、異なる文化・生活習慣を持つ人々が接触する場面では、実際に、様々な問題が起こっています。また、近年盛んな観光産業でも同様の問題が起こっています。異文化理解教育では、どちらの側の主張もよく理解し、多角的視点から問題を眺めて、解決策を求めていく作業が重要となります。アーミッシュの生き方を賛美することのみで終わってしまうのではなく、可能であれば、授業で、共生について、さらに踏み込んだ活動を行ってみるのもよいでしょう。

映画の背景と見所

　アーミッシュとは、キリスト教ルター派の中でも、厳格な規則を持つメノナイトと呼ばれるグループに所属していた、ヤコブ・アマン（Jakob Ammann）に因んで名づけられているとされます。2014年現在、ペンシルベニア州だけではなく、オハイオ州、インディアナ州など、米国国内からカナダにかけて、約29万人のアーミッシュが生活をしていると言われています。特に、オハイオ州には、多くのアーミッシュが住んでおり、映画の主人公ブックも、オハイオ州から来た、イーライの親戚とされていました。

　なお、アーミッシュと呼ばれる人々の中には、電気や自動車、電話など、現代機器を一切利用せず、移民当時のままの生活を送っているグループもあれば、電気・水道、電話や自動車など現代機器を使って生活をしている新しいタイプのグループもあるとされ、規律は統一されてはいませんが、基本的に、何があっても非暴力を通し、神の前で謙虚であることが求められているとされます。また、許しを与えることができる人間でないと、神の許しも得られないと考えられています。2006年には、映画の舞台となったランカスターで、アーミッシュの子供が犠牲となる痛ましい銃撃事件がありました。事件後、犯人は自殺しましたが、新聞報道によると、被害者の家族の中には、事件後すぐに犯人の家族に許しを与え、葬式にも招いた人もいるとされます。

スタッフ	監　　督：ピーター・ウィアー 脚　　本：ウィリアム・ケリー、アール・W・ウォレス 製　　作：エドワード・S・フェルドマン 編　　集：トム・ノーブル 音　　楽：モーリス・ジャル	キャスト	ジョン・ブック　　　：ハリソン・フォード レイチェル・ラップ　：ケリー・マクギリス サミュエル・ラップ　：ルーカスハース ポール・シェイファー：ジョセフ・ソマー イーライ・ラップ　　：ヤン・ルーベス

		恋におちたシェイクスピア	Shakespeare in Love	（執筆）諸江　哲男

<table>
<tr><td rowspan="1">セリフ紹介</td><td colspan="4">

1. 前編、筆（羽ペン＝ quill）が思うように進まず苦悩しているシーン。
　　WILL: I have lost my gift (not finding this easy). It's as if my quill is broken. As if the proud tower of my genius
　　　　　has collapsed. （才能がなくなった［簡単に話せることではない］。羽ペンが折れたかのうようだ。創造のわ
　　　　　き出る場所が枯れ果てたかのようだ）
2. 前編、創作の苦悩シーン。
　　WILL: Words, words, words,... once,... （言葉、言葉、言葉、以前は才能があったのだが）
　　　　　Words, words, words, は、「本」についてハムレットが発した有名なフレーズ
3. 中編、ウィルがヴァイオラに恋い焦がれ舞踏会に忍び込み、ヴァイオラが踊っているときに、ウィルに投げかけたセリフ。
　　VIOLLA: I heard you are a poet, but a poet of no words? （あなたは詩人のはず、でも詩人は無言なの？）
　　VIOLLA: If my hurt is to be that you will write no more, then I shall be the sorrier.
　　　　　　（もう書かなくなったらその方が傷つくわ。私の方がずっと悪いと感じてしまう）
4. 後編、ヴァイオラが米国へ向かう別れの最終シーン。
　　WILL: You will never age for me, nor fade, nor die. （僕の中で、君は決して年を取ったり、死ぬこともないのさ）
5. ヴァイオラとの別れ。最終シーン。
　　VIOLA: Good bye, my love, a thousand times good bye. （さようなら。1000回のさようならを）
</td></tr>
</table>

学習ポイント

　現代口語体ではなく、文語、散文の形態を取っています。シェイクスピアの英語と耳にすると、難しいように思えますが、彼の時代はすでに現代英語であるため身構える必要はありません。Blank Verse の形式のセリフ構成であるため、英語に慣れる必要があります。英語として堅苦しさを感じる場面もあるでしょうが、格調の高い英文であることは間違いありません。また、中（世）英語が時として顔を覗かせたり、ラテン語が登場します。例えば、*JULIUS CAESAR* では、Et tu, Brute! （ブルータス、お前もか）、Beware of the ides of March. （3月15日は気をつけよ）などがあります。「格言」には、シェイクスピアの作品から引用されたものが数多くあります。しかし、文語体であるからと言って、口語体と無関係ではありません。英語圏では、シェイクスピアのセリフ、あるいは彼自身のことを知っていることにより相手の印象も変わるほど教養の礎にもなっています。

　特に、『恋におちたシェイクスピア』は、コミュニケーションのための教材としてはあまり向いていないかもしれませんが、コミュニケーションの素材になり得る項目が含まれています。時々、British English は回りくどくて、まどろっこしいという批判を耳にしますが、英国人達が「言葉を大切にする」故と考えられます。

　登場人物にも注目をしてください。シェイクスピアはもちろん、エリザベス女王、クリストファー・マーロウ、ジョン・ウェブスターなど「英文学史」では欠くことができない人物が登場します。彼らを調べることによって、シェイクスピアが生きた時代を、より深く観察することができます。一説では、シェイクスピアは実存の人物ではなく、クリストファー・マーロウが彼の名前を語り作品を執筆していたとも言われています。『恋におちたシェイクスピア』では、亡霊、妖精、魔法使い（英文学の特徴）などは登場しませんが、『ハリー・ポッター』で登場するキャラクターがシェイクスピアの作品で見ることができます。

　近年、世の風潮として、「文学作品」は不要であると思われがちですが、複雑な人間関係や話のやりとりから、大学生に必要と言われている論理的思考力・批判力等を培うことが可能です。さらに、この作品の賞賛すべきところは、時代考証がよく吟味されており、当時の政治・経済・社会、生活習慣などを垣間見ることができることです。また、この作品を鑑賞した後、シェイクスピアに惹かれた人は、他の作品をひもといてみたり、作家研究、作品研究することをお薦めします。彼の研究書、参考文献は沢山出版されているため、より一層深い理解ができるはずです。

　『恋におちたシェイクスピア』の作品は、コミュニケーション能力育成に不向きですが、「コミュニケーションとは」を考えると、話すことではなく、「何をつたえるか」です。これを円滑に行うための知識を養ってくれます。つまり、目的のみを伝えるのではなく、英語が知的で、内容が豊かで、かつ人間性に富んだ内容になるはずです。

あらすじ

　エリザベス朝のロンドン。その北部にカーテン座、テムズ川の南岸にローズ座の2大劇場がありました。しかし、疫病の流行と小屋の負債によってローズ座は閉鎖の危機に陥ります。頼りは、人気作家のウィルが執筆中のコメディーですが、大スランプ中で筆が進みません。創作意欲、色恋もさっぱりという状態です。そうした日々、客席の片隅で詩を口ずさむ女性、ヴァイオラと出会います。さらに、彼女は、俳優募集に男装で現れ、劇団員となります。当のウィルはヴァイオラとは気づいていません。その後、ヴァイオラの本当の姿を知ることになり、すぐに運命的な恋に落ちます。この恋がきっかけで、ウィルはスランプから立ち上がり、劇作はどんどん進みます。しかし、彼女には、親が決めた貧乏貴族、ウェセックス卿がいました。成就しない恋と分かっていたのか、ウィルの台本は、喜劇から悲劇へと変わります。『ロミオとジュリエット』です。稽古のとき、ヴァイオラが女性であることが発覚してしまいます。その日から彼女は劇場から姿を消してしまいます。ウェセックス卿とヴァイオラの結婚式が終わった後、彼女は劇場に行きます。米国へ出発する日でもありました。劇場では、上演中止を役人達が言い渡しにきます。ところが、そこにお忍びで観劇にきていたエリザベス女王のおかげで命令を取り消させます。さらに、ヴァイオラを男装名前で呼び、舞台へ上がらせます。その後、ヴァイオラは米国へと旅立って行くのでした。

映画情報	製 作 費：2,500万ドル 製 作 年：1998年 製 作 国：米国 言　　語：英語 ジャンル：コメディー、ドラマ、ロマンス	公開情報	公 開 日：1998年12月11日（米国） 　　　　　1999年 5月 1日（日本） 上映時間：123分 興行収入：2億8,931万ドル 受　　賞：第71回アカデミー作品賞他6部門受賞

薦	○小学生　○中学生　●高校生　●大学生　●社会人	リスニング難易度	発売元：NBCユニバーサル・エンターテイメント（平成29年2月現在、本体価格）DVD価格：1,429円　ブルーレイ価格：1,886円
お薦めの理由	世界で最も多くの研究書が出版されているシェイクスピアの作品を巧みにアレンジした作品です。悲劇『ロミオとジュリエット』を基にして、ストーリーは、エンターテイメント性のみでなく、英文学史の素養が所々にみられます。芝居熱が過熱する16世紀終わりのロンドンで、劇作家シェイクスピアの恋物語です。1人の女性を愛し、その恋から悲劇が生まれます。脚本家と監督の創作が際立った作品です。	スピード　3　明瞭さ　4　米国訛　2　米国外訛　4	
英語の特徴	シェイクスピアの英語は現代英語です。作品中の英語も明瞭です。時代設定は16世紀、エリザベス朝で、当時の習慣、庶民の暮らしぶりなど理解しづらいところがあるかもしれません。表現（言い回し）にも独特なところもあるでしょう。舞台の英語は詩の形式なので、文法とは異なることがあります。ベッドシーンもありますが、情熱的な気持ちを詩的な表現で表し、とてもロマンティックです。	語　彙　3　専門語　3　ジョーク　4　スラング　3　文　法　3	

授業での留意点

シェイクスピアの作家としての人物、作品（作家・作品研究）を考えさせるよいモティベーションになるでしょう。16世紀の英国文学界は、傑出した作家達を数多く排出しました。その中でもシェイクスピアの存在は絶大なものであり、多くの傑作を生み出した偉大な作家です。文学的な教授も可能であるし、英語学的な面も同時に教えることが可能です。英文法については、現在用いられている項目も多く取ってみることができます。例えば、When I have 50 pounds（仮定法）, yet cannot love nor write it（二重否定）, hath, withal（古語）など多くの項目も教材として使えます。仮定法は多用されています。それは、願望や皮肉、迂言的な表現が多いためでしょう。この作品には二重否定以外見当たりませんが、シェイクスピアの作品には多重否定表現を観察できます。古語は不要かと言えば、現在でも使用されることもありますし、英語の発達を考える上で知っておくと、深い学習に繋がります。つまり、現在の英語との関わりも解説することができます。さらに、劇のセリフは非常にリズミカルな「音」になっています。それは韻文であるため、弱強5歩格（Iambic Pentemeter）によるリズムになっているからです。発音や言い回しとして、米国英語よりまどろっこしいところがあるかもしれません。しかし、米国英語の基礎になっているのはこうした英語なのです。これによって、英詩の素晴らしさを学習者に伝えることができます。表音文字である英語の「音」の練習にも応用できると思います。実際に、作品のある箇所を選び、「劇」や、アテレコをすることで発話訓練、感情移入などがおこなえます。昨今、課題となっているアクティブラーニングにもなります。

文学離れする若者が増えつつある現在、「映画鑑賞」→「原文」→「翻訳」→「自学」→「アクティビティー」（順不同）などをすることによって、英語の基礎、文学、英語学、文化的背景に触れることができるはずです。

そうした観点からすると良い作品です。例えば、エリザベス朝の政治、経済、社会、人々の暮らし、演劇の役割、劇場の様子などが的確に再現されているからです。また、喜劇調と言え、文学史上に登場する人物名が出てくるため、それぞれの人物を調査することによって、「文学史」としての知識を得る機会を提示できます。留意点として、登場人物が数多く登場する作品は、昨今敬遠される傾向にあるようです。この作品にも多くのキャラクターが登場します。すべての人物が重要とは言い切れませんが、シェイクスピア、クリストファー・マーロウ、エリザベス女王の3人については、英文学に多大な貢献をしてきた人物達なので、鑑賞の前後に彼らについて説明をすると受講者達はより興味を持って臨むことができるでしょう。

英語としては、散文の心地よい響き、リズムなど音声面の教材として良いものと考えます。アメリカン英語が主流の現在、英語のオリジナリティを垣間見ることができますし、英国人の言語構造を知ることができると考えます。

映画の背景と見所

16世紀、芝居熱が過熱するエリザベス朝のロンドンにある芝居小屋が舞台です。当時、芝居は民衆の娯楽でしたが、洋の東西を問わず、役者や芝居小屋は、社会の悪しきものの1つという認識でした。しかし、いにしえより演劇はさまざまな場面で活躍をしてきました。布教、訓話的な啓蒙、道徳観などにみられます。シェイクスピアは、英文学の父とも呼ばれ、彼についての研究書は世界で一番多く出版されています。シェイクスピアが実存した人物であれば、エリザベス女王という絶大なパトロンを得たことは、さげすまれ続けた演劇に、言葉では言い尽くせないエネルギーを得たことは否定できない事実です。しかし、謎も多く、シェイクスピア否定説もあります。彼の名前を語り、劇作をおこなっていたという説です。英国立公文書館に6通の遺言が存在することから推測すると、実存していたのでしょう。文学史では、シェイクスピアの成功の陰には、彼のパトロンであったエリザベス女王の存在をなくしては語ることはできません。また、シェイクスピアの名を語り、作家活動をおこなったと言われている、クリストファー・マーロウを作品に登場させるのは、監督、脚本家達の隠れざる知識とアレンジメント、構成の秀逸さが織り込まれています。この作品には、文学史的な実話や逸話が所々に挿入されているだけではなく、エンターテイメントも兼ね備えた展開になっています。愛の告白を詩的に表現させているシーンもこの映画の見所の1つです。

スタッフ		キャスト	
監　　督：ジョン・マッデン		ヴァイオラ	：グウィネス・パルトロウ
脚　　本：マーク・ノーマン、トム・ストッパード		ウィル・シェイクスピア	：ジョセフ・ファインズ
プロダクションデザイナー：マーティン・チャイルズ		ヘンズロー	：ジェフリー・ラッシュ
音　　楽：スティーブン・ウォーベック		ウェセックス卿	：コリン・ファース
衣　　装：サンディ・パウエル		ネッド・アレン	：ベン・アフレック

コーヒー&シガレッツ	Coffee and Cigarettes	（執筆）平野　順也

セリフ紹介	レストランでコーヒーを飲んでいるイギー・ポップとトム・ウェイツは、テーブルに誰かが忘れた煙草を見つけます。禁煙している2人は、煙草をやめたことでどれだけやる気にあふれた毎日を過ごしているかを語り合いますが、やはり無理をしているようです。我慢ができないトムは禁煙を止める理由を次のように説明し、イギーにも煙草を勧めます。トムが説明する理由は非常にユーモラスで、断れきれないイギーの気持ちも理解できる気がします。

IGGY : I feel sorry for suckers still puffing away, you know? No willpower.
TOM : No willpower. Pacifier…. You know the beauty of quitting is that, now that I've quit… I can have one…. Because I've quit. You know, I mean it's like jewelry… you know, it's not really… I don't even inhale really. You want to join me in one?
IGGY : Well, yeah, since I quit. I mean.
TOM : Yeah
IGGY : Okay, okay.
TOM : Now that you've quit. You can have one.
IGGY : Yeah, I can do that. Alright Okay. (He smokes). Hey boy, thank you!
TOM : You know what I mean? Now that we've quit…
IGGY : Hey, cigarettes and coffee, man. That's a combination. |
| 学習ポイント | この映画は掴みどころのない不思議なセリフで溢れています。中には特に明確なストーリーラインがあるわけでもなく、登場人物の会話だけで進められる短編もあります。注意していないと何を言っているのか、何が言いたいのか全く分からないまま、短編は幕を閉じてしまいます。ナンセンスとはセンスが存在しないわけですから、意味の深読みは禁物ですが、物語やセリフを奇妙に感じるのなら、なぜ奇妙に感じるのか、通常ならどんなセリフになるべきか、などを考えてみるのもいいでしょう。ここでは最も奇妙な短編の1つ「Strange to Meet You」を例にしてセリフのポイントを見てみましょう。この物語ではイタリア人のロベルトと米国人のスティーブンがコーヒーを浴びるほど飲みながら煙草を吸ってたわいもない会話をしています。特にロベルトのセリフに注意してみてください。

ROBERTO : Do you smoke?
STEVEN : Only when I drink… coffee.
ROBERTO : (1) <u>Do you know my mother?</u>
STEVEN : Do I know your mother? I don't know, I don't think so…. Coffee. They should freeze it, you know? Fill an ice cube tray with coffee and put sticks in it, for kids, you know? So they can start out when they're kids. When they're playing, and stuff. Like a popsicle. A caffeine popsicle.
ROBERTO : (2) <u>Very good. I don't understand nothing. Yes.</u>

STEVEN : I have to leave, soon actually. I have a dentist appointment. But I don't want to go. I don't like the dentist. I gotta go. I guess. I haven't gone in a while.
ROBERTO : Good. You don't go?
STEVEN : I should go, but I don't feel like going.
ROBERTO : No? Steve, I am free. Very free.
STEVEN : You wanna go for me?
ROBERTO : (3) <u>Thank you very much.</u>

ロベルトはどうして（1）、（2）、（3）のようなセリフを言っているのでしょうか。単純にイタリア人で英語が分からないからという理由だけではないでしょう。 |
| あらすじ | この映画は11の短編からなるオムニバスで、それぞれの物語はタイトルが示す通り、登場人物達が煙草を吸いながらコーヒーを飲み、時につかみどころのない会話をしている場面によって構成されており、特別な物語があるわけではありません。登場人物は自分自身や同じ名前の誰かを演じており、また会話も奇妙なものから爆笑をさそうもの、そしてなぜか深く考えさせられるものまで多岐にわたり、見終わったあとにはまた見たくなるような不思議な力に溢れています。例えば、第3話の「Somewhere in California」では、伝説のパンク・ロッカー、イギー・ポップと近年特に高い評価を受けている歌手のトム・ウェイツが登場します。彼らはさびれたレストランで出会うのですが、特に何を話すというわけではありません。何を話してもトムは全てを誤解し、イギーを困らせてしまいます。トムはなぜか悪意を持っているようで、またイギーは「パンク」どころか気の弱い役どころです。ただそれだけの話なのですが、絶妙に練られたセリフの数々、決して上手いわけではないが魅力的な演技、そして力を抜いているようで計算された演出によって、見ているうちに虜になってしまいます。また、別の物語でも、時にはニコラ・テスラの思想についてユーモアを交えながらも熱心に論じる人物や、マーラーの音楽と自身の人生を重ねてみせる人物など、一癖も二癖もあるような登場人物達が、物語が存在しない物語を展開していきます。 |

映画情報	製 作 年：2003年 製 作 国：米国、イタリア、日本 言 　語：英語、フランス語 配給会社：ユナイッテッド・アーティスツ（米国） 　　　　　アスミック・エース（日本）	公開情報	公 開 日：2003年9月 5日（イタリア） 　　　　　2004年5月14日（米国） 　　　　　2005年4月 2日（日本） 上映時間：95分 興行収入：792万9,307ドル

薦	○小学生　○中学生　○高校生　●大学生　●社会人	リスニング難易度	発売元：アスミック （平成29年2月現在、本体価格） DVD価格：1,800円　ブルーレイ価格：2,500円		
お薦めの理由	本作は真剣に鑑賞する必要はありません。11の短編の多くがコントのように構成されており、ただ楽しむことを求めています。セリフの面白さはストレートな意味ではなく、行間に隠された意味であり、役者の間であり、また場面のもつ空気です。本作のセリフも読むだけではその面白さが決して伝わりません。映画を鑑賞し、セリフを「楽しみ」、よりオーセンティックな経験として英語を体験してください。	スピード	4	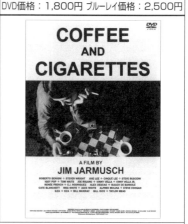	
^	^	明瞭さ	3	^	
^	^	米国訛	3	^	
^	^	米国外訛	4	^	
英語の特徴	物語によって登場人物も変わるため、聴きなれた米国英語、米国西部訛りの英語、イタリア系アメリカ人の英語、フランス人の英語、英国人の英語など、様々な英語を楽しむことができます。TOEICテストでも様々な発音による英語が使用されているように、これからは異なる発音にも慣れる必要があるでしょう。典型的な英語だけに慣れた人にとって効果的な学習教材として使用できるでしょう。	語　彙	3	^	
^	^	専門語	3	^	
^	^	ジョーク	5	^	
^	^	スラング	5	^	
^	^	文　法	4	^	
授業での留意点	この映画のセリフは、英語レベルとしてはそれほど難易度が高くはないでしょう。しかし、本当にセリフの意味を理解するためには、物語の設定や背景そして登場人物のキャラクターを理解しなくては、映画の魅力であるセリフの微妙なニュアンスが伝わりません。授業で使用する場合は、単に映画を鑑賞しセリフを訳すといった活動だけではなく、時間をかけ短編で言及される場所や人物、さらには演じている役者の説明をする必要があるでしょう。 　例えば、「TWINS」は米国のメンフィスにあるカフェが舞台になります。メンフィスといえば、エルビス・プレスリーを思い出す人もいるかもしれません。この短編にはエルビス本人は登場しませんが、セリフの多くはエルビスにまつわる逸話を中心に行われるので、セリフの理解にはエルビスの説明が必要不可欠になります。例えば、Gracelandとはどのような場所で、エルビスには死産した双子の兄弟がいて、ラスベガスの伝説のショーや衣装が有名で、揚げたバナナやピーナッツ・バター・サンドイッチが大好きで太り始め、パーカー大佐がマネージャーを務めたということなどを知っていると物語をもっと楽しめるでしょう。 　また、それだけではありません。カフェの客はエルビスを黒人差別と結びつけて話し始めます。そこで言及されるのがオーティス・ブラックウェルやジュニア・パーカーです。エルビスの代表曲として「心の届かぬラヴ・レター（Return to the Sender）」、「愛してほしい（Don't be Cruel）」、そして「恋にしびれて（All Shook Up）」はブラックウェルが作曲したのです。また、エルビスの「ミステリー・トレイン（Mystery Train）」は実はジュニア・パーカーのカヴァーで、オリジナルよりも有名なほどです。客の1人は、エルビスは使用料をたった10ドルしか払わず、黒人ミュージシャンたちを搾取したと訴えます。ユーモラスに始まったこの物語が突然シリアスなトーンを帯びてくるのです。このように、この短編では米国のメンフィスという南部の街が誇るミュージック・シーンだけではなく、未だに消えない傷跡のように存在している人種差別についても触れられており、学習者にこれらの情報を提供することによって、物語やセリフがより深く楽しめると言えるでしょう。 　ちなみに、「TWINS」でメンフィスのカフェに来た双子の客を演じているのはジョイ・リーとサンキ・リーです。リーという名前を聞いて、ピンと来る人もいるでしょう。ジョイとサンキの兄は映画『ドゥ・ザ・ライト・シング』や『マルコムX』で有名なスパイク・リーです。ジョイ・リーは『ドゥ・ザ・ライト・シング』や『モ・ベター・ブルース』にも出演しています。人種差別をテーマとして扱うことの多い、スパイク・リーの家族らしい味付けもされているといえるでしょう。ちなみに、別の短編「COUSINS?」ではスパイク・リーが、ジョークの1つとしてあつかわれているので、学習者に説明するには良い機会でしょう。					
映画の背景と見所	この映画は2003年に公開されましたが、実は1986年に「Strange to Meet You」が最初に撮影されてから数年にわたり製作された11の短編が集められたもので、具体的な背景が設定されているわけではありません。しかし、脚本・監督と担当したジム・ジャームッシュの独特の世界観によってまとめられています。ジム・ジャームッシュはニューヨーク・インディーズを率先する監督として注目を集めた監督で、彼の作品には彼が愛好する街、芸術そしてアーティストへの愛が詰まっています。第11話「Champaign」では、テイラーとビルがコーヒーをシャンパンに見立てて乾杯する場面がありますが、そこでビルは1970年代後半のニューヨークに乾杯すると言います。1953年に生まれたジム・ジャームッシュにとって1970年代後半のニューヨークはどのような世界だったのでしょうか。1975年はベトナム戦争が終結した年であり、ジョン・レノンが自宅マンション前で射殺されるのはそれから5年後です。多くのNYパンクバンドが登場し、有名なライブハウスCBGBは多くの有名なバンドを輩出し、パティ・スミスやラモーンズは次々にアルバムを発表していきました。1970年代後半のニューヨーク的な世界観がこの映画にどのように影響を与えたかを考察するのも興味深いのではないでしょうか。本作にはイギー・ポップ、トム・ウェイツ、ホワイトストライプス、ウータンクランといったアーティストが出演していますが、彼らもきっと監督が大ファンなのでしょう。					
スタッフ	監督・脚本：ジム・ジャームッシュ 製　　作：ジェイソン・クリオット 　　　　　ジョアナ・ヴィセンテ 編　　集：ジェイ・ラビノウィッツ 撮　　影：トム・ディチロ、フレデリック・エルムズ	キャスト	ロベルト・ベニーニ、スティーヴン・ライト ジョイ・リー、サンキ・リー スティーヴ・ブシェミ、イギー・ポップ、トム・ウェイツ ルネ・フレンチ、アレックス・デスカス ケイト・ブランシェット		

告発	Murder in the First	（執筆）石田　理可

<table>
<tr>
<td rowspan="1">セリフ紹介</td>
<td>
James は Henri 自身が実は被害者であると考え、彼の口から真実を導く言葉を聞かせようと誘導尋問をします。
　通常、受刑者は科される刑罰を極刑である死刑より軽減を求めるでしょう。できる限りあらゆる手段を駆使し、生命を長らえ維持しようと。しかし、Henri は司法取引上の Alcatraz での禁錮刑10年間より死刑を渇望するのです。
James：（−中略−）You were the one they were gonna stick back in Alcatraz to do those 10 years, right?
Henri　：Tha, tha, tha, that's what I told you. That's what I'm telling you now. Why are you doing this to me?
James：Because, Mr. Young, if you change your plea to guilty, they will execute you. You will die.
Henri　：So fucking what? <u>I'd rather die than go back there</u>!　　　　James：What did you say, Mr. Young?
Henri　：I said... I said <u>I'd rather die than go back there</u>. Can't you understand that?
James：Why, Henri? Why do you want to die?
Henri　：Because. Because I'm... I'm scared of 'em. <u>I'm, I'm scared to go back there</u>. I'm scared. I'm scared.Scared.
　　　　　　　　　　　　　　−中略−
James：（−中略−）If you wanna die, we'll back you up.（−中略−）The choice is yours, Henri. What do you wanna do?
Henri　：<u>I wanna stop being afraid.</u>
James：All right. Henri Young... Are you guilty of the murder of Rufus McCain?
Henri　：<u>I was the weapon... but I ain't no killer.</u> They're the murderers.
</td>
</tr>
</table>

<table>
<tr>
<td rowspan="1">学習ポイント</td>
<td>
　1930年代後半、Alcatraz において米国の司法制度、及び政府自体を揺るがすような判決がくだされる裁判になりそうな事件が起きていました。
　将来を有望視された若き弁護士 James Stamphill が脱獄計画を密告した仲間を殺害した服役中の Henri Young の弁護をするというものでした。彼はわずか5ドルの盗みで25年もの間、投獄されていたのです。死刑はほぼ確実でJames にとっては初仕事なのに勝ち目のない裁判でした。すぐに終わらせるつもりで被告人 Henri に面会しますが、そこで見たのは凶悪犯と呼ぶにはあまりにも痛々しい自分と同年代男性の姿でした。James は Henri の経緯を疑問に思い、上司に反対されても事件の裏を調べ始めるのです。
　怯えきっていた Henri は日を重ねるつれて徐々に James に心を開いていきますが、事件の真相につては語ろうとはしません。しかしながら、Henri の言葉の端々から Alcatraz での悪夢が少しずつ明らかになっていくのです。
　劣悪な環境下、副刑務所長 Warden Glenn をはじめとする刑務員たちに残忍な仕打ちや拷問を受けていました。その情況からなんとか逃げ出そうと計画した脱獄計画を仲間に密告されてしまったのです。当然、待っていたのは以前よりもひどく厳しい罰でした。狭く寒い全く光もささないような地下牢に全裸で閉じ込められてしまったのです。3年間も。3年ぶりの食堂で目にうつったのはかつて自分を裏切った男でした。Henri は衝動的に、条件反射のごとく、その男の首に持っていたスプーンを突き立ててしまうのでした。「殺意」を抱いたと認識する間もなく、瞬間的に。
　事件の全貌が明らかになっていくにつれて、Henri は確かに殺人をおかしたけれども、彼自身も実は被害者で、この Alcatraz 刑務所自体が真の悪なのではないのか、と James は立ち上がります。15才の少年がお腹をすかせた妹のために郵便局から5ドル盗んでしまった、たったそれだけの罪で Henri は25年もの間、虐待を受けながら投獄されていたのです。米国では、収監において仕事、図書、面会などは何かしらの特典として与えられるものでしたが、食事、衣服、居住場所、医療などの基本的なことは与えられるという権利を認められていたのに、彼はマイナスの意味で特別待遇者扱いを受けていたのです。一般的な人間だったら、肉体的にも精神的にも耐えられる環境ではない状況でした。つまり、James はこの Alcatraz の劣悪な環境こそが元悪となり、心優しき妹思いの少年 Henri を仲間を殺す凶悪犯人に仕立てあげてしまったのだと確信したのです。
　Alcatraz、もしくは米国を相手取って戦うことになった裁判の行方や2人の友情、Henri に下される判決、James の将来はどうなるのでしょうか。映画を作る際に、資料が抹消され、事件も裁判も隠蔽されていたことが判明したこの史実。重大な事件をこの映画を観ながら探ってみましょう。
</td>
</tr>
</table>

<table>
<tr>
<td rowspan="1">あらすじ</td>
<td>
　若き弁護士 James Stamphill の初仕事は、同年代の若者の Henri Young の弁護をするというものでした。資料を見る限り、正当防衛でもないこの事件は敗訴が明らかな事案で、上司 Mr. Henkin に "The guy is guilty. A monkey can try the case not make it any worse than what it is."「猿にでもできる簡単な事件だ」と与えられた仕事でした。
　服役中の Henri が犯した罪は、"in the First Degree（第1級殺人）" と格付けされる殺人罪でした。脱獄計画を密告した仲間を食事時間中、皆の目前で殺害してしまったのです。弁護人として Henri に面会に行った James は凶悪犯と呼ぶにはあまりにも痛々しい彼の姿に驚愕します。彼は飢えた妹のために15歳の時に犯したわずか5ドルの盗みの罪で投獄、11年後に起こしたこの事件とで計25年間も、しかもそのうち3年間は地下牢に拘禁されていたのです。
　Henri は James に対して同年代だという理由から少しずつではありますが心を開き始め、尋ねます。
Henri：You ever steal 5 bucks?　　　　James：Once, when I was a kid, from my...my brother's wallet.
Henri：What happened?　　　　James：He... he told me not to do it again.
Henri：Why'd they put me in that hole for three years? I could've been just like you. I'd just like to ask 'em, you know.
　こんなにもかけ離れた2人の環境・処遇。裁判の判決にどう影響していくのでしょう。
</td>
</tr>
</table>

<table>
<tr>
<td rowspan="1">映画情報</td>
<td>
原　作：ダン・ゴードン MURDER in the FIRST
製作年：1993-1994年
製作国：米国、フランス　　言　語：米語
ジャンル：ドラマ、スリラー
カラー　：白黒、カラー
</td>
<td>公開情報</td>
<td>
公開日：1995年1月20日（米国）
　　　　1995年4月22日（日本）
上演時間：122分
MPAA（上映制限）：R
オープンニングウィーケンド：1,738万ドル
</td>
</tr>
</table>

薦	○小学生　○中学生　○高校生　●大学生　●社会人	リスニング難易度	発売元：NBCユニバーサル・エンターテイメント（平成29年2月現在、本体価格）DVD価格：1,429円　ブルーレイ価格：1,886円	
お薦めの理由	米国 San Francisco の沖合いにかつて脱獄不可能と言われた連邦刑務所が存在。この映画の舞台となった Alcatraz Island は観光スポットとしても人気があり、マフィアの Al Capone（1899-1947）が収監されていたことで有名です。 　閉鎖された理由がこの映画の Henri Young の裁判です。どのように使用された刑務所だったのか、「正義の国」と豪語する米国の歴史から抹消された真実を見てみましょう。	スピード	3	
^	^	明瞭さ	3	^
^	^	米国訛	4	^
^	^	米国外訛	1	^
英語の特徴	殺人犯に関わる裁判の話です。しかも舞台は「脱獄不可能」と言われた世界的に有名な Alcatraz 連邦刑務所です。裁判所で使われる専門用語、決まり文句はもちろんのこと、犯罪者が使用する汚い言葉やスラング、性的な言葉やF-Wordも使われています。西海岸が舞台なので会話のスピードは速めだと言えるかもしれません。 　通常、教育機関では学ばない表現がみつかるでしょう。	語　彙	5	^
^	^	専門語	3	^
^	^	ジョーク	3	^
^	^	スラング	3	^
^	^	文　法	4	^

授業での留意点	映画を作る際に、資料が抹消され、事件も裁判も隠蔽されていたことが判明したこの史実的裁判事件。当時の司法長官 Robert Francis Kennedy（1925-68）がこの Alcatraz Federal Penitentiary（アルカトラズ連邦刑務所）を完全閉鎖の声明を出した時にあげた2つの理由の1つがこの映画に描かれています。Henri Young の事件で事実を基に製作されているはずですが、上記したように、真実の情報を得るのはかなり困難だったと想像します。その事を考慮して観る必要があります。大学生なので「大人」として考え、クラスでは決して用いることのない言葉や表現、ある程度のスラングや性的な言葉も覚悟して観る必要が生じるというわけです。事実をベールで覆うことなくありのままを見せることも大切だからです。「その時代の生きた英語、表現」をどのような時にどのように使っていたかを知ることができます。日本語にもその時代、その時代の流行語がたくさんあるように、英語にもありますから。 　さて、この映画で学べることは人権とは何か。犯罪とは何か。正義とは何か、です。これらを考えつつ、独特の決まり文句や表現、そして専門用語を習得しましょう。それらは、他の映画を観るときに役立つことはもちろんですが、法学部の学生や国際的に活躍の場を望んでいる人には有効なものだと思います。あくまでも映画なので極端なものはないと思います。この映画で重大な、「何が真の意味での罪人なのか」、その原因が現されているようなセリフを例にあげてみましょう。人が罪を犯すには単純な思いからではなく、深い理由が背景的に存在するようです。 ＊Henri の弁護人、James は彼が第1級殺人罪で裁かれるような罪は犯していないと考え、弁護します。 　いつも不在で名ばかりの刑務所所長に責任を問います。 　James：Henri Young was not a murderer! Henri Young was not a murderer until Alcatraz got a hold of him! Now, the prison runs your under guidelines, so you created the murderer, didn't you? ＊エリート弁護士の卵、James に対して心からの羨ましさを表現する Henri のセリフはどうでしょう。 　Henri　：I mean, we both ain't got nobody else and, and we're the same age, sort of. And, and, and if I'd have lived in your house... and, and... and they'd have switched us when we was babies... I could, I could have been just like you. If they stuck you down in the hole... you could be sitting here just like me asking how come we couldn't be friends on the outside. 　法廷でエリート弁護士が仕事上裁判所で使用する言葉は文法的にも正しく、標準的な表現によってなされています。刑務所の中で教育も受けていない Henri が話す言葉も彼と話す間に少なからず影響を受けてはいませんか。社会言語学的にみても面白いと思います。

映画の背景と見所	1934年 California 州の沖合いに浮かぶ Alcatraz Island に連邦刑務所が開設されました。南北戦争（Civil War 1861-65）から監獄とされ1861年には軍事刑務所を経て、1907年には米国の軍事刑務所と指定され、脱走兵、窃盗犯、酔っ払い、反逆者などが収容されました。1920年代末～30年代には組織犯罪が激化したため、治安当局は犯罪に対して強い姿勢を打ち出す必要性から凶悪犯を収容する施設になっていきます。教育と更生に力点が置かれ規律違反で独房収監や鎖に繋がれたりする受刑者もいました。脱走対策も強化され、格子が道具を使用しても破壊できない物となり、トンネルは全て埋められ、ガン・キャリーが監房を取り巻く高位置に設けられました。また、遠隔操作可能な催涙ガスの噴射装置が取り付けられ、どの監房も外壁とは接しないように造られていました。 　刑務所には、特典として与えられた仕事や面会、図書などもありましたが、食事、衣服、住居、医療を提供されることは権利とされていました。しかし、Henri には与えられませんでした。なぜ彼は他の受刑者と区別、差別されたのでしょう。記録は抹消されていますが、脱出不可能と恐れられた刑務所が閉鎖に追い込まれた起因です。 　記録によると14回の脱獄事件が起きていますが、1962年 Frank Lee Morris（1926-62）と John William Anglin（1930-62）、Alfred Clarence "Larry" Anglin（1931-62）兄弟の不明者以外全て失敗に終わっています。

スタッフ	監　督：マーク・ロッコ 脚　本：ダン・ゴードン 製　作：マーク・フリードマン、マーク・ウォルバー 編　集：ラッセル・リビングストーン 衣　装：シルビア・ベガバスケス	キャスト	ジェームス・スタンフィル：クリスチャン・スレイター ヘンリー・ヤング　　　　：ケヴィン・ベーコン ミルトン・グレン　　　　：ゲイリー・オールドマン メアリー・マッカースリン：エンビス・デイビッツ ウィリアム・マクニール　：ウィリアム・H・メイシー

	ゴスフォード・パーク	Gosford Park	（執筆）石垣　弥麻

セリフ紹介

　紹介したいセリフはたくさんありますが、ここでは階下に住む2人の使用人のセリフを取り上げてみましょう。

　まずは、ゴスフォード・パークの主人であるマッコードル卿と密通していたメイドのエルシーのセリフです。階下の人々は、階上の人々の会話に耳を傾けて、彼らのゴシップやスキャンダルを噂にするような一面も描かれますが、表向きは主人に仕え、自分の与えられた仕事をまっとうする姿が描かれます。そんな彼らの会話は、虚栄や欺瞞に満ちた階上の人々の会話とは対照的に、従順で肯定的なセリフが多く、ここで取り上げるエルシーのセリフも例外ではありません。彼女は、マッコードル卿が殺された後、仲間のメイドにマッコードル卿との関係について後悔しているかどうか尋ねられ、次のように答えます。"Nah, I'm not sorry. It's time for a change. Who knows? Could be the making of me. What did he used to say? Carpe diem. Seize the day." エルシーは、マッコードル卿との関係が他の人々に知られたため、物語の最後の場面で招待客たちがゴスフォード・パークを去ると同時に、新しい人生をやり直すために出て行きますが、マッコールド卿が常に言っていた "Carpe diem. Seize the day." という言葉を実践します。それは人生を自分で切り開くということを表しています。

　そんなエルシーと対極の存在がメイド頭のミセス・ウィルソンです。彼女は、マッコードル卿の殺人にかかわった可能性のある自分の息子を手助けするのですが、そのことを告白する言葉が印象的です。"I'm the perfect servant. I have no life." このセリフは、彼女が完璧な使用人として、生涯誰かに仕える人生を選択したことを表しています。これら2つのセリフを通して描かれる2人の女性の対照的な人生は、興味深い場面の一部と言えるでしょう。

学習ポイント

　この作品は、階上と階下という2つの場面に分かれ、登場人物も多く登場します。しかし全員のセリフを理解しなければ、人間関係やこの作品の中で起こった事件も解決できないという複雑な物語です。

　まずは、英語字幕をオンにして1-2回映像を観て内容を確認していきましょう。ここで人間関係を書き出してみるのもよいでしょう。階上と階下の人々の関係が理解できましたら、次に殺人事件の犯人が誰かをつきとめるべく、登場人物たちのセリフに注目して再度視聴していきましょう。そして場面ごとに区切って、内容を理解するために誰が何をしているのか、あるいは何を言っているのかということをメモに取ってみましょう。最初は招待客の到着の場面、次にお茶会、そしてディナー、キジ猟など大まかに場面を区切ることができます。そしてさらにそれらの場面を細分化して、一部のセリフを覚えてシャドーイングに応用したり、リスニング練習などに使ってみましょう。もちろん好きな箇所を選んで構いませんが、セリフも多いので、人間関係がわかる箇所や殺人事件の伏線に当たる箇所などを選択していくとよいでしょう。

　例えば、ディナーの後片付けをしている時に、メイドのバーサが、ナイフがなくなっていることに気づいて料理長のミセス・クロフトに話をするという場面を見てみましょう。

Bertha　　　: No, it's not here. And Mr. Jennings is certain he hasn't got it? Mrs. Croft: Oh so he says.

Bertha　　　: But if it's a silver carving knife, he must have it. It's just gone in the wrong drawer in the silver pantry. It wouldn't have been put in here.

Mrs. Croft : Well, that's what I told him. How old would you say that Mr. Stockbridge was?

Bertha　　　: Don't know. About thirty-one, thirty-two, Why?

Mrs. Croft : Oh, no reason. I think I'll turn in. We got an early start. You can tell Mr. Jennings we haven't got that knife.

　ここでは、なくなったナイフについて語っていますが、そこにストックブリッジの年齢に関するセリフが混ざっています。ここで言及しているストックブリッジというのは、マッコードル卿夫人の妹であるルイーザ・ストックブリッジの夫ではなく、彼に仕えている使用人を指しています。この屋敷では、使用人たちは仕えている主人の名前で呼ばれます。この場面は、殺人事件ともう1つ、人間関係に関する重要なことが述べられているのですが、この映画では、セリフの一つひとつが意味を持ち、最後にすべて繋がるように作られています。ですから、セリフを覚えながら物語を読み解く楽しみもある作品となっています。

あらすじ

　1932年11月、英国郊外の大邸宅で開かれる週末のハウスパーティーに参加するために、さまざまな招待客がやってきます。ホストは、邸宅を所有するウィリアム・マッコードル卿と妻のシルヴィアで、招待客は、シルヴィアの2人の妹夫妻、3人姉妹の叔母、マッコードルの従兄弟で映画俳優とその友人のプロデューサー、ネズビット夫妻、マッコードルの娘イゾベルの婚約者とその友人という顔ぶれで、それぞれが付き人を連れてきます。マッコードル卿の邸宅には多くの使用人がいるため、そこに招待客たちの付き人も加わり、多くの人間がこの邸宅で過ごすことになります。

　招待客は邸宅の「階上」にある豪華な客室を使用し、使用人や付き人たちは「階下」の粗末な部屋で過ごします。階上では、お茶会や晩餐会、キジ猟、ゲームなど華やかな宴が開かれ、一方、階下では使用人たちが雑用に追われています。物語が進むにつれ、さまざま人間関係が明らかになりますが、その途中で殺人事件が起こります。マッコードル卿が何者かによって殺害されてしまいます。誰が何のために彼を殺したのでしょうか。大勢の人間の中から犯人を探すのは容易ではなく、マッコードル卿の身近な人間から疑われることになります。そしてその真相を知るためには、登場人物たちの言葉をパズルピースのように組み合わせて推理していかなければなりません。どんな結末が待っているのでしょうか。

映画情報

製　作　費：1,980万ドル
製　作　年：2001年
製　作　国：英国
言　　　語：英語
撮影場所：英国

公開情報

公　開　日：2002年 1月 4日（米国）
　　　　　　2002年10月26日（日本）
上映時間：137分
興行収入：8,774万5,500ドル
オープニングウィークエンド：339万5,759ドル

薦	○小学生　○中学生　○高校生　●大学生　●社会人	リスニング難易度	発売元：NBCユニバーサル・エンターテイメント （平成29年2月現在、本体価格） DVD価格：1,429円

お薦めの理由	監督のアルトマンは、多くの人物を描く群像劇を作るのが好きなようです。登場人物が多いためにセリフも多く、人間関係や気持ちを理解するのに時間がかかるという共通点があります。この作品では、階上と階下の2つの空間を行き来しながら、パズルのように切り取られたさまざまな人間の人生を読み解くことができ、そこから派生してまたいろいろなテーマについて考えることもできます。	スピード	4
		明瞭さ	4
		米国訛	1
		米国外訛	4
英語の特徴	英国英語が主ですが、階級や出身地域などによって話し方が異なります。そこにさらに、故意にスコットランド訛りで話す人物や米国英語も混ざり、たくさんの言葉を経験することができます。スラングはほとんどありませんが、衣服や使用人たちが使う特有の言葉などが出てきます。登場人物も多く、話すスピードや発音もさまざまですので、特に1つの場面で次々と会話されると、理解し難い箇所もあるでしょう。	語彙	4
		専門語	4
		ジョーク	2
		スラング	1
		文法	4

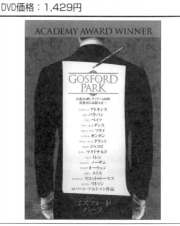

授業での留意点	この映画は、なんといってもセリフを読み解く楽しさがある作品ですが、そこからいくつかテーマを絞って調べ、英語でまとめていく作業をしてもよいでしょう。 　例えば、舞台になっている1930年代の英国は、2つの大戦の間でどのような時代だったのでしょうか。この時代について読み取れる1つの場面を取り上げてみましょう。階上の人々は、一見優雅な世界で暮らしているように見えますが、財産や職を失った人々も多いため、彼らのセリフは否定的な表現が多く、うわべだけの虚飾の世界で暮らしていることがセリフから読み取れます。それは経営者で何不自由なく暮らしているマッコードル卿も同様です。今は狩りとペットの犬にしか興味を示さず、招待客のフレディが"Well, the Empire was finished after the war."と言った後に以下のように答えます。"Empire? Empire Leicester Square, is it then?" このように、フレディが「大英帝国」という意味で使った"Empire"という言葉を、マッコードル卿はロンドンにある映画館の名前としか受け取らず、戦後の英国に幻滅している様子が描かれています。 　そして次に、招待客に米国人がいるという点に注目してみましょう。米国ではこの時代、不景気ではあるものの、トーキーの時代を迎え、映画製作という点では大きな変化が起こっていました。この映画に登場する、プロデューサーのワイズマンと作曲家で人気俳優のノヴェロとその付き人ヘンリーは、まさにそんなハリウッドを代表する人物として描かれます。そして彼らの目を通して英国社会を読み取ることができますが、ここでは身分社会について言及している場面を取り上げてみましょう。 　階上の人々が、ディナー前の食前酒を飲んでいる30分ほどの間に階下の人々は食事を取るのですが、ここでワイズマンの付き人であるヘンリーが使用人たちに尋ねます。"I just wondered, how many people here had parents in service? And was that why they chose to go into it?" それに対し、執事のジェニングスは次のように答えます。"What an interesting question, and one to which I'm afraid, I cannot provide the answer. All of you whose parents were in service, raise your hand." 階級のない米国人から見れば、代々主人に仕えるという風習が奇異なものに感じられるかもしれませんが、尋ねられたジェニングスも面白い質問だと返答しているところも、それまで意識していなかったということが読み取れ、身分社会がいかに浸透しているかわかる場面となっています。また、付き人のヘンリーは、階上と階下という2つの世界を経験する貴重な人物としても描かれているところも興味深いところです。彼らの存在によって、英国と米国の相違点も描かれています。ですから、30年代という時代も含めながら、英米の相違点をまとめてみるのも興味深いテーマとなるでしょう。

映画の背景と見所	1932年の英国郊外のカントリーハウスが舞台なっています。当時は世界恐慌の影響もあり、英国経済は大きな打撃を受けていた時です。この映画で、階上にいるにも関わらず、お金や職業がない人々が登場するのは、そのような背景も影響していると言えるでしょう。その一方で、階下にいる人々は、表向き主人に従順に仕え、日々仕事に追われています。 　物語の中では、お茶会や晩餐会、キジ猟など一見華やかな宴が進行する中で、上記した階上と階下の人間が複雑に絡むため、場面が階上と階下、そして人から人へと矢継ぎ早に切り替わっていきます。階下の人間の描写も階上の人間同様丁寧に描かれていますので、この映画を通して、階級問わずさまざまな人々の人生を観ることができます。 　このように、1つの場所に集まった人々の人生や人間模様を同時進行的に描く手法は、「グランド・ホテル形式」や「群像劇」などと呼ばれています。グランド・ホテル形式と呼ばれるのは、1932年のグレタ・ガルボ主演映画『グランド・ホテル』で最初にこの形式が用いられたためです。そして『ゴスフォード・パーク』の舞台が1932年ということを考えると、監督のアルトマンはこの映画をかなり意識していたとも考えられます。その意味でも、2つの作品を比較してみてもよいでしょう。

スタッフ	監督・製作：ロバート・アルトマン 脚　　本：ジュリアン・フェローズ 原　　案：ロバート・アルトマン、ボブ・バラバン 撮　　影：アンドリュー・ダン 音　　楽：パトリック・ドイル	キャスト	トレンサム伯爵夫人：マギー・スミス マッコードル卿　　：マイケル・ガンボン モリス・ワイズマン：ボブ・バラバン メアリー　　　　　：ケリー・マクドナルド シルヴィア夫人　　：クリスティン・スコット・トーマス

	(500) 日のサマー	(500) Days of Summer	（執筆）平野　順也

レコード店でのトムとサマーの会話

セリフ紹介

TOM　　　: Can you just be serious, for just a second?
SUMMER : I am being totally serious.
TOM　　　: No. you are joking around.
SUMMER : No, I am not joking around.
TOM　　　: "Octopus's Garden."
SUMMER : Yes, "Octopus's Garden" is the best
　　　　　　　Beatles song ever recorded.
TOM　　　: Why don't you just say "Piggies"?
SUMMER : Come on. I love Ringo Starr.
TOM　　　: Nobody loves Ringo Starr.
SUMMER : That's what I love about him.

このセリフには独特のユーモア、恋人達のたわいない日常的な会話、ポピュラー・カルチャーからの引用等、この映画の魅力が詰まっています。「少しは真剣になってよ」というセリフから始まるこの場面では、ビートルズのドラマーであるリンゴ・スターに対するサマーの愛情が語られます。勿論、オクトパス・ガーデンやピギーズが誰によって作曲され歌われているか、知っている方が、このセリフの妙を楽しむことができますがそれだけではなく、このセリフがさりげなくしかし力強く表現しているのはサマーの性格です。最後に彼女が述べるリンゴ・スターが好きだという理由には、この映画を通して我々が垣間見る感情移入できる彼女の性格と、時に共感が困難な一面が表現されています。

学習ポイント

　この映画を一度見た時は、趣向のこらされた映像に目を奪われるかもしれませんが、セリフの多くもひねりを加えられており、非常にユーモラスに綴られています。しかし、映画字幕翻訳家が口をそろえて主張しているように、ユーモアを活字によって伝えるというのは困難で字幕だけでは、作り手の意図が十分に伝わるとは言えません。ここでは、ユーモラスなセリフを中心に学習活動を計画してみましょう。まず、冒頭でサマーがトムに別れを告げる場面を見てみましょう。[SUMMER: I think we should stop seeing each other. I mean, this this—what are we doing? I mean, is this normal? TOM: I don't know. I don't care. I'm happy. Aren't you happy? SUMMER: You're happy? TOM: You're not? SUMMER: All we do is argue. TOM: That is bullshit.] 優しくてサマーに夢中のトムが最後に吐いてしまうセリフは、いつも言い争ってばかりいるから、と説明するサマーの論点を一瞬にして認めてしまうことになっているだけではなく、bullshit というあまり好まれない（しかしそれほど汚いとは思われていない）単語を使用しているだけに、トムの弱い立場も垣間見せることに成功しており、別れの場面をユーモアによって色鮮やかに表現しています。その後、サマーは自分をセックス・ピストルズのベーシストであるシド・ヴィシャスに、トムをシドが刺殺した恋人のナンシーに例えていますが、ここからもサマーに振り回されているトムの姿が浮かび上がります。では、次にトムの仕事に注目してみましょう。彼はグリーティング・カード会社に勤務し、彼の仕事はカードに載せるメッセージを執筆することです。カードを送る人々の気持ちを詩的にかつ的確に表現しなくてはならず、なかなか骨の折れる仕事です。トムの同僚、マッケンジーが会議で、現代社会に合った新しい休日が必要だと力説し、5月21日を"Other Mother's Day" として祝おうと提案します。シンプルなアイディアですが、ここには現代米国に増加する家族の1つの姿が描写されています。また別の場面では、トムが出会ったばかりのサマーに自分の書いたメッセージを紹介する場面があります。ベストセラーになったと説明されるカードのメッセージは、"Today, you're a Man. Mazel tov on your bar mitzvah." ここには mazel tov や bar mitzvah といった見慣れない単語が使われていますが、米国社会の重要な文化の1つです。これらの単語が何を意味するのか、なぜこのカードがベストセラーになったのか、そしてなぜここで "you're a man" と言うのがユーモラスなのか、といった理由を探ることによって文化や価値観について理解を深めることもできます。最近、英語で俳句をつくる人が増えています。勿論、五・七・五を英語で表現するのは不可能ですから、重要なのは、単純に直接的な表現で伝統を伝えるだけではなく、英単語が持つ音節構造を利用することによって詩として構成することです。この点から考えると、トムの仕事は英語による俳句作りだともいえるでしょう。劇中に登場するカードのメッセージをお手本に俳句作りに取り組むこともできるのではないでしょうか。

あらすじ

　トムは建築家になるという夢を持ちながらも、グリーティング・カード制作会社に勤めています。ある日（1日目）、サマーが新しいアシスタントして同じ会社で働き始めます。悲しい英国ポップスを愛聴し育ったトムは、運命の人に会うまで幸せになることなど不可能だと信じています。サマーもトムと同じ音楽を聴いて育ちましたが、両親の離婚を経験した彼女は、トムとは違い運命の人など存在しないと信じています。トムが乗り込んだエレベーターでたまたまサマーと2人きりになった日（4日目）から、トムは彼女に夢中になります。2人は出会いお互いに惹かれあいますが、サマーは2人の関係に深入りしようとはしません。彼女は恋愛関係をただ純粋に楽しみたいのです。彼女にとって愛や運命は何の意味も持たない言葉なのです。サマーを愛してしまったトムは、サマーに振り回されながらも努力し自分の気持ちを抑えようとしますが、全く上手くいきません。いつからか、2人の関係はぎこちないものになってしまい、どうにかして修復しようとするトムの努力もむなしく、サマーはトムに突然別れを告げます（290日目）。トムがサマーに出会ってから500日間は幸福、混乱、悲しみに詰まっています。291日目から500日目までの間で、トムは愛とは何か、運命とは何か、幸せとは何かを学ぶことになります。そして、再び1日目へと戻った時、トムは自分が気づかないうちに成長しているのです。

映画情報	製 作 費：750万ドル 製 作 年：2009年 製 作 国：米国 撮影場所：カルフォルニア、ロサンゼルス ジャンル：ドラマ、コメディー、ラブ・ストーリー	公開情報	公 開 日：2009年7月17日（米国） ノミネート：デトロイト映画評論家協会賞 　　　　　　（作品賞、監督賞、主演男優賞） 　　　　　　ゴールデン・グローブ賞 　　　　　　（作品賞、主演男優賞）

薦	○小学生 ○中学生 ○高校生 ●大学生 ●社会人	リスニング難易度		発売元：20世紀フォックス ホーム エンターテイメント ジャパン（平成29年2月現在、本体価格） DVD価格：1,419円　ブルーレイ価格：2,381円

お薦めの理由	ナレーターは冒頭で決してラブ・ストーリーではないと言いますが、ほとんどの人はこの映画をラブ・ストーリーだと捉えるでしょう。しかし他のラブ・ストーリーにはない「何か新しいもの」を映画は持っています。多くの映画が紋切型に構成され、新しいことを生み出すことが非常に困難な現代において、あえて定番化した恋愛映画を新しい手法で語ろうとする作り手の試みが成功した新しいタイプの映画です。	スピード	3
		明瞭さ	4
		米国訛	4
		米国外訛	1
英語の特徴	セリフの多くは洗練されユーモラスですが、決して難しい語彙が多用されているわけでもありません。例えば会社のパーティーを説明する場面でトムの同僚は "All you can Karaoke." と言っています。英語には名詞が動詞として使用されるケースがよくありますが、ここでも名詞のカラオケがいつの間にか動詞として使用され、また "All you can eat." の eat に置き換えられて使用されているのが理解できます。	語彙	3
		専門語	3
		ジョーク	5
		スラング	4
		文法	3

授業での留意点	この映画にはそれほど多くの登場人物はいません。ほとんど主人公トムとサマーの間で進められていきます。しかし実は第三の、しかし主人公たちと同じぐらい重要な、キャラクターが存在します。それはポピュラー・カルチャーです。映画には主人公の人物像を説明するために実に多くのポピュラー・カルチャーからの引用が使用されており、注意深く分析すれば蜘蛛の巣のように張り巡らされた仕掛けを見つけることができるでしょう。映画をより一層楽しむためにも、隠されたキャラクター達と登場人物たちの関係を分析することにより、発展学習に取り組むことができます。まず、映画の冒頭ではトムとサマーの幼年時代の部屋が映し出されますが、特にトムの部屋の壁には多くの LP ジャケットが飾られています。なぜ幼いトムがこれらのようなバンドを好きなのか、それぞれの有名な曲を集めて意味分析を試みても面白いのではないでしょうか。またサマーの部屋にも LP が飾られているのですが、幾つかはトムと同じものです。共通に所有し部屋に飾るほど好きなそれらの音楽から、トムとサマーに共通する性格を考えてみるのも面白いでしょう。特にここではピクシーズ、ベル・アンド・セバスチャン、ザ・スミスの3グループに焦点をあててみましょう。まず、ピクシーズはトムの部屋に飾ってある LP の1つですが、このアルバムに収録されている曲を、トムは職場のカラオケ・パーティーで歌います。トムはなぜこの歌を選び、誰に対して歌っているのでしょうか。ベル・アンド・セバスチャンの曲はサマーの性格だけではなく、彼女の不思議な魅力を説明するために効果的に引用されています。この曲がどのような「経済効果」を生み出したのか同時に考えてみましょう。最後に、トムがサマーを意識するようになってから初めて恋心を抱いた4日目の出来事を見てみましょう。音楽を聴きながらエレベーターに乗り込んだトムに続いてサマーがやってきます。2人だけの空間でトムはサマーを気にしていないふりをしているのですが、トムのヘッドフォンから漏れる音楽を聞いたサマーはトムにこう話しかけます。[SUMMER: The Smiths? I love the Smiths. TOM: Sorry? SUMMER: I said I love the Smiths. You have good taste in music.] そして、漏れる音楽に合わせて「あなたのそばで死ねるなら天国にいるような気分」だと歌い始めます。信じられないという表情でサマーを見ているトムですが、それは決してロマンチックな歌詞を彼女が歌ったということ、また自分が好きなバンドを彼女も好きだということを知ったという理由だけでありません。ザ・スミスにはどのような曲を歌うバンドか、このバンドのファンはどのようなところに共感するのか、などを考えてみるとトムが単純に恋に落ちただけではなく "soul mate" を見つけたと思ってしまったのも理解できます。付記すると、ザ・スミスのヴォーカルだったモリッシーの作品に Viva Hate というアルバムがありますが、このジャケットはトムの部屋だけではなく、幼いサマーが大切な長髪をバッサリと切り落とし、何も感じないでいる場面にも登場しています。
映画の背景と見所	映画は現代のカルフォルニアを舞台にしていますが、中心になる登場人物は、大学卒業後、理想を胸に社会にでるも現実という大きな壁を前に、人生計画の再考を余儀なく迫られているというような、誰もが経験したことがある人生の1つの段階を生きている人々です。そして映画には現代の若者が使用するようなユニークで、遊び心に富んだセリフに溢れています。また授業での留意点でも言及しましたが、多くのポピュラー・カルチャーが小道具のように使用されおり、この映画の1つの魅力となっています。例えば、『スター・ウォーズ』でハリソン・フォードが演じたハン・ソロ、セックス・ピストルズのベーシストであるシド・ヴィシャス、その彼女のナンシー（未だに謎に包まれてはいますが、シドに刺殺されたと言われています）、IKEA（因みに Pavement というバンドの曲に "Date with IKEA" というのがありますが、偶然でしょうか？）、そしてテレビドラマの『ナイトライダー』など、音楽、小説、番組など多岐にわたります。サマーが結婚を決めた理由を説明するときに、『ドリアングレイの肖像』について言及していますが、それまでのポピュラー・カルチャーではなく、オスカー・ワイルドを使用することによって、彼女のどのような心の変化を表しているのかを考えてみると、サマーとトムの関係についてより深く理解できることができます。映画で使用されるこのような小道具にどのような意味があるのか考えてみても面白いと思います。

| スタッフ | 監　督：マーク・ウェブ
脚　本：スコット・ノイスタッター
　　　　マイケル・H・ウェバー
製　作：マーク・ウォーターズ他3名
音　楽：マイケル・ダナ | キャスト | トム・ハンセン　　　：ジョゼフ・ゴードン=レヴィット
サマー・フィン　　　：ズーイ・デシャネル
マッケンジー　　　　：ジェフリー・エアンド
ポール　　　　　　　：マシュー・グレイ・ギュブラ
レイチェル・ハンセン：クロエ・グレース・モレッツ |

サンキュー・スモーキング	Thank You for Smoking	（執筆）足立　桃子

セリフ紹介

1. ニックがジョーイの学校にやってきたとき
   Joey : Please don't ruin my childhood.　「僕の子供時代を台なしにしないで」
2. ニックがジョーイにエッセイの書き方を教えているところ
   Nick : See, Joey, that's the beauty of argument. 'Cause if you argue correctly, you're never wrong.
   「いいかい、ジョーイ、それが議論の優れたところだ。正しく議論すれば決して間違っていることにはならない」
3. ニックの上司、BRのタバコ論
   BR ：We sell cigarettes. And they're cool, available. And addictive.
   「わが社はタバコを売っている。タバコはカッコいいし、手にはいるし、さらに中毒性がある」
4. Captain（タバコ業界の最後の大物）がニックをほめる言葉
   Captain : You know, Nick, you remind me just a little bit of myself when I was your age.
   「なあ、ニック、お前を見ているとその年頃だった自分をちょっと思い出すよ」
5. どうしてこの仕事をしているのか、とヘザーに聞かれたときのニックの答え
   Nick : Everyone's got a mortgage to pay.　「誰でも住宅ローンを払わなくてはならない」
6. ニックの最後の独白（リズムの良さに注目）
   Nick : Michael Jordan plays ball. Charles Manson kills people. I talk. Everybody has a talent.

学習ポイント

＊巧みな話術の例がたくさん聞けます。映画をお手本にして音読練習すればきっとスピーチが上手になるでしょう。

1. ジョーン・ランデン・ショーに出演したとき。形勢が悪くなると、「子供にタバコを吸わせないキャンペーン」へと論点をすり替え、子供ほど大事なものはない、と主張して聴衆を味方につけます。
   Nick ：As a matter of fact, we're about to launch a fifty million dollar campaign aimed at persuading kids not to smoke. Because I think that we can all agree that there is nothing more important than America's children.
2. ジョーイの学校へ行ったとき。「タバコを吸うと死ぬ、とママが言ってる」と言う生徒に「素人の話は信憑性がない」と反論し、「大事なことは自分で判断すること」と説きます。これにはだれも反論できません。
   Nick ：My point is that you have to think for yourself. You have to challenge authority. If your parents told you that chocolate was dangerous, would you just take their word for it?
   Class : No.　（注：take one's word for it （人の）言うことを真に受ける）
3. 公聴会の席でフィニスター上院議員（バーモント州出身）の非難をかわすためにバーモント州のチーズを持ち出すところ。チェダーチーズが死因第一位のコレステロールを増やし、国民の動脈を詰まらせているのだから、チェダーチーズにどくろマークをつけるべきだと説きます。（Finistirre という名前は sinister 「不吉な」と酷似）
   Nick: Well, the real demonstrated number-one killer in America is cholesterol. And here comes Senator Finistirre whose fine state is, I regret to say, clogging the nation's arteries with Vermont Cheddar Cheese. If we want to talk numbers, how about the millions of people dying of heart attacks? Perhaps Vermont Cheddar should come with a skull and crossbones.
4. 子供の教育について。タバコのパッケージにどくろマークをつけるのが大事ではなく、教師や親が世の中の危険について警告することが教育で、そうすれば大人になったとき自分で選択することができる、と説きます。いつの間にか論点がすり替わっていて、しかも「自分で選択することができる」ことの重要性に反論できる人はいません。
   Nick: Gentlemen, it's called education. It doesn't come off the side of a cigarette carton. It comes from our teachers, and more importantly our parents. It is the job of every parent to warn their children of all the dangers of the world, including cigarettes, so that one day when they get older they can choose for themselves.

あらすじ

　タバコ研究アカデミーの広報部長、ニック・ネイラーはタバコ産業のロビイストです。嫌煙家が多い米国では憎まれて当然なのですが、巧みな話術とスマイルで聴衆を自分の見方につけるのが得意です。ニックは元妻との間にジョーイという息子がいます。ジョーイは普段母親と暮らし、週末だけニックと一緒に過ごします。ジョーイはやがて父親の影響を受け、議論、そしてディベートの才能を開花させます。「映画の中でもっとタバコを吸わせる」というアイデアを出したニックはハリウッドに出向き、ジョーイも同行して昔マルボロ（たばこの名前）の宣伝に出た男性を訪ねたりしながら、徐々に父親の仕事を理解するようになります。

　順調に見えたニックの仕事ですが、その後誘拐されて全身にニコチンパッチを張られたり、気を許した美人記者のヘザーに秘密のネタを掲載されたり、と受難が続きます。そしてその新聞記事のせいでタバコ研究アカデミーを解雇されてしまいます。落ち込んでいるニックのアパートにジョーイが母親と訪ねてきて、「パパは一流のロビイストなんだ。世界中が何と言おうとかまうもんか」とニックを励まします。やっと元気を取り戻したニックは公聴会に出かけ、宿敵の上院議員、フィニスターを論破します。その様子を見た卑劣な上司が一度解雇したニックに職場に戻るよう誘います。さてニックはどんな決断をするでしょうか？

映画情報

原　　　作：クリストファー・バックリー 『ニコチン・ウォーズ』 製 作 費：650万ドル 製 作 国：米国 ジャンル：コメディー、ドラマ	**公開情報**	公 開 日：2006年　3月17日（米国） 　　　　　　2006年10月14日（日本） 上映時間：93分 興行収入：3,932万3,027ドル 字　　幕：日本語、英語

74

薦	○小学生　○中学生　○高校生　●大学生　●社会人	リスニング難易度	発売元：20世紀フォックス ホーム エンターテイメント ジャパン（平成29年2月現在、DVD発売なし）中古販売店等で確認してください。

お薦めの理由	風刺、皮肉、ジョーク、ユーモア、すべて満載で必ず笑えます。タバコを表に出しながら、実は「情報操作（英語ではspin）」の映画です。タバコの話なのに、誰1人として画面上ではタバコを吸いません。主人公の息子、ジョーイのセリフは大人顔負けです。低予算映画でありながら、監督自身が書いた脚本はとても面白く、豪華キャストの演技はすばらしく、実に見応えがあります。	スピード	5
		明瞭さ	3
		米国訛	3
		米国外訛	1
英語の特徴	ニックの英語は人前で話すときも、ナレーションのときも文法的に正しく、話すスピードは速めですが発音も標準的で聞き取りやすいです。英語でプレゼンテーションをしたり、フォーマルな英文を書く際に参考になります。注意深く選ばれた言葉や表現は吟味してみる価値があります。語彙や構文の観点からは上級英語の部類です。それに反して友人同士の会話では全員かなりくだけた英語を使います。	語　彙	4
		専門語	2
		ジョーク	2
		スラング	3
		文　法	4

授業での留意点	＊ロビイストとはロビー活動を行う人のことで、ロビー活動とは、特定の主張を持つ個人または団体が、政府の政策に影響を及ぼすことを目的として行う私的な政治活動を指します。 ＊この映画には『サンキュー・スモーキング』の書名で対訳セリフ本が出版されています。学生が全員それを持っているとすれば、内容に踏み込んだ授業展開ができます。それ以外にも早口の英語に慣れる、上級の語彙を身につける、フォーマルな話し方を練習する、などこの映画の使い道は様々です。上級者ならディベートも可能です。 ＊ニックとジョーイの親子関係はこの映画の大切なテーマです。監督自身も音声解説の中で「この関係はとても大切だ。なぜならここで好感を持ってもらえたら、観客のニックに対する好感度が上がるからだ」と言っています。ジョーイははじめニックが学校に来ることさえ嫌がっていましたが、議論の仕方を教わったり出張に同行したりするうちに次第に父親のことを誇りに思うようになり、同時に議論の腕前を上げて Debating Society のチャンピオンに選ばれます。味わい深いセリフの例を挙げます。 1. ジョーイが遅くまで起きていてもいいか、とニックに聞くところ。 　Joey : Dad, if I finish this essay within an hour, can we stay up all night? 　　　「このエッセイを1時間以内に仕上げたら、パパと一晩中起きていてもいい？」 　Nick : That's a negotiation, not an argument.　「それは議論ではなくて交渉だ」 2. ニックのカリフォルニアへの出張に同行したい理由を、ジョーイが母親に述べるところ。子供とは思えないセリフが驚きと笑いを誘います。 　This California trip seems like a great learning opportunity and a chance for me to get to know my father. But if you think it's more important to use me to channel your frustration against the man you no longer love, I'll understand. 　「カリフォルニアへの旅行はとても勉強になりそうだし、お父さんを知る機会にもなると思う。でも、もう愛していないパパへの不満を、僕を使ってパパに向けることのほうが大切だと思うなら、その気持ちはわかるよ」 3. カリフォルニアに行けることになったジョーイとニックの会話。下線の部分に注意（1の会話と比較すること）。 　Nick : How'd you convince her?　「どうやってママを説得したの？」 　Joey : It was an argument, not a negotiation.　「交渉じゃなくて議論だった」 　Nick : That's my boy.　「よくやった」
映画の背景と見所	日本ではあまりなじみがありませんが、ロビイストという職業（授業での留意点参照）と情報操作がテーマです。ロビイストは、幼稚園のころから人前で話す訓練をさせるお国柄が反映されている職業と言えます。 　重厚な演技を見せるキャプテン（ロバート・デュヴァル）が大好きなカクテルはミントジュレップ（mint julep）で、これはケンタッキーダービー（競馬）の公式ドリンクに指定されています。それを知っていると Nick, my boy, you're just in time for mud. の意味は「レースにちょうど間に合ったな。（ミントジュレップで）乾杯だ」とわかります。（mud は泥のことでダート（dirt）コースでのレース、すなわちケンタッキーダービーのことをさしています） 　見所は何といっても主役のアーロン・エッカートの演技です。みんなに嫌われて当然のタバコ産業のロビイストという立場にありながら、ジョーイの良き父親であろうと努力し、仕事の場面でも憎めない人物を好演しています。ニックのビジネス上の物語を縦糸とすると重要な横軸がニックと息子ジョーイの関係です。ジョーイ役のキャメロン・ブライトは、難しい役どころながら堂々とした演技で楽しませてくれます。なお本作の脚本も書いたジェイソン・ライトマン監督は2007年の『JUNO/ジュノ』でアカデミー監督賞にノミネートされました。 　この DVD には音声解説の特典がついていて、ここでも笑わせてくれます。

スタッフ		キャスト	
監督・脚本：ジェイソン・ライトマン		ニック・ネイラー　：アーロン・エッカート	
製　　作：デイヴィッド・O・サックス		ジョーイ・ネイラー：キャメロン・ブライト	
編　　集：デイナ・E・グローバーマン		ポリー　　　　　：マリア・ベロ	
撮　　影：ジム・ウィテカー		ヘザー　　　　　：ケイティ・ホームズ	
音　　楽：ロルフ・ケント		ボビー・ジェイ　：デイヴィッド・コークナー	

ザ・シークレット	The Secret	（執筆）大庭　香江

セリフ紹介	この映画は、ほぼ全編がインタビュー形式で構成されています。 哲学者のボブ・プロクターの言葉です： Bob Proctor : I don't care what city you're living in. You've got enough power in your body, potential power, to illuminate the whole city for nearly a week. 　　（どの都市で暮らしているかは気にしない。あなたの体の中には十分なパワーが潜んでいる、潜在的なパワーだ。街全体を1週間は照らせるであろうエネルギーを持ったパワーを） 「引き寄せの法則」に関する、ボブ・プロクターのもう1つの言葉です： Bob Proctor : Whatever is going on in your mind you are attracting to you. 　　（あなたの心に思い描くものは全て、あなたがそれを引き寄せることができるものなのです） 同じく、「引き寄せの法則」に関する、作家のリサ・ニコルズの言葉です： Lisa Nichols : The law of attraction is really obedient. When you think of the things that you want, and you focus on them with all of your intention, the law of attraction will give you what you want every time. 　　（引き寄せの法則は本当に従順なものなのです。あなたが何かを欲しいと思った時、そして、その時あなたの意志の全てをそこに集中すれば、引き寄せの法則はあなたがほしいと思ったものを、いつでも与えてくれるのです）

学習ポイント	この映画はインタビュー形式ですので、学習者はインタビュアーになったつもりで、インタビューをディクテーションする作業により、実際に自身がインタビューを受けたり、取材する際のトレーニングを行うことができます。 　ただし、DVDには日本語字幕表示機能のみしかなく、英語字幕を表示して文字情報を確認することができません。そこで、以下に、冒頭と、最後のセリフを引用しますので、答え合わせの参考にして下さい。この2箇所には、全体を要約しているとも言える重要な内容が述べられています。 [first lines] Rhonda Byrne : A year ago, my life had collapsed around me. I'd worked myself into exhaustion. My father died suddenly, and my relationships were in turmoil. Little did I know at the time, out of my greatest despair was to come the greatest gift. I'd been given a glimpse of a great Secret. 〈大意〉[冒頭のセリフ] ロンダ・バーン：一年前、私の人生は崩壊し、挫折していました。過労状態まで働きました。父が突然他界し、人間関係も混乱していました。当時私には想像もできませんでした、私の大きな絶望がいずれ最大の贈り物となることなど。私は「偉大な秘密」を垣間見ていたのです。 [last lines] Michael Beckwith : I believe that you're great, that there's something magnificent about you. Regardless of what has happened to you in your life, regardless of how young or how old you think you might be, the moment you begin to think properly, there's something that is within you, there's power within you, that's greater than the world. It will begin to emerge. It will take over your life. It will feed you. It will clothe you. It will guide you, protect you, direct you, sustain your very existence, if you let it. Now, that is what I know for sure. 〈大意〉[最後のセリフ] マイケル・ベックウイズ：私はあなたが素晴らしいと信じているし、あなたには素晴らしい何かが備わっているのです。あなたの人生でどのようなことが起きてきたとしても、あなたが若くても老いていても、あなたが正しく考え始めた瞬間に、あなたの中に何かが芽生え、そして、世界をも超越するパワーが芽生えるのです。それが現れ始めると、あなたの人生は変わっていきます。それはあなたを養い、衣食を与えます。それはあなたを導き、守護し、指揮し、あなたの存在を支えるのです、あなたがそうさせれば。今、これが私にははっきりと分かっています。

あらすじ	この映画は、オーストラリアの女流作家ロンダ・バーン作 The Secret（邦題『ザ・シークレット』）の映画版です。原作者本人に加え、著名な作家、哲学者、科学者、占い師、セラピスト、といった、様々な分野の著名人らのインタビューで構成されています。テーマは「偉大な秘密」、「引き寄せの法則」に関するものです。 　冒頭で、歴史的な偉人が、彼らの人生で成功を収めることができたのは、実は「引き寄せの法則」を知っており、それを生かしたからだ、という解説が神秘的な映像とともになされます。プラトン、ガリレオ、ベートーベン、エジソン、カーネギー、アインシュタインらはみな、「偉大な秘密＝The Secret」を知っていたのです。「偉大な秘密」は、ロンダ・バーンが著すまでは、古来より、それを知る人のみのあいだで、口承でのみ伝えられてきました。 　映画では、「引き寄せの法則」の「偉大な秘密」について、詳細で綿密、かつ、徹底的な議論が行われます。そして、私たちが毎日の生活でどのように引き寄せの法則を使えば良いのかが分かります。私たちが日常生活で願うものがあれば、常にそれを欲しいと思い願い続けると、それはかならず私たちのもとに引き寄せられ、人生の成功と幸福を勝ち得ることができる、という内容が、インタビューによって実際の体験をもとに紹介されます。象の写真を見ると、実際に象が現れる、といった、誇張された演出も映像作品として効果的に用いられています。

映画情報	製　作　年：2006年 製　作　国：オーストラリア、米国 言　　　語：英語 ジャンル：自己啓発、ドキュメンタリー 撮影場所：オーストラリア、米国	公開情報	公　開　日：2006年3月26日（米国） 　　　　　　2008年（日本） 上映時間：90分 画面アスペクト比：1.78：1 音　　声：ドルビー・デジタル

薦	○小学生 ○中学生 ○高校生 ●大学生 ●社会人	リスニング難易度	発売元：アウルズ・エージェンシー（平成29年2月現在、本体価格）DVD価格：4,200円

お薦めの理由	この映画は、冒頭のナレーションによる内容説明から始まり、各界から、数多くの著名人が、「引き寄せの法則」に関する「偉大な秘密」を、インタビュー形式で語ります。そのため、大学生レベルの英語学習者が、実際にインタビューを受ける際の準備として、インタビューを聞き取り、ディクテーションを行う練習に向いています。また、ペアやグループでインタビュー活動を行う授業での利用価値も高いと言えます。	スピード	3
		明瞭さ	3
		米国訛	2
		米国外訛	4
英語の特徴	インタビュー形式で、訓練された俳優ではなく、一般の人物たちが話しますので、発音が明瞭とは言えない部分もあります。しかし、全体を通して、聞き取れないという程の部分はありません。話し言葉ですので、ぽつぽつ切れることはありますが、スピードや文法、語彙は標準的ですし、スラングもありませんので、理解しやすく、作られたセリフとは違う、非常に自然な英語に触れることができます。	語彙	3
		専門語	4
		ジョーク	2
		スラング	2
		文法	3

授業での留意点

　DVDで英語字幕を表示できないため、音声を文字情報で確認することができず、授業ではこの映画を使用して、発展的な学習教材として活用することをお薦め致します。

　第一に、この映画を見てから、ノベライズ版を講読する、という授業展開が考えられます。原文は、映画版のインタビュー同様それほど難解ではありませんので、精読にも向いていますし、大学生レベルなら辞書を使用すれば意味は取れると思われます。適宜語彙や表現の解説をすると良いでしょう。

　第二に、インタビュー形式のこの映画を見て、その後、ペアやグループでのインタビューを行うという展開をお薦め致します。話者の言葉を正確に聞き取り、メモを取る、という習慣をつけるきっかけとなることでしょう。

　初めに、「学習ポイント」でご紹介した、冒頭部と、最後の部分のセリフを予習してから映画全編を通して、あるいは該当部分を見ます。ディクテーションを行うのも良いでしょう。文字情報はディクテーションの答え合わせとして利用するだけでなく、学習者がこの部分を文字で読んで趣旨を頭に入れ、それから映画を見る、という学習手順を取れば、おのずから内容を理解するのに有効活用して頂けると思います。

　次にインタビュー活動の実践です。まず、何についてのインタビューを行うのか、授業に参加する学生の英語力に合わせて考えます。映画と同じく、啓蒙的な内容、または、各自の心理的な状態をインタビューするのか、あるいは、出身地や家族構成、趣味や嗜好など、基本的な情報をインタビューしていくのかレベルに合わせ、また、順を追って段階的に難しい内容のインタビューに変えていくのも良いでしょう。

　インタビューを行う際は、必ず、事前にいくつかの質問を用意しリストアップしておきます。また、高度な表現力を必要とする内容のインタビューを行う際には、インタビューを受ける相手にも、質問の内容を予め伝えておき、回答の準備をしておくよう指示します。現実に行われるインタビューと同様のスタイルです。

　コミュニケーションを重視するクラスでは、各自が質問リストを持ち、自分と同じ答えを持つ者を探していく、例えば、同じ食べ物が好きな相手を見つける、名前を聞き同じイニシャルの相手を見つける、等という、ゲーム形式の授業もお薦めです。質問項目は、予め教員が用意し、クラス全員で揃えても良いですし、自由な質問を考えさせる、あるいは加える、という方法でも良いでしょう。

　最後に、自分がインタビューをした相手について、話を整理してまとめ、インタビューした者がクラスメートに報告を行う、といったスピーチの要素を加えても良いでしょう。その後、クラスメートからも質問を受けそれにインタビューをした相手やした者が答えていくという展開も可能です。

映画の背景と見所

　原作本の著者ロンダ・バーン（Rhonda Byrne, 1945–）は、オーストラリアの女流啓蒙作家です。テレビ番組のプロデューサーとして、モーニング・ショーなどを手掛け活躍していましたが、過労が続き、肉親との別れや人間関係のストレス、更には仕事の行き詰まりや破産の警告を受けるなど、様々な苦難に見舞われ失意の中に沈んでいきました。しかし、バーンが50代だったある夜、母を心配した当時24歳だった娘に、'Mama, This will help. ○×○×' というメモを付けた一冊の本を手渡されます。この本がバーンの人生を変えることになります。本を夢中で読んだバーンは、自分の探している答えが見つかると確信し、歴史上の偉人や賢者について、その成功の秘密を徹底的に調べ始めました。テレビ番組のプロデューサーであったことから、バーンは、作家、聖職者、教師、映画プロデューサー、デザイナー、出版社からなる、チームを編成し、自身が辿り着いた答えを、広く知ってもらおうと、テレビ映画として製作したのです。著書『ザ・シークレット』は、ノベライズ版ということになります。

　バーンは現在、『ザ・マジック』、『日々の教え』、『ヒーロー』と、数々の啓蒙書を執筆するかたわら、世界一斉放送、というグローバルテレビイベントの構想を行い、ネット会員の口コミによる情報拡散を狙うマーケティング手法に成功し、その試みは大きな成果を上げています。

スタッフ	製　作：ポール・ハリントン 監　督：ドリュー・ヘリエット 原　案：ロンダ・バーン 共同製作：グレンダ・ベル 編　集：ダミアン・コーボイ、ダニエル・カー	キャスト	哲学者　　：ボブ・プロクター 作家　　　：リサ・ニコルズ 神秘家　　：マイケル・ベックウイズ 形而上学者：ジョー・ヴィターレ 量子物理学者：ジョン・ハーゲリン

シービスケット	Seabiscuit	（執筆）足立　桃子

<table>
<tr>
<td rowspan="1">セリフ紹介</td>
<td>
1. レッドが騎手になる前（ジョニーと呼ばれていたころ）、実家での夕食シーン：
　We never know how high we are. Till we are called to rise.
　「我々はみんな偉大になれる可能性を秘めているが、我々が必要とされる状況が起こるまでその可能性を知らない」
　（エミリー・ディキンソンの詩からの引用、将来のレッドを予測しているかのようなセリフ）
2. チャールズ・ハワードとトム・スミスの出会いの場面でスミスが言った言葉：
　You know, you don't throw a whole life away... just 'cause he's banged up a little.
　「あいつが少し怪我をしているからといって、生命をまるごと捨てることはない」
　（スミスは、どんな人間も何かしらの役に立っているのだ、と自分に言い聞かせていたのかもしれません。後半で
　レッドの右目が見えないことがわかったあとで、ハワードがスミスにこのセリフを言います）
3. 映画の最後でレッドの独白：
　You know, everybody thinks we found this broken-down horse and fixed him, but we didn't.
　He fixed us. Every one of us. And I guess, in a way, we kind of fixed each other too.
　「我々がこのだめな馬を見つけて立ち直らせたんだ、と世間では思っているようだ。でもそうじゃない。シービス
　ケットが我々一人ひとりを立ち直らせてくれたんだ。ある意味では、シービスケットと我々は互いに支えあって
　元気を取り戻したようなものだと思う」
</td>
</tr>
<tr>
<td rowspan="1">学習ポイント</td>
<td>
＊全体に簡潔な表現が多く、特に会話の場面は英語を話せるようになるために役立ちます。以下はその例です。
1. ハワードと息子の会話
　Howard : It's a glorious day outside. Why don't you go fishing or something?
　Son　　 : I'm reading.
　Howard : You can read when it's raining.
2. マーセラとハワードの出会いの会話
　Marcela : So, do you feel better?
　Howard : No. No, not really.
　Marcela : No. How could you? With something like that.　「無理よね。あんなことがあったんですもの」
　With はこの場合、状況に対する理由をあらわし、「あんなこと」はハワードの息子の事故死を指しています。
3. ハワードと医師の会話（レッドがもう一度馬に乗れるかどうかに関する会話）
　Howard : W-Will he ride?
　Doctor : No, he's not gonna ride.
　Howard : Y-You're sure?
　Doctor : He won't ride. He's gonna walk. You take care.
4. ハワードとレッドの会話（レッドが騎乗するべきかどうかに関して）
　Howard : You can't do it! You could be crippled for the rest of your life. 「騎乗したら一生歩けなくなる可能性がある」
　Red　　 : I <u>was</u> crippled for the rest of my life. I got better. <u>He</u> made me better. Hell, <u>you</u> made me better...
　　　　　 And that's as much <u>my</u> horse as it is yours.　（下線部が強調されています）
　　　　　 「僕はずっと障害をかかえていた。でも回復したんだ。この馬とあなたが回復させてくれた。
　　　　　　それにシービスケットは、オーナーの馬であるのと全く同じくらい僕の馬なんだ」
＊競馬関係の用語を知らなくてもこの映画は十分に楽しめますが、いくつか挙げておきます。
1 stable 厩舎　2 paddock パドック、出走前に鞍をつけた馬に騎手が乗る場所　3 horseshoe 蹄鉄　4 sire 種馬
5 colt 4歳以下の雄の競走馬　6 breeze 馬が全速力でなく楽に走る　7 scratch 競走馬や選手の出場を取り消す
8 hand 馬の肩までの高さを計る単位で4インチ（10.2センチ）9 furlong ファーロン（長さの単位）。約0.2キロ。
</td>
</tr>
<tr>
<td rowspan="1">あらすじ</td>
<td>
　舞台は米国、1910年代自動車の流れ作業から始まります。後にシービスケットの馬主になるチャールズ・ハワード
は自動車のセールスマンをしていて、「車時代の到来。未来はここにあり」と居丈高な様子です。一方カナダに生まれ
たジョニー・ポラード（以降レッド）は1929年に始まる大恐慌の影響を受けて16歳で親元を離れ、米国で競馬の世
界に入ります。自動車事故で子供を失ったハワードは2人目の妻マーセラとの出会いもあって、車の仕事を離れて競馬
の世界に参入します。
　時代に取り残されたカウボーイのトム・スミスはその後ハワードに見出され、寡黙ながら正直な性格が気に入られ
てハワードに雇われます。スミスはシービスケットに競走馬としての素質、そしてレッドに騎手としての才能を見出
し、馬、騎手、調教師、馬主が全部出揃います。やがて体の小さいシービスケットは内馬場が満員になるほどの人気
者になります。夢と希望に飢えていた西海岸の大衆の心をつかんだのです。レッドは父親への怒りもあって気性が激
しいのですが、右目が見えないハンディや怪我を乗り越えて勝てる騎手へと成長します。
　西海岸で人気を博したシービスケットを、ハワードは東海岸の名馬ウォー・アドミラルと対戦させることにします。
この対戦の結末とサンタアニタでのシービスケットの最後の活躍は映画でお楽しみください。
</td>
</tr>
<tr>
<td rowspan="1">映画情報</td>
<td>
原　作：ローラ・ヒレンブランド
　　　　『シービスケット あるアメリカ競走馬の伝説』
製作費：8,700万ドル
製作国：米国
ジャンル：ドラマ
</td>
</tr>
</table>

公開情報
公開日：2003年7月25日（米国）
　　　　2004年1月24日（日本）
上映時間：141分
興行収入：1億2,000万ドル（米国）
受　賞：アカデミー作品賞他6部門ノミネート

薦	○小学生　○中学生　○高校生　●大学生　●社会人	リスニング難易度	発売元：ポニーキャニオン（平成29年2月現在、本体価格）DVD価格：1,800円 ブルーレイ価格：2,500円

スピード	3
明瞭さ	3
米国訛	1
米国外訛	1
語彙	3
専門語	2
ジョーク	2
スラング	2
文法	2

お薦めの理由

まず実話に基づいていること。1930年代の米国、大恐慌の困難な時代に、勝てそうもない馬（シービスケット）が、競馬関係者のみならず米国の国民に夢と希望を与えた様子が克明に描かれていて、感動的です。馬の物語というより献身と友情の人間ドラマと呼ぶにふさわしいできばえです。簡潔な表現や名セリフが多く、リスニング、スピーキングの学習にも適しています。

英語の特徴

ラジオのアナウンサーは早口でまくし立てるマシンガントークですが、それ以外は普通の速さです。ナレーターの英語は聞き取りやすく、発音が明瞭で速度も一定です。時々 ain't などの非標準英語が出てきます。競馬関連の専門用語はありますが、それを知らなくてもこの映画は十分楽しめます。騎手のレッドは生まれた家で文学の暗誦を教わり、時々シェークスピアを引用したりします。

授業での留意点

＊音読に適している箇所を引用します。1. 2. はチャールズ・ハワードによるスピーチ、3.はナレーションから。

1. The age of the automobile is here. The future has arrived. Because out here, my friends, the sky is the limit.
「自動車の時代が到来した 未来はここにある わが友よ、なぜならここでは可能性は無限にあるからだ」

2. Well, I just think this horse has a lot of heart. Oh, and by the way, he doesn't know he's little. He thinks he's the biggest horse out there. I guess, uh, you all are here today... because this is a horse who won't give up. Even when life beats him by a nose.（シービスケットについて）
「この馬にはハートがたっぷりあると思う それにこいつは自分が小さいことを知らない。世界中で一番大きい馬だと思っている。今日皆が集まってくれたのは、この馬が鼻の差で負けたときでさえも決してあきらめないからだと思う」

3 それまで孤独だったレッドがやっと暖かい人たち（ハワード夫妻）に出会えたことについて。（ナレーション）
For the first time in a long time, someone cared. For the first time in a long time, you were no longer alone.
「久しぶりに誰かが気にかけてくれた。久しぶりにもうひとりぼっちではなかった」

＊聞き取り練習例（Chapter 8の40:57〜42:22）チャールズの目下の者への暖かい目、トムの誠実な人柄などが感じられる初対面のシーン。（空所の位置は学生のレベルや弱点などを考慮し、レベルが低いときは最初の一文字を書く）

Tom 　　: You wanna sit down?
Charles : Oh. All right. Thank you. Will he 1_____ better?
Tom 　　: Already is... a little.
Charles : Will he 2_____?
Tom 　　: No. Not that one.
Charles : So why are you fixing him?
Tom 　　: 'Cause I can. Every horse is 3_____ for somethin'. He could be a cart horse or a lead pony. And he's still nice to look at. You know, you don't 4_____ a whole life away... just 'cause he's banged up a little. （注: banged up けがをしている）
Charles : Is that coffee?
Tom 　　: Yeah. It's bad, 5_____.
Charles : You always tell the 6_____?
Tom 　　: Well, I 7_____ to.

（解答：1 get 2 race 3 good 4 throw 5 though 6 truth 7 try）
答え合わせの後で日本語字幕を見せ、fix（治す）lead pony（誘導馬）throw one's life away（生命を捨てる、人生を棒に振る）though（…だけれど、この場合「コーヒーの味は悪いけれど」）などを説明します。その後ペアワークで読み合わせをすると、もう一度同じシーンを字幕なしで見たときずっとよく聞き取れて、小さな成功体験になります。

映画の背景と見所

原作はニューヨークタイムズ六週連続第一位のベストセラーとなりました。映画と原作には多少の食い違いがありますが、ここでは映画に即します。最大の時代背景は1910年代の自動車産業の発展と1929年に始まる大恐慌です。この大恐慌のためレッドの父親の事業は倒産し、レッドは騎手の道を歩み始めます。このころ米国では25%の失業率を記録したこともありました。当時人気のあったスポーツはボクシング、野球、競馬で、失意のどん底にいた米国国民は、体の小さいシービスケットと大怪我を乗り越えた騎手レッドに再生の夢と希望を託したのです。

見所はシービスケットと人間の絆が、騎手、調教師、オーナーの3人を徐々に立ち直らせていく過程です。また紅葉真っ盛りの自然の中をレッドとシービスケットが駆け抜けていく風景はとても美しく、競馬のシーンでは現場にいるような興奮を味わえます。キャスト全員の演技がすばらしいだけでなく、レースの実態、衣装、小道具などの時代考証がしっかりしていて、カメラワーク、音響にいたるまで注意の行き届いた秀作に仕上がっています。例えばハワードの息子が事故死する場面では、音を消して悲しみの深さを雄弁に伝え、その後の埋葬シーンではカメラを遠くに引いてプライバシーに配慮している様子が感じられます。監督自身が脚本を書いていて、「心に訴えかけるシーンを作る（監督の言葉）」ためのこだわりが随所に見られます。

スタッフ

監督・脚本：ゲイリー・ロス
製作総指揮：トビー・マグワイア他4名
製作：キャスリーン・ケネディ他1名
撮影：ジョン・シュワルツマン
音楽：ランディ・ニューマン

キャスト

レッド（ジョニー）・ポラード：トビー・マグワイア
チャールズ・ハワード　　　　：ジェフ・ブリッジス
トム・スミス　　　　　　　　：クリス・クーパー
マーセラ・ハワード　　　　　：エリザベス・バンクス
ジョージ・ウルフ　　　　　　：ゲイリー・スティーヴンス

JFK	JFK	（執筆）諸江　哲男

<table>
<tr><td rowspan="1">セリフ紹介</td><td colspan="2">

1. （前編）インタビューに答えるオズワルドの妻のセリフ
 Marina : He no shoot anyone. He good, man, good husband.
　　　　（誰も撃っていないわ。主人は、良い人間なの、良い夫なの）
2. （前編）ギャリソンとダラスへ移動中の飛行機の中でのセリフ
 Long : Oh, it's a mess down there, Jim. We've bitten off more Vietnam than we could possibly chew.
　　　　（政府は火の車だジム。ベトナムの泥沼に足を突っ込みすぎた）
3. （中編）事件に関する軍高官のセリフ
 Mr.X : "Black ops," assassinations, coup d'etat, rigging elections, propaganda, psych warfare and soforth.
　　　　（「裏の戦略」とは、暗殺、クーデター、不正選挙、宣伝活動、心理戦などを言うんだ）
4. （後編）法廷で、死因の矛盾を追及している場面のセリフ
 Garrison : Take a look at CE-856, an identical bullet, fired through the wrist of a human cadaver, just one of the
　　　　　 bones smashed by the magic bullet;（CE-856をご覧ください。死体の手首を撃ったものと同じ弾丸で
　　　　　 す。魔法の弾により砕けたのは数ある骨のうち1本だけなんです）
5. （後編）陪審員の結論
 Clerk : We, the jury, find the defendant, Clay Shaw, not guilty,（我々陪審員は被告クレーを無罪と認めます）
</td></tr>
</table>

学習ポイント

　この作品では、2つの項目を中心に学習ができます。まず、「合衆国第35代大統領 J・F・ケネディー暗殺事件」という大事件と、当時の米国の背景。そして、さまざまな階層の英語を体験できることです。歴史的事件である「大統領暗殺事件」は、当初、1人の暗殺者を犯人としていましたが、ギャリソン地方検事の調査によって、別の暗殺集団がいた事実を突き止め、裁判に持ち込みます。当時の報告書は、公開されていないため、国家機密文書の公開を待たなければなりません。キューバ問題を含む、ソ連（現ロシア）との冷戦、共産主義への嫌悪、ベトナム戦争問題、人種差別など、米国近代の状況について学習することもできます。アメリカ合衆国は、自由・平等の国、近代国家の代名詞として知られています。しかし、それは表面的なものにすぎなかったのです。ケネディーが政策の1つとして、ベトナムからの早期撤退がなされていれば、米国国民は、この戦争の悲惨さを軽減することができたでしょう。後継者の、ジョンソン大統領は、ベトナム戦争を継続させ、米国全土を疲弊させていったことも事実です。また、5年後には、ケネディーの政策に近い思想運動をおこなっていた、キング牧師も暗殺されてしまいます。レシテーション（暗唱）の題材として、ケネディーとキング牧師のスピーチは著名なものであるため、スピーチの学習にも取り組むと良いと思います。しかし、これらは60年以上も前の事件ですから、学習者は、60年代当時の米国について調べることにより、この時代の米国理解に繋がります。

　「英語」は社会言語学的観点からすると、さまざまな階層による英語を聞くことができます。ギャリソンとそのスタッフ達、政府・裁判所関係者、軍人などは標準的かつ、知的な会話で非常に聞きやすい英語の部類に入ります。他方、悪役達の使う言葉は、非常に乱暴で、ギャングやマフィア、階級の低い兵士などに聞かれる表現も多く見られます。これらは、教育機関では「卑語」的な意味内容とされています。また、他国からの移民の人々が使う英語も、学習者にとっては興味深いのではないでしょうか。文法的に容認されない語形が、テレビのインタービューで放送されています。例えば、He good man, good husband. のように動詞が欠落している発話文などです。さらに、「口語表現」も観察することができます。こうした表現は、教科書では目にすることがないと思います。しかし、日常生活の中でよく使われる表現です。字幕では、gota、outa と表記されていますが、gotta、outta が正しい表記です。前者の2例は、発音の綴りとして、字幕に出てきますが、母音が主体となった日本人の英語の音矯正には良い練習例になるでしょう。丁寧さ、上品さのある英語学習も重要ですが、普通に使用されている英語表現、音などの知識を得ることも重要です。事件を解明してゆく展開ですから、その内容理解が重要です。調査や裁判などのシーンでは、論理的思考・解釈も必要となります。また、英語だけではなく、時代背景を知ることで、よりよい作品理解が可能になります。

あらすじ

　病んだ米国で起きた大事件の1つ、1963年11月21日に起きた第35代ケネディー大統領の暗殺事件を解明しようとする、ニューオリンズの地方検事、ジム・ギャリソンが主人公です。ケネディーの支持者でもあったギャリソンは、この事件にショックを受けます。

　同時に、ギャリソンは事件に関係する政府や関連機関の報告書に疑問を抱きます。あまりにも早く、不十分な調査。関係者が次々に暗殺される状況の中、彼の中でこの事件にますます疑惑が深まっていきます。ギャリソンと彼のスタッフたちの調査が始まりますが、スムーズに進みません。証拠集めに奔走する中、証人達が謎の死を遂げます。パレード行程の急な変更、オズワルドの単独犯行ではなく複数の狙撃者説、死因解剖の改ざん、数え上げると謎だらけのことばかりです。その反面、ギャリソンに真実を伝えようとする動きもありました。元軍関係の高級士官、マスコミなどが犯人像を彼に伝えますが、決定的な証拠はありません。マスコミに嘲笑されるギャリソンは、家族への恐喝にも屈しない不屈の精神で解明に臨みました。しかし、CIA、FBI、警察、副大統領などが絡んだクーデター説という得体の知れない事件だったのです。ケネディーの死によって平穏なアメリカが遠のいてしまいました。裁判でギャリソンはさまざまな反対尋問を行い、容疑者を追い詰めたかのように思えましたが、無罪判決が下されます。

<table>
<tr><td rowspan="5">映画情報</td><td colspan="2">製　作　費：4,000万ドル</td><td rowspan="5">公開情報</td><td colspan="2">公　開　日：1991年12月20日（米国）</td></tr>
<tr><td colspan="2">製　作　年：1991年</td><td colspan="2">　　　　　　1992年　3月21日（日本）</td></tr>
<tr><td colspan="2">製　作　国：米国、フランス</td><td colspan="2">上映時間：189分</td></tr>
<tr><td colspan="2">ジャンル：ドラマ、サスペンス、ミステリー</td><td colspan="2">興行収入：2億540万5,498ドル（米国）</td></tr>
<tr><td colspan="2">配給会社：ワーナー・ブラザース</td><td colspan="2">受　　賞：第64回アカデミー撮影賞、編集賞受賞</td></tr>
</table>

薦	○小学生 ○中学生 ○高校生 ●大学生 ○社会人	リスニング難易度	発売元：ワーナー・ブラザース ホームエンターテイメント（平成29年2月現在、DVD発売なし）中古販売店等で確認してください。

お薦めの理由	近代国家において、最高指導者が暗殺される野蛮な国の実態を垣間見ることができます。その陰には、クーデターと同じことがなされた事実があったことを知ることができます。同時に、そうした「悪」にたち向かう正義感を痛切に感じ取れることができます。推理小説のような話の展開ではありますが、過去に起きた大事件、ケネディーだけではなく、キング牧師暗殺。米国の近代史を垣間見ることができます。	スピード	3
		明瞭さ	4
		米国訛	3
		米国外訛	2
		語彙	3
英語の特徴	53年の月日が経つと同時に、作品中に当時のドキュメント放送が挿入されているため、当時の米国英語で構成されています。主人公が検事であるためか、会話のスピードもそれほど早くはなく、聞き取りやすいです。マフィアやギャングなどがよく使う、fuck など間投詞も頻繁に出てきます。その他、司法解剖の説明、裁判のときのやり取りは、聞き取りづらかったり、意味を調べる必要があります。	専門語	4
		ジョーク	3
		スラング	3
		文法	3

授業での留意点	JFK は「史劇」＋「ドキュメント」＋「推理」を含んだ構成となっています。予備知識や関連項目の事前調査を学生達に課すことにより、授業ではさまざまな可能性を広げてくれます。英語学習の基本に「文化」の学習があります。60年代米国の時代背景を知ることは、JFK という作品をより深く理解するために役立ちます。時事問題では、冷戦、キューバ問題、ベトナム戦争について調べることで、ケネディーの偉大さを再認識することができます。ソビエト連邦共和国とのギクシャクとした関係、キューバに核ミサイルの設置問題、ベトナム戦争からの早期撤退、人種差別などの解決が彼の政策でもありました。一方、利益を優先しようとする反対勢力が存在していたわけです。監督のオリヴァー・ストーンは実際にベトナム戦争へ参加し、大義なき戦争に疑問を抱いたそうです。決して正義の戦いではなかったのです。そうしたことも、作品構成に影響を与えていると思います。 JFK は John Fitzgerald Kennedy のそれぞれ、ファースト・ミドル・ファミリーネームの頭文字です。ミドルネームは日本人名には存在しません。このミドルネームには、文化的な意味が含まれてれています。その意義を調べることにより、学習者の英語の常識が広まるでしょう。 作品中、「アイルランド野郎」というセリフも見られます。これでケネディーの出自が分かります。口語体についてですが、gonna（going to）、gota（got to）、outa（out of）などがセリフに登場します。I'm gonna では、/g/ が消失することが有り、(英)では非標準になっています。to は /tu/母音の前、子音の前では /tə/ と弱音になるため、音声のままの記述として字幕に出てきます。 これは、「言いやすさ」、「言語の経済性」というシステムが働いた結果の発音となっています。こうした音も、われわれの（頭の中の）辞書に登録（覚える）しておけば、ヒアリング、リスニングの一助となります。日本語話者の英語は、英語の母音ではなく、大和言葉の母音を英語に持ち込むため、違和感のある発音になっています。同時に、機能語などは弱音になることにも注意が必要です。 そうしたことから、こうした例を用いることにより、発音矯正の訓練にもなります。教育機関では、「卑語」を敬遠しがちですが、これらの語の学習も、特化する必要はありませんが、軽視すべきではないと思います。他の文法事項として、仮定法、あるいは法助動詞の運用も確認する必要があります。迂言的な表現、あるいは、話者の心的態度を表す語用としては、とても重要な項目です。ダイレクトな表現を避けることも時としてあるし、自身の考えを吐露するときの表現はどうするか。こうした助動詞は多用されます。同時に、重複した機能を持ち合わせることもあるので、一度整理し直すとよいでしょう。

映画の背景と見所	1963年11月21日に起きたジョン・F・ケネディー暗殺事件は、リー・ハーヴェイ・オズワルドが犯人であることを当局が発表をします。しかし、彼は事件の2日後、護送車に移動する際、射殺されてしまいます。警察官70名、マスコミ関係者多数いる中です。取り調べも十分ではなく、警察署内において銃で殺されること自体に違和感を覚えます。また、ケネディーの後任、ジョンソン大統領の命で、ウォーレン調査団が組織されますが、この調査団が提出した報告書にも多くの矛盾が記載されていました。こうした疑惑に対し、ジム・ギャリソンは真相を解明するため行動をおこします。一地方検事のギャリソンがこの事件に取り組んだ理由は不明ですが、正義感と、綿密な調査、論理的な思考により事件解明に臨みます。数多くの妨害者がいる中で、ギャリソンに情報を提供する人々も出てきます。中には、軍人の告白者もいました。作品の中に、当時の実写フィルムも挿入されていて、鑑賞者をどきっとさせるシーンもあります。最終的に、容疑者までたどり着きますが、その裏側には、政府要人、軍関係、CIA、FBI、マフィア、軍需産業関係者が関係していたといったストーリーです。裁判で容疑者は、無罪となります。最後のシーンでは、米国がベトナムへの介入を継続することとなります。ケネディーの政策に反する政府決議です。最大の見所は、非公開の極秘報告書が2039年に公開され、自分たちの子供がその真相を知るだろうと言ったギャリソンの一言です。

スタッフ	監　督：オリヴァー・ストーン 原　案：ジム・ギャリソン 脚　色：オリヴァー・ストーン、ザカリー・スクラー 音　楽：ジョン・ウィリアムズ 撮　影：ロバート・リチャードソン	キャスト	ジム・ギャリソン　　　：ケビン・コスナー クレー・ショー　　　　：トミー・リー・ジョーンズ ジャック・マーティン：ジャック・レモン アール・ウォーレン最高裁長官：ジム・ギャリソン リー・ハーヴェイ・オズワルド　：ゲイリー・オールドマン

シッピング・ニュース	The Shipping News	（執筆）足立　桃子

セリフ紹介	1. 紅茶をよく飲むアグニス（クオイルの叔母）のセリフ、後半では成長したクオイルが今度はアグニスを励ましながら同じことを言います Tea's a good drink. (It'll) Keep you going.　　　「紅茶はよい飲み物よ。元気が出るわ」 2. アグニスがニューファンドランド島に帰る理由をクオイルに説明するところ But the older you get there's an ache, a pull... something you've got to figure out. Like you're a piece in a puzzle. 「でも年を取れば取るほど、心が痛んだり、何かに引っ張られるようで、解決しなきゃいけないことがあるような気がするの。まるで自分がパズルのピースになったような」 3. ウェイヴィが夫の亡くなった日のことを話しているところ、4年たっても傷は癒えていません It was four years ago... and it's yesterday.　　　「4年前のことで、（同時に）昨日のことなの」 4. クオイルとアグニスの会話 Agnes　: I don't believe in dwelling in the past.　　「過去にとどまっているのはよくないと思うわ」 Quoyle : No? Then what are we doing here?　　「よくない？じゃ僕たちここで何をしてるんだい？」 Agnes　: Making a future.　　「未来を作っているのよ」 5. 映画の最後のクオイルの独白、未来への希望を感じさせる響きがあります Headline: Deadly Storm Takes House. Leaves... Excellent View　暴風雨家を持ち去り絶景残る（新聞見出し）

学習ポイント	以下はクオイルの魂の再生の過程です。シンプルな英語で深い内容に触れることができ、音読に適しています。 1. I used to imagine that I'd been given to the wrong family at birth and that somewhere in the world my real people longed for me.（クオイル自身のナレーション） 「自分は間違った家に生まれてきて、世界中のどこかで本当の家族が僕を待ち望んでいるのだと、以前は思っていた」 2. I got used to being invisible. Until... someone noticed me.（クオイル自身のナレーション） 「僕は誰にも見えないことに慣れてしまっていた。（ある日）誰か（ペタル）が僕に気づくまでは」 3. Jack, I'm, I'm no reporter.　「僕は記者なんかじゃない」（ここではクオイルはまだ記者という仕事から逃げ腰です） 4. We face up to the things we're afraid of because we can't go around them.（アグニス） "I can't do it." と言うクオイルにアグニスが「よけて通れないから、みな怖いものに立ち向かうのよ」と諭します。 5. Billy Pretty told me all about it. It's a good thing somebody finally did. クオイル一族の先祖が海賊で、略奪や野蛮なこともしていたことをビリー（元漁師）から聞いた後で、クオイルがアグニスに言ったこと。真実を受け入れる心の準備ができたことがわかります。 6. Jack　　: You disapprove how Card runs my newspaper enough to lose your job? Yes or no? Quoyle : Yes. ジャック（『ギャミーバード』のオーナー）に「編集長（タート・カード）のやり方が気に入らないから首になってもいいと言うのか？」と聞かれ、はっきりと「そうです」と答えるところ。 7. Quoyle : When someone hurts you that much... how do you...? Does it ever go away? Is it possible? Agnes　: Her name was Irene. The love of my life. Quoyle : You look happy. Agnes　: So, yeah, it is possible. アグニスが昔の恋人アイリーンの写真を見ながら、「ひどい傷でも癒えることはあり得る」と前向きな発言をしてクオイルを励ます場面。 8. I was too scared to tell you the truth. Petal is dead.　「怖くて本当のことが言えなかった。ペタルは死んだんだ」 クオイルが娘のバニーにママが死んだことをはっきり告げる場面。

あらすじ	ニューヨークに住むクオイルは子供のころ父に厳しく育てられ、「お前は何をやってもだめだ」と言われて育ちました。大人になっても無気力な日々を送っていましたが、あるときペタルという女性と知り合い結婚します。娘ができますが妻ペタルは男遊びにふけります。そんな折両親が自殺したという知らせがクオイルの元に届きます。まもなくペタルは男と駆け落ちした挙句事故死しますが、幸い娘のバニーは無事でした。そこへ訪ねてきた叔母のアグニスに誘われて、クオイルは娘と共に父の故郷であるニューファンドランド島へ向かいます。 　5月でもまだ雪の残る気候の厳しいこの島で、クオイルは地方紙『ギャミーバード』の記者として雇われます。その新聞社で、オーナーのジャック、編集長のタート、家庭欄担当のビリー、海外ニュース担当の英国人ナットビーム、ジャックの息子で大工のデニス、そして娘を通じて、託児所を営む未亡人で一児の母ウェイヴィに出会います。最初は「記者なんか無理」と言っていたクオイルですが、ジャックのアドバイス、叔母の励ましを得て徐々に記者として成長していき、編集長のタートにも自分の意見を言えるようになります。それと並行するようにクオイルとウェイヴィは少しずつ心を通わせていきます。叔母のアグニス、クオイルの祖先、ウェイヴィにはそれぞれ秘められた過去があり、物語が進むにつれて、その内容がわかってきます。

映画情報	原　　　作：E・アニー・プルー 　　　　　　『シッピング・ニュース』 製　作　費：3,500万ドル 製　作　国：米国 ジャンル：ドラマ	公開情報	公　開　日：2001年12月18日（米国） 　　　　　　2002年　3月23日（日本） 上映時間：111分 総興行収入：24億7,000万ドル（世界） 字　　幕：日本語、英語

薦	○小学生　　○中学生　　○高校生　　●大学生　　●社会人	リスニング難易度	発売元：ワーナー・ブラザース ホームエンターテイメント （平成29年2月現在、DVD発売なし） 中古販売店等で確認してください。

お薦めの理由	ピューリッツァー賞を受賞した原作と、巨匠ラッセ・ハルストレム監督の手腕で、絶望の淵から再生する魂を感動的に描いています。内容的には暗い部分がありますが、ユーモアもあります。ニューファンドランド島の荒涼とした美しい自然とそこに生きる人々が生き生きと描かれ、エンディングには未来への希望が感じられます。英語の面では短いセリフが多くシンプルな英語で深い内容に触れることができます。	スピード 3 明瞭さ 4 米国訛 2 米国外訛 1 語彙 4	THE SHIPPING NEWS directed by LASSE HALLSTRÖM
英語の特徴	クオイルと娘のバニーは標準的な米国英語、ナットビームは英国英語を話します。アグニスはどちらかいうと英国英語に聞こえます。島の人々の中でウェイヴィは文法的に正しい英語を話しますが、その他の島の人々は多少とも訛りがあり、いくつかの文法違反がみられます。短い文が多く、簡単な英語を使って会話をするときに使える表現がたくさんあります。イディオムや慣用表現も多いので勉強になります。	専門語 3 ジョーク 1 スラング 2 文法 3	

授業での留意点	＊聞き取り練習の例（Chapter 5 の 28:55〜29:30）　空所の位置は学生のレベルや弱点などを考慮します。 　Quoyle : I can't do it. I mean, even if I 1＿＿＿＿＿ the first thing about writing, which I don't, I...Car crashes... 　　　　　 I can't 2＿＿＿＿＿ those.　　　　　（注：car crashes, car wrecks自動車事故） 　Agnes　 : Why not? 　Quoyle : You know why not. 　Agnes　 : We 3＿＿＿＿＿ up to the things we're afraid of because we can't go around them. 　　　　　 Car wrecks are a fact of life up here. 4＿＿＿＿＿ winter, a drive into town'll be damn near impossible. 　　　　　 We'll 5＿＿＿＿＿ us a boat. 　Quoyle : Look, I already 6＿＿＿＿＿ you, I'm not a water person. 　（解答　1 knew 2 cover 3 face 4 Come 5 buy 6 told ） 答え合わせの後で日本語字幕を見せ、語句の説明をし、その後ペアワークで読み合わせをします。そうすると、もう一度同じシーンを見たときずっとよく聞き取れて、小さな成功体験になります。 ＊イディオム・慣用表現練習問題の例：下の選択肢の中から適切なものを選んで（　　　）の中に書き入れること： 　動詞の形は必要に応じて変えること、文頭なら大文字にすること（1と2、4と5はつながっています） 1. I (　　　　　) on you.　君に賭けてみることにした（Jack） 2. Don't (　　　　　).　がっかりさせないでくれ（Jack） 3. I'm sorry we (　　　　　).（あなたと私が）出だしでつまずいたのは残念だわ（Wavey） 4. He pushed me (　　　　), so I finally pushed back.（Mrs. Melville） 　彼が私に強引なことをくりかえしているうちについに私が押し返したのよ 5. (　　　　　), my dear. よかったわね。（Agnes） 　選択肢：a. good for you　b. once too often　c. take a chance　d. get off on the wrong foot　e. let me down 　（解答 1. c. take a chance　2. e. let me down　3. d. get off on the wrong foot　4. b. once too often　5. a. good for you） ＊レベルが低いときは、その日に出てくる聞き取りやすいセリフをプリントにして配布し、誰が言ったセリフかを書き入れる形式にすると、誰でも参加できます。映画を見る前に私が一度声に出してプリントを読み、必要なら少し説明します。プリントは英語で作成、映画は日本語字幕で見せ、時間があれば英語字幕も適宜見せます。

映画の背景と見所	映画の舞台となるニューファンドランド島はカナダの東海岸にある島で、元は英国領でした。以前はタラの豊富な漁場でしたが、現在では漁獲高が激減し、地方紙の記者たちが「元漁師」という設定もうなずけます。 　出演者の中でもジュディ・デンチの存在感は群を抜いています。セリフは少ないのに、海を見ている横顔だけで悲しみや苦悩を語れる女優は少ないでしょう。キャストやスタッフが「ジュディはテクニックで演技しているのではない。そこにいるだけで演技になっている」と語っています。メイキングビデオの中で、ジュディ・デンチは「ハルストレム監督のやり方が大好きだから、彼の映画に出たいの」と少女のような表情で話しています。 　ケヴィン・スペイシーの演技は定評があり、ナットビームを演じるリス・エヴァンス（英国人、『ノッティングヒルの恋人』に出演）は実力派です。バニー役の子供の表情がとてもよく、この物語の雰囲気をよくとらえています。 　DVD 特別版には音声解説とメイキングビデオがついていて、監督のもとに志の高い俳優やスタッフが集まり、心をひとつにして厳しい気候条件をものともせず、質の高い映画を作り上げた様子が窺えます。音楽もすばらしく、もう1人の主人公であるニューファンドランド島がさまざまな角度から美しく撮影されていて、アングルのよさ、カメラワークの技術の高さがこの映画をさらに価値あるものにしています。

スタッフ	監　　督：ラッセ・ハルストレム 脚　　本：ロバート・ネルソン・ジェイコブス 製　　作：レスリー・ホールラン他2名 撮　　影：オリヴァー・ステイプルトン 音　　楽：クリストファー・ヤング	キャスト	クオイル　　　：ケヴィン・スペイシー ウェイヴィ　　：ジュリアン・ムーア アグニス　　　：ジュディ・デンチ ペタル　　　　：ケイト・ブランシェット ナットビーム　：リス・エヴァンス

シャイン	Shine	（執筆）網野千代美

セリフ紹介

　デイヴィッドは、正式に音楽を学んだことのない父親ピーターからピアノの手ほどきを受け、めきめきと上達していきます。そんな息子に父親が語りかける呪文のような言葉がありました。それは "You are a lucky boy." ピアノを習うことができて、お前はどんなにか幸福であるかと何度も何度も繰り返します。ピーターには、幼いころにお小遣いを貯めて購入したヴァイオリンを父親に壊されてしまうという辛い過去があります。それを思い出すとピーターはいつもデイヴィッドに言うのです。"You know when I, I was a boy your age, I bought a violin. A beautiful violin and I saved for that violin. And you know what happened to it?" この質問にデイヴィッドはこう答えます。"Yes, he smashed it." さらにピーターはたたみかけて言います。"David, you're a very lucky boy. My father never let me have music." 何度も繰り返される "You are a lucky boy." はデイヴィッドのみならず映画を観る側にも強い印象を残します。また、ピーターは息子に自分の言うことをちゃんと聞いて、家族とともにいれば何の問題も起きないのだと、言い続けます。支配的な父親に反発心を抱きながらデイヴィッドは逆らうことができません。さらにピーターは "You always win." "Life is cruel." "You have to survive." とも繰り返します。また、コンテストの後、デイヴィッドには米国留学がオファーされますが、息子が自分から離れていくことを恐れたピーターはそれを阻止します。やがて、今度はロンドンの音楽大学に行くチャンスが息子に訪れますが、"If you go, you'll be punished." と、またしても息子の留学を阻もうとします。この時息子は "I'm old enough to make up my mind." と言って父親を振り切るのですが、父親に言われた言葉はずっとデイヴィッドの心を支配し続けるのです。

学習ポイント

　デイヴィッドが精神に異常をきたした後では、彼は何度も同じ言葉を繰り返したり、早口で話すので英語が聴き取りにくく感じますが、彼の発話には基本的にはそれほど難しい表現は使われていません。また、他の出演者のセリフも全体に短いものが多く、聴き取り易いです。特に、父親ピーターが何度も言う言葉があり、その度にデイヴィッドも繰り返させられるので、映画を観る側にも使われる表現が予測できる場面が多くあります。

　さらに、映画の中で父親が話す言葉をたどっていくと父親の支配的な性格がよく分かります。例えば、デイヴィッドの米国留学を阻止する時の1) の表現やロンドンへの留学を阻止しようとする時の2), 3) の表現に見られます。

1) Peter : David. My boy. It's a terrible thing to hate your father. You know life is cruel, but music. Music it will always, always be your friend. Everything else will let you down in the end. Everything, believe me. Everything. David.

2) Peter : What? I'm your fater who has done everything for you. Everything! You cruel, callous boy!

3) Peter : David. If you go, you will never come back into this house again. You will never be anybody's son. The girls will lose a brother. Is that what you want? You want, want to destroy your family?
　David : I'm sor... I'm sorry.
　Peter : David. David, if you love me, you will stop this nonsense. You will not step out that door. David, if you go, you will be punished for the rest of your life! My David. Don't go.
　David : Sorry. Sorry.

　しかし、支配的であると同時に、ピーターがいかにデイヴィッドに強い思いを抱いているのかが、my boy や my David という言葉に表れています。また、「家族」というものに対して、特別な感情を抱いていることも見えてきます。

　デイヴィッドが父親の呪縛から逃れることが出来たと感じるのは、映画の最後の方で、亡くなった父親の墓の前で交わされる妻ギリアンとの会話においてです。

　Gillian : You can't go on blaming yourself for everything that's happened.
　David : Well, you can't go on blaming yourself, that's, that's true, Gillian. And you can't go on blaming Daddy because he's not here anymore.
　Gillian : But you are.
　David : I am here, that's true. Ho ho ho. And, the life goes on, doesn't it, Gillian?

あらすじ

　子供のころ音楽を習いたかった父親ピーターは、自分の夢を息子デイヴィッドに託し、自己流でピアノの手ほどきをします。やがて息子の才能が開花し始め、その才能は町の音楽家であるローゼンから認められ、彼のレッスンを受けることになります。しばらくして、彼に米国留学の話が持ち上がります。ピーターはピアニストとして息子を育てたいという思いもありながら、息子が家を離れることで家族がバラバラになることを恐れます。彼は息子の留学を許そうとはしません。数年後、また、デイヴィッドに留学のチャンスが廻ってきます。その時もピーターは激しく留学に反対します。しかし、強い決意を抱いた息子はロンドン留学を果たします。留学生活の総括として、デイヴィッドがコンクールのために選んだ曲は父親が好きなラフマニノフのピアノ協奏曲第3番でした。見事に演奏し終えますが、演奏直後ステージの上で倒れてしまいます。その後、彼は精神に異常をきたし、施設に入ります。父親に連絡して家に戻ろうとしますが、父親は彼が家に戻ることを許しません。しばらくして、輝かしい彼の過去を知っていて、彼のファンだったベリルに引き取られ、施設をでますが、彼の余りの奇行に、彼女は彼をサポートできなくなります。やがて、街中のとあるバーでピアノを弾くチャンスを得た彼の評判は高まります。そして、バーで働く女性シルビアの家で彼女の友人である占星術師ギリアンと知り合い、彼女と結婚することで演奏家として再び活躍しだすのです。

映画情報

原　案：スコット・ヒックス
製作費：550万ドル
製作年：1996年
製作国：オーストラリア
配給会社：KUZUIエンタープライズ

公開情報

公開日：1996年8月15日（オーストラリア）
　　　　1997年3月22日（日本）
上映時間：105分
興行収入：3,589万2,330ドル
受　賞：アカデミー賞、ゴールデン・グローブ男優賞

薦	○小学生　○中学生　●高校生　●大学生　●社会人	リスニング難易度		発売元：角川書店 （平成29年2月現在、本体価格） DVD価格：1,800円　ブルーレイ価格：2,500円

お薦めの理由	セリフに短いものが多いことと、同じような表現が異なる場面で繰り返されているので、語学を学ぶには良い教材となるでしょう。また、語学と同時に音楽の曲名や作曲家の名前が出てくるので、それらについても学ぶことが出来ると思います。例えば、協奏曲はなんと言うのかとか、リスト、モーツァルト、シューベルト、そして、ラフマニノフなどの作曲家の名前は英語の発音ではどう発音するのか等を学べます。	スピード	4
		明瞭さ	2
		米国訛	1
		米国外訛	3
英語の特徴	オーストラリア映画であり、オーストラリア訛りを聞くことが出来ます。また、主人公に接する周囲の人たちの会話にはそれほど難しい表現は使用されていません。短い文章が多く、耳を澄ませばよく理解できるはずです。しかし、主人公に関しては、彼には吃音があり、早口なので、聴き取りにくい時があります。しかし、その箇所を聴き取ることができるなら相当な聴解力がついたという証明になります。	語彙	3
		専門語	3
		ジョーク	2
		スラング	2
		文法	3

授業での留意点	ピーターが息子に見せる厳しさの一方で、時々彼は息子を愛している、とはっきり言う場面があります。例えば、米国行きを阻止した後で、彼はこう息子に言うのです。 Peter　　　：David, no one will love you like me. You can't trust anyone. But, I will always be there. 　　　　　　　David, give me a hug. Peter　　　：I will always be with you, forever and ever. David　　　：Forever and ever, Daddy. 　この場面から数年後、デイヴィッドは今度はロンドンの王立音楽学校へ留学する切符を手に入れます。その時に彼を励ますのは、作家のキャサリンです。キャサリンとの会話では今なおデイヴィッドが父親に支配され、かつ恐れていることが分かります。 Katharine：David. What is it? Katharine：The Royal College of Music. A scholarship. Oh, David, that's marvelous! David　　　：Daddy won't cuddle me, Katharine. Ooh, no. Katharine：He can't stop you, David. David　　　：He's such an angry lion, Katharine. Katharine：Oh, nonsense. He's a pussycat. 　ピアノ協奏曲コンクールに出場するためにデイヴィッドが選んだのは、父親が好きなラフマニノフでした。彼はこころのどこかで父親のためにこの曲を弾きたかったのでしょう。練習のときのパークス教授との会話は印象的です。教授は音符に解釈をのせることや感情に走り過ぎないことを教えます。 Parkes　　：Rachmaninoff? Are you sure? David　　　：Well, uh, kind of. I'm-I'm never really sure about anything, Mr. Parkes Parkes　　：The Rach. three? It's monumental. David　　　：It's a, it's a mountain. It's the uh, hardest piece you could "everest" play. Parkes　　：Well, no one's ever mad enough to attempt the Rach. three. David　　　：Um, am I mad enough, Professor? A-a, am I? 　上の会話に始まるレッスン中のパークス教授の言葉を拾い出すことも英語学習に有効です。

映画の背景と見所	1人の少年が、父親の夢を叶えるべく、父親からピアノの特訓を受けやがて才能を開花させます。しかし、皮肉なことに、その父親のある種ゆがんだ愛情によって、ピアニストとして羽ばたくことを妨害されます。息子の留学をあくまでも阻止しようとして、父親は言葉の暴力と肉体的暴力をふるうのです。何故父親がそれほど支配的に息子を囲いこもうとするのかを理解するために、観客は父親ピーターがポーランドからのユダヤ系移民であり、家族が収容所で亡くなっているという事実を知る必要があります。この辛い経験により、息子デイヴィッドが手元を離れていくことで、家族がばらばらになるかも知れない、という異常なまでの不安を覚えるからだろうと分析できます。また、息子は支配的な父親に逆らうこともできず育ち、大人になっても父親の呪縛から逃れられません。どこに居ても何をしても、心の底ではこの強い父親の支配を抜け出すことができないでいるのです。しかし、こういった支配的な親と子の関係は洋の東西を問わず存在します。この映画のように、父親が息子を支配するケース以外に、父親が娘を支配する、あるいは母親が息子や娘を支配するなど、親子関係の永遠のテーマだと思います。 　実在の人物について作られた映画で、より興味をそそられます。また、全編に有名なピアノ曲が流れ、音楽ファンにはたまりません。特に超絶技巧を必要とするラフマニノフの曲を演奏する場面は圧巻です。

スタッフ	監督：スコット・ヒックス 脚本：ジャン・サーディ 製作：ジェーン・スコット 撮影：ジェフリー・シンプソン 音楽：デヴィッド・ハーシュフェルダー	キャスト	ディヴィッド　　　　　　　：ジェフリー・ラッシュ デイヴィッド（青年期）：ノア・テイラー ピーター　　　　　　　　　：アミーン・ミューラー・スタール ギリアン　　　　　　　　　：リン・レッドグレイヴ セシル・パーカー　　　　：ジョン・ギールグッド

	シャッターアイランド	Shutter Island	（執筆）三井　美穂

セリフ紹介	連邦捜査官のテディはアシュクリフ病院のスタッフを集め、患者レイチェルの失踪について質問します。 Teddy : Anything unusual occur?　（Chapter 3） Nurse : Define "unusual." Teddy : Excuse me? Nurse : This is a mental institution, Marshal. For the criminally insane. Usual isn't a big part of our day. 捜査官としては "unusual"（いつもと違うこと）が何かのヒントになると考えますが、精神病患者を収容する施設では "usual"（普通）が日常的なことではなく、むしろ "unusual"（異常）が「普通」の状態なのだと看護師が答えます。このときスタッフから笑いが漏れます。病院の日常を知らない捜査官の質問がばかげているという理由だけではないようです。実は入院患者テディの治療のために、関係者全員で今 "unusual" な芝居をしているのです。効果のはっきりしない芝居に加担した、自嘲的な笑いかもしれません。 　テディが捜査の末にたどりついたのは、自分がこの病院に収容されている患者だという事実でした。かつて連邦捜査官だったテディは、妄想の中ではまだ捜査官であり、妻殺しの犯人を突きとめようとします。その妄想を現実のものとして皆が一芝居うつことが、残された治療法だったのです。ラストシーンでテディは "Which would be worse, to live as a monster, or to die as a good man?" と謎めいた問いを発します。暴力的で危険な精神病患者を待っているのはロボトミー手術です。テディは正気に戻り、手術を受け生ける屍になるという最後の決断をしたのでしょうか。

学習ポイント	リスニングの練習をするなら、女性たちのセリフを聞き取るのがいいでしょう。ゆっくり、はっきりと話しています。まずはテディの妻ドロレスがはじめて登場するシーンのセリフを聞いてみましょう。前半でストーリーの謎を深めてくれる重要なセリフなので、何度も聞いて書き取ってみましょう。　（Chapter 5） Teddy　　: Are you real? Dolores : No. She's still here. Teddy　　: Who? Rachel? Dolores : She never left. <u>Remember when we stayed in a cabin in the summer, Teddy?</u> 　　　　　 We were so happy. She's here. You can't leave. Teddy　　: <u>I'm not gonna leave.</u> I love you so much. Dolores : I'm just bones in a box, Teddy. Teddy　　: No. Dolores : I am. You have to wake up. Teddy　　: I won't go. You're here. Dolores : I'm not. You have to face that. But she is. So is he. Teddy　　: Who? Dolores : Laeddis. I have to go. Teddy　　: No. No, please. Please. I need to hold on to you. ドロレスの下線のセリフは若干速めですが、大切なところはゆっくり、そうでないところはさらっと、という英語らしいきれいなリズムです。聞き取りのあと、同じようなリズムで言う練習をしてみましょう。またテディの下線のセリフもよく耳にする "going to" の口語的な言い方です。否定形のときは "not" が強くなり "gonna" は軽く言います。このあたりの言い方も同じく練習しましょう。"have to" "face" "So is he" "hold on to" など、よく耳にする語句も出てくるシーンです。まとめて覚えるくらい口を動かしましょう。ドロレスが登場するのはテディの強迫観念が生み出した妄想の中だけですから、いつも同じ意味のセリフを繰り返します。この最初のシーンのセリフが聞きとれれば、このあとドロレスが登場する度に簡単に聞き取ることができます。またドロレスとの会話の時はテディのセリフも聞き取りやすくなっていますから、2人のシーンを中心に聞き取り、ロールプレイで練習しましょう。

あらすじ	1954年、精神を病んだ犯罪者を収容するシャッターアイランドのアシュクリフ病院から、患者のレイチェルが姿を消します。捜査に向かった連邦捜査官テディと相棒のチャックは病院関係者に事情を聴きますが、誰もが何かを隠しているようで、怪しげな空気が垂れこめています。失踪したはずのレイチェルは無傷で戻ってきますが、姿を隠し続けるもう1人のレイチェルが不可解な警告をします。アシュクリフ病院は精神病患者を使って極秘の実験をしていて、もと医師のレイチェルは実験に反対したために狙われているというのです。また病院の闇の部分を知るジョージ・ノイスも、病院とテディとのかかわりを暗示します。 　テディがこの島の捜査に志願したのは、殺された妻ドロレスの復讐を誓い犯人レイディスを捕まえるためでした。そのテディも偏頭痛と悪夢にうなされ、トラウマを抱えていることがわかります。やがてテディがたどり着いたのは恐るべき事実でした。愛する妻を殺してしまったのはほかでもない自分自身だったのです。そのショックと罪悪感から精神に異常をきたし、現実から逃れるために別の人格になり、妄想の世界で犯人を捜していたのです。映画の序盤からいくつもの伏線が張られていますが、1度見ただけでは見破ることができないほどに凝った作りで、予想外の結末に愕然とします。

映画情報	製 作 費：8,000万ドル　　製 作 年：2010年 製 作 国：米国 配給会社：パラマウント映画 撮影場所：メイン州アカディア国立公園 ジャンル：ミステリー、スリラー	公開情報	公 開 日：2010年4月9日（日本） 上映時間：138分　MPAA（上映制限）：R（米国） 興行収入：1億2,700万ドル（米国）（2010年6月4日） オープニングウィークエンド：4,100万ドル（米国） 　　　　　　　　　　　　　　　　（2010年2月21日）

薦	○小学生 ○中学生 ○高校生 ●大学生 ●社会人	リスニング難易度		発売元：NBCユニバーサル・エンターテイメント （平成29年2月現在、本体価格） DVD価格：1,429円　ブルーレイ価格：2,381円

お薦めの理由	ミステリー映画は一般的に英語で謎解きをしなくてはならないので難解に思えますが、この映画はその謎を解く鍵を握る女性たちの英語が非常にわかりやすいので、リスニングに向いています。ストーリー自体も面白いので、ぐっと作品に引き込まれるため、飽きずにリスニングを繰り返すことができます。そして英語がわかり謎が解けることで、大きな満足感を得ることができます。	スピード	3
		明瞭さ	3
		米国訛	1
		米国外訛	2
		語　彙	4
英語の特徴	特に女性の英語ははっきり発音されていて分かりやすいです。ボストン訛りの英語もみられますが、むしろ分かりやすい発音です。全体的には標準的な米国英語です。ミステリー映画ですから、犯罪捜査に関する聞きなれない言葉が出てきます。また病院が舞台となっているため、医学的な専門用語も出てきます。心理学や医学が専門の方々には有意義ですが、わからなくても特に問題はありません。	専門語	4
		ジョーク	2
		スラング	3
		文　法	3

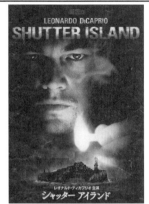

授業での留意点

　ミステリーの謎を解くセリフをいくつかリスニングして書き出し、大体の意味を訳してみると答えがみつかるかもしれません。英語での謎解きに挑戦してみましょう。Chapter 11のジョージ・ノイスとテディの会話は、この謎解きの大きなポイントです。

George : Oh, really? Been alone much since you got here?
Teddy 　: I've been with my partner.
George : You never worked with him before, have you?
Teddy 　: He's a U.S. Marshal. He's ....
George : You never worked with him before, have you?
Teddy 　: George, look, I know people. I trust this man.
George : Then they've already won.

テディは相棒のチャックとの仕事はこれがはじめてだと今やっと気づきます。それでもチャックを「信用している」テディに、ジョージは「それなら奴らの勝ちだな」と言います。つまり、"they"と呼ばれる人たちが何かを企んでいることがわかります。この「奴ら」が誰か、どんな陰謀なのか、クラスで推理し討論するのもいいでしょう。その際、上級者クラスなら、証拠を英語で挙げられると、学生はお互いに刺激しあうことができます。

　謎を完全に解いてくれるのは、Chapter 16に登場するコーリー医師です。テディの症状、「67番目の患者」の謎、「4のルール」など、すべての謎に答えを出してくれるのですが、もともと複雑な内容なので、ゆっくりと聞き取り、理解しているか学生に説明させてみます。特に anagram の説明は、実際にやってみるとよくわかります。また映画の中に出てこない anagram が原作にあります。「タイトルの"Shutter Island"はアナグラムで3つの単語になります。"(t　) and (l　)"で、（　）の中には相反する語が入ります」といったヒントを出して、学生に解かせます。またこのタイトルは2語 "Truths/Denials"にもなります。ちょっと面白い息抜きになるでしょう。

　テディのトラウマは家族の死だけではなく、Nazi（ナチ）の holocaust（ユダヤ人大虐殺）も原因です。ナチを含め、第二次世界大戦に関する語彙も映画の中から集めましょう。"World War Two veteran" "Dachau Concentration Camp" "Normandy" などを聞き取り、意味や事柄を調べるといいでしょう。また "filicide" "infanticide" など語尾が "-cide" の語が出てきます。"-cide" は "kill" の意味を持つので、語の前半の意味を調べ、語彙を増やしていきましょう。これを応用すれば "homicide"（殺人）"insecticide"（殺虫剤）"genocide"（大虐殺）などもわかります。

映画の背景と見所

　時代は1950年代前半、第二次世界大戦直後です。テディの悪夢にナチを襲撃した場面が幾度も登場します。兵士として強制収容所に乗り込んだテディは、ナチの将校が自害して息絶えるさまをいつまでも見ています。ナチの兵士を連行する際、緊張のあまり銃を暴発させた米国軍は図らずもナチ全員を処刑してしまいます。強制収容所に積まれたユダヤ人の死体の山から、どうしてもっと早く助けに来てくれなかったのかとテディを咎める声も聞こえてきます。妻の子殺しと自らの妻殺しが、戦争のトラウマと重なります。戦争映画ではありませんが、戦争を知らない世代にとっては、見るべき映画ではないでしょうか。

　世界レベルの大虐殺と家庭内の殺人とが二重になってテディの精神を攻撃し、テディの頭に危険な妄想を生み出します。この事実が判明するまでが映画の主なストーリーですが、テディの周辺の人物に目を配るとあちこちで違和感が生じます。この違和感が本作の特徴です。なぜ相棒のチャックは事件の捜査にあたっているのにニヤニヤしているのか、どうして銃の扱いが下手なのか、また島の警備員たちはなぜやる気がないのか、深刻な問題が起きているのになぜ病院関係者は笑うのかなど、細かい点に気づけばより面白く映画を見ることができます。『J.エドガー』で FBI 長官ジョン・フーバーを演じたディカプリオが、この映画では "Hoover's boy"（FBI 捜査官）を演じています。

スタッフ	監督・製作：マーティン・スコセッシ 製作総指揮：クリス・ブリガム 脚　　本：レータ・カログリディス 原　　作：デニス・ルヘイン 音　　楽：ロビー・ロバートソン	キャスト	テディ　　　：レオナルド・ディカプリオ チャック　　：マーク・ラファロ コーリー医師：ベン・キングズレー ドロレス　　：ミシェル・ウィリアムズ ネーリング医師：マックス・フォン・シドー

ジュリア	Julia	（執筆）朴　真理子

<table>
<tr>
<td rowspan="2">セリフ紹介</td>
<td>

リリアンは女流作家として受賞の喜びを同棲相手のハメットに次のように伝えます。
Lilian　：I like being famous.「有名になるっていいわね」
しかし、ハメットはリリアンの言葉に反応せずに黙って聞いています。
Lilian　：You've been famous a long time, Dash, and it never seems to bother you.
　　　　　「あなたはずっと有名だったのに全く変わらないわね」
　　　　　Oh! Ah! This is a dopey conversation!「ああ！なんて陳腐な会話なの！」
毛皮のコートに関心を示し、名声へのこだわりを見せるリリアンに対してハメットは見せかけの著名人への道を目指す姿勢を諫めます。
Hammett：It's only fame, Lilly.「たかが名声さ」
　　　　　Just a paint job. If you want a sable coat, buy one. Just remember, <u>it doesn't have anything to do with writing</u>.
　　　　　「ただの絵の仕事さ。もし毛皮のコートが欲しいなら買えばいい。ただ毛皮のコートは書くことと<u>何の関係もない</u>ことは覚えておくことだな」
大切なことを見失いかけていたことに気づかせてくれたハメットへの感謝をこめて次のように言います。
Lilian　：Well, you'll never find anybody who fishes better than I do.「私以上の釣り名人はいないわ」

</td>
</tr>
</table>

<table>
<tr>
<td rowspan="2">学習ポイント</td>
<td>

この映画ではスリルや緊張感を高める効果的な場面や表現が含まれていますので文の機能に注目したいものです。
1）命令文
　ここではお金が入った帽子をジュリアに無事届けるために帽子をめぐって様々な命令文がリリアンに伝えられます。
　①You <u>would put on</u>.「帽子を<u>かぶるのよ</u>」②You <u>need your coat and hat</u>. It is very windy.「帽子を<u>かぶらないと（外は）風が強いのよ</u>」③You <u>forgot your hat</u>. It's cold.「<u>帽子を忘れているわ</u>。（外は）寒いわよ」④What I want you to do is <u>take off your hat</u> as if it were too hot in here.「暑すぎるかのようにして帽子を脱いでほしいの」⑤<u>Take off your hat</u>, comb your hair and <u>put the hat on the seat between us</u>.「帽子を脱いで、髪をとかして帽子を私たちの間に置いて」⑥I want you to stand up, <u>take your hat</u>.「立って、<u>帽子を取るのよ</u>」⑦<u>Put your hat on</u>.「帽子をかぶって」
2）陳述文、及び、疑問文
　以下の場面では、ベルリンで一時下車するリリアンと検閲官の間の緊迫感みなぎる会話が展開します。
Inspector：You are traveling to Moscow. Why have you stopped in Berlin?
　　　　　「モスクワに行くのにどうしてベルリンで下車するのですか？」
Lillian　：I've never been to Berlin.「ベルリンは初めてですので」
Inspector：Not business?「仕事ではないのですか？」
Lillian　：Oh, no. ―　「いいえ、とんでもない」
Inspector：You cannot see much of Berlin in a few hours. What is your occupation?
　　　　　「数時間ではベルリンを観光することは無理だが、職業は？」
Lillian　：I'm a writer.「作家です」
Inspector：<u>Oh, a writer. So you would write of Berlin?</u>
　　　　　「作家なのですか。それならベルリンのことを書くのですね？」
Lillian　：Oh, no. I wouldn't.「いいえ、とんでもない。書いたりなど致しません」
Inspector：<u>Perhaps your impressions you would write.</u>「では多分印象について書くのでしょう」
Lillian　：My impressions. Yes, I would write of my impressions.「印象、そう、印象について書くのです」
ここでは作家であるリリアンが薄氷を踏む想いでナチの検閲を切り抜けようとする様子が描かれています。

</td>
</tr>
</table>

<table>
<tr>
<td rowspan="2">あらすじ</td>
<td>

　リリアンとジュリアは学生時代からの姉妹のように仲の良い友達ですが、ジュリアはウィーンに渡り医学部の大学生となりリリアンは作家を志します。第二次世界大戦中、ジュリアは社会主義運動に傾倒してゆき紛争に巻き込まれて片足を失うという壮絶な人生を歩みます。ユダヤ人のリリアンはハメットという作家と同棲をしながら創作活動を続け次第に有名になってゆきます。そんな中、パリに滞在中ジュリアの知人のヨハンという男性がリリアンの前に現れ、ジュリアの活動資金をベルリンまで運ぶことに協力してほしいとリリアンに依頼します。リリアンは親友ジュリアのために決死の覚悟で自らの危険も顧みず、ナチの台頭するベルリンに赴きます。ベルリンで何とかジュリアと再会して無事に資金を届けることができましたがすぐにベルリンを立ち去らねばなりません。ジュリアは片足を失いながらも子供を出産しリリーと名付けていたこと、いつかリリアンに実の娘を預けて育ててほしがっていることだけを告げたかと思うと、リリアンをその場から立ち去らせてモスクワに向かわせます。その直後リリアンのもとにジュリアが亡くなったとの知らせが届きます。リリアンはジュリアの死後、彼女の娘を懸命に探し続けますがとうとう見つけることはできませんでした。リリアンの人生はハメットという同棲相手に恵まれ作家として成功しますが、一方ジュリアは短く波乱に満ちた人生を歩んだことがリリアンの目を通して描かれているのです。

</td>
</tr>
</table>

<table>
<tr>
<td rowspan="2">映画情報</td>
<td>

製　作　年：1977年
製　作　国：米国
言　　　語：英語
配給会社：20世紀フォックス
カラー映画

</td>
<td rowspan="2">公開情報</td>
<td>

公　開　日：1977年10月 2日（米国）
　　　　　　1978年 6月17日（日本）
上映時間：118分
興行収入：2,071万4,400ドル
字　　　幕：日本語、英語他

</td>
</tr>
</table>

薦	○小学生 ○中学生 ●高校生 ●大学生 ●社会人	リスニング難易度		発売元：20世紀フォックス ホーム エンターテイメント ジャパン （平成29年2月現在、本体価格） DVD価格：1,419円
お薦めの理由	第二次世界大戦下の緊迫した空気の中で親友のために危険を顧みず、ナチの勢力が多大な影響力を及ぼしているベルリンに自ら赴き親友の危機を救おうとしたリリアンの行動は、怖い者知らずの大胆さに溢れ、刺激的で観る者を惹きつけてやみません。映画そのものは1970年代製作の作品ではありますが、現代の映画も凌駕するほどの強烈な印象を残す名作であり、お薦めの映画です。	スピード	3	
		明瞭さ	3	
		米国訛	1	
		米国外訛	5	
英語の特徴	英国英語と米国英語が主となりますが、ドイツ、フランス、イタリア、ロシア語を母語とする人々が話す外国語としての英語や、英語を母語とする主人公がフランス語やドイツ語を話す会話等が多く含まれています。多様な英語の発音をはじめヨーロッパ言語にも触れることになります。スラングは比較的少なく、話すスピードも比較的ゆっくりで聞き取り易いでしょう。	語　　彙	3	
		専門語	3	
		ジョーク	3	
		スラング	2	
		文　　法	3	

授業での留意点	この作品を授業で使用する際には、古い時代設定であり、現代の学習者が身近に感じ辛い内容であるため、できるだけ自分のこととして実感できるような環境を設定することを心がけたいものです。具体的な方法としては下記のようなペア、グループワークで取り組んでもらうことが可能でしょう。 A．グループでリサーチ、ブレーンストーミング、発表： 　この映画の時代背景や登場人物の関係性、メッセージ性について歴史的、地理的、文化的な差異を超えて学生の興味関心を拡張するために①～④のタスクを参考例としてもよいでしょう。 　①プロット確認：この映画は現在と過去の回想シーンを織り交ぜた構成になっていることを学習者に予め知らせて、現在と過去のシーンのプロットを確認し、ジュリアとリリアンの人生を時系列に整理して表を作成します。 　　1. ジュリアとリリアンの出会い　2. ジュリアとリリアンの職業　3. ジュリアとリリアンの結婚（出産） 　　4. ジュリアとリリアンの再会　　5. ジュリアの死とリリアンの晩年 　②キーワードの確認：この映画の時代背景に特有の下記の出来事について理解を深めておくことが映画シーンの深い理解につながります。1.ナチ　2.ユダヤ人　3.赤狩り　4.米ソ冷戦　5.共産主義 　③上記②のキーワードが影響を及ぼした点についての考察：1. 政治　2. 教育　3. 文化　4. 国際関係　5. 映画 　　6. その他 　④疑問点についての議論（正解はないことを予め学生に周知する）： 　　1. ジュリアとリリアンの交流が長く続いた理由。2. ジュリアを殺害したのは誰か。 　　3. ジュリアの娘は生存していたのか。4. リリアンはモスクワからドイツを経由せずどのようにして帰国したのか。 B．ペアワーク：この映画の中にはジュリアとリリアンとの間に書簡のやりとりが含まれていますので、ジュリアからリリアン、或いは、リリアンからジュリアに送った手紙を用いてタスクを行うことも可能です。以下はパリに滞在中のリリアンがモスクワの演劇祭に向かう前にヨハンという男性を介して受け取ったジュリアからの手紙です。 （例）This is my friend, Johan. He will tell you what I need, but I tell you don't push yourself. If you can't, you can't. No dishonor.「私からの頼みはヨハンが伝えてくれるわ。でも無理しないで。もし無理なら、断っても不名誉なことではないわ」 　　e-mail や Line によるペアワークで上記の内容をアレンジして再現してみることも可能でしょう。

映画の背景と見所	この映画は第二次世界大戦中のヨーロッパが舞台の中心となっています。当時ヨーロッパではナチが台頭しユダヤ人に対する抑圧が過激さを増しますが、一方、米国ではソビエトとの冷戦下ゆえ「赤狩り」という共産主義への弾圧が横行する時代でした。当時は各国とも程度の差はあるものの言論、思想、信条の自由が政府によって規制され、不合理な理由により冤罪を免れず投獄されたり処刑を受けたりする人が少なくありませんでした。特に米国の映画製作者の中にはブラックリストに載り、無実の罪で収監され生計を立てる手段を奪われた「ハリウッド・テン」と称される人々の存在が有名です。この映画の見所は、このように複雑で緊迫した激動の時代に自らの人生を犠牲にしてまでユダヤ人や貧困に苦しむ人々の救済のために尽くしたジュリアの生き様にあると言えるでしょう。親友ジュリアを助けようとしてユダヤ人であるリリアンが自らの命に迫る危険も顧みず、ナチの統治下にあるドイツのベルリンに赴く過程の緊張感、また、民族、宗教、思想、年齢、性別を超えて多種多様な人物が巧みに関わりながら2人の再会を成功させる場面は、今日のサスペンス映画にもひけをとらないスリルを感じさせるものとなっており、圧巻です。苦労の末緊迫するベルリンで2人が交わす束の間の会話には、言葉少なくして瞬時に気持ちを理解しあえるほどの強い心の絆が描かれており、見所の1つとなっています。

スタッフ	監　　督：フレッド・ジンネマン 脚　　本：アルヴィン・サージェント 製作総指揮：ジュリアン・デロード 製　　作：リチャード・ロス 原　　作：リリアン・ヘルマン	キャスト	リリアン・ヘルマン　：ジェーン・フォンダ 少女時代のリリアン：スーザン・ジョーンズ ジュリア　　　　　　：ヴォネッサ・レッドグレイヴ 少女時代のジュリア：リサ・ペリカン ダシール・ハメット　：ジェイソン・ロバーズ

ジョー・ブラックをよろしく		**Meet Joe Black**		（執筆）山本　幹樹

セリフ紹介	A Man: Say, you and I, if we were married, I would—No, for an example, okay? 　　　　If you and I were married, I would want to give you what you need. 青年：「君と僕がもし結婚したら―いや、例えばの話だよ。いいかい？」 　　　「君と僕が結婚したら、僕は君の望むようにしたいと思うよ」 　映画の前半部分に登場する、ヒロインのスーザン（クレア・フォラーニ）と、ある青年（ブラッド・ピット）との間の会話です。スーザンはビル・パリッシュという大富豪の娘で医師であり、出勤前にコーヒーショップに立ち寄ります。その店でブラッド・ピット扮する青年と出会います。会話が弾み、徐々にお互いに好意を持ち始める頃、青年が、自分の結婚観をスーザンに話して聞かせる場面です。仮定の話ではありますが、ドキッとするようなセリフですよね。上記のような表現を「仮定法」と言います。この映画には仮定法を用いた印象的な表現があちこちにちりばめられています。出会って間もないスーザンに「君と僕が結婚したら」というセリフは、大胆ではありますが、青年が明るく軽快な会話を繰り広げるので、そう強引にも感じられません。そんな青年にスーザンは心惹かれます。その後同じ姿でスーザンの前に現れる男性は、青年と全く対照的であり、ブラッド・ピットの演じ分けにも注目したいところです。
学習ポイント	上記のセリフには、仮定法が使われています。仮定法は、日本人学習者が難解だと感じる文法項目の1つのようです。しかし、日本語でも同じように表現することがありますから、法則を身につければ、そう難しいと感じることもないかもしれません。実は、仮定法は、英語の世界では話し言葉においても、書き言葉においても比較的頻繁に登場します。映画でもそうです。ここでは、映画の内容にも重要でもある仮定法を学習していきましょう。 　仮定法には、日本の参考書や文法書では、一般条件文、仮定法過去、仮定法過去完了などの種類がありますね。この映画にはどれくらい登場するのでしょうか。セリフの中から、仮定法と言われる文を数えてみましたところ、50例ほどありました。この数には、一般条件文や、仮定法の条件節のみという場合や帰結節のみという場合も含まれています。 　では、このシーンを見てみましょう。ブラッド・ピット扮する青年（ここでは名前なし）が、ヒロインのスーザンを相手に軽快に語るシーンです。通勤前のコーヒーショップで偶然出会った2人は、会話を続ける中で徐々に惹かれあっていきます。そこで、青年は「もし僕らが結婚したら…、いや、仮定の話だよ」と、自分なりの結婚観を語ります。なかなか大胆かつ率直な仮定ですが、好意を持つ相手にいわれると、嬉しいかもしれません。しかし全くそうでなければ、相手が逃げ出してしまうかもしれませんので、使う場面には注意したほうが良いでしょう。まずは、単純にこのセリフを繰り返し練習してみることからで構いません。そこから、仮定法の文の構造にどんな法則があるのか考えてみるのも良いでしょう。 　上記の文は、「もし～だったら」と、現実には起こっていないことを言いますので、"If we <u>were</u> married," や "If you and I <u>were</u> married," のように、動詞は過去形が使われます。この文の形をもって、呼び名を「仮定法過去」と言います。意味は現在のことを表しますので、混乱しやすいかもしれません。日本語でも、仮定を話す場合は、「～だったら」と過去の形を使うことがありますよね。そういった点は似ているかもしれません。この前半の節を「条件説」と言います。次に、後の節 "I would want to give you what you need." は「帰結節」といいます。あなたが好きな人と結婚したら、好きな相手にどうしたいですか。考えてみましょう。 　注意しなければならないのは、仮定法といっても、"if" が必ず伴うとは限らない点です。条件説のみ、あるいは、帰結節のみ登場する場合があります。さらに、次のようなものもあります。"I wish you could've known my father." これは、映画の終盤にスーザンがいうセリフで、「（以前に）父を知ることができたら良かったのに」という意味です。"could have known" という形は、完了形を伴っていますので、「仮定法過去完了」といいます。映画においてどのような意味を持つでしょうか。考えてみてください。
あらすじ	主人公ビルは大会社の社長で、やがて65歳を迎える剛健な男性ですが、時折胸の痛みに悩まされます。ビルには2人の娘がいて、長女のアリソンが彼の誕生日会を盛大に祝おうと企画します。しかしビルは、会社以外のことには全く関心がなく、誕生日会の準備にも協力的ではありません。また、次女のスーザンは、ビルの片腕のクインスと恋人同士で、婚約中でもありますが、熱烈に恋に落ちているという風でもなく、ビルはそんな愛娘に「雷に打たれるような」恋をしなさいと言います。そのような中で、時折起こる胸の痛みと同時に、ビルに不思議な声が聞こえるようになります。その不思議な声の主は実は死神で、社長に死期が近いことを知らせます。 　ある日、スーザンは勤務先の病院に行く途中に寄ったコーヒーショップで、ある若者に出会います。スーザンが若者に話しかけると、彼もスーザンに興味を持ったようで、2人は意気投合し、会話が弾みます。2人が別れた直後に若者は交通事故で死んでしまいます。死神は彼の身体を借り、人間界に降りて社会見聞をしようと考え、ビルの前に現れます。半ば強制的に、ビルに案内役を務めさせ、彼の邸宅に滞在します。そして滅多に他人が入ることのできない家族の晩餐に参加したり、ビルの会社の重役会議に参加したりします。やがて、そんな死神とスーザンが惹かれあうようになります。

映画情報		公開情報	
製　年　作：1998年 製　作　国：米国 言　　　語：英語 配給会社：ユニバーサル映画 ジャンル：ラブストーリー		公　開　日：1988年12月19日（日本） 上映時間：181分 興行収入：1億4,294万100ドル 音　　　声：英語 字　　　幕：日本語、英語	

薦	○小学生 ○中学生 ●高校生 ●大学生 ○社会人	リスニング難易度	発売元：NBCユニバーサル・エンターテイメント （平成29年2月現在、本体価格） DVD価格：1,429円 ブルーレイ価格：1,886円

お薦めの理由	死神が登場するなんて非現実的に思えるかもしれませんが、単純なファンタジーではありません。スラングは登場するものの、過激な表現もシーンもなく、繰り広げられる会話は学習に役立てられる部分がたくさんあります。NYの街角や富裕層の生活スタイルも見て知っておくのは良いかもしれません。また、場面をじっくり撮っているので、それぞれのキャストの演技力を十分に味わえると思います。	スピード	2
		明瞭さ	3
		米国訛	3
		米国外訛	2
		語彙	3
英語の特徴	話者によって、発音の速さや明瞭さは異なりますが、聞き取りづらいと感じることは少ないようです。時代設定は現代ですが、罵り語が時々混じるくらいで、流行りことばのようなスラングはあまり聞かれません。また、病院や会社の会議の場面も映し出されますが、専門的な用語もあまり頻出しません。ですから、全体的に分かりやすく、聞き取りやすいのではないかと思います。	専門語	3
		ジョーク	3
		スラング	3
		文法	3

授業での留意点

　ビル一家の裕福な生活が描かれる中で、特定の場面で使われるスピーチも、学習に役立つと思われます。例えば、この映画では、ビルの誕生パーティーの終盤、「ハッピー・バースデー」の曲がオーケストラに乗って流れるのですが、参加者全員がその歌を歌った後、ビルに「スピーチ、スピーチ」と囃し立てます。ビルは、ごく短いスピーチをし、参加者は拍手喝采を送ります。このように、パーティーやグループ内で、誕生日や昇進のお祝いをしてもらう際には、簡単なスピーチを求められることがありますので、そのような時のために、心に残るセリフを用意しておくと良いのではないでしょうか。また、ちょっとしたメッセージカードから、論文における謝辞まで、お礼を表現する場は多様でありますので、気持ちが伝わり、かつ心を打つような表現を身につけておけば、きっと役に立つと思います。

　仮定法のかたちを伴う、丁寧表現を使った、もう1つ素敵なシーンをここで紹介させてください。ジョーとの約束を果たしたビルが、旅立とうとする直前に、互いにお礼を言い合う場面です。

　Bill: ...would you mind if I expressed my gratitude for what you did for Susan?

　「スーザンにしてくれたことに対して、君に感謝の気持ちを言わせてくれないか」という意味ですが、これは相手に対する敬意を込めた、とても丁寧な表現です。最終的にジョーと打ち解け、彼に信頼をおいて伝えたというだけでなく、人生の終焉に際して、この世界で最後に彼が残した名言でもあるでしょう。

　このセリフに対して、ジョーも同じように切り出します。

　Joe: Would you mind if I expressed my gratitude?
　　　For you for the time you've given me, for the person you are.

　「君に感謝の気持ちを言わせてもらえないかな。時間をくれたことに、君という人となりに」というジョーも、初めはビルに威圧的でしたが、人間の感情を得て、初めて感謝の気持ちを感じることになったのでしょう。死神らしからぬ、大変丁寧なセリフです。

　セリフの文法構造に注目すると、仮定法の形が使用されています。「もし私があなたに感謝の気持ちを示したらあなたは気にされますか」というのが直訳ですが、仮定を用いて遠回しに言うことで、丁寧さが増します。このように、仮定法は様々に使用されていますので、たくさんのセリフに出会うことで、豊かな表現力を培えるのではないでしょうか。同時に、お礼の表現方法も、大いに増やしていく価値があると思います。

映画の背景と見所

　この作品は1934年に製作された『明日なき抱擁』のリメイク版です。出勤前にコーヒーショップに寄るといった習慣が見られるように、ニューヨークで働く人々の様子を知ることができるでしょう。富裕層が多く、特に主人公ビルは小島に邸宅をもつ大富豪で、一家の豪奢な生活はある意味見所かもしれません。

　また、頑強でリーダーシップのあるビルに案内を頼んだ死神が、人間社会に降り立ち、見聞をしながらも社会の基本的なルールを全く知らず、ぎこちなく行動するところにはハラハラさせられるかもしれません。その彼が恋を知り、喜怒哀楽を知っていくところも見所でしょう。彼がジョーと名乗り、正体を明かさぬままビル一家や会社に入り込む場面においては、厄介者で、混乱を招くように思えますが、必ずしも悪影響を与えるばかりではありません。誕生日会の計画に非協力的であったビルが、少しずつ心を溶かし、アリソンの気遣いを受け入れ、彼女と和解していくといったような、ビルの変容も見逃せません。さらに、ビルに待ち受ける陰謀もあり、この映画が何層にも描かれているところは、細見の価値があるでしょう。また、スーザンと心を通わせたジョーは、彼女を連れて行こうとしますが、愛とは何か語るビルを前に、ある選択をします。最終的に彼は人間の心を持つにいたったのでしょうか。この解釈はご覧になった方それぞれに楽しんでいただければと思います。

スタッフ	製作・監督：マーティン・ブレスト 製作総指揮：ロナルド・L・シュワリー 脚　本：ロン・オズボーン、ジェフ・レノ他 撮　影：エマニュエル・ル・ベッキー プロダクション・デザイナー：ダンテ・フェレッティ	キャスト	ジョー・ブラック　　　　：ブラッド・ピット ウィリアム（ビル）・パリッシュ：アンソニー・ホプキンス スーザン・パリッシュ　：クレア・フォラーニ ドリュー　　　　　　　：ジェイク・ウェバー アリソン　　　　　　　：マルシア・ゲイ・ハーデン

	ショコラ	Chocolat	（執筆）山本　幹樹

セリフ紹介	Henri: Listen, here's what I think. I think we can't go around measuring our goodness by what we don't do. 　　　 By what we deny ourselves, what we resist, and who we exclude. 　　　 I think we've got to measure goodness by what we embrace, what we create and what we include. アンリ神父：お聞きください、私はこう思います。人間の善良さとは何を禁じるかで計ることはできません 　　　　　何を否定するかでも、何に抵抗し、何を排除するかでもありません 　　　　　何を迎え入れるかで決まるのではないかと思います 　　　　　何を創造し、何を受け入れるかで決まるのだと 　物語の終盤、若い神父が初めて自分のことばで静かに思いを語る場面です。それまで神父の行う説教の内容は権威ある村長のレノ伯爵によって、校正、時には過剰に修正され、伯爵の意に添うものでなければなりませんでした。厳格で慣習を破ることを許さないレノ伯爵に対して、初めて自分自身の思いを語るアンリ神父の成長ぶりが見られる場面です。主人公ヴィアンヌはこの静かな地域に突然現れ、自由な行動で周囲を驚かしながらも変化をもたらします。彼女の影響力は大きく、彼女を取り巻く人々の間には信頼関係が生まれます。上記には彼女や町の人々を見守りながら、神父自身が至った思いが綴られています。
学習ポイント	ここでは、関係詞を用いた表現方法と、異文化理解の大きく２点について学習したいと思います。 　上記のセリフは、関係詞 "what" を用いた表現です。"Listen" で注意を引きつけ、その後に続く言葉に興味を持たせようとしています。"here's what I think" の後に "what" が表す具体的な内容を話しています。このように後にその趣旨が示されることを、「後方照応」と言います。最も言いたいところを聞き手が聞いてくれるよう、重要な情報が後に来る場合があり、"what" の節が繰り返し使用されています。これを「反復法」と呼びます。この方法を用いる事で、印象的なセリフになっています。こうした、意味内容だけでなく、構造の面でも味わい深いセリフだと言えます。基本的な文法について学習した後は、豊かな表現力を身につけると、コミュニケーション能力も更に高まります。 　次に、語学学習における重要な視点として、異文化理解について考えてみましょう。語学は文化の一部でありますから、その言語が話されている国や地域の文化を理解することも語学学習の上では大変重要となります。このセリフが異文化をどう捉えるかというヒントになると思います。 　カルチャー・ショックという言葉があるように、文化を知る際には、びっくりするような、時には受け入れがたいと感じてしまうような現象に出会うこともあります。しかし、自国の文化と、相手の文化とどちらが良い、悪い、優れている、劣っていると言った善悪や優劣の判断つけるのではなく、それを事実としてありのまま捉える、という姿勢が必要になるでしょう。アンリ神父の「何を受け入れるか」で人間の価値が決まる、というセリフは、まさにこの時代に必要な考え方かも知れません。異文化理解が必要になるのは国家間だけではありません。国内においても、地域間、はたまたお隣同士、友人、夫婦の間にも、違いを受け入れるという姿勢があれば、喧嘩や断絶をせずに済むかもしれません。 　グローバル化が急速に進む中、世界中の人々との距離は縮み、地球は以前より遥かに小さくなりました。こうした状況の中で、私たちは互いに理解しあいながら、平和的に共生することが求められています。相互に異文化理解が計られなければ、最悪の場合、戦争にまで発展することさえありますし、実際、紛争が起こっている地域もあります。今や様々な文化が混じりあう多文化共生の時代に、我々には何ができるだろう、と考えていく必要があるでしょう。 　また、語学学習において、異文化を理解しようという姿勢が求められると同時に、我々のことを理解してもらおうと努力することも大切だと思います。そのためには、自国の文化について再確認し、相手に理解してもらえるように表現力を磨いていく必要もあります。上記のセリフ "Listen, here's what I think" の後に続けて、あなたが最も大切だと思うことを表現してみてください。
あらすじ	フランスの小さな町が舞台です。日曜日の礼拝から始まり、町の人々が（表面上は）伝統や秩序を守り暮らす様子が描かれています。そこに、ヴィアンヌと娘のアヌークが越して来て、チョコレートショップを始めます。ショップが開店するのは、町がちょうど断食にはいった時期で、町のとりまとめ役のレノ伯爵は、規律が乱されてしまうと感じ、母娘をよく思いません。町の人々は、初めは見向きもしなかったものの、少しずつ興味を示し始め、ぽつぽつとショップに訪れるようになります。ヴィアンヌは、客を見ると、その人の好みのチョコレートをぴたりと当てることができます。人々は次第に彼女に心を開き、少しずつ人々の周りにも変化が起こり始めます。例えば、夫の暴力に悩むジョゼフィーヌは、彼との決別を決意しますし、娘と絶縁状態にあるアルマンドに、ヴィアンヌは孫との交流ができるよう取り計らいます。人々に変化が起こり始めるころ、町にはジプシーが流れ着きます。レノ伯爵はジプシーを排除しようとしますが、ヴィアンヌは受け入れようとします。ジプシーとの交流のために、パーティーが開かれますが、レノ伯爵はますますヴィアンヌに反感を募らせ、対策を講じねばと考えます。そんな矢先に、事件が起こります。町にとっては大きな事件であり、ヴィアンヌは出立の時期を模索し始めます。しかし、放浪を続けるというヴィアンヌの持つ習慣を破るのは、今度はジプシーの番でした。

映画情報	原　　作：ジョアン・ハリス 製 作 年：2000年 製 作 国：米国 言　　語：英語 配給会社：ミラマックス　　ジャンル：ラブストーリー	公開情報	公 開 日：2000年12月22日（米国） 上映時間：121分 興行収入：1億5,269万9,946ドル 音　　声：英語 字　　幕：日本語、英語

薦	○小学生　○中学生　●高校生　●大学生　●社会人	リスニング難易度		発売元：ワーナー・ブラザース ホームエンターテイメント （平成29年2月現在、DVD発売なし） 中古販売店等で確認してください。

お薦めの理由	文化的背景や習慣の違いを持つ人々をどう受け入れるのか、というのがこの作品のテーマとなっています。つまり、とある小さな町の話でありながら、世界に共通する主題を扱っていると思われます。人々が心理的な摩擦を乗り越えて、どのように折り合い共生していくのかという過程を追うことで、この映画から多文化共生のヒントを得られるのではないでしょうか。また、町の行事やジプシーの存在からも異文化理解を図れそうです。	スピード	3
		明瞭さ	2
		米国訛	2
		米国外訛	3
		語　彙	3
英語の特徴	英英語で発音されているようです。舞台がフランスの小さな町ということで、ヨーロッパ圏ですから、地域的な意味合いがあるでしょう。礼拝のシーンがしばしば登場し、キリスト教に特有のことばが多く出てきます。また、セリフの端々にはフランス語が織り込まれてもいます。そうすることで地域性を表しているでしょう。英語にフランス語を加える事で、話者の知的さを示している部分もあるようです。	専門語	3
		ジョーク	3
		スラング	3
		文　法	3

授業での留意点

　左ページのアンリ神父のセリフだけでも充実した授業展開が可能と思われます。語学的側面や意味内容だけでなく、映画のテーマや、文化的背景など、様々な要素がありますので、学習者の能力向上に利用することが可能ではないでしょうか。逆に、その多面的な特徴の一部分だけでも取り上げて授業を行っていくというのでも十分ではないかと思います。

　まず、このセリフが味わい深いものであること確認し、レトリックを模倣しながら、自分の思いを伝えることばを作り上げていくといったプロセスを経られるのではないでしょうか。完成後は学習者に発表してもらい、互いにフィードバックを行うことで、学習意欲の向上が期待できそうです。

　留意点としては、活動の目的をはっきりさせることが大切ではないかと思います。例えば、レトリックの技術を身に付けることを目的とするなら、簡単なテーマを提示する方法もあるのではないかと思います。例えば、あなたが将来に向けて必要と考えられるものといったものでも良いですが、今日これからやること、といった簡単なことでも、味わい深い文章が生まれるのではないかと思います。

　テーマとしては、愛、共生、モラルと言った点が挙げられると思いますが、異文化理解の視点では、この映画の下敷きとなっている、キリスト教哲学や、ジプシーという存在、イースターのような行事などについて、学習者に調べてもらい、授業内で発表を行うとさらに理解が進むのではないでしょうか。特に、ジプシーについては、偏見がつきまとっていることもありますから、どのような見方をするのか、という問題提起は重要になるのではないでしょうか。ジプシーについて描かれたディズニー作品の『ノートルダムの鐘』を参考にして考えるのも良いかもしれません。さらにテーマを元にディベートを行うこともできるのではないでしょうか。例えば、ヴィアンヌが老女アルマンドの要求するままにチョコレートを提供したのは良かったのか、ジプシーのルーが町にやって来た際の、教会を中心とする伯爵たちの対応は支持されるのか否か、あるいはヴィアンヌの最後の選択は果たして良かったのか、などなど、こちらから提起するだけでなく、学習者側からも問題点が挙げられれば、それを元にディスカッションすることで、議論の構築が可能となると思われます。

　また、チョコレートを実際に作ってみるのはいかがでしょうか。書店ではこれまでの映画にも登場したことのある、人気洋菓子店のレシピ（英語）も手に入りますから、それを読みながら、チョコレートを実際に作ったり、チョコレートの歴史や、栄養価などを調べたりするのもいいでしょう。映画の終盤にはイースターの祭りが描かれています。イースターにつきもののチョコレート菓子を集めたり、チョコレートがテーマの別の作品『チャーリーとチョコレート工場』と比較したりするのもその後の学習として面白いかもしれません。

映画の背景と見所

　フランスの小さな町に住む人々は、伝統や秩序を守り、静かに暮らしていますが、全ての人々が必ずしも幸福とは限りません。ヴィアンヌと娘がやって来たことで、彼らの生活にも少しずつ変化が訪れます。ヴィアンヌとのやり取りから生まれる、町の人々の変化が見所だと言えるでしょう。同時に、ヴィアンヌ自身も、伯爵から疎外されて平気ではいられません。他の人々と同じように悩みを抱えてもいます。そのヴィアンヌに今度は町の人々がどう手助けをするのかも注目したいところです。さらに、レノ伯爵もヴィアンヌを敵視するだけの悪人ではなく、彼自身も問題を抱えながら生活しています。レノ伯爵に疑問を持ちながらも従っていたアンリ神父が、自分のことばで説教を行うに至った経緯や、その後の和解のシーンはさわやかな後味を残してくれるでしょう。

　私が学部生時代に教わったことですが、心理学の考え方で、食事をするというのは、愛情を受け入れるという意味があるそうです。「愛」はこの映画のテーマであると言えますが、食事のシーンに注目してみると面白い発見がありそうです。中でもチョコレートはもちろん重要なキーワードとなるでしょう。また、チョコレートには様々な効用があることも言われていますが、映画に登場する数々の種類のチョコレートがどういう役割を果たすのかも見所だと思います。人々のそれぞれの愛のかたちに注目してみましょう。

スタッフ

監　督：ラッセ・ハルストレム
製　作：デイヴィッド・ブラウン
脚　色：ロバート・ネルソン・ジェイコブズ
撮　影：ロジャー・プラット
美　術：デイヴィッド・グロープマン

キャスト

ヴィアンヌ　　：ジュリエット・ビノシュ
ルー　　　　　：ジョニー・デップ
アルマンド　　：ジュディ・デンチ
レノ伯爵　　　：アルフレッド・モリーナ
ジョゼフィーヌ：レナ・オリン

真実の瞬間	Guilty by Suspicion	（執筆）朴　真理子

セリフ紹介	ソビエトと米国が冷戦下にある時代に、米国人の映画監督の David は共産主義者の疑いをかけられ政府の公聴会から尋問を受けることになります。諮問委員会は David に自分の友人や知人を告発することを求めますが、David は友人や知人のことを告発する意思がないことを決死の覚悟で断言します。 David: I'm ready and willing to answer all questions about my own actions regardless of the consequence, but not others. 　　「たとえこの身がどうなろうとも、自分の行いについてならどんなことでもお答えしますが、他人のことについてはお答えできません」 　そんな David に諮問委員会は、David の元妻 Ruth についても共産主義者の疑いをかけて追及します。 David: No. Never. Absolutely, categorically, no. 「（妻が共産党員であることは）絶対にありえません」 　無実の人々を共産主義者呼ばわりして作為的に告発し合わせる政府のやり方に対して David は反感を露わにし、終始一歩も譲らず自らの信念を貫き通し次のように述べるのです。 David: I might not be the best citizen in this country, but I was raised to stand up for what I believe in and I'm gonna raise my son in the same way!' 　　「自分は決して模範的な市民ではないかもしれませんが、信じることのために立ち上がるように育てられてきましたし、自分の息子も同じように育てるつもりです」
学習ポイント	学習に際しては、①現象、及び、イントネーション、②語彙、及び、表現、③背景知識等をバランス良く取り込むことが大切です。同じ米国英語であっても、登場人物の英語のスピードや発音は実に多様であり、使用される語彙には特殊なものがかなり含まれており、背景知識がわからなければ理解できないような語彙が含まれています。例えば「侮辱罪」というような法的な用語は日常で頻繁に使用するような語彙ではないため注意が必要です。 　学習のアプローチ方法の1つとして、まず背景知識等を気にせず映画を観て理解できる部分とそうでない部分を明らかにするために気になるシーンのディスカッション、或いは、シャドーイングをしてみることをお勧めします。前者も後者もセリフの再生を行うという点で共通しますが、前者は書くことにより、また、後者は模倣して発話することにより再生するものという点で異なります。両者のメリットは、知らない語や表現が明確になる、或いは、語や表現そのものは知っていたが発音が原因で聞き取れなかった等というように再生できない理由が明らかになることです。現象やイントネーションが原因であるならば下記の知識を再確認したいものです。 ①現象、及び、イントネーション 　　ここに示す「現象」とは個々の単語の発音ではなく単語と単語の音をつなぐメカニズムに関わるもののことです。例えばリエゾンという現象は、子音で終わる語に母音で始まる語が続く際には1つの連続した語のように発音され、その連結のメカニズムのことを示します。具体的には、regardless of the consequence という表現においても、regardless の s と of の o が続いているように発音されるため、regardless_ofというように1つの単語のように発音されるわけです。詳細についての説明は紙面の都合上割愛しますが、こういった英語特有の発音メカニズムが存在するという点を知っていることにより、聞き取りの障害となる原因がわかります。またイントネーションについてですが、英語では、例えば 'Mr. Green' と呼びかける際にも語尾のイントネーションを Mr. Green↗のように上げるか、Mr. Green↘のように下げるかによって伝達される意味が異なる点について注意をしていない学習者が少なからずいます。そういった細かい部分にまで注意して聞いてみるようにすることにより、理解の仕方が変わってくるものです。 ②語彙、及び、表現（③背景知識） 　　現象やイントネーションではなく語彙理解に困難を感じる場合には、背景知識不足についての対策を行う必要があります。例えば「公聴会」という語についてそれがどのような意味をもつのかの背景知識、また、これに付随する特殊な単語についても字幕や辞書を駆使しつつ学習することで語学力向上への効果が期待できます。
あらすじ	米国がソビエトと冷戦下にある時代にハリウッドでは「赤狩り」という米国政府による言論統制と共産主義に対する弾圧が日毎に厳しさを増してゆきました。映画監督である David をとりまく脚本家や作家、俳優仲間等が次々と政府の諮問委員会により告発を強要され、服従しない者は職を追われ生計を立てることさえままならない状況に追い詰められてゆきます。David が家族ぐるみでつきあいをしていた友人家族は、諮問委員会の厳しい弾圧により、夫が妻を共産党員であると告発したことで一家離散の憂き目に遭い、妻が絶望し自ら命を絶つという悲惨な状況に陥ります。David 自身もまた FBI から24時間尾行され、ついには映画監督としての仕事を失い、細々としたアルバイトでさえままならないような無職同然の状態が続きます。教壇に立つ元妻のささやかなパート収入に頼る日々を過ごす中、David は上司の Zanack から公聴会で友人や知人の告発をするように説得されます。無職になってしまった David は、生活のために選択肢がないと考え一度は指示されるままに告発することを覚悟しますが、公聴会で元妻や亡き知人の人格までをも貶められて強い憤りを感じ、告発することを拒否します。親友 Bunny もまた、政府の強大な権力の前に気弱になり告発をするつもりでしたが、実際には公聴会で言論の自由を主張し最後まで告発することを拒否し、親友の David を裏切らなかったことが映画ではささやかな救いとして描かれています。

映画情報	製 作 年：1991年 製 作 国：米国 言　　語：英語 製作会社：ワーナー・ブラザース 配給会社：ワーナー・ブラザース	公開情報	公 開 日：1991年 3月15日（米国） 　　　　　1991年11月 2日（日本） 上映時間：105分 興行収入：9,48万0,198ドル 受　　賞：第44回カンヌ国際映画祭

薦	○小学生　○中学生　●高校生　●大学生　●社会人	リスニング難易度	発売元：20世紀フォックス ホーム エンターテイメント ジャパン（平成29年2月現在、DVD発売なし）中古販売店等で確認してください。		
お薦めの理由	この映画では時代の流れに翻弄され、共産主義者の疑いをかけられた映画監督 David が、FBI に尾行されることで職を追われ、友人、知人も自分から去ってゆき、生活を破たんに追い込まれる過程においても自らの信念を捨てない生き様が描かれています。テクニカルな側面のみならず、その背景に込められた読み取るべき深いメッセージは注目するに値する優れた作品でありお薦めできます。	スピード	4		
^	^	明瞭さ	3	^	
^	^	米国訛	3	^	
^	^	米国外訛	3	^	
英語の特徴	ののしり語やスラングが含まれており、ラストシーンの公聴会をはじめとして白熱する議論の場面が多いため、比較的スピードが速く聞き取りに困難を感じる箇所も少なくない可能性があります。内容語（名詞、動詞、副詞等の文の核となる語）においても、政治、法律に関わる語彙も含まれます。知らない語彙が含まれる部分やスピードの速い部分では字幕を活用することで理解を補うことが可能となるでしょう。	語　彙	3	^	
^	^	専門語	4	^	
^	^	ジョーク	3	^	
^	^	スラング	4	^	
^	^	文　法	3	^	

授業での留意点	この映画を授業で使用するうえでは文化的観点と言語学習的観点の両面から扱うことが必要であると思われます。 　文化的観点からは1) 民主主義に基づいた自由の国米国と第二次世界大戦後ソビエトとの冷戦下にあった米国の比較、2) 思想、宗教、信条、言論規制による教育、文化への影響と平和との関係について、言語学習的観点からは、公聴会の場面に焦点を当てて語彙、表現、論理的構造について扱うことが可能です。下記においてさらに詳細に述べてゆくことにしましょう。 A. 文化的観点 　1) 現在と冷戦下の米国の比較 　　　集会・言論・報道・思想・信条・宗教の自由、及び、人種・性による差別の有無について表を完成し、解答の根拠についてグループでディスカッションを行います。 　2) 思想、宗教、信条、言論規制による教育、文化への影響についてブレーンストーミングを行なうことで平和との関係性について議論を発展させます。 　3) 日本の秘密保護法案が言論や報道の規制を生むかどうかの議論に発展させることでフィクションとして映画を楽しみつつも、身近な問題に関連づけてとらえる姿勢の涵養（かんよう）にもつながります。 B. 言語学習的観点 　1) 語彙: contempt of congress, subpoena, communist, party, legislation, loyalty oath, disloyal, constitution, freedom of speech, comrade, communist sympathizer, subversive conduct 　2) 表現: You're dismissed. Purge yourself. 　　　上記1)及び2)のように時代を反映した語彙や表現方法に注目してみることも内容理解には有益です。 　3) 論理的構造: 諮問委員会における公聴会での質問で先に結論を述べさせる方法をとっていた例について考えてみることも一案でしょう。（例：Are you a member of Communist party? Yes, or no.） 　上記A, Bのいずれについても、思想、宗教、信条、言論の自由、人権等に配慮のうえ、自分とは異なる意見を互いに尊重できるような雰囲気で授業を進めてゆくことが必要です。学生の自由な発想や疑問を引き出しつつ、ディスカッションを行い、さらにディスカッションの後に学生がエッセイとして感想を英語でまとめるなどの学習内容を内在化するプロセスは重要であると言えるでしょう。
映画の背景と見所	第二次世界大戦後、米国はソビエト連邦を共産主義の敵国と見なし、共産主義者の疑いのある者を取り調べる「赤狩り」が盛んに行われるようになります。とりわけ映画産業に携わる監督、脚本家、俳優達は共産主義者であるか、また、共産主義に関与しているかどうかについて徹底的に調査が行われました。当時調査の中心を担っていたのは下院非米活動委員会でしたが、議会の召喚に応じなかったり、証言を拒んだりしたものは侮辱罪に問われ、収監されたり処刑されたりしました。映画の中でローゼンバーグが2人の息子を残して処刑されるという内容のニュースが流れるシーンがありますが、これは米国で実際に起こった事件として知られています。また、映画業界において証言を拒んだ者はブラックリストに載せられ「ハリウッド・テン」と称され、これらの人々は米国の映画、テレビ業界で仕事ができなくなったり、偽名を使って仕事をせざるをえなかったりと1970年頃までの長期に渡り社会的抑圧下で不自由な暮らしを余儀なくされます。FBI に監視され、生計を立てるための職を奪われるという閉塞感の中で苦悩し、葛藤する David、親友で脚本家の Bunny、自殺した女優の Dorothy、離婚しながらも最後まで David を信じ支え続ける元妻の Ruth たちはハリウッド・テンの人々の生き様の再現として描かれています。ロバート・デ・ニーロの迫真の演技はまさにこの映画の最大の見所となっていると言えるでしょう。
スタッフ	監督・脚本：アーウィン・ウィンクラー 製作総指揮：スティーブン・ルーサー 製　　作：アーノン・ミルチャン 撮　　影：ミヒャエル・バルハウス 音　　楽：ジェームズ・ニュートン・ハワード
キャスト	デヴィッド・メリル　：ロバート・デ・ニーロ ルース・メリル　　　：アネット・ベニング バニー・バクスター　：ジョージ・ウェント フェリックス・グラフ：サム・ワナメイカー ダリル・F・ザナック　：ベン・ピアザ

スーパーサイズ・ミー	Super Size Me	（執筆）石垣　弥麻

セリフ紹介

　映画の冒頭で、子供たちがピザハット、ケンタッキーフライドチキン、マクドナルドと歌っている後で、モーガン・スパーロックは次のように述べます。"Everything's bigger in America," そして "America has now become the fattest nation in the world. Nearly one hundred million Americans are today either overweight or obese. That's more than sixty percent of all U.S. adults." と続き、視聴者は、最初に米国の肥満の実態を目の当たりにします。

　このように、すでに冒頭の場面でわれわれは衝撃を受けますが、その後、監督のスパーロックが1ヶ月間マクドナルドを食べ続けるという実験を進めていく中で、興味深いセリフはたくさん登場します。たとえば、実験を始めて9日目、彼は次のように述べます。"It's not real hard, eating this food all the time. Just because it tastes good, it makes you feel good." このセリフの直前、彼は "I don't feel good today." と発言しているものの、食べ続けることはさほど大変なことでもなく、おいしくて気持ちよくなるとさえ述べているのです。

　このような状態が続き、最終的に1カ月間マクドナルドを食べ続けた彼の体はボロボロになり、医者から実験を止めるよう勧告されます。実験前の185.5ポンドという体重は、1ヶ月後には210ポンドまで増え、コレステロールや体脂肪も上昇し、心不全などの病気になる確率も上がってしまいます。そして彼は実験後にこう述べます。"No matter what they say. And by selling you unhealthy food, they make millions. And no company wants to stop doing that. If this ever-growing paradigm is going to shift, it's up to you." ここで私たちは、一人ひとりの意識が大切であるということを、身をもって教えられることになります。

学習ポイント

　ドキュメンタリーということもあり、内容とテーマは理解しやすいですが、確実に内容を理解したいのであれば、まずは英語字幕で観てみましょう。内容が理解できましたら次に字幕を消して観てみましょう。この段階でかなり理解が進んでいる場合は、字幕なしでセリフを書き取る作業に移りましょう。最初は単語1つでも構いませんので、どんどん書き出してみましょう。書き出すことによってたくさんの語彙や表現力が身についていきます。わからない単語や表現は辞書で確認しましょう。

　そして、映像を何度も観ていきましょう。繰り返し聴くことによってリスニング力が鍛えられますし、正しい発音も身につきます。そこからシャドーイングという音声より少し遅れてセリフを発音していく練習方法も取り入れることができます。スパーロックのインタビューは、多くの人々に対して行われているので、人を選んで練習することが可能です。英語が苦手な人であれば、最初は子供たちとの一問一答形式で行われるインタビューを選んでみましょう。例えば、"Who is he?"、"He was the fourth president."、"Who's that?"、"McDonald. Ronald McDonald." と言った具合に短い表現がたくさん出てきますので、非常に聞き取りやすくなっています。次に学校関係者へのインタビューなどを取り上げ、少し長いセリフの聞き取り練習をしてみましょう。長めとは言え、基本的な疑問文の会話も多いので理解しやすいでしょう。例えば学校給食の調理師への質問では、"So, how many people actually just have fries for lunch a day?"、そしてある小学校の体育教師への質問では、"How many days a week do the kids here at this school get to go to gym?" といった具合に、基礎的な文章が使われているのがわかります。

　このように、基礎的な文章の聞き取りができるようになりましたら、医師や看護師との会話練習へ移りましょう。専門用語は難しいですが、一つひとつ辞書で確認しながら覚えていきましょう。コレステロールやレバーと言った日本語でも使う言葉の綴りも確認することができますし、また、糖尿病や BMI など、普段目にすることも多い単語も覚えることができます。

　またこの映画は、1日ごとにスパーロックの体の変化が描かれますので、それを日記のように日にちごとに英語でまとめていくという作業も作文の練習になるでしょう。体重の変化はもちろんですが、スパーロックの気持ちの変化なども一緒に書いていくとよいでしょう。例えば2日目に食事をする時には、"I feel like I got some Mc-sweats going. ...I'm feeling a little Mc-crazy." と言っているように、「マック汗」や「マック・クレイジー」という言葉が使われていて、すでに体に変化が表れていることがわかります。彼の変化を見ていくことは、私たちの食生活を見直すきっかけになるかもしれません。

あらすじ

　監督のモーガン・スパーロックは、2002年にニューヨークで、2人の少女たちがマクドナルドを食べ続けた結果、体重の増加と健康的被害を被ったことによって起こした訴訟に興味を持ち、自分の体を使い、30日間マクドナルドを食べ続けたらどうなるかという実験に挑みました。

　彼は、実験前後での違いを比較するため、徹底的に体を検査しました。実験前のモーガンの体は健康体ですが、「マクドナルドにあるものしか食べられない」、「勧められた時はスーパーサイズにする」などのルールに沿って食べなければならないため、すぐに体重は増加し、体調も悪くなっていきます。

　こうしてスパーロックは、マクドナルドでの実験を重ねると同時に、さまざまな人物に会い、また多くの学校や企業を訪ねて、米国が抱える食の問題と健康問題を探っていきます。そこには、もちろん摂食障害の専門家なども含まれますが、中には2003年にビッグ・マックを1900個食べてギネスに登録された人物や、「忠誠の誓い」は正確に言えないものの、マクドナルドのキャッチフレーズはいとも簡単に述べてしまう一般の人々まで多岐に渡っています。スパーロックは、ファーストフードを通して、実にさまざまな角度から米国の現状と問題点を浮き彫りにしていきます。

映画情報

製作費：約6万5,000ドル　製作年：2004年
製作国：米国　　　　　　言　語：英語
配給会社：クロックワークス＝ファントム・フィルム
撮影場所：米国国内
ジャンル：ドキュメンタリー

公開情報

公開日：2004年 5月 9日（米国）
　　　　2004年12月25日（日本）
上映時間：約100分
MPAA（上映制限）：PG-13
オープニングウィークエンド：51万6,641ドル

薦	○小学生　○中学生　●高校生　●大学生　●社会人	リスニング難易度	発売元：クロックワークス（平成29年2月現在、DVD発売なし）中古販売店等で確認してください。

お薦めの理由	ファーストフードを一カ月間食べ続けたらどうなるかという興味深い実験を、監督が自らの体を使って行い、その実験を通して、米国が抱えるさまざまな問題が浮き彫りにされていきます。米国の社会的、文化的な側面も含め、ファーストフードとはいったいどのような食品なのでしょうか。原点とも言えるその問いかけの答えを一から考えさせられる内容となっています。

	スピード	3
	明瞭さ	3
	米国訛	3
	米国外訛	2
	語彙	4
	専門語	5
	ジョーク	1
	スラング	1
	文法	4

英語の特徴	セリフは一問一答形式が主となっています。ナレーションや会話のスピードも平均的で、発音も明瞭、スラングもほとんどありませんが、一部医学や栄養に関する専門用語が出てくる場面のやりとりは、難しく感じるかもしれません。また、スパーロックはさまざまな地域に出向いてインタビューを行っているため、地域特有の英語も体験できるでしょう。

授業での留意点

　この映画を通して、米国の食生活について改めて考えてみましょう。そして映画で述べられていること、論じられていることを英語でまとめていきましょう。これは長い英作文を書く練習になります。

　映画の始めで、スパーロックは、米国がいかに肥満大国であるかという説明をします。そして肥満の原因の1つがファーストフードであり、肥満が喫煙について2番目の予防可能な死の原因になっていると述べています。そこからファーストフード社が訴えられるという事実に触れ、ファーストフードに関連する問題は、米国だけではなく、世界で蔓延しつつあるという警告をしています。まずはこの部分を英語でまとめてみましょう。また、ファーストフードの他に、肥満の原因を調べてみてもよいでしょう。

　それから、スパーロックは実験の合間に小学校や中学校を訪れて、子供たちの給食の実態を調べていきます。子供たちは給食でどのようなものを食べ、それがどのような問題につながっているのかということも考えてまとめてみるとよいと思います。なお、興味があれば、日本の学校給食との共通点や相違点なども調べてみましょう。

　さらには、スパーロックのマクドナルド社へのインタビューの試みを通して、米国食品業界について考えてみるのも面白いでしょう。映画の中では、"the food industry is an enormous business in the United States; therefore, it employs very expensive and well-paid lobbyists." と述べられていますが、ファーストフードという1つのテーマが、食品業界という大きな問題へと発展していくことを念頭に置きながら、他のファーストフード社やその他の食品会社について調べてみることもできます。それに関連して、マクドナルドや他のファーストフード社の成立やその歴史を知りたい人はさらに調べてみましょう。

　また、ファーストフードに関連する事柄として、例えばフランチャイズ店やチェーン店の歴史やその経営手法、またファーストフードのキーワードであるスピードや効率、それに伴う代償といったテーマを英語でまとめていくと、米国食品業界の全体像も見えてくるでしょう。

　そしてファーストフードを軸に米国の食品業界を理解してきたところで、他の食文化にも目を向けてみましょう。例えば、ファーストフードのキーワードがスピードや効率だとすれば、その反対のキーワードを掲げるスローフードを取り上げてみても良いでしょう。スローフードは、ファーストフードと対立概念を持つというわけではありませんが、食生活や食文化を根本から考えていく活動であり、食というテーマをファーストフードと一緒に考えるには最適な項目と言えるでしょう。スローフードに関連して、さらにLOHASやアグリツーリズムや有機農業、食以外ではスロー建築などさまざまな項目について考えていくことが可能でしょう。

映画の背景と見所

　スパーロックがこの実験を始めるきっかけとなったのが、マクドナルド社の訴訟問題ですが、そもそもマクドナルドの創始者であるレイ・クロックは、ケンタッキーフライドチキンの創始者であるハーランド・サンダースと共に立身出世を成し遂げた、米国人にとっては、ホレイショ・アルジャー（1832-1899）がかつて描いたアメリカンドリームの象徴であり、そしてヒーローなのです。また、同時に米国人が望んでいた手頃な値段でおいしい食事を早く提供するというファーストフードの草分けとなり、米国の食文化に大きな影響を与えた人物です。

　このように、クロックが築いた食文化に対しては、現在でも支持者がいますが、その一方で、その効率優先の経営手法によるさまざまな弊害や、食品の体への悪影響が明るみになり、映画で取り上げられたような訴訟問題にまで発展していくことになります。

　そしてその訴訟問題に興味を持ったスパーロックは、自らを実験台にし、米国の食文化には不可欠なファーストフードが身体に及ぼす影響を調査しただけでなく、ファーストフードを通して食の問題を考察し、私たちに疑問を投げかけ、考察した功績は大きいと言えるでしょう。そして私たち自身も、この映画を通して、"You are what you eat" という諺の意味を改めて考えてみましょう。

スタッフ	監督・脚本・製作：モーガン・スパーロック 製作総指揮　　：ジョー・モーリー 　　　　　　　　ヘザー・M・ウィンターズ 撮　影　　　　：スコット・アンブロジー 音　楽　　　　：スティーブ・ホロヴィッツ	キャスト	モーガン・スパーロック アレクサンドラ・ジェイミソン（スパーロックの恋人） ダリル・アイザック（内科医） リサ・ガンジュ（胃腸・肝臓専門医） スティーブン・シーゲル（心臓内科医）

	スティング	The Sting	（執筆）石川　有香

セリフ紹介	詐欺仲間のルーサー（Luther Coleman）をギャングに殺され、彼の復讐のために、ギャングのボス、ロネガン（Doyle Lonnegan）に詐欺を仕掛けようとするフッカー（Johnny Hooker）。彼に対して、詐欺師歴30年のゴンドーフ（Henry Gondorff）は、「何をやっても死んだルーサーはかえってこない。復讐などはガキのやることだ」と言い放ちます。では、ゴンドーフが、ロネガンを詐欺にかけるのは、いかなる理由なのでしょうか。まずは、フッカーとゴンドーフの会話を見ておきましょう。 Hooker　: Hey, I wouldn't ask you to do this, you know, if it weren't for Luther. Gondorff : Nothin's gonna make up for Luther. Revenge is for suckers. I've been griftin' 30 years. I never got any. Hooker　: Then why're you doin' it? Gondorff : It seems worthwhile, doesn't it? 　ロネガンは、ニューヨークとシカゴの両都市を縄張りとする大ギャング団のボスです。詐欺師にとって、ロネガンを罠にかけることは、たしかに、「腕がなる（worthwhile）」仕事と言えるでしょう。しかし、詐欺が見つかってしまうと、1人残らず、命はありません。 　「金を巻き上げた後も、詐欺そのものがばれないようにしなくてはいけない」とゴンドーフは言います。 Gondorff : You gotta keep this con even after you take his money. He can't know you took him. 　後々まで、詐欺にかかったことにすら気づかないような、大規模な詐欺を仕掛ける必要があるのです。
学習ポイント	映画は、The Players、The Set-up、The Hook、The Tale、The Wire、The Shut Out、The Sting と、7章に分かれています。まずは、全体的なあらすじをつかんだ後で、1章ずつ、7回の授業で学習することが考えられます。特殊な表現や俗語も多く、1回の授業時間では、十分に理解できない場面もあると思いますが、ストーリーのテンポが重要な役割を果たしている映画です。とにかく、ストーリーに合わせて、テンポよく、学習を進めることがポイントです。一通り学習を終えた上で、適宜、興味のある場面や十分に理解ができなかった場面に戻って、じっくりと学習するとよいでしょう。ストーリーが複雑ですので、最初から1つの章に2回分の授業を当てて、ゆっくりと学習を進める場合には、各授業の冒頭で、全体のあらすじと登場人物の再確認を行いながら進めることが効果的でしょう。 　映画では、口語に特徴的な表現や、俗語が多く出てきますが、こうした表現に焦点をあてることも、1つの方法です。たとえば、名詞の confidence は高校生レベルの英単語ですが、con と省略された動詞になると、「詐欺にかける」という意味になり、難度が大幅に上がります。聞き取れても、意味の解らない表現を取り出して、辞書で調べて確認させることも言葉に興味をもたせる上でよい活動になるでしょう。 　巧妙なストーリーも本映画の魅力ですが、ここでは、さまざまな歴史的文化的背景の学習も可能です。たとえば、敵役のロネガンはアイルランド系移民であるとされています。かつて、アイルランドでは、イングランドの政治的・宗教的弾圧に加えて、1845年の「ジャガイモ飢饉」によって、多くの市民が餓死しました。生活に困窮した市民は、十分な準備もないままに、危険を覚悟で米国に渡ってきました。しかし、カトリック教徒が大半を占めるアイルランド系移民は、米国移住後も、イングランドからの移民に差別的な扱いを受けることが多く、恵まれた生活ができなかったために、同郷の者は、互いに助け合って暮らしてきたと言われています。 　映画では、ロネガンの出身地は、ニューヨークのファイブ・ポインツとされていますが、ここは、かつて、アイルランドやスコットランドの貧しい移民達が寄り集まって暮らしていた一角としても、また、ギャングがたむろしていた一角としても有名な地区です。近年は、壁一面に描かれた芸術的な「落書き」が、世界中の観光客の注目を集めていましたが、2013年に取り壊されて、現在では、高級高層マンション群が立っています。 　今では、出自がアイルランド系アメリカ人であるという人々は、人口の12%を占めています。すでに、プロテスタントが多数派となっていますが、それでも、アイルランド系住民の多い地区では、カトリック教徒の祭日の聖パトリック・ディには、パレードをして、祝います。ちなみに、アイルランド系アメリカ人で、最初に大統領職に就いたのはジョン・F・ケネディ氏ですが、ロナルド・レーガン氏やビル・クリントン氏もアイルランド系アメリカ人です。
あらすじ	大恐慌時代の1936年、シカゴが舞台です。詐欺師のフッカーとルーサーは、シカゴ近くのイリノイ州の街、ジョリエットで小銭をだまし取りながら、なんとか生活をしています。ある日、2人は、相手の素性を知らずに、ギャングのロネガンの子分を詐欺にかけてしまいます。男は、違法賭博の売上金を運んでいる途中でした。思いがけず大金を手に入れたものの、ルーサーはギャングの報復で殺害されてしまいます。ルーサーは、フッカーの詐欺の師匠でもあり、これまで何かと面倒を見てくれた恩人です。フッカーは、自分も命を狙われながらも、ルーサーの復讐を誓います。まず、フッカーは、大物詐欺師のゴンドーフに会いにシカゴに行きます。ロネガンを罠にかけて大金をせしめ、一緒に復讐を果たしてくれるように依頼します。ゴンドーフは、多数の詐欺仲間を集めて、ロネガンの情報を探り、慎重に準備を行います。最初に、ロネガンをポーカー勝負で罠にかけ、ロネガンが負けを取り返そうと追ってきたところで、さらに大きな罠に陥れるのです。ゴンドーフは偽の場外馬券場を作り、競馬の情報を捜査して、馬券の掛け金をロネガンから巻き上げてしまいます。場外馬券場の客や従業員を含め、あまりにも用意周到で大仕掛けな詐欺であったため、ロネガンもロネガンの一味となっている警官も、最後まで詐欺にかけられていたことにすら気付きません。見ている観客にも、最終場面まで詐欺の全貌は隠されていて、最後のどんでん返しまで楽しむことができます。

映画情報	製　作　費：550万ドル 製　作　年：1973年 製　作　国：米国 言　　　語：英語 ジャンル：コメディー、犯罪、ドラマ	公開情報	公　開　日：1973年12月25日（米国） 　　　　　　1974年　6月15日（日本） 上映時間：129分　　MPAA（上映制限）：PG-13 受　　　賞：第46回アカデミー作品賞、監督賞、音楽賞 　　　　　　他7部門

薦	○小学生 ○中学生 ○高校生 ●大学生 ●社会人	リスニング難易度	発売元：NBCユニバーサル・エンターテイメント （平成29年2月現在、本体価格） DVD価格：1,429円 ブルーレイ価格：1,886円

お薦めの理由	主題歌に使用されている「ジ・エンターテイナー」は、誰もが一度は耳にしたことがあるはずです。なじみのある、軽快なメロディーにのって、テンポよく繰り広げられていくストーリーは、最後の瞬間まで、はらはらしながら楽しむことができます。また、あちらこちらにいくつもの伏線が隠されていますので、何度繰り返して見ても、飽きることがありません。繰り返し見ているうちに、英語学習も自然に進みます。	スピード	4
		明瞭さ	4
		米国訛	4
		米国外訛	3
英語の特徴	約6語程度の短い発話が中心となっているために、英語の難易度を示す Flesch-Kincaid Reading Ease は、数字上、95を超えています。全体としては、「小学校1年生程度のやさしい英語」であるとされますが、ギャングの隠語や、賭博や詐欺に関する特殊な用語がスピードに乗って飛び交います。いわゆる罵り言葉も使用されています。外国語として英語を学習している日本人には、理解しづらいセリフが続きます。	語彙	3
		専門語	4
		ジョーク	4
		スラング	4
		文法	3

授業での留意点

『明日に向かって撃て（Butch Cassidy and the Sundance Kid）』で共演したロバート・レッドフォードとポール・ニューマンが詐欺師に扮する本作品は、作品賞、音楽賞をはじめ、7部門でアカデミー賞に輝いています。映画としても非常にレベルの高い作品です。あからさまなセックスシーンやヌードも出てきませんし、過激な暴力シーンもありませんので、授業で使用しやすい映画であると言えます。

タイトルの The Sting は、「棘や針でぶすりと刺す」ことを表し、俗語では、「人から金をだまし取ること」や「詐欺」、「おとり捜査」を意味します。また、主人公の1人のフッカー（Hooker）の名前も、hook でひっかける人ということですから、「ペテン師」や「売春婦」を意味しています。従来は、犯罪映画や詐欺映画といえば、暗いイメージで、なかなかハッピーエンドにはなりませんでしたが、この作品は、明るいコメディーに仕上がっています。そうした点でも、楽しく、繰り返し見ることができる映画となっていますので、英語学習にも適しています。

しかし、基本的に、作品の主題は詐欺行為となっています。授業で使用する場合には、詐欺行為が「かっこいい」ものとして受け止められることのないように注意が必要でしょう。実際、作品中には、数多くの詐欺の手口が描かれています。まず、ルーサーが殺害される原因となった最初の詐欺場面では、フッカーが巧みな話術で相手の財布を受け取り、あっという間に中身を入れ替えています。カードゲームでは、カードの入れ替えや、外部から合図を送って相手の手の内を仲間に知らせたりする「いかさま」が行われています。また、偽造紙幣の使用やスリ行為なども登場します。ペンキ屋を装ったり、他人になりすまして、人のオフィスに入り込むことが、いとも簡単に行われています。役所や機密を扱う場所で勤務する「友人」や「親戚」から、秘密の情報が得られるなどと言って、投資用の金をだまし取る手口は、詐欺の常套手段でもあります。ただし、映画では、こうした詐欺場面が詐欺師の側から描かれていますので、授業では、詐欺が犯罪であることを常に確認しつつ進める必要があるでしょう。また、トランプや競馬などを対象とした賭博場面では、違法賭博行為がギャングの資金源になっている点にも、注意喚起をしておきたいものです。

ところで、映画の中の詐欺の数々は、奇想天外なトリックを使用しているというわけではなく、実際に行われた詐欺の手口がもとになっているとされ、脚本は、1940年に出版された D. Maurer の著書、The Big Con : The Story of the Confidence Man をヒントに書かれたと言われています。現在でも、テレビや新聞をにぎわしている詐欺の手口がちりばめられていることにも頷けます。ちなみに、上記の本には、実在の詐欺師として、ゴンドーフの名前があり、映画でポール・ニューマンが扮するゴンドーフの名前は、この書から取られたと言われています。

映画の背景と見所

この映画は、コンゲーム（confidence game）と呼ばれる、詐欺を題材とした映画ジャンルに入ります。コンゲームでは、力の弱い者が知恵を絞って、悪役の富豪や権力者から、金をだまし取る様子が描かれることが一般的です。社会の中では、通例、財産や権力を持つ「強者」に対して、一般市民は立場が弱い「弱者」となります。そうした関係性が、一気に転換されることで、映画の聴衆は一種のカタルシスを得ることができるのです。

とは言え、詐欺は犯罪です。したがって、コンゲーム映画の中では、主人公に対する反感を和らげるため、主人公が、特にひどい仕打ちにあっていたり、あるいは、詐欺で得た金を最終的には私物化せずに、恵まれない人々に寄付したりする設定が見られます。また、詐欺にかけられる悪役も、通常は、はっきりとした悪事を働いていながら、法の網をかい潜って、権力を行使し続けているといった役柄が多くなっています。

今回も、師匠を殺され、自分の命も狙われ続け、追い詰められた若い詐欺師が、金のない年老いた詐欺師と手を組んで知恵を絞っています。悪役は、冷酷で残虐な殺人を命じながらも、警察に逮捕されることもない、ギャングの大親分です。追い詰められた詐欺師が、ギャングを詐欺にかけることで、ぶすりと一刺し（sting）していますが、彼は、「わけまえ」を受け取らずに去っていくことで、バランスを保った形になっています。

スタッフ	監　督：ジョージ・ロイ・ヒル 脚　本：デイヴィッド・S・ウォード 製　作：トニー・ビル、マイケル・フィリップス 　　　　ジュリア・フィリップス 撮　影：ロバート・サーティース	キャスト	ヘンリー・ゴンドーフ：ポール・ニューマン ジョニー・フッカー　：ロバート・レッドフォード ドイル・ロネガン　　：ロバート・ショウ スナイダー　　　　　：チャールズ・ダーニング JJ　　　　　　　　　：レイ・ウォルストン

セブン・イヤーズ・イン・チベット	**Seven Years in Tibet**

（執筆）網野千代美

<table>
<tr>
<td rowspan="1">セリフ紹介</td>
<td>

Heinrich : Why must be this way? Why, why is always the problem? It's a good question.
Do you want to go home? Do you want to turn around?
Ingrid　　: Yes.
Heinrich : It's the Himalayas. How long have I been talking about the Himalayas? How long?
Ingrid　　: Far too long.

　映画の冒頭、車の中で主人公ハインリッヒと妻イングリットとの間に交わされる会話です。ハインリッヒはヒマラヤ登山隊に合流するため友人ホルストの車で妻と駅に向かっているのですが、この会話にはヒマラヤ登山への思いと、身重の妻を残していくことへの苛立ちが感じられます。また、言葉の端々に彼の傲慢さが現われています。
　別れ際、ハインリッヒの口から出る命令文が彼の傲慢さをより鮮明にします。妻には口を挟む余地はありません。

Heinrich : I'm getting on that train. Do you have anything you want to say?
Heinrich : Fine. Go. Leave. I'll see you in four months.

しかし、産まれたはずの子供を思い、エベレストへの登頂に向かう間にこんなことを考えるのです。

Heinrich : The baby must be at least one month old now. I've been so confused and destructed.
I can't climb with my usual confidence.

この表現でハインリッヒの傲慢な男のイメージが少し変わります。

</td>
</tr>
<tr>
<td>学習ポイント</td>
<td>

　主人公ハインリッヒがどのような人物であるのか、彼の言葉使いに探ることができます。映画の前半でハインリッヒはよく命令文を使っていますが、彼の傲慢な性格が表現されています。例えば、ヒマラヤ登山に向かう列車のプラットフォームの人を掻き分けるときに、"Move! Move! Move!"と叫びます。自分の要求だけを通すタイプであることがよくわかります。
　ヒマラヤ登山という過酷な状況でぎりぎりなところまで追い詰められていくときのセリフだけを拾ってみると彼の気の強さが垣間見えます。登山中に怪我をしたにもかかわらず、"Did you hurt yourself back there?"と隊長のペーターに尋ねられた時に"Just a scratch. I'll lead."と答える場面です。
　また、この作品には手紙文を読む箇所と日記をつける箇所がたくさん出てきますが、それらの場面で使われる英語表現を読みとくのも良い英語学習となります。まず、手紙文の例を挙げてみましょう。登山隊は雪に阻まれて下山しますが、英国軍に捕まってインドの捕虜収容所に隔離されてしまいます。ハインリッヒは何度も脱走を試み、その度に失敗します。失敗を繰り返しながら、妻に宛てて手紙を書くのですが、その手紙の返事には、離婚に応じて欲しいこと、そして、離婚が成立したらハインリッヒの友人、ホルストと結婚する旨が綴られています。さらに、彼がまだみたことのない息子はホルストのことを父親と思っていること、ハインリッヒとはまったくやり直す意志がないことが書かれています。以下イングリッドがハインリッヒに送った手紙です。

Dear Heinrich
　Please sign enclosed divorce papers and send to my lawyer. Horst and I intend to be married as soon as the divorce is finalized. As for your letter, yes, your son, Rolf Harrer was born while you were climbing the mountain. He is now two years old and calls Horst Papa. When he is old enough I'll tell him his real father was lost in the Himalayas. It seems the kind of thing to say considering you never wanted a child anyway. Needless to say, I have no intention of resolving our differences as you suggested. They were resolved the moment you left Austria. I'm sorry you have been imprisoned in India. I hope this dreadful war will soon be over for everyone's sake. Ingrid

　次に日記を書く場面ですが、まだ見ぬ息子を思い彼の歳を数えます。数え方が実に細かく、彼の息子に対する愛情が感じられます。また、彼の人間としての変化にも気付かされます。
1)　First escape from prison camp, November 18th , 1939, Rolf Harrer three and a half months old.
2)　My 30th birthday, July 6th ,1941, Rolf Harrer exactly one year, eleven months and twenty- six days.

</td>
</tr>
<tr>
<td>あらすじ</td>
<td>

　1939年、オーストリア人であるハインリッヒ・ハラーはドイツ帝国の威信を掛けたヒマラヤ征服の登山隊に参加すべく出発しようとしていました。別れ際、身重の妻にハインリッヒが取った態度は冷たいものでした。しかし、泣きながら帰宅する妻を慰める友人ホルストの姿を見つめながら、ハインリッヒ自身複雑な思いを抱えていました。
　登頂を目前にしながら、厳しい自然の抵抗に合い、登山隊は途中で引き返すことを余儀無くされます。この間に第二次世界大戦が勃発し、英国領内のインドに迷い込んだ隊は捕虜として英国軍に捕まります。捕虜収容所からの脱走を何度も試みたハインリッヒでしたが、その度に失敗します。その後、他の捕虜たちと脱走を試み、ハインリッヒと登山隊長のペーターだけが脱走に成功します。2人は逃走中、山賊に襲われながらもチベットのラサに辿りついたのでした。そこで2人を待っていたのは、チベット政府からの手厚いもてなしでした。ハインリッヒは後のダライ・ラマ14世の家庭教師としての役をおおせつかります。ダライ・ラマはまだ少年でしたが、その魂の崇高さにハインリッヒはいつしかまだ見ぬ息子、ロルフの姿を重ねるようになります。2人には深い絆が生まれます。中国人民解放軍の侵攻が始まった中でダライ・ラマ14世は即位し、ハインリッヒはオーストリアに帰国することになります。彼の手にはダライ・ラマ14世から贈られたドビュッシーの「月の光」を奏でるオルゴールがありました。

</td>
</tr>
<tr>
<td>映画情報</td>
<td>

原　　題：*Sieben Jahre in Tibet*
製 作 費：7,000万ドル　　製 作 年：1997年
製 作 国：米国
言　　語：英語、ドイツ語、中国語、チベット語
配給会社：松竹富士、日本ヘラルド映画

</td>
</tr>
</table>

公開情報	公開日：1997年10月 8日（米国） 　　　　1997年12月13日（日本） 上映時間：139分 MPAA（上映制限）：PG-13 興行収入：3,790万ドル

薦	○小学生　○中学生　●高校生　●大学生　●社会人	リスニング難易度		発売元：ソニー・ピクチャーズ エンタテインメント （平成29年2月現在、本体価格） DVD価格：1,410円　ブルーレイ価格：2,381円

お薦めの理由	この映画は西洋と東洋の文化がぶつかる中で、1人の人間の魂がどんどん清められていく課程を見せてくれます。映画の最初の方では、主人公ハインリッヒの傲慢さが、彼の話し方や態度に見られます。しかし、チベットの人々や文化に触れ、彼の人間性に変化が現われます。特に、ハインリッヒとダライ・ラマ14世との言葉のやり取りは訴えるものがあり、心に深く刻まれます。	スピード	2	
		明瞭さ	4	
		米国訛	2	
		米国外訛	4	
英語の特徴	登場人物はオーストリア人、ドイツ人、チベット人等ですから、それぞれに訛りがあります。特にチベットに入ってから話される英語は英国英語でも米国英語でもない、東洋的な香りがします。ある意味、日本人には聴き取り易いかもしれません。また、アカデミー賞等にノミネートされた日系アメリカ人俳優のマコが出演していますが、彼の話す英語もネイティブらしくなくて、親しみ易い感じがします。	語彙	3	
		専門語	2	
		ジョーク	1	
		スラング	3	
		文法	3	

授業での留意点

ハインリッヒの人間性が変化していくのを観察できるのは、彼の日記です。日記の内容を映画の始めから終わりにかけて比較してみると色々なことが見えてきます。始めのころの日記は、登頂を目前にしながら、危険を回避するために山から撤退することを決定した隊長に対して、"Fool"という激しい言葉で締めくくられています。しかし、まだ見ぬ息子に心をはせるようになると、日記には変化が現れます。ハインリッヒが息子の誕生から数えて「今何ヶ月、今何歳」と記していく様子は愛に溢れた行為であり、彼の心に何かやわらかなものが芽生えたことを感じます。

やがて、収容所から抜け出し、チベットに入ってからは、チベットの人々と関わることや、チベットの文化に触れることによって、彼はさらに大きく変わります。ラサでの生活はこれまでの競争社会で育った彼の価値観に大きく影響を与えるのです。特にダライ・ラマ14世との関わりは、彼の心を浄化していきます。そして、いつしか、ダライ・ラマ14世に息子の姿を重ねていきます。2人の交わす会話には、この映画を観るものにも大きなインパクトを与えます。中国の侵攻に腹を立て、彼を気遣うハインリッヒに向かって、若きダライ・ラマはこう諭します。
"If the problem can be solved, there is no use worrying about it. If it can't be solved, worrying will do no good."
このセリフ以外にも映画には仏教思想に基づいた表現がダライ・ラマによって多く語られますが、その部分に焦点を合わせて、セリフをたどって映画を観ることも大変有意義であると思います。

また、チベットを出るようダライ・ラマをうながすハインリッヒに向かい、ダライ・ラマはこう答えます。
"How can I help people if I run away from them? What kind of leader would I be?"
この言葉にハインリッヒが自分もチベットに残ると言い出します。しかし、ダライ・ラマはハインリッヒが自分のことを息子に重ねていることを知っていて、次のように彼に伝えます。
"You're not my father. I never thought of you as my father. You are too much informal with me for that." そして、さらに "You are done your job with me." と言って、彼の帰国を促します。

加えて、この映画では西洋と東洋の思想の違いを伝える場面が多く見られるのも特徴です。ペーターの妻となるチベット人のペマ・ラキがハインリッヒに向かって語る言葉にそれが端的に表現されています。
"This is another great difference between our civilization and yours: you admire the man who pushes his way to the top in any walk of life while we admire the man who abandons his ego."
彼女のこの言葉は、西洋と東洋の違いを説き、人間を理解するためには思想の違いを理解する必要があることを気付かせてくれるのです。

映画の背景と見所

ハインリッヒ・ハラーはオーストリア人ですが、ドイツのオーストリア併合には賛成していたようです。彼が登山隊に加わるのは、ドイツがヒマラヤ登頂に何度も失敗した後のことでした。見所は登山隊が経験する過酷な登山の様子です。さらなる見所はハインリッヒ自身の変化です。まず、インドの収容所を脱出後、苦労してチベットにたどり着くまでの間にペーターとのやり取りの中で人間らしさが芽生えます。加えて、家庭教師として関わったダライ・ラマ14世に対し、まだ見ぬ息子を重ね合わせ、父性的な感情を抱くようになる場面では、心が熱くなります。主演のブラッド・ピットが傲慢な男から、父性あふれる人間に変化していく役を旨く演じていますが、その彼よりもさらに心を捉えるのは、ダライ・ラマ14世を演じた少年です。彼の澄んだ瞳や彼の話す言葉が心に深く刻まれます。まさに適役で、彼の存在はこの映画の魅力を大きくしていると思います。その他、出演者として興味深い人物はダライ・ラマ14世の母親役を演じたジェツン・ペマです。彼女はダライ・ラマ14世の実妹です。

音楽はジョン・H・ウィリアムズが担当。ドビュッシーの「月の光」がオルゴールを用いて効果的に使われています。また、エンディングロールでは世界的チェリストのヨーヨーマの美しい演奏が流れます。心に染み入る格調高い音色に聴き入ってしまいます。

スタッフ	監　督：ジャン＝ジャック・アノー 脚　本：ベッキー・ジョンソン 製　作：ジョン・H・ウィリアムズ他2名 撮　影：ローベル・フレース 音　楽：ジョン・ウイリアムズ	キャスト	ハインリッヒ・ハラー　　　：ブラッド・ピット ペーター・アウフシュナイター：デヴィッド・シューリス ンガブー　　　　　　　　：B・D・ウォン クンゴ・ツアロン　　　　：マコ ペマ・ラキ　　　　　　　：ラクパ・ツァムチョエ

101

戦場のピアニスト	The Pianist	（執筆）石田　理可

セリフ紹介

　ポーランドのユダヤ人ピアニスト Wladyslaw Szpilman（1911-2000）は Ghetto を抜け出した後、見つかれば自分達も殺されるかもしれないというリスクを覚悟で助けてくれた友人達を頼って生命を繋いでいます。
　しかし、窓の外で起きている悲惨な出来事にただ、逃げ、隠れ、観ていることしかできない自分に無力感と絶望を感じるのです。

　Ghetto を脱出する前、友人の Majorek と
Szpilman : Have a favor to ask. I want to get out of here.
Majorek　: It's easy to get out, it is how you survive on the other side that's hard.
Szpilman : I know. But last summer, I worked for a day in Zelanna Brama Square. I saw someone I knew. A singer. Her husband's an actor. They're old friends. …I've written their names down. And their address. If they're still there, Janina Godlewska and Andrzej Bogucki. Good people. Majorek, you go into the town every day. Would you try and make contact? Ask them if they'd help me get out of here.
　隠れ家で Janina と
Szpilman : Should never have come out. I should've stay there, fought with them.
Janina　　: Widek, stop that. It's over now. Just be proud it happened.

学習ポイント

　この映画を深く理解するには、主人公 Szpilman が遭遇した事実を知る必要があると思います。
　第二次世界大戦（World WarⅡ 1939-45）勃発直後、ポーランドの首都ワルシャワはドイツ空軍による空爆を受け、降伏しました。当時、ポーランドのユダヤ人口は約350万人で、ワルシャワには市民の30％にあたる約36万人が住んでいました。ワルシャワの没落後、ドイツによる侵略、占領が始まり、ユダヤ人への抑圧・迫害・殺戮が行われました。保安警察及び保安部のアインザッツツグルッペン（Einsatzgruppen der Sicherheitspolizei und des Sicherheitsdienstes）によるものでした。組織部隊アインザッツツグルッペンは SS（Schutzstaffel 英：Protection Squadron）将校と共にユダヤ人の根絶を謀り無差別に銃殺を繰り返したのです。
　家や財産、所持金を没収し、日常生活において多種にわたる規制 －交通機関の使用禁止、公園への立ち入り禁止、ベンチ着席禁止、舗道歩行禁止などの社会生活上の規制－ を命じ、Davidstern（ダビデの星）－Judenstern（ユダヤの星）または Zionstern（シオンの星）と呼ばれており、Davidstern とは呼ばれていませんでした。－ の腕章着用と Ghetto 内居住を義務としました。この結果、人口過密、飢餓、伝染病などのために10万人ものユダヤ人が死亡しました。また、労働力確保と称して強制移動 －Die blonde Bestie（金髪の野獣）と呼ばれた Rein Tristan Eugen Heydrich（1904-42）による Aktion Reinharat（ラインハルト作戦）－ が始まったのです。映画化もされた有名なコルチャック先生（Janusz Korczak 本名：Henryk Goldszmit, 1878-1942）と子供たちの移送もこの頃で、Szpilman はその現場を目撃しています。Ghetto のユダヤ人のうち30万人以上が家畜用貨物列車で絶滅収容所へ移送されました。
　ユダヤ人抹殺が危惧され、Ghetto の人々はついに立ち上がります。いわゆる Warsaw Ghetto Uprising（ワルシャワゲットー蜂起, 1943）です。ZZW（Zydowskiego Zwiazku Wojskowego：Jewish Military Union）のDavid Moryc Apferbaum（?-1943）や ZOB（Zydowska Organizacja Bojowa：Jewish Fighting Organization）の Mordechaj Anielewicz（1919-43）が武装蜂起を起こしたのです。しかしながら、約1ヶ月間の抵抗後、住民のほとんどが Ferdinand von Sammern-Frankenegg（1897-1944）後に Jürgen Stroop（1895-1952）率いる Waffen-SS（武装親衛隊）、Orpo（Ordnungspolizei：秩序警察）、Wehrmacht（ドイツ国防軍）によって捕らえられ、Toleblinka あるいは Majdanek（正式名称：Lublin）の Konzentrationslager（強制収容所）や Vernichtungslager（絶滅収容所）へと移送され Ghetto は破壊されてしまいました。戦闘で7,000人のユダヤ人が犠牲になり、1945年ドイツ軍が撤退した後の生存者はわずか20人でした。

あらすじ

　第二次世界大戦中、ポーランドでピアニストだった Szpilman はラジオでショパン（Frederic Francoir Chopin 1810-49）を生演奏中、ドイツ空軍の爆撃を受けます。
　帰宅後、英国、フランスの参戦を家族と共に喜びますが、ワルシャワはドイツ軍に占領され、ユダヤ人は特に抑圧された生活を強いられます。預金を凍結されたり財産を没収されたり、雇用、舗道歩行、公園侵入、ベンチ着席などの社会生活上の禁止の他、Davidstern の腕章着用や Ghetto への居住を義務付けられたのです。
　Ghetto は3mもの高さの壁で区切られていて、物資をコッソリ持ち込もうとした子供が撲殺されたり、全員皆殺しという隣人家族や、無差別殺人的虐殺行為も目撃します。
　家族を含む Ghetto の住人が収容所へ強制送還される時、知人の Jüdischer Ordnungsdienst（ユダヤ人ゲットー警察）の Itzak Heller（架空名）によって自分だけが助けられますが、彼を待っていたのは強制労働でした。
　職業柄、重労働に向かない彼は食料調達係となり、その立場を利用して「蜂起」のための武器調達を手伝います。そんなある日、友人 Janina Godlewska を市場で見かけ、彼女を頼って Ghetto を脱出することを決意するのでした。
　反ナチス地下活動組織に匿われ、隠れ住むようになった彼の今後は。どのように生き延びたのでしょうか。

映画情報	製作費：3,500万ドル　　製作年：2002年 製作国：フランス、ドイツ、英国、ポーランド 言語：英語、ドイツ語、ロシア語 ジャンル：伝記、ドラマ、戦争 カラー：白黒、カラー	公開情報	公開日：2002年9月25日（米国） 　　　　2003年2月15日（日本） 上映時間：150分　MPAA（上映制限）：R 受賞：第55回カンヌ映画祭パルムドール 　　　第75回アカデミー賞 3部門受賞

薦	○小学生　○中学生　○高校生　●大学生　●社会人	リスニング難易度	発売元：ブロードメディア・スタジオ（平成29年2月現在、本体価格）DVD価格：3,800円　ブルーレイ価格：4,700円

お薦めの理由	よく知られたナチスのユダヤ人への残虐行為が史実に忠実に描かれています。原作者のポーランドの有名ピアニスト Szpilman の回想録というばかりでなく、監督 Roman Polanski（1933–）自身の実体験にも重複する生還記録とも言える作品です。ピアニストだからこそ、逃げるのみで戦わなかったからこそ、奇跡的に生還できたのではないかと思えるのです。	スピード	3
		明瞭さ	4
		米国訛	3
		米国外訛	4
英語の特徴	本来ポーランド語での会話が、全て英語に置き換えられています。演じているのは English Native Speakers なので、英米語の差異のみで訛りはありません。　命令や、隠れてこそこそという会話が多いのですが、特に気を付けなくても聞き取りに影響はないように思います。　意図があって英語訳されていないドイツ語でのセリフ、字幕から英語訳を試みてはいかがでしょうか。	語彙	4
		専門語	3
		ジョーク	2
		スラング	1
		文法	5

授業での留意点

Szpilman が Warsaw Ghetto Uprising 後、友人 Janina と交わした会話です。

Janina ：No one thought they'd hold out so long.
Szpilman ：Should never have come out. I should've stayed there, fought with them.
Janina ：Widek, stop that, It's over now. Just be proud it happened. My God, did they put up a fight.
Szpilman ：Yes, so did the Germans.
Janina ：They're in shock. They didn't expect it. Nobody expected it. Jews fighting back? Who'd have thought?
Szpilman ：Yes, what good did it do?
Janina ：What good? Widek, I'm surprised at you. They died with dignity, that's what good it did.
　　　　And you know something else? Now the Poles will rise. We'll fight, too. You'll see.

Warsaw Ghetto Uprising 後の1944年、ポーランド人達による Powstanik Warszawskie（ワルシャワ蜂起）が起こりました。しかし、20万人もの犠牲者を出し、むなしくも敗北。市内の80％以上が破壊されました。Adolf Hitler（1889–1945）の命によるナチスドイツ軍のユダヤ人への迫害や虐待、the Holocaust が行われていたのです。

Gebceynski ：When they storm the flat, throw yourself out of the window - don't let them get you alive.
　　　　　　I have poison on me, they won't get me alive either!

Szpilman はドイツ軍将校 Wilm Hosenfeld（1895–1950）と運命的な出会いをします。ドイツ軍に鎮圧され、廃墟の中、完全に孤立してしまった彼の耳に Ludwig van Beethoven（1770–1827）の Klaviersmnata Nr.14 cis-moll "Quos：una Fantasia（ピアノソナタ『月光』)" が聞こえてきます。疲労、空腹による幻聴だと思ったに違いありません。自分の耳を疑う彼の前に現れたのが Wilm Hosenfeld だったのです。当然、隠れていたユダヤ人だとばれてしまいます。殺されても仕方がない状態で、Hosenfeld の要求に応え、Szpilman は見事に Fryderyk Franciszek Chopin（1810–49）の Ballad No.1 Op.23（バラード第1番ト短調作品23）を奏でるのでした。（史実は冒頭で流れる遺作 KK.IVa/CT127 "Lento con gran espressione『Nocturne–夜想曲ハ短調 第20番』"）

敵であろうと、どんな状況下においても弱者に対して助けの手を差しのべる勇気と優しさを忘れてはいけません。自らの危険を顧みず Szpilman を助けた人たちを動かしたものは。また、彼らにとって音楽の役割とは。

映画の背景と見所

この映画は第二次世界大戦中、ナチス（Nationalsozialistische Deutsche Arbeiter Partei、略称：NSDAP）支配下におけるポーランドのユダヤ人ピアニスト Wladyslaw Szpilman の奇跡的事実を描いた作品です。

主人公 Szpilman は、よく見られるホロコーストやユダヤ人迫害を描いた他の映画とは違い、勇敢な英雄でも収容所他で惨殺された犠牲者でもありません。多くの人の助けを借りながらも基本的にはたった1人で奇跡的に生き延びられた人物です。

当時、ポーランドでは、迫害されていたユダヤ人を助ける行為は命がけの事でした。ユダヤ人を助けた、あるいは匿った場合、当人だけではなく家族全員が命を奪われました。そのような状況下、Szpilman はポーランド人の友人・知人にはもちろん、同胞から恐れ憎まれ嫌われていた Jüdischer Ordnungsdienst の Itzak Heller や、ナチス将校の Wilm Hosenfeld によっても生命を救われたのでした。敵/味方、加害者/被害者、善人/悪人は単純に示されるわけではないという事実です。

また、映画の中でのピアノ演奏は、Szpilman を演じた Adrien Brody（1973–）本人が代役をたてることなく演奏していることも見所の1つと言えるでしょう。

スタッフ	監督・脚本・製作：ロマン・ポランスキー 脚　　本：ロナルド・ハーウッド 製　　作：ロベール・ベンムッサ、アラン・サルド 音　　楽：ヴォイチェフ・キラール 撮　　影：パヴェル・エデルマン	キャスト	ウワディスワフ・シュピルマン：エイドリアン・ブロディ ヴィルム・ホーゼンフェルト　：トーマス・クレッチマン ドロタ　　　　　　　　　　　：エミリア・フォックス ヤニナ　　　　　　　　　　　：ルース・プラット イツァック・ヘラー　　　　　：ロイ・スマイルズ

	ソフィーの選択	Sophie's Choice	（執筆）三井　敏朗

<table>
<tr>
<td rowspan="1">セリフ紹介</td>
<td>

　正気を失ったネイサンのもとから逃げ出し、スティンゴとソフィーは小さなホテルの一室に身を隠します。密かにソフィーを愛し続けていたスティンゴは勇気をふりしぼり、一緒に彼の故郷の牧場で暮らして欲しい、結婚して子供を産んで欲しいと頼みます。彼女が母親ならば、子供は世界一幸せだろう（"Sophie, they would be the luckiest children in the world."）というのです。しかしソフィーはスティンゴの純粋な愛を受け入れることができません。彼女には、今まで誰にも話したことのない秘密があったのです。ソフィーは次のように前置きして、心の奥に隠し続けた出来事を語り始めます。

　"I'm going to tell you something I never told anybody. Never, but I need a drink. So won't you get me that first?"
アウシュビッツの収容所で、ソフィーは2人の子供のうち残せるのは1人だけだ、どちらにする、と迫られました。もう1人はその場で焼却場へ送られるのです。それは殺される方の子供を自ら選べ、という残酷な選択でした。彼女の "Don't make me choose. I can't choose." という悲痛な懇願もむなしく、最後には幼い娘がナチの手で連れ去られました。

　長い告白を終えたソフィーは、次のように語ります。

　So... we'll go to that farm tomorrow. But please, Stingo, don't... talk about marriage... and children.
このような過去を持つソフィーに、スティンゴの純粋で無邪気な言葉はどのように響いたでしょう。
ちなみにアウシュビッツの回想シーンではほとんどドイツ語が使われ、字幕で英語が表示されます。

</td>
</tr>
<tr>
<td>学習ポイント</td>
<td>

　学習時間に余裕があれば、語彙や表現の学習にとどまらず、ぜひとも作品の世界へ深く入り込んで欲しいものです。「授業での留意点」では第1回目の授業をシミュレーションしましたが、ここでも同様に第1回目の授業相当部分に出てくるセリフを掘り下げてみたいと思います。まずは冒頭のスティンゴのナレーションです。

　"It was two years after the war... when I began my journey to what my father called Sodom of the North: New York." このセリフから作品の舞台が第二次世界大戦の2年後、つまり1947年であることがわかります。まだ街にも、人の心にも戦争の傷跡が深く残っている時代なのです。"Sodom" とは、旧約聖書に記された悪徳と堕落の街です。スティンゴは信心深い米国南部の出身で、そこではニューヨークのような北部の大都会は「悪徳の街」だとされているのです。当時の南部の雰囲気が伝わってきます。

　次にネイサンが初対面のスティンゴに投げつけるセリフを見てみましょう。

　"We could've talked about sports... Southern Sports like... lynching niggers, or coons I think you all call them there. So long, cracker."

　19世紀の南北戦争後に撤廃されたとはいえ、スティンゴの出身地南部には黒人蔑視の風潮が強く残っていることを揶揄したセリフです。"niggers" も "coons" も映画や小説などで目にすることもありますが、大変に侮蔑的な差別語ですので、私たちは冗談でも使うことは許されません。英語にはそのような言葉もあるのです。"cracker" とは「貧乏白人」という意味の言葉で、やはり南部で使われた差別語です。

　次にネイサンがソフィーについて触れたセリフを2つあげてみます。

　"What do you think of that, Stingo? Here I am, a nice Jewish boy... pushing thirty... I fall crazy in love with a Polish Shiksa." "No, no, no... Sophie is Catholic."

　再び人種の問題です。"Shiksa" とは "a gentile persuasion"、すなわち「ユダヤ教徒にとっての異教徒」の意味です。2つ目のセリフはソフィーもユダヤ人だと勘違いしていた、スティンゴに向けられた言葉です。カトリック教徒だ、という一言でソフィーがユダヤ人ではないことを示しているのです。ユダヤ人とはなんでしょう？ユダヤ教とは？カトリックとは？作品中にはこのような人種や民族、宗教に関わるセリフが多数登場します。これらのセリフを、辞書を調べ、文法構造を確認しながら日本語にすることはさほど難しいことではないでしょう。でもそれだけではすべてをしっかりと理解したことにはなりません。これらの文化的な背景をしっかり把握して、本当の理解につなげて欲しいと思います。

</td>
</tr>
<tr>
<td>あらすじ</td>
<td>

　物語の舞台は第二次世界大戦が終わって2年後、1947年のニューヨークです。作家になる夢を抱いて南部からやって来たスティンゴは、ソフィーとネイサンという風変わりなカップルと知り合いになります。ソフィーの腕にはユダヤ人強制収容所にいたことを示す刺青がありました。彼女は戦争を生き抜き、米国に渡ってきたのです。言葉もろくにわからず、体調を崩して倒れたソフィーを救ったのがネイサンなのです。

　以前からネイサンには精神的に不安定なところがあったのですが、発作は徐々に深刻なものになっていき、ついには銃を持ち出しました。ネイサンから逃れたスティンゴは、ホテルの一室でソフィーに愛を告げます。それを受け入れることのできないソフィーは、今まで誰にも語ったことのない話を告白します。ドイツ軍に捉えられたとき彼女には2人の子供がいましたが、アウシュビッツでどちらか1人だけを選ばなくてはならないという選択を迫られたのです。選ばないのなら2人とも殺されてしまうという状況の中で、ついにソフィーは幼い娘を差し出したのです。ナチの兵士によって泣き叫ぶ娘は焼却所へと連れ去られました。

　この告白をした翌日、ソフィーはネイサンの元に帰り、2人は薬を飲んで自らの生命を絶ちました。2人が横たわるベッドの上には、開いたままのエミリー・ディキンソンの詩集が置いてありました。

</td>
</tr>
<tr>
<td>映画情報</td>
<td>

製 作 年：1982年
製 作 国：米国
言　　語：英語、ドイツ語、ポーランド語
配給会社：ユニバーサル映画
ジャンル：ドラマ

</td>
</tr>
</table>

公開情報

公 開 日：1982年12月　8日（米国）
　　　　　1983年10月15日（日本）
上演時間：150分
受　　賞：アカデミー主演女優賞
　　　　　ゴールデン・グローブ主演女優賞

薦	○小学生　○中学生　○高校生　●大学生　●社会人	リスニング難易度		発売元：NBCユニバーサル・エンターテイメント （平成29年2月現在、本体価格） DVD価格：1,429円　ブルーレイ価格：1,886円
お薦めの理由	2人の子供のうち、どちらかを焼却場へ送らなくてはならない、殺される子供を自分で選ばなくてはならない、という残酷な選択を迫られた女性をメリル・ストリープが演じています。言語の学習では日常的な表現や文法などの基礎知識の修得を進めていくと、その先で必ず文化の問題に突き当たります。この重厚な作品を通じて、普段関わることの少ない、他文化の一端に触れて欲しいと思います。	スピード	4	
		明瞭さ	3	
		米国訛	4	
		米国外訛	5	
		語彙	4	
英語の特徴	英語の他にもドイツ語やポーランド語などが使われています。主な舞台はニューヨークですが、あまり北部の英語は使われません。ソフィーの言葉にはポーランド語の訛りが交ざるし、スティンゴには南部のアクセントがあります。アウシュビッツでの出来事を回想する場面では、ほとんどドイツ語で会話が行われます。ソフィーの英語は "They was the first to die." や "more good" など不正確な点が残っています。	専門語	4	
		ジョーク	3	
		スラング	4	
		文法	2	

授業での留意点	映画を授業で使うのであれば、2、3回の授業を割り当てる短期集中と、半期、もしくは通年の授業で扱う長期と2つのパターンが考えられます。それぞれを具体的に考えてみましょう。 短期：150分と比較的長い映画です。本編を大きく3回分に分け、各回の内容を英文でまとめてみます。なかなか大変な作業かもしれませんので、学習者のレベルに合わせて、ある程度の道筋をつけてあげるのが望ましいと思います。例えば第1回目（0:00 - 0:50）はスティンゴ、ソフィー、ネイサンら主要登場人物たちの紹介をする。第2回目 (0:50-1:40) はソフィーのアウシュビッツでの経験を書き出す。第3回 (1:40-2:30) は全体のまとめ、もしくはソフィーが下さざるを得なかった「選択」について自分の意見を書く、などです。 長期：半期の授業を使って10回から12回で扱うのなら、1回分は映画の10-15分程度を使用することになります。ここでは第1回目の授業を想定し、シミュレートしてみましょう。場面はオープニングのスティンゴのナレーションから、彼がソフィーとネイサンの部屋を訪れる辺りまでです。映画を見る前に、重要な単語やフレーズを抜き出して予習をしておくと効果的です。この回ではソフィーの出身を暗示する "Krakow" や、先のストーリーに大きく関わる "Jewish" "Polish" "a gentile persuasion" などの語があげられます。ネイサンがソフィーをののしるとき口にする "anthrax" "biliary calculus" などは病気の名前ですが、ここでは詳しく説明する必要はありません。ネイサンは医学用語に詳しい、というイメージを与える程度にとどめてもよいと思います。また "Coney Island" などの固有名詞が登場しますが、これらについての情報を学習者が事前に調べておくというタスクを与えてもよいでしょう。 エクササイズは内容の把握に重点を置きます。例えば、 (1) What does Stingo find between the pages of the book left on the door knob? (2) Why do you think Nathan is angry at Sophie? (3) How do you think Nathan knows a lot of diseases? (4) Why does Sophie visit Stingo's room? などが考えられます。答えは映画の中で使われた単語や表現を利用するのが望ましいと思います。学習者のレベルに合わせて選択式の解答を用意する方法もあります。また答えは必ず映像の中にあるものばかりではなく、自分で推測して答える問題がいくつか含まれていると、学習者の内容理解を深めてくれるのではないでしょうか。上記の問題の中では(2)や(3)がこれにあたります。

映画の背景と見所	原作者スタイロン自身の言葉によると、彼が昔ブルックリンで知り合った、美しいポーランド人女性がソフィーの原型となりました。その女性はソフィーと同じく、ナチスの強制収容所での暮らしを生きのび、終戦後ニューヨークに渡って来たのです。それから長い年月の経った1974年のある日、書きかけの小説に行き詰まっていたスタイロンは彼女の夢を見ます。目を覚ますと大変に興奮してすぐ新しい小説に着手した、とのことです。その小説は1979年に『ソフィーの選択』というタイトルで出版されました。 映画ではなんといってもメリル・ストリープの迫真の演技が見所となっています。役の作り込みには定評があるストリープですが、アウシュビッツでの場面ではやせ衰えて頬がこけ、一瞬誰かわからないほどの様変わりを見せます。また映画のクライマックスとも言える、ソフィーが幼い子供をナチの手に委ねる場面は、カメラの前では一度しか演じなかったといいます。あまりにもつらい場面なので、何度も繰り返すことはできなかったのです。実際、かなり後になるまでこの場面を観ることさえしなかった、とあるインタビューで語っています。 ネイサン役のケヴィン・クラインはもともと舞台俳優で、2008年には『シラノ・ド・ベルジュラック』に出演しています。スティンゴを演じたマクニコルは『アリー my ラブ』や『24』などテレビドラマにも出演しています。

スタッフ	監督・脚本：アラン・J・パクラ 製　　作：キース・バリッシュ、アラン・J・パクラ 原　　作：ウィリアム・スタイロン 撮　　影：ネストール・アルメンドロス 音　　楽：マーヴィン・ハムリッシュ	キャスト	ソフィー　：メリル・ストリープ ネイサン　：ケヴィン・クライン スティンゴ：ピーター・マクニコル エッタ　　：リタ・カリン ラリー　　：スティーヴン・D・ニューマン

ダークナイト	The Dark Knight	（執筆）鷲野　嘉映

セリフ紹介

　絶対悪のジョーカーは、金のためでなく無秩序に犯罪を積み重ねます。その行為は誰にも理解できるものではありません。自らの存在をバットマンに告げるあまりにも有名な場面です。

BATMAN : Then why do you wanna kill me?

JOKER　 : I don't… I don't wanna kill you. What would I do without you? Go back to ripping off Mob dealers? No, no. No. No, you… You complete me.

BATMAN : You're garbage who kills for money.

JOKER　 : Don't talk like one of them. You're not. Even if you'd like to be. To them, you're just a freak… like me. They need you right now… but when they don't… they'll cast you out like a leper. You see, their morals, their code… it's a bad joke. Dropped at the first sign of trouble. They're only as good as the world allows them to be. I'll show you. When the chips are down, these, these civilized people… they'll eat each other. See, I'm not a monster. I'm just ahead of the curve.

注：“leper”（癩病（ハンセン病）と呼ばれた感染症で、外見や感染に関する誤った情報で世間から隔離された生活を余儀なくされました。癩病は差別用語です。世間からのけ者にされる人、厄介者を意味します）超法規的な正義によって行動するバットマンの存在が、絶対悪であるジョーカーの悪を生み、バットマンとジョーカーは表裏一体です。ジョーカーにおいてバットマンは、“You complete me.” なのです。

学習ポイント

　本作品においては、完全悪であるジョーカーの重みのある言葉をバットマン（ブルース）、ハービー、ゴードンらとの言葉と対比させて追っていくことで、授業での留意点にもあるように本作品のモチーフである善悪や正義について深く理解できるでしょう。また、ジョーカーの言葉は、非常に聞き取りやすく、かつインパクトがあります。ジョーカーの言葉を中心に英語学習を進めると良いでしょう。

　何を信じるのかと問われた時に、“I believe whatever doesn't kill you simply makes you… stranger.” と答えて平気で殺人に及びます。　悪人に対して、“Now… our operation is small… but there is a lot of potential… for aggressive expansion.” 暴力による組織の拡大を告げます。　TV で、“You see, this is how crazy Batman's made Gotham.”、悪の増大の根底にバットマンの存在があると訴えます。　バットマンがジョーカーを追いつめ、今まさにバットポッドでジョーカーを轢き殺そうとした時に、“Come on. Come on. I want you to do it, I want you to do it. Come on!… Come on, hit me!” と叫びますが、バットマンは直前に轢き殺すのを避けてしまいます。バットマンは悪にはなりきれないのです。　“I have one rule.” と言うバットマンに対して、ジョーカーは “The only sensible way to live in this world is without rules.” と答え、2人の違いを際立たせます。　警察官を前に、“You see, in their last moments… people show you who they really are.” と挑発します。　山のように積まれた札束を前にマフィアに対して、“It's not about money… it's about sending a message. Everything burns.” と、関心事は金ではないことを告げます。　彼女を殺されてトゥーフェイスと変貌したハービーに対して、“You know? I just do things… The cops have plans… I'm not a schemer. I try to show the schemers how pathetic their attempts to control things really are.” さらに、“I'm an agent of chaos.” と、世界の始まりを創生する神のように告げます。　バットマンと対峙した時に、“This is what happens when an unstoppable force… meets an immovable object. You truly are incorruptible, aren't you? Huh? You won't kill me out of some misplaced sense of self-righteousness. And I won't kill you because you're just too much fun. I think you and I are destined to do this forever.” と、バットマンの矛盾をつきます。　ハービーがトゥーフェイスとなったことに関して、“I took Gotham's white knight… and I brought him down to our level. It wasn't hard. See, madness, as you know… is like gravity. All it takes is a little push.”、普通の人間の弱さを突きつけます。

　一方、映画の題名の通り、映画全体が暗いトーンで覆われていますが、ウェインの全てを知り大きく見守っている執事のアルフレッドの言葉や行動にはホッとさせられます。2人の会話には、親しい者でしか言えない言葉のキャッチボールもありますので、確認するとよいでしょう。

あらすじ

　マフィアに汚されたゴッサム・シティに、真に悪そのものを好む犯罪者ジョーカーが現れ、街は再び混乱と狂気に包まれていきます。バットマン（ブルース）は、ゴードン警部補と協力して、マフィアを摘発していきますが、悪の根を断つことが出来ずにいました。そうした街に犯罪の撲滅を誓う正義の男で、光の騎士（ホワイトナイト）と呼ばれる地方検事ハービーが現れます。ブルースの元恋人レイチェルの現恋人であるハービーに、顔の見えるヒーローをみたブルースは、ハービーにこの街を託し、自らはバットマンのマスクを脱ぐ決心をします。一方、ジョーカーはマフィアからバットマン殺害を請け負うのでした。警官や市民を次々と殺害していくジョーカーは、バットマンが正体を明かさなければ市民をひとりずつ殺していくと宣告します。一度は逮捕されたジョーカーですが、すぐに脱走し、ハービーとレイチェルを監禁してどちらかの命を奪うと嘲笑うのでした。ハービーはバットマンに助けられますが、レイチェルが犠牲となります。顔面の半分が焼け爛れたハービーは、ジョーカーの魔の手によりダークサイドへと堕ち、トゥーフェイスとなってしまいます。トゥーフェイスは、次々と殺人を繰り返します。ジョーカーを倒したバットマンは、そんなハービーの心を理解しながらトゥーフェイスを倒します。街には真のヒーローが必要だと信じるブルースは、トゥーフェイスの悪行を全て自分の責任とし闇の騎士（ダークナイト）としての道を選ぶのでした。

映画情報

製 作 費：1億8,500万ドル
製 作 年：2008年
製 作 国：米国、英国　　　言　　語：英語
配給会社：ワーナー・ブラザース
ジャンル：アクション、サスペンス、アドベンチャー

公開情報

公 開 日：2008年7月18日（米国）
　　　　　2008年8月 9日（日本）
上映時間：152分
MPAA（上映制限）：PG-13（米国）
オープニングウィークエンド：1,580万ドル

薦	○小学生 ○中学生 ○高校生 ●大学生 ●社会人	リスニング難易度		発売元：ワーナー・ブラザース ホームエンターテイメント（平成29年2月現在、本体価格） DVD価格：1,429円　ブルーレイ価格：2,381円

お薦めの理由	本作品は2時間を超える大作ですが、誰もが1度は目にしたことがあるバットマンシリーズの最高傑作と言われる作品であり、展開が巧で、他の作品を観たことがない者にとっても本作品だけでも十分楽しめる作品に仕上がっています。殺人、暴力等のシーンも多く、ダークな世界を描いていますが、鑑賞した後、押しつげがましくなく善悪について考えさせられる素晴らしい作品であると言えます。	スピード	3	
		明瞭さ	3	
		米国訛	2	
		米国外訛	2	
英語の特徴	バットマンの会話以外は、話し方が比較的明瞭です。会話の掛け合いになっている箇所が多く認められますので、その場の状況に応じて文章の意味を捉える良い練習になります。犯罪シーンが多いのですが、極端に汚いスラングは多くありません。ジョーカーの会話は、哲学的な意味合いを含んでいることが多く、ジョーカーの悪を念頭に理解する必要があります。アクションにおいて、専門用語が認められます。	語彙	3	
		専門語	2	
		ジョーク	1	
		スラング	2	
		文法	3	

授業での留意点

因果応報という日本的な考えに対して、キリスト的な善と悪の考えがこの映画の根底にはあると言われています。本作品のクリストファー・ノーラン監督は、その作品の多くで倫理や哲学を説き、聴衆に訴える監督であると評されています。絶対的な（純粋な）悪の存在は、善の存在があるからなのか。本作品では、絶対的な悪の存在としてのジョーカー、善の象徴としてのバットマン（ブルース）、正義こそ善と信じていたが悪へと堕ちていくトゥーフェイス（ハービー）の三者の姿を通して、善とは悪とは何かを問うている作品であると言っても良いでしょう。英語を離れて、キリスト教やその他の宗教における善悪について調べた後に、再度本作品を鑑賞するのは米国（のコミックの）ヒーローと日本との比較においても興味深いでしょう。

バットマンは、警察や裁判官ではなく、あくまでも自警団として超法規的に悪に立ち向かうヒーローです。また、特別な能力を持つ超人ではなく、生身の人間がスーツや各種の装備により、自らの意思によりバットマンとして行動していきます。そこに人間としての悩みも付き纏うことになります。

バットマンは希望の騎士ではなく、永遠に闇の騎士でしか存在できないのです。バットマンの行動が悪を呼び寄せ、悪の排除が悪の増幅につながってしまうのです。バットマンのいない世界が訪れることが理想ですが、果たして実現可能でしょうか。実社会において「世界の警察」を自認する米国の姿を投影しているとも考えられる本作品は、現在の混沌とした世界情勢を考える良い契機となるのではないでしょうか。

バットマン、ジョーカーそしてトゥーフェイスの言葉より、それぞれの善、悪、正義が読み取れます。

BATMAN : You either die a hero... or you live long enough to see yourself become the villain. I can do those things... because I'm not a hero, no like Dent. （ハービーも以前同様のことを言っている）

JOKER : Introduce a little anarchy... upset the established order... and everything becomes chaos. Oh, and you know the thing about chaos? It's fair.

TWO-FACE : It's not about what I want, it's about what's fair! You thought we could be decent men in an indecent time. But you were wrong. The world is cruel.

バットマンとともに悪に立ち向かってきたゴードン警部補と息子の会話です。

JIMMY(GORDON'S SON) : He didn't do anything wrong. （ここでの He とはバットマン）

GORDON : Because he's the hero Gotham deceives, but not the one it needs right now. So we'll hunt him... because he can take it. Because he's not our hero.

映画の背景と見所

本作品は、アメリカン・コミックス「バットマン」を原作とした、クリストファー・ノーラン監督による新生バットマンシリーズ第2作目です。前作が『バットマン ビギンズ』、次作が『ダークナイト ライジング』であり、可能であれば公開順に鑑賞することをお勧めしますが、本作品のみでも単独で楽しめる作品に仕上がっています。日本での興行は決して成功であったとは言えませんが、米国では10日間で約300億円の興行収入を記録した大ヒット映画です。本作品は、1989年から続く実写映画版としては第6作となりますが、初めてタイトルからバットマンの名前が外された作品でもあります。本作品の全世界での成功は、ジョーカーを演じたヒース・レジャーの映画史に残る怪演によるところも大きいと言えます。ジョーカーと言えば、ティム・バートン監督の1989年公開『バットマン』におけるジャック・ニコルソンの印象が強いですが、それを凌駕するヒース・レジャーの絶対悪としてのジョーカーの存在がこの作品の輝きを増しています。ヒースは映画の完成を待たずに、2008年1月に薬物中毒により急逝しますが、この作品で彼はアカデミー助演男優賞、ゴールデン・グローブ助演男優賞、英国アカデミー賞助演男優賞など主要映画賞を総なめにしました。故人のアカデミー賞受賞は、ピーター・フィンチ以来32年ぶり2例目となります。ヒースが身を削って完成させたジョーカーの世界に浸って下さい。

スタッフ	監督・脚本・原案：クリストファー・ノーラン 脚本：ジョナサン・ノーラン 原案：デビッド・S・ゴイヤー 撮影：ウォーリー・フィスター 美術：ネイサン・クロウリー	キャスト	ブルース・ウェイン（バットマン）：クリスチャン・ベイル ジョーカー：ヒース・レジャー ゴードン警部補：ゲイリー・オールドマン アルフレッド：マイケル・ケイン レイチェル・ドーズ：マギー・ギレンホール

タイタニック	Titanic	（執筆）亀山　太一

セリフ紹介

　この映画で印象に残るセリフのひとつに、"You jump, I jump."があります。「君（あなた）が飛び込んだら、私（僕）も飛び込む」という意味ですが、それが立場を変えて何度か出てきます。

　ローズの人生を見守っていたいという想いを込めてジャックが言うセリフ：

"I'm not an idiot. I know how the world works. I've got ten bucks in my pocket and I have nothing to offer you, and I know that. I understand. But I'm too involved now. **You jump, I jump,** remember? I can't turn away without knowing you'll be all right. That's all that I want."

　これに対し、ローズは、"Well, I'm fine. I'll be fine... Really."と言って立ち去ってしまいます。

　しかしその後、タイタニック沈没のパニックの中、一旦は救命ボートに乗ったローズが、ジャックのいる船にまた戻ってしまいます。驚いて "You're so stupid! Why did you do that?"と問うジャックにローズは、"**You jump, I jump, right?**"と答えます。

　実はこのセリフ、いちばん最初はどういう状況で使われたのかというと、タイタニックの船尾から海に飛び込もうとするローズを引き留めるためにジャックが言ったセリフでした。

"I'm involved now. You let go and I'm gonna have to jump in there after you."

　そう、もともとの発端は、目の前で若い女性が海に飛び込むのを黙って見ているわけにはいかない。もし君が飛び込んだら、自分も飛び込まなくちゃいけなくなる（だから身投げはやめてくれないか）、という意味だったのです。

学習ポイント

　この映画の登場人物は、時代、身分、職業などがさまざまで、いろいろな種類の英語やその言い回しがあり、セリフの内容も変化に富んでいます。たとえば現代人であるロベットやボーディーンは four letter words を使いますが、100年近く前の上流階級であるローズやキャルたちはもちろんそのような汚い言葉は（人前では）一切使いません。

　また、ジャックの友人であるイタリア系のファブリツィオや、アイリッシュのトミーはそれぞれにお国訛りの英語で話します。たとえば、沈没する船の中で逃げ道を探すファブリツィオがジャックに言うセリフに "There is *niente* this way." がありますが、この中の *niente* は英語の no や nothing に相当するイタリア語です。

　上流階級の特徴を表すものに "Charmed." があります。ローズがジャックを母親のルースに紹介したとき、ルースは「虫を見るような目つき」でジャックを見ながらも、言葉だけは丁寧に "Charmed, I'm sure." と言っています。対照的に、「成り上がり」の富豪であるモリーは、ジャックと2人きりになるやいきなり "Son!" と呼びかけ、"You're about to go into the snake pit." と、どろどろした上流階級の裏の世界を喝破しています。

　このモリー・ブラウンという女性、後世には "The Unsinkable Molly Brown" というミュージカルや映画の主人公にもなるほどの名声を博した実在の人物ですが、その彼女が、ディナーに着ていく正装服を持っていないジャックに息子の洋服（タキシード）を貸してやるシーンがあります。

Molly : I was right! You and my son are just about the same size.
Jack : Pretty close.
Molly : You shine up like a new penny!

　この "shine up like a new penny" という表現、「新しいペニー（1セントコイン）のように、金銭的な価値は低いかもしれないけれど、見た目はピカピカと光ってて素敵だわよ」という、モリーの優しさが表れているセリフです。

　ところで、このエピソードはもちろんフィクションですが、それにしてもなぜ、1人旅であるはずのモリーが息子の服を持っていたのでしょうか。

　フランスのシェルブールから乗船したモリーは、ファッションの最先端であるフランスで、夫や息子のために（もちろん自分のためにも）洋服を買い込んできたのでしょう。ということはつまり、ジャックに貸したタキシードは、フランスで買ってきたばかりの新品だということです。その新品の服を浮浪者のようなジャックに惜しげもなく着させてしまうという架空のエピソードを盛り込むことで、キャメロン監督はモリーの寛大さをアピールし、ひいては彼女が後世に名を残す大きな人物だということを自然に観客に伝えているのです。

あらすじ

　1912年4月、世界最高峰の豪華客船タイタニック号が処女航海に出航しました。その乗客であった2人の男女がこの物語の主人公です。1人は、フィラデルフィアの由緒ある家系に育ち、鉄鋼会社の御曹司キャルと婚約していたローズ。もう1人が、ヨーロッパで絵の修行をしていた青年ジャック。彼はポーカーの賭けに勝ってタイタニックのチケットを手に入れたことで、ようやく母国に戻れることになったのでした。気の進まない結婚と、自由のない将来の生活に絶望していたローズは、衝動的に船尾から海に飛び込もうとします。そこに偶然居合わせたジャックがこのローズを助けたことから、出会うはずのなかった身分違いの2人が恋に落ちるのでした。政略結婚によって家名を守ることが、この家の女性として生まれた者の使命だと説く母親の言葉に、一旦はジャックをあきらめたローズでしたが、「自分の人生」を生きるため、ローズは「家」を捨てる決心をします。そのとき、タイタニックは氷山に衝突し、沈み始めます。極寒の海に投げ出された2人は、水面を漂いながら励まし合いますが、ジャックはついに力尽きます。死ぬ間際にジャックがローズに残した言葉、「どんなことがあっても生きるんだ。そして歳をとり、温かいベッドの上で死ぬんだ」。その言葉を胸に秘め、ローズは100歳を超えるまで生き抜き、そしてまたジャックが眠る海に戻ってくることになるのです。

映画情報

製作費：2億8,600万ドル 製作国：米国 言語：英語 配給会社：パラマウント映画　（米国） 　　　　　20世紀フォックス（日本）	公開情報	公開日：1997年12月19日（米国） 　　　　　1997年12月20日（日本） 　　　　　2012年4月4日（米国）（3D版） 　　　　　2012年4月7日（日本）（3D版） 上映時間：194分

| 薦 | ○小学生 ○中学生 ●高校生 ●大学生 ●社会人 | リスニング難易度 | 発売元：20世紀フォックス ホーム エンターテイメント ジャパン (平成29年2月現在、本体価格) DVD価格：1,419円 ブルーレイ価格：1,905円 |

お薦めの理由	1998年アカデミー賞の11部門を受賞し、世界中で記録的な興行収入を上げただけあって、作品の質の高さは保証済みです。タイタニック号の船首でローズが夕陽に向かって腕を広げるあまりにも有名な美しいシーンや、沈み行くタイタニック号の中で繰り広げられるパニックシーン、そしてその中にも時折見られる暗闇に浮かぶ船の美しいシーンなど、何回、いや何十回見ても飽きない映画です。

	スピード	3
	明瞭さ	3
	米国訛	1
	米国外訛	2
	語彙	3
	専門語	3
	ジョーク	2
	スラング	2
	文法	3

英語の特徴	登場人物のキャラクターによって多少のバリエーションはあるものの、全体としては標準的な米国英語です。ただし、英国人（主に船員）や、外国人（移民）の話す英語はそれぞれに訛りがあります。 その他、上流階級と下層階級の言い回しの違いや、当時の男性と女性の話し方が現代と微妙に違っていることにも気づけると、より楽しめることでしょう。

授業での留意点	この映画は、タイタニック号という実在の豪華客船が1912年4月10日にイングランドのサウサンプトン港を出港してから4月15日に大西洋の海底に沈むまでの事実に基づいて作られています。ですから、登場する船の乗組員や乗客のほとんどは実在の人物です。歴史に残る海難事故ですから、事故後の調査も綿密に行われており、その調査記録から、いつ、誰が、どこで、何をしたかということがかなり正確にわかります。キャメロン監督は、それらの記録を詳細に読むのはもちろんのこと、自ら調査船に乗って大西洋に潜り、沈んでいるタイタニック号の調査まで行っています（その実際の映像が、映画の冒頭のシーンに使われています）。そして彼は、調べた事実をきわめて正確に映画の中で再現しました。その意味では、この映画の大部分はノンフィクションであると言えます。 たとえば、「不沈のモリー・ブラウン」ことマーガレット・ブラウンが、救命ボート（6号艇）に乗って避難する際に自らオールを持ってボートを漕いだこと（撮影はしたものの本編ではカットされている）や、生存者を助けるために戻ろうと提案したことも事実ですし、さらにその提案が同じボートに乗っていた操舵手のヒッチェンズに反対されて実現しなかったこともそのまま映像として再現されています。 しかし、キャメロン監督が本当にすごいのは、その事実の正確な再現の中に、ジャック、ローズ、キャルら架空の人物による愛憎劇というフィクションを見事に融合させたことです。ノンフィクションでできたジグソーパズルに、フィクションでできたピースを正確にはめ込むような、神業ともいえる脚本のすばらしさを、この映画を何度も観て味わって欲しいものです。 たとえば、タイタニック出航のシーンで、クレーンで積み込まれていた美しい自動車を覚えている人も多いでしょう。当時、自動車を所有するのはもちろん富裕層に限られていましたが、この車（ルノー1912年型）は実際にタイタニックに積まれていた車で、その所有者もわかっています。映画の中で、キャルのボディガードであるラブジョイから逃れたジャックとローズが船の中をどんどん下へ降りていき、最後に船底の貨物室に迷い込みますが、現実でもその場所には本当にこの車が置いてあったに違いありません。そしてもうひとつの事実は、この船底の貨物室は、氷山に衝突して船腹に亀裂が入ったと思われる箇所にあたり、映画と同じようにいちばん最初に水が入り込んだと考えられる場所だということです。 この貨物室を舞台に、豪華で優美な最高級車の中で若い男女が初めて結ばれるシーンを描き、その直後に氷山衝突によって水が入り込み、2人を探していた船員が最初の犠牲者となる皮肉なシーンを撮る。そんな事実とフィクションが融合したこの作品を味わうことで、「事実は小説より奇なり」という言葉が実感できることでしょう。

映画の背景と見所	タイタニック号沈没事故が起きた1912年は、日本ではちょうど明治から大正に変わった年（7月までは明治45年、8月から大正元年）でした。2年後の1914年に第一次世界大戦が始まりますから、当時のヨーロッパ情勢は緊迫していたのですが、大英帝国はフランスや日本とは同盟国だったので、タイタニックのような客船がフランスの港に立ち寄ったり、日本人がタイタニック号に乗船したりということもあったようです。 一方アメリカ合衆国は、およそ200年にわたる移民時代の末期にあたります。18世紀から19世紀後半にかけてアメリカ大陸に渡ったヨーロッパ人（主に英国人）たちがWASPと呼ばれる白人エリート支配層を形成したのに対し、19世紀末から20世紀初頭における移民の大多数は東・南ヨーロッパの非アングロサクソン系白人や、ユダヤ人、アジア人などでした。この映画でいえば、一等船客であるキャルやローズ、それに実在の人物であるジョン・J・アスターやベンジャミン・グッゲンハイムらが前者にあたります。かれらは富裕層であるがゆえに、タイタニックに乗っていたことが記録に残され、映画の登場人物にもなっています。一方、移民としてタイタニックに乗っていた人々は、乗船名簿には名前が残っているものの、その行動はほとんど記録が残っていません。ジャックの友人がみな架空の人物なのは、そんなところに理由があるのかもしれません。

| スタッフ | 監督・製作・脚本・編集：ジェームズ・キャメロン 製作総指揮　　　　：レイ・サンチーニ 撮　影　　　　　　：ラッセル・カーペンター 音　楽　　　　　　：ジェームズ・ホーナー 衣　装　　　　　　：デボラ・リン・スコット | キャスト | ジャック：レオナルド・ディカプリオ ローズ　：ケイト・ウィンスレット 老ローズ：グロリア・スチュアート キャル　：ビリー・ゼイン モリー　：キャシー・ベイツ |

太陽と月に背いて	Total Eclipse	（執筆）大庭　香江

セリフ紹介	映画のラストシーン。ランボーとの思い出を回想してきたヴェルレーヌは、若き日のランボーの幻影を見ます。幻のなかでランボーは、2人が探し求めていたものを見つけた、と告げます： Arthur Rimbaud : I've found it. What? Eternity. It's the sun mingled with the sea. 　　　　（分かったんだ。何かって？　永遠。それは海に混ざり合って一緒になっていく太陽だ） 愛とは何か。ランボーは迷いなく答えます。愛とは蘇らせるべきものであり： Arthur Rimbaud : Love has to be reinvented.（愛とは、その存在をよみがえらせるものだ） 愛する相手が幸せかどうかなど、気にすべきではない、と： Paul Verlaine 　　：You don't care about my happiness, do you?（僕が幸せかどうかは気にならない、だろ？） Arthur Rimbaud : No, neither should you.（ああ、君も気にすることはないさ） 嫉妬にかられたランボーは、愛の証だと、指輪をはめたヴェルレーヌの手を、ナイフで突き刺します： Arthur Rimbaud : Do you love me?（僕を愛してるか？） Paul Verlaine 　　：Yes...（ああ…） Arthur Rimbaud : Then put your hand on the table.（じゃあ手をテーブルに置いて） Paul Verlaine 　　：What?（何？） Arthur Rimbaud : Put your hand on the table.（手をテーブルに置くんだ）
学習ポイント	本作品の DVD は、現在日本国内での生産が終了しているため、作品を視聴するには、ストリーミングなどをお薦め致します。そのため、DVD を使用しての、日本語字幕や英語字幕を入れ替えての学習を行うことは難しく、英語音声のみでほぼ聞き取りを行える、高度な英語力を持つ学習者にお薦めの作品といえます。セリフのスピードも、大変速い部分がありますので、上級の学習者を対象とした教材に向いています。あらかじめセリフのスクリプトを準備して文字情報を与え、「セリフ紹介」で紹介されているような、平易なセリフから聞き取りを始めると良いでしょう。 　授業で使用する際には、ヴェルレーヌとランボーの男色がテーマの1つであるため、場面に性的描写が多く含まれていますので、事前にどの場面を使用するか、十分に検討する必要があります。セリフにも性的表現が含まれます。 　しかし、2人が愛について語り合う場面など、同性同士でのことで異色ともいえますが、セリフのやりとりが面白く、授業で視聴しても問題はないと思われます。 　本作品は、フランスの詩人ポール・ヴェルレーヌとアルチュール・ランボーが、ヨーロッパ各国を旅するという物語でもあり、撮影場所も、フランス、ベルギー他多様です。映像では美しい音楽と共に、ヨーロッパらしい石畳の通りや、歴史ある建物、農村地帯、海岸などが映し出されます。舞台となる19世紀の乗り物の移動手段として、汽車や船が登場し、観る者もヨーロッパを旅しているかのような気持ちになれることでしょう。ヴェルレーヌとランボーは英語圏である英国にも赴きますし、例えば旅行会話を行う授業の参考資料として、本作品の一部を視聴しても面白いと思われます。 　また、ヴェルレーヌとランボーは終始「愛」とは何かについて問いかけますので、英詩を扱う授業の発展教材として視聴するという形も面白いことでしょう。 　セリフは、正規文法に沿ってはいるものの、あたかも詩を朗読しているかのように、長い一文が途切れ途切れで読まれることがありますので、それを、1つのセリフ：1つの文として聞き取ることができるかどうか、ディクテーションにチャレンジしてみて下さい。通常は書き言葉として用いられる文語の語彙が含まれていたりもしますし、過去分詞が形容詞的に用いられている箇所も多くあります。セリフを書き取れたら、英語字幕で確認し、もう1度音声を聞いて確認しましょう。次に、聞き取ったセリフを訳してみましょう。文として成立しているか、日本語字幕を見て確かめましょう。上級の学習者にお薦めの学習方法ですが、ぜひ、試してみて下さい。 　日本語吹き替え版や字幕版でご覧になれる場合は、まず日本語で視聴することをお薦めします。初めに日本語であらすじを把握してから、英語版での学習に取り組むと良いでしょう。
あらすじ	物語は老詩人ポール・ヴェルレーヌの回想で始まります。 　1870年代のパリ。ヴェルレーヌの元に一通の詩が届きます。その詩に感銘を受けたヴェルレーヌは、詩の送り主をパリに呼び寄せます。現れたのは青年アルチュール・ランボー。ヴェルレーヌには身重の妻がいましたが、才能溢れるランボーに魅かれ、家を出てしまいます。ヴェルレーヌの妻には息子が生まれ、ランボーも一度は故郷に帰りますが、2人は再びベルギーのブリュッセルへ船の旅に出ます。ヴェルレーヌは家に戻ろうとしますが、フランスとの国境まで来たところで、ランボーを選び、共に英国へ向かいます。生活は苦しく、関係はうまくいかなくなり、ヴェルレーヌはランボーのもとを去りますが、ブリュッセルで再会します。拳銃でランボーの手を撃ってしまうヴェルレーヌ。ランボーは病院に運ばれ、ヴェルレーヌは、この件と男色の罪で2年間投獄されてしまうのでした。 　2年後、ドイツのシュヴァルツヴァルトで2人は再会しますが、ランボーはヴェルレーヌのもとを去り、1人、あてのない旅に出て、その旅の途中、骨肉腫にかかり、それが原因で脚を切断することとなってしまいます。そして、生家に辿り着いたものの、妄想に襲われ、命を落とします。ランボーの死後、ランボーの妹イザベルと会うヴェルレーヌ。そこで見たのは、若き日のランボーの幻影が、「見つけた。永遠を。太陽と1つになった海だ」と語る姿でした。

映画情報	原　　作：クリストファー・ハンプトン 製 作 費：800万ドル 製 作 国：英、仏、ベルギー 撮影場所：フランス、ベルギー、ジブチ共和国 言　　語：英語	公開情報	公 開 日：1995年11月3日（米国） 　　　　　1996年10月5日（日本） 上映時間：111分　興行収入：33万9,889ドル（米国） サンセバスティアン国際映画祭最優秀映画賞（ゴールデン・シェル）ノミネート

薦	○小学生 ○中学生 ○高校生 ●大学生 ○社会人	リスニング難易度	発売元：IMAGICA TV （平成29年2月現在、DVD発売無し） 中古販売店等にお問い合わせください。

お薦めの理由	ヨーロッパの美しい景色を背景に、フランスの詩人ポール・ヴェルレーヌとアルチュール・ランボーが禁断の恋に狂う。フランス文学や詩に興味関心のある英語学習者には大変興味深いテーマが映画化されています。英語のセリフは、ゆっくりで平易なものと、速くて難解なものと様々です。テーマを踏まえたうえでも、大学生以上の、上級の英語力を持つ学習者にお薦めといえます。	スピード 5 明瞭さ 3 米国訛 1 米国外訛 1 語彙 5 専門語 5 ジョーク 1 スラング 3 文法 5	LEONARDO DiCAPRIO　DAVID THEWLIS TOTAL ECLIPSE
英語の特徴	英国・フランス・ベルギー三国の共同製作ですが、俳優は米国出身で、特に英国英語ということではありません。セリフのスピードはかなり速い部分がありますが、発音は明瞭です。使用語彙は平易なものから難易度の高いものまであり、聴き取りには高い英語力が要求されます。正規文法通りですが、長いセリフも多く、詩の様に間を開けて語られることもあるため、しっかりとした文法知識が必要です。		

授業での留意点

本作品を視聴し、ポール・ヴェルレーヌやアルチュール・ランボーの詩に興味を持つ学習者も多くいることと思います。以下に、ヴェルレーヌとランボーの代表的な詩をご紹介します。

Autumn Song by Paul Verlaine

When a sighing begins
In the violins
Of the autumn-song,
My heart is drowned
In the slow sound
Languorous and long
〈以下略〉
Translated by Arthur Symons

http://shenandoahliterary.org
より転載しております。

前列左よりヴェルレーヌ、ランボー。
アンリ・ファンタン＝ラトゥール筆
ウィキペディアより

The Drunken Boat by Arthur Rimbaud

As I was floating down unconcerned Rivers
I no longer felt myself steered by the haulers:
Gaudy Redskins had taken them for targets
Nailing them naked to coloured stakes.
〈以下略〉
Translated by Oliver Bernard

http://www.mag4.netより転載しております。

原文はフランス語です。日本語訳とも比較して下さい。

ポール・マリー・ヴェルレーヌ（Paul Marie Verlaine, 1844–1896）は、ドイツとの国境に接する、フランス・モゼル県の出身。大学を経てパリ市役所に勤務。25歳で結婚、普仏戦争に召集されます。一男をもうけるも、ジャン・ニコラ・アルチュール・ランボー（Jean Nicolas Arthur Rimbaud, 1854–1891）（フランス北東部・アルデンヌ県出身）との出会いによって、運命が動き出します。ヴェルレーヌは家庭を捨て、ランボーと共に、ベルギーのブリュッセル、英国のロンドンなどを旅しました。後にヴェルレーヌは発砲し、ランボーの手を撃ち、投獄されました。ランボーはヨーロッパから紅海方面に渡り、砂漠の商人となりますが、骨肉種が悪化。フランスに戻りますが、右脚を切断。全身に転移した癌のため、妹のイザベルに看取られながら、マルセイユにて死去しました。一方のヴェルレーヌは、獄中でカトリックに帰依。2年後出獄しましたが、別の男性と恋愛関係となり、英国に移り住みました。晩年はパリにて、酒に溺れ、膝を痛めて慈善病院を転々とした末、娼婦の情夫となりました。詩人としての活動は続けましたが、膝が悪化し、娼婦に看取られ死去。パリ市17区のバティニョール墓地に埋葬されました。

映画の背景と見所

この映画は、英国の映画監督・劇作家・脚本家で、アカデミー脚色賞を受賞している、クリストファー・ハンプトン（1946–）の、1968年に発表された戯曲、および1995年に発表された小説、*Total Eclipse*「太陽と月に背いて」を原作として製作されました。ハンプトン自身が脚本を手掛け、判事役で出演もしています。

女流監督のアニエスカ・ホランド（1948–）はポーランドのワルシャワ出身で、プラハで映画製作を学び、米国のハリウッド以外でも、フランス、ドイツで映画監督として活躍しています。そのためか、この映画の舞台となる、ヨーロッパ諸国の景色の映像表現は繊細かつ緻密で、作品の見所の1つとなっています。撮影も、フランスやベルギーなど、現地で行われました。

ドキュメンタリー映画を手掛けてきたジャン＝ピエール・ラムゼイ・レヴィの製作であり、詩人の生涯に関して、文学史に忠実であるように描かれていると言えます。

現実世界での破滅と、芸術の創造の葛藤に揺れる詩人ポール・ヴェルレーヌをデヴィッド・シューリスが、そして、残酷なまでに彼を愛する、若き天才詩人アルチュール・ランボーをレオナルド・ディカプリオが演じ、19世紀フランス象徴主義の代表的詩人2人の運命を、静かに、そして情熱的に浮き彫りにし、見事に表現しています。

スタッフ	監督：アニエスカ・ホランド 脚本：クリストファー・ハンプトン 製作：ジャン＝ピエール・ラムゼイ・レヴィ 編集：イザベル・ロレンテ 撮影：ヨルゴス・アルヴァニティス	キャスト	アルチュール・ランボー ：レオナルド・ディカプリオ ポール・ヴェルレーヌ ：デヴィット・シューリス マチルダ ：ロマーヌ・ボーランジェ イザベル・ランボー ：ドミニク・ブラン 判事 ：クリストファー・ハンプトン

ダンサー・イン・ザ・ダーク	Dancer in the Dark	（執筆）水野　資子

セリフ紹介

【Chapter 5 / 00:23:14】
BILL : And that's why you put in all these hours and do all these pins and do everything you do. For him. For his operation.
SELMA : Well, it is my fault. I guess...
BILL : How is it your fault?
SELMA : Because I... I knew he would... he would have bad eyes like me. But I had him... all the same.
BILL : You're very strong.
SELMA : I'm not strong. I've got little games I play when it goes really hard. When I'm working in the factory... and the machines, they make these... rhythms... And I just start dreaming, and it all becomes music.

【Chapter 9 / 00:50:00】
SELMA : I'm not gonna play Maria.
SAMUEL : What?
SELMA : My heart just isn't in this... Like, I shouldn't be wasting my time on something that isn't that important really. I've been watching Suzan, and she's... She's great. She's... She's very... She's a much better dancer than I am.

学習ポイント

　舞台は60年代の米国の田舎町。ストーリーの中核をなす登場人物の多くはヨーロッパからの移民であるため、本作ではヨーロッパ語訛りの英語が多く使用されています。そのため、米国の会話で見受けられるような音の脱落や変化は少なく、大部分の表現も平易なものなので、日本人学習者にとっては、比較的聴き取りやすい英語が使われていると思います。

　映画を通して言語学習をしようとする際は、全編を1回以上、気に入ったシーンや Chapter はさらに何度も繰り返し視聴することが理想的でしょう。しかし本作は2時間20分という長編であり、また、ミュージカルを織り交ぜてはいるものの、描かれている世界は見る者の心をえぐるような悲劇であるため、単に言語学習の目的で繰り返し視聴することを薦めるのには、あまり適さない作品だと思います。本作品は激動の60年代の過酷な移民の生活が、トリアー監督の独特の表現手法で描かれており、そういう意味では単なる言語学習教材という枠を越えて、当時の世界情勢と各国の関係性の理解を深める教材として、あるいは、トリアー監督の思想の断片を登場人物のセリフから考察する教材として使うと良いのではないでしょうか。このような視点から作品理解を深めることもまた、言語をより深いレベルで運用できる力につながっていきます。

【学習のポイント】
　1. 60年代米国とチェコスロバキアを中心とする世界情勢の理解
　2. 監督ラース・フォン・トリアー氏の生い立ち、思想の理解

　他の作品と同様、一度、日本語字幕を表示した状態で全編を鑑賞しましょう。映画は長く、見ていて苦しい場面がありますが、日をまたがずに同日に、できれば一挙に見てください。映画を見るということは描かれている世界を疑似体験することと等しく、その方が作り手の意図を捉えやすいと思います。気になったセリフやシーンの時間は書き留めておいてください。あとから戻ってもう一度見たり、その部分のセリフを書き出せるようにするためです。

　次にインタビューや、メイキングのドキュメンタリー映像、セルマ・マニフェストなど、付属映像や資料に目を通してみましょう。ここでも印象に残った言葉を拾い、メモをしておいてください。

　最後に上に挙げた学習のポイントをもとに、インターネットや各種文献から本作に関わる情報を集め、作品の理解を深めてみてください。当時の世界情勢や監督の思想を知ることにより、一度見ただけでは気付かなかったセリフや仕草の真意が見えて来るかもしれません。60年代の世界情勢の知識は今後多くの作品を鑑賞する際にも、有用な知識となるはずです。

あらすじ

　遺伝的な病気で視力を失いつつある主人公セルマはシングルマザー。一人息子のジーンには自分と同じ運命を負わせまいと、息子に手術を受けさせるために2人でチェコスロバキアから米国に移り住んでいます。貧しさに屈することなく、息子のためにひたむきに働くセルマ。そんな彼女に多くの人が引きつけられます。セルマの職場の工場では同僚のキャシーが母親のように彼女を見守り、セルマに恋心をよせるジェフは、毎日工場まで彼女をトラックで迎えにきます。住まいは警察官であるビルとリンダ夫妻から庭のトレイラーを賃貸してもらっています。

　そんなセルマにも生きる喜びがあります — ミュージカルです。苦しいことがあると彼女は、日常耳にする様々な音から空想の世界を作り上げ、そこで自由に踊り歌うことができるのです。そんなセルマのささやかな願いが叶い、彼女は町の小さな劇団でミュージカルの主演を演じることになります。しかし一方でセルマの視力は日に日に弱まり、ついには台本が読めないどころか、演出家の指示通りに舞台上を動くことさえできなくなってしまいます。

　貧困と病気と闘いながらも、一人息子のジーンのため必死に生き抜こうとするセルマ。しかし、ある日家に帰ると、息子の手術代として貯めていた現金が消えているのに気付きます。ここから彼女の運命は、誰もが予想だにしない結末へと導かれていくのです。

映画情報

製　作　費：1,280万ドル
製　作　年：2000年
製　作　国：デンマーク、ドイツ
撮影場所：スウェーデン
ジャンル：ドラマ、音楽

公開情報

公　開　日：2003年　5月17日（フランス）
　　　　　　2000年　9月　8日（デンマーク）
　　　　　　2000年12月23日（日本）
上映時間：140分　　MPAA（上映制限）：R
受　　賞：カンヌ国際映画祭パルムドール、主演女優賞他

薦	○小学生　○中学生　○高校生　●大学生　●社会人	リスニング難易度	発売元：松竹

（平成29年2月現在、本体価格）
DVD価格：5,800円　ブルーレイ価格：2,000円

お薦めの理由	人間の創作物である映画が、これほどまでにリアルな痛みを見る者に与えるのはいったいなぜなのでしょうか。数々の衝撃作を世に出しているトリアー監督が、カンヌ国際映画祭でパルムドールを受賞した本作品は、映画ファン必見の1本です。 　また全編鑑賞後、「ドグマ95」をネットで探し、トリアー監督の映画製作理念を知っておくことも、お薦めします。	スピード　3 明瞭さ　3 米国訛　1 米国外訛　4
英語の特徴	平易で聴き取りやすい米国英語と、ヨーロッパ人が話すヨーロッパ語訛りの英語によって話は進みます。ヨーロッパ人の話す英語は音の変化や脱落が少ないので、聴き取りやすく感じるかもしれません。会話は日常的に用いられる表現がほとんどで、話すスピードも比較的ゆっくりです。残念ながら英語字幕はついていませんが、高校生の英語力で十分聴き取ることができるレベルです。	語　彙　3 専門語　2 ジョーク　1 スラング　1 文　法　2

ダンサー・イン・ザ・ダーク

授業での留意点	本作品を授業で扱うのは、その内容と長さから、時間的にかなり余裕がある場合に限られるかもしれません。ですから例えば長期休暇中のレポート課題として取り上げるのも1つのアイデアです。授業で扱うのであれば、長期休暇のレポート課題に取り組ませた上で、授業1コマ分のグループアクティビティを準備すると良いでしょう。手順は次を参考にしてみてください。 1. 鑑賞前に2つの『学習ポイント』（左頁参）についてインターネット検索： 　「60年代」「米国」「チェコスロバキア」「ラース・フォン・トリアー」などの検索ワードを用い、背景知識を少し入れておくと作品が鑑賞しやすくなるでしょう。この際結末を読まないよう注意を促してあげてください。 2. 全編を鑑賞： 　気になるシーンやセリフの箇所はどんどんメモをとらせます。このためのワークシートを配布しておくとよいでしょう。気になった箇所は一時停止せずに、タイムを走り書きしておけば、後から戻って見ることができます。 3. レポート課題： 　ワークシートを含めA4で5〜6枚程度が妥当でしょう。最後の1枚は参考文献として使用したウェブサイト等を全てリストアップさせるようにすると良いでしょう。卒業論文の書式を少しずつ覚える意味でも、役立つはずです。 4. クラス内グループアクティビティ： 　事前準備として、レポートに段階評価をつけ、学生のグループ分けをしておいてください。グループ内の対話をスムーズにするには、1つのグループにレベルの違う学生を配置するとよいと思います。 　アクティビティの流れは、まず、学生が課題で多く取り上げていた Chapter を1つ選び全員で視聴します。その後グループに別れ、「1.セリフの確認」、「2.自分がピックアップした箇所について意見交換」、「3.作品全体の感想」について学生同士話をさせます。その後、議論が活発であったチームの内1つか2つを選んで、どのような意見が出たか聞いてみるとよいでしょう。 　この作品を課題として扱うにあたっての最大の留意点は、映画作品そのものの価値を、学生達の「好き」「嫌い」という物差しで決めさせないようにするということです。なぜ監督はあのような結末を用意したのか、映画を観る者は作品から何を学ぶことができるのか。課題提示する際、こういった鑑賞姿勢に触れておくことは、学生達の学習態度向上に大きく寄与すると思います。
映画の背景と見所	カンヌ国際映画祭でパルムドール賞と主演女優賞を獲得している本作の見所は、何と言っても主人公セルマを演じるビョークの、脆さと力強さを併せ持つ独特の世界観と言えるでしょう。彼女は一人息子をもつシングルマザーという役所ではありますが、彼女の純真性と、その運命の悲惨さが、観客の心をどんどん作品の中に引きずりこんで行くのです。 　本作の舞台となっているのは1960年代の米国。主人公はチェコスロバキアからの移民という設定です。60年代米国と言えば、まさにベトナム戦争に突入しようとしていた時代。その間、世界各国では米国の覇権主義を批判する反戦運動が巻き起こっていました。一方チェコスロバキアは冷戦下の東側諸国にあって、計画経済が徐々に行き詰まりを見せ始めた時代に入っていました。 　トリアー監督はデンマーク出身。彼自身、複雑な生い立ちが今日の映画製作に大きな影響を与えていると言っています。その作品には、主人公を精神的な極致にまで追いつめるものが目立ち、監督は様々な手法を用いて、絶望の淵に立たされた人間の心理状態をまるでドキュメンタリー作品を撮るかのようにリアルに炙り出していきます。トリアー監督の生い立ち、政治的・社会的思想、精神性を知ることで、より深く本作を鑑賞することができるでしょう。
スタッフ	監督・脚本：ラース・フォン・トリアー 製　作：ヴィベク・ウィンドレフ 撮　影：ロビー・ミューラー　音　楽：ビョーク 編　集：フランソワ・ジェディジ 　　　　モリー・マレーネ・ステンスガート	キャスト セルマ　：ビョーク キャシー：カトリーヌ・ドヌーヴ ビル　：デヴィッド・モース ジェフ　：ピーター・ストーメア リンダ　：カーラ・シーモア

113

	父の祈りを	In the Name of the Father	（執筆）河口　和子

| セリフ紹介 | 裁判の判決が下される最後の場面です。裁判長がジェリーの無実の判決を言い渡すと、彼は警察が静止するのも振り払い、正面玄関から堂々と退廷します。そして、ジェリーの外での印象的なセリフが次の通りです。

Chief Justice : Silence! In the matter of Her Majesty versus Gerard Patrick Conlon, the case is hereby dismissed.
Gerry 　　　: I'm goin' out the front door. I'll see you outside.
Chief Justice : In the matter of Her Majesty versus Paul Hill, the case is hereby dismissed. In the matter of Her Majesty versus Patrick Armstrong, the case is hereby dismissed. In the matter of Her Majesty versus Carole Richardson, the case is hereby dismissed.
Gerry 　　　: I'm an innocent man! I spent 15 years in prison for somethin' I didn't do! I watched my father die in a British prison for somethin' he didn't do! And this government still says he's guilty! I want to tell them that until my father is proved innocent, until all the people involved in this case are proved innocent, until the guilty ones are brought to justice, I will fight on! In the name of my father and of the truth!

　嫌疑が晴れ、長い拘束の身から自由になれる喜び、そして、父とそのほかこの事件に関わった全員の無実が証明され、罪を負うべき人間に裁きが下るまで戦い続ける意志が述べられています。15年という長い年月に及ぶ苦しみと屈辱を経験した彼の重みのある言葉だからこそ、聞いている人たちの心に共鳴するのです。 |

学習ポイント

　普段、米国英語に親しんでいる学生にとって、この映画の発音は全く違うと気付くでしょう。しかし、英語は、母語としてだけではなく、第二、第三言語、外国語として世界中で話されています。これらの英語は、もちろん標準的な米国英語だけではありません。英語を学ぶ私たちは、世界中の人たちとコミュニケーションを取るために、様々な英語を聞き取る力も養わなければなりません。英国の中でもロンドンとベルファストで話される英語はまた違うということも理解できるでしょう。はじめは聞きづらいと思うので、1回目は日本語字幕で内容を知り、2回目は英語字幕にして音声と文字を一致させ、3回目以降は字幕をオフにして挑戦します。穴埋めの問題や内容把握の問題のプリントを用意して解かせるのもよい学習になるでしょう。ただし、不適切な言葉もありますので、場面を選ぶ時は気をつける必要があります。

　この映画の中で、父親の存在が大きなポイントになっています。アイルランド文学の中では、だめな父親像が描かれることが多いのですが、この映画の中の、ジュゼッペは真っ当な父親として描かれています。彼は家族を深く愛し、決して外れた行動はとりません。冒頭でジェリーが IRA の連中に囲まれていたとき、彼は真っ先に飛んで行き息子をかばいますし、テロ容疑で拘留されたときも息子を助け出すためにすぐロンドンにたちます。こんな父をジェリーは愛していますが、時に疎ましく感じ反抗心をむき出しにすることもあります。ジュゼッペが同じ拘留の部屋に入ってきたとき、ジェリーはこういいます。"What are you looking at me like that?" "Why do you always follow me when I do something wrong?" "Why can't you follow me when I do something right?"（その目つき、悪いことをするといつもその目で見る）そして、メダルを取ったサッカーの試合の後、「ファウルしたな」と言われたことを持ち出します。ジェリーは父に心配をかけてしまったことを悪いと思っていますし、愛されていることも知っています。しかし、父親はいつも正しいし、彼にとって父親の存在は大きすぎるのです。題名の In the Name of the Father は、「父の名において」嫌疑をはらすという意味で使われています。しかし、それは聖書のマタイ福音伝の一節 "In the name of the father, the son, and the holy spirit" を思い出させます。つまり父親は彼にとって絶対的な存在として考えられます。このように、父親の存在をテーマにクラスで意見を出し合い、考えをまとめていくと、この映画を深く理解することができるでしょう。また、アイルランド文学の伝統の流れで、父親像を比べ検証するのも興味深いかもしれません。フランク・マコートの『アンジェラの灰』の父親像は、ジュゼッペと全く違います。同名の映画もありますので、合わせて鑑賞するのも面白いでしょう。

　また、この映画の元になった、ジェリー・コンロンの自叙伝、Proved Innocent も合わせて読むとよいでしょう。

あらすじ

　1974年、北アイルランド。ジェリー・コンロンは盗みをして騒ぎを起こしたため、しばらくロンドンに行くことになります。彼は行きの船で出会った友達のポール・ヒルと一緒に、幼友達でヒッピーのパディー・アームストロングを訪ねます。しかし、この家に住むほかの仲間と仲違いをし、そこを出て行くことになります。お金も行くあてもない2人は、公園でホームレスの男と話したあと、高級娼婦の家から金を盗んでしまいます。ちょうどその時、ギルフォードのパブでテロ爆破事件が起こるのです。その後、ジェリーがベルファストに戻るとすぐに、警察が家に押し入り、ジェリーを連行して行きます。テロ防止法のもと、ジェリーは拘留され、ひどい拷問と尋問を浴びせられます。最後には「父親を殺す」と脅され、供述書にサインをさせられてしまいます。実は、ジェリーだけではなく、ポール、パディー、ヒッピー仲間のキャロル・リチャードソン、父、叔母、その家族3人も同様の手口で拘留所に入れられました。裁判の結果、全員有罪が確定し、懲役刑の判決が下されました。無実をはらすため控訴審にむけ戦う父に対し、ジェリーははじめは無関心でした。そんな折、この事件の主犯格の IRA のジョー・マクアンドリューが入所してきます。彼は、警察は真相を知っているが無視をしていると言います。次第に病状が悪化する父は獄中で無念の死を遂げます。その後ジェリーは弁護士ピアースとともに立ち上がり、控訴審で見事無実の罪をはらしたのです。

| 映画情報 | 製 作 費：1,300万ドル
製 作 年：1993年
製 作 国：アイルランド、英国、米国
言　　語：英語
ジャンル：伝記、ドラマ、歴史　　カラー映画 | 公開情報 | 公 開 日：1993年12月12日（アイルランド）
　　　　　1994年　4月16日（日本）
上映時間：133分　　MMPA（上映制限）：R
受　　賞：アカデミー賞7部門ノミネート
　　　　　ベルリン国際映画祭金熊賞 |

薦	○小学生　○中学生　○高校生　●大学生　●社会人	リスニング難易度		発売元：NBCユニバーサル・エンターテイメント（平成29年2月現在、本体価格） DVD価格：1,429円

お薦めの理由	この映画は、IRA によるパブ爆破事件の容疑をかけられ、無実のまま15年間投獄された、主人公の実話が元になっています。この事件の背景にあるのは、北アイルランド問題です。英国とアイルランドの歴史を振り返って考える必要があるでしょう。また、冤罪という問題もこの映画の大きな主題の1つになっています。この映画を通して、これらを理解し、広い知識を得るよい機会になるでしょう。	スピード	4	
		明瞭さ	4	
		米国訛	5	
		米国外訛	4	
英語の特徴	舞台はロンドン、ベルファストなどです。従って、イングランドと北アイルランドの発音で主に話されています。これらの英語は米国英語とは全く違うので、授業などで米国英語に親しんでいる学生にとっては、少し聞きづらいと感じるかもしれません。しかし、世界では標準米国英語だけではなく、様々な英語が実際話されているのです。この映画を通して米国英語以外の英語を聞き取る訓練をすることができるでしょう。	語　彙	3	
		専門語	4	
		ジョーク	3	
		スラング	4	
		文　法	3	

授業での留意点	この映画の中に法廷の場面が出てきます。法廷での宣誓 "testimony" は国々で多少違いますが、「嘘偽りのないことを誓います」という内容はほぼ同じです。英国では次の通りです。"I swear by Almighty God that the evidence I shall give shall be the truth, the whole truth and nothing but the truth." そのほか刑罰や犯罪に関する重要な語彙や表現も何度も出てきますので、映画を見る前にノートにまとめると理解度が高まるでしょう。弁護士を "lawyer" としてだけ覚えている学生が多いですが、英国では法廷弁護士を "barrister"、事務弁護士を "solicitor" と呼びます。検察当局は "prosecution"、その反対の弁護団を "defence" ちなみに米国英語綴りでは "defense" です。"Crown Court" は（英国で刑事事件を扱う）「国王裁判所」、"witness"、"imprisonment"、"evidence"、"charge"、"sentence"、"arrest" なども重要な単語です。 　　この映画は北アイルランド問題と切っても切れない関係にあります。この映画の背景についての知識を身につけてから、この映画を鑑賞するとより深く理解できます。グループで特定の項目を調べ、発表する場を持つとよいでしょう。例えば、アイルランドと英国の歴史、独立の気運が高まった20世紀初頭の様子、1916年のイースター蜂起、アイルランド自由国成立、内戦、IRA、血の日曜日事件についてなどあげればたくさん出てきます。アイルランドの独立運動について描いた、ニール・ジョーダン監督の『マイケル・コリンズ』や、アイルランド独立戦争とその後のアイルランド内戦を背景にした、ケン・ローチ監督の『麦の穂をゆらす風』などと比べてみてもよいでしょう。 　　最後に、この映画のテーマの1つに冤罪という問題があります。映画の中では、ピアース弁護士が、供述書の中に "not to be shown to the defence"（弁護側への提示無用）というメモを見つけ、5人の被告のアリバイを知りつつも隠蔽した事実を、法廷で "this document brings the entire British legal system into disrepute"（英国司法界の汚点）として暴きました。ピアース弁護士は、法廷で次のような熱弁を振るいます。"A statement, My Lord, which vindicates all of these people, all these innocent people... someone, either that man or his superior or his superior's superior, ordered that these people be used as scapegoats... [中略] you got 15 years of blood and sweat and pain from my client whose only crime was that he was bloody well Irish, and he was foolish, and he was in the wrong place at the wrong time!" パブで流された血を誰かに償わせるために、彼らを身代わり "scapegoat" として捕えたのです。彼らがたまたま運悪く居合わせたアイルランド人だったからです。このように、冤罪というものは罪のない人を長年苦しめ、貴重な人生を奪うものです。事件を調査する諮問機関や尋問のやり方などの問題も出てきます。自分の意見をまとめておきましょう。

映画の背景と見所	この映画を見る上で、北アイルランド問題については、必ず知っておく必要があるでしょう。アイルランドは長い間英国による植民地支配で苦しめられてきました。しかし、独立の気運が高まった20世紀初頭、ようやく英国からの独立を果たしますが、北部6州は英国に留まることになります。それは、カトリック教徒が大部分を占めるアイルランド南部とは違って、北部は入植者のプロテスタント教徒がかろうじて多く、プロテスタント側がアイルランドに組み込まれるのを拒んだことが原因です。北アイルランドでは、お互いの居住地も区別され、カトリック教徒の人たちは厳しい生活を強いられ続けます。そのころから IRA（アイルランド共和軍）という名のカトリック系武装集団が過激なテロ活動を行い始めます。何度も話し合いがもたれましたが、1972年の「血の日曜日」の事件が両者を分かつ決定的な出来事としておこります。米国の公民権運動の影響を受けた、北アイルランドのデリー市民が非武装で自らの公民権を求めデモ行進をしていたとき、英国兵士が発砲し、市民14人が亡くなりました。それで市民の怒りが頂点に達し、北アイルランドでは激しい闘争が頻繁におき、英国各地でテロ爆発事件が多発しました。この物語は、1974年ですので、まさにその真っ最中の出来事でした。ギルフォードのパブ爆破事件の数日後に、テロ防止法案も可決され、テロの容疑者は7日間の拘留尋問に付され、ジェリーはこの犠牲者になったのです。

スタッフ	監督・製作・脚色：ジム・シェリダン 脚　　色：テリー・ジョージ 製作総指揮：ガブリエル・バーン 原　　作：ジェリー・コンロン 音　　楽：トレヴァー・ジョーンズ	キャスト	ジェリー・コンロン：ダニエル・デイ＝ルイス ガレス・ピアース：エマ・トンプソン ジュゼッペ・コンロン：ピート・ポスルスウェイト ポール・ヒル：ジョン・リンチ キャロル・リチャードソン：ビーティ・エドニー

チェンジリング	Changeling	（執筆）三井　美穂

セリフ紹介

帰ってきた子供は自分の息子ではない、とクリスティンが警部に必死に訴える場面です。

Christine : He's not my son! No, I don't know why he's saying that he is,
but he's not Walter and there's been a mistake.
Capt. J. J. Jones : I thought we agreed to give him time to adjust.
Christine : He's three inches shorter; I measured him on the <u>chart</u>.
Capt. J. J. Jones : Well, maybe your measurements are <u>off</u>.
Look, I'm sure there's a reasonable explanation for all of this.
Christine : He's circumcised and Walter isn't. （Chapter 5）

人違いの証拠として、息子の背丈が低くなっていること（He's three inches shorter）とウォルターにはない割札のあとがあること（He's circumcised）を訴えますが、ジョーンズ警部はもっともらしい理屈を言うばかりで取りあってくれません。映画の前半では、このようにクリスティンが息子を探し出そうとして戦う場面が印象的です。決して警察を直接責めるようなことは言いませんが、何度も繰り返される "He's not my son!" や "I want my son back!" の叫びが胸に刺さります。最後にクリスティンは犯人に "Did you kill my son?" "I hope you go to hell" と繰り返しながら詰めよります。わが子を取り戻そうとする母親の必死の叫びが、短いセリフだからこそよけいに訴えかけます。ちなみに、"chart" は柱に書いた「グラフ」、"off" は「まちがった」の意味で使われています。

学習ポイント

高校までの授業でよく見かける文法事項や熟語表現を映画の中で見つけてみましょう。1シーンを見て、穴埋めではなく1つのセリフをまるごと聞き取ってみます。会話の流れから、そのセリフの意味はだいたい想像がつくはずですから、「こんなふうに言いたいときはこう言えばいい」ことがわかります。ひとことも聞き逃してはいけないなどと思わず、今までに学んだことが十分活かせることを知りましょう。たとえば Chapter 1でクリスティンが学校にウォルターを迎えに行ったときの会話を使ってみましょう。

Christine : How was school?
Walter : Okay. We learned about dinosaurs. And I got in a fight with Billy Mankowski.
Christine : What happened?
Walter : He hit me.
Christine : Did you hit him back? Good. Rule number one, remember?
Never start a fight, always finish it. Why'd he hit you?
Walter : Because I hit him.
Christine : You hit him first? Why?
Walter : He said my dad ran off because he didn't like me.
Christine : Honey, your father never met you, <u>so how could he not like you</u>?
Walter : Then why did he leave?

「おまえが嫌いだからおまえのパパは出て行ったんだ」と友達にいじめられたウォルターはけんかをします。"how can 主語 do?" の形は驚きの気持ちを込めた「修辞疑問文」で、本当に聞きたくて質問をしているわけではなく、自分の意見を言うときに使う表現です。「どうしてあなたを好きじゃないなんてことがあるの？」つまり「嫌いなはずないでしょ」となるわけです。もちろんここは過去の話ですから時制は過去になります。

Chapter 1では、他にも "To some people, responsibility is <u>the scariest thing in the world</u>."（最上級）や "Am I <u>too</u> heavy <u>for</u> you <u>to</u> carry?"（too... to...）、また Chapter 2には "I can <u>take care of</u> myself." "I'm not <u>afraid of</u> the dark. I'm <u>not</u> afraid of <u>anything</u>." などの慣用表現も聞き取りに向いています。少し長いですが、Chapter 5の "<u>No matter what</u> the police think, and <u>no matter what</u> the world thinks, you and I, we both know the truth, <u>don't we</u>?" も下線部に注意して聞き取ってみましょう。大人が子供に話すときはどこの国でもゆっくりです。

あらすじ

1928年3月、ロサンゼルスの自宅からウォルターが行方不明になります。シングルマザーのクリスティンが仕事中の出来事でした。クリスティンはすぐに警察に捜索を依頼しますが、5カ月後にロサンゼルス市警が発見したウォルターなる子供は、クリスティンの息子ではありませんでした。戻ってきた子供は本物のウォルターよりも身長が低く、割礼までしています。それを別人の証拠としてクリスティンはロス市警に再度捜索を依頼しますが、担当のジョーンズ警部は訴えに耳をかさないばかりか、自分の息子を認識できずヒステリーを発症した異常者としてクリスティンを精神病院に送り込んでしまいます。

かねてよりロス市政とロス市警の腐敗を憂慮し活動していたブリーグレブ牧師は、クリスティンを精神病院から救い出し、さらに警察に歯向かったとして逮捕され精神病院送りとなっていた他の女性たちも同時に助け出し、ロス市警の腐敗体質を暴きます。牧師の援助もあり、クリスティンは警部を相手に民事訴訟を起こし、勝訴します。

一方、子供の行方不明事件を追っていたリバーサイド郡のイバラ刑事は、ウォルターもこの事件に巻き込まれていたことを知ります。誘拐殺人犯ゴードンは死刑に処せられますが、事件から6年後、犯人のもとから逃走していた子供の証言により、共に逃げ出したウォルターも生きているのではという希望が見えてきます。

映画情報

製　作　費：5,500万ドル	公開情報	公　開　日：2008年10月24日（米国）
製　作　年：2008年		2009年　2月20日（日本）
製　作　国：米国		上映時間：141分
配給会社：ユニバーサル映画		興行収入：1億1,300万ドル
カラー：カラー、白黒　　言　語：英語		MPAA（上映制限）：R

薦	○小学生 ○中学生 ○高校生 ●大学生 ●社会人	リスニング難易度	発売元：NBCユニバーサル・エンターテイメント （平成29年2月現在、本体価格） DVD価格：1,429円 ブルーレイ価格：1,886円

お薦めの理由	ヨーロッパの伝承では、"changeling"（取り換えっ子）はトロールと取り換えられた人間の子供のことを言いますが、この映画は十分な捜査をしなかった警察によって取り替えられてしまった子供の話です。また"Wineville Chicken Coop Murders"（ワインヴィル養鶏場連続殺人事件）と呼ばれる事件の映画化でもあります。警察の悪辣な内部事情や死刑問題などから1930年前後の米国がわかります。	スピード	2
		明瞭さ	2
		米国訛	1
		米国外訛	1
英語の特徴	ののしり言葉が何度か出てきますが、全体としては下品な言葉は少なく、セリフは静かにゆっくりと話されます。特にクリスティンを中心に聞き取るといいでしょう。牧師も常にゆっくりと明瞭に話しますが、政治的な話が多いので、場面を選んで聞き取るといいでしょう。犯罪や裁判に関する専門用語に出くわして難しく感じたら、リスニングにこだわらず、文字で確認することをお薦めします。	語彙	3
		専門語	4
		ジョーク	1
		スラング	3
		文法	3

授業での留意点	ストーリー上は重要ですがかなりショッキングなシーンがありますから注意が必要です。Chapter 7では精神病院での身体検査、Chapter 9では子供の殺害シーン、Chapter 11では精神病院での電気ショック、Chapter 18では処刑シーンがあります。こういったシーンを削除しても映画は理解できますが、その場合は映像で見られないところを学生に調べさせるのが、米国を理解するためにはいいでしょう。たとえばインターネットを利用して英文のハンドアウトを作り説明するなどの課題を与えます。調べるポイントは次の3つです。 ①処刑シーンを見る代わりに、米国の死刑問題について調べて発表させます。米国で死刑執行が最も多かったのは1930年代から40年代にかけてで、ちょうどこの映画の時代と同じことがわかります。1970年代には一時的に全米で死刑制度が廃止されましたが、その後、州によっては死刑制度を復活させたところもあります。映画の舞台カリフォルニア州を含め、現在も38州が死刑を執行しています。民主主義国家の中で、米国は死刑執行が世界最多の国のようです。死刑執行には電気椅子、ガス室、銃殺、絞首刑などがありますが、現在米国で最も多いのは薬物注射による執行です。このあたりの歴史的な流れや政治的な議論などを含めて学生にまとめさせるのはいかがでしょうか。 ②子供の殺害シーンを見る代わりに、こちらも映画のもとになった事件を調べて発表させます。"Wineville Chicken Coop Murders"（ワインヴィル養鶏場連続殺人事件）、または「ゴードン・ノースコット事件」で調べましょう。1920年代後半に発生した連続少年誘拐殺人事件です。事件の概要を映画と比較してみましょう。 ③精神病院の暴力的なシーンを見る代わりに、ロサンゼルス市警と精神病院との関係について、映画の内容が事実かどうか調べて発表させます。精神病院や犯罪、政治などのトピックでは、新しい語もたくさん出てきます。映画をリスニングだけの教材にするのではなく、じっくり読むきっかけを与えてくれる教材としても使ってみましょう。 映画のテーマ上、政治、犯罪、裁判といった、一般的な大学生にとっては馴染みのない分野の言葉も出てきます。法学部や医学部などの学生には、専門用語が出てくる病院や裁判のシーンを中心に見せるといいでしょう。一般的にはやはり難しいので、そのシーンを見る前に、あらかじめ新しい語をピックアップして確認しておいたほうが理解しやすくなります。たとえば警察官の階級については、"chief"は「本部長」"captain"は「警部」"detective"は「刑事」と言います。裁判に関しては"file a civil suit"「民事訴訟を起こす」"pro bono"「ボランティア」"hearing"「審理」"verdict"「評決」"convicted of murder"「殺人罪で有罪を宣告されている」"death by hanging"「絞首刑」"execution"「死刑執行」などがあります。このような準備は、上の3つのリサーチをする際にも役に立ちます。

映画の背景と見所	1920年代は第一次世界大戦のために重工業が発達し、国の経済も繁栄を極めていました。ところが1929年世界恐慌が起こります。米国経済は大打撃を受けますが、回復に向けて力強く前に進んだのが1930年代です。こうして見ると、「ワインヴィル養鶏場連続殺人事件」は奇しくも米国の危機とほぼ時を同じくして起こったことがわかります。 終盤のシーンは1934年で、クリスティンは息子の生存を信じ、前向きに生きようとしています。20年代後半の、女性の体を隠す服装から一転して、30年代のフェミニンで明るいドレスに身を包んで仕事に励んでいます。職場ではその年のアカデミー賞が話題になっていて、クリスティンはどの映画が受賞するかにデートを賭けます。クラシックなラジオから流れてくる受賞作品はフランク・キャプラ監督の"It Happened One Night"です。直後にかかってきた電話にクリスティンは"Dinner is on me"「私のおごりよ」とはしゃぎます。このあたりも映画好きには面白いところですし、明るい映画に沸き立つ当時の人々の様子が感じられます。なんといっても全編暗いトーンで流れていたところに、はじめてデートを前向きに考えられるようになったクリスティンが輝いて見えます。このときの電話はデートの相手からではなく、ウォルター生存の可能性を知らせるものでした。衣装や時代の雰囲気すべてが、最後に希望の光を見せてくれる作りになっています。

スタッフ	監督・音楽：クリント・イーストウッド 製作総指揮：ティム・ムーア、ジム・ウィテカー 脚本：J・マイケル・ストラツィンスキー 美術：ジェームズ・J・ムラカミ 衣装：デボラ・ホッパー	キャスト	クリスティン・コリンズ：アンジェリーナ・ジョリー グスタフ・ブリーグレブ牧師：ジョン・マルコヴィッチ J.J.ジョーンズ警部：ジェフリー・ドノヴァン イバラ刑事：マイケル・リー ゴードン・ノースコット：ジェイソン・バトラー・ハーナー

ツインズ	Twins	（執筆）足立　桃子

セリフ紹介

印象に残るセリフを紹介します。

1. この映画はワーナー教授の独白で始まります。35年間愛情を注いで育ててきたジュリアスが反旗を翻して双子の兄弟を探しに行くと言って聞かないなんて、全くの想定外だった、と話します。
How wrong I was!「わたしは何という思い違いをしていたのか！」という感嘆文に彼の気持ちが込められています。

2. やっと兄弟を探し当てたジュリアスがビンセント（以下ビンス）に言うセリフ。
How much money do you owe? Don't lie to me. We're twins. I can feel your pain.
「借金はどれくらいあるの？うそを言わないで。僕たち双子だよ。僕は君の痛みを感じられる」
ビンスを気遣うジュリアスのやさしさが感じられます。

3. 自分の出生の事情を知ったビンスが言うセリフ。
I'm genetic garbage.「僕は遺伝子のクズだ」

4. 落ち込んでいるビンスにジュリアスが言うセリフ。
You're the missing part of my life and I'm the missing part of your life. And when we find mama, we can fill the missing part of hers. We won't be alone any more. We can be a family.
「僕たちは出会えてお互いの人生に欠けていたものを見つけることができた。ママに会えたら、2人でママの人生の足りない部分を満たしてあげられる。もうひとりぼっちじゃない。家族になれるんだ」と励ましています。

学習ポイント

【ジュリアスの英語】南太平洋の孤島で育ったため、はじめのほうでは教科書のような英語を話します。後半になるとビンスの影響を受けてスラングを使ったりもしますが、基本的には文法に即した模範的な英語なので、外国人学習者がお手本にするのに適しています。一部を紹介します。

1. ビンスを探しに行く飛行機の中で、ジュリアスが音楽に合わせて大声を出していると、客室乗務員が「お静かに」と言いに来たときのセリフ。
I've never heard this music before. 　「この音楽を聴くのは、初めてだ」（現在完了・経験）

2. 刑務所で兄弟を探すジュリアスは、似ても似つかないビンスを見て人違いだと思い、係員にたずねるセリフ。
Excuse me, but I'm looking for Vincent Benedict. 　「すみませんが、ビンセント・ベネディクトを探しています」
誰か（何か）を探しているときの丁寧な言い方です。海外旅行先などで使えます。

3. 同じく刑務所で。やっと見つけたビンスに言うセリフ。
Let me help you get out of here. 　「君がここ（刑務所）から出られるように力になりたい」（help ＋人＋動詞の原形）
「動詞の原形」でない場合は Let me help you with your homework. のように使います。I will ... より Let me ... のほうが謙虚で感じの良い表現です。

4. マニュアルだけをたよりに、生まれて初めて車の運転をしたときのセリフ。
I've only been driving for one hour. 　「運転を始めて1時間にしかならない」（現在完了進行形）

5. 「マーニーは君に気があるようだ」とビンスが言ったときの、ジュリアスの答え。
But she hardly knows me. 　「でも彼女（マーニー）は僕のことをほとんど知らない」
not や no を使わず否定の意味を表す hardly は It hardly snows here.「当地ではほとんど雪が降らない」
I can hardly keep my eyes open.「今にも寝てしまいそうだ」のように日常会話でよく使われます。

【ビンスと恋人のリンダの会話】ママに会いに行く前日の夜、ビンスはママが自分を見てどう思うか心配します。

Vince : What if she's disappointed in me? 　「もしママが僕を見てがっかりしたらどうしよう？」
Linda : If she is disappointed in you, she is a fake. 　「もしそうなら、そのママは偽者よ」
Vince : I couldn't do this without you. 　「君がいなければママに会いに行くなんてできないよ」

without you で「仮定」を表し、感謝の気持ちを表現しています。済んだ出来事の場合は I couldn't have done it without you.（君なしではそれをすることはできなかっただろう）となり、同じ気持ちを表現できます。

あらすじ

肉体、頭脳、精神がパーフェクトな人間を作るという米国政府が極秘に行った実験の結果、皮肉なことに双子の男の子が生まれ、一方（ジュリアス）は万能に、もう一方（ビンス）は全くの正反対で、はたらくのは悪知恵ばかり。駐車違反や車の窃盗などに手を染めます。ジュリアスはフィジー島に近い孤島で育ち、35歳の誕生日に自分には双子の兄弟がいることを知ってワーナー教授がとめるのも聞かず兄弟探しの旅に出ます。やっと見つけたビンスは留置場にいて、大喜びのジュリアスはお金を払って釈放に手を貸します。その後、ジュリアスは死んだと聞かされていた母親が生きていることを知り、父親の1人（全部で6人）とも会うことができます。母親の居所もわかって喜んで会いに行きますが、その場所にいた女性から母親は数年前に亡くなったと聞いて2人は意気消沈します。その後ビンスは、盗んだ車のために、巨額が動く犯罪に巻き込まれてしまいますが、ジュリアスが助けに来てくれます。ジュリアスと行動を共にする中で、ビンスにはいつしか良心が芽生えます。2人は手にした大金と盗まれた燃料噴射装置を警察に届けて、善行をたたえられて新聞に載ります。その新聞を目にした母親（メアリー・アン）は、先日自分に会いに来た双子の兄弟が、死産だと聞かされていた自分の息子たちであることを初めて悟ります。最後は家族愛にあふれたエンディングとなっています。勧善懲悪のコメディーで安心して見ていられます。

映画情報

製　作　年：1988年
製　作　国：米国
配給会社：ユニバーサル映画
言　　　語：英語
ジャンル：コメディー

公開情報

公　開　日：1988年12月9日（米国）
　　　　　　1989年 8月5日（日本）
上映時間：107分　　MPAA（上映制限）：PG
音　　声：英語、日本語
字　　幕：日本語、英語

薦	○小学生　○中学生　○高校生　●大学生　●社会人	リスニング難易度	発売元：NBCユニバーサル・エンターテイメント（平成29年2月現在、本体価格）DVD価格：1,429円

お薦めの理由	はじめは純粋でお行儀のよかった主人公の1人ジュリアスが、やがてスラングも使いこなし、悪者には迷わず暴力に訴えるように変化していきます。その過程が面白く、またアクション、冒険、犯罪、ロマンス、家族愛など盛りだくさんです。35年も離れて暮らしていたのに、双子である2人の食事の仕方やトイレでのしぐさなどが全く同じだったりして笑えます。ロードムービーとしても楽しい作品です。	スピード	3
		明瞭さ	3
		米国訛	2
		米国外訛	2
		語　彙	3
英語の特徴	全体として標準的な米国英語で、日常会話に役立つ表現が多く見られます。シュワルツェネッガーが演じるジュリアスの話す英語は聞き取りやすくリスニングの練習に適しています。セリフが速くて聞き取りにくい、と思うときには英語の字幕を見ながら聞いてみることを勧めます。「授業の留意点」で取り上げた単語はあらかじめ知っておくと聞き取りに役立ちます。全体としては専門的な語彙はあまりありません。	専門語	2
		ジョーク	3
		スラング	3
		文　法	3

授業での留意点

【語彙】映画の内容から、遺伝子関係の語彙を知っていると役立ちます。例えば、遺伝子 gene / 遺伝的な genetic / 遺伝学 genetics / 遺伝学研究所 genetics lab / 精子 sperm / 胎芽（着床後8週以内の胎児）embryo など。次に、ビジネスと犯罪の話も絡んでくるので、商品 merchandise / 依頼人 client / 交渉する negotiate / 刑務所 jail, prison / 暴力 violence など。delivery はビジネスでは「配達」、産婦人科では「出産」の意味になります。最後に、車関係では、運転免許 driver's license / 期限が切れる expire / 罰金 fine / ハンドル (steering) wheel などが出てきます。

【練習問題】ジュリアスが父親の1人と会う場面をリスニングの練習問題にしてみました。(43:30 — 44:21)

One of the fathers : 'Mary Anne Benedict'... I haven't said that name out loud for over 30 years. Your mother was an (1)_____ woman.
Oh, the times I've wondered what would have happened if I'd have married her...

Julius : Why didn't you?

One of the fathers : Oh, I asked her to. She (2)_____ me down. She said she was (3)_____ to have any more children. See, they told her you had died at (4)_____.

Julius : Who told her we died?

One of the fathers : Mitchell Traven, the guy with the clipboard. He supervised the (5)_____ for the government. He still (6)_____ a genetics lab at Los Alamos, New Mexico.

Julius : I have to (7)_____ him a visit.

選択肢：1 afraid　　2 amazing　　3 birth　　4 experiment　　5 pay(動詞)　　6 runs　　7 turned
解　答：(1)-2　　　(2)-7　　　(3)-1　　　(4)-3　　　(5)-4　　　(6)-6　　　(7)-5

　レベルに応じて、選択肢を与えるか否か、日本語字幕を見せるか否か、などいろいろな実施の仕方ができます。語彙のレベルが低いようなら、リスニング練習をする前にいくつかの単語やフレーズ（out loud 声に出して / supervise 監督する、責任者を務める / a genetics lab 遺伝学研究所など）を教えておくとよいでしょう。穴埋めを済ませたあとで turn someone (or something) down は、人の申し出や招待を断るときなどによく使う表現であることを説明して例文をあげると、印象に残ります。（例文：He asked her to marry him but she turned him down.）

　3行目の I've wondered what would have happened if I'd have married her... は、文法的には ...if I'd married her... のはずです。ネイティブに聞いたところ、このような言い方はよくある、という答えでした。

映画の背景と見所

【主演の2人】
　シュワルツェネッガーがコメディアンとして順調なスタートを切れたのは、相手役をつとめた芸達者なダニー・デビートの貢献が大きいと言えます。デビートの実力は、真剣な場面での演技にいかんなく発揮されています。
　日本では「シュワちゃん」の愛称で知られるシュワルツェネッガーは、オーストリア生まれ、22歳で渡米して大学で経営学と国際経済を専攻して卒業。映画俳優になったのはそのあとのことです。カリフォルニア州知事を2003年から2011年まで9年間務めたことでも知られています。

【背景とテーマ】
　この映画が作られた1988年はちょうど米国で商業用インターネットが始まったばかりでした。米国では90年代からスーパーモデルの卵子がインターネット上で買えるようになりました。現在ではゲノム（DNA のすべての遺伝情報）を編集する技術が発達して、デザイナー・ベイビー（親が望む子供）が技術的に可能になっています。しかし人間のゲノムを作り変えることの是非については倫理的な観点から反対意見も根強く、生まれてくる子供の人権とも大きく関連してくるので、社会全体で考えていかなければならない問題です。

スタッフ	監督・製作：アイバン・ライトマン 脚　　本：W・デイビーズ、W・オズボーン他 製作総指揮：ジョー・メドジャック 　　　　　マイケル・C・グロス 撮　　影：アンジェイ・バートコウィアク	キャスト	ジュリアス　　　　：アーノルド・シュワルツェネッガー ビンセント（ビンス）：ダニー・デビート メアリー・アン　　：ボニー・バートレット リンダ　　　　　　：クロエ・ウェッブ マーニー　　　　　：ケリー・プレストン

	つぐない	Atonement	（執筆）朴　真理子

セリフ紹介	早くに父を亡くし母と2人で慎ましい暮らしを営んでいるロビーは、同じケンブリッジ大学に通うセシリアの父の厚意でセシリア宅の庭師の仕事をしながら学費を工面しています。セシリアはロビーに好意を抱いていますが、ロビーが医者を目指してさらに勉強を続けることを知り、心が激しく動揺します。 　Cecilia : The <u>Old Man</u> telephoned last night. He says you're planning on being a doctor. 　　　　　「父からあなたが医者を目指そうとしていると聞いたわ」 　Robbie : I'm thinking about it, yes. 「そうだよ」 　Cecilia : Another six years of student life. 「あと六年間も学生生活ってことね」 　Robbie : How else do you become doctor? (1) 「これ以外に医者になれる方法があるとでも言うのかい？」 　Cecilia : You could get a fellowship now, don't you? With your first? 　　　　　「あなたは優秀なんだから教職奨学金でもとれるんじゃない？」 　Robbie : I don't want to teach. I said I'd pay your father back. (2) 　　　　　「教職に就きたいとは思わない。お金のことなら父上にきちんと返済させて頂くとお伝えしたよ」 　Cecilia : That's not what I meant at all. (3) 「そんな意味で言ったんじゃないわ」 　ロビーの(1)(2)とセシリアの(3)のセリフからは、感情に流されず将来を見据える冷静なロビーの様子と、ロビーと離れなければならない現実に寂しさを募らせるセシリアが感情的に苛立つ様子が対照的に描かれています。
学習ポイント	この映画を学習するうえでのポイントはキリスト教の「原罪」という考え方についての理解がキーワードとなると言えるでしょう。キリスト教の教義の根幹にある「罪」の認識については、所謂法律上の犯罪を意味する crime と宗教上の sin の区別をすることが重要です。ここでは文化や宗教を中心とした詳細の解説は行いませんが、crime とは異なる、原罪を意味する original sin に対してどれほど繊細な感受性を持ちうるかということがキリスト教理解には欠かせないということを是非とも覚えておきたいものです。つまり法的な刑罰に値するほどの罪を全く犯したことがない人であっても、絶対的存在である神の「義」の基準の前で、嘘、偽り、嫉妬、羨望等の感情を一切持ったことがなく、人生のあらゆる局面において清く正しく生きてきたと言えるかどうかが「原罪」を犯した人間であるかどうかの判断基準となるわけです。 　こういった考え方は、東洋の文化の中では広く理解されているわけではなく、西洋文化で培われ、深く根ざしている意識であるため、日本人学生がこの映画の根底にある原罪をあがなおうとする「贖罪」の概念を理解するには極めて難解な側面があると考えられます。しかし、ちょっと視点を変えて「うしろめたさ」という概念についてならどうでしょうか？これなら日本文化でも広く理解される考え方ではないでしょうか？ 　例えば、親友のことをとても大切に思っているにも関わらず親友の恋人を好きになってしまう、誰かの秘密を悪気はないにせよついうっかり他言してしまう、世界には多数の空腹で苦しむ人がいるにも関わらず自分は満腹で食べ物を残してしまう、仮病で欠席してしまう等々、数え上げればきりがありません。日常生活のふとしたきっかけで起こりそうな後ろめたくなる事柄と私たちは常に対峙して生きていると言っても過言ではありません。そのような日常で私たちは意識的、無意識的の別に関わらず「原罪」を犯しながらも気づかずに、或いは、気づこうとはせずに過ごしてしまっている可能性があるかも知れません。 　宗教等は英語の学習には関係ないのだから、このようなことはここでわざわざ知る必要はないと思われるかも知れません。しかし、英語の語彙、口語表現、文脈にはキリスト教文化が深く根ざしているという事実は意外に知られていません。単に情報のやりとりをするために英語を聞き、話すのであれば暗記だけで十分でしょう。しかし、繊細に、且つ、深く英語で相手の意図を理解するためには、英語圏におけるキリスト教に対する理解を抜きにしてはこの作品の本質を理解することは困難であるかもしれません。冒頭でも述べたようにキリスト教（文化）を理解するうえでの核心部分は「原罪」と、「原罪」をあがなおうとする「贖罪」の概念をどのようにとらえることができるかに尽きるのです。キリスト教の「原罪」と「贖罪」の概念についてこの機会に考察し、作品理解を深めましょう。
あらすじ	1935年の英国が舞台です。上流階級の令嬢セシリアは、同じケンブリッジ大学出身でセシリア宅の家政婦の息子ロビーと恋愛関係にありますが、ロビーが医学校に進むためにセシリアから離れることになると知り、セシリアは激しく動揺します。ロビーは、セシリアへの想いを綴った手紙をセシリアの妹ブライオニーに託しますが、自分が悪ふざけで書いた性的な表現を含んだ下書きの方を誤ってブライオニーに渡してしまったことに気づきます。しかし、気づいた時には既にブライオニーが手紙を読んだ後でした。さらにその後、書斎でのセシリアとロビーの情事を目撃してしまったブライオニーは、ロビーに対して激しい嫌悪感を抱きます。さらに同日、ブライオニーは偶然いとこのローラの強姦現場に遭遇してしまいますが、ブライオニーは目撃者としてロビーが犯人であると確信をもって証言します。その証言が決め手となりロビーは逮捕され、戦地フランスでの兵役に服することになります。セシリアはその後看護婦となるのですが、セシリアとロビーを引き裂いたことへの罪悪感からブライオニー自身もまた看護婦となります。ブライオニーは偶然ニュースでいとこローラとブライオニーの兄の友人ポール・マーシャルとの結婚のことを知り、かつてローラを強姦したのがポールであったことを思い出して愕然とします。後に小説家となったブライオニーが、認知症で記憶が消えてしまう前に自らの罪深い過去を小説にしたことを告白するシーンは衝撃的です。

映画情報		公開情報	
製　作　費：3,500万ドル 製　作　国：英国 言　　　語：英語 配給会社：ユニバーサル映画 　　　　　フォーカス・フィーチャーズ、東宝東和		公　開　日：2007年9月　7日（米国） 　　　　　　2008年4月12日（日本） 上映時間：123分 興行収入：1億2,926万6,061ドル 字　　　幕：日本語、英語	

薦	○小学生　○中学生　○高校生　●大学生　●社会人	リスニング難易度	発売元：NBCユニバーサル・エンターテイメント （平成29年2月現在、本体価格） DVD価格：1,429円　ブルーレイ価格：1,886円

お薦めの理由	この映画の時間の流れはリニアではなくプロットとプロットが絡み合いつつ複数の登場人物の意識の流れが反復しながらストーリーが描かれている為、観る者はストーリーの難解さについ引き込まれてしまいます。また映画のクライマックス等で用いられているタイプライターの音の強弱、速さ、リズムはあたかも人間の心臓の鼓動のように聞こえる為、深層心理に訴えかけ、サスペンス効果をより一層高めています。	スピード	4
		明瞭さ	4
		米国訛	2
		米国外訛	3
英語の特徴	英国英語が主となります。会話のスピードが速いため聞き取りの難易度は高めであり、英国の富裕層の英語や戦地や野戦病院での英語などは日本の学生にはやや馴染みにくい可能性があります。しかし、ラストシーンでは比較的ゆっくりとしたスピードのインタビューシーンがあるため、聞き取り易く感じられるでしょう。多様な発音、スピード、語彙が含まれるため、リスニング試験対策としても活用が可能でしょう。	語彙	3
		専門語	3
		ジョーク	4
		スラング	4
		文法	3

授業での留意点	授業で本映画を用いる際には、一部に未成年に適切ではないシーンが含まれている点については予め配慮すべきであると言わざるを得ません。こういった問題に対処しつつ映画の本質的な良さを損なわずに授業に活用するためには、映画シーンの区切り方に工夫を凝らし、それらをどのようにピックアップするかという点に留意すべきでしょう。様々な対処法があると思われますが、上記の問題を解消しつつ授業に摘要できるような活用例を示します。 活用例1：①映画シーンを時系列で区切り、見せるシーンを抽出する。②クラスを4〜5名ずつのグループに分ける。③シーンごとに視聴し、グループワークであらすじを作成する。④グループワークで映画の登場人物の相関図を作成する。⑤シーンごとに fill in the blanks などで聞き取りを行い、キーワードを理解してもらう。⑥シーンとシーンとの接続部分で割愛されている部分にどんなことが起こったか想像してもらいグループ毎にディスカッションを行なう。⑦ブライオニー、セシリア、ロビーの役柄になり、シーン毎での各々の心情について表にまとめる。⑧クラス全体で、上記③④⑥⑦に関するグループ発表を日本語/英語により行ってもらう。 活用例2：①教員が予め映画のあらすじを英語で説明する。②学生は①の内容がどのようなものであったか日本語で要約する。③学生は各自、ブライオニー、セシリア、ロビーのうち、最も共感し辛い役柄を選び、その理由を英語で簡単に記す。④自由にペアを組み、ペアごとに③で書いた内容を共有する。 ⑤④を行った後、自分の書いた内容とクラスメートの内容を比較した感想を日本語/英語で書く。 活用例3：①映画シーンをタイムラインで区切り、見せるシーンを抽出する。②各シーンを視聴する度にグループワークでストーリーを確認する。③学生自身にブライオニーの立場になってもらい、いつ、どのようにロビーの無実を認識したと思うか、また、自分がブライオニーであったとすればロビーの無実が明らかになってからどのような行動をしたと思うかについて考えてもらう。④③の結果についてグループワークで発表しあう。⑤④の発表後、クラスメートの考えと自分の考えを比較して感想を日本語/英語で書く。 活用例は、上記の3例に限らず多様に想定が可能です。学生のレベルや志向性を踏まえたうえで自由にアレンジを行ってみたいものです。top-down 式に文脈重視でリスニングトレーニングを行う、或いは、bottom-up 式に fill in the blank 等を中心に行う、といったように重点を置くポイントを予め絞っておくことが大切でしょう。この映画の特性を活用しつつ、自由自在にタスクを実践することにより、英語のスキルを磨くのみならず、深く思考し、人生における多様な選択肢を実感してもらうこともまた有意義なことと言えるのではないでしょうか。

映画の背景と見所	この映画は1940年以前の英国が舞台の映画です。まだ十代の少女ブライオニーは姉セシリアの恋人ロビーに淡い恋心を抱いています。しかし、偶然目撃したセシリアとロビーの情事からロビーという存在は一転して彼女の嫌悪の対象と化してしまいます。まだ子供のブライオニーが無意識に捏造してしまった証言により、セシリアとロビーは未来永劫引き裂かれて幸せを奪われてしまうという悲劇を描いた作品ですが、この映画は単なる悲劇に留まらず、その悲劇を招いた鍵を握るブライオニーという少女がやがて作家となり、認知症のため記憶を失う前にテレビインタビューで自らの罪を全て最後の小説に描いたことを告白するという衝撃的な作品です。 幼少期、青年期、老年期と3名の女優がブライオニーを演じるのですが、ホクロの位置や髪形などで外見上の整合性を維持する工夫がこらされる一方で、性格などの内面についても一貫性を保つべく細やかに配慮されている点は印象的です。この映画は所謂ドキュメンタリー映画ではありませんが、ブライオニーが犯す罪（犯罪と原罪の境界線上の罪）に焦点を当て、彼女自身が成長し、やがては老年期を迎える過程において何に気づき、最終的に何を悔い、誰のために何を贖おうとしたのかという、ひとりの人間の「逃れられない原罪」への気づきのプロセスを視覚的に共有できる点が見所となっています。

スタッフ	監　督：ジョー・ライト 脚　本：クリストファー・ハンプトン 製　作：ティム・ビーヴァン、エリック・フェルナー 　　　　ポール・ウェブスター 原　作：イアン・マキューアン	キャスト	セシリア・タリス：キーラ・ナイトレイ ロビー・ターナー：ジェームズ・マカヴォイ ブライオニー・タリス（13歳）：シアーシャ・ローナン 　　　　　　　　（18歳）：ロモーラ・ガライ 　　　　　　　　（老年）：ヴォネッサ・レッドグレイヴ

ティファニーで朝食を	Breakfast at Tiffany's	（執筆）井土　康仁

セリフ紹介

　もちろん宝石店であるティファニーでは、朝食をとることはできないわけですが、ホリーがティファニーを好む理由は、次のように説明されます。

Holly: You know those days when you get the mean reds? / Paul: The reds? You mean like the blues? / Holly: No. The blues because you're getting fat or maybe it's been raining too long. You're just sad, that's all. The mean reds are horrible. Suddenly you're afraid and you don't know what you're afraid of. Do you ever get that feeling? Paul: Sure. / Holly: Well, when I get it, the only thing that does any good is to jump into a cab and go to Tiffany's. Calms me down right away. The quietness and the proud look of it. Nothing very bad could happen to you there. If I could find a real-life place that made me feel like Tiffany's, then I'd buy some furniture and give the cat a name.

　ティファニーは、とても理解のあるお店として描かれています。店員のセリフからその様子を見て取れます。お金がない2人が、キャンディ・ポップコーンのおまけの指輪に文字を彫ってくれるようのむ場面：

Holly: Do you think Tiffany's would really engrave it for us? (...)
Clerk: Well, it is rather unusual, madam. But I think you'll find that Tiffany's is very understanding. If you would tell me what initials you would like, I think we could have something ready for you in the morning.

　本作はホリーの「居場所探し」が主題のひとつとなっています。それを踏まえた上で、ティファニーに関する描写の仕方を学生と共に追っていくのもいいかと思います。

学習ポイント

　どこまでも自由奔放なホリー。どこまで本気で、どこからが冗談なのか、その見極めが大変難しい人物です（恐らく、本人にもわかっていないのだと思います）。そんな彼女の生い立ちをみると、当時の米国の社会の成り立ちのようなものが垣間見ることができます。ドックによれば彼女は、

Doc: I caught them (Lula Mae and her brother) outside the house stealing milk and turkey eggs. Lula Mae and her brother had been living with some mean, no-account people about 100 mile east of Tulip. She had good cause to run off from that house.

ということです。

　生まれ故郷を抜け出し、兄弟とともに盗みをはたらいて暮らしていたという事実と、そんな2人を迎え入れるどころか、14歳のルラメー（＝ホリー）に、たとえ正式なものでなかったにせよ、男やもめでドックが結婚を申し込むような姿勢というのは、戦後の混乱期というより、広大な米国社会のシステムの「目の粗さ」のようなものを見て取ることができるでしょう。ちなみに、南部から来たドックの英語は、発音もさることながら、文法的にもかなりブロークンなところがあります。そういった箇所を指摘することで、米国英語の多様さを学生に伝えることができるかと思います。

　さきほど、ホリーのキャラクターは自由奔放だ、と書きましたが、本気で言ったのかどうか分からないようなセリフから、当時の米国人の南米に対するイメージを知ることができます。

　たとえば以下のようなセリフ：

Holly: Years from now. Years and years, I'll be back. Me and my nine Brazilian brats. They'll be dark like Jose, of course.

　南米の家族＝子沢山というステレオタイプ的なイメージは、いろんなところで見受けられるものです。こういったステレオタイプによって、多くの人が共有するイメージは強化されていきます。

　ステレオタイプという例でいえば、映画の冒頭に、日本人ではちょっと眉をひそめてしまうような「ユニヨシ（日系アメリカ人）」が好例でしょう。後に、ユニヨシの造形に、監督のブレイク・エドワーズは少なからぬ後悔の念を述べています。確かに、作った本人が後悔するような日本人の出来映えとなっています。しかしながら、当時の米国社会における日本人のイメージは、ユニヨシのそれと当たらずとも遠からずであったのではないでしょうか。そういった点を知ることも、本作の学習のポイントかと思います。

あらすじ

　映画は、人気のない朝のニューヨークの場面からはじまります。黒いシックなドレスを着たホリーが、タクシーを降りて、朝食のパンとコーヒーを片手に、ティファニーのショウ・ウィンドーを眺めます。そんな彼女が住むアパートに、作家の卵であるポールが引っ越してきます。自由奔放で社交的な彼女は、すぐにポールと親しくなります。ある日、ポールはホリーの家で開かれるパーティーに出席します。そこでホリーの知り合いの OJ と出会います。彼はホリーについてこんなことを言います「彼女は虚実をないまぜにしている」、と。

　しかしそれは、本当のことでもありました。パーティーが終わってから数日後、ポールはドックという名前の男性と知り合います。ドックは南部からホリーを探してやってきたのでした。どうしてかと言うと、彼はホリーの夫で、彼女を連れて帰るといい出します。ドックに話を聞くと、彼女は「ホリー」ではなく、「ルラメー」という名前で、しかも14歳の時、彼と結婚して、家族までいるというのです。けれどもホリーは、ドックと帰ることを拒みます。なぜならドックのいるところは、自分の居場所ではないと、彼女は思っているからです。

　自分の居場所を探すこと。そして、ティファニーの店内のように、落ち着ける場所を探すこと。それがホリーの求めているものなのです。

映画情報

製 作 費：2,500万ドル（概算）
製 作 年：1961年
製 作 国：米国
言　　語：英語、ポルトガル語
ジャンル：ラブ・コメディー、ドラマ、ロマンス

公開情報

公 開 日：1961年10月5日（米国）
　　　　　1961年11月8日（日本）
上映時間：115分
字　　幕：日本語、英語
画面アスペクト比：1.78：1

薦	○小学生　○中学生　●高校生　●大学生　●社会人	リスニング難易度		発売元：NBCユニバーサル・エンターテイメント （平成29年2月現在、本体価格） DVD価格：1,429円　ブルーレイ価格：2,381円
お薦めの理由	この映画には、政治的なプロパガンダ（特定の考えを押しつけるための宣伝）や、深遠な哲学が語られているわけではありません。ただ、当時の米国の風俗を知る上では、うってつけの映画といえるかと思います。第二次世界大戦が終わり、華やいだ空気が流れている米国。パーティーで浮かれさわぐ様子（それが限定的なものであったとしても）は、当時のニューヨークの空気を色濃く反映したものだったのでしょう。	スピード	3	
^	^	明瞭さ	4	^
^	^	米国訛	4	^
^	^	米国外訛	2	^
^	^	語彙	3	^
英語の特徴	本作で使われている英語は、米国英語に慣れた日本人学習者にとっては、癖がなく理解し易い英語かと思います。登場人物にしても、南部から来たホリーの夫ドックや、怪しい日本人のユニオシと、ブラジルから来たホセを除けば殆どがニューヨーカーで、しかも白人です。そのようなことよりもリスニングのしやすさに影響を与えていると思います。バラエティーに富んでいないことが、この映画を使う利点です。	専門語	2	^
^	^	ジョーク	3	^
^	^	スラング	3	^
^	^	文法	2	^

　小説版の『ティファニーで朝食を』も大変有名な作品ですが、「映画は見ているけれどカポーティが書いた小説は読んでいない」という人の方（もちろん学生ばかりのことではありません）が、どちらかと言えば多いのではないでしょうか。読んだ・見た人数の多い・少ないは別にして、本作についてのカポーティの意見は、あまり芳しいものではなかったと伝え聞きます。その理由の1つに、ホリーとオードリー・ヘップバーンとの関係があるようです。小説を読めばわかることですが、カポーティが想い描いたホリーは、オードリーが持つイメージとはいささか違っています（もちろんそれは、非難されることではありません）。

　映画ではそれほどしっかりと描かれているわけではありませんが、ホリーはいわゆる高級娼婦を生業としています。当然のことながら、清潔感溢れる当時のオードリーでは、カポーティが苦心して作り上げたホリーのイメージとは、根本的なところが違ってきます（ちなみに、カポーティはこの作品を仕上げるのに3年近くの歳月を費やしています）。カポーティ自身は、マリリン・モンローにホリー役をやってもらいたかったようです。

　ところがホリー役はオードリーに配役され、彼女のイメージを崩さぬようにするためか、映画では様々なエピソードが削られました。そのように「引き算」された箇所を、原作と照らし合わせながら、エピソードが削られた理由などを学生に考えてもらうことも、この映画を使った授業での留意点としてあげておきます。

　加えて、ジョージ・ペパードが演じる「ポール」のイメージもまた、小説のナレーターである「僕」とは、少なからぬ「ズレ」があります。一番の大きな違いは、原作のポールには、2Eのようなパトロンがいないということです。小説の冒頭、彼は自立できたことを何よりも喜んでいる場面が出てきます。

　ところが映画では、ポールもホリーと同じように、酷い人に頼った生活を送っています。映画の終盤で2Eと分かれ、結果的に自立することになりますが、ポールもまたホリー同様、原作とはいささか違ったイメージで描かれています。

　こういった違いを取り上げて、どちらかに優劣をつける批評の仕方もありますが、映画を使った学習者に教える側にとっては、その優劣にフォーカスを置くよりも、その違いに着目すべきあるように思います。

　最後に、ティファニーと米国についての関係を授業で取り上げることができると、文化史研究のイントロダクションとすることができるかもしれません。ティファニーがデザインしてきたものは、米国文化に深く浸透しています。それを企業努力といってしまえばそれまでかもしれませんが、米国のデザイン文化の屋台骨のようなものをささえてきたことも、また事実です。本作は、その経緯を知るきっかけにもなることかと思います。

　本作は一貫して、暗い部分が殆どありません。ラブ・コメディーというジャンルのためでしょうか、原作にあるようなほんの少しだけ「重い空気」が巧妙に取り除かれています。

　たとえば時代設定。原作では、第二次世界大戦中が舞台となっており、弟のフレッドの死亡原因は、事故死ではなく、戦死となっています。ホリーたちが浮かれ騒ぐ世界のその外側では、毎日多くの人が何かのために戦って、命を落としているという現実があります。その暗い影が物語の中に入り込んでくることは殆どないわけですが、映画になった際にその舞台設定は、大戦が終結した後の年代に変更されています。

　2つのデケイドを跨いでもいないので、ほんの小さな違いかもしれませんが、もしも映画の舞台が戦中ということになると、映画がまとう雰囲気も、いささか違ったものになっていたかもしれません（ちなみに、カポーティが原作を書き上げたのは、1958年のことでした）。

　それでもやはり、大戦後を舞台としたことで、ホリーが身に着けている服に関しては、大きな影響があったように思われます。彼女が着るものすべてには、本人のキャラクターが色濃く反映されています。もしあの服を戦中に着ているとなると、また違ったホリー像になっていたように思われます。

| スタッフ | 監　督：ブレイク・エドワーズ
脚　本：ジョージ・アクセルロッド
製　作：マーティン・ジュロー
　　　　リチャード・シェファード
原　作：トルーマン・カポーティ | キャスト | ホリー・ゴライトリー：オードリー・ヘップバーン
ポール・バージャク　：ジョージ・ペパード
2E　　　　　　　　　：パトリシア・ニール
ドック・ゴライトリー：バディ・イブセン
ユニヨシ　　　　　　：ミッキー・ルーニー |

テルマ&ルイーズ	Thelma & Louise	（執筆）長岡　亜生

セリフ紹介

　警察に追跡されながらも、テルマとルイーズは自由を求めて車を走らせ続けます。（Chapter 29-30）

Thelma : I know this whole thing was my fault. I know it. （こんなことになったのも私のせいね）

Louise : Damn it, Thelma! If one thing you should know by now, this wasn't your fault. （あんたのせいじゃないわ）

Thelma : Louise, no matter what happens, I'm glad I came with you.... I guess everything from here on in is going to be pretty shitty. （何があってもあんたと一緒でよかった…ツキもこれまでね）

Louise : Unbearable, I imagine. （耐えられなさそう）

Thelma : Look, everything we got to lose is already gone anyway. （失うものはもうないしね）

Louise : Oh God, how do you stay so positive? ... （そこまで前向きでいられるなんて）

Thelma : You're a good friend. （あんたは最高）

Louise : You, too, sweetie. The best. How do you like the vacation so far? （あんたもよ。バカンスはどうだった？）

Thelma : I guess I went a little crazy, huh? （ちょっと無茶しちゃったけど）

Louise : No, you've always been crazy. This is just the first chance you've ever had to really express yourself.
　（いつものこと。はじめて本当の自分を出せたのよ）

　ラストシーンにつながる場面で、2人は友情を確かめ合います。ルイーズが指摘するように、旅を通して大きな変化を遂げるテルマに注目してみましょう。

学習ポイント

　警察から逃れようと路上を走り続ける2人の物語から、それにちなむ語彙をピックアップしてみましょう。

（1）ドライブにまつわる語彙・表現

・Fill'er [Fill her] up.　給油所にて。fill upは「満タンにする」意。車や船などを指す代名詞はshe/her

・You better slow down there. （スピードを落とさないとヤバい）　better の前に had が省略されています。

・That's a <u>cop</u> up ahead.... （警官を意味する口語、侮蔑を含む）

・Maybe you got a few too many <u>parking tickets</u>? （駐車違反切符）

・I'll just die if we get caught over a <u>speeding ticket</u>. （スピード違反切符）

・You got your seat belt on? （シートベルト締めた？）

・Police car is chasing. I'll pull over. （パトカーに追われている。車を止めるわ）

（2）犯罪・警察にまつわる語彙・表現

　事件現場から逃亡したことについて語り合う、テルマとルイーズの会話をみてみましょう。（Chapter 20）

Louise : Should've gone to the police in the beginning, why didn't I?

Thelma : Tap the phone? （電話を盗聴する）

Louise : Come on Thelma, <u>murder one</u>* and <u>armed robbery</u>.**
　　　　　　　*第一級謀殺（もっとも罪の重い殺人）**武装強盗（凶器を用いた強盗）

Thelma : Murder one? We can't even say it was self-defense? （正当防衛）

Louise : Well, it wasn't. We were walkin' away. We got away.　walk away：立ち去る、逃れる　get away：逃亡する

Thelma : Yeah, but they don't know that. It was just you and me there. I'll say he raped me and you had to shoot him. That's almost the truth.

Louise : It won't work... Because there's no physical evidence. （物的証拠がない） We can't prove he did it. We can't even prove by now that he touched you.

Thelma : God. The law is some tricky shit, isn't it? （警察、司法当局） Hey, how do you know 'bout all this stuff anyway?

Louise : Besides, what are we gonna say about the robbery? （強盗） There's no excuse for that. There's no such thing as justifiable robbery. （正当強盗なんてないから）justifiable：正当と認められる

あらすじ

　専業主婦のテルマとウェイトレスをしているルイーズは親友同士。テルマの夫ダリルは、自分が外で働き好きなことができるよう、妻にはおとなしく家庭を守ってほしいタイプ。ルイーズにはミュージシャンの恋人ジミーがいて、ルイーズとの結婚を考えています。テルマとルイーズはある週末、退屈な日常生活から抜け出し、車で旅行に出かけます。しかし道中立ち寄ったバーの駐車場で、テルマが男にレイプされそうになり、ルイーズはテルマを救おうと男を射殺してしまいます。これで2人の旅は一変し、逃避行が始まります。しかしお金がないので、仕方なくルイーズは恋人のジミーに助けを求めます。夫に電話したテルマは、一方的に責められるだけ。

　テルマとルイーズは、米国西部の砂漠の只中をメキシコに向かって走ります。さまざまなトラブルに巻き込まれていきますが、その旅には、彼女たちの意識を根本から変えるさまざまな出来事が待ち受けていたのです。ヒッチハイカーの大学生という若者（ブラピ！）を拾い、楽しいひとときを過ごすテルマですが、その若者は前科者で、ルイーズがジミーから受け取った全財産を盗まれてしまいます。その穴埋めをするかのように、テルマは若者に教わったやり方で小さな食料品店で強盗を働きます。そして2人は警察の追跡に迫られながら、最後にグランド・キャニオンの断崖を飛び越えることを決断し、空へと飛翔するのです。

映画情報

製　作　費：1,650万ドル（推定）
製　作　年：1991年
製　作　国：米国、フランス
配給会社：松竹富士
ジャンル：アドベンチャー、ドラマ、犯罪

公開情報

公　開　日：1991年　5月24日（米国）
　　　　　　1991年10月19日（日本）
上映時間：130分
受　　賞：アカデミー脚本賞、
　　　　　　ゴールデン・グローブ脚本賞

薦	○小学生　○中学生　○高校生　●大学生　●社会人	リスニング難易度	発売元：20世紀フォックス ホーム エンターテイメント ジャパン （平成29年2月現在、本体価格） DVD価格：1,419円　ブルーレイ価格：1,905円

お薦めの理由	照りつける太陽と青空のもと、広大な大地を走り抜ける、米国の典型的なロードムービーです。週末のドライブ旅行が一転、警察に追われる2人の女性の逃避行。男性中心の社会のなかで抑圧された女性が、フリーウェイの自由を満喫し、男性に復讐を果たすシーンはスカッとします。固い絆で結ばれた2人の映画史に残るラストシーンは必見。とくに女性にお薦めできる映画です。	スピード	4
		明瞭さ	4
		米国訛	5
		米国外訛	1
		語彙	2
英語の特徴	主な登場人物はアーカンソー州出身という設定で、米国南部訛りの英語が聞かれます。母音を伸ばしてゆっくり話すソフトな響き、曖昧な二重母音が特徴です。たとえば you all (=you)は、Y'all[ヨール]のように発音されます。文法は標準、とくに難しい語彙はありませんが、ののしりことば、四文字ことば、性的なスラングが頻出します。かなり過激なものもあるので、教室での提示には注意が必要です。	専門語	1
		ジョーク	4
		スラング	5
		文法	2

授業での留意点	映画で描かれるのは、1980～90年代の社会です。現在の社会との違いを考えてみましょう。フェミニズム的視点の導入のための教材として用いることもできるでしょう。 （1）当時の女性の立場（Chapter 3） Thelma : I've never been out of town without Darryl. Louise : How come Darryl let you go? Thelma : 'Cause I didn't ask him. Louise : Aw, shit, Thelma. He's gonna kill you. Thelma : Well, he never let me go. He never let me do one goddamn thing that's any fun.... All he wants me to do is hang around the house the whole time while he's out doing God only knows what. Louise : Well, you get what you settle for. Thelma : I left him a note.... I left him stuff to microwave. 　夫同伴でしか遠出したことがないテルマにルイーズは、「よく許してもらえたわね」と驚きますが、実は許可は得ていなかったのです。夫は妻が家庭でおとなしくしていることだけを望むというのは、当時とくに珍しい考え方ではありませんでした。それぞれの態度や言動に注目して、家庭でのテルマと夫のシーン（Chapter 2）も見てみましょう。 （2）男性から女性への呼びかけ 　テルマは夫への呼びかけに honey や省略形 hon を用いています。これは、愛する人へ、夫にも妻にも使える呼びかけです。ルイーズの恋人はルイーズを baby と呼んでいます。これは親しい女性に対する呼びかけですが、軽蔑的と感じられることもあるようです。その他にどのような呼びかけ語が使われているか探してみましょう。 　石油タンクローリーの運転手は、テルマとルイーズを baby や babe などと呼びます。現在の米国文化では、男性が女性に対して、自分の妻や恋人、子供でもない限り、honey, baby, sweetheart などと呼びかけるのは不適切とされています。 （3）男性への復讐（Chapter 27） 　自分たちに対して卑猥な言動をとる運転手に、2人は謝罪を求めますが、相手にされず、男にピストルを突き付け、最後にはタンクローリーを爆破させます。かなり過激な言語が飛び交います。女性を性の対象としか見ない、男性至上主義を体現するような身勝手な男に対して、女性が自ら力を発揮し、これでもかと復讐を果たすのです。

映画の背景と見所	米国の家父長制が支配する1980年代後半～90年代の社会が描かれます。女性は家庭に入り夫に従属すべきと考える夫、結婚を迫る恋人。2人の女性は、男性たちのユートピア的世界から脱出すべくハンドルを握り、自由を求めて米国西部の砂漠空間を走り抜けます。2人の乗るオープンカーは、66年型サンダーバード。 　日常から離れ、どんどん車を走らせる女性たちの変貌ぶりが印象的です。はじめ、夫に旅行に出かけることすら言い出せず、おどおどしていたテルマは、最後には強盗を働いたり、警官に銃をつきつけたりするような度胸まで身につけているのです。テルマの強盗シーンも見ものですが、警察に追いつめられた2人が空へダイブするラストシーンは必見です。ストーリーは実在の人物、連続殺人犯アイリーン・ウォーノス元死刑囚とその恋人ティリア・ムーアの物語がもとになっています。脇役として、ブレイク前のブラッド・ピットが登場するのも注目に値します。 　監督リドリー・スコットは、1979年にSF映画『エイリアン』が世界的な大ヒットとなり、1982年『ブレードランナー』で不動の地位を獲得した英国人。本作品でアカデミー監督賞候補になるも以降停滞が続いていましたが、歴史ものアクション・アドベンチャー『グラディエーター』（2000）で復活を果たし、サスペンス・ホラー映画『ハンニバル』（2001）もヒットしました。本作品にもSF的要素が見受けられるといえます。

スタッフ	監　督：リドリー・スコット 脚　本：カーリー・クォーリ 製　作：ミミ・ポーク 撮　影：エイドリアン・ビドル 音　楽：ハンス・ジマー	キャスト	ルイーズ　　　：スーザン・サランドン テルマ　　　　：ジーナ・デイヴィス ジミー　　　　：マイケル・マドセン JD　　　　　　：ブラッド・ピット ハル・スローコム：ハーヴェイ・カイテル

遠い夜明け	Cry Freedom	（執筆）安田　優

セリフ紹介	法廷場面（00:37:52-）では、ビコの考えがわかりやすく表現されています。 　①I believe South Africa's a country in which black and white should live together. 　②I and those gentlemen in the dock... believe that South Africa is a plural society with contributions to be made by all segments of the community. 　①と②では、南アフリカは「白人と黒人が共生する国」であり、「あらゆる社会階層の人たちが寄与する複合社会」だとビコが考えていることがわかります。内容の普遍性を考えると、応用しやすい表現でしょう。 　更にビコは、政府の行為を "naked terrorism"（露骨なテロリズム）と表現することの妥当性を問われます。それに対し、③に見られるように、彼は "I'm talking about" という表現を4度用いて、政府の有形無形の暴力を列挙します。そして体制側のこれらの行為こそがはるかに深刻なテロリズムであり、それが告発されない矛盾を、理性的に、力強く指摘するのです。 　③I'm talking about the violence in which people are baton-charged by police, beaten up. I'm talking about police iring on unarmed people. I'm talking about the indirect violence you get through starvation and the township. I'm talking about hopelessness, the desolation of the transit camps. Now, I think that... all together that constitutes more terrorism than the words these men have spoken here. But they stand charged, and white society is not charged.

学習ポイント	ビコの発話を中心に学習するといいでしょう。ここでは主に比較表現に注意しながら、ビコの演説（00:32:55-）を見てみましょう。主張をしっかりと伝えるために、ビコが間を取りながらゆっくり話していることがわかります。演説や発話練習には、実際の演説をまねてみることも有効です。演説内容を把握した後、映画を見ながらビコの発話中の「間」に区切りを入れましょう。そして、ビコの発話スピードや「間」を意識し、何度も音読練習してみましょう。 　①This is the biggest illegal gathering I've ever seen. I heard what the last speaker had to say... and I agree. We are going to change South Africa. All we've got to decide is the best way to do that. And as angry as we have the right to be, let us remember that we are in this struggle to kill the idea that ②one kind of man is superior to another kind of man. And killing that idea is not dependent on the white man. We must stop looking to him to give us something. ③We have to fill the black community with our own pride. We have to teach our children black history... tell them about our black heroes, our black culture, so they don't face the white man believing they are inferior. Then, we'll stand up to him any way he chooses. Conflict if he likes, but with an open hand too, to say that we can all build a South African worth living in. ④A South Africa for equals—black or white. A South Africa as beautiful as this land is, as beautiful as we are. 　①最上級を用いて「これまで見た中で一番大きな違法な集会だ」と冒頭でユーモアを交え、聴衆をひきつけます。最上級の基本的な作り方は the＋形容詞/副詞-est、長めの語の場合は the most ＋形容詞/副詞となります。先行詞が最上級を含む場合、関係代名詞は that ですが、ここでは "I've" の前の関係代名詞は省略されています。 　②superior / inferior（より優れている/劣っている）は比較級・最上級の形を取らず、比較対象を示す場合も than の代わりに to を用います。ビコは「ある人種が別の人種よりも劣っている」という考えを黒人自身が取り除かねばならないと主張します。代名詞 "him" は "the white man"（白人）を受けており、黒人側も「白人が黒人に何かを与えてくれることを期待（look up）するのをやめねばならない」ことが強調されます。成員間に不公正な状況が見られる社会制度下では、被抑圧者にも体制側に都合のいい考えが植えつけられることがわかります。 　③ビコは "we have to" を用いて、「黒人社会を誇りで満たす必要性」、「子供に黒人の歴史・英雄・文化について教える必要性」を説きます。黒人側が意識改革し、同等だという意識を持って白人と直面せねばならないと訴えます。 　④as ＋ 原級 ＋ as の表現を用い「この土地と同じくらい、私たちと同じくらい美しい南アフリカを」と主張します。南アフリカと黒人を比較対象として並置することで、南アフリカが黒人のものでもあることが示されています。

あらすじ	1970年代のアパルトヘイト下の南アフリカ共和国が映画の舞台です。黒人運動家スティーヴ・ビコと、デイリー・ディスパッチ紙の白人編集者ドナルド・ウッズとの交友を軸に物語が展開します。映画の前半は、政府の監視下に置かれたビコの信念に基づく行動が中心に描かれています。警察からの執拗な嫌がらせにもかかわらず、黒人の現状変革の必要性をとなえるビコは信念を曲げず、自らの主張を貫き通します。当初、ウッズはビコを、白人と黒人の対立をあおる白人差別主義者である、と非難していました。しかし、彼はビコと直接、話し合うことで、ビコの知性的・論理的な考えに基づく主張に共感することになり、ビコの活動を見守るようになります。直接コミュニケーションの重要性が示唆されているのです。ある日、黒人学生の集会に参加するため、ビコは危険をかえりみず、ケープタウンに向かいます。その道中で検問に引っかかり、ビコは逮捕されます。公式には「ハンガーストライキ」による死亡という主張・発表がなされますが、拷問によりビコは殺されることになります。映画の後半は、ビコを支援していたウッズの亡命が中心です。かつてのビコと同様に、ウッズは危険人物として軟禁状態に置かれ、彼の家族もまた危険にさらされます。そこでウッズは、アパルトヘイト（Apartheid）の現状を記した原稿を持ち、家族とは別ルートで出国を企てます。ウッズとその家族が飛行機で脱出をするところで、映画はエンディングを迎えます。

映画情報	製 作 費：2,900万ドル 製 作 年：1987年 製 作 国：英国 配給会社：ユニバーサル映画 言　　語：英語	公開情報	公 開 日：1987年11月26日（英国） 　　　　　1998年 2月27日（日本） 上映時間：157分 MPAA（上映制限）：PG-13 興行収入：589万9,797ドル（米国）

| 薦 | ○小学生　○中学生　●高校生　●大学生　○社会人 | リスニング難易度 | 発売元：NBCユニバーサル・エンターテイメント
（平成29年2月現在、本体価格）
DVD価格：1,429円 |

お薦めの理由	アパルトヘイトは1991年に廃止されました。しかし、現在も体制側の圧政という問題は世界各地で見られます。非白人、特に黒人の人権を蹂躙（じゅうりん）し、白人を優遇するこの人種隔離政策は、私たちへの戒めとして、風化させずに後世に伝えるべき事柄の1つです。組織的にある人種を優遇し、利権のためにその他の人種をおとしめる制度の理不尽さや恐ろしさについて考えてもらいたいと思います。	スピード	3
		明瞭さ	3
		米国訛	1
		米国外訛	4
英語の特徴	現在の南アフリカ共和国の公用語は、オランダ語から派生したアフリカーンス語（Afrikaans）、英語、その他の言語の計11言語です。俳優の多くは英国人と米国人ですが、アフリカーンス語の影響を受けた南アフリカ訛りの英語が使われています。早口で発話される場面を除けば、全体として主要登場人物が話す英語は比較的明解で聞きやすく、英語の変種に慣れるために有用でしょう。	語彙	3
		専門語	3
		ジョーク	2
		スラング	2
		文法	3

授業での留意点

　本作品には、人種・民族・宗教間での対立が残る現在において、学ぶに値する内容が含まれています。まず観衆の前での演説についてビコが警察で取調べを受ける場面を見ていきましょう。
　　Biko　　　　　：…but don't make the mistake of treating me without respect.
　　Captain De Wet：Don't tell me what to do, Kaffir.
　両者の対話には否定の命令文が使われています。「敬意を払わず私をあしらう間違いを犯すな」というビコのセリフは、警察による日常的虐待行為を示唆すると同時に、白人と同等であるべきという彼の考えを明確に伝えています。他方、署長は "kaffir" というアフリカ黒人を蔑視する表現を用いて「指図するな」と返答します。ここからは、尋問者と被疑者という関係だけでなく、白人と黒人間の不均衡な権力関係が読み取れます。続けて警察は "paid informer"（有償情報提供者）の "testimony"（証言）を盾にビコに尋問します。しかしビコは、"Everyone know those kind would say whatever you wanted them to say." と、証言の有効性を否定し、やりこめます。被抑圧側が冷静かつ論理的に権力側を論破する構図は、当時の南アフリカの理不尽な状況を浮き彫りにします。また署長は "you're a bit of poison." とビコを毒にたとえます。これは権力側が、言論が大衆に与える影響力を認識しており、それゆえの言論統制であることを示しています。続けてビコと署長の対話を見てみましょう。
　　Biko　　　　　：①I just expect to be treated like you expect to be treated.
　　Captain De Wet：You and your bigheaded ideas.
　　Biko　　　　　：If you're afraid of ideas, you'd better quit now.
　　Captain De Wet：We'll never quit.
　　Biko　　　　　：Come on! What are you so afraid of? Once you try, you'll see there's nothing to fear.
　　　　　　　　　　②We're just as weak and human as you are.
　　Captain De Wet：③We're gonna catch you red-handed one day, then we'll see how human you are.
　①でビコは更に "like"（～と同様に）を用い、黒人と白人との同等性を強調します。署長は "bigheaded ideas"（うぬぼれた考え）とビコ＝黒人を劣等的位置にとどめようとします。しかし、ビコは「不当な支配制度に気づいた黒人の考え」に対する白人の恐怖心を認識しており、②のように "as...as" と比較表現を用いて「黒人が白人同様に弱い、ただの人間だ」と人種間に優劣はないことを主張するのです。③の "red-handed" は「現行犯で」を意味し、ビコの演説行為＝悪事という権力側の認識を示します。また③はビコの虐待死を予示するセリフでもあります。

映画の背景と見所

　本作は、アパルトヘイトへの抵抗に活気をもたらす契機を作ったスティーヴ・ビコと、原作者ドナルド・ウッズという実在の人物を描いています。長尺の映画ですが、最後まで緊張感がみなぎる作品です。
　物語は1975年に軍がケープタウン郊外のクロスロード黒人居住地の住民を暴力的に排除する場面で始まります。しかし、国営ラジオは、公衆衛生のために警察が不法居住区に実力行使し、それが抵抗もなく終了したこと、労働許可証を持たない黒人がホームランドへ強制送還されることを伝えるだけです。ホームランドとは、黒人を強制移住させた地区のことです。最終的には、形式上の独立国にして、黒人から南アフリカ共和国の参政権・市民権を奪い、外国人労働者として扱うことを目指すものでした。黒人には更に、異人種間の婚姻や施設の使用、賃金の支払い、教育など様々な分野にわたって詳細な法的制限が加えられていました。映画冒頭では、このようなアパルトヘイトの一端をかいま見ることができます。また、作品終末部では、1976年のソウェト蜂起（Soweto Uprising）の回想が差し挟まれます。白人支配の影響を永続させる言語教育などに異をとなえる学生や子供たちを、軍は容赦なく銃殺します。不合理な状況の改善を求める平和な抗議活動が、体制側の暴力によって抑圧されるのです。このような体制側の抑圧は、被抑圧側に属する者だけでなく、被抑圧側を擁護する者にも襲いかかることに注目しましょう。

| スタッフ | 監督・製作：リチャード・アッテンボロー
脚　　本：ジョン・ブライリー
原　　作：ドナルド・ウッズ
撮　　影：ロニー・テイラー
音　　楽：ジョージ・フェントン、ヨナス・グワングワ | キャスト | ドナルド・ウッズ　　：ケビン・クライン
スティーヴ・ビコ　　：デンゼル・ワシントン
ウェンディ・ウッズ　：ペネロープ・ウィルトン
ランペーレ医師　　　：ジョゼッテ・シモン
ケン　　　　　　　　：ケヴィン・マクナリー |

トレインスポッティング	**Trainspotting**		（執筆）井土　康仁

<table>
<tr>
<td rowspan="1">セリフ紹介</td>
<td>

　本作の大きなキーワードの1つとして、"change" があるように思われます。このキーワードは、最後のレントンのナレーションの中に含まれており、冒頭のナレーションとほぼ変わらぬセリフの中に埋め込まれています。そうすることで、レントンが仲間を裏切る形ではあれ、"change" する彼の「変化」をより鮮明にあらわしているように思います：So why did I do it? I could offer a million answers, all false. The truth is that I'm a bad person, but that's gonna change, I'm going to change. This is the last of that sort of thing. I'm cleaning up and I'm moving on, going straight and choosing life. しかし、レントンが上記のような心情になるには、紆余曲折を経る必要がありました。その1つに、彼が住むスコットランドの現状について、認識し、それをののしるかのように思います。つまり現状を言語化することで、自分の立ち位置を客観視する経験を経ることです：It's shite being Scottish! We're the lowest of the low. The scum of the fuckin' earth! The most retched, miserable, servile, pathetic trash that was ever shat into civilization. Some people hate English. I don't. They're just wankers. We on the other hand are colonized by wankers. Can't even find a decent culture to be colonized by. We are ruled by effects arsheholes. It's a shite state of affairs to be in (...).　レントンの酷い状況とドラッグとの関係は、彼のセリフの様々なところに暗い影を落としているわけですが、ここで典型的な1つをみておきます：When you're on junk, you have only one worry: scoring. When you're off it, you are suddenly obliged to worry about all sorts of other shite. (...) all the things that really don't matter when you've got a sincere and truthful junk habit.

</td>
</tr>
<tr>
<td rowspan="1">学習ポイント</td>
<td>

　この映画で学習のポイントとなるのは、なんと言ってもスコットランド訛りの英語ではないでしょうか。ナレーターとしてのレントンのセリフは、比較的聴き取り易いとしても、ベグビーやスパッドの言葉は、非常に聴き取りづらいように思います。加えて、どこの世界の若者も同じなのかもしれませんが、慣れていなければ瞬時に理解できないような言葉遣いを、彼らもしています。例えばベグビーがケンカの様子を描写しているセリフに、以下のようなものがあります：When this hard cunt comes in. Obviously fucking fancies himself, like. Starts staring at me. Looking at me fucking at me as if to say, 'Come ahead, square go.'（そんな時、奴が入ってきたんだ。いかにもキザな野郎だ。俺を見やがった。俺を睨みつけやがったんだ、「おぉ、いつでもやってやるぜ」って感じでよ）。このベグビーのセリフには、品のない単語がたくさん見られますが、それよりも文法の崩れ方が、いわゆる文法的な英語を学習してきた学生にとっては、一聴しただけでは追いづらいように思います。ですので、本作を使って学習する際には、まず国による英語の違い、さらに世代による英語の違いなど、英語の多様性を学生に意識させる必要があるでしょう。

　本作で使われている、独特な英語も学習のポイントですが、それによって語られている内容もまた、大切なポイントとなるでしょう。「セリフ紹介」でも取り上げたことですが、レントンがドラッグに溺れるのには、然るべき時代的、あるいは環境的な理由があります。スコットランドは、良くも悪くも社会保障がしっかりとしている国です。そのため、スパッドは保障を求めて面接に出かけて行くのです。しかし、そういったことがスコットランドに住む若者たちを、抜け出せない悪夢のようなサーキットの中に閉じ込めてしまうのです。その循環の中から抜け出すためのヘロイン。スコットランドに対して目一杯の文句を吐きつけたレントンが、次のようにナレーションするのも当然の結果と言えるでしょう：At or around this time, Spud, Sick Boy and I made a healthy, informed, democratic decision to get back on heroin as soon as possible.

　レントンと、その友人達の現状は、まだ中学生であるダイアンにも、すでに見抜かれてしまっているようです：You're not getting any younger, Mark. The world is changing, music is changing, even drugs are changing. You can't stay in here all day dreaming about heroin and Ziggy Pop. (...) The point is, you've got to find something new. いつまでも "change" のない生活に甘んじているのが、ダイアンに見えてしまうのです。

　スコットランド訛りの英語は、日本ではあまりなじみのない英語ですので、その使用方法について十分な注意をする必要があります。さらに、登場人物の言葉をつぶさに追うことで、心情や置かれている状況を把握することも、本作を使った学習のポイントなるように思います。

</td>
</tr>
<tr>
<td rowspan="1">あらすじ</td>
<td>

　20世紀末のスコットランド中心都市、エディンバラが舞台です。主人公レントンは、ヘロイン中毒。彼の友達もまた、レントンと一緒で、ヘロインを打ち、窃盗を繰り返し、ケンカやナンパで日常の退屈を紛らわせるような毎日を送っています。そんなある日レントンは、友達のスパッドと盗みを働き、捕まってしまいます。すぐに裁判にかけられ、スパッドは禁固刑、レントンはドラッグを抜くためのリハビリをすることになります。しかしながら、ドラッグなしの生活は耐えられるようなものでなく、リハビリを条件に執行猶予がついたにもかかわらず、レントンはドラッグを打ってしまいます。

　そんな出口の見えない日々の中で、レントンは生活を一変させようと、ロンドンに出て行くことを決意します。エディンバラにいる友達や環境に別れを告げ、全く新しい人生をはじめようとしたのです。その最初の一歩として、彼は不動産業界に働き口を見つけ熱心に働きはじめます。スーツを着て、顧客を案内し、エディンバラでのものとは、まるで違った生活を送れるようになりました。ロンドンでのビジネス・パーソンとしての生活も板についてきたある日、彼にとっては悪夢のようなことが起こります。エディンバラに残してきたはずの友達が、彼のもとにやってきたのです。しかも危険な香りがする話しとともに…。

</td>
</tr>
<tr>
<td rowspan="1">映画情報</td>
<td>

製　作　費：350万ドル
製　作　年：1996年
製　作　国：英国
言　　　語：英語
ジャンル：ドラマ

</td>
<td rowspan="1">公開情報</td>
<td>

公　開　日：1996年　2月23日（英国）
　　　　　　1996年11月30日（日本）
上映時間：94分
MPAA（上映制限）：R
画面アスペクト比　：1.85：1

</td>
</tr>
</table>

薦	○小学生　○中学生　○高校生　●大学生　●社会人	リスニング難易度	発売元：アスミック・エース/ワーナー・ブラザース ホームエンターテイメント （平成29年2月現在、本体価格） DVD価格：1,429円

お薦めの理由	いわゆる「先進国」に漂っていた、20世紀末の雰囲気を知るためには、大変いい作品と言えるかと思います。1996年に製作された映画ですので、これから大学へ入学してくる学生のほとんどは、まだ生まれておりません。本作を授業内で扱うことで、当時と現在の社会のあり方、あるいは若者のあり方について考えるいい機会になるように思います。20世紀末の一端を、鮮やかに切り取った作品です。	スピード　5 明瞭さ　1 米国訛　1 米国外訛　1	
英語の特徴	若者の群像劇ですので、大変多くの、かなり品のない言葉が使われています。単語の使い方が、とても特徴的ですし、人物によっては酷く非文法的な英語を話します。しかし、本作に出てくるような非文法的な英語でも、しっかりと伝わる理由を考えるのも、1つの英語学習になるかと思います。米国英語に慣れている我々日本人英語学習者にとっては、スコットランド訛りも注目すべきポイントです。	語彙　5 専門語　5 ジョーク　3 スラング　5 文法　4	

授業での留意点	まずは、映画の舞台がスコットランドになっているところを指摘することから、授業をはじめるのもいいように思います。同じ英語圏内のイングランドや米国に比べると、少し馴染みの薄い感じが否めない国です。Great Britain として、多くの「国々」を一括りにしてしまう英国。その中に含まれる、かつては「独立国」だったスコットランド。英国そのものの成立過程を授業内で取り上げれば、レントンのセリフをさらに深く理解できることでしょう。また、スコットランドの歴史を紐解くことで、独立への国民投票が行われた理由や、Brexit に反対票が多かったことなども、学生によりしっかりと伝えられるように思います。「お薦めの理由」でも書きましたが、本作品には20世紀末の雰囲気が色濃く反映されています。英国と米国で映画賞にノミネートされ、日本でもヒットしたことからもわかるように、「先進国」という括弧付けではありますが、国境を越えて、当時の若者の心情を表現できているのが、本作の最大の魅力かと思います。60年代や70年代のカウンター・カルチャーと呼ばれるものを経て、ポストモダンという概念が浸透した90年代。それまであった様々な価値観が、壊され、転倒させられ、相対化してしまった果ての世界が90年代という時代でした。そんな世界を生きる若者たちに、常にまとわり付いていた雰囲気は、恐らく「閉塞感」でした。本作では、それをレントンの最初のセリフに込めているように思います。一連のセリフの最初には、常に"Choose"という言葉が出てきます（この言葉の選択は、広告からの影響のようです）。ところが相対化が激しく進んでしまった世界では、"Choose"することは、それほど意味を成しません。結局行き着く先は、「相対的に」という枕詞が着いてしまう場所なのです。そのためレントンは"Choose"を繰り返した果てに、"Choose rotting away at the end of it all"と悲観的なセリフを述べているのです。そういった時代背景を授業の中で確認できれば、レントンや彼の友人達の言動も、理解し易くなると思います。例えば、映画の冒頭のセリフの続きとなっている、"I chose not to choose life. I chose something else. And the reasons? There are no reasons. Who needs reasons when you've got heroin?"という言葉も、学生とともにそれが意味するところを確認できるのではないでしょうか。 　本作はドラッグ中毒の若者の話です。ニーチェの言葉を引用するまでもなく、絶対的な価値観が失われた世界の中で、彼らはもがき苦しみながら生きています。本作品を、単にドラッグ・カルチャーの映画と捉えてしまうより、ドラッグをやらざるを得ない彼らの生き方を、時代やスコットランドという国と照らし合わせながら、授業を進めていくといいかと思います。世界中でテロが起き、世界の様子がすっかり変わってしまった21世紀の今では、本作が扱っているようなテーマは、取り上げられづらいかも知れません。しかし、先の世紀の末には、レントンたちのような若者を生んでしまった文化があったことを、伝える必要はあるかと思われます。

映画の背景と見所	世紀末に限られた話ではありませんが、時代の節目にはその空気を象徴する人物や概念が、頻繁に登場します。19世紀から20世紀への転換期、その文化の中心にはオスカー・ワイルドがいました。彼が身をもって示したような「デカダンス」という概念は、当時の世紀末の空気を表すのに相応しいもののように思われます。 　それから百年後の20世紀末になると、文化を消費する層の中心が変わったこと、あるいは文化という器に入る（芸術）形態が変化したこともあり、今度はニルヴァーナのような、ハイ・カルチャーに対する（この言葉は妥当でないかも知れませんが）サブ・カルチャーを牽引（けんいん）する人々が、その作品でもって世紀末の空気を表現していました。ポストモダンという言葉が、まだ通用していた頃ですので、相対主義が行き着くところまで行ってしまった感が、その当時はありました。そういった文化的な背景を踏まえたうえで、授業の中で本作を扱えば、作品の分析や英語の学習教材としてのみならず、広い射程でもって、学生に多くの事柄を伝えられるように思います。 　21世紀に入って、大国からの独立を叫ぶ国や地域が出てきました。「授業での留意点」にも書きましたが、スコットランド人の Brexit に対する態度も、その1つの表れのように思われます。経済的に独立できる地域の意味を、映画と照らし合わせながら説明していくのもいいかも知れません。

スタッフ	監　督：ダニー・ボイル 脚　本：ジョン・ホッジ 製　作：アンドリュー・マクドナルド 撮　影：ブライアン・テュファノ 美　術：ケイヴ・クイン	キャスト	マーク・レントン：ユアン・マクレガー スパッド　　　　：ユエン・ブレムナー シック・ボーイ　：ジョニー・リー・ミラー ベグビー　　　　：ロバート・カーライル ダイアン　　　　：ケリー・マクドナルド

| | 七年目の浮気 | The Seven Year Itch | （執筆）大庭　香江 |

| セリフ紹介 | ★セクシーなブロンド美女は、あの、マリリン・モンローなのかもしれない。ブロンド美女に役名がないだけに、現実と映画の世界が一緒になり、コメディーとしての面白さが際立つセリフです。
Richard : If Helen sent you to get a divorce. （ヘレンが離婚するって言うのか）
Tom　　： A divorce? （離婚？）
Richard : I absolutely refuse! I'll fight it in every court! （絶対しないぞ! 法廷でたたかう覚悟はできてる!）
Tom　　： She sent me for the paddle. （オールを取りにきたんだよ）
Richard : Because I can explain everything: the stairs, the cinnamon toast, the blond in the kitchen.
　　　　（なぜなら全て説明できるからだ: 階段も、シナモントーストも、キッチンのブロンド美女も）
Tom　　： Wait! Wait a minute Dickey-Boy. What blonde in the kitchen? （待てよディッキィ。キッチンのブロンド?）
Richard : Wouldn't you like to know! Maybe it's Marilyn Monroe! （知りたくないか! マリリン・モンローかもしれないぞ!）
★「寝る時は何を着て?」という記者の問に「シャネルの No.5 を纏うの」と答えたマリリン・モンロー。劇中でも…
The Girl : When it gets hot like this, you know what I do? I keep my undies in the icebox!
　　　　（こんなふうに暑くなるとどうするか分かる? 下着を冷蔵庫に入れておくの）
The Girl :You may not believe this, but people keep falling desperately in love with me.
　　　　（信じられないかもしれないれど、みんな私に夢中になってしまうの） |

| 学習ポイント | ★セリフの全文をディクテーションしてみましょう。
　マリリン・モンローは、甘く優しい口調で比較的ゆっくりとセリフを話すのが特徴です。しかしゆっくり過ぎることもなく、早めに話す部分もあります。声のトーンも聴き取りやすいですので、大学生がリスニングの練習を行うのに、自習教材としても大変適していると言えます。リスニングの練習には、ぜひこのマリリン・モンローのセリフ部分を聴き取ってみることから始めると良いでしょう。短い文のものが多いので、穴埋めで聴かなくても、セリフ全体を聴き取って書いてみることが可能でしょう。
　まずは字幕無しで全体を通して観て物語の展開をつかみましょう。英語力に応じて、セリフがほとんど聞き取れないようであれば、初めに日本語字幕を表示して聴いても良いと思います。次に字幕を消してディクテーションをしてみましょう。マリリン・モンローが登場する場面が来たら、セリフを書き取ります。適宜一時停止しながら、マリリン・モンローのセリフ全体を書き取ります。聞き取れなければ巻き戻して何度か繰り返し聞いてみましょう。再び同じ場面全体を英語字幕をオンにして答え合わせをします。
　最後に他の登場人物のセリフも、英語字幕と合わせて聴き、確認しましょう。
　日本語字幕をオンにして見れば、意味を確かめることが出来ます。
　105分の作品全体でマリリン・モンローが登場する場面は点在していますので、30分程度の作品の区切りでこの方法を繰り返して聴いてみて下さい。物語の切れ目としても丁度良いと思いますし、一日一時間程度を学習に当てると、およそ一週間で修了出来ると思われます。
　仕上げに全体をもう一度字幕無しで観て、最初に観た時に比べてどれくらい会話が聴き取れ、理解できる様になったかを確認してみましょう。
★セリフをパラレルリーディングし、次いでシャドーイングをしてみましょう。
　ディクテーションの練習を終えたら、登場人物と一緒にセリフを話してみましょう。まずはパラレルリーディングを試してみましょう。英語字幕をオンにし、字幕を目で追いながら一緒に読んでいきます。パラレルリーディングを行うことは、英文速読の練習にもなり、大変効果的です。
　次にシャドーイングです。英語字幕を見ながら、音声に合わせて、同時に声に出して読んでいきます。お薦めは、自分のなってみたい役を選び、その役のセリフの部分を声に出して読んでみることです。自分自身が映画に出演している気持ちになってセリフを話してみてください。 |

| あらすじ | 　灼熱の夏、大都会ニューヨークのマンハッタンでは、かつてネイティブ・アメリカンが暮らしていた頃から、婦女子は避暑に出かけ、家に残るのは男達だけでした。三文小説専門の出版社で働くリチャード・シャーマンも、妻と息子を湖畔の避暑地に送り出し、1人アパートに残り仕事に出かけます。帰宅した彼を待っていたのは、上階を借りたモデルのブロンド美女との出会いでした。結婚して7年目、恐妻家のシャーマンも、誘惑にかられ、ブロンド美女を自分の部屋に誘います（タイトルの Itch とは「むずむずする気持ち」のこと）。ブロンド美女の方はシャーマンの部屋にはエアコンがあるからと大喜び。一緒に映画に出かけたりするうちに、シャーマンは、自分も浮気らしきことをしているのだから、妻もそうではないかという妄想にかられます。元々妄想壁のある彼は、自分とブロンド美女の関係の発展を妄想する一方で、妻も友人と浮気していると疑い、友人が訪ねて来ると、ちょうどそこに一緒にいたブロンド美女を隠そうとしながら、ちょっとした自慢もしたくなり、キッチンにマリリン・モンローが来てるんだと言ってしまいます。結局、あまりに魅力的なブロンド美女を前についよろめいてしまったものの、自分はとにもかくにも妻を、そして家族を愛しているのだと気づいたシャーマンは、慌てて靴を履くのも忘れながら、息子の忘れ物のオールを届けにアパートを飛び出します。ブロンド美女が窓から靴を放り投げるシーンで映画は終わります。 |

| 映画情報 | 原　作：ジョージ・アクセルロッド
製作費：320万ドル　　製作国：米国
言　語：英語
配給会社：20世紀フォックス
ジャンル：コメディー　　カラー映画 | 公開情報 | 公開日：1955年　6月3日（米国）
　　　　1955年11月1日（日本）
上映時間：105分　　興行収入：1,200万ドル
受　賞：ゴールデン・グローブ主演男優賞ミュージカル・コメディー部門（トム・イーウェル） |

薦	○小学生　　○中学生　　○高校生　　●大学生　　●社会人	リスニング難易度		発売元：20世紀フォックス ホーム エンターテイメント ジャパン （平成29年2月現在、本体価格） DVD価格：3,800円

お薦めの理由	マリリン・モンローの代表作の1つです。映画史上で最も有名な作品の1つとも呼べるでしょう。女優・マリリン・モンローのコケティッシュな魅力が存分に発揮された作品で、観る者の心を奪う、コミカルでチャーミングな演技が際立っています。英語はスタンダードな米国英語で、登場人物のセリフが被らないので、大変聞き取りやすいです。ストーリー展開も分かりやすく、観るにも聴くにもお薦めの作品と言えます。	スピード	3
		明瞭さ	4
		米国訛	3
		米国外訛	2
英語の特徴	会話のスピードはゆっくりで、発音は明瞭です。標準的な米国英語で、大変聞き取りやすいです。語彙は複雑で難解なものはなく、日常使われる語を中心としており、専門語の知識がなくても聴き取ることができます。コメディー映画ですので、ジョークが多く話されますが、場面としてセリフのかけひきが面白いように演出されており、表現そのものが分かりにくいジョークはありません。文法もスタンダードです。	語　彙	3
		専門語	2
		ジョーク	4
		スラング	3
		文　法	3

授業での留意点	★この映画は、マリリン・モンローのスカートが翻るセクシーなシーンが有名な反面、会話や場面自体はそれ程性的なものに偏っている訳ではありませんので、授業で視聴し、学習教材として使用しても全く問題はないと言えます。 　上映時間が105分のため、一回の授業で全てを見ることは難しいでしょう。ストーリー展開が複雑ではないため、部分的にカットすることは出来ますが、どこを飛ばすかを選ぶのが難しいところです。ですから、「学習ポイント」でも述べた様に、作品を30分ずつ程度に区切り、複数回の授業で使用していくのが望ましいと思われます。 ★授業でも、「学習ポイント」で提案した方法と同様に、セリフの全文をディクテーションさせることをお薦めします。長いセリフはありますが、短い文で構成されていますので、DVDを止めながら聞かせれば、全文を書き取ることが可能だと思います。セリフスピードが速くなく、字幕の切り替わりもゆっくりですので、答え合わせは英語字幕を表示しながら行うことが出来ると思います。 ★授業ではDVDの英語字幕を見ながらのシャドーイングもお薦めですが、ぜひ、ペアワークで、リチャード・シャーマンとブロンド美女のセリフの掛け合いをロールプレイしてみて下さい。アクティブなコミュニケーション授業を展開出来ると思います。 ★マリリン・モンローは、出演映画でのセリフスピードが比較的ゆっくりしており、発音も明瞭で聞き取りやすいため、セリフのリスニングを行うのに向いている女優です。モンロー出演に絞り、多くの作品を観ていきましょう。作品はDVDコレクションとしても発売されており、『イヴの総て』と『ナイアガラ』『紳士は金髪がお好き』は、スクリーンプレイシリーズからも出版されています。副教材として使用させると良いでしょう。『ナイアガラ』はモンローが「モンロー・ウォーク」で世に出た作品で、『七年目の浮気』と併せてぜひ観ておきたいものです。 ☆出演作品一覧☆ 1947年『Dangerous Years』 / 1948年『嵐の園』『レディース・オブ・ザ・コーラス』 / 1949年『ラヴ・ハッピー』 /1950年『彼女は二挺拳銃』『アスファルト・ジャングル』『イヴの総て』 / 1951年『ふるさと物語』『素晴らしき哉、定年』『恋愛アパート』『結婚しましょう』 / 1952年『熱い夜の疼き』『結婚協奏曲』『ノックは無用』『人生模様』『モンキー・ビジネス』 / 1953年『ナイアガラ』『紳士は金髪がお好き』『百万長者と結婚する方法』 / 1954年『帰らざる河』『ショウほど素敵な商売はない』 / 1955年『七年目の浮気』 / 1956年『バス停留所』 / 1957年『王子と踊子』 / 1959年『お熱いのがお好き』 /1960年『恋をしましょう』 /1961年『荒馬と女』
映画の背景と見所	マリリン・モンローの真っ白なワンピースのプリーツスカートが、地下鉄の通気口から吹き上げる風に翻る。ハリウッド映画史上最も有名なシーンの1つと言えるでしょう。実際にこのシーンで映されるのは腰から下のスカートの部分だけで、画面に全身は映りません。全身を写したスチール写真があまりにも有名になってしまったわけです。 　リチャード・シャーマンとブロンド美女（マリリン・モンロー）がピアノを弾くシーンや、シャーマンが浮気を妄想するシーンで繰り返し流れる、ラフマニノフのピアノ協奏曲第二番は、英国の恋愛映画『逢びき』（1945年、デヴィッド・リーン監督。1974年にリメイクされた）でも、BGMに使われた曲です。共に家庭を持つ男女が出逢い、恋に落ちる、いわゆる不倫の物語で、最後は悲しい別れで終わります。リチャード・シャーマンとブロンド美女の一夏の恋を暗示しているのでしょうか。『逢びき』＝ラフマニノフ＝不倫を思い起こさせるのです。 　リチャード・シャーマンを演じるトム・イーウェルは、舞台でも同名の役を演じた演技派。舞台版ではトニー賞演劇主演男優賞、映画版はゴールデン・グローブ主演男優賞を受賞しています。シリアスでとぼけた演技が笑いを誘います。ブロンド美女を演じるマリリン・モンローは、コメディーを演じさせるとその魅力が一層輝きを増す女優。キュートでとぼけた独特の演技が光ります。ビリー・ワイルダーは『お熱いのがお好き』でもモンローを起用しています。

スタッフ		キャスト	
監督・脚本・製作：ビリー・ワイルダー 脚　　本　　：ジョージ・アクセルロッド 製　　作　　：チャールズ・K・フェルドマン 音　　楽　　：アルフレッド・ニューマン 撮　　影　　：ミルトン・クラスナー		ブロンド美女　　　：マリリン・モンロー リチャード・シャーマン：トム・イーウェル ヘレン・シャーマン　：イヴリン・キース トム・マッケンジー　：ソニー・タフツ ブルベイカー博士　：オスカー・ホモルカ	

| | ハート・ロッカー | The Hurt Locker | （執筆）石垣　弥麻 |

ここでは、ジェームズのセリフをいくつか取り上げてみましょう。

彼が爆発処理班に配属された後、爆弾を直接確認して次々に処理していく姿は圧巻ですが、その一方で、彼が常に死の恐怖にさらされていることがセリフからも読み取れます。

まず、ジェームズが配属されて2日目に自動車に取り付けられた爆弾を処理した後、大佐と話をする場面を見てみましょう。大佐はジェームズに "How many bombs have you disarmed?" と質問し、ジェームズは "Eight hundred and seventy three." と答えます。その数を聞き、大佐はさらに "That's gotta be a record. Ah, what's the best way to go about disarming one of these things?" と尋ねます。ジェームズはその問いかけに対し "The way you don't die, sir." と簡潔に答えます。「死なない」という言葉は、絶えず死の危険と接している人物だからこそ言えるセリフとも言えるでしょう。

このセリフの他にも、ジェームズが爆弾を処理するときに防護スーツとヘルメットを脱ぎ捨て、仲間に渡しながら言う "If I'm gonna die, I wanna die comfortable." という言葉や、自分のベッドの下においてある箱を仲間に見せながら言う "This one, y'all, is from our first call together. This box is full of stuff that almost killed me." という言葉も同様です。彼は、「死」や「殺す」という言葉を使うことができても、「生きる」という希望に満ちた言葉をあえて使いません。たえず死の恐怖に晒されている極限状態の中では使えないのです。そのような状況を考えながら映画を鑑賞するのもよいでしょう。

この映画は、イラク戦争、爆発処理班というキーワードを先に理解しておけば、字幕なしで視聴しても大まかな内容は理解できるでしょう。戦争と言っても、街で繰り広げられる銃撃戦や、ノルマンディ上陸のような大がかりな交戦が描かれるわけではなく、ジェームズ、サンボーン、エルドリッジという3人の会話が主になっています。

彼らのセリフは、寝泊まりしているトレーラーの中での会話を除けば、ほとんどが爆弾処理の仕事をする中での会話となります。町のあらゆる場所に爆弾が仕掛けられているため、敵なのか一般人なのか見分けがつかない不特定多数の人間が見守るという緊迫した中で爆弾を処理していきます。もしその不特定多数の人間の中に敵がいる場合には、いつ攻撃されるかわかりません。それを防ぐために、ジェームズが爆弾を処理している間、サンボーンとエルドリッジが周囲を見張り、不審な人物をチェックしていきます。そのため、3人の会話は非常に簡潔で的確な指示を出し合うというパターンが多く見られます。よって、1回視聴した後で、彼らの短いセリフを聞き取り、書き出していくことをおすすめします。

ここでいくつか例を挙げてみましょう。"Go, buddy. Stay low! Stay low! Stay low!","Behind you.","Just breathe easy.","I've got movement.","By the window. You got target?" ここで取り上げたセリフは、砂漠で敵と戦う時のジェームズのセリフです。また、ジェームズが通りで発煙筒を放り投げ、煙幕の中を歩く場面での3人の会話は次のようになっています。

Sanborn : Hey, James, can you hear me? What's going on with the smoke on the side of the road? Over.
James　 : Creating the diversion.　 Sanborn : From what? Is there a threat? Eldridge, get up on the wall. Move.
Sanborn : Tell me what you see, Specialist.　 Eldridge : All right. I got him. He's walking down range.
Sanborn : James, the smoke is killing my visibility. Where are you in relationship to the IED? Are you within a hundred meters, yet?
James　 : Hell, I don't know, Sanborn. I'll tell you when I'm standing over it, cowboy.

これらの場面で使われているセリフは、私たちが日常頻繁に使う言葉ではありませんが、彼らが周囲の状況を素早く理解し、簡潔な言葉で伝達しているため、私たちは緊迫した状況をすぐに理解することができます。

また、セリフの中には見慣れない言葉も出てきます。例えば、"IED（Improvised Explosive Device）","KIA（Killed in Action）","MDRF","dry fire","haji","evac（evacuation）","minaret" など挙げればきりがありませんが、省略されている言葉や地域特有の言葉、軍事用語などわからない言葉は、一つひとつ確認していきましょう。

物語の舞台は、イラク戦争であり、2004年のイラク、バグダッドです。一面がれきだらけの通りで、米国陸軍ブラボー中隊の爆発物処理班に所属するトンプソン軍曹、サンボーン軍曹、エルドリッジ技術兵の3人は、日々爆発処理の仕事に追われています。物語は、遠隔操作ロボットが見つけた爆弾を処理するところから始まります。ここではまだジェームズは登場しません。軍曹のトンプソンが、爆発に爆薬を仕掛けて起爆させようとしますが、爆薬を仕掛けて退避しかけたところで、敵に爆発させられ、彼は即死します。

トンプソンの死後、ジェームズが加わります。彼は、爆発処理班が行ってきた遠隔操作ロボットの使用や、他の人間の指示や慎重な作業方法などを一切無視し、直接爆発物を確認して処理の作業を淡々と進めていきます。自分勝手なジェームズに対してサンボーンとエルドリッジは不安を募らせ、時に衝突しますが、ある時ジェームズの隠されていた一面が見えると、彼らは打ち解けていきます。

しかし、恐怖とストレスのかかる任務を遂行するにつれ、ジェームズも冷静な判断を欠くようになり、ある時サンボーンとエルドリッジに出した指示が思わぬ事態を招くことになります。死の恐怖の中で危険な任務に就く彼らは、無事に帰還できるのでしょうか。

| 映画情報 | 製　作　費：約1,500万ドル
製　作　年：2008年
製　作　国：米国
言　　　語：英語、アラビア語、トルコ語
撮影場所：ヨルダン、カナダ | 公開情報 | 公　開　日：2009年6月26日（米国）
　　　　　　2010年3月　6日（日本）
上映時間：131分
オープニングウィークエンド：14万5,352ドル
受　　　賞：第82回アカデミー作品賞他 |

薦	○小学生　○中学生　●高校生　●大学生　●社会人	リスニング難易度	発売元：ブロードメディア・スタジオ（平成29年2月現在、本体価格）DVD価格：1,800円　ブルーレイ価格：2,500円

お薦めの理由	イラク戦争を舞台に、軍の組織の中でもあまり認知されていないEOD（Explosive ordnance disposal）と呼ばれる爆発処理班を取り上げたことは、これまでにない戦争映画と言えるでしょう。この映画によって、彼らの存在は多くの人に知られるようになりました。そして、絶えず極限状態にさらされている彼らの姿を通して、私たちは戦争の意味を改めて考えさせられるのです。
英語の特徴	全体的に標準的な米国英語ではありますが、会話のスピードはやや速く感じられる部分もあります。そして、舞台がイラクということもあり、外国訛りの英語も出てきます。また、会話の中にスラングが混じっていることがあるので、最初は理解しにくい箇所もあるでしょう。さらに戦闘の場面での会話は、周囲の音と混ざるため、聞き取りにくい箇所もあるでしょう。

スピード	3
明瞭さ	3
米国訛	2
米国外訛	3
語彙	3
専門語	4
ジョーク	1
スラング	3
文法	3

授業での留意点

　まずは、この映画の中で考えられる項目をいくつか挙げて、英語でまとめてみましょう。最初に、映画に登場するジェームズ、サンボーン、エルドリッジがどのように爆発処理を行い、それがどのような展開になるのか、内容に沿ってまとめていきましょう。内容に関してある程度まとめられたら、次にイラク戦争や爆発処理班といった項目について詳しく調べていくとよいでしょう。その際、映画の冒頭で使われている "The rush of battle is often a potent and lethal addiction, for war is a drug." というクリス・ヘッジスの言葉から紐解くことも可能です。彼は米国人ジャーナリストで、海外特派員として中米、中東、アフリカ、バルカン半島などに20年にわたって滞在し、50ヶ国以上の国からさまざまな出来事を発信してきた人物です。1990年から2005年まではニューヨークタイムズに所属し、2002年にはテロリズムに関する記事でピューリッツァー賞を受賞しています。

　しかし、ヘッジスはイラク戦争に関して反対の意向を表明したため、ニューヨークタイムズを退社することになります。監督のビグローは、彼の言葉を冒頭で使用し、さらには後半部分の "war is a drug" だけがしばらく画面に残り、観客の目に焼きつけるように演出をしています。このような背景と映画の内容を一緒に考察することによって、映画全体を俯瞰することができ、監督のビグローが映画を通して何を表現したかったのかという結論に到達することができるかもしれません。

　また、米国の戦争の歴史やハリウッドの戦争映画史など、少し大きなテーマを調べて英語でまとめていくのもよいでしょう。第二次世界大戦の時には、フランク・キャプラ（1897–1991）やウィリアム・ワイラー（1902–1981）、ジョージ・スティーブンス（1904–1975）など名だたる監督たちが米軍の映画班に所属し、戦意昂揚映画というプロパガンダのための映画製作に携わります。そして彼ら以外にも、アルフレッド・ヒッチコック（1899–1980）やジョン・ヒューストン（1906–1987）などもプロパガンダ色の強い映画やドキュメンタリーを製作しています。彼らの作品を通して戦意昂揚映画について調べてみましょう。

　そしてそこから、朝鮮戦争やベトナム戦争に発展させてみてもよいでしょう。例えばベトナム戦争に関しては、第二次世界大戦時とは異なり、ハリウッドがベトナム戦争に関する本格的な映画を製作するのは少し後になってからで、米国国民は、映画よりも先にテレビを通じて戦争を見ていました。この時ハリウッドではニューシネマが盛んに製作されていました。ハリウッドにおける第二次世界大戦とベトナム戦争に関する表象の違いを探ることは、それぞれどのような戦争であったのかということを知る手がかりとなります。そこからまた、イラク戦争との共通点なども併せて考えることもできるでしょう。

映画の背景と見所

　映画のタイトル『ハート・ロッカー』とは、ベトナム戦争以降米軍陸軍で使われ始めたスラングで、「究極の苦痛にさらされる場所」や「棺桶」という意味を持っています。

　この映画の脚本を担当しているマーク・ボールは、2004年にイラクに行き、自ら戦争を取材しました。その時彼は、軍の組織の中で重要な役割を担当している爆発処理班に注目します。現地で何週間も爆発処理班と行動を共にし、日々死と隣り合わせの中で爆弾の処理に追われる彼らの姿を追い続けることによって、まさに彼らが映画のタイトルと同じ、究極の苦痛にさらされている状況にあることを実感しました。帰国後、マークは爆発処理班を描く映画の脚本の執筆を申し出て、『ハート・ロッカー』という映画が完成したのです。

　この映画で描かれている物語は、マークがイラクで経験したことが反映されています。兵士たちは、至る所に置かれているIED（即製爆発装置）の処理や待ち伏せ攻撃への応戦など、一日中危険な状況に身を置かなければならず、休まる時はほとんどありません。彼らに起こっていることは、ゲームや映画の中の世界ではなく、現実なのです。私たちは、絶えず危険な状況にある彼らの姿を通して、戦争の意味や生と死など、さまざまなテーマについて考えさせられます。

スタッフ	監督・製作：キャスリーン・ビグロー 脚本・製作：マーク・ボール 編　　集：ボブ・ムラウスキー、クリス・イニス 撮　　影：バリー・アクロイド 衣　　装：ジョージ・リトル	キャスト	ジェームズ二等軍曹：ジェレミー・レナー サンボーン軍曹　　：アンソニー・マッキー エルドリッジ技術兵：ブライアン・ジェラティ トンプソン軍曹　　：ガイ・ピアース 請負チームリーダー：レイフ・ファインズ

バガー・ヴァンスの伝説	The Legend of Bagger Vance	（執筆）足立　桃子

セリフ紹介

1. ヴァンスとジュナの会話（ヴァンスがジュナに大切なことを思い出させるシーン）
   Vance : See, the trick is to find your swing.
   Junuh : What did you say?
   Vance : You lost your swing. We got to go find it.
2. アデルとジュナの会話
   Junuh : What was it, Adele? What did you like about us?「アデル、オレたちのどこがよかったの？」
   Adele : I liked the way we danced.「ダンスの仕方よ」
3. アデルとジュナの会話（アデルにとってジュナがどのような存在なのか、よくわかるセリフ）
   Junuh : It was too long ago.
   Adele : No, it wasn't. It was just a moment ago.
4. ジュナがヴァンスに、ボビー・ジョーンズがジュナに言ったこと
   It's just a game.「ゴルフはゲームにすぎない」
5. 老年のハーディの独り言
   As once said, "It's a game that can't be won, only played."
   「バガー・ヴァンスがかつて言ったように、ゴルフは勝ちにいくものではなく、プレーするものだ」

学習ポイント

＊黒人であるバガー・ヴァンスの英語の主な文法的な特徴は以下のとおりです。（　）内は文法的に正しい語。使うことは勧めませんが、非標準的な英語の法則を知っておくと楽しめる映画の幅が広くなります。
　中級以上ならどのような法則があるか、見つけさせるのもいいでしょう。
1. 主語と動詞の不一致：例：The one that only you was (were) meant to play.
2. 二重否定：例：Don't hold nothing (anything) back. Not no (any) more.
3. them を those の代わりに使う：例：Judging by how you hit them (those) balls…
4. be 動詞、have 動詞、do, does, did の否定形として ain't の多用：例：I ain't (don't have) got time…
＊簡単な言葉を使ってゴルフの真髄（人生の真理）を語るヴァンスのセリフは音読に適しています。
　文法的に正しい英語に直して音読してみましょう。以下（　）内が文法的に正しい語
1. 夜のコースでゴルフ好きの少年ハーディに言ったこと
   生まれつき持っている本物の（authentic）スウィングを見つけるまで無心にクラブを振ることを勧めているシーン。
   Inside each and every one of us is one true authentic swing. Something we was (were) born with.
   Something that's ours and ours alone. Something that can't be taught to you or learned.
   Something that's got to be remembered.
2. ゴルフコース上でジュナに言ったこと
   すべてのものがひとつになる場所を頭でなく、手で探せ、感覚でつかめ、と説いています。
   Where everything that is...becomes one. You've got to seek that place, with your soul, Junuh.
   Seek it with your hands, don't think about it, feel it.
   Your hands are wiser than your head's ever going to be.
3. コース上でのヴァンスとジュナの会話：安心して、自分にしかできないゲームをプレーするように励ましているシーン。「自分にしか生きられない人生を生きてみろ」と言われている気がして元気が出ます。
   Vance : Time for you to choose.
   Junuh : I can't.
   Vance : Yes, you can. You ain't (aren't) alone. I'm right here with you. I've been here all along.
   　　　　Now play the game. Your game. The one that only you was (were) meant to play.

あらすじ

　舞台は米国南部の町、ジョージア州のサバナ。サバナ出身の天才的なゴルファーとして名を馳せていたラナルフ・ジュナは第一次世界大戦に参戦し、悲しみとショックに打ちのめされてしまいます。終戦後10年たってやっと帰郷しますが、ゴルフを捨てて酒浸りの日々をすごしていたとき、1929年大恐慌が米国を襲います。何とかサバナの町を活気付けたいと、町一番の富豪の娘、アデル・インヴァゴードンは父の遺産のゴルフコースに、ウォルター・ヘーゲン、ボビー・ジョーンズ（2人とも実在の名ゴルファー）を招き、ジュナを交えた3人でエキシビション・マッチを企画します。ジュナは最初かたくなに出場を断るのですが、アデルの説得や謎のキャディー、バガー・ヴァンスの出現もあって参加を決意します。
　ゴルフの試合と平行してアデルとジュナの恋愛も変化します。長い間連絡をしてこなかったジュナに対してアデルは怒りと悲しみを見せますが、試合が進行するにつれて和解の兆しが見られます。
　いまや老年を迎えたハーディ・グリーヴス（ジャック・レモン、この映画が遺作）が語り手として登場し、少年時代から憧れのゴルファーだったジュナ、大好きなゴルフ、歴史的なエキシビション・マッチの様子を臨場感たっぷりに語ります。試合の様子と勝負の行方は映画で堪能してください。

映画情報

原　　　作：スティーヴン・プレスフィールド 　　　　　　『バガー・ヴァンスの伝説』 製　作　費：8,000万ドル 製　作　国：米国 ジャンル：ドラマ、ファンタジー	公開情報	公　開　日：2000年11月3日（米国） 　　　　　　2001年　3月3日（日本） 上映時間：125分　　興行収入：3,945万9,427ドル オープニングウィークエンド：約1,151万ドル 字　　幕：日本語、英語

薦	○小学生　　○中学生　　○高校生　　●大学生　　●社会人	リスニング難易度	発売元：20世紀フォックス ホーム エンターテイメント ジャパン（平成29年2月現在、本体価格）DVD価格：1,419円

お薦めの理由	戦争から帰ったあと自堕落な生活を送っていた才能ある若者が、良き師であり友であるバガー・ヴァンスの導きを得て、もう一度自分らしさを取り戻す過程が共感を呼びます。ゴルフコースとそこを取り巻く自然がとても美しく、あわただしい現代を生きる我々に、立ち止まって何かを感じたり熟考したりする大切さを思い出させてくれます。ゴルフの特異性を人生にたとえて巧みに描いています。	スピード	3
		明瞭さ	4
		米国訛	3
		米国外訛	1
英語の特徴	舞台は米国の南部地方であるため、南部訛り（母音を引き伸ばしたゆっくりした話し方）が多く見られます。ナレーターの英語は速度も普通で比較的わかりやすく、かなり聞き取れるはずです。もうひとつの特徴として、ヴァンスが話す英語には、黒人英語の特徴がいくつか見られます（学習ポイント参照）。発音も聴き取りやすいとは言えませんが、英語字幕を活用するなどして挑戦してみましょう。	語　彙	3
		専門語	2
		ジョーク	1
		スラング	2
		文　法	3

授業での留意点	＊バガー・ヴァンスとジュナの名前の由来 　名前の由来は本作を理解する上で重要なポイントです。原作を書いたスティーヴン・プレスフィールドは、インドの叙事詩『マハーバーラタ』に含まれる『バガヴァッド・ギーター（神の歌）』をもとに『バガー・ヴァンスの伝説』を書き上げました。バガヴァッドとは人間の姿をとった神のことであり、ジュナはアルジュナ、すなわち戦うことをしぶる王子の名前です。この映画でもバガー・ヴァンスはジュナにゴルフマッチで戦うよう仕向けています。監督も「神話（物語）の形でメッセージを伝えたい」と話しています。 ＊ゴルフの基本的な知識 　パー4のコースを例にとると、1打でカップ（hole）に入れた場合、ホールインワン（hole in one）、2打で入れた場合イーグル（eagle）、3打の場合バーディ（birdie）、4打の場合パー（par）、5打ならボギー（bogey）、6打ならダブルボギー（double bogey）となります。クラブにはウッド（wood ボールを運ぶ）、アイアン（iron 距離を刻む）、パター（putter グリーン上でボールを転がす）の3種類があります。 　何度か出てくるドッグレッグ（dogleg）は、フェアウエーからグリーンまでの地形が犬の後ろ足のように折れ曲がっていることを指します。 ＊イディオム・慣用表現練習問題の例。下の選択肢の中から適切なものを選んで（　　）の中に書き入れること： 　動詞の形は必要に応じて変えること、文頭なら大文字にすること 　1. (　　) again. またか。（同じようなまちがいをしたとき、自分あるいは目下の人に向かって使う表現） 　2. Fate plays funny (　　).　　運命はおかしないたずらをするものだ。 　3. It takes my breath (　　).　　そのことは私に（美しさ・驚きなどで）息をのませる。 　4. I won't be (　　).　　　　　すぐにもどるから。ちょっと待っていてください。（I'll be right back. と同じ） 　5. The boy's got a (　　).　　その子の言うことには一理ある（話のいい点を突いている）。 　6. (　　) yourself.　　　　　　お好きなように。好きなようにするがいい。 　7. What (　　) you here?　　どんな用事でここに来たのですか？ 　　選択肢：a. away b. bring c. long d. not e. point f. suit g. tricks 　　（解答　1. d. Not 2. g. tricks 3. a. away 4. c. long 5. e. point 6. f. Suit 7 b. brings） 　イディオム・慣用表現は、映画を活用して覚えると定着がよいと言われています。

映画の背景と見所	時代的な背景は1914年から1918年まで続いた第一次世界大戦、1929年に始まる大恐慌です。主人公ジュナは参戦して打ちのめされてしまい、1928年にやっと故郷のサバナに帰ってくるのですが、1年して大恐慌が米国を襲い、南部の町、ジョージア州のサバナにも大きな影響を与えます。 　見所は実在する伝説的な2人のゴルファーと若いジュナの試合です。監督のロバート・レッドフォードは自身が大のゴルフ好き。実力派のマット・デイモン（ジュナ）は監督の期待に応えて見事なショットを披露しています。ナレーターを務めるハーディの少年時代を演じる J.マイケル・モンクリーフは、その一途さが見る者を感動させます。ハーディと謎のキャディー、バガー・ヴァンスとの交流も心温まるものがあります。ヴァンス役のウィル・スミスは、それまでとは異なる静かな役柄ですが、よい味を出しています。自分を無にして集中したときに良い結果が生まれること、フィールドとひとつになること、一度手にしたスイングは何年たっても必ず思い出せることなどを、コースをまわりながらジュナに語ります。ヴァンスのセリフには哲学的な響きがあり、簡単な言葉を使ってゴルフのみならず人生の真実を言い当てています。原作にはないアデルとジュナの恋愛も花を添えています。ゴルフコースの美しい自然や夕焼けなどが傷ついた心を癒す背景として効果的に使われていて、見終わったあとに元気が出る映画です。

スタッフ	監　　督：ロバート・レッドフォード 脚　　本：ジェレミー・レヴェン 製　　作：ジェイク・エバーツ他2名 撮　　影：ミヒャエル・バルハウス 音　　楽：レイチェル・ポートマン	キャスト	バガー・ヴァンス　　　　　：ウィル・スミス ラナルフ・ジュナ　　　　　：マット・デイモン アデル・インヴァゴードン：シャーリズ・セロン ハーディ（少年期）　　　：J. マイケル・モンクリーフ ハーディ（老年期）　　　：ジャック・レモン

| 薔薇の名前 | The Name of the Rose | （執筆）諸江　哲男 |

セリフ紹介

1. ウィリアム（前編、清貧を説く）：Provide neither gold, nor silver, nor brass in your purses.
　　（財布に金貨も銀貨も銅貨も入れてはいけない）
2. アッポーネ（前編）：His book on the poverty of the clergy is not favorite reading in papal palaces.
　　（聖職者の清貧を説いて教皇庁ににらまれる）
3. ウィリアム（中編）：My master trusted Aristotle, the Greek philosopher and the faculties of his own remarkable, logical intelligence.
　　（師はアリストテレスの信奉者で、論理的で優れた知性の持ち主だった）
4. ヒルデスハイム（中編、死亡者についての説明）：He was our finest translator of Greek, and entirely devoted to the works of Aristotle.（ギリシャ語の優秀な翻訳者で、アリストテレスを熱心に訳していた）
5. ウィリアム（中編）：Those who believed in the poverty of Christ.（主の清貧を信仰している）
6. ウィリアム（中編）：No one should be forbidden to consult these books freely.
　　（閲覧を禁じるとはとんでもないことだ）
7. アドソ（後編）回想：She was the only earthly love of my life, yet I never knew nor ever learned her name.
　　（彼女はたった1人の恋人で、もはやその名前を永遠に知ることはないだろう）

学習ポイント

　ストーリーは修道院が舞台のため、若干取り組みづらい面があるかもしれません。しかし、ヨーロッパ社会はキリスト教と共に発展を遂げてきたので、こうした内容も常識として必要です。My master trusted Aristotle... 日本語ではアリストテレスですが、英語音が異なることは常識です。特に、固有名詞について、日本語音と異なることが多くあります。

　アリストテレス『詩学』には、キリスト教の教義に反する一説が記されています。そのため、このキリスト教社会では閲覧禁止となっています。「笑い」が悪魔を呼び、「神」を信じなくなるためです。こうした行為に対する考えが No one should be forbidden to consult these books freely. という修辞法を用いた教訓的な文で表現されています。答えを想定せず、話し手の強い意志を表す表現で日常的にも多用されます。Don't I know it!（わかっているよ）、Why should I?（したくない）、How could you do that?（どうしてそんなことが出来るんだ）などがこの語用にあたります。poverty は、poor の名詞形で、「貧困」を表す語彙です。また、辞書では［教会/宗教］用語として「清貧」と掲載されています。the poverty of Christ が当時、宗教論争の大問題で、ピラミッド構造を構築していた教皇庁にとっては邪魔な事だったのです。これが宗教の腐敗を生み宗教改革へと発展してゆきます。There is no progress in the history of knowledge and is merely a continuous and sublime recapitulation. は、キリスト教の矛盾を呼び起こす一節です。知識は伝えるものではなく、保存するものである。現代では、教育を受ける権利は当たり前ですが、中世あるいはそれ以前ではこうした思想が一般的でした。「知」を得ることによって悪行をするということです。これは、旧約聖書にある「禁断の実（リンゴ）」が象徴しています。He was our finest translator of Greek, and entirely devoted to the works of Aristotle. 教会は現在の図書館の原型です。修道院には書庫と写字室があり、貴重な蔵書を手書きで複製をしていました。ヘブライ語→ギリシャ語・ラテン語→英語へと翻訳されました。英語版は7世紀ベーダ版、14世紀ウィクリフ聖書、ティンダル聖書、欽定聖書と現代に至るまで翻訳は続いています。『聖書』は英語学習者にとって、英語の変化を知る良い研究書です。この作業はとても忍耐力を必要とする作業ですが、これにより、英語発達史を理解することができます。

　英語学習には2つの側面があります。まず、歴史的に英語を学習する（通時的）。第2に、ある項目に焦点を当て学習する（共時的）。この2つを両立させることが理想的ですが、かなりの重労働です。英語学習は、挨拶ができ、簡単な会話ができることではありません。内容を伴うことが重要です。そうした意味で、『薔薇の名前』は学習者にいろいろな問題提起をしてくれます。

あらすじ

　14世紀、北イタリアの山中にあるキリスト教修道院が舞台です。フランシスコ会修道士、元異端審問官で弟子のアドソの師匠ウィリアムが、当時、「清貧戦争」と呼ばれた、フランシスコ会とアヴィニョン教皇庁間の論争に決着をつけるための会談を手配し調停することが目的でした。この会議で教皇庁派に破れると修道院は廃止される事になります。ところが、重要な宗教議論を開催するための修道院で、連続殺人事件が起こります。ウィリアムとアドソは、重要な会議が設定された修道院で事件を解明するために調査を進めてゆきます。殺人事件の調査に修道院側は非協力的でなかなか進みません。3人の死亡者は、副図書館長と図書館所属の写字生です。この図書館には、宗教に関する蔵書数が当時世界一と言われていました。この世にはないとされていた、アリストテレスの本があったのです。この本を読むことによってキリスト教の矛盾が発覚し、神を信じなくなるため書庫の奥深く秘蔵されていたのです。人間はおかしなもので、禁じられた図書を知の探求故に手に取ってみたくなるものです。知識欲が故に死んでいった修道士。この修道士は、本を読む条件に肉体を許します。そうした良心の呵責と本の内容が原因で投身自殺をします。事件を解明したウィリアムとアドソはこの修道院を後にします。最後に分かることですが、この物語はアドソによるもので、彼の晩年の手記として締めくくられています。

映画情報

製 作 費：1,700万ドル	公	公 開 日：1986年 9月24日（米国）
製 作 年：1986年	開	1987年12月11日（日本）
製 作 国：イタリア、西ドイツ、フランス	情	上映時間：130分　　画面アスペクト比：1.85:1
言　　　語：英語、ラテン語	報	受　　　賞：第41回英国アカデミー賞
ジャンル：クライム、ミステリー、スリラー		第12回セザール賞

薦	○小学生　○中学生　●高校生　●大学生　●社会人	リスニング難易度	発売元：ワーナー・ブラザース ホームエンターテイメント（平成29年2月現在、本体価格）DVD価格：1,429円　ブルーレイ価格：2,831円

お薦めの理由	原作は小説です。作者はウンベルト・エーコです。彼は小説家であり、記号論、哲学、中世研究、文芸研究などで優秀な研究者です。この作品には、記号論、中世研究、文芸理論、聖書分析などが多分に含まれています。推理小説と考える人もいます。中世修道院の描写、図書館、薬作りなど当時の修道院の機能を忠実に再現しています。また、「知」についても、宗教的な解釈も見られ、単なる娯楽映画と異なります。	スピード	4
		明瞭さ	3
		米国訛	2
		米国外訛	4
		語　　彙	4
英語の特徴	作品では、標準的な英語とヨーロッパ言語訛りの英語が使われています。話すスピードは速くはありません。この映画は、イタリアとドイツの合作で、多くの出演者は英語のネイティブスピーカーではありません。従って、ヨーロッパ言語と思われる方言が英語の中に現れます。例えば、サルヴァトーレは、会話にイタリア語が混じります。グローバル化が進んだ現在、どこの国の英語でも聞き取ることが重要です。	専門語	4
		ジョーク	3
		スラング	3
		文　　法	3

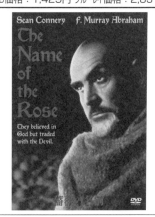

授業での留意点	この作品は、宗教的なテーマを論理的推理の展開で構成されています。実践的な英語学習が中心となった昨今、時代錯誤と思う学習者も多いと思います。語彙、文法、音声は問題ありません。語彙のレヴェルは、舞台が修道院ですから、多くの「宗教的」な語彙が含まれています。こうした語彙が不要なのかと言えば、決してそのようなことはありません。papal palaces, translator of Greek, the poverty of Christ, holly book などは、語彙の意味として知っているとしても、意味との関わり、つまり、その本質を知ることで学習の充実度が異なります。「教皇庁」、「主の清貧」をあらわす宗教的な語彙は、ローマ法王と世界のつながり、poor の名詞形と言うだけではなく、「(主キリストの) 清貧」を指します。この2語を考察するだけで文化面と語源の学習が可能です。テーマが古く思われますが、歴史的な語彙の意味の変化はほとんど見られません。さらに、「ギリシャ語の翻訳者」では、英語と古典語の関わりを示唆しています。英語の発達にはキリスト教と大きな関わり合いがあります。聖書の翻訳は、ギリシャ語→ラテン語→英語という過程を踏んできました。また、英訳聖書においても、数種類のバージョンが有り、時代時代の英語の語用論的な面も観察することが可能です。例えば、バージョンの違いにより、使用されている助動詞、前置詞、その他の語彙に差異を知ることができます。さらに、文法的レヴェルでは、ぞんざいな表現が少なく、丁寧な表現が多く見られるため、表現方法、特に法助動詞の学習にも有益です。「助動詞」、なかでも話者の心的内容を表す「法助動詞」の学習は、難しく重要な表現（文法）です。高等学校でもあまり扱われていないように思われます。（英文・語学関係の）大学においても、助動詞の一連として深く扱うことは少ないようです。プラクティカルな英語学習に重きを置いている昨今、「助動詞」の扱いを重要視するべきです。この作品の音声面にはさまざまな意見があると思います。例えば、キャラクターの出身によって方言差があるということです。米国英語を主体として学習してきたわれわれ日本人は、奇異な発音ととらえる学習者も少なくはないと考えます。グローバル化した現在、さまざまなパターンの英語音を耳にします。したがって、各方言の英語に対し受け入れる姿勢が肝要と考えます。また、作品に含まれる生活音などもヒアリングの学習にとって大切な要素です。発話スピードは全体的に速くはありません。ヒアリングあるいはリスニング練習にはよいソフトです。 語学学習には、音韻（音声）、統語（文法）、意味（語彙あるいは文）の3大要素が必要です。しかしながら、こうした要素の知識だけでは真の意味での語学学習とは言えません。文化、社会情勢、経済など多くの様相を得ることが本当の意味での語学学習です。語学学習の3大要素と共に大きな意味での文化面を同時に学習することが重要です。2巻からなる原典も出版されていますから、この本も同時に読まれることをお薦めします。
映画の背景と見所	中世キリスト教界の神学論争と殺人事件の解明がテーマです。当時、一般社会を「世俗」、教会を「精神的世界」と呼び、崇高な場所として見られていました。教会では「精神性」の追求をする場であり、教育機関、裁判所、病院、そして学問の場でもありました。この作品では、教会の「図書館」を中心にストーリーが展開されていきます。 　殺人事件の被害者も「写字室（scriptorium）」で働く「写字生」と副館長です。印刷機が普及していないこの時代、教会には図書館と写字室があり、『聖書』の写本が盛んに行われていました。写本制作の過程で、tomb、fight などの黙字は、ラテン語になれた写字生の写し間違えの結果とも言われています。 　作品には見事な装飾写本も登場します。The Book は「聖書」のことです。この図書館は、当時世界一で、蔵書の中には反キリスト教的な書物も有り、閲覧が禁じられていました。この禁断の書が殺人事件の元です。死因は毒殺です。読書の際、指先をなめ、頁をめくります。このような方法で本が読まれていました。ここに事件の鍵を見いだすことができます。本の作品の後半、「知」に関するやりとりが興味深いシーンです。「知」は伝えるものではなく保存するものという教会の主張にもおもしろさがあります。ここに現代と中世の「知識」の扱いを垣間見ることができます。この作品は、宗教問題、推理小説などいろいろな見方で楽しめます。

スタッフ	監　督：ジャン＝ジャック・アノー 脚　本：アンドリュー・バーキン 　　　　ジェラール・ブラッシュ 　　　　ハワード・フランクリン、アラン・ゴダール 製　作：ベルント・アイヒンガー	キャスト	バスカヴィルのウィリアム：ショーン・コネリー アドソ　　　　　　　　　：クリスチャン・スレイター ベルナール・ギー　　　　：F・マーレー・エイブラハム 異端者サルヴァトーレ　　：ロン・パールマン 盲目の師ブルゴスのホルヘ：フェオドール・シャリアピン・ジュニア

		遥かなる大地へ	Far and Away	（執筆）山田久美子

セリフ紹介

① たくさん良いセリフがあるのですが、ここでは3つのセリフを紹介します。

Without land a man is nothing, they say. Yeah. Land is a man's soul.

（人間、土地がなければ何の価値もないということだ。そうだよ。土地こそ人間の魂そのものだ）

この映画で重要なことは、「土地を手に入れること」です。アイルランドの貧しい農民は、地主から土地代の取り立てに苦しめられたり、家を焼き払われたりします。主人公ジョセフの家もアイルランドの貧しい農家です。このセリフは、地主への反乱に巻き込まれて亡くなる直前の父の言葉で、映画の最初の方で出てきます。

② Any difficulty can be overcome with money. （お金さえあれば、どんな困難も乗り越えられる）

米国へ渡るジョセフとシャノンが船で知り合ったマクガイヤというアイルランド生まれで、米国在住の紳士がシャノンに言った言葉です。

③ But all the land in the world means nothing to me without you. （でも君がいなかったら、土地なんて意味ないよ）

This is our dream together. I don't want this (the land) without you.

（これは私たち2人の夢よ。私はあなたなしでは、これはいらないわ）

最後の土地を手に入れることができる場面で、1つ目はシャノンが別の男性と一緒に土地を手に入れようとしていた時にジョセフが言う言葉で、2つ目は馬から落ちたジョセフが死んだと思って言ったシャノンの言葉です。必要なものは土地だけではないという2人の気持ちには、感動します。

学習ポイント

この映画の題名 Far and Away は、成句で、直訳すれば、「遥かに」という意味になります。映画の日本語の題名は、内容を考え、いかにその内容にふさわしいか、また興行的に成功するように題名がつけられます。そのため、『遥かなる大地へ』という題名は、アイルランドの田舎から米国へ渡ることを意味します。

映画は、アイルランド、米国が舞台で、英語の訛りがでてきます。最近の最初のナレーションでは、標準英語なので、とても聞き取りやすいのですが、次のように歴史的な説明なので、聞きなれない単語が出てきます。

The tenant farmers, after generations of oppression and poverty, have begun to rebel against the unfair rents and cruel evictions imposed upon them by their wealthy landlords.

（数世代の搾取と貧困にあえぐ小作の民は、不当な小作料や立ち退き命令に苦しみ、ついに裕福な地主に反抗を始めた）

この文の中の "tenant farmer"（小作農）、"oppression"（抑圧）、"rebel"（反抗）、"rent"（地代）、"eviction"（立ち退き）、"impose upon..."（～を追わせる、～を課す）などの単語は、覚えておくとよいでしょう。

最近の TOEIC テストでもいろいろな国の訛りのある英語が使用されたりしていますので、訛りのある英語を聞くことは、TOEIC テストのための学習としても役立ちます。たとえば、アイルランドの田舎に住む主人公ジョセフは "How are you feelin'now, Da, huh?" と父親に尋ねます。"feelin'" というようにアイルランド訛りの英語のひとつに g の消失があります。また "Da" というのは、「お父ちゃん」というような言い方で、アイルランドではよく使用されています。また、"yella" や "fella" のような俗語も見られます。ジョセフとシャノンについては、それほど訛りのある英語を使用しませんが、米国では、いろいろな国からの移民がいるため、"A newfangled style o' fightin' he's got there" のように、"of" の f の消失、"fighting" の g の消失がみられます。英語については、いろいろな訛りのある英語を聞くことができます。

映画の内容についても最後まで飽きることなく見ることができます。それは、次から次へと起こる出来事とどんな時も希望を持ち、最後には夢を実現することになるからです。具体的に述べると、アイルランドの若者ジョセフとシャノンは、米国で、食べる物もなく仕事もない状況の中でさえも、土地を手に入れたいという夢を語ります。ジョセフは、夢で父親の言葉を思い出します。「セリフ紹介」でも紹介した「人間、土地がなければ何の価値もない。土地こそ人間の魂そのものだ」と言った父親の言葉が常に心の中にあるからです。ジョセフとシャノンは、夢を持ち米国に渡り、それぞれがお互いを励まし合い、夢を追い続けることは、感動を与えます。

あらすじ

1892年。アイルランド西部の海辺の村で、ジョセフ・ドネリーは父と2人の兄とともに貧しい生活を続けていました。ある日、農民たちの地主への反乱が起こり、父は重傷を負い死んでしまいます。葬儀の日、地主の手下に家を焼かれたジョセフは、地主のダニエル・クリスティに復讐するために、銃を片手に旅立ちます。数日後、クリスティ家に忍び込んだジョセフは、ダニエルの美しい娘シャノンに惹かれ、シャノンと共に、自分の土地を手に入れるため、米国に渡ります。ボストンの港で船を降りると、持ち物すべてを奪われ無一文になってしまいますが、ジョセフのパンチ力に目をつけた地元のボスのマイクに雇われ、工場で働き出します。ジョセフは、ケリーの酒場のボクシングの試合に出場し、大金を手に入れ、人気者になります。市会議員のバークが催した試合中、ジョセフは、バークがシャノンに手を出すのを見て怒り、バークに殴りかかります。そして、試合で惨敗します。ケリーに有り金を奪われた上に宿をたたき出されたジョセフとシャノンは、ある夜、無人の邸宅に忍び込み、戻ってきた家の主人にシャノンは撃たれてしまいます。ジョセフは、傷ついたシャノンをクリスティ家とともに渡米してきたスティーブンに引渡し、彼女の前から去ります。8カ月後、鉄道の工事現場で働いていたジョセフは、オクラホマに土地を求めてやって来た人々に合流し、シャノンと再会します。そして、悪戦苦闘の末、ジョセフはシャノンと共に希望する土地を手に入れます。

映画情報

製 作 費：6,000万ドル	公 開 情 報	公 開 日：1992年5月22日（米国）
製 作 年：1992年		1992年7月18日（日本）
製 作 国：米国		上演時間：140分
配給会社：ユニバーサル映画		興行収入：1億3,778万3,840ドル
ジャンル：ドラマ、ロマンス		MPAA（上映制限）：PG-13

138

薦	○小学生	○中学生	○高校生	●大学生	●社会人	リスニング難易度	発売元：NBCユニバーサル・エンターテイメント （平成29年2月現在、本体価格） DVD価格：1,429円　ブルーレイ価格：1,886円

スピード	3	
明瞭さ	4	
米国訛	4	
米国外訛	2	
語彙	3	
専門語	3	
ジョーク	4	
スラング	4	
文法	3	

お薦めの理由

　アイルランドの田舎の若者が階級を越え、夢と希望を求めて、苦労しながら、念願だった土地を手に入れるという物語には、勇気をあたえられます。また、19世紀末のアイルランドの現状、貧しい移民は、ボクシングなど肉体を使ってしか生活の手段がないという米国の現実などをみることができます。このように、歴史や文化などの知識を学びながら、英語を学習することができる作品です。

英語の特徴

　主演のトム・クルーズが記者会見の時に、3カ月でアイルランド訛りをマスターしたと述べていましたが、最初のアイルランドの田舎の場面では、アイルランド訛りやアイルランド的な表現が使われています。特に、最初のアイルランドの田舎での主人公や村人たちが話す英語やジョークは、アイルランド的です。米国へ渡った後は、移民が多い国なので、いろいろな訛りが出てきますが、比較的聞き取りやすいです。

授業での留意点

　英語を道具として使用するために、英語学習は必要ですが、歴史や文化を知ることも英語を学習するのに必要なことだと思います。それには、映画で英語を学習することが大変効果的です。この映画では、19世紀末のアイルランドと米国の文化や歴史を学ぶことができます。

　英国統治による土地闘争が盛んな時代の19世紀末のアイルランド西部の田舎が舞台です。地主の土地代の横暴な取り立てにアイルランドの農民たちは苦しめられていました。農民の反乱に巻き込まれたジョセフの父親は、重傷を負い、亡くなる直前に「土地こそ人間の魂そのものだ」「もしお前がその夢を手に入れたら、わしは天国からお前に微笑みかけることだろう」とジョセフに言います。それは、アイルランドの土地を持たない貧しい農民の夢です。このようにアイルランドの歴史を調べてみるとよいでしょう。

　アイルランド人のステレオタイプ的な特徴もよく捉えられています。その1つが、オーバーな表現で、父親が農民の反乱に巻き込まれて、倒れた時に、村人は、ジョセフに「お前の父ちゃんは素手で敵と戦ったんだ。奴らは50人はいたな…お前の父ちゃんは、全員を殴りつけた。1人また1人。残らず全員だ。で、俺もこれでかなりな数は始末したんだ。正直な話だ」と言います。また、ジョセフが地主に仕返しに行くということも1人に内緒で話したはずが、村のみんなに伝わっていたというユーモアあふれる場面もアイルランドの田舎らしさを表わしています。また、父親は、アイルランドの民話に関係した歌を歌う場面があります。アイルランドには、民話や神話が残っていますので、英語で読んでみるのもよいのではないでしょうか。

　米国での場面では、米国の歴史に触れることができます。アイルランドで、地主の娘シャノンに出会いますが、自由になりたいと願うシャノンは、米国に行けば、土地はただで手に入るとジョセフを説得し、夢と希望を胸に、自由の国米国へと渡ります。いろいろな国からの移民が多い米国では、仕事を得るのも大変で、苦労の連続でした。それでも、土地への夢はずっと持ち続けています。最後に、ジョセフは、ホース・レースで、区分けされた土地に自分の土地の旗を立て、土地を手に入れます。これは、ランド・ラッシュと言い、オクラホマの入植競争で、正午の号砲と共に、一斉にスタートし、自分の希望の土地に旗を立てると、その土地が自分のものになります。映画では、広大な米国の土地を馬で競争する見ごたえのある場面になっています。

　この物語は、19世紀末のアイルランドの貧しい農民と地主の関係、階級を越えたロマンス、いろいろな国からの米国の移民の現状など、様々な問題を提示します。英語のいろいろな訛りを意識しながら、英語を聞き取り、文化や歴史を調べてみることによって、さらに興味を持って学習できると思います。

映画の背景と見所

　この映画の原案は、ロン・ハワードですが、脚本は、ボブ・ドルマンという米国のファンタジー映画『ウィロー』のコンビです。『ウィロー』の映画製作中から構想を練っていました。ハワードは、最初からアイルランドにこだわっていました。そのため、19世紀のアイルランドの貧しい農民の状況は、とてもうまく描かれています。また、音楽についても、効果的に使用されています。最初の BGM は、アイルランドの雰囲気を表しています。ジョセフとシャノンの2人が米国へ行く船の中では、アイルランドの伝統音楽に合わせて、アイリッシュ・ダンスを踊る場面があり、音楽とダンスを楽しむことができます。アイルランドの伝統音楽を演奏するチーフタンズの曲、エンドロールで使用されるアイルランドのアーティストであるエンヤの曲も、アイルランドの雰囲気を助長させるので、この映画の魅力の1つです。

　オクラホマでのランド・ラッシュは、米国独特のもので、この映画の見所です。大平原の区画された土地を求めて、馬車や馬が一斉にスタートし、競って走るランド・ラッシュの場面は、迫力があり、見ごたえがあります。

　このように、この映画には、アイルランドの歴史と文化、米国の開拓の歴史、土地を手に入れたいというアイルランドの貧しい若者と気の強い地主の娘のロマンスなどが描かれています。

スタッフ

- 監　督：ロン・ハワード
- 脚　本：ボブ・ドルマン
- 製　作：ブライアン・グレイザー
- 撮　影：ミカエル・サロモン
- 音　楽：ジョン・ウィリアムズ

キャスト

- ジョセフ・ドネリー　　：トム・クルーズ
- シャノン・クリスティ　：ニコール・キッドマン
- スティーブン・チェイス：トーマス・ギブソン
- ダニエル・クリスティ　：ロバート・プロスキー
- ノーラ・クリスティ　　：バーバラ・バブコック

日の名残り	The Remains of the Day	（執筆）長岡　亜生

セリフ紹介

　貴族の館で、使用人のトップである執事として働く主人公スティーブンスが、屋敷で開かれる国際会議を前に使用人全体に向けて語るセリフを見てみましょう。（Chapter 6）

　　　History could well be made under this roof over the next few days.　Each and every one of you... can be proud of the role you will play on this occasion. Imagine yourself the head of a battalion... even if it is only filling the hot-water bottles. Each one has his own particular duty... or her particular duty, as the cap fits. Polished brass, brilliant silver, mahogany shining like a mirror. That is the welcome we will show these foreign visitors... to let them know they are in England... where order and tradition still prevail.

　（この屋敷で歴史が作られるのだ。皆誇りをもって各自の役目を果たすように。湯たんぽを用意する仕事でも軍の隊長の気持ちで。それぞれの任務を遂行せよ。真鍮、銀器や家具を鏡のように磨き上げよ。外国からの賓客に英国の秩序と伝統はまだ健在であることを知らしめるのだ）

　　　＊make history：歴史的な偉業を成し遂げる、歴史を変える　　battalion：（軍の）大隊
　　　　brass：真鍮　　prevail：普及する、通用する

　歴史を変えるような出来事の一翼を担うのがわれわれ使用人である。今こそ英国人としての誇りを示すのだ、という意気込みが熱く語られます。画面では、使用人たちが屋敷の内外で働き、着々と会議のための準備が整えられるようすが流れ、客人を乗せた車が到着するシーンへとつながります。

学習ポイント

1 英国的な語彙・表現

　主人の車で西部へ向かっていたスティーブンスは、途中ガス欠で立ち往生し、近くのパブに入ります。（Chapter 16）この pub（public houseが省略されたもので元来宿泊施設も兼ねる）も英国らしいもののひとつ。出会った紳士がこう言います：I'll give you a lift... and we could pick up a can of petrol on the way. "give you a lift" は「車に乗せる、送っていく」という意の英国用法。米語では、"give you a ride" が一般的。また「ガソリン」は、米語では "gasoline" を省略した "gas" が一般的ですが、英語では "petrol" を用います。親切な紳士のセリフ "That should get you to the next petrol station." にもあるように、「給油所」は "petrol station"（英）、"gas station"（米）です。

　英米では車にまつわる語彙も違うので、注意が必要です。

2 英国上流階級の丁寧な表現

（1）執事→主人（Chapter 2）

Stevens 　：Might I have a word, Sir?（ちょっとよろしいでしょうか）
Darlington：Of course.（もちろんだ）
Stevens 　：My lord, it's regarding the under-butler...（副執事の件ですが…）

"might" を用いた最高にフォーマルな聞き方をしています。ダーリントン卿への呼びかけには Lord や Sir が使われます。Lord は貴族（男爵以上）に対する敬称。

（2）使用人の会話（Chapter 9）

Kenton ：Mr. Stevens, ①I'm very sorry. Your father passed away four minutes ago.... I'm so very sorry. I wish there was something I could say. Will you come up and see him?
Stevens：Well, I'm very busy at the moment. In a little while, perhaps.
Kenton ：②In that case, will you permit me to close his eyes?（父上の目を閉じて差し上げてもよろしいでしょうか）
Stevens：③I would be most grateful. Thank you. My father would wish me to carry on. I can't let him down.

執事と女中頭という使用人でもトップの位にある人物の会話。敬称を使い、丁寧なことば使いがされています。
　①pass away は「亡くなる」という婉曲的な表現。sorry は遺憾の念を示します。
　②許可を求める表現。permit は allow 同様「許可を与える」という意味ですが、よりフォーマルな響きをもちます。
　③感謝の表現。I'm most grateful for your help. のようにも使われます。

あらすじ

　舞台は1958年、英国オックスフォード州のダーリントン・ホールとよばれる邸宅。執事スティーブンスのもとに、以前ともに働いていた女性ミス・ケントンから一通の手紙が届きます。ダーリントン・ホールは、もとはダーリントン卿の館でしたが、卿の死後、米国人富豪ルイス氏に売却され、卿の執事であったスティーブンスは引き続き雇われていました。スティーブンスは、ケントンに再び働く気があるかどうかを確かめるために、という名目で、彼女の住む英国西部に向かいます。懐かしさに駆られる彼の胸に20年前の思い出が蘇ります。

　第一次世界大戦後であった当時、ダーリントン邸は多くの著名な政治家が各国から集まる活気ある場でしたが、スティーブンスは執事として多くの使用人を指揮する立場にありました。有能な執事として主人に対して常に忠実に仕え、自分を出さないスティーブンスと勝ち気で感情豊かなケントンの間には、繰り返しさまざまな確執が生じていました。2人には互いへの思慕の情が少しずつ芽生えていたのですが、仕事を最優先するスティーブンスは、2人の関係においてもいかなる感情も表わすことはありませんでした。そんな中、ケントンは別の男性との結婚を決意し、屋敷を去ることになったのです。

　時を経て再会する2人は、過ぎ去った時間を取り戻すことができるのでしょうか…。

映画情報

製 作 費：1,150万ドル 製 作 年：1992年 製 作 国：英国、米国 配給会社：コロンビア映画 ジャンル：ドラマ、ロマンス	公開情報	公 開 日：1993年11月12日（英国） 　　　　　　11月19日（米国） 　　　　　1994年 3月19日（日本） 上映時間：134分 受　　賞：ロンドン映画批評家協会賞（監督賞・男優賞）

薦	○小学生　○中学生　●高校生　●大学生　●社会人	リスニング難易度	発売元：ソニー・ピクチャーズ エンタテインメント （平成29年2月現在、本体価格） DVD価格：1,410円　ブルーレイ価格：2,381円

お薦めの理由	広大な自然のなかに建つ荘厳な屋敷で暮らす貴族と、それを支える、執事をはじめとした使用人たちの世界を垣間見ることができます。伝統的な英国上流階級の英語を堪能し、英国らしい雰囲気にどっぷりと浸れる作品です。また原作は、1人の執事の視点から、失われつつある伝統的な英国を描いた小説ですが、合わせて鑑賞することで、20世紀英国の階級意識、文化や歴史についての学びが深まります。	スピード	3
		明瞭さ	3
		米国訛	1
		米国外訛	1
英語の特徴	社会的地位によって異なる英国英語が聞かれます。貴族の館の主人、執事、女中頭が話すのは英国上流階級の英語で、容認発音といわれるもの。副執事は労働者階級出身者の英語。全体的に発音は明瞭で、スピードもそれほど速くないので、比較的聞き取りやすい英語といえます。政治家の国際会議で使われる語彙は難易度が高めです。卑語や四文字言葉などはほとんどありません。	語彙	3
		専門語	2
		ジョーク	4
		スラング	1
		文法	3

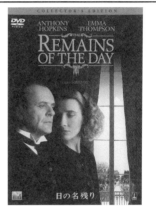

授業での留意点

貴族の暮らし、執事の仕事について学ぶのに適した映画です。小説と合わせて読むことで理解が深まります。

1　使用人の階級と執事の「威厳」

（1）使用人の食事の席でスティーブンスが語る執事の仕事（Chapter 3）

Stevens : I'm sure even you have ambitions to rise in your profession.　＊rise：昇進する、昇格する
Charles : Oh, yes. I want to be a butler, to be called Mister... sit in my own pantry by my own fire, smoking my cigar.
Stevens : I wonder if you realize what it takes to be a great butler.　＊pantry：食糧貯蔵室
Father 　: Takes dignity, that's what it takes.　＊dignity：威厳、品格
Stevens : Thank you, Mr. Stevens.... A great butler must be possessed of dignity... In keeping with his position.

　執事は、敬称で呼ばれ、自室を与えられるなど、他の使用人とは別格であることがわかります。優れた執事になるために必要な資質については、長年執事の経験があるスティーブンスの父が「威厳」と答えています。

（2）使用人どうしの呼称について（Chapter 3）

Stevens : ...May I ask you in future to address my father as Mr. Stevens? If speaking of him to a third party, you may
　　　　　call him... Mr. Stevens Sr. to distinguish him from myself. So I would be most grateful to you, Miss Kenton.
Kenton 　: I don't quite understand what you're getting at. I am the housekeeper in this house, and your father is the
　　　　　under-butler. I am accustomed to addressing under-servants by their Christian names.

　執事スティーブンスと女中頭のケントンは互いに Mr. / Miss を用いて呼び合いますが、ここでは自分の下で働く父にも敬称を用いるようにとケントンに注意します。Christian nameは、family name（last name）（姓）に対して、個人に与えられた名（first name ともいう）のこと。ところがケントンには納得がいきません。女性使用人のトップである女中頭が、年齢に関係なく副執事を下の名前で呼ぶことは、当然の権利なのです。

2　スティーブンスのプロ意識（Chapter 14）

　In my philosophy... a man cannot call himself well-contented until he has done all he can to be of service to his employer... I hear nothing. To listen to the gentlemen would distract me from my work.

　主人への敬意と忠誠心をもち、自己を殺して任務を遂行する執事としての誇りが語られます。自らの立場をわきまえ、主人たちの会話には耳を傾けず、客人に政治的な意見を求められても "I'm sorry, sir, but I am unable to be of assistance in this matter."（申し訳ありませんが、この件ではお役には立てません）と返答するのみです。

映画の背景と見所

　この映画は、世界的ベストセラーとなった、カズオ・イシグロの同名小説 The Remains of the Day『日の名残り』（1989）を原作としています。翻訳は、土屋政雄訳　ハヤカワepi文庫（2001）。カズオ・イシグロは、1954年長崎に生まれた日本人ですが、1960年家族とともに渡英し、その後英国で育ちました。長篇第三作である『日の名残り』でブッカー賞を受賞。これはその年に出版された最も優れた長篇小説に与えられる、英国で最高の権威ある文学賞です。映画はかなり原作に忠実に作られていますが、結末など多少異なる箇所もあります。

　主人公は、ダーリントン邸で執事（butler）として働くスティーブンス。執事は貴族に仕える使用人のトップの地位。舞台となる貴族の館は、一般に「カントリー・ハウス」（country house）と呼ばれ、16世紀後半から19世紀半ばにかけて、貴族の称号をもつ大地主が自らの権力を誇示するために、地方の広大な領地に建てたものです。現在も英国国内に何百という邸宅が残っています。豪華絢爛な大きな屋敷の外観、内装や家具調度品、絵画等の美術品など見応えがあります。他方、同じ邸宅内に使用人たちが質素に暮らす領域があり、2つの世界は大きく隔たっています。映画でも、使用人の使う質素な階段や狭い廊下があり、階段の踊り場や書棚には使用人の世界に通じるドアが隠されているのに注目してみましょう。

スタッフ

監　督：ジェームズ・アイヴォリー
製　作：マイク・ニコルズ、ジョン・キャリー
　　　　イスマイール・マーチャント
原　作：カズオ・イシグロ
脚　色：ルース・プローワー・ジャブバーラ

キャスト

スティーブンス　：アンソニー・ホプキンス
ミス・ケントン　：エマ・トンプソン
ダーリントン卿　：ジェームズ・フォックス
ルイス　　　　　：クリストファー・リーヴ
カーディナル　　：ヒュー・グラント

	ビューティフル・マインド	A Beautiful Mind	（執筆）松原知津子

セリフ紹介

"My first grade teacher told me that I was born with two helpings of brain, but only half a helping of heart." ジョンがプリンストン入学直後にルームメイトのチャールズに打ち明けた、小学校の先生に言われた言葉です。頭脳は2人分あるけれども心は人の半分しかないという、彼が人とうまく付き合うことができないことを表現しています。

"I need to look through to the governing dynamics." 全てを支配する真理を見出したいというのが彼の目標でした。

プールバーに入ってきたブロンドの美人に言い寄る相談をしていた友達らが口をそろえて唱える "In competition, individual ambition serves the common good." 「競合社会では個の野心が公の利益になる」というアダム・スミスの言葉と、それを不完全だとするジョンの考え、"The best result will come from everyone in a group doing what's best for himself and the group." これがきっかけとなって、博士論文を書き上げることになります。

"There's no accounting for taste." 女性と付き合っているというジョンに対して、今はハーバード大学にいるチャールズが冗談交じりに言った言葉です。「たで食う虫も好き好き」というのは日本でも学ぶことわざです。

"The only way I can help him is to show him the difference between what's real and what is in his mind." 入院したマッカーサー病院のローゼン博士が妻アリシアに言う言葉です。「現実と妄想の違いを彼に示すことが唯一の方法だ」と話し、アリシアもこれを心がけます。"The part that knows the waking from the dream, maybe it isn't here (head). Maybe it's here (heart). I need to believe that something extraordinary is possible." アリシアはジョンにこう言って、献身的な世話をします。

学習ポイント

まず押さえておきたいことは、この作品がノンフィクションの伝記を原作にしているということです。1928年6月生まれで存命中の天才数学者ジョン・フォーブス・ナッシュの活躍、絶望、そして奇跡の再生が描かれています。

映画はプリンストン大学大学院入学の日から始まります。主人公ジョン・ナッシュは他人とは異なった振る舞いをし、学友らとはつかず離れずの人間関係を保ち、常人離れした直感的なひらめきから150年来のアダム・スミスの経済理論を覆す飛躍的な理論を導き出します。彼は「非協力ゲーム理論」で博士号を取得し、希望していた MIT（マサチューセッツ工科大学）にあるウィーラー研究所への就職の推薦を勝ち取ります。大学で、あるいは大学院で学問を究めることの真の強さを彼の姿勢に見ることができます。

ジョンは、「今日の天才が明日の天才を育てる」意味で授業も持っており、MIT での数少ない女子学生アリシアからの積極的なアプローチを受け、彼女にプロポーズして結婚します。しかし、彼の天才的頭脳は冷戦時代の米国国防総省から大きな期待をもたれ、ソ連から発信されている暗号を解くという極秘任務を任されます。その仕事の性格上、引き受けた任務のことは新婚の妻にも言わず、彼は次第に追い詰められていきます。生涯をかける自分にしかできない仕事、生涯を共にする人生の伴侶、そのどちらも守りたいがために苦しむジョンの心の内を考えてみましょう。

また、アリシアの立場に立って考えることも必要です。愛する夫の言動が理解できないまま妊娠、出産を経て、子育て、仕事をしながら夫を支える彼女の強さがどこからくるものなのか、考えてみましょう。

強制的に入院させられた病院で彼が受ける治療はアリシアでなくても目をそむけたくなります。映画では明らかにされていませんが、ジョンの入院は、実際にはアリシアが彼の母や妹の了解を得たうえで慎重に手はずを整えたものでした。彼は1959年から1970年までの約10年の間に4つの病院や施設への入退院を繰り返しました。

退院後も投薬治療は続きますが、数学の問題を解く頭脳はぼんやりし、赤ん坊の世話もできず、妻を拒絶したために自分の判断で薬をやめると、病気が再発します。しかし、それまでに時々現れていた少女が成長していないことから、彼女らが現実でなく、幻覚であることに自ら気づきます。

ジョンはプリンストン大学で教授になっていた学友ハンセンを訪れ、教員の仕事を依頼しますが、幻覚はしばしば訪れ、彼らを悩ませます。プリンストンのキャンパスでの彼の独特な風貌は「プリンストンの幽霊」とも噂されますが、図書館に通い続け、学生らと言葉を交わすようになり、ついに教壇に立つまで回復します。

ノーベル賞受賞者の選定は通例秘密裡に行われますが、ジョンの場合は賞の品格を保つために事前に確認がありました。幻覚は依然として現れますが、受賞式では立派にスピーチを行います。

あらすじ

1947年、カーネギー工科大学で学士号と修士号を取得したジョン・ナッシュは、プリンストン大学大学院の数学科に入学し、数名の優秀な学友らと出会います。彼は退屈な授業に出て時間を無駄にするよりも、自らの論文を書き上げることに執着する一風変わった数学の天才でした。彼の研究はやがて「非協力のゲーム理論」として実を結びます。卒業後は MIT のウィーラー研究所で研究を続ける傍ら教鞭もとり、優秀で美しい教え子アリシアと結婚します。

冷戦が続く中、ジョンは国防総省からソ連の暗号を解くという極秘任務を受け、次第に精神的に追い詰められます。時を同じくして、アリシアの妊娠が分かります。ハーバード大学で行われた全米数学者会議での講演中、変調をきたしたジョンは黒いスーツの男たちに連れ去られます。それは彼が恐れたソ連側の暗殺者ではなく、精神科の医師、ローゼン博士らでした。ジョンはマッカーサー病院に収容され、統合失調症と診断されます。

入院中のジョンに面会に来たアリシアから、諜報の仕事もそれを指示した人物も幻覚であることを告げられ、インシュリン治療が始まります。退院後も薬物治療は続きますが、病状は一進一退でした。

約30年間、彼は病と闘いますが、アリシアの献身的な世話、息子ジョンの存在、プリンストン大学の学友の世話による再就職の援助、病の再発、そして寛解などを経て、1994年にはノーベル経済学賞を受賞します。

映画情報

			公開情報	
原　　作：シルヴィア・ネイサー『ビューティフル・マインド』			公 開 日：2001年12月21日（米国）	
製作費：5,800万ドル	製作年：2001年		2002年　3月30日（日本）	
製作国：米国	言　語：英語		上映時間：135分　　興業収入：3億1,300万ドル	
配給会社：ユニバーサル映画（米国）			受　　賞：第74回アカデミー作品賞・監督賞・助演女優賞	
ドリームワークス（米国）			脚色賞、ゴールデン・グローブ作品賞他	

薦	○小学生 ○中学生 ○高校生 ●大学生 ●社会人	リスニング難易度		発売元：NBCユニバーサル・エンターテイメント （平成29年2月現在、本体価格） DVD価格：1,429円 ブルーレイ価格：2,381円

スピード	4	
明瞭さ	4	
米国訛	2	
米国外訛	1	
語彙	3	
専門語	4	
ジョーク	2	
スラング	2	
文法	2	

お薦めの理由

　この世のすべてを支配できる理論を見つけ出すという目的を持ってプリンストン大学院に入学するジョンは、新しい友人を得て、自らの研究を進めます。学生として学ぶ姿勢が参考になります。難しい病にかかり、つらい治療を受けながらも自分を見失わず、自らに課した課題に取り組む姿勢からも学ぶものは多いはずです。ノーベル賞受賞式でのスピーチには会場の人とともに静かな感動を覚えることでしょう。

英語の特徴

　主人公ジョンの英語は、時に病気の特徴である独り言で口の中で呟くような形で言われるので、聞き取りにくいところがあります。また大学院生同士の若者言葉や諜報の任務の指示などは早口で行われるので、やや聞き取りにくいかもしれません。
　一方、アリシアの相手を思いやる優しい言葉は、内容・スピードともにわかりやすく、聞く者の心に伝わるものです。

授業での留意点

　ジョン・ナッシュが生まれた1928年、ハンガリー生まれの天才、ジョン・フォン・ノイマンは24歳で人間の社会的行動がゲームとして分析できるとして『茶の間のゲーム論』を発表しました。彼は後にウィーン出身のモルゲンシュテルンと出会い、1944年に1,200ページにも及ぶ『ゲームの理論と経済行動』を書き、数学界や経済学界に大きな影響を与えました。ノイマンがグループに焦点を当てたのに対し、ナッシュが個人に照準を当ててゲーム理論を今日の経済学に適合できるものにしたのが、1949年、21歳の青年ナッシュが著した27ページの博士論文でした。
　昔「精神分裂病」と呼ばれていた病気は思考の障害をきたすもので、主な症状は幻覚と妄想です。英語名はschizophrenia で、schizo- は分裂、-phrenia は精神障害状態という意味ですが、この日本語の病名はマイナスイメージを与えるとの批判を受けていました。2002年2月に翻訳『ビューティフル・マインド』が出た時点ではまだ議論中だった新病名への変更が同年8月正式に決定し、今では「統合失調症」という新しい名前が浸透しています。ジョンは映画ではローゼン博士のいるマッカーサー病院に入院しますが、実際には1959年4月から50日間、私立マクリーン病院に、1961年1月から半年間、ニュージャージー州立トレントン病院に、1963年4月から5カ月間と1964年12月から7カ月間、プリンストン大学近くのキャリア・クリニックに、そして1969年12月から2カ月間はデジャネット州立療養所に入院し、治療を受けました。映画に出てくる「インスリン・ショック療法」は昏睡療法とも言われ、まず患者にインスリンを注射します。インスリンはブドウ糖の筋肉内への取り込みを促進させ、血糖を減少させるもので、血糖値が急低下すると意識がうつろになり昏睡状態になります。一定の昏睡後、ブドウ糖を鼻孔から差し込んだ管で食道または静脈にいれて覚醒させます。ジョンはこの治療を週に5回、10週間受けます。ウィーン大学の精神医学者ザーケル博士が1933年に発表した治療法で、けいれんによって頭の中をリセットし、安定させると言うものですが、現在はこれに代わり、電気けいれん療法や無けいれん電気療法などが行われています。
　ダイナマイトの発明者として知られるスウェーデンの発明家であり、実業家でもあったアルフレッド・ノーベル（1833-1896）の遺言で物理学、化学、生理学医学、文学、平和の5部門の賞が制定され、1901年に最初の授与式が行われました。ノーベル経済学賞が制定されたのは約70年後、当時のスウェーデン中央（国立）銀行頭取の発案によるもので、「アルフレッド・ノーベル記念経済学スウェーデン国立銀行賞」は、1968年に設立され、1969年に最初の授与が行われました。ナッシュの名がノーベル賞候補として最初に上がったのは、1980年代中ごろのことでした。数学者である彼の理論の応用範囲は、通商、労使問題、石油事業、生物学にもおよび、経済学に与えた影響は多大で、ハンガリーのハーサニーとドイツのゼルテンとともに受賞しました。

映画の背景と見所

　この映画の原作となったシルヴィア・ネイサーの『ビューティフル・マインド ―天才数学者の絶望と奇跡―』（塩川優訳、新潮社、2002）は、1928年6月13日生まれのジョン・フォーブス・ナッシュ・ジュニアの伝記で、過酷な運命と闘った実在の天才数学者の感動のノンフィクションです。ネイサーがこの伝記を書くにあたって取材した1人からジョン・ナッシュに贈られた「美しい心」"a beautiful mind"がこの本のタイトルとなりました。
　映画『ビューティフル・マインド』は、2001年度のゴールデン・グローブ賞主要6部門にノミネートされ、そのうち作品・主演男優・助演女優・脚本の4部門を受賞しました。また、アカデミー賞でも作品・監督・助演女優・脚色の各賞を受賞しました。ジョン・ナッシュを演じたのは『グラディエーター』(2000)、『レ・ミゼラブル』(2012)のラッセル・クロウ、アリシアを演じたのは『砂と霧の家』(2003)、『地球が静止する日』(2008)のジェニファー・コネリー、パーチャーを演じたのは『アポロ13』(1995)、『ザ・ロック』(1996)、『めぐり合う時間たち』(2002)のエド・ハリスです。
　オリジナルの脚本に贈られるアカデミー脚本賞とは別に、小説や舞台などから起こされた脚本に贈られるのがアカデミー脚色賞です。ゴールズマンが受賞しました。ジェームズ・ホーナー作曲の音楽も映画に深みを添えています。

スタッフ

監　　督：ロン・ハワード
脚　　本：アキヴァ・ゴールズマン
製作総指揮：カレン・ケーラ、トッド・ハロウェル
製　　作：ブライアン・グレイザー、ロン・ハワード
編　　集：マイク・ヒル、ダニエル・ハンレイ

キャスト

ジョン・ナッシュ　：ラッセル・クロウ
アリシア・ナッシュ：ジェニファー・コネリー
パーチャー　　　　：エド・ハリス
ローゼン博士　　　：クリストファー・プラマー
マーティン・ハンセン：ジョシュ・ルーカス

ファンタスティック Mr.FOX	Fantastic Mr.Fox	（執筆）大庭　香江

セリフ紹介	Mr.フォックスは、子供が生まれたのをきっかけに鶏泥棒から足を洗いますが、野生の衝動を抑えきれず、妻に黙って農場主の鶏小屋に忍び込みます： Mrs. Fox : Why did you lie to me?（どうして私に嘘をついたの？） Mr. Fox　 : Because I'm a wild animal.（なぜなら俺は野生の生き物だからさ） 　フランス語のセリフも登場します。ラストシーン、バイクで荒野を駆け抜ける Mr.フォックスは、孤独な狼に出会い、呼びかけます。狼からは返事はありませんが、両者は拳を上げて挨拶します： Mr. Fox : Where did you come from?（どこから来たんですか？） Mr. Fox : What are you doing here?（ここで何をしているんですか？） Mr. Fox : I don't think he speaks English or Latin.（彼は英語もラテン語も話さないだろう） Mr. Fox : Pensez-vous que l'hiver sera rude?（フランス語で：今年の冬は厳しいでしょうか？） Mr. Fox : I'm asking if he thinks we're in for a hard winter. 　　　　（息子のアッシュ達に向かって：今年の冬は厳しくなりそうか尋ねたんだ） Mr. Fox : I have a phobia of wolves.（[自分は狐なので] 狼恐怖症なんだ） Mr. Fox : What a beautiful creature.（[狼とは] なんて美しい創造物！） Mr. Fox : Wish him luck boys.（息子のアッシュ達に向かって：彼の幸運を祈ろう）
学習ポイント	本作品の DVD は、現在日本国内での生産が終了しているため、ストリーミングなどでご覧になることをお薦めします。そのため、通常の DVD を使用して音声や字幕を日本語と英語で切り替えながらの学習を行うことは難しく、また、既存の DVD にも英語字幕表示機能はありません。日本語字幕を見ながら音声を聞けば英文を再生できる、一定以上の英語力を持つ学習者にお薦めです。映像と大まかなストーリーを楽しむだけなら、初級の学習者にも向いている作品ですが、語学教材として細部を聞き取るためには、セリフに専門語や外国語も現れますので、大学生以上で、一定以上の教養を身に付けている学習者にとって、大変面白く適した教材となるでしょう。 　学習方法のポイントとしては、英語字幕を見ながら音声を聞くという作業が行えないため、最終目標を英語音声のみで聞き取れるようになることとすると良いでしょう。 　まず初めに、日本語字幕を表示してストーリーを理解しましょう。続けてもう1度、日本語字幕を表示しながら見ます。対訳として分かりやすい訳となっていますので、この日本語字幕を参考に、音声の聞き取りを行いましょう。人形が話すという形のため、口の動きからセリフを読み取ることは困難ですが、発音が明瞭でセリフスピードも速くはないため、意味が分かって聞けば、ほとんどのセリフを書き取ることができるはずです。主人公の Mr.フォックスのセリフには難解な語彙も多いため、聞き取りには Mrs.フォックスや、息子のアッシュのセリフから始めるのがお薦めです。英語字幕を表示しての答え合わせはできませんが、書き取るために集中して聞くことで、聞き取りの力を高める効果が期待できます。 　日本語字幕を表示して2度視聴したら、字幕を消して英語音声のみで見ていきましょう。大学生レベルの英語力を持つ学習者は、3回目の視聴となれば、日本語字幕の補助無しでも、意味を理解できるようになるはずです。2度目の視聴で書き取った文を見ながら、画面の登場人物に合わせてセリフを話してみましょう。ロールプレイが楽しめます。 　☆映画を使用してのロールプレイの次に、学習者自身でロールプレイを行ってみましょう。英語字幕表示なしでは全セリフを聞き取ることが難しければ、学習者自身がシナリオを書く作業から始めても面白いでしょう。クラスサイズに合わせ、ペアやグループを組みます。小学生などの授業では、ロールプレイを行うとなると、小道具の準備などにも授業時間を割く必要が出てくる場合がありますが、大学生の学習者には、あえて、役柄に合わせた衣装や、登場人物が動物である場合、お面などを製作しておくように指示しておきさえすれば、学習者自身で考えて小道具なども準備してきますので、授業では、セリフを書いてまとめる作業と、グループでのリハーサルを行わせる事前準備の時間さえ取れれば十分実践可能です。
あらすじ	Mr.フォックスは、子供が生まれるのをきっかけに、妻から鶏泥棒をやめるよう諭され、新聞記者として働くようになります。そして、普通、狐は洞穴に住むものなのですが、穴熊の弁護士の反対を押し切り、丘の上の家を購入します。父を尊敬する一人息子のアッシュは、どうも間が抜けていて、家でも学校でも、父の様に上手く立ち振る舞えません。母からは人それぞれ違って良いのよと慰められます。そこに訪ねて来たのが従兄弟のクリストファソン。アッシュとは対照的に、何でも良く出来ます。父が得意だったバシットシットというスポーツで、アッシュは全く期待されませんが、クリストファソンは大活躍します。ガールフレンドもクリストファソンに心移りしている様子。ある時、Mr.フォックスは、とうとう我慢が出来なくなり、ついにまた鶏泥棒を始めてしまいますが、助手にはアッシュではなく、クリストファソンを選びます。初めは上手くいきますが、結局、盗みに入った農場主たち、ボギス、バンス、ビーンに追い詰められ、Mr.フォックスは大切な尻尾を撃ち落とされてしまいます。窮地に陥る Mr.フォックスとクリストファソン。それを助けたのはアッシュでした。人間を煙に巻いた狐とその仲間たちは、農場主の経営するスーパーマーケットに忍び込み、好きなだけ食べ物を手に入れたのでした。ラストシーンでは、オートバイで荒野を駆け抜ける Mr.フォックスとアッシュ達が一匹の狼に出会い、野生の動物の素晴らしさを謳います。
映画情報	原　　作：ロアルド・ダール『父さんギツネバンザイ』 製作費：4,000万ドル　　　製作国：米国 配給会社：20世紀フォックス（米国） 　　　　　ショウゲート（日本） ジャンル：アニメーション
公開情報	公 開 日：2009年10月23日（英国） 　　　　　2009年11月13日（米国） 　　　　　2011年 3月19日（日本） 上映時間：87分 興行収入：4,647万1,023ドル

薦	○小学生　○中学生　○高校生　●大学生　●社会人	リスニング難易度	発売元：ギャガ （平成29年2月現在、DVD発売なし） 中古販売店等で確認してください。

お薦めの理由	英国の児童文学作家ロアルド・ダールの『父さんギツネバンザイ』を原作とした、ストップモーション・アニメーションです。大人も子供も楽しめる作品ですが、難解な語彙が含まれる為、教材としては大学生以上にお薦めです。映像は見やすく、ストーリーも、「キツネ時間」ごとに区切りがありますので、授業でも大変使用しやすいと言えます。学習者は、まず原作を読んでから、映画と比較して観るのもお薦めです。	スピード	3
		明瞭さ	4
		米国訛	1
		米国外訛	1
英語の特徴	英国文学が原作の物語ですが、映画では米国の俳優が声優を務めており、米国英語です。セリフの長さやスピード、発音は標準的で聞き取りやすいと言えます。セリフには外国語も登場しますが、意味はセリフ中で説明されます。語彙や専門語に、所々難しいものが含まれますが、前後の文脈から意味を推測出来るでしょう。「キツネ時間」という時間でストーリーが展開するため、ジョークの理解力も必要です。	語　彙	4
		専門語	4
		ジョーク	4
		スラング	3
		文　法	3

授業での留意点

　本作品の原作は、英国作家ロアルド・ダール（Roald Dahl, 1916-1990）です。ダールは、自身の、第二次世界大戦中の英国空軍の戦闘機パイロットとしての経験をもとに書いた小説『飛行士たちの話』（1946）でデビューし、短編・ミステリー作家、そして、児童文学作家として成功しました。自伝的小説『少年』（1984）や、『単独飛行』（1989）も、大学生にお薦めの一冊です。

　作家としての活動初期から映画との関りも深く、第二次世界大戦中に、原因不明の飛行機の故障は「グレムリン」という子鬼が起こす、とパイロット達の間で言われていたのをモチーフとしてダールが書いた児童文学から、映画『グレムリン』（1984）は生まれたとする説もあります（脚本はクリス・コロンバス）。脚本家としても、英国のファンタジー・ミュージカル映画『チキ・チキ・バンバン』（1968）を手がけています。

　私生活では、1953年に、アカデミー主演女優賞を受賞したパトリシア・ニールと結婚し、5人の子供をもうけています。ダールの児童文学作品はこの子供たちに語るためにも書かれました。

　ダールの原作が映像化された作品の代表的なものには、他に、『ジャイアント・ピーチ』（1996）、『チャーリーとチョコレート工場』（2005）、『BFG ビッグ・フレンドリー・ジャイアント』（2016）などがあげられます。それぞれ、ヘンリー・セリック、ティム・バートン、スティーブン・スピルバーグが監督し、豪華なスタッフで製作され、優れた作品となっています。

　本作品の発展学習としては、ダールの関連映像作品を視聴すること、また、原作を英文で講読することがお薦めです。児童文学作品の英語はいずれも簡潔で理解しやすく、一方で、ダールの児童文学作品は、大人の読者をもうならせる風刺やブラック・ショークに溢れているため、背景まで読みこなすことができれば、大学生の学習者をも満足させるものとなることでしょう。とりわけ、自身も児童文学作家でもある、イラストレーターのクウェンティン・ブレイク（Quentin Blake,1932–）のイラストのものは、ダールの作品世界を絶妙に表現しているため、最もお薦めです。

ロアルド・ダール
Wikipediaより

女優パトリシア・ニールとロアルド・ダール
Wikipediaより

映画の背景と見所

　ウェス・アンダーソン監督初のストップモーション・アニメーション作品です。ストップモーション・アニメーションでは、静止した人形を撮影し、一コマーコマを繋げていくと、人形が動いているかのように見える撮影技術が用いられます。20世紀初頭に、フランスの映像作家ジョルジュ・メリエスらが、映画のトリックに使用したのがはじまりという説があります。本作品は、登場人物の動きが微細に描かれ、非常に完成度の高い仕上がりとなっており、数々の賞を受賞・ノミネートされています。

　原作は米国の児童文学作家ロアルド・ダールの『父さんギツネバンザイ』（Fantastic Mr.Fox）。ダールの作品世界独特の雰囲気や、ブラック・ユーモア的要素も存分に表現されています。

　音楽も魅力の1つです。担当はアカデミー作曲賞受賞の作曲家アレクサンドル・デスプラ。本書でも百選に選ばれている『ベンジャミン・バトン数奇な人生』や、『ハリー・ポッター』シリーズ、『英国王のスピーチ』などを担当している人物です。オリジナル曲の他に、ザ・ビーチ・ボーイズや、ローリング・ストーンズの名曲が効果的に使用されています。

　声優にはハリウッドの実力派であるジョージ・クルーニーが Mr.フォックス役に、Mrs.フォックス役にはメリル・ストリープがそれぞれ起用されており、豪華な顔ぶれとなっています。

スタッフ	監督：ウェス・アンダーソン 製作：スコット・ルーディン、アリソン・アベイト 　　　ウェス・アンダーソン、ジェレミー・ドーソン 編集：ラルフ・フォスター、スティーブン・パーキンス 撮影：トリスタン・オリヴァー	キャスト	Mr.フォクシー・フォックス：ジョージ・クルーニー Mrs.フェリシティー・フォックス：メリル・ストリープ アッシュ・フォックス：ジェイソン・シュワルツマン クリストファソン・シルバーフォックス： 　　　　　　　　　　　　　　エリック・アンダーソン

フィラデルフィア	Philadelphia	（執筆）三井　美穂

セリフ紹介

　庶民の味方の弁護士ジョーは、"I'm prejudiced. I don't like homosexual"（Chapter 15）と自認するほどゲイ嫌いで、はじめはアンディの弁護を断ります。ところがある日図書館での出来事がジョーを駆り立てます。

　Librarian : We have a private research room available.
　Andrew　 : I'm fine, thanks.
　Librarian : <u>Wouldn't</u> you be more comfortable in a research room?
　Andrew　 : No. But would it make you more comfortable?
　Librarian : Whatever, <u>sir</u>.（Chapter 16）

図書館員はエイズ裁判の判例集を読む痩せ細った男に対して明らかに偏見を持っています。「迷惑だから個室に行ってくれ」という本音を隠し、"would"や"sir"といった丁寧な言葉を使って「個室のほうが気を使わないでいいんじゃないですか」と言います。しかしアンディも「そうすればあなたが気を使わないですむんじゃないですか」とやり返します。ここの"it"は「アンディが個室に移動すること」を指します。アンディの近くに座っている人も、この会話を聞いて席を立ちます。社会の偏見にひとり毅然と立ち向かうアンディの姿に、ジョーは心を打たれます。

　弁護士のジョーが依頼人や裁判の証人に説明を求めるとき、よく口にするセリフが"Explain to me like I'm a two-year-old."です。年齢が変わったり、"Would somebody please explain to me?"や"Would you explain to me?"など、言い方にもバリエーションがあります。陪審員長がこの口癖を真似して、笑いが漏れるシーンもあります。

学習ポイント

　エイズの息子を理解し支えようとする家族の言葉の聞き取りから始めるといいでしょう。患者を取り巻く人たちのセリフから、エイズ問題が遠巻きにですが見えてきます。アンディの両親の結婚40周年パーティの夜、家族が一人ひとりアンディにメッセージを伝えますが、その中の両親の言葉を取り上げてみます。（Chapter 19）

　Sarah : I don't expect any of my kids to <u>sit in the back of the bus</u>. Fight for your rights.
　Bud　 : I can't imagine there is anything <u>that</u> anyone could say, <u>that</u> would make us feel less proud of you.

母サラはなぜバスのことを言っているのでしょう。実は1960年代の公民権運動に例えて話しています。黒人がバスの後ろの席しか許されていなかったころ、ローザ・パークスが前の席に座ったことから公民権運動に火が付いたことは、ほとんどの学生が知っているはずです。息子のアンディにも、後ろの席に甘んじていないで権利を主張すべきだとサラは言います。訴訟を起こしたアンディを支える、母の力強い言葉です。後半の法廷の場面でもこの人種問題が示唆されていますから、ここで一度確認するといいでしょう。また父バドは「他の人が何と言っても、お前を誇りに思う気持ちは変わらない」と励まします。息子を信じ切った、温かい言葉です。2つの that が anything を説明している複雑な構造ですが、聞き取ったあとで文法をおさえ直すのも、ときには有効です。

このシーンの直後にふたりの弁護士の冒頭陳述があります。裁判でどんな点を争うのか、陪審員に向けてわかりやすく説明しているので、聞き取りにも向いています。映画のテーマも理解できる場面です。（Chapter 20）

　Joe: Point number one : Andrew Beckett was, is a brilliant lawyer, a great lawyer.　Point number two : Andrew Beckett, <u>afflicted with a debilitating disease, made the legal, understandable, personal choice to keep the fact of his illness to himself.</u>　Point number three : His employers discovered his illness. And ladies and gentlemen, the illness I'm referring to is AIDS.　Point number four : They panicked. And, in their panic, they did what most of us would like to do with AIDS. Get it, and the people who have it, as far away from us as possible. The employers may seem reasonable to you. It does to me. After all, AIDS is a deadly, incurable disease. But however you come to judge the behavior of Charles Wheeler and his partners in moral, ethical, human terms, when they fired Andrew Beckett because he had AIDS, <u>they broke the law</u>.

2つめは聞き取りにくいですが、全部聞き取るというより、4つのポイントの要点を聞き取り、結論「法を破った」が理解できるように練習するといいでしょう。また Chapter 21 は被告側弁護士の冒頭陳述で、"fact"で始めてそれぞれ要点を列挙しているのでわかりやすいスピーチです。同じように要点をまとめてみましょう。

あらすじ

　フィラデルフィアの大手法律事務所で働くアンドリュー・ベケットは、エイズにかかったゲイであることを隠して仕事をしています。有能で努力家のアンディは昇進した当日、共同経営者である弁護士の1人に額のシミを指摘されます。ぶつけた痣だとごまかしますが、エイズ訴訟の経験のある弁護士には、十分エイズを疑うシミでした。アンディはしばらく自宅にこもり、メイクアップでシミを隠す練習をする一方、任されていた訴状（complaint）を完成させ、事務所に届けます。しかし裁判当日、訴状のファイルもコンピューターのデータもすべて紛失し、しかもなぜか裁判開始直前に見つかります。事務所は裁判に勝ちますが、このミスを理由にアンディはクビになります。どうやらアンディがエイズだと気づいていた事務所の誰かがアンディを陥れたようです。アンディはエイズ患者差別による不当解雇で事務所を訴えることにしますが、引き受けてくれる弁護士はいません。小さな事務所を構えるゲイ嫌いの弁護士ジョー・ミラーも、アンディの依頼を断ります。しかし図書館で偏見に毅然と立ち向かうアンディの姿を見かけ、ジョーはエイズ患者に対する差別と偏見との闘いに乗り出します。裁判はエイズだけでなく、ホモセクシュアル、人種などに対する人々の偏見を明らかにしていきますが、その間にもアンディの体調はますます悪化します。家族とパートナーの理解と愛情に支えられながら法廷で勝利を得た後、アンディは静かに息を引き取ります。

映画情報

製　作　費：2,600万ドル　製　作　年：1993年	公　開　日：1993年12月22日（米国）
製　作　国：米国　　　　配給会社：トライスター	上映時間：125分
使用楽曲："Streets of Philadelphia"	興行収入：2億667万ドル
ブルース・スプリングスティーン	受　　賞：第66回アカデミー主演男優賞（トム・ハンクス）
"Philadelphia" ニール・ヤング	主題歌賞ブルース・スプリングスティーン

薦	○小学生　○中学生　○高校生　●大学生　●社会人	リスニング難易度	発売元：ソニー・ピクチャーズ エンタテインメント （平成29年2月現在、本体価格） DVD価格：1,410円　ブルーレイ価格：2,381円

お薦めの理由	90年代のエイズ問題の本質が何だったのか、考えさせられる映画です。この作品でトム・ハンクスはアカデミー主演男優賞を受賞しました。エイズ患者を演じるためにげっそりと痩せ、死に至る病と知りながらも偏見と闘う人間を見事に演じています。翌94年には『フォレスト・ガンプ』で主演男優賞2連覇を成し遂げましたが、この2つの映画で全く異なるキャラクターを違和感なく演じています。	スピード	3	
		明瞭さ	3	
		米国訛	1	
		米国外訛	1	
英語の特徴	標準的な米国英語です。エイズ訴訟が中心の映画ですから、エイズにかかわる症状や検査など、病院で聞く英語や法律用語がたくさん出てきます。でも病院や法廷では、わかりやすく説明するためにスピードも普段の会話より遅めです。字幕を頼りに見るのも1つの方法ですが、専門用語を予習してからその場面を見れば、意外と聞き取れる言葉が多いでしょう。ゲイに対する差別用語も何度か出てきます。	語　彙	4	
		専門語	5	
		ジョーク	2	
		スラング	4	
		文　法	3	

授業での留意点	ゲイやエイズ差別だけでなく人種問題も含んだ大きなテーマを扱った映画ですから、米国の社会的な状況を調べて映画の背景を理解することも大切です。次の3点を取り上げて学生に発表させてはどうでしょうか。 （1）場面の半分は法廷という非日常的なものですが、法学部の学生ではなくても、法廷ものに興味のある学生は多いと思います。専門用語がわからないために法廷のシーンは雰囲気で見てしまう、ということも多々あるでしょう。「裁判長！」や「異議あり！」「異議を認めます」など、知っている日本語のフレーズを先にあげておき、映画の中ではなんと言っているかを探すのもいいでしょう。"your honor"、"I object"、"objection sustained" の他には、"counselor"「弁護士」、"complaint"「訴状」、"have a case"「立件する、勝訴する」、"verdict"「評決」などがあります。また法廷のシーンで欠かせないのが宣誓ですが、今まで聞き逃してしまっていることが多いのではないでしょうか。一度は確認したいものです。"Do you swear to tell the truth, the whole truth and nothing but the truth, so help you God?" – "I do." となります。ふつう米国の法廷では聖書に手をおいて宣誓しますが、最近では様々な信仰を考慮して、宣誓の仕方にもバリエーションがあるようです。日本でも取り入れられた裁判員制度と比較して、米国の法廷について調べるのもいいでしょう。 （2）エイズに関連して様々な病気や症状の名前が出てきます。"diagnose"「診断する」、"pneumonia"「肺炎」、"diarrhea"「下痢」、"lower back pain"「腰痛」、"dizziness"「めまい」、"infectious disease"「伝染病」などは私たちが日常経験するような症状ですから、聞き取りなどで確認しましょう。また "lesions"「シミ」、"KS"「カポジ肉腫」などは特殊ですが、エイズが蔓延した経緯や感染経路などを調べるきっかけとして取り上げましょう。Chapter 14には感染経路についての医者の説明、24には輸血でエイズに感染した女性の証言があります。この女性が他のエイズ患者をどう見ているか、聞き取るのもいいでしょう。米国の良心的な声が聞こえてきます。 （3）差別（discrimination）はエイズ以外にもあります。人種差別についても言及されますから、「学習ポイント」で取り上げた「バスの座席」を糸口に、公民権運動について調べましょう。Chapter 23 で黒人弁護士ジョーが平等について "Not all straight men are equal but all men are equal." と言います。そしてその平等が生まれた場所がフィラデルフィア "city of brotherly love, birth place of freedom" なのです。この映画の舞台にこの都市が選ばれたのも、理由があるのですね。黒人弁護士もまた然りです。Chapter 25 では黒人女性弁護士が法律事務所での差別的な雰囲気について証言しますが、被告側の弁護士も反論します。このやりとりを聞き取って、法律では縛れない、人々の心に染みついた差別的な感情について話し合うのもいいでしょう。

映画の背景と見所	1980年代はじめにエイズの症例が報告されてから急速に世界中でエイズが広がり、90年代に入っても猛威をふるっていました。むやみに感染を恐れる人も少なくありませんでしたが、感染経路が限定されるという知識は一般的になってきました。しかし、エイズはゲイの性交やドラッグ中毒者の注射器使い回しによる感染が多かったことから、エイズ患者に対する差別や偏見は後を絶ちませんでした。ただし輸血での血液感染や出産、授乳での母子感染もあり、このような感染経路でエイズにかかった「被害者」は救済の必要があると認められました。しかし同時に、同じ病気にそのような差別化が必要なのか、エイズ患者を差別しているのではなく実はゲイを差別しているのではないか、それでは人種差別や性差別などと同じではないか、などの問題も浮かび上がってきました。 　1960年代、公民権運動に刺激されゲイの権利を求める運動も活発になりました。市民はみな平等で、ゲイも市民権を持つのは当然だからです。この運動はエイズが猛威をふるった90年代にはピークを迎えます。『フィラデルフィア』はエイズ差別と闘うふたりの弁護士の話ですが、人種に関しても言及しています。弁護士のひとりは黒人（African American）で、法廷でも黒人女性弁護士が職場の差別について証言するシーンがあります。あらゆる種類の人たちの平等について原告側弁護士が主張する法廷シーンは圧巻です。

スタッフ	監　督：ジョナサン・デミ 脚　本：ロン・ナイスワーナー 製作総指揮：ゲイリー・ゴーツマン他2名 製　作：エドワード・サクソン 音　楽：ハワード・ショア　撮　影：タク・フジモト	キャスト	アンディ　　　　　　　：トム・ハンクス ジョー　　　　　　　　：デンゼル・ワシントン ミゲル　　　　　　　　：アントニオ・バンデラス チャールズ・ウィーラー：ジェイソン・ロバーズ サラ・ベケット　　　　：ジョアン・ウッドワード

プライベート・ライアン	Saving Private Ryan	（執筆）服部しのぶ

セリフ紹介

　この映画は、オマハ・ビーチに上陸するシーンから始まります。そこには銃声と悲鳴、そして沈黙しかありません。ミラー大尉の師団は、奇跡的にこの上陸作戦から生き残ります。そして彼は、これまで上陸してきた海岸を振り返り、Quite a view.「すごい眺めだ」と2回繰り返します。このシーンは特に感慨深いものがあります。とにかく凄惨なシーンの連続ですが、どんな形容詞よりも、quite 一語で、その凄惨さを十分に表現していると思います。映像のリアリティーさとあいまって、quite のもつ言葉の意味の重さを見る人に想像させます。

　次にライアン二等兵が帰還を命じられるシーンでは、ミラー大尉は、ライアンに向って We all earn the right to go home.「みんな生きて帰る権利があるのだ」と説得します。またミラー大尉は、死に際にも、Earn this. Earn it.「無駄にするな、しっかり生きろ」とライアンに言葉を残します。この earn「報いなどを得る、受ける」は、映画のキーワードと言えるでしょう。人の死の犠牲の上に自らの生（命）があり、いわば貰った、その命を精一杯活かして、彼らの期待に応えることができたのかと自問自答してきたライアンは、ミラー大尉の墓標に向かって、I hope that, at least in your eyes, I've earned what all of you have done for me.「少なくとも、大尉の眼には、私がみなさんの期待に応え、託された時を無駄にせず、その好意を受けるに値する男であったと映ってくれているといいのですが」と言います。そして、彼は妻に向かって Tell me I have led a good life. Tell me I'm a good man.「私は良い人生を送ってきただろうか。良い人間だろうか（そう言ってくれ）」と尋ねます。キーワード "earn" の深く、重い意味に注目して、この作品を見ると一層理解が深まるでしょう。

学習ポイント

　この映画は、年老いたライアンが家族と共に墓地へ向かい、ライアンがミラー大尉の墓の前でひざまずいて涙し、回想するところから始まります。そして、ほとんどセリフのない、銃声だけの壮絶な戦闘シーンへと続いていきます。また、最後、墓地のお墓の前に戻るという、大きく分けて、墓地と戦争の2つからなっていると言えます。そこで、ここでは簡単かつ端的な戦争特有の命令表現と、医療の現場で使えそうな表現を少し紹介します。

(1) 戦闘シーンでよく出てくる単語、命令などの表現をまとめておきます。
　Get ready!「位置につけ、準備、行け！など」、Go!「行け！」、We are in business.「突撃せよ！」
　Don't shoot.「打つな」、Let them burn.「焼け死ぬぞ」、Cease fire.「撃ち方やめ」、Cut it out.「止め」
　Clear!「大丈夫」、Drop the weapons.「武器を捨てろ」、gear 荷物や道具、Gear up.「荷物を持て」
　KIA（Killed in Action）戦死者　They are going to be KIA, too.「彼らも戦死者になるのだ」

(2) よく使う単語でも、場面が違うと意味も違う良い例をいくつか挙げます。
　outfit「一団、グループ」の意味で使われています。「洋服」などの意味でなじみがあると思いますが、ここでは兵士のグループを指しています。babysit「監視する」と日本語に訳されています。「子供のお守りをする」意味でよく知っている単語ですが、ここでは、babysit the bridge「橋を監視する」というように使われています。
　Take a knee.「座れ」この意味なら、Take (Have) a seat. がすぐ思い浮かぶと思いますが、ここは上官からの命令なので、「膝を取れ」ということで「膝をついて座る」意味になっていると思われます。
　　以上のような、いわば非日常的な場面での表現は、なじみがないと思いますが、簡単な単語での指示がほとんどですから、まとめておくと、場面の進行と共に英語の聞き取りに役立つと思います。

(3) 銃で撃たれた兵士が出血して倒れているところに、衛生兵をはじめとして、仲間が寄って来て、何とか持ちこたえられるようにと声をかけながら介抱する場面での表現も紹介します。このような医療に関する場面での表現は、後ほど「授業での留意点」でも触れたいと思いますが、日常でも使える表現ですから、参考になるはずです。
　My buddy's bleeding!「仲間が出血しています！」、He needs a tourniquet.「止血帯が必要だ」
　Hold on.「がんばれよ」、It won't be much longer.「（医者が来るまで）もうすぐだ」
　Alright, you're doing alright.「大丈夫だ、がんばってるぞ」、Don't worry about it.「心配するな」
　The Doc's in town.「医者が街に居るからな（すぐ診てもらえるぞ）」、We got some pressure.「押さえろ」
　I could use a little morphine.「モルヒネを少し使ってくれ」

あらすじ

　この映画は、とある一兵士の第二次世界大戦における回想録です。帰還兵である老人が家族と墓地を訪れ、自分の戦い様、生き様を振り返っていく物語です。

　彼の記憶は1944年に行われた、連合軍によるノルマンディー上陸作戦まで遡ります。この作戦は、夜間の落下傘部隊降下に始まり、上陸予定地への空襲と艦砲射撃、そして早朝から上陸用舟艇による敵前上陸といった内容で行われました。無事上陸を果たしたミラー大尉（トム・ハンクス）に課せられた次なる任務は、この戦争で4兄弟のうち、3人を失った母親に、最後の生き残りであるライアン二等兵（マット・デイモン）を無事に本国へ帰還させるというものでした。隊をとりあげられたミラーは、隊の中から精鋭7人を選び、生死不明のライアンを捜索するため、戦場を渡り歩いて行きます。1人、また1人と道中で隊員が死んでいき、仲間同士が、いがみ合い、衝突し合いながらも、その絆を深めていきます。そして、最後にはライアンの生存を確認し、彼に事実と命令を告げます。

　兄弟全員の戦死を知り、帰還命令を受けたライアンは、驚き戸惑いながらも、「なぜ自分だけが特別扱いを受けるのか」と、帰還命令を拒否し、橋を死守するという任務をみんなと共に遂行したいと言います。ミラーは、困惑しながらも、橋を死守する任務を手伝う決断を下します。ミラーとライアン、そしてライアン救出部隊の運命は…。

映画情報	製作費：7,000万ドル 製作年：1998年 製作国：米国 配給会社：パラマウント映画 ジャンル：ドラマ、戦争	公開情報	公開日：1998年7月24日（米国） 　　　　1998年9月26日（日本） 上映時間：169分　興業収入：約4億8,000万ドル 受　賞：第71回アカデミー監督賞、編集賞、撮影 　　　　賞、音響賞、音響効果編集賞

| 薦 | ○小学生　○中学生　○高校生　●大学生　●社会人 | リスニング難易度 | 発売元：NBCユニバーサル・エンターテイメント (平成29年2月現在、本体価格) DVD価格：1,429円　ブルーレイ価格：2,381円 |

お薦めの理由	これまでの戦争映画は、英雄が自分自身と相手に打ち勝ち、戦いに勝利していく、という内容のものがほとんどでした。しかし本作品は全く戦闘経験がない通訳者が分隊に加わるという大きな変化がみられます。 　戦闘経験が全くないという点は、彼と我々は同じ存在としてとらえることができます。もしも自分が、その場にいたら…と思って映画を見たらいかがでしょうか。	スピード	4
		明瞭さ	3
		米国訛	3
		米国外訛	2
英語の特徴	全体的に会話スピードが速く、ほとんどが戦闘シーンであるため、爆音の中でのやり取りや、会話が重複する状況も多く、聞き取り難く感じるかもしれません。また軍隊特有の命令や、それに対する応答表現は、なじみが薄いため、理解し難く感じることもあるでしょう。しかし、表現や語彙さえ解かれば、同じ表現の繰り返しが多いことに気づき、だんだん聞き取ることができるようになるでしょう。	語彙	4
		専門語	4
		ジョーク	2
		スラング	2
		文法	2

授業での留意点

戦争映画だからこそ出合う語彙や表現に絞り、3点に分けてまとめておきます。
(1) 最初に米国の軍隊における職位に関わる語彙
　陸軍（Army）、海軍（Navy）、空軍（Air Force）によって職位の呼び方が異なるので、注意が必要です。
　General「将軍」（参謀総長とも訳されていました）、Colonel「大佐」、Major「少佐」、Captain「大尉」、Lieutenant「中尉、少尉」、Sergeant「軍曹」、Corporal「伍長」、Commander「中佐」、Private「（総称して）二等兵など」（本映画のタイトルの *Private Ryan* は「ライアン二等兵」）Medic「衛生兵」など
　※その他に、職位ではありませんが、映画に出てきた関連単語を挙げておきます。
　　minefield「地雷場」、casualties「戦死者」、POW（prisoner of war）「捕虜」など
(2) 次に遺族への戦死報告について
　まずは映画に出てくるリンカーンの手紙を紹介します。I feel how weak and fruitless must be any words of mine which should attempt to beguile you from the grief of a loss so overwhelming.「私のどんな言葉も、あなたの息子さんを亡くした打ちひしがれた悲しみを紛らすには弱く無力であると感じています」、fruitless「無駄な・効果がない」、beguile「気を紛らわせる」、overwhelming「圧倒する」、May our Heavenly Father assuage the anguish of your bereavement and leave you only the cherished memory of the loved and lost...「願わくは、神があなたの悲しみを和らげ、幸せな思い出だけをあなたに残すことを…」、Heavenly Father「父なる神」、assuage「和らげる」、anguish「激しい苦痛、ひどい悲しみ」、bereavement「死別」
　※日常的に使えるお悔やみ表現です。①I am so sorry for your loss. ②Please accept my condolences / sympathy. 双方ともに「お悔やみ申し上げます」という意味ですが、②の方がより丁寧な表現です。death「死」の代わりに loss や condolence, sympathy「お悔やみ」など単語を選びましょう。I'll be here for you.「あなたを思っています」と相手を気遣う表現も一緒に書き添えたいですね。
(3) 最後に戦場で重傷を負う兵士の介抱に使われる表現
　日常生活ではあまり使用しないかもしれませんが、関連づけて、痛みを伴う症状の表現を集め、まとめておきます。
　I have a sharp pain.「鋭い痛みがあります」sharp の部分を以下の語彙に置き換えて使えます。
　dull「鈍い」、acute「急性の」、chronic「慢性の」、localized「局部性の」、generalized「広範性の」、throbbing「ずきずきする」、pricking「ちくちくする」、gripping「きりきりする」、burning「ひりひりする」など。

映画の背景と見所

　これまでの戦争映画といえば、正義のヒーローが悪党と対峙し、豪快に敵を倒していくものや、指揮官の視点から、軍略的に描かれてきたものがほとんどでした。しかし、本作品は、一兵士の視点から、生々しい戦争の現実を描写しています。特に冒頭のオマハ・ビーチ上陸のシーンでは、銃弾に鮮血をあげて倒れる兵士、海中にも容赦なく銃弾の雨が降り、死んでいく兵士達の惨状がリアルに表現されています。戦争というものは、かくも無残なものだ、と見るものを圧倒する説得力ある描写は必見です。そして目まぐるしく、かつ、瞬時に変わっていく戦況において、主人公達が下す決断とその結果を注意深く見てほしいと思います。戦時中は、今、我々が生活している価値観とは真逆の世界になります。人をより多く倒し、建物や機材をより多く破壊した者が、賞賛されます。そして、そこにあるのは、戦争に勝利することと、自分と仲間の命が助かること、それだけの世界が戦争なのです。しかし、戦争をしている兵士は、まぎれもなく私たちと同じような価値観で生活していた人たちなのです。彼らの心の移り変わりにも注意して見てください。
　この映画は、アカデミー賞の監督賞、編集賞、撮影賞、音響賞、音響編集賞の5部門を受賞しています。ミラー大尉役をトム・ハンクス、ライアン二等兵役をマット・デイモンが演じています。豪華キャストの共演も見所の1つです。

| スタッフ | 監　督：スティーブン・スピルバーグ
脚　本：ロバート・ロダット
製作総指揮：スティーブン・スピルバーグ
撮　影：ヤヌス・カミンスキー
音　楽：ジョン・ウィリアムズ | キャスト | ジョン・H・ミラー　：トム・ハンクス
マイケル・ホーヴァス：トム・サイズモア
ジェームズ・フランシス・ライアン：マット・デイモン
リチャード・ライベン：エドワーズ・バーンズ
ティモシー・E・アパム：ジェレミー・ディビス |

プラダを着た悪魔	The Devil Wears Prada		（執筆）鷲野　嘉映

<table>
<tr><td rowspan="1">セリフ紹介</td><td>

　悪魔のような編集長ミランダの私事に関する理不尽な要求に応えられなかったアンディは、ミランダに厳しい言葉を浴びせられ、くじけそうになってしまいます。助けを求めて泣きついたナイジェルがアンディに言った "You are not trying. You are whining." は本作品の名セリフとしてあまりにも有名です。ミランダの理不尽な要求はさておき、愚痴や泣き言を言っているだけでは、成功はおぼつかないのは、どの世界でも同じでしょう。また、ミランダが部下に対してしばしば言い放つ "That's all." は、会話のドアを一方的に閉じてしまうミランダらしい強烈な決め文句です。
MIRANDA: I had hope. My God, I live on it. Anyway, you ended up disappointing me more than, uh, more than any of the other silly girls.　ANDY: Um, I really did everything I could think of. Uh...　MIRANDA: That's all.
（省略）一方的に会話を終わらされたアンディは、ナイジェルのオフィスに立ち寄ります。
ANDY: I don't know what else I can do, because if I do something right, It's unacknowledged. She doesn't even say thank you. But if I do something wrong, she is... vicious.　NIGEL: So quit.　ANDY: What?　NIGEL: Quit.
ANDY: Qui...　NIGEL: I can get another girl who'll take your job in five minutes. One who really want it.
ANDY: But I, no, I don't wanna quit. That's not fair. But I... You know, I'm just saying that... I would just like a little credit for the fact that I'm killing myself trying.　NIGEL: Ah, Andy, Be serious. You are not trying. You are whining. What is it that you want me to say to you, huh? Do you want me to say, "Poor you, Miranda's picking on you. Poor you, poor Andy"? Huh? Wake up, "Six."

</td></tr>
<tr><td rowspan="1">学習ポイント</td><td>

　ミランダが部下に浴びせる悪魔的とでも言うべきセリフは、日常生活において使うには好ましい言葉ではありませんが、そのセリフの前後のシチュエーションを把握した上で、ミランダ役の大女優メリル・ストリープの表情、言葉の調子や間も真似て映像に合わせて言葉を発するのは、英語の感性を養うのに良い練習となるのではないでしょうか。日本語と異なる英語の言い回しを楽しんでください。どの映画でも言えることですが、会話を通じて英語に親しみましょう。
　Details of your incompetence do not interest me.（あなたの無能さ加減は、私には興味はないの！）
　Am I reaching for the stars?（私は星に手を伸ばしている？⇒私が高望みしている？あなたできるでしょう！）
　No, no. That wasn't a question.（いいの。それは質問ではなかったの。⇒あなたの意見なんて求めていないわ！）
　Please bore someone else with your questions.
　（あなたの質問で他の人をうんざりさせたら。⇒くだらない質問をしないで！）
　By all means, move at a glacial pace. You know how that thrills me.
　（どうぞ、氷河の流れのように動いて。あなたは、それが私をわくわくさせるのを知っているのよね。
　　⇒もたもたしている相手に対して、もたもたしないで！）
　I don't understand why it's so challenging to get my car when I ask for it.
　（私が頼んだ車を見つけるのがこんなに大変だとは、私には理解できないわ。
　　⇒当然来ているべき車が来ていないことに対してチクリと！信じられない！）
　本作品は、米国英語が主に用いられていますが、ファーストアシスタントであるエミリーは英国英語を話しています。エミリーの英語の発音や表現に着目することで米英の英語の違いを学習することもできます。
　Miranda sacked the last two girls after only a few weeks.
　（ミランダはたった数週間で前の2人をクビにした。⇒英語：sack　米語：fire）
　Oh! About bloody time!（もう！なんて遅いの！⇒英語：bloody　米語：fucking⇒注意が必要だと思います）
　Right, well, after the loo, Serena and I are going to lunch.
　（いいわよ。ええっと、トイレに行ったら、セレナと私はランチに行ってくるわ。⇒英語：loo　米語：toilet）
　Oh, what a pile of bollocks!
　（まったく、でたらめばっかり！⇒英語：bollocks　米語：shit ⇒スラング。使用に注意が必要です）

</td></tr>
<tr><td rowspan="1">あらすじ</td><td>

　アンディは、名門大学を卒業し、ジャーナリストを目指してNYにやってきます。おしゃれに無関心でファッションセンスゼロの彼女が面接に向かった先は、一流ファンション誌ランウェイの編集部でした。家賃稼ぎと次のステップのためにと受けた面接でしたが、カリスマ編集長ミランダに意外性を買われ、アンディはセカンド・アシスタントとして採用されます。次の日から24時間公私の区別ないミランダの悪魔のような要求に振り回される、アンディの地獄の生活が始まります。ファーストアシスタントのエミリーの指導のもと、ミランダからの高度な要求に応えることに挫けそうになるアンディでしたが、ミランダの右腕であるファッション・ディレクターのナイジェルに自分の甘えを指摘され、内面・外面ともに周囲が驚くほどの大変身を遂げていきます。仕事では、ミランダの信頼を徐々に勝ち取り、ついにはエミリーに取って代わるまでになりますが、私生活では、大学からの友人たちとの間に溝が生じ、同棲していた恋人ネイトとも破局を迎えることとなります。そうした状況下で、ミランダとパリコレの出張に向かったアンディは、ミランダを編集長から降ろそうとする陰謀を知ることになります。慌てふためくアンディでしたが、ミランダは既にその動きを把握しており、自分の手の内で事態の収拾を図っていきます。ミランダの生き方に違和感を覚えたアンディは、ランウェイを離れ、ネイトとよりを戻して、ジャーナリストを目指して新たな道を歩んでいきます。

</td></tr>
</table>

| 映画情報 | 製作費：3,500万ドル
製作年：2006年　　製作国：米国
言語：英語　　配給会社：20世紀フォックス
撮影場所：ニューヨーク、パリ他
ジャンル：コメディー、ドラマ、ロマンス | 公開情報 | 公開日：2006年11月18日（日本）
　　　　2006年 6月30日（米国）
上映時間：110分
MPAA（上映制限）：PG-13（米国）
オープニングウィークエンド：2,750万ドル（米国） |

薦	○小学生　○中学生　○高校生　●大学生　●社会人	リスニング難易度	発売元：20世紀フォックス ホーム エンターテイメント ジャパン （平成29年2月現在、本体価格） DVD価格：1,419円　ブルーレイ価格：2,381円

お薦めの理由	キャッチコピー「恋に仕事にがんばるあなたの物語」にあるように、1人の女性が、実社会の中で、公私ともにもがき苦しみながら、働く女性として成長していく姿を、ファッション業界を舞台に絢爛豪華なファッションとともにおしゃれ、かつコミカルに描いた作品です。単純にファッションを楽しむこともできますし、社会の厳しさを感じている社会人が、自分を見つめる良い機会となる映画としてもお薦めです。	スピード	3
		明瞭さ	3
		米国訛	3
		米国外訛	2
		語　彙	3
英語の特徴	多くのファッションに関する固有名詞が出てきます。ビジネスの社会における会話が多いため、全体的に簡潔な短い文章が多く、発音も比較的明瞭であり、英語全般が聞き取りやすい映画であると言えます。また、極端に汚いスラングも多くありません。皮肉っぽい会話も見られますが、問題のないレベルであると言えます。発音は、標準的な米国英語ですが、エミリーの英語に英国訛りや特有の表現がみられます。	専門語	2
		ジョーク	2
		スラング	2
		文　法	3

授業での留意点

　優秀な成績で一流名門大学を卒業し、学生時代には学内新聞の編集長も務め、ハーバード・ロー・スクールにも入学を許可されたアンディが、ジャーナリズムに関する仕事にありつけず、ランウェイにおいて下働きとでもいうべきセカンド・アシスタントでの就職を余儀なくされたことは、一昔前の日本の社会では信じられないことかもしれません。また、ミランダの横暴ともいえる要求に耐え抜いて、上を目指そうとする姿勢も理解しがたいかもしれません（ミランダの行為は、実社会では、パワーハラスメント（bullying: power harassment は和製英語）として、裁判沙汰は免れないでしょうが）。しかし、映画作品として誇張はしていますが、これが米国社会の常識と言えます。どんなに立派な大学を優秀な成績で卒業したからといって、おいそれとはメジャーなマスコミで働くことはほぼ不可能です。学生時代に、どのような社会的活動をしていて、実際に何ができるのかが重要視されるのです。そして、小さな雑誌社・新聞社で実績を積み、キャリア・アップを目指していくのが普通です。また、その際に重要となるのが、紹介状です。

　本作品でも、ランウェイを離れて小さな新聞社の面接を受けた際に、ミランダはアンディのためにミランダらしい少しひねくれた紹介状を新聞社に送っています。

EDITOR : "I got a fax from Miranda Priestly herself, saying that of all the assistants she's ever had, you were by far her biggest disappointment." "And... if I don't hire you, I am an idiot." "You must have done something right."

　海外の映画作品を鑑賞することは、単に語学の力をつけるためだけではなく、その国の文化・社会を知るすばらしい機会であると言えます。近年、日本でも就職において学歴だけではなく実務能力・人間力が問われるようになってきました。労働部面においてもグローバル化が進む日本において、学生・社会人が、本作品に見られる厳しい就職・労働環境を知ることで、夢を実現させるためにはどのような力を学生時代から身につけていったら良いか、キャリア・アップのためにすべきことは何かを考える良い契機となるのではないでしょうか。

　アンディがエミリーを差し置いて、パリコレに行くことを渋っていたときにミランダがアンディに言った言葉です。

ANDY 　　　：（省略）Her (= Emily's) whole life is about Paris.（省略）I can't do that. Miranda, I can't.
MIRANDA : If you don't go, I'll assume you're not serious about your future.
　　　　　　　At Runway or... any other publication. The decision's yours.
ANDY 　　　：But...
MIRANDA : That's all.

映画の背景と見所

　この映画は、US 版 VOGUE（ヴォーグ）誌の女性編集長のアシスタントを務めた経験を持つローレン・ワイズバーガーの同名ベストセラー小説「プラダを着た悪魔」を映画化した作品です。ワイズバーガーは否定していますが、ミランダのモデルは、世界で最も影響力があるファッション雑誌である高級誌ヴォーグの編集長アナ・ウィンターであると言われています。ウィンターは、米国のファッション業界を動かしている、暴露本まで出版されるほどのセレブ編集長の1人です。ウィンターは、本作品の試写会にプラダに身を包んで現れて、本作品を楽しんだとコメントしました。実際のウィンターは、映画のミランダよりも強烈でファッション界の女王と言われています。2010年発売・出版のウィンターのリアル・ワーキング・ムービー「ファッションが教えてくれること」（R.J.カトラー監督）や、バイオグラフィーブック「Front Row アナ・ウィンター　ファッション界に君臨する女王の記録」（ジェリー・オッペンハイマー著）で、実際のファッション業界を垣間見るのもおもしろいでしょう。本作品の成功の一つは、出演者たちの華麗なるファッションの数々ですが、これは衣装デザイナーのパトリシア・フィールドの功績によるものです。『セックス・アンド・ザ・シティ』でエミー賞を受賞しているフィールドが、キャストの個性に合わせた衣装を選ぶことでファッションが第2の主役となったのです。マドンナやU2の音楽とともに楽しんでください。

スタッフ	監　督：デヴィッド・フランケル 脚　本：アライン・ブロッシュ・マッケンナ 製　作：ウェンディ・フィネルマン 原　作：ローレン・ワイズバーガー 撮　影：フロリアン・バルハウス	キャスト	アンドレア・サック　　　：アン・ハサウェイ ミランダ・プリーストリー：メリル・ストリープ エミリー　　　　　　　　：エミリー・ブラント ナイジェル　　　　　　　：スタンリー・トゥッチ ネイト　　　　　　　　　：エイドリアン・グレニアー

フラッシュダンス	Flashdance	（執筆）網野千代美

セリフ紹介

Dreaming is wonderful, but it won't get you closer to what you want. このセリフはプロの舞踊団に入団したくてもオーディションを受ける勇気が持てないアレックスにハナから向けられた言葉です。夢をみているだけでは夢を実現できないということを教えてくれます。

May the Lord be in your heart and in your mind that you may properly confess your sins. In the name of the Father, and of the Son, and of the Holy Spirit. アレックスが懺悔をしに通う教会の司祭が話す言葉です。懺悔の場面はここを含めて2回ありますが、アレックスの生活の中にいかにキリスト教という宗教が深く根ざしているのかを知る場面だと思います。

But something inside of you just clicks. And you just take off and you're gone. It's like you're somebody else for a second. Some nights, I… Some nights, I just can't wait to get out there. Just so I can disappear. ニックがアレックスにダンスを踊ってと頼むとここでは踊れないと言います。でも毎晩大勢の客の前で踊っているだろう、と言うとそれは習ったものでもなく、自然に体が動き出すのだと説明します。アレックスが内部に持っている踊りの魂のようなものを説明する箇所だと思います。

The whole thing has to be up to me! I'm not going to the stupid audition. アレックスがオーディションを受けられるように、ニックは舞踊団の委員に電話を入れます。そのことを知ったアレックスが怒って言った言葉です。自分のことは自分が決めるのだ、自分の人生は自分が引き受けるのだ、という彼女の独立心の強さが分かるセリフです。

学習ポイント

一般的に若者は大人よりも感情を直接ぶつける傾向が強いと思われます。それは行動においてばかりではなく、言葉の面でもその傾向は強いので、日常会話には four-letter word や swear word、また、侮蔑的な表現が頻繁に出てきます。社会の一員であってもまだまだ社会における責任感が薄いのが若者です。若者は自分の発話が周囲の人からどのように受け止められるのか、自分の発した言葉によって、どんな結果が生まれるのか、あまり気にしないからでしょう。それどころか乱暴な言葉を使うことがかっこいいことだと思い違いをする場合もあります。この映画の若者たちも例外ではありません。また、主人公が属している社会階層がいわゆる中産階級あるいは下層階級であることから考えれば、それほど上品な表現が出てくるとは思えません。それも踏まえて英語を聴き取っていくことが必要だと思います。また、怒りの感情等を表す時には、いわゆる「汚い言葉」の方が人の気持ちを正直に伝えられるということを知ることも大切なことだと考えます。ただし、知っていてもそれらの言葉をどんな場面でなら使用できるのか、使用できないのかを、英語学習者は情報として知っておくことも重要だと思います。時と場合によっては、命にかかわる問題となりうるからです。

この映画の英語に関して学習するとすれば、用いられている曲に使われている詩も良い教材になるでしょう。最初と最後に流れるテーマ曲 Flashdance-What a Feeling（以下歌詞）は主人公の心を映し出しています。詩の意味を学び内容を理解し歌うことが出来るといっそう英語が楽しいものになるでしょう。また、英語で歌うことで、英語の連音等にもなれますし、自然に単語や熟語を覚えることにもつながります。

First when there's nothin'	Wrap around take a hold
But a slow glowing dream	Of my heart
That your fear seems to hide	What a feelin'
Deep inside your mind	Being's believing
All alone I have cried	I can have it all now I'm dancin' for my life
Silent tears full of pride	Take your passion
In a world made of steel	And make it happen
Made of stone	Pictures come alive
Well I hear the music	You can dance right through your life
Close my eyes feel the rhythm	

あらすじ

舞台は米国の都市、ピッツバーグ。そこには昼は溶接工として働きながら、いつかダンサーになることを夢見て夜はバーで踊る18歳の少女アレックスがいました。正規のダンスレッスンを受けたことがないアレックスにプロの舞踊団に所属するよう励ますのは、ハナという女性でした。彼女はかってはプロのバレリーナでしたが、すでに引退し、アレックスの才能を信じ、応援し続けていました。一方バーで踊るアレックスを見かけた彼女の雇い主であるニックは、アレックスに強く引かれ、なにくれとなく彼女の面倒を見ようとします。しかし、独立心の強いアレックスはだれの助けも求めず、自力で自分の世界を切り開こうともがいていました。ある時、ニックはアレックスが舞踊団のオーディションを受けようと考えていることを知り、団体の委員に電話をいれます。書類審査に通って喜んでいるアレックスはニックの言った何気ない言葉で、彼が前もって委員に働きかけたことを知って激怒し、オーディションは受けないと宣言します。そんな時、ハナに会いに行ったアレックスはハナが亡くなっていたのを知ります。オーディションを受けるのを躊躇していたアレックスはハナの死をきっかけに、勇気を振り絞ってオーディションを受けることを決意します。アレックスの独創的な踊りに最初は関心を示さなかった審査員たちも引きこまれていきます。オーディションを終えたアレックスを待っていたのはニックと彼女の飼い犬のグラントでした。

映画情報

原　　案：トム・ヘドリー	公開日：1983年4月15日（米国）
製作年：1983年	1983年7月30日（日本）
製作国：米国	上映時間：95分
撮影場所：米国　　言　語：英語	興業収入：9,292万1,203ドル
配給会社：パラマウント映画	受　　賞：アカデミー歌曲賞

薦	○小学生　○中学生　○高校生　●大学生　●社会人	リスニング難易度	発売元：NBCユニバーサル・エンターテイメント （平成29年2月現在、本体価格） DVD価格：1,429円

お薦めの理由	夢を叶えようともがく主人公たちを観て、夢を抱きそれに向かって頑張ることこそ青春そのものであると改めて感じさせてくれる映画です。その若者たちを取り巻く善意に満ちた大人たちにも心温まります。若者はこの映画を観て共感を覚えるでしょうし、若い時に描いた夢を追いかけていた大人たちは主人公に自分を重ね、青春時代を懐かしむでしょう。世代を超えて、観る人は皆すがすがしい気分になれるはずです。	スピード	3
		明瞭さ	3
		米国訛	3
		米国外訛	2
英語の特徴	映画の中ではかなり four-letter word が飛び交います。しかし、これらの表現を学ぶことはそれなりに意義があると思います。人間の怒り、驚き等の感情を吐露するのに的確な場合があるからです。言葉の応酬と言い交わされる会話を聴き取ることはそれほど難しくありません。また、各場面で使われる曲につけられた詩に耳を傾けると、心情を的確に表す英語表現が使われていることがよく理解できます。	語彙	2
		専門語	2
		ジョーク	3
		スラング	3
		文法	3

授業での留意点	この映画では音楽がふんだんに使われています。並べてみると場面に応じて色々な曲が使われています。もちろんテーマ曲 Flashdance-What a Feeling が最も耳に残る曲であろうと思います。世界的な大ヒットとなり、アカデミー賞の歌曲賞も受賞しました。テーマ曲だけにその詩の内容を学習すると、この映画のメッセージがより伝わってきます。しかし、観客に訴えるのはこの曲だけではありません。それぞれの場面で流れる曲はよく選別されていて、情景に合っていますし、なおかつ出演者の心のひだを表しています。映画にとって音楽とはいかに大切なものであるかを再確認しますし、この映画において音楽が重要な意味を持っていることを知ります。この観点から、映画で使われた曲を教材として授業に組み込むことをお薦めします。以下が使われた曲目です。順番に並べてみましょう。 　1) Flashdance-What a Feeling：この映画のテーマ曲です。映画の始まりと終わりに使われています。 2) He's a Dream：ニックとアレックスが出会う場面で流れます。3) Maniac：アレックスがクラブで激しく踊る時に使われた曲です。 4) I Love Rock and Roll：アレックスを含めてダンサーたちがエクササイズをする場面で使用されます。 5) Night Train：夜の街でストリートダンサーたちが踊っている場面で流れます。 6) Manhunt：アレックスと同じクラブで踊るティナが踊る時に流れる曲です。内容は「男性が女性を誘う時代は終わった」という詩です。 7) Gloria：アレックスの親友ジニーはアイススケートを習っていますが、彼女が競技に参加した時に流れる曲です。 8) Lady, Lady, Lady：アレックスとニックがデートする場面で流れます。ニックの心を映す言葉がちりばめられています。 9) Imagination：アレックスが白塗りで踊る場面で使用されています。「夢が叶う時、答えはポケットにある」という内容です。 10) Romeo：ハロウィンパーティーの夜ジェイクが太ったウサギの着ぐるみを着てステージに立っている時の曲です。 11) Seduce Me Tonight：親友のジニーはいかがわしいクラブで踊っています。そのバックにこの曲が流れます。 12) I'll Be Here Where the Heart Is：ハナの家を訪れたアレックスはハナが亡くなっていたことを知って愕然とします。だれかに会いたい気持ちを表現した詩が使われています。 13) Flashdance-What a Feeling：オーディションを受けた時に使用します。この曲に合わせてアレックスは型にはまらない、彼女の内なるエネルギーから生まれる魂の踊りを踊るのです。詩に書かれた Being's believing, I can have it all now I'm dancin' for my life というこの映画のテーマを表す言葉で最後が締めくくられます。 　この映画に使用された12の曲目の詩の内容を分析し、理解することは大変意義深いと考えます。それと同時に音楽に合わせて歌うことを練習するのも発音を学ぶ上で効果的な学習方法だと思います。英語学習はいつも楽しいわけではありませんが、出来るだけ楽しく、学習する方が学ぶことが嫌にならない方策です。

映画の背景と見所	夢をみたら、夢を叶えるために努力すること、それがアメリカンドリームの真髄です。1980年代は女性の社会進出が進み、多くの女性たちが家庭だけに止まらず、職場に活躍の場を求めました。この映画はそんな時代背景を映し出してもいます。だれの力も借りず、自分の道を切り開くために頑張るアレックスの姿は、この時代を生きた女性たちの姿とダブります。また、主人公の中にある深い宗教心から、彼女は折に触れて懺悔に出かけますが、キリスト教がいかに生活に根差しているのかを観る者に改めて気付かせてくれます。 　アレックスの周囲にはスケートで身を立てようとする親友ジニー、ジニーの恋人でコメディアンになろうと必死のリッチーなどがいます。大都会の片隅で、夢を追いかけながら生きる若者の群像が浮かびあがります。時には夢が破れ挫折しそうになる彼らの周囲には、彼らを暖かく見守り、励ます大人たちがいます。挫折を繰り返しながらも自分の道を切り開こうとする若者たちの姿はすがすがしく、映画の中の大人ばかりではなく、映画を鑑賞する側が、画面に向かって応援したくなります。 　使われている音楽が小気味よく、知らない間に体でリズムを取ってしまいます。ミュージカル映画ではないけれどミュージカルの要素がふんだんに取り込まれています。映像と音楽が巧みに絡み合った作品だと思います。

スタッフ	監　督：エイドリアン・ライン 脚　本：トム・ヘドリー、ジェ―・エスターハス 製作総指揮：ジョン・ピーターズ、ピーター・グーバー 製　作：ドン・シンプソン、ジェリー・ブラッカイマー 音　楽：ジョルジオ・モロダー	キャスト	アレックス・オーウェンズ：ジェニファー・ビールズ ニック・ハーレイ　　　　：マイケル・ヌーリー ハナ・ロング　　　　　　：リリア・スカラ ティナ・テック　　　　　：シンシア・ローズ ジニー　　　　　　　　　：サニー・ジョンソン

ブリジット・ジョーンズの日記	Bridget Jones's Diary （執筆）須田久美子

セリフ紹介

"I like you very much—just as you are."（ありのままの君がとても好きだ）というのは、口下手なヒーロー役・ダーシーの決めセリフです。この短く単純な言葉は、主人公ブリジットの心にストレートに届き、ストーリーを大きく展開させるターニングポイントになります。ブリジットは体重、煙草および酒を減らすことを新年の抱負として掲げ、スレンダーで素敵な女性になるべく、その記録を日記につけます。ところが決意とは裏腹にやることなすこと失敗し、女性にあるまじき振る舞いを重ねてしまいます。そのような中で、「ありのままの」ブリジットを認めるダーシーのセリフは、外見はスレンダー、内面はおしとやかという、いわゆる「理想の女性像」というものに自ら雁字搦（がんじがら）めになっていた彼女の心に響き、その束縛を破る力を持つことになります。

また、"It is a truth universally acknowledged that when one part of your life starts going okay, another falls spectacularly to pieces."（人生の一部がうまくいくと、別の部分が見事にバラバラになるのは普遍的に認められた真実である）というブリジットの独白は、英国小説『高慢と偏見』の有名な冒頭をもじったものです。このセリフは、ブリジットが恋人を手に入れ幸せをつかみかけている時に両親の別居という問題が浮上し、彼女を悩ませる場面で出てきます。『高慢と偏見』における「普遍的に認められた事実」とは、金持ちの独身男がいると周囲の人間は期待を込めて色めき立つ、ということを指しますが、映画においては、この言葉はブリジットに降りかかるさらなる災難と試練を予感させます。このセリフは、英国の名作小説に対するオマージュであると同時に、現代に生きるヒロインを取り巻く環境の変化や、それに伴う種々の悩みを象徴するセリフになっています。

学習ポイント

なぜ、ブリジットは体重を量り続けるのでしょうか。彼女が体重を記録する場面は映画で繰り返し出てきますが、このこと1つを考えてみても面白い発見があるはずです。この映画を娯楽として楽しむだけでなく、様々な角度から議論してみましょう。まずは作品のある言葉に注目してみましょう。映画は、30代独身女性の生活をクローズアップしています。未婚女性を指す言葉としては、映画の冒頭でマークが使うような "spinster" という古典的呼称もあれば、ブリジットが用いる "singleton"（シングルトン）という目新しいものもあります。映画はこの "singleton" という言葉を流行らせました。このことは、現代の30代未婚女性は、「婚期を過ぎたオールドミス」という意味合いを持つ "spinster" 等の古い言葉で括られる存在ではなく、独立性や多様な生き方、人生の充実を示す "singleton" という積極的な言葉が相応しいことを示しており、映画を通じてのこの言葉の普及は、女性の生き方の変遷（へんせん）を反映しています。

さて、ブリジットは映画の初めの方で次のように決意します。"I decided to take control of my life and start a diary to tell the truth about Bridget Jones, the whole truth. Resolution number one, oh... obviously I will lose twenty pounds." 彼女は、自分の人生を充実させる条件として減量をあげていますが、果たして「シングルトン」の自由なライフスタイルを満喫することができるのでしょうか。彼女の恋のライバルとなる女性は、若くてスレンダーな人です。ブリジットが体重を記録し続ける様子は、魅力的な女性はモデルのように細くあるべしという世間の価値観を彼女自身が受け入れているということです。また、彼女は自虐的に自分の振る舞いのことを "the smoking and the drinking... and the vulgar mother and the verbal diarrhea" と言いますが、これも、女性なら煙草や酒をやらず、おしゃべりも控えるものだ、という意識が働いてのことです。「シングルトン」である主人公は、誰よりも世間が認める「女らしさ」にこだわり、自らを縛っているのです。

映画のもう1つの学習ポイントは、この映画と、その元となった作品を比較・検討することで、より深い議論・考察へと進んでいくことです。映画の原作者ヘレン・フィールディングが認めるように、映画は19世紀初頭の女流作家による小説『高慢と偏見』からインスピレーションを得ました。登場人物の名前、人物関係、物語の展開、セリフ、そして起用している役者に至るまで、あらゆるところでこの映画は『高慢と偏見』を意識したものになっており、『ブリジット・ジョーンズの日記』は現代版の『高慢と偏見』とも言えるのです。そして一方、両者の異なる点もいろいろと見つかるはずです。時代を隔てた作品を比べ、共通点や相違点を探してみることは、ディスカッションの題材となり、より深い発展学習へとつながります。

あらすじ

主人公ブリジット・ジョーンズはロンドンで1人暮らしをしながら出版社に勤める32歳のシングルトン（独身者）です。舞台は、彼女の母親が主催する新年会から始まります。結婚や彼氏のことを親戚たちにとやかく言われることにいささかウンザリしているブリジットですが、そこで彼女はバツイチの弁護士マーク・ダーシーを紹介されます。グラスを片手に、煙草を吸いながらペラペラとお喋りをするブリジッドに対し、彼は冷淡な態度で接します。そして、彼は自分の母親との会話の中で、ブリジットのことを手厳しい言葉で批判するのですが、それが彼女の耳に入ってしまいます。ブリジットは、マークの言葉に内心傷つきながらも、その場では明るく笑って済ましますが、後で1人、落ち込みます。そこで彼女は一念発起し、今年こそは体重を減らし、煙草と酒を控え、素敵なボーイフレンドを手に入れようと新年の誓いを立て、日記をつけ始めます。

やがて彼女は出版社のハンサムな上司・ダニエルとつきあい始めます。彼からマークの過去の話を聞かされた彼女は、マークに対してますます悪い印象を持ちます。しかしダニエルは年若い米国人と婚約し、あっさりとブリジットを捨て、彼女は失恋に落ち込みます。しかしブリジットはめげずにテレビ局への転職を果たし、裏切り者ダニエルに辞表を叩きつけます。そんなとき彼女はマークと再会し、彼から意外な言葉を聞かされます。

映画情報

製 作 費：260万ドル	公 開 日：2001年 4月 4日（英国プレミア）
製 作 年：2001年	2001年 4月13日（英国・米国）
製 作 国：英国、フランス	2001年10月10日（フランス）
言　　語：英語	上映時間：97分
ジャンル：コメディー　カラー映画	オープニングウィークエンド：1,073万3,933ドル

薦	○小学生 ○中学生 ○高校生 ●大学生 ●社会人	リスニング難易度	発売元：NBCユニバーサル・エンターテイメント （平成29年2月現在、本体価格） DVD価格：1,429円 ブルーレイ価格：1,886円

お薦めの理由	恋愛ものの王道のようなストーリーは親しみやすく、さらに、ブリジットのセリフには毒舌や自虐ネタ、強烈なパンチの効いた洒落が満載され、視聴者の笑いと関心を引き出してくれます。それらは大学生以上には十分理解できる程度で、英語教材としてはうってつけだといえるでしょう。また、様々な角度から議論ができる知的刺激に富んだ作品でもあるので、ディスカッション等の教材としても有効でしょう。	スピード	4
		明瞭さ	4
		米国訛	1
		米国外訛	2
英語の特徴	舞台は英国で、主演女優のレネー・ゼルウィガーは米国出身でありながら、この作品のために英国英語を練習し、主な登場人物の英国英語は美しく聞き取りやすいものになっています。一方で、ブリジットの女友達が四文字言葉を繰り返すなど、下品と見なされる言葉はところどころ使われますが、深刻かつ乱暴な文脈で出てくるものは一切なく、全て言葉遊びの要素として楽しむことができるものになっています。	語彙	3
		専門語	2
		ジョーク	3
		スラング	2
		文法	3

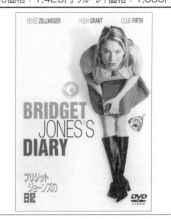

授業での留意点

授業では、まずはこのコメディー映画の思わず吹き出してしまう数々のセリフを楽しむことから入るとよいと思います。タイトルにもあるように、「日記」というプライベートな空間だからこそ、赤裸々で少々下品な言葉遣いも、洒落のこもった冗談として大いに楽しめます。例えば、ブリジットが実現に執念をもやしている"New Year's Resolutions"（新年の抱負）のセリフで、"Equally important... I will find nice sensible boyfriend to go out with... and not continue to form romantic attachments... to any of the following... alcoholics, workaholics, commitment-phobics... peeping toms, megalomaniacs... emotional fuckwits, or perverts. And especially will not fantasize... about a particular person who embodies all these things." と彼女は調子よく話します。単語はやや難しくても、"alcoholics" "perverts" まで、個性的な名詞の複数形が並び、「〜中毒」を意味する "-holic" といった結合辞で韻をきかせつつ、大変リズミカルに発音され、彼女の毒舌を面白おかしく聞いたり読んだりできます。ここに出てくる単語 "pervert" は、彼女の独白にも出てきます。彼女は職場のある上司のことを、"Mr. Fitzherbert, Tits Pervert, more like. Daniel's boss who stares freely at my breasts... without idea who I am or what I do." と日記に記します。彼女は、セクハラ上司の名前である"Fitzherbert"（フィッツハーバート）を "Tits Pervert"（おっぱいフェチ）と言い、彼の名前をその属性に結びつけて変換します。このような言葉遊びは作品の醍醐味の1つであり、ユーモラスな言葉遣いから学べる言葉や表現は多くあるはずです。

また、原作者ヘレン・フィールディングが主張するように、この映画は『高慢と偏見』を下敷きとしており、それと絡めて教材として使用すると、授業の中でより深い分析や議論ができると思われます。『高慢と偏見』は映画化されており、教材として有効活用できます。まずは学生たちに共通点を発見させます。両作品とも、主な登場人物は3人で、結婚を急かされるヒロイン、第一印象が最悪のヒーロー、ハンサムな浮気男と設定が重っています。ヒロインはどちらもユーモアに溢れた快活な女性で、ヒーロー役にいたっては、性格描写だけでなく、名前も両者「ダーシー」です。『高慢と偏見』は、2005年公開の『プライドと偏見』の他に、1995年にBBC製作のドラマがあるのですが、その中のダーシー役はコリン・ファースが演じており、明らかに彼は『ブリジット・ジョーンズの日記』のダーシーの原型と言えます。話の筋もよく似ており、なぜこの王道の恋愛物語が時代を経ても人気なのか、ということを考えみるのも面白いでしょう。相違点としては、両者のヒロインの境遇や、ヒロインの両親の描写について着目して、議論を誘導するとよいでしょう。親世代についても、ブリジットの両親はより深刻な問題を抱えた中年世代として描かれています。

映画の背景と見所

この作品はヘレン・フィールディングの同名の小説を映画化したものです。もとは英国の新聞インデペント紙のコラムとして連載され、1996年に小説として出版されてベストセラーとなりました。当時、英国では過去20年に渡り一人暮らしの女性が増えつつあり、30代独身女性の事情をリアルに描いた小説は反響を呼び、映画も大ヒットとなりました。この映画には2004年に公開された続編『ブリジット・ジョーンズの日記―きれそうなわたしの12か月』があり、また2009年からミュージカル版の製作が試みられています。

見所は映画の表題にある通り、ブリジットの日記に書かれた彼女の一人称の語りの愉快さです。日記というプライベートな空間から発信される言葉は偏見やタブーを度外視して率直に綴られ、低俗なものから知的なものまで奔放な言葉が飛び交い、彼女のダイレクトな価値観や感性を視聴者に伝え、笑いに誘います。日々の生活や仕事、恋愛という普遍的な題材を、私たちは1人のキャリアウーマンの視点から眺めることになります。彼女が語ることは誰もが経験するようなことですが、彼女のユーモア溢れる語り口は日常に対する新しい視点と切り口を見せてくれます。彼女が様々なトラブルに見舞われながら、それらをガッツをもって乗り越えるところ、また、モデル体型への強迫観念に囚われている様子、それがダーシーとの関わりを通して変化していくところも大きな見所といえるでしょう。

スタッフ

監　督：シャロン・マグアイア
脚　本：ヘレン・フィールディング
　　　　アンドリュー・デイヴィス
　　　　リチャード・カーティス
製　作：ティム・ビーヴァン他2名

キャスト

ブリジット・ジョーンズ：レネー・ゼルウィガー
ダニエル・クリーバー　：ヒュー・グラント
マーク・ダーシー　　　：コリン・ファース
ジョーンズ氏　　　　　：ジム・ブロードベント
ジョーンズ夫人　　　　：ジェマ・ジョーンズ

ブロークバック・マウンテン	Brokeback Mountain	（執筆）藤原　まみ

セリフ紹介

　一夜を共に過ごした翌朝、イニスとジャックが交わす会話。
Ennis : You know I ain't queer.（俺はオカマじゃないからな）
Jack　: Me, neither.（俺だって）
ジャックはイニスと共に人生を歩んでいけない現在の状況を耐え忍びながら、事態が好転する時を持ち続けていました。しかし、イニスには現状を打破することが心理的にも社会的にもできない事をジャックは痛感し叫びます。
Jack　: I'll tell you what. We could have had a good life together. Fucking real good life. Had us a place of our own! But you didn't want it, Ennis. So what we got now is Brokeback Mountain! Everything is built on that! That's all we got, boy. Fucking all.
　　　　（2人で素晴らしい人生を送ることだってできたんだ。俺たちの牧場を手に入れることだって。でもお前は嫌がった。俺たちにはブロークバック・マウンテンしかない。それだけだ。他には何ひとつない）
そして、ジャックは呻くようにつぶやきます。
Jack　　: I wish I knew how to quit you.（おまえと別れられたらいいのに）
ジャックの死をイニスに告げたジャックの妻（ラリーン）のセリフ。
Lureen : He used to say he wanted his ashes scattered on Brokeback Mountain, but I wasn't sure where that was.
　　　　（自分の灰はブロークバック・マウンテンに撒いてほしい、とよく言ってたの、でも場所がわからなくって）

学習ポイント

　男性同士の恋愛をめぐって物語が展開していきます。この映画における同性間の恋愛は、友情との境界が曖昧な、プラトニックなものではありません。肉体をも含め、相手の全てを狂おしく欲する種類の恋愛です。それは何か特殊なものであるかのように思われる方もいらっしゃるかもしれません。しかし、離れることのできない我が身の半身に出会ってしまった2人の、ピュアな、それ故に拙く、また、せつない思いは、男女間の愛とか同性間の愛とかの区別とは関わりなく、誰にでも共感することができるものではないでしょうか。偏見をなくして鑑賞してみて下さい。
　また、この映画には、米国社会がはらむ（あるいは、はらんでいた）様々な社会的問題も表されています。例えば、（1960～1980年代における）米国中西部や南部の保守的な状況、同性愛者に対する偏見、男らしさに対する強迫観念などです。これらの問題は米国国内の多様な文化の一端を伝えるものである、ととらえることもできるのではないでしょうか。
　イニスとジャックがこの映画の主人公であることに、異論を差し挟む余地はありません。しかし、厳しく容赦のない気高さ、潔さ、神々しさなどと同時に、切なさも感じさせられる、米国中西部の美しく圧倒的な自然の美しさも、この映画の主人公であると言えるのではないでしょうか。「俺たちにはブロークバック・マウンテンしかない」とジャックは叫び、「自分の灰をブロークバック・マウンテンに撒いてほしい」とジャックは願います。ブロークバック・マウンテンは2人の出会いの場所であり、彼らにとって、唯一、自己に忠実に過ごせる特別な場所でした。ブロークバック・マウンテンなしにはこのドラマは成立しえないのです。この映画をきっかけに、人間の関係性に決定的な影響力を与えうる自然について、考えてみましょう。
　人間と深い関わりを持つ自然はこの映画に限らず、様々な芸術作品において表現されてきました。特に、18世紀や19世紀のヨーロッパでは、アルプスなどの高い山々と人間との関係が、様々に表現されています。もちろん、米国においても、大自然とそこで生きる人間をテーマにした作品は多くみられます。H・D・ソローの『ウォールデン』はそのような芸術作品群の中でも、ネイチャー・ライティングと称される文学ジャンルの原型的作品です。20世紀に入ってからも、アニー・ディラードの『ティンカークリーフのほとりで』や、ロバート・フィンチの『ケープコッドの潮風』などの作品が次々と発表されています。『ブロークバック・マウンテン』もこのような系譜に属するものとして考えることができるでしょう。
　環境への関心の高まりに呼応して、文学・文化や環境との関係を検討するエコクリティシズム（環境批評）という研究方法が注目されています。大自然と人間の関係性という観点からも、この映画を鑑賞してみてはいかがでしょう。

あらすじ

　1963年、米国中西部ワイオミング州にあるブロークバック・マウンテンでの出来事から物語は始まります。夏の間ブロークバック・マウンテンで羊の放牧をする季節労働者として、イニスとジャックは出会い、寝食を共にしながら2人きりで過ごします。寡黙なイニスと社交的なジャックは、大自然の中でお互いに助け合いながら仕事をこなしていくにつれ次第に惹かれあい、ついには肉体関係を持つまでになります。しかし、2人の関係に疑いをもった雇い主のジョーによって、彼らの蜜月時は唐突に終わりを迎えます。再会の約束もしないままに2人はそれぞれの故郷へ戻り、互いへの思いを心に秘めたまま、それぞれの人生を歩んでいきます。
　4年後、結婚し家族を持ったイニスはジャックと再会します。これ以降、彼らは年に数回、思い出の地ブロークバック・マウンテンで2人きりで過ごす時を持つことを誓い合います。しかし当時の社会状況や生活の労苦などにより、彼らは互いに深く愛し合っていながらも、すれちがう日々を過ごしてしまいます。たまに会うだけの2人の関係は、出会って20年目の1983年に、ジャックの突然の死によって唐突に終わりを迎えます。ジャックの実家を尋ねたイニスは、秘匿し続けざるを得なかった2人の関係に対する、ジャックの痛ましい思いを目の当たりにします。1人残されたイニスは、2人が唯一持ち得た、ブロークバック・マウンテンでの美しく切ない思い出を胸に去っていくのでした。

映画情報	原　　　作：アニー・プルー 製 作 費：140万ドル 製 作 年：2005年 製 作 国：米国 ジャンル：ドラマ、ロマンス	公開情報	公 開 日：2005年12月9日（米国） 上映時間：134分　　MPAA（上映制限）：PG-12 受　　　賞：ヴェネツィア国際映画祭グランプリ（金獅子賞） 　　　　　　ゴールデン・グローブ賞（ドラマ部門作品賞、 　　　　　　監督賞、脚本賞、オリジナル主題歌賞）

薦	○小学生　○中学生　○高校生　●大学生　●社会人	リスニング難易度	発売元：NBCユニバーサル・エンターテイメント （平成29年2月現在、本体価格） DVD価格：1,429円　ブルーレイ価格：1,886円

お薦めの理由	1960～80年代にかけての、米国中西部や南部における社会状況を知る最適な材料の1つ、と言えます。 　ゲイ・ムービーのカテゴリーに入る作品ですが、表現されているものは、切ない程の純愛です。 　また、このようなテーマの映画が社会現象となるほどの大ヒットを記録したということから、2000年代の米国を考える材料にもなります。	スピード	3
		明瞭さ	3
		米国訛	4
		米国外訛	1
英語の特徴	登場人物の中には、南部訛りの英語を使う者が数名います。不明瞭な発声が特徴的なこの種の英語に戸惑う方もいらっしゃるかもしれません。しかしながら、映画全編の全てが聞きづらいというわけではありません。また、発話のスピードに関して言えば、それほど速いものではありません。これらの点から、聞き取りやすい英語、という範疇に入る種類であると言えるでしょう。	語　彙	3
		専門語	3
		ジョーク	2
		スラング	3
		文　法	3

授業での留意点

　男性2人が同衾（どうきん）したり抱擁し接吻を交わす、性的な場面が随所にみられます。しかしながら、この映画のそうした場面は、最近のメディア上に溢れている様々な性的描写に比べれば、それほど煽情的なものではないかもしれません。21世紀の日本人にとっては、メディア上で表現される同性間のラブシーンはもはや衝撃的なものではなく、ある意味、日常の一風景的な、陳腐な情景とすら言える程のものになってしまった感もあります。しかし、現実世界においてもそうであるとは言えないのではないでしょうか。同性愛に対する嫌悪、偏見、からかい、ひやかし、などは、宗教的価値観が重きをなす社会においては、未だ深刻な問題であり続けています。日本社会においても偏見等が全くないわけではありません。授業の中で教材として使用する際には、その点について配慮する必要があるでしょう。

　描写されている時代は1963～83年までの20年間です。1983年はイニスとジャックの切ない愛が終焉を迎えた年です。またこの年は、同性愛者にとって大変重要な意味合いを持つ年でもあります。エイズ・ウィルスがこの年に発見されたからです。エイズが社会的に問題となった当初は、感染経路、原因、対処方法、治療方法など全てが判らない状態であり、また、当初エイズの被害者の多くが男性同性愛者であったために、エイズは同性愛者の病であると考えられてしまいました。そのため、「エイズは神が彼らに下した罰である」というデマを信じてしまう人や、「エイズ患者に税金を使うことは、無駄以外の何物でもない」と声高に発言する政治家が登場したりしました。80年代は、無知が引き起こしたエイズに対する集団ヒステリーと、それに伴って膨れ上がった同性愛者に対するバッシング、そして、それに対抗しようとした、同性愛者による様々な活動が入り乱れた時だったと言えるでしょう。この時期にアーティストのキース・ヘリング（1990年没）、ロック・ミュージシャンのフレディ・マーキュリー（1991年没）、思想家のミシェル・フーコー（1984年没）など、様々な著名人を含む多くの人々がこの病で命を落としていきます。作品の中では、エイズにまつわる事象については、直接的に語られてはいません。しかし、当時の米国の争乱は、この映画の舞台となった時期の人々や社会の奥底に押込められていた様々な思いが噴出した結果ではないでしょうか。ジム・シェリダン監督作品『イン・アメリカ　三つの小さな願い事』にも、当時の人々の状況が描写されています。このような当時の社会状況なども合わせて考察すると、さらに作品の理解が深まるでしょう。

　同性愛はこの映画において欠くべからざる重要なモチーフです。しかし、本作は様々な側面から考察する可能性を有している作品でもあることを、授業においては留意して下さい。例えば、米国地方都市が有する保守的な環境・状況、米国の文化的・社会的背景、米国の大自然と人間など。これらの事象についての説明を適宜加えることによって、米国あるいは、世界が抱えている様々な問題に気づかせ、考えさせるきっかけにも、この映画はなり得るでしょう。

映画の背景と見所

　原作は1997年に、E・A・プルーが発表した同名の短編小説です。監督は『ウェディング・バンケット』などを精力的に発表しているアン・リーです。

　ブロークバック・マウンテンでの出会いは、イニスとジャックにとって運命的なものでした。2人は互いに欠くべからざる存在であることを自覚しています。しかし、彼らは恋人同士として一緒に人生を生きるという選択を、周りの状況や自身の虞（おそ）れなどの為に、することができません。ジャックはイニスの離婚を事態が好転する絶好の機会と捉えますが、イニスは彼に同調することをためらいます。イニスは繰り返し想起される、幼い頃に父親から見せられた無惨な男の姿（同性愛者であるというだけで、彼の父親など数名から残虐にリンチされ、道にゴミのように打ち捨てられた死体）に悩まされており、このトラウマによって、2人で新たな人生へと踏み出そうと提案するジャックの手を、握り返すことができなかったのです。一方、自分の思いがイニスに伝わらない焦燥感を抱えたジャックは、男らしさに最大の価値をおく義父との軋轢を原因とする閉塞感にも苛まれています。その結果、2人は互いの思いとはうらはらにすれ違ってしまいます。イニスとジャックは米国社会の持つ様々な規範や抑圧に苦しめられており、その為に、2人は深く愛し合っているにも関わらず、共に幸せに過ごすということができなかったのです。

スタッフ	監　　　督：アン・リー 製　　　作：ダイアナ・ジオサナ 撮　　　影：ロドリゴジプリエト 音　　　楽：グスターボ・ジサンタオラヤ 衣装デザイン：マリット・アレン	キャスト	イニス・デルマー　：ヒース・レジャー ジャック・ツイスト：ジェイク・ギレンホール ラリーン　　　　　：アン・ハサウェイ アルマ　　　　　　：ミシェル・ウィリアムズ ジョー・アギーレ　：ランディ・クエイド

	ベスト・キッド（1984）	The Karate Kid (1984)	（執筆）寶壺　貴之

<table>
<tr>
<td rowspan="1">セリフ紹介</td>
<td colspan="3">
（1）ダニエルが引っ越しで、車を押すのを手伝う時に母親が「頑張って」と励ます場面です。「あなたの持っている ものをすべて出しなさい」ということは肉体的にも精神的にも激励する時に使う表現です。
Push, Daniel. Push! Give it all you got, kid.（車を、押して、ダニエル。頑張って、力いっぱい）
（2）母親が引っ越し先のアパートに着いた日に、「新天地はいい」ということをダニエルに語りかける場面です。
I think we'll do good here. I have a very positive feeling.
（ここはきっと良いと思うわ。とても前向きな感じがするの）
（3）ビーチパーティーで、ダニエルがジョニーと口論になり喧嘩を売られカラテで倒された時に、ダニエルを誘った フレディーにある友人が言った場面です。皮肉を込めて「誰がこんな奴を誘って来た」というセリフです。
You sure pick cool friends, Freddy. Where did you find this guy?
（大した友達だなフレディー。どこで見つけた？）
（4）ミスター・ミヤギが、ダニエルの目を見て、気遣って尋ねている場面です。
What happened eye? I fell off my bike. Lucky no hurt the hand.（目はどうしたの？自転車で転んだんだ。手は 大丈夫で良かったね）ひどく目を怪我しているのを見てミヤギがダニエルを心配して、励ましています。
（5）ミスター・ミヤギがダニエルを助けた後に、話す重要な場面です。
Fighting always last answer to problem.（暴力、それではいつも物事を解決することには決してならないんだ）
</td>
</tr>
</table>

学習ポイント

映画では、まず米国の高校生のダニエルと彼を取り巻く友人や母親との会話の中から、日本の高校までで学習する シンプルで日常的な英語表現を総復習することができます。例えば、母親との引っ越しの最初の数分の場面だけでも、 "I'll be back soon."、"Don't worry about it."、"Take it easy."、"We made it."、"Do you know what that mean?"、 "Watch out for falling coconuts."、"Let me help you."、"My mom got a job with some company out here."、"I'd like to learn some." 等、多くの基本的な英語表現があるのですべて暗記して学習できます。次に、同じシンプルな 表現でも直訳すると分かりにくい、慣用表現や熟語的な表現を学習することもできます。ダニエルが母親に、"Yeah, sure." と簡単に答える場面がありますが口調をよく聴くと、本当は不満を表現したり、使用法によってはバカにして いる答え方にもなります。このように、シンプルだけれども、言語使用法を押さえておくことは重要です。その他に も、"Give it all you got."「頑張って」、"Way to go."「やった。その調子」、"We made it."「やった、やり遂げた」、 "This is it."「（待ちかねていて）これが、そうだ」、"You telling me."「（皮肉で）まったくだね」、"She has the hots for you."「彼女、君のこと好きだよ」、"Who could blame her?"「誰が彼女を責められるか。→僕にイカレルのも当 然だ」のように辞書的な意味だけでなく状況から本物の英語表現を、受信から発信レベルまで学習できます。

さらにこの映画では、ダニエルにとってカラテと人生の両方の師であるミヤギは至る所で人生にとって重要なこ とを教えてくれます。ミヤギが語る言葉はどれも格言的で、人生に関する英語表現を学習していくのには恰好の素材 です。まずいじめっ子のジョニーがダニエルの自転車を壊してしまいますが、ミヤギが何も言わずに修理してくれ たことのお礼を言いに行く場面があります。ここでミヤギは盆栽をしている時、ダニエルと次のような会話をしま す。Miyagi: You like see, come inside. Daniel: Thanks. How did they get so small? Miyagi: I trim. Clip here, tie there. Daniel: Where did you learn how, Japan? Miyagi: Okinawa. Daniel: Where's that? Miyagi: My country. China here. Japan here. Okinawa here. Daniel: Did you go to school for this? Miyagi: Father teach. Daniel: Was he a gardener? Miyagi: Fisherman. Daniel: These are really beautiful. Miyagi: Come. You try. Daniel: I don't know how. Miyagi: Sit down. Daniel: I may mess it up. Miyagi: Close eye. Trust. Concentrate. Think only tree. Make a perfect picture down to last pine needle. Wipe your mind clean. Everything but tree. Nothing exists in whole world… only tree. You got it? Open eye. Remember picture? Daniel: Yeah. Miyagi: Make line picture. Just trust picture. ダニエルが盆栽に興味を示 すとミヤギは「何も考えず木のことだけを思いそのダニエルがイメージしたものを表現しなさい」と伝えます。つま り盆栽を通して「心の底から表れたものは常に正しい」ことをシンプルな英語表現ではありますが教えているのです。

あらすじ

母子家庭の高校生ダニエルは、母親の仕事の関係でカリフォルニアに引っ越してきました。ダニエルは転向した学 校のチア・リーダーのアリと出会い、愛を感じるもののかつて彼女のボーイフレンドだった上級生のジョニーに、付け 狙われ、さんざんいじめ抜かれる苦痛の日々が始まりました。ジョニーはカラテの高校生チャンピオンで、「情け無 用」を合言葉にしている暴力道場「コブラ会」に所属して日々腕を磨くタフガイでした。もやしのようにひょろ長く やせっぽちのダニエルに勝ち目はなく身も心も傷つき果てていましたが、そんな彼の生活は沖縄出身の日系二世ミス ター・ミヤギと出会ってから一変します。カラテの達人でもあるミヤギは、1.「絶対に喧嘩をしないこと」、2.「訓練 方法について質問は一切しないこと」を条件に、カラテのコーチを引き受けます。ジョニーとの決着の場は、数カ月 後のカラテ選手権大会になり、カラテの師としてまた人生の師として、まるで父と子にも似た強い友情の絆を2人は結 んでいきます。開始された特訓は、車のワックスがけに、床磨きやペンキ塗りと雑用ばかりで最初は戸惑うダニエル でしたが、知らず知らずのうちにダニエルはカラテの基本動作とバランス感覚を身につけるのでした。ダニエルがミ ヤギから教わったのは、防御とバランス感覚のみで攻撃の型はゼロでしたが、これこそカラテのすべてだと師は語り かけます。ミヤギ、アリと母親が見守る中、トーナメントの日がやってきて運命の試合が始まりました。

映画情報	原　　題：*The Karate Kid* 製 作 費：800万ドル 製 作 年：1984年 製 作 国：米国 配給会社：コロンビア映画　　　言　語：英語	公開情報	公 開 日：1984年6月22日（米国） 　　　　　1985年2月16日（日本） 上映時間：126分 興行収入：9,080万ドル アカデミー助演男優賞ノミネート（ノリユキ・パット・モリタ）

158

薦	○小学生　○中学生　○高校生　●大学生　●社会人	リスニング難易度	発売元：ソニー・ピクチャーズ エンタテインメント

お薦めの理由	繊細な少年ダニエルが、カラテを通して心身ともに鍛えながら人間として大きく成長していく過程を鮮やかに描いている青春エキサイティングドラマです。その過程で、登場してくる人生最大の恩師である、日系二世のミスター・ミヤギとのやり取りがこの映画の中心で、心あたたまる人生のストーリーです。日本人魂を見事に描いた米国映画であり、日米の異文化理解の観点から大学生にお薦めしたい作品です。	スピード	3	
		明瞭さ	3	
		米国訛	2	
		米国外訛	3	
英語の特徴	主人公ダニエル少年と、彼の人生とカラテの師であるミスター・ミヤギとの会話が中心のスポーツドラマ映画なので英語は平易な部分が多いと言えます。使用されている英語表現は、殆ど俗語や卑語もなく学習教材としては適していてスピードや明瞭さに関しても適度です。他方、大学生にとってはダニエルや登場人物の英語と日系二世であるミヤギの英語を音声面や語彙の観点から比較して学習することもできます。	語彙	3	
		専門語	2	
		ジョーク	3	
		スラング	2	
		文法	2	

（平成29年2月現在、本体価格）
DVD価格：1,410円 ブルーレイ価格：2,381円

授業での留意点	この映画は、母親の仕事の関係で引っ越してきた気持ちの繊細な少年ダニエルが、カラテを通して人間的成長を遂げるスポーツヒューマンドラマです。コブラ会のジョニーたちにいじめられて、最悪の日が続きますが、そんな時に少年はミヤギという人生の師を得ることによってこの日から彼の心と身体の中に何かが激しく燃え上がります。人生の師であるミヤギとの会話を中心に、英語学習と共に異文化理解学習の観点に留意して授業を進めます。まず、ハロウィンパーティーの日にまたもジョニーたちがダニエルをいじめ、カラテでダニエルに大打撃を加えようとしたのをミヤギがカラテで助け、気を失ったダニエルをミヤギの部屋で介抱して、その後ダニエルが目を覚ます場面です。 Daniel: How come you didn't tell me? Miyagi: Tell you what? Daniel: That you knew karate. Miyagi: You never ask. Daniel: Where'd you learn? Miyagi: Father. Daniel: I thought he was a fisherman. Miyagi: In Okinawa, all Miyagi know two thing: fish and karate. Karate come from China, 16th century. Called "te," hand. Much later Miyagi ancestor call "karate" empty hand. Daniel: I always thought it came from Buddhist temples. Miyagi: You, too much TV. Daniel: That's what my mother tells me. Daniel: You ever taught anyone? Miyagi: No. Daninel: Would you? Miyagi: Depend. Daniel: On what? Miyagi: Reason. Daniel: How's revenge? Miyagi: Daniel-san, you look revenge that way start by digging two grave. Daniel: At least I have company. Miyagi: Fighting always last answer to problem. まず、ダニエルはなぜミヤギがカラテをしていたことを教えてくれなかったということを尋ねます。日本文化の中に述べずに察するということがあります。ここでは、「静」の真の意味が込められています。さらに、「空手」の意味を伝えます。"empty hands" の、「から」という意味は何もないということではありません。それは、ミヤギが述べているように防御こそカラテの神髄であり、防御が最大の攻撃につながることを意味します。このことを最初、ダニエルは分かりませんが、カラテの修行を積むうちに少しずつ理解します。そしてこのことは禅的な「無」の概念にもつながります。最後に「暴力は決して解決に至らない」ということを、ダニエルに教えています。カラテが強くなるばかりでなく、真の強者とは人間性も優れていることをミヤギは伝えたかったのです。このように、外国語を学習することはスキルを高めた後にその国の文化や歴史を学ぶことに発展することが重要です。その意味で、この映画は米国映画の中で、日本文化についても学習できる作品だと言えます。最後に、この映画は、2010年にジャッキー・チェンとジェイデン・スミス出演のリメイク版が作られました。いじめられっ子が一見変わった師匠から武術を教わるという部分はオリジナルと同じですが、主人公が師から教わる武術が、カラテからカンフーに、舞台は中国になっています。本作品とリメイク版を比較しながら、中国・米国・日本の文化について学習することもできます。
映画の背景と見所	この作品は、少年が日系人から教わるカラテを通して人間として大きく成長していく3部作のストーリーの第1作目の作品です。その他には同様に少女が教わる作品と、2010年にジャッキー・チェンとジェイデン・スミスが出演しているリメイク版があります。この世界中で大ヒットした第1作目は当初、ミスター・ミヤギ役を三船敏郎にオファーしましたが断られたため、ノリユキ・パット・モリタが選ばれました。「戦わずして敵を征服することこそ最高の技である」とはカラテの父である船越義珍の言葉ですが、この映画で、師であるミスター・ミヤギが主人公ダニエルに教えたかったことはまさにこのことです。それはミヤギの「ケンカ、それ、いつも、問題を解決する最後の答えね」という言葉にも表現されています。カラテのトーナメント大会という一見スポーツ青春映画ですが、奥底に人生の生き方について師から自然と教わるという心あたたまるヒューマンストーリーです。『ゴーストバスターズ』や『グレムリン』という大激戦が繰り広げられた1984年の全米夏興業で、若者を中心に一躍台風の眼になったのも頷けます。主演のラルフ・マッチオや彼女役のエリザベス・シュー（後に、映画『バック・トゥー・ザ・フューチャーⅡ・Ⅲ』に出演）のさわやかな演技もさることながら、沖縄出身の日系二世のミスター・ミヤギ役に扮し、米国映画の中で日本人の心情を体現したノリユキ・パット・モリタの演技はまさに圧巻でこの映画の見所です。

スタッフ	監　督：ジョン・G・アヴィルドセン 脚　本：ロバート・マーク・ケイメン 製　作：ジェリー・ワイントローブ 撮　影：ジェームズ・クレイブ 音　楽：ビル・コンティ	キャスト	ダニエル：ラルフ・マッチオ ミヤギ　：ノリユキ・パット・モリタ アリ　　：エリザベス・シュー ジョニー：ウィリアム・ザブカ ジョン　：マーティン・コーヴ

ベスト・キッド	The Karate Kid	（執筆）伊藤明希良

<table>
<tr>
<td rowspan="1">セリフ紹介</td>
<td>
主人公ドレが何度も何度も繰り返してきたジャケットの脱ぎ着の意味について、ハンから教授されるシーンです。ハンとドレの動きにも注目です。
Dre : Whoo, Mr....Okay.
Han : Focus! Always concentrate. Left back. Right foot back! Pick up your jacket. Stay.
    Kung Fu lives in everything we do, <i>Xiao</i> Dre. It lives in how we put on a jacket, how we take off the jacket. And ives in how we treat people. Everything is kung fu.

大会前日にハンはドレにプレゼントを渡し、必死に頑張るドレの姿から学んだことについて語ります。ベスト・キッドのメインテーマの一つともいえる「人生のどん底に落ちたとき、這い上がれるかどうかは自分次第」を伝えるこのシーンは印象的です。
Han : Have present for you.
Dre : Mr. Han! Man! This is the one Bruce Lee had. Great. Thank you.
Han : You have taught me a very important lesson, <i>Xiao</i> Dre.
    Life will knock us down. But we can choose whether or not to get back up.
Dre : You're the best friend I ever had, Mr. Han.
</td>
</tr>
</table>

学習ポイント

本作品の英語はシンプルでやさしいものが多いです。はじめに、カンフーの修行中に、ハンがドレにジャケットの脱ぎ着を繰り返させた意味について伝えるシーンから見てみましょう。ハンはジャケットを柱に掛けては、地面に落とし、それを拾っては着て、すぐに脱ぎ、また掛けては落とすという動きをドレに叩き込みます。使用された表現は以下の通りです。"Put on your jacket."、"Take it off."、"Put it down."、"Pick it up."、"Jacket on."、"Jacket off." "Hang it up."、"Take it down." のように中学校で習う単語のみを使用していますが、ふとした際になかなか言えない言い回しかもしれません。映画の中で何度も繰り返し使用されているので、復習の意味も込めて学習できることでしょう。また、ドレはハンから正しい言葉使いや態度、礼儀なども教えられます。例えば、人の部屋に入るときは、"May I come in?" と相手の許可を取る必要があるということ、また "You may come in." と言われるまで待つということなどです。このシーンからはネイティブスピーカーの部屋に入るときの礼儀について学ぶことができるでしょう。また、ドレは最初 "ass"（尻、馬鹿、とんま）をよく使いますが、ハンに "Stop saying ass." と怒られてしまいます。"I'll get my ass kicked."（やられる、倒される）を "I'll get beat up." と言い換えているように、言い変えフレーズも学べます。

すぐにでも使える表現も多々出てきます。例えば、シャワーが壊れたときには "The hot water's not working." などが使えるでしょう。相手に何かをしてほしいときには "Can you please explain electricity card?" の単語を "Can you please V ...?" のように入れ替えるだけで、文章を作ることができます。本編に登場する決まり文句の表現からは、"That's nasty." "Leave me alone." "Waiting for you." "I'm so proud of you." などがあります。これらはほんの一部なので、実際に映画を観て、多くの決まり文句を学習しましょう。また、ドレはまだ12歳の少年ということもあり、間違った英語を使うシーンも描かれています。例えば、時差ぼけを表す単語 "jet lag" を "airplane lag" と言い間違え、母親に直されています。以上のように、すぐに使える表現や決まり文句だけでなく、間違えやすいことばも同時に確認することができます。

中国の北京が本編の舞台ということもあり、中国語のシーンもかなりあります。中国語の会話には字幕が表示されない部分もあり、中国語を理解できない主人公の気持ちで聞くこともできます。中国語には字幕が付いていないところが多いので、中国語学習者には勉強できる良い教材になると思われます。ドレが中国語で話す場面が作中に登場しますが、第二言語・第三言語を使いネイティブスピーカーに初めて気持ちを伝えることができたときの喜びを思い出させてくれます。

あらすじ

数年前に父を亡くした12歳のドレ・パーカーは、自動車会社に勤める母の転勤を機に、デトロイトから中国の北京に移り住むことになります。言葉も文化も違う新天地での生活に馴染めないドレは、バイオリンを練習する中国人の少女メイに話しかけ、友達になります。ところが、それをよく思わない地元の少年チョンたちに絡まれて叩きのめされてしまいます。翌日から学校でもいじめは続きますが、ある日、少年たちに仕返しをしたドレは、逆に追い詰められて袋叩きにされてしまいます。そこへ、ドレの住むアパートの管理人であるミスター・ハンが現れ、ドレを救います。ハンが少年たちの通う道場の師範に危険なカンフーはやめるように話をつけにいきますが、「道場に単身で乗り込んできたお前たちをそのまま帰すわけにいかない」と戦いを挑まれ、結局ドレは武術大会で少年たちと1対1で勝負することになります。実はカンフーの達人であったハンが初めに教えてくれたことは、ジャケットの脱ぎ着を繰り返すことでした。無意味だ！と反発するドレですが、後にその意味を理解します。多くの修業をこなし、心身ともにさまざまな訓練を積んだドレは、いよいよ大会に挑みます。

「強いものに立ち向かっていく強靭な肉体とそれを実現する勇気」をカンフーから学んだドレは、観るものに勇気と希望、そして感動を与えてくれます。

<table>
<tr>
<td rowspan="5">映画情報</td>
<td>製 作 費：4,000万ドル</td>
<td rowspan="5">公開情報</td>
<td>公 開 日：2010年6月11日（米国）</td>
</tr>
<tr>
<td>製 作 年：2010年</td>
<td>上映時間：139分</td>
</tr>
<tr>
<td>製 作 国：米国</td>
<td>オープニングウィークエンド：5,566万5,805ドル</td>
</tr>
<tr>
<td>言 語：英語、中国語</td>
<td>受 賞：ヤング・アーティスト・アワード主演男優賞</td>
</tr>
<tr>
<td>ジャンル：アクション、ドラマ　　カラー映画</td>
<td>（ジェイデン・スミス）</td>
</tr>
</table>

薦	○小学生　○中学生　○高校生　●大学生　●社会人	リスニング難易度		発売元：ソニー・ピクチャーズ エンタテインメント （平成29年2月現在、本体価格） DVD価格：1,410円　ブルーレイ価格：2,381円

お薦めの理由	ことばも文化も違う新しい環境に適応できない12歳のドレが、ハンの指導のもと強く逞しくなっていくストーリーです。中国でいじめを受け、挫けそうになりますが、カンフーを通じ強靭な肉体と決して諦めない心を育んでいきます。 　中国の偉大な自然や世界一大きな世界遺産も登場すると同時に、中国の文化、行事、学校などの様子も学習できます。中国語も話されるので、中国語学習者にもお薦めです。	スピード / 明瞭さ / 米国訛 / 米国外訛 / 語彙	3 / 2 / 2 / 4 / 3
英語の特徴	主人公が少年であり、ほとんどのキャストは中国人ということもあり、話される英語はシンプルでやさしいものが多いと言えます。登場人物の英語はみな明瞭で、聞き取りに差し障りのあるような中国語訛りもなく、全体を通して大変聞きとりやすい英語です。 　大スターであるジャッキー・チェンの英語は、日本人の学習者にとって目標とできる存在の1人ではないでしょうか。	専門語 / ジョーク / スラング / 文法	2 / 2 / 2 / 3

授業での留意点

　本作品では暴力的な要素を含むシーンがかなり多く登場しますが、大学生が対象で且つ英語学習を目的として鑑賞するならば、全く問題ない映画だと言えます。しかし、このような映像を授業で扱う際には、気分を害するかもしれない映像が含まれていることについて、事前に学生に伝える方がよいでしょう。ドレの周りには、英語と中国語が飛び交っています。様々な方法で意思疎通を図ろうとするドレに注目してこの作品を観るのも面白いでしょう。また、本作品が学習をする上でどのように役立つのか、なぜふさわしい映画なのか、見所は何なのかなどを事前に知らせ、映画選択の意図を伝える方が良いと思われます。この映画は約140分なので、大学の授業を2コマ通して鑑賞するとよいでしょう。多くの大学の授業時数は定期試験を含めないで15コマあります。そのうち3〜4コマほどを本作品の鑑賞とその発展学習などの授業に使うことになります。半期で扱う教材としては使いやすいと考えられます。

　ここでは、初級者と上級者にレベル分けして授業を実施する場合を想定して留意点を述べていきます。

　初めに初級レベルの授業では、鑑賞後にワークシートなどの用紙を配布し、映画のポイント、要約、感想など記述式のタスクを設ける方法があります。内容把握のためにも最適ですし、何より学習者が何に気づき、興味があり、理解し、何を理解できなかったのかなどを見極める材料とすることが可能だからです。記述方法は日本語でも英語でもどちらでも構いませんが、わかるところや書けるところは、出来るだけ英語で記述する方が活動としても充実するでしょう。また、映画のメモを取り、内容について英語を使ってグループで話し合うことも学習者の気を引き締めるだけでなく、様々な視点から物事を考慮することの大切さを学べるでしょう。本編は米国と中国のみですが、これをきっかけに、国際理解や多文化共生について改めて学習し、理解を深めるためには、効果的な教材と言えます。

　上級者レベルの授業では、内容を把握させる際、個人またはグループになり、それぞれの視点から鑑賞しパワーポイントやワークシートにまとめ、発表させるとよいでしょう。発表させることで4技能をフルに発揮することも可能になってくると考えられます。

　映像を通じて、内容理解をした後の授業展開は、そのクラスで求められている技術や能力に合わせ教員が変更していけばよいと思われます。例えば、スピーキングクラスならば内容についてのディスカッション、リスニングクラスではシャドーイングや同時通訳、ライティングクラスでは映像を観ながら翻訳、リーディングクラスではセリフの穴埋めなどが考えられるでしょう。いずれの活動も「使える英語」に焦点を置くと、特に大学生レベルの学習者のモチベーションは上がることでしょう。視覚的ヒント・教材を用いて、学習者の知的好奇心をさらに擽（くす）ぐるように心がけ「使える英語」を実感できるような授業をしましょう。

映画の背景と見所

　1984年に世界中で大ヒットした『ベスト・キッド（The Karate Kid）』のリメイク版です。ラルフ・マッチオとノリユキ・パット・モリタの師弟コンビを本作品ではジェイデン・スミスとジャッキー・チェンが演じています。オリジナル作品は全部で4作品あり、いずれも日系人の師匠に教わる空手を通じて白人の少年（4作品目は少女）が成長していくストーリーになっていました。今回の作品は、オリジナルの「いじめられっ子が風変わりな師匠から武術を教わる」という設定は似せてあるようですが、場所は中国の北京に移り、空手からカンフーに変わっています。スタッフの間では、本作品は「The Kung Fu Kid」と呼ばれていたと言われています。撮影で使用された紫禁城は『ラストエンペラー（The Last Emperor, 1987）』以来、撮影許可が下りたようです。

　映画の見所は、中国の大自然や文化なども本作品を通じ学ぶことができることです。先ほど挙げた紫禁城をはじめ、万里の長城、中国のバレンタインデイにあたる七夕祭り、学校や公園の様子、中国武術の発祥地と知られる武当山など多くの情報を得るチャンスです。そして、何と言ってもジャッキー・チェンやジェイデン・スミス、また他の中国人たちのアクションには驚かされます。DVDに収録されている「ベスト・キッドメイキング」には、本作品の裏話がありますので、こちらも観る価値ありです。

スタッフ	監　督：ハラルド・ズワルト 脚　本：クリストファー・マーフィー 製　作：ジェリー・ワイントローブ、ウィル・スミス 　　　　ジェイダ・ピンケット＝スミス 撮　影：ロジャー・プラット	キャスト	ドレ・パーカー：ジェイデン・クリストファー・サイア・スミス ハン　　　　　：ジャッキー・チェン メイ・イン　　：ウェンウェン・ハン シェリー・パーカー：タラジ・P・ヘンソン ハリー　　　　：ルーク・カーベリー

161

| | | ベンジャミン・バトン 数奇な人生 | The Curious Case of Benjamin Button | （執筆）大庭　香江 |

| | 1. 主人公ベンジャミンが旅先から娘のキャロラインに贈る言葉です。このセリフは絵葉書に書かれたもので、キャロラインはこれを読み、自分の本当の父親はベンジャミンであることを知ります。人生も晩年に差しかかった父が、これから新しい人生を歩み始める娘に語りかけています。遅すぎるということはない、いつ始めてもいいのだ、どんな自分にでもなれる、変わるのも変わらないのも自由だ、と。

セ
リ
フ
紹
介

For what it's worth, it's never too late… or, in my case, too early… to be whoever you wanna be.
There's no time limit. Start whenever you want.
You can change or stay the same. There are no rules to this thing.
We can make the best or the worst of it.
I hope you make the best of it.
I hope you see things that startle you.
I hope you feel things you never felt before.
I hope you meet people with different point of view.
I hope you live a life you're proud of.
And if you find that you're not… I hope you have the strength to… start all over again.

学
習
ポ
イ
ン
ト

1. あらすじを確認しておく
大学生なら、英語音声のみ、あるいは英語字幕付きで視聴すれば、日本語字幕は見せなくても、セリフを理解出来るはずです。ただし、その場合、学習者には念の為、予めあらすじを知らせておくのが望ましいと思われます。なぜなら、ベンジャミンが老人の姿をした赤ん坊として生まれ、次第に若返っていくことは、映像を見ていれば確認できるはずであるものの、ベンジャミンは、小さな赤ちゃんで生まれるシーンから始まり、次のシーンでは、突然大人に近い大きさの老人になって登場しますし、その後も、シーンが切り替わるごとに、若い姿に断続的に変化しますので、万一ベンジャミンが若返っているということに気づけないと、物語の中心的テーマを見落としてしまいかねないからです。

2. 仮定法を使いこなせるようになる
ベンジャミンが娘のキャロラインに書き残した絵葉書が読み上げられるシーンに、仮定法が頻出します。物語では絵葉書に書かれた書き言葉として現れますが、仮定法は口語でも頻繁に用いられますし、使いこなせれば表現の幅が広がります。
仮定法を、文法知識として持っている段階から、実際に使えるようになるよう復習し、練習します。初めに仮定法の例を挙げ、文法事項を確認すると良いでしょう。
If I had much money, I could buy a car.
If I had had much money, I could have bought a car.
I wish I were a bird.
以下にセリフを挙げてみます（原文のまま）。ベンジャミンが、娘にその年齢の時にしてあげたかったことが、I wish… を用いて述べられます。
・I wish I could have kissed you, good night.
・I wish I could have taken you to your first day of school.
・I wish I could have been there to teach you to play (the) piano.
・I wish I could have told you not to chase some boy.
・I wish I could have held you when you had a broken heart.
・I wish I could have been your father. Nothing I ever did will replace that.

あ
ら
す
じ

この物語には2人の語り手が存在します。普通の人間とは逆に、老いて生まれ次第に若返っていくベンジャミンとその妻デイジーです。死の間際デイジーは娘のキャロラインに、本当の父親ベンジャミンが残した日記を読ませます。デイジーが病床で過去の記憶を辿るなか、場面はベンジャミンの一人称の語りへと切り替わり、ベンジャミンが80歳の老人として生まれ、赤ん坊になってこの世を去るまでの一生が描かれます。その時代背景は、第一次世界大戦終戦の夜から第二次世界大戦を経て現代へと続く激動の時。老いた姿で生まれたベンジャミンは、怯えた父親に捨てられ、ニューオーリンズの老人施設で育てられました。年寄りばかりが暮らす場所で違和感無く育つことの出来たベンジャミン。ただ、周りの老人達が次々と他界する一方で、ベンジャミンは若返っていきます。そんな折、ベンジャミンと少女デイジーは出会います。逆の時間の流れを生きる2人の人生は、バレリーナになったデイジーの怪我をきっかけに重なり合い、結婚しキャロラインが生まれます。しかし、これから子供になっていくであろう自分には家族を持つことは出来ないと考えたベンジャミンは、父から譲り受けた財産を残し、母娘の元を去ります。再婚したデイジーでしたが、夫の死後、子供の姿をした痴呆の老人となってデイジーの記憶も失くしてしまったベンジャミンと再会します。ついには赤ん坊となったベンジャミンは、老いたデイジーの腕に抱かれ、永遠の眠りにつくのでした。

映
画
情
報

原　　作：F・スコット・フィッツジェラルド
製　作　費：1億5,000万ドル
製　作　国：米国　　　　言　語　英語
配給会社：パラマウント映画（米国）
　　　　　ワーナー・ブラザース（日本）

公
開
情
報

公 開 日：2008年12月25日（米国）
　　　　　2009年 2月 7日（日本）
上映時間：165分
興行収入：3億3,393万2,083ドル
　　　　　（日本：24億円）

薦	○小学生　○中学生　○高校生　●大学生　●社会人	リスニング難易度		発売元：ワーナー・ブラザース ホームエンターテイメント（平成29年2月現在、本体価格） DVD価格：1,429円 ブルーレイ価格：2,381円
お薦めの理由	本作品はその映像表現を高く評価されていますが、セリフによるストーリー進行も見事で、セリフを理解することなしに物語を理解することは難しいと言っても過言ではない程、多くの言葉で出来事や登場人物の心情が語られます。その為聴解教材に最適です。主人公の長い一生が米国史との関わりにおいて描かれ、また、性的描写も含まれますので、一通りの教養を身に着けた上での大学生にお薦めしたい作品です。	スピード	3	
		明瞭さ	3	
		米国訛	4	
		米国外訛	3	
英語の特徴	米国ニューオーリンズが舞台の軸となる為、南部訛りで話されますが、聞き取りにくいという程ではありません。主人公のセリフのイントネーションとスピードは標準的です。語彙は一般的な語が中心で、専門語も特に注釈は必要ない程度です。文法規則も守られており、大学生なら英語字幕を付ければ確実に意味を理解出来ると思われます。登場人物の独白と回想シーンが多い為時制は一人称の現在と過去が中心です。	語　彙	3	
		専門語	2	
		ジョーク	3	
		スラング	4	
		文　法	3	

授業での留意点	1. 原作を講読しましょう 　本作品の原作はスコット・フィッツジェラルド（1896–1940）の短編です。インターネット上でも公開されており入手可能です。映画化にあたり、時代設定や登場人物の名前等、物語が改変されていますので、映画と比較して読むことで、学習者の関心と理解をより深めることが出来ると思われます。 2. 同じ原作者の、映画化された作品を更に観てみましょう 　フィッツジェラルドは『華麗なるギャツビー』（2013）の原作者でもあります。フィッツジェラルドの他の作品や、映画化された作品リストを提示し、さらに多くの映画を見ていくよう促して下さい。1つの作品を掘り下げることと同時に、たくさんの映画に触れることで、英語に接する時間を作り、増やすことが大切です。 3. お気に入りの作品を見つけ、英語で紹介しましょう 　気に入った作品が見つかったなら、BD / DVD 等を利用して、日本語字幕や英語字幕を組み換えて、1つの作品を繰り返し観て下さい。学習者自身が興味を持ち、主体的かつ能動的に何度も見た作品のセリフは、おのずから耳に残り、記憶に焼き付きます。それにより自然と英語のリズムやイントネーションが身につくことでしょう。 4. 映画のあらすじや感想を述べる 　映画を使って英語を学ぼうとする意欲のある大学生の学習者には、既にお気に入りの作品があるかも知れません。初回の授業での自己紹介を兼ねて、好きな作品やジャンル、その理由などを語らせると良い導入となることでしょう。もしそれが日本映画など英語以外の言語の映画であっても、ストーリーや感想を英語で語らせることで、授業で扱う作品のあらすじをまとめさせたりする場合の、準備と予行演習になると思われます。 5. 英語能力判定試験を意識する 　大学生の学習者は、ある作品がただ好きか嫌いかを言うのではなく、その理由を具体的に説明出来る様にして下さい。主観と客観を分けるようにするのも大切だと思われます。Introduction→Body→Conclusion という英文の基本構成にのっとって原稿を書いてみるのも良いでしょう。英検の二次面接や、TOEFL のスピーキングテストの形式を模して発言を組み立てさせるのが有効だと思われます。 6. 映画関連用語を学ぶ 　授業では、例えば live action といえばアクション映画ではなく実写を意味するといった、学習者が勘違いをしている可能性のある用語は予め確認しておくと良いと思います。

映画の背景と見所	1. 映像 　俳優の顔をはじめ、画面の多くが CG で処理されています。キーフレームアニメーションと呼ばれる技法で、それによりこの作品の映像のファンタジーとしての幻想性が高められています。 2. 音 　静かな音楽は、セリフに被さることも少なく、ノイズは省かれており、リスニング教材としてとても聞き取りやすいものとなっています。1つのメロディーを逆にも演奏する曲は、ベンジャミンの人生を象徴して作曲され、もの悲しく、作品の結末が明るいものではないであろうことを想像させます。ベンジャミン自身がピアノを演奏する場面では、子供に返ったベンジャミンがピアノを上手く弾けなくなるなどの演出もされます。 3. 時計 　物語の初めに、本筋からは外れている様にも思われる、時計職人ガトー氏のエピソードが盛り込まれます。戦争で死んだ息子が生き返る様にと願って作られた、針が逆に回る時計。皆を驚かせたこのアナログの時計は駅に置かれ、時代の流れと共に、やがてデジタルの時計に置き換えられます。そして倉庫にしまわれ、忘れ去られます。

スタッフ	監　督：デビッド・フィンチャー 製　作：キャスリーン・ケネディ 　　　　フランク・マーシャル、セアン・チャフィンド 編　集：カーク・バクスター、アンガス・ウォール 撮　影：クラウディオ・ミランダ	キャスト	ベンジャミン・バトン　　：ブラッド・ピット デイジー・フューラー　　：ケイト・ブランシェット エリザベス・アボット　　：ティルダ・スウィントン トーマス・バトン　　　　：ジェイソン・フレミング キャロライン・フューラー：ジュリア・オーモンド

163

| | ボウリング・フォー・コロンバイン | Bowling for Columbine | （執筆）水野　資子 |

| セリフ紹介 | クリス・ロック氏のユーモアと知性溢れる漫談シーンのセリフを紹介します。

【Chapter 2 / 00:06:40】
CHRIS ROCK:
　You don't need no gun control, you know what you need? We need some bullet control. Men, we need to control the bullets, that's right. I think all bullets should cost five thousand dollars… five thousand dollars per bullet… You know why?
　Cause if a bullet cost five thousand dollars, there would be no more innocent bystanders. Yeah! Every time somebody gets shot we'd say, 'Damn, he must have done something… Shit, he's got fifty thousand dollars worth of bullets in his ass, 'and people would think before they killed somebody, if a bullet cost five thousand dollars. 'Man, I would blow your fucking head off… if I could afford it.' 'I'm gonna get me another job, I'm going to start saving some money, and you're a dead man. You'd better hope I can't get no bullets on layaway.'

　So even if you get shot by a stray bullet, you wouldn't have to go to no doctor to get it taken out. Whoever shot you would take their bullet back, like 'I believe you got my property.' |

学習ポイント

　本作では、ムーア監督がたくさんの人々に突撃インタビューを敢行しています。インタビューの相手は著名人、知識人、犯罪容疑者から町のチンピラまで様々です。彼らの話に信じられない気持ちにさせられたり、なるほどなぁと深く納得させられたりすると思います。本作品の中で、最も印象に残ったインタビューを取り上げ、セリフを理解してみましょう。
　特にお薦めしたいのが、スタンダップ・コメディアンのクリス・ロックの漫談と、TV アニメ『サウス・パーク』原作者のマット・ストーン、ミュージシャンのマリリン・マンソンのインタビューです。彼らは、若者の暴力性や倫理観の低さを招いている張本人だとマスコミから非難されがちな面々ではありますが、本作では最も知的で理にかなった話をしています。中でもクリス・ロック氏の話は、訛りがありスラングも多く文法もめちゃくちゃですが、その内容は秀逸で、ユーモアと知性に溢れたものになっています。
　また本作は、銃規制という米国の社会問題をテーマに扱っていますが、これは日本人にとっても無視できない問題です。米国に留学する学生が増え始めた90年代、ルイジアナ州に留学していた高校生が射殺されるという事件が起こりました。「日本人留学生射殺事件」と呼ばれています。これから米国留学する予定のある人、または将来米国に滞在を希望する人は、本作品をきっかけに「日本人留学生射殺事件」の背景についても是非知ってください。

【学習のポイント】
　1. 自分の気に入ったインタビューを選び、そのセリフをディクテーションする。
　2. 米国銃規制問題と日本人留学生の関係を「日本人留学生射殺事件」を知ることによって考える。

　「気に入ったシーンのディクテーション」は、全編を見終わった後に行ってください。日本語字幕を参考にし、何度一旦停止、巻き戻ししても構いません。また一字一句間違いなく聴き取れる必要もありません。ここで重要なことは、音から意味を捉えられるようになることです。あまり自分に課するハードルを高くして、息切れしてしまわないように注意しましょう。「継続は力なり」です。DVD には英語字幕はついていませんが、作品中のセリフは、インターネット上で検索することが可能だと思います。それらも参考に、取り組んでみてください。
　「日本人留学生射殺事件」についてはインターネットで簡単に調べることが可能です。事件と裁判の全容を是非把握しておきましょう。日本人の立場で、米国の銃規制問題を考える際には大変参考になる資料となります。

あらすじ

　1999年4月20日朝。米国コロラド州リトルトンという町にあるボウリング場で高校生がボウリングを楽しんでいました。その数時間後、彼らは自分達の通うコロンバイン高校で銃を乱射し、13人を殺害した後、犯人の2名は自殺しました。本作は、マイケル・ムーア監督が子供の頃から抱えていた米国の暴力社会に対する疑問と、なぜ米国では銃による殺人事件が後を絶たないのかという問いに真っ向から立ち向かった、突撃インタビュー満載のノンフィクション・ドキュメンタリー映画です。
　銃愛好家の故郷ミシガンで育ったムーア監督。彼が生まれ育った町では、口座を開設すると無料で銃がもらえる銀行まであります。監督自身、全米ライフル協会の会員で、学生時代には射撃大会で優勝したこともあるほどの腕前。市の自警団のインタビューでは、幼い子供を連れて母親が迷彩服に身を包み、そのすぐそばで射撃訓練が行われている様子が映し出されています。
　コロンバイン事件の原因は何なのか。非難は映画、TV、ビデオゲームにおける暴力描写、高失業率、音楽へと向けられていきます。原因を探し出すべく、次々と突撃インタビューを敢行する監督。銃を捨てられない国米国の問題の根源はいったいどこにあるのか、監督独自の視点で原因をあぶり出していきます。

| 映画情報 | 製　作　費：400万ドル
製　作　年：2002年
製　作　国：米国
撮影場所：米国、カナダ
ジャンル：ドキュメンタリー | 公開情報 | 公　開　日：2002年10月11日（米国）
　　　　　　2003年 1月25日（日本）
上映時間：120分　　MPAA（上映制限）：R
受　　賞：アカデミー賞
　　　　　（長編ドキュメンタリー映画賞受賞他） |

薦	○小学生　○中学生　○高校生　●大学生　●社会人	リスニング難易度	発売元：日活 （平成29年2月現在、本体価格） ブルーレイ価格：2,800円		
お薦めの理由	本作はドキュメンタリーということもあり、米国のごく一般的な会話の雰囲気を実感するには、最も適した一本と言えるでしょう。また渡米予定のある人は、銃問題は米国の現代社会問題の中でも、我々の命に直接関係する重大な問題ですから、本作で是非見識を深めていただきたいと思います。 　ムーア監督のエネルギッシュな生き様に勇気づけられる人も多いでしょう。若い世代には特にお薦めしたい作品です。	スピード	4		
^^	^^	明　瞭　さ	4	^^	
^^	^^	米　国　訛	1	^^	
^^	^^	米 国 外 訛	1	^^	
英語の特徴	大部分がごく一般的な米国英語の会話ですが、会話のスピードは終始速めで、専門用語などが入る場合は、聴き取りにくい部分があるかもしれません。 　高校生レベルの英語力があれば、繰り返し視聴することによって、鍵となる表現はつかめるレベルです。トピックにあがっている背景知識を頭に入れておくと、さらに意味が捉えやすくなるでしょう。	語　　彙	4	^^	
^^	^^	専　門　語	4	^^	
^^	^^	ジョーク	3	^^	
^^	^^	スラング	2	^^	
^^	^^	文　　法	4	^^	

授業での留意点	本作はドキュメンタリーで、特に準備された結末があるわけではないので、一部を授業内で鑑賞することが可能です。開始～10分程度の部分は授業内で使用しやすいと思います。特に本編開始7分前後から始まるスタンド・アップコメディアンのクリス・ロックの漫談は秀逸です。リスニングシートを配布し、セリフをディクテーションさせると面白いでしょう。 　また、『銃規制』をテーマに取り上げ、クラスで自分の考えを発表させるのも良いと思います。銃規制に反対か賛成かの英文エッセイを書かせ、それを発表し、意見を交換するという形で行うと良いでしょう。 【授業での手順と留意点】 　1. 全員で本編開始～10分程度を鑑賞する。 　　この際、日本語字幕は表示しておく方がよいでしょう。 　2. リスニングシートを配布し、クリス・ロックの漫談シーンのディクテーションをさせる。 　　　訛りが多く、文法ルールも逸脱していることが多いことを告げておきましょう。日本語字幕から推論を働かせ、できるだけ空所を埋めるように促してください。少しハードルが高い学生には、一部の「音」が拾えると「意味」があとから付いて来る場合もありますので、カタカナを使わせてもよいでしょう。聴く回数は全体の様子を見ながら、数回程度。一度目はかけ流し、次は文毎に少しポーズをあけて、最後は再びかけ流し、というパターンが良いでしょう。 　3. 答え合わせをする。 　　　答え合わせをしたあとは、必ずもう一度、このシーンを再生し、音を確認する機会を与えて下さい。アフリカン・アメリカン独特の英語ですが、ヒップホップ文化を通じて耳慣れしていて、「カッコいい」と感じる学生がいるかもしれません。英語の中にもいろんな文化と音があることを勉強する、よい機会になるでしょう。 　4. 銃規制についてのエッセイを書かせる。 　　　本編を各自ですべて鑑賞したあと、エッセイを書かせます。ここでの留意点は、モデルエッセイ文を先渡ししておくということです。一文目で規制に賛成か反対かの立場を明示、次にその理由を最低2つ挙げさせ、最後に自分の考えを主張させます。全文で15文程度、200ワード前後で良いと思います。クラスのレベルによってはモデル文に下線を引いておき、下線部のみ変えて自分のエッセイを完成させるという方法もあります。エッセイの発表練習までを課題として与えておくとよいでしょう。
映画の背景と見所	本作の裏テーマは「恐怖に操られた米国人」と言えるのではないでしょうか。あらゆるメディアから国民の不安は継続的に煽られ、人々はそこから自分を守るため、銃を所持し、自分とは異なる人間を差別し、必要以上にものを購入する…。米国の抱える銃問題の原因は、この米国人に植え付けられた「恐怖」ではなかろうかと、監督は考えているのだと思います。 　「銃が本当に国民の生活を安全にするというなら、米国は世界一の安全な国になっていたっておかしくない。実際は真逆のことがおこっている」インタビュー中、このように答えた人もいました。核心を突いた主張です。 　人は誰しも、社会のあり方に疑問を持つことがあります。しかしながら、その中でどれくらいの人間が、社会の改善に向けて実際に行動に踏み切っているのでしょうか。どこか諦めていたり、無関心でいたりすることが多いのではないでしょうか。勇気をもって自分の信念に忠実に突き進むムーア監督の生き様を見ると、ほんの少し背中を後押しされた気分になると思います。 　「もっと自分に正直に生きればよかった」一説によると、これは人が死ぬ時に感じる後悔の内一番多いものだそうです。本作は、社会の中における自分という人間の存在意義をもう一度問い直す良いきっかけになるかもしれません。

スタッフ	監督・脚本：マイケル・ムーア 製　　作：チャールズ・ビショップ他4名 編　　集：カート・イングファー 撮　　影：ブライアン・ダニッツ 音　　楽：ジェフ・ギブス	キャスト	マイケル・ムーア マリリン・マンソン チャールトン・ヘストン クリス・ロック、トレイ・パーカー マット・ストーン他

ボーン・アイデンティティー	**The Bourne Identity**	（執筆）井土　康仁

セリフ紹介	本作で最も印象的なシーンの1つに、ジェイソンが無意識のうちに状況判断を下してしまう箇所があります。セリフを追うことで、彼の視線の動きや状況を把握していく順番、そして注意を払っているものごとの一端がみえてくるように思えます。 I come in here, and the first thing I'm doing is I'm catching the sightlines and looking for an exit. (...) I can tell you the license plate numbers of all six cars outside. I know our waitress is left-handed and the guy sitting at the counter weighs 215 pounds and can handle himself. I know the best place to look for a gun is the cab of the gray truck outside. At this altitude, I can run flat out for a half-mile before my hands start shaking. 　次に、ジェイソンがマリーにホテルの様子をうかがわせるシーンのセリフを見てみます。 You walk in, you pick a spot, some midpoint in the lobby. Count your steps to the spot, and then remember the number, because after I can call you, I can get you moving. (...) I also need a head count. How many people from when you walk in until you get to the desk.　How many hotel employees are there? And obviously, security. And it might not be that easy to see who they are. So I'll call you, you give me the layout, and we'll take it from there. 　ジェイソンが使う言葉は、多少の文法的な崩れはありますが、シンプルで要を得ています。これらは恐らく、誤解のないよう、しっかりと指令が伝わる言葉を日頃から用いて生きてきた名残かもしれません。いずれにしてもこの映画には、様々な映画の技法が使われておりますので、そちらにも目を向けていただけたらと思います。
学習ポイント	ストーリーを展開させていくのは極少人数のキャラクターですので、その分人物一人ひとりをつぶさに追っていけば、自ずと本作の学習ポイントも見えてくるかと思います。 　ジェイソンは記憶をなくしたとはいえ、「人間兵器」としての能力自体まで無くしたわけではありません。そのため、彼の話す言葉はとても簡潔で、どちらかといえば人間味が若干薄い、つまり自分の心情を極力抑えているように感じられます。その典型が冒頭のシーンに表れています。海上に浮いているところをイタリア漁船に救出され、船上で手当てを受け、意識が回復した直後の場面で手当てをしていた船員の男性に "What the hell are you doing to me? What are you doing? Goddamn it! Where am I?" と言います。ジェイソンは自分を取り囲んでいる状況よりも、まずは自分の身について一番に考えている、そんなことを感じさせるセリフとなっています。ミッションを遂行するためなら、周りのことは省みない。そんな彼のアイデンティティーがうかがい知れる冒頭のように思われます。 　そういった観点からジェイソンの行動を見ていくと、彼がアイデンティティーを取り戻していくに連れて、彼の人間味が徐々に行動やセリフに表れてくることが分かってきます。パリで警察に追われている最中、ジェイソンはマリーに、"I can't run with you. I can't." と、マリーに気遣いをみせます。さらにマリーの友人宅に泊まりに行った際には、Marie: What are you doing? / Jason: The kids.　I was worried. I couldn't sleep. と述べるようになります。このセリフは、のちのエピソードの伏線になっているのですが、それとは別の意味も抑えておくべきかと思います。 　マリーとの関係もまた、アイデンティティーの回復とも繋がっているでしょう。"I (Marie)'ve been speed-talking for about 60 kilometers now. (...) Yeah, but we're not talking. I'm talking. You (Jason)'ve said, like, 10 words since we left Zurich." お金のやり取りからはじまった彼らの関係は最初、言葉のやり取りすらほとんどありませんでした。ところが行動を共にするうちに、2人の仲は深まりを見せていきます。ジェイソンとの逃亡を終らせる最後のチャンスの際、彼の "Last chance, Marie" という問いかけに、マリーは言葉ではない方法で、彼についていくことを伝えます。そしてラストの場面で、Jason: This is your (Marie's) store?　(...) It's nice. It's a little hard to find, but... 彼はマリーを苦労の末見つけ出し、2人の関係に含みを持たせたうえで、映画は終了へと向かいます。 　そして最後の2人のセリフには、英語学習のポイントが見られますので、触れておきたいと思います。Marie: You have ID? / Jason: Not really. ここでのジェイソンのセリフが、"Really not." ではないお陰で、この映画のしめくくりにふさわしいセリフになっているように感じられます。ジェイソンのセリフをもとに、部分否定と全否定の感覚を、学生に伝えることも、学習のポイントになるかと思われます。
あらすじ	ある夜マルセイユの沖合いで、漁師たちが海に浮かぶ1人の男を発見します。船に上げたときには、男は瀕死の状態でした。手当てを受け回復すると、男は記憶を失っていることを知ります。自分のアイデンティティーを知る唯一の手がかりが、スイス銀行にあることを知り、男はスイスへ向かいます。 　その銀行に預けてある貸し金庫の中身を確かめてみると、自分がジェイソン・ボーンという名前でそしてパリ在住であることを知ります。ふとしたことで出会ったマリーとともに、彼らは車でパリへと向かいます。その道中、ジェイソンは自分の体の不思議に気づくことになります。周囲の状況や、自分が動ける範囲や限界などを瞬時に分かってしまうのです。 　パリについた彼らは、そこでジェイソンの過去の行動を調べます。すると彼は昔、あるアフリカの要人の暗殺に関与していたことを突き止めます。しかもそのことで、ジェイソンは命を狙われているのです。ジェイソンの命を狙う暗殺者と対峙（たいじ）しているうちに、本当に自分を狙っているのは CIA であることを突き止めます。CIA が、自分のアイデンティティーを掴んでいると踏んだジェイソンは、CIA と取引をしようと持ちかけます。それでも、ジェイソンの要求に応じなかった CIA の態度を見て、彼は直接 CIA に乗り込むことにします。

映画情報		公開情報	
製 作 費	：約6,000万ドル	公 開 日	：2003年1月25日（日本）
製 作 国	：米国、ドイツ、チェコ共和国	上映時間	：119分
撮影場所	：ギリシア、イタリア、チェコ、フランス他	MPAA（上映制限）	：PG-13
言　　語	：英語、仏語、独語、オランダ語、伊語	字　　幕	：日本語、英語、韓国語、中国語、タイ語
ジャンル	：アクション、ミステリー、スリラー	興行収入	：約1億2,000万ドル（米国）

薦	○小学生 ○中学生 ●高校生 ●大学生 ●社会人	リスニング難易度	発売元：NBCユニバーサル・エンターテイメント （平成29年2月現在、本体価格） DVD価格：1,429円　ブルーレイ価格：1,886円

お薦めの理由	典型的なスパイ・アクション映画ですので、2時間弱ある作品ですが、使い方次第で飽きることなく授業の中で鑑賞し、その後の学習にも応用できるかと思います。 　さらに、本作はシリーズ化されていますので、その一つひとつを追いながら、一連の作品を使った発展学習が出来るのも、この映画のお薦め理由です。世界各国が舞台となっていますので、異文化を知るために使うことも出来ます。	スピード	4
		明瞭さ	4
		米国訛	4
		米国外訛	4
		語　彙	3
英語の特徴	人間関係を中心におき、会話が主体となって進んでいく、いわゆるヨーロッパ系の映画とは違い、スペクタクルの要素が強い作品ですので、それほどセリフが多いわけではありません。 　ジェイソンの少し不器用にも感じられるシンプルな英語は、日本の英語学習者にとってはまるごと覚えてしまってもいいセンテンスが幾つもあるように思います。	専門語	5
		ジョーク	2
		スラング	3
		文　法	2

授業での留意点

　原作の邦題が『暗殺者』ということもあり、アクション・シーンばかりでなく、殺人シーンも数多く出てきます。その点に対する配慮が本作を使う上での、重要な授業での留意点になるかと思います。

　さらに、原作の内容との比較も授業で扱う際には、大切な指摘すべき点になるかと思います。原作は1980年に出版されました。当時はまだ、ベトナム戦争の影響が少なからず残っていたり、あるは東西冷戦の只中にあったりしました。それにより、西も東も情報の奪い合いが日々激しさを増していたので、それらの戦いを舞台にしたスパイ小説には、かなりのリアリティがありました。

　ところが本作が製作された2002年は、冷戦も終結し、スパイという存在自体がその意義を失いつつある時代に入っていました。そのようなこともあり、主人公のジェイソンがターゲットにする人物は、特定の国の要人ではなく、アフリカの某国の人物という、いささか歯切れの悪い設定となっております。一世代あるいは二世代前では、敵と味方が明確に区別され、敵とされる国の特定は、少しも難しくありませんでした。しかし、グローバル化という一元化が進んでいくと同時に、冷戦時でははっきりと目に見えていた「敵」の姿がますます見えづらくなってきている、そんな21世紀になって公開される映画では、「敵」の輪郭がぼやけてしまうのは、仕方がないことなのかもしれません。そういった点も踏まえた上で本作を授業で使えば、英語はもとより、世界情勢が映画などの芸術作品に及ぼす影響もまた、学生に考えてもらう材料になるかと思います。

　ジェイソンを作り上げたのが、実在する CIA であるという点もまた、見逃すべきではないように思われます。たとえフィクションであったとしても、米国に実際にある政府の機関が、いわゆる「殺しのライセンス」を与えるという設定は、少なからず作品にリアリティを与えます。一国、あるいは正義を守るために、国が「人間兵器」を国家のプロジェクトとして行ってしまうこと。しかもそのプロジェクトが上手く行かなければ、責任者を闇に葬り、そ知らぬ顔でまた新たな提案を行っていく。もちろん、これらはすべてフィクション内の話ですが、そこに CIA という実在の機関をすえることで、現実世界との繋がりを生み出していきます。その繋がりを頼りに、国家と正義と倫理について、授業内で議論するのもいいかと思います。

　倫理という点でさらにもう一点、英語にまつわることで付け加えるなら、ジェイソンを生み出したプロジェクトの名前は、"Treadstone Seventy-One" ということになっています。"Treadstone" という単語自体は、（調べた限りでは）造語のようですが、さしあたり「踏み石」といったところでしょうか。映画に出てくる固有名詞のような小さな表現でもしっかりと調べれば、映画をより深く理解できる事もまた、授業での留意点になるように思われます。

映画の背景と見所

　授業での留意点でも述べましたが、本作がスパイ映画であることから、人物が「見所」となることはもちろんですが、社会的な背景も十分「見所」となるかと思います。多少なりとも政治的な意味合いが含まれる作品であれば、その時代に公開する「理由」のようなものを考えるべきでしょう。本作は、9.11以降に公開されました。そのような時勢の中に本作を入れて、その作られた意味をしっかりと考えることも、作品理解を進めてくれる要因の1つになるかと思います。

　語学に関する見所といえば、ジェイソンは英語はもとより、行く先々でその国の言語をいとも簡単に操り、さまざまな困難を乗り越えていきます。英語学習者というよりもむしろ、外国語学習者にとって、そのような彼の姿は大きな見所になります。もちろんジェイソンが外国語を習得していった姿は描かれていませんが、それでも相手の国籍に関係なく、臆することなく話しかけていく彼のコミュニケーション能力の高さは、学習者にとって理想のロールモデルとなるのではないでしょうか。フランス語の新聞を読んでいるシーンが出てきますが、外国語を使う他の多くのシーンは、会話が主体です。大学生なので英語の論文を読まなければならないこともありますが、それでもやはり言語は、誰かとコミュニケーションを取るためのツールの1つであることを、本作は実感させてくれます。

スタッフ	監　　督：ダグ・リーマン 原　　作：ロバート・ラドラム 製作総指揮：フランク・マーシャル他 撮　　影：オリバー・ウッド 音　　楽：ジョン・パウエル	キャスト	ジェイソン・ボーン：マット・デイモン マリー・クルーツ：フランカ・ボテンテ コンクリン：クリス・クーパー 教授：クライヴ・オーエン ウォード・アボット：ブライアン・コックス

		ホリデイ	The Holiday	（執筆）長岡　亜生

セリフ紹介

ひょんなことで知り合い、夕飯をともにするアーサーとアイリス。アーサーは、アイリスのような美人がクリスマス休暇に見ず知らずの人の家に滞在し、土曜の夜に自分のような老人と一緒にいる理由を尋ねます。(Chapter 14)

Iris ： Well, I just wanted to get away from all the people I see all the time! ...Well, not all the people... one person. I wanted to get away from one... guy. An ex-boyfriend who just got engaged and forgot to tell me.
（離れたい人がいたの。元恋人で、婚約したのに私には一言もなかった）

Arthur: So, he's a schmuck.（そいつはバカ者だな）

Iris ： As a matter of fact, he is... a huge schmuck. How did you know?（そうなのよ、どうしてわかったの？）

Arthur: He let you go. This is not a hard one to figure out. Iris, in the movies we have leading ladies and we have the best friend. You, I can tell, are a leading lady, but for some reason you are behaving like the best friend.
（映画には主演女優とその親友役がいる。君は主演女優なのに、どういうわけか親友役を演じている）

Iris ： You're so right. You're supposed to be the leading lady of your own life, for God's sake! Arthur, I've been going to a therapist for three years, and she's never explained anything to me that well. That was brilliant. Brutal, but brilliant.
（その通りだわ。自分の人生なんだから主演女優でないといけないのよね）

ハリウッドの著名脚本家だったアーサーは、人生を映画にたとえて語るのです。

学習ポイント

日常生活レベルの会話表現が頻出します。コンピューターやメール、携帯、電話で用いる表現をみてみましょう。

（１）チャットの表現　（Chapter 6）

アマンダは、Google検索でヒットした休暇の滞在先レンタルのサイトからアイリスに連絡をとります。

Amanda : Can I ask you one thing? ...Are there any men in your town?（ひとつ聞くけど…町に男性はいる？）

Iris ： Zero.（ゼロよ）

Amanda : When can I come?（行くわ。いつがいい？）

Iris ： Tomorrow too soon???（明日では早すぎ？）

Amanda : Tomorrow's perfect!（明日でいいわ！）

コンピューターの画面が現れるので、英文を見ながら会話をフォローできます。

（２）携帯メールの表現（Chapter 7）

アイリスが離陸前、元カレと携帯メールでやりとりをします。ここでも画面に英文が現れます。

Jasper : Heard you left for holiday... How do I reach you?（休暇だってね。連絡先を教えて）

Iris ： Jasper, we both know I need to fall out of love with you. Would be great if you would let me try.
（あなたへの愛を捨て去さらないと。黙って行かせてくれるとうれしい）

主語の "I" を省略するのは、カジュアルなメールによくあるパターンです。

（３）電話の表現　（Chapter 23）

Iris ： ...Call waiting. Can you hold for a sec?（電話かかってきた。ちょっと待って）secは secondの短縮形
Hold on. I really wanna talk to you.（切らないで。ほんとに話したいから）

Graham : Sure.（いいよ）

Iris ： Hello?（もしもし）

Amanda : Iris, hi, it's Amanda... How are you?（もしもし、アマンダよ）

Iris ： Oh, I'm loving it. Listen, can you hold for a sec? My brother's on the other line.（兄と話中だったの）
I asked her to hold. Can I call you back?（かけ直してもいい？）

Graham : I can hold while you speak to her.（このまま待ってるよ）

このあと3人の電話が混線し面白い展開になりますが、電話でよく用いられる表現を学べる場面です。

あらすじ

ロサンゼルスでハリウッド映画の予告編製作会社を経営しているアマンダは、同棲中の男性の浮気が発覚し、男性を家から追い出してしまいます。立ち直るために、アマンダは２週間のクリスマス休暇をとり、インターネットで知り合ったアイリスと衝動的にお互いの家を交換して生活することにします。ロンドンの新聞社に勤めるアイリスは、職場のクリスマス・パーティーで、別れてからもずっと思いをよせていた男性が婚約したことを知り、落ち込んでいたところでした。

男はもうこりごりと思っていたアマンダでしたが、アイリスの住む、ロンドン近郊の雪深い村のかわいらしい家に到着したその夜、突然訪ねてきた男性（アイリスの兄）に惹かれていきます。一方、プールつきの大豪邸に住むことになったアイリスは、アマンダの元カレの仕事仲間で映画音楽制作をしているマイルズと出会います。

住む国や、仕事、性格も大きく異なる2人ですが、それぞれ悩みを抱え、傷ついていました。今の自分、生活から逃げ出したかった2人は、それぞれの新しい場所で、2週間のあいだに、いろいろな出会いを経験し、人生まで大きく変わっていくのです。そして別々の場所で展開される2人のストーリーが、いつしか交錯していきます。アマンダとアイリスはどんな「休暇」(holiday) を過ごすのでしょうか。

映画情報	製 作 費：8,500万ドル 製 作 年：2006年 製 作 国：米国 配給会社：コロンビア映画 ジャンル：コメディー、ロマンス	公開情報	公 開 日：2006年12月　8日（米国） 　　　　　2007年　3月24日（日本） 上映時間：138分 MPAA（上映制限）：PG-13 オープニングウィークエンド：1,277万8,913ドル

薦	○小学生　　○中学生　　○高校生　　●大学生　　●社会人	リスニング難易度		発売元：NBCユニバーサル・エンターテイメント（平成29年2月現在、本体価格）DVD価格：1,429円　ブルーレイ価格：1,886円

お薦めの理由	英国人女性と米国人女性が、それぞれ住む家を交換して2週間のホリデイを過ごすという筋書き。英米が興味深く対比され、とくにクリスマス時期における美しい英国の田舎、米国はロサンゼルスの風景が楽しめます。また英国と米国の英語、さらに年配者や子供相手の会話など、多様な場面におけるバラエティーに富んだ英語に触れられます。日常的に交わされる気のきいた会話表現も満載です。	スピード	3
		明瞭さ	2
		米国訛	3
		米国外訛	1
英語の特徴	作品を通してセリフは多めですが、主要な登場人物の発音は明瞭です。英国英語と米国英語の両方が聞かれますが、それぞれ標準的な発音で、訛りもなく聞き取りやすい英語です。映画関連の語彙が多少出てきますが、難しい専門用語もなく、語彙、文法に関してもスタンダードな英語といえるでしょう。ののしりことば、四文字ことば、性的スラングが多少出てきますので、教室では注意が必要です。	語　彙	2
		専門語	2
		ジョーク	4
		スラング	4
		文　法	2

授業での留意点	さまざまな別れと出会いがある映画です。ここではそのうちのひとつ、ロサンゼルスに滞在中のアイリスが、路上で隣人のアーサーを見かけ、車を止めて話しかける場面をとりあげます。（Chapter 13） Iris　　：Excuse me. Hello. ①Can I offer you a lift home?（家までお送りしましょうか） Arthur: Why? You know where I live?（私の家を知っているのか） Iris　　：I believe I do, yes.（そう思います） Arthur: Good. Then that makes one of us.（それはよかった、助かるよ） Iris　　：②Your house is lovely.（素敵なお宅ですね） Arthur: I've lived here 47 years...　What part of England are you from?（出身は英国のどこかね？） Iris　　：Surrey.（サリーです） Arthur: Cary Grant* was from Surrey.　＊1904年生まれの英国出身俳優 Iris　　：That's right, he was. How did you know that? Arthur: Oh, he told me once. Well, I thank you very much, young lady... Well, this was some ③meet-cute....　It's how two characters meet in a movie. Say a man and a woman both need something to sleep in. And they both go to the same men's pajama department... And the man says to the salesman, "I just need bottoms." The woman says, "I just need a top." They look at each other, and that's the "meet-cute." （紳士用パジャマ売り場に行く男女。「下だけほしい」という男性と「上だけほしい」という女性がいて、2人は見つめ合う、それが映画の中の出会いだ） 　下線部① 米国人なら ride を使うところですが、英国では give（offer）＋人＋ a lift が一般的。ちなみにエレベーターも "lift" です。下線部② "lovely"（素敵な）は、英国人の会話で頻出する単語の1つ。男性もふつうに使います。アイリスの美しい英国発音に注意して聞いてみましょう。 　この映画は、英国人と米国人の間の会話が多いので、英米で話される英語の違いを導入するのによい教材になります。語彙、表現、発音に注意して聞き取りをするとよいでしょう。米国人のアマンダが、英国人グレアムの家を訪れ、キュートな幼い娘たちにはじめて会う場面（Chapter 18）もお薦めです。 　アーサーは別れ際にアイリスとの出会いを下線部③のように説明していますが、このように、映画に出てくるような男女の出会いが満載です。ほかにどんな出会いがあるのかチェックしてみましょう。
映画の背景と見所	アマンダとアイリスは、互いの家を交換して休暇を過ごします。アマンダは、"Vacation Rentals" というサイトにアクセスし、条件に合う滞在先としてアイリスの家を見つけます。そして2人は、"home exchange" をすることにします。これは、アイリスが説明しているように、家財道具すべてを含む家や車も交換するものです。ほかにも、会員が自宅のソファや空いている寝室を無料で旅行者に提供したり、世界各地で宿泊できるところを見つけたりするサイト（couchsurfing.org）などもあります。 　アマンダが滞在するのは、英国の雪深い田舎ですが、ロケ地は、イングランド南東部に位置し、ロンドンから40分程度のサリー州シアという場所です。クリスマスシーズンの風景がとくに印象的です。 　一方アイリスが滞在する米国カリフォルニアは、冬でも温暖ですが、その一因となるのが「サンタ・アナス」（Santa Anas）と呼ばれる季節風です。マイルズが "Legend has it, when the Santa Anas blow, anything can happen." と言うように、これが吹くと信じられないことが起きるという言い伝えがあるそうです。 　さらに、ハリウッドの映画業界や歴史について語られ、さまざまな作品、俳優への言及もあります。ダスティン・ホフマンもちょい役で登場しています。

スタッフ	キャスト
監督・脚本：ナンシー・マイヤーズ 製作総指揮：スザンヌ・ファーウェル 製　作：ナンシー・マイヤーズ、ブルース・A・ブロック 撮　影：ディーン・カンディ 音　楽：ハンス・ジマー	アマンダ：キャメロン・ディアス アイリス：ケイト・ウィンスレット グレアム：ジュード・ロウ マイルズ：ジャック・ブラック アーサー：イーライ・ウォラック

マイ・ルーム	Marvin's Room	（執筆）河口　和子

セリフ紹介

　この映画はまじめな主題を扱っていますが、暗い雰囲気が漂うどころか、温かいユーモアにあふれた場面が各所にちりばめられています。次に紹介するのは、家族が久しぶりに再会する場面です。それぞれが自然に振る舞おうとしますが、長年会っていなかったためぎこちなさが表れた、ユーモラスな場面です。妹リーが姉に挨拶をした後、叔母ルースが登場します。リーと再会の挨拶を交わすルースは "Are you going to give me a hug? Give me a real hug. I won't break." と言います。リーが強くハグをすると、ガレージが開き、外にいた子供たちがびっくりするのです。ルースは、腰痛を患っており、腰に付けた電子麻酔装置を脳につなげています。痛むとそのダイアルをまわしますが、その度にガレージが開くのです。ルースは天然で厄介な人ですが場の雰囲気を和ます重要な役割を担っています。
　次に甥を気遣うベッシーと気取るリーは次のような会話を交わします。
Bessie : Did Hank get out of the mental institution?
Lee　　: We don't like to call it that.
Bessie : What do you call it?
Lee　　: The nut house or loony bin, to show we have a sense of humor.
　ベッシーが精神的な患者を受け入れる「施設」と表現するのに対して、リーは、「オシャレに"病院"とか"あちら"って言うの」と返します。リーが姉に対し、大したことではないのよと言わんばかりの平静さを装いますが、映画を見ている私たちは、リーがハンクに対し手を焼いていることを知っているので、そこに諧謔が生まれます。

学習ポイント

　家族の絆、家族愛がテーマであるこの作品の中で、崩れてしまった関係を再構築する過程が大切な場面であると言えます。そして人と人が対等に向き合って本音でコミュニケーションをとることが、関係を築くうえで重要な鍵であることがわかります。授業では、特にそれらに関する場面を取り上げ、どのように関係を取り戻していくのかを、会話を中心にたどって見ていきます。英語表現が勉強できるほか、人間関係を築くヒントがたくさんあり、内容面に関する有意義な意見交換がなされることでしょう。
　では、反抗的なハンクが次第に心を開いていくところを見ていくことにしましょう。ハンクは映画の冒頭部分で家に火をつけ、危険人物として施設に入れられますが、面会に来た彼の母親リーは、ハンクを心配するどころか、担当の精神科医に彼に対する不満をぶつけます。ハンクはうそをつくし、美容師、つきあう男、リーのすべてを彼は馬鹿にする、つまりリーにとってハンクは「手に負えない」のです。"Hank is not something I can control." リーは、自分の生活のことで精一杯で子供にかまう余裕はありません。そこに母親の目を向けさせたい気持ちでハンクが問題をおこすと、リーにとって彼は厄介な子になり、その関係も悪化の一途をたどります。そして、ハンクは母親に "Mom I'm sorry I burned the house down."（家のこと、悪かった）と謝りますが、彼女は素直に返答しません。このように、一方が歩み寄ったとしても今更関係を修復できないのです。ハンクは母親以外の人にも警戒心を緩めません。ベッシーがハンクに父の工具をあげると、彼は一旦喜ぶものの工具を返しながら次のように言います。"You know nobody does anything to be nice. They always want something. You believe that? Yeah, you needed something."（僕は好意なんて信じない。自分に得がなきゃ。おばさんだって、それで連絡を）それに対してベッシーは "Why do you think I spent my life down here to get something?"（自分の得だけを考えて20年ここで過ごしたと？）"You're my nephew and I love you. No matter what you've decided. Good night."（大好きな甥、好きに決めて）と工具を再びハンクに返しながら言います。愛情を素直に表現する伯母にハンクは心を少し開き始めます。次の日のドライブで一気に気持ちがほぐれ、初めてハンクに大きな笑顔が表れます。そして2人が本音で心をぶつけあいます。作り話ばかりをするハンクに対して、ベッシーは "Tell me. I was in the hospital. I hated it. I was scared. If this is another tale, I'm not interested."（施設のこと教えて、私も入院経験はある。作り話は聞きたくない）と言ったことが起爆剤となります。ベッシーが本当にハンクのことを心配し、親身になって彼の話を聞いてくれようとしていることがわかると、彼は心の内をすべて語ります。ビリヤードの試合で4位になったこと、指先を骨折したこと、そして彼の夢までも。そして、2人は心を通わし、ハンクは初めて人から愛され、そして人を愛することを知るのです。

あらすじ

　未婚のベッシーはフロリダで、寝たきりの父マーヴィンと、叔母ルースの世話をして暮らしていました。あるとき彼女はクリニックで受けた検査で急性骨髄性白血病と診断されます。一方、ベッシーの妹リーは、実家から遠く離れたオハイオで息子2人と暮らしていました。彼女は離婚後、手に職をつけるため美容学校に通いながら忙しい日々を送っていたため、子供を顧みる余裕はありませんでした。鬱憤のたまった息子ハンクは、ついに自宅に放火し、更生施設に入れられてしまいます。そこに、ベッシーから骨髄移植のための検査依頼の電話がかかるのです。姉妹2人は、父親の世話を巡って不穏なまま20年も音信不通の状態でした。しかし、リーは2人の息子を連れて実家に帰ります。重病に冒されながらも献身的に世話をするベッシーの姿を見て、リーは自己中心的だった自分の生き方を反省し始めます。そして反抗的なハンクもまた伯母ベッシーの優しさにふれ、彼女との信頼関係を築き始めます。音信が途絶えていた家族でしたが、お互いの心の内をさらけ出し、初めて心を通じ合わせることができました。そんな折、ベッシーの主治医であるウォーリー医師から、適性検査の結果、すべて不適合であったことを告げられます。しかし、このことをきっかけに再会した家族は、父マーヴィンの部屋に自然に集まり、鏡に太陽を反射させて壁に光を舞わせるのを見ます。死の不安を乗り越え和解した彼らは、本当の家族愛を知るのです。

映画情報	製　作　費：2,300万ドル 製　作　年：1996年 製　作　国：米国　　　　言　　語：英語 配給会社：ミラマックス ジャンル：ドラマ　　　カラー映画	公開情報	公　開　日：1996年12月18日（米国） 　　　　　　1997年　2月　8日（日本） 上演時間：98分　　MPAA（上映制限）：PG-13 オープニングウィークエンド：5万7,739ドル（米国） 受　　　賞：アカデミー主演女優賞ノミネート（ダイアン・キートン）

薦	○小学生　○中学生　●高校生　●大学生　●社会人	リスニング難易度		発売元：ワーナー・ブラザース ホームエンターテイメント （平成29年2月現在、DVD発売なし） 中古販売店等で確認してください。

お薦めの理由	この作品は、スコット・マクファーソンの同名の戯曲が原作です。劇がもとなので、動作はあまりなく言葉が多いのが特徴です。このことから英語を学習する上で、非常によい素材といえます。内容もまた、白血病を患い、余命いくばくもない女性が、長年絶縁状態だった妹とその家族との再会を果たし、改めて家族の絆を築いていくものです。英語の学習面と内容面から申し分のない作品と言えましょう。	スピード	3
		明瞭さ	3
		米国訛	2
		米国外訛	2
		語　彙	3
英語の特徴	舞台は、米国フロリダ州とオハイオ州です。しかし、登場人物の会話から、南部、北部の方言といった顕著な違いは見られません。医学的な専門用語が随時でてきますが、何回も同じ用語がでてくるので、覚えれば問題はありません。それ以外は家族間の会話が中心のヒューマンドラマなので、特にスピードや語彙の問題で聞きづらいということもなく、英語教材としては最適なものの1つではないでしょうか。	専門語	4
		ジョーク	2
		スラング	2
		文　法	3

授業での留意点	姉ベッシーと妹リーの関係の変化をたどってみましょう。2人が疎遠になったのは、父親の介護を巡って両者の考えの食い違いからです。リーは父のために人生を無駄にしたくないと思い家を出て行きました。"When Dad had his stroke, I chose not to waste my life." しかし、20年ぶりに再会してから、リーは、看病の大変さにもかかわらず献身的に世話を続けるベッシーを見て、自分のとった無責任な行動を振り返り始めます。一方、ベッシーは、残り少ない人生を意識し始めると、今何が必要で大切なのかがはっきりわかってきて、次のように言います。"I'm sorry we haven't seen eye to eye. I don't want to fight." "I want to get along." "I don't want us to just get along be and polite." "Nothing much seems important to me now. We're sisters. Shouldn't we?"（喧嘩するのがいやでつい距離を、仲直りしましょう。他人行儀なくして本当に仲直りを。今の私には一番大切なの）そして、ベッシーは今まで話さなかった昔の恋人についてリーに語り始めます。リーもまたベッシーのためにカツラをセットしてあげます。こうして次第に関係を修復していくのです。 　この映画の邦題は『マイ・ルーム』ですが、その原題は、*Marvin's Room* です。つまり、父親マーヴィンの部屋です。この題名についていろいろな意見を出し合うのもよいでしょう。父親の介護を巡って疎遠になった姉妹ですが、最後の場面では家族がその部屋に集まってきます。この部屋には要介護の寝たきりの老人がいて、介護する側も病気を患っていますし、長年の介護は決して楽なものではありません。しかし、この部屋からは悲愴感や嫌悪感はいっさい感じられません。ベッシーが鏡を太陽に反射させて壁に光を舞わせるのが、マーヴィンのお気に入りです。結婚もせず介護をするベッシーは人生を棒に振ったように見られますが、決してそうではありませんでした。"I've been so lucky. I've been so lucky to have Dad and Ruth. I've had such love in my life... and I've had such... such love." "They love you very much." "That's not what I mean. No. I mean that I love them. I have been so lucky to be able to love someone so much."（愛のある人生だったわ。振り返れば、いつもいっぱいの愛。私が2人を愛したの）彼女が集約したこの重みのある言葉から、この部屋にはつまりこの作品のテーマである「愛」があふれているのです。そしてまさにこの場所で家族の絆を再構築します。これらのことからマーヴィンの部屋はこの作品の重要な位置づけになるといえるのです。 　最後に、医学的な専門用語をまとめてみるのもよいでしょう。cancer「癌」、brain tumor「脳腫瘍」、leukemia「白血病」、bone marrow「骨髄」、transplant「移植」、local anesthetic「局部麻酔」、pathologist「病理医」などがよくでてきます。
映画の背景と見所	現代、社会的な制度が整えられたことによって、人びとの生活が大きく変化しました。自分らしく生きることや人生において社会的に成功することを主眼に置く人が増えてきました。ところが一方、社会的成功を求めるあまり、一番大切なものに気付かなかったり、見失ってしまったりする人がいるのも事実です。リーがまさにその代表と言えるでしょう。彼女は、実家で父の看病を続けていては自分の人生が台無しになると家を出ます。結婚をして2人の子供をもうけますが、結婚が破綻すると今度は、美容師の免許を取るために躍起になります。自分の人生の成功を願うがために、一番大切な子供との関係をないがしろにしてしまいます。ハンクが家に放火したときは、まさに鬱積した気持ちが爆発したのでしょう。人生の中で一番大切なもの、それはつまり家族の愛であることを教えてくれたのは、ベッシーでした。家族の愛に包まれた彼女の人生は、華やかな社会的成功とはかけ離れていますが、何よりすばらしいものなのです。またベッシーは、相手に愛を注ぐ大切さも教えました。それは、受け身ではなく、自分が相手を愛していることを素直に表現することです。まさに、現代の人びとが、身近な人には当たり前になりすぎてつい怠ってしまいがちなことでした。この映画は、自分の生活を顧みる余裕のない現代の人びとに、本当に大切なものは何かを気づかせてくれているように思われます。

スタッフ	監　　督：ジェリー・ザックス 原作・脚本：スコット・マクファーソン 製作総指揮：トッド・スコット・ブロディ 製　　作：スコット・ルーディン、ロバート・デ・ニーロ 　　　　　ジェーン・ローゼンタール、	キャスト	リー　　　　：メリル・ストリープ ハンク　　　：レオナルド・ディカプリオ ベッシー　　：ダイアン・キートン ウォーリー医師：ロバート・デ・ニーロ マーヴィン　：ヒューム・クローニン

マイケル・コリンズ	Michael Collins	（執筆）山田久美子

セリフ紹介

マイケル・コリンズのセリフには、印象的なセリフが多くありますので、いくつか挙げてみます。

① It says give us the future. We've had enough of your past.
（未来をくれ。過去はもうたくさんだ）
アイルランド独立のために戦ってきたマイケル・コリンズが平和を望んで、キティに本音を吐きます。これは、気を許すことができるキティに言うマイケル・コリンズの本音です。

② Everything's possible, if you wish hard enough.（強く望めば願いはかなう）
これは、警部ネッド・ブロイに内部情報を得ようと資料室にいれてくれるように頼む場面で、マイケル・コリンズが『ピーター・パン』の引用だと説明しています。危険を伴う深刻なマイケル・コリンズの頼みですが、『ピーター・パン』から引用するのは、意外で面白いセリフです。

③ VOICE-CONSUL : You are seven minutes late, Mr.Collins.
COLLINS : You've kept us waiting seven hundred years. You can have the seven minutes.
英国＝アイルランド条約に調印し、1922年アイルランド自由国としてスタートするために、ダブリン城の庭で行う儀式での場面です。英国兵が並んで待っているところに、マイケル・コリンズは、7分遅れて到着し、副領事に指摘されます。マイケル・コリンズは、700年植民地だったのだから、7分ぐらいは、たいしたことはないでしょうと、ジョークで返します。そして、英国の旗を降ろし、アイルランド自由国の旗が掲げられて儀式は終了します。

学習ポイント

まず、アイルランドは、英国の植民地であったということだけは、理解した上で、映画を見る必要があります。この映画は、アイルランドの歴史を知らないと内容的に難しく感じるかもしれませんが、アイルランドの自由と独立のために戦った実在の人物であるマイケル・コリンズを中心に描かれています。マイケル・コリンズの戦いの戦略、考え方、気持ちの変化などを追っていくと、面白く見ることができます。マイケル・コリンズとハリー・ボーランドとの友情、そして、友情の崩壊、マイケル・コリンズの演説に共感した警部ネッド・ブロイの情報提供、多くの仲間の死への悲しみ、マイケル・コリンズとイーモン・デ・ヴァレラとの考え方の相違とそれぞれの演説などから、ヒューマン・ドラマとして、心を動かされる要素がたくさんあります。映画の内容に興味を持つことは、何を言おうとしているかということに集中するので、英語の学習につながっていくはずです。

英語の学習としては、まずは、映像をみながら、英語のセリフに合わせて、日本語字幕を追い、内容を把握するのがよいと思います。映像を見ることによって、理解が深まります。例えば、「sod」と「turf」という言葉が出てきます。この言葉を辞書を引くと、どちらの語も日本語訳は、「芝生」です。でもこの映画では、アイルランドの暖炉などで使用する泥炭を意味します。マイケル・コリンズが、暖炉の近くから泥炭を取り上げて、次のように言います。

COLLINS : What's that?
O'MALLEY : Sod of turf.
COLLINS : Wrong. That's a weapon.

マイケル・コリンズは、泥炭が武器になるということを言いたいのですが、この場合、マイケル・コリンズが泥炭を手に持っているので、英語 "sod of turf" を聞いて、映像を見ると、「芝生」ではなく、「泥炭」であることが分かります。このように、映像、英語、英語・日本語字幕などから、英語を学習して行くと、辞書に頼ることなく、理解することができます。ただ、1回だけではなかなか分からないと思いますので、理解できない場面や気に入った場面は、繰り返しみることで、習得できると思います。

映画での長くない会話は、日頃使用している英語の範囲なので、それほど難しくはないのですが、仲間と議論する場面や英国＝アイルランド条約に関する議論の場面、マイケル・コリンズやデ・ヴァレラの演説の場面は、説得力ある英語が使用されていますので、注意して英語を聞き取りましょう。例を挙げると、条約についての賛否を問う議会の場面で、イーモン・デ・ヴァレラとは反対の意見のマイケル・コリンズは、「ここにいるみんなにお願いしたい（I would plead with every person here）」と言って、聴衆の注意を引きつけてから、冷静に話し始めます。

あらすじ

1916年、マイケル・コリンズが属するアイルランド革命軍は、12世紀以来英国に支配されてきたアイルランドの独立を求めて、イーモン・デ・ヴァレラらの指導者と共に、「イースター蜂起」と呼ばれる武装蜂起を決行します。しかし、失敗。釈放されたコリンズは、「アイルランド義勇軍」を率いて、新たな独立運動を展開します。処刑を免れたデ・ヴァレラを獄中から救出し、警部ネッド・ブロイの協力を得て、英国警察の諜報網を掴みます。その間、コリンズとハリー・ボーランドは、キティ・カーナンに出会います。コリンズは、英国軍と警備隊に次々と奇襲攻撃をかけます。英国は冷酷な予備隊「ブラック＆タンズ」を送り込みますが、コリンズは予備隊の幹部らを暗殺して反撃します。警部ブロイは拷問されたあげく殺されてしまいます。1921年、コリンズの大胆な戦略が功を奏し、ついに英国が休戦を布告。デ・ヴァレラの命令でコリンズは交渉役として英国に赴きます。しかし、アイルランド自由国の独立は認めるが国の分断と英王室への忠誠を求めるという条約をめぐり、賛成派と反対派が真っ向から対立、国内は二分されます。デ・ヴァレラは反対派の領袖となり、内戦が始まり、反対派についたハリーは死んでしまいます。キティと結婚の約束をしたコリンズは、周囲の反対を振り切り、停戦交渉のため、反条約派の総本山ウェスト・コークへ出向き、青年たちから成る謀反者の待ち伏せに遭い、頭を撃ち抜かれて死んでしまいます。

映画情報

製 作 費：2,500万ドル	製 作 年：1996年
製 作 国：米国、英国、アイルランド	配給会社：ワーナー・ブラザース
言 語：英語	

公開情報

公 開 日：1996年10月11日（米国）
　　　　　1997年 3月 1日（日本）
上演時間：133分　MPPA（上映制限）：R
受 賞：ベネチア映画祭金獅子賞、
　　　　最優主演男優賞受賞

薦	○小学生　○中学生　○高校生　●大学生　●社会人	リスニング難易度	発売元：ワーナー・ブラザース ホームエンテイメント（平成29年2月現在、本体価格）DVD価格：1,429円　ブルーレイ価格：2,381円

お薦めの理由	アイルランドの独立への戦いを扱った映画ですが、独立運動の指導者であるマイケル・コリンズがアイルランド独立へと導いた感動的な映画で、最後まで興味を持って、見ることができます。アイルランドの歴史という特殊性を扱いながら、現代の世界情勢に通じる主張も含まれていますので、主人公の熱い気持ちの変化を追っていくと、より興味を持って、場面ごとに英語の表現を学ぶことができます。	スピード	3
		明瞭さ	3
		米国訛	1
		米国外訛	4
英語の特徴	アイルランドが舞台であるため、少し聞き取りにくいかもしれません。特に、アイルランドやスコットランド英語のようなケルト系の英語では、イントネーションが異なり、lilting intonation と言われるように、声の調子が軽く上下したり、文末の語尾が上がったりします。会話のスピードは速いところもありますが、アイルランドの特殊な歴史を扱っているため専門的な用語を聞きとることがかなり難解です。	語彙	3
		専門語	4
		ジョーク	3
		スラング	3
		文法	3

授業での留意点

　映画を教材にする利点は、英語の学習というだけでなく、その国の文化や歴史的背景などを学べることです。日本人にとって、アイルランドの歴史は、なかなか理解できないかもしれません。アイルランドの歴史、特に1920年代前後の歴史を調べてみると、より映画の内容の理解が深まることでしょう。以前は、爆弾テロ事件でよく新聞などで目にした IRA（アイルランド共和国軍）は、もともとアイルランド独立闘争を行ってきた武装組織です。アイルランド自由国成立以後、IRA の目的は、北アイルランドを連合王国から分離させ、南（アイルランド共和国）と統一させることにありましたが、2005年には武装解除し、闘争終結宣言をしました。IRA の指導者であるマイケル・コリンズは、独立のための過激な武装闘争をし、アイルランドを独立へと導きましたが、武力での戦いには限界があること、政治的には話し合いが大切であることを感じ、最後には、争いをやめ、平和への思いを口にします。そのような主人公の熱い想いや生き方について、議論するのも面白いかもしれません。

　また、この映画は、目を覆いたくなるような戦いの場面もありますが、仲間たちとの議論の場面がたくさん出てきますので、英語でのディスカッションの仕方も学ぶことができます。特に、マイケル・コリンズやイーモン・デ・ヴァレラの熱い演説、英国＝アイルランド条約についてのマイケル・コリンズとイーモン・デ・ヴァレラの意見の相違から、議会での迫力ある議論の場面は、英語でのスピーチの組み立て方や議論をするのに役立ちますので、その場面を何回も見ながら、英語的発想や表現を学ぶとよいでしょう。「学習ポイント」で、例を挙げた条約の賛否を問う議会の場面でのマイケル・コリンズの演説は、次の通りです。

　I would plead with every person here. Make me a scapegoat if you will, call me a traitor if you will, but please save the country. The alternative to this treaty is a war which nobody in this gathering wants to contemplate. If the price of freedom, the price of peace, is the blackening of my name, I'll gladly pay it.

　マイケル・コリンズは、自分は裏切り者と呼ばれてもよいから、国を救うように訴えます。さらに、自由と平和のためなら、自分がどのような汚名をきせられてもよいと訴えます。マイケル・コリンズのこの説得力ある言葉で、会議の場面は終わります。「ここにいるみんなにお願いしたい」と最初に述べ、自分が犠牲になっても、祖国を救い、平和と自由を手に入れようと訴えるこの演説は、主張が明確で、聞く人の心に訴えます。投票の結果、「A majority of seven in favour of the Treaty…」と発表され、マイケル・コリンズの条約賛成派が勝利します。この映画は、英語でセリフを書く場合、英国英語で、シナリオは書かれます。"In favour of…" は、「～に賛成して」という意味で、"favour" は英国英語、米国英語では、"favor" いう綴りになります。

映画の背景と見所

　アイルランド人のニール・ジョーダン監督により、アイルランド700年の歴史を変えた1人のアイルランドの独立運動家、マイケル・コリンズに焦点を当て、歴史的事実を踏まえながら、アイルランド独立運動を描いたフィクション映画です。映画を見ると、なぜアイルランドの島がアイルランド共和国と英国領である北アイルランドと分かれているのか、歴史的背景から理解することができます。しかし、映画には、アイルランドの激動の時代の戦いの中にも、マイケル・コリンズの祖国への愛、独立と自由への希望、人を動かすカリスマ性、同志である友人に対する愛情、友人の裏切り、愛する女性への想いが描かれています。多くの人が血を流す悲惨な独立への戦いの歴史ですが、この映画は、マイケル・コリンズの人間味あふれる感動的なヒューマン・ドラマとして、見ることもできます。ニール・ジョーダン監督は、「コリンズは、現代にみられるようなテロ活動を焚きつけたのではけっしてありません。コリンズは兵士であり、指導者であり、ゆくゆくは平和の使者となったのです」と述べています。

　また、映画の中で歌われるアイルランドの歌やアイルランドのミュージシャンであるシンネイド（以前には、シンニードと表記されていた）・オコーナーによって歌われるアイリッシュ・バラッド、エリオット・ゴールデンサールによって作曲された音楽も印象的です。

スタッフ
- 監督・脚本：ニール・ジョーダン
- 製作：スティーブン・ウーリー
- 共同製作：レドモンド・モリス
- 撮影：クリス・メンゲス
- 音楽：エリオット・ゴールデンサール

キャスト
- マイケル・コリンズ：リーアム・ニーソン
- ハリー・ボーランド：エイダン・クイン
- イーモン・デ・ヴァレラ：アラン・リックマン
- キティ・カーナン：ジュリア・ロバーツ
- ネッド・ブロイ：スティーヴン・レイ

マッチポイント	**Match Point**	（執筆）冬野　美晴	

セリフ紹介

　アイルランド出身のプロテニスプレイヤーである主人公クリス・ウィルトン（ジョナサン・リース・メイヤーズ）は、プロ選手としての生活に見切りをつけ、ロンドンでテニスコーチとして生計を立てています。そんな彼のバックグラウンドを反映して、物語の中にはテニスのメタファーが出てきます。

　たとえば、映画の前半で、クリスとメイン・ヒロインの1人であるノラ・ライス（スカーレット・ヨハンソン）が初めて出会う場面があります。見知らぬ米国人女性・ノラが卓球をしているところに偶然迷い込んだクリスは、彼女の美しさに目を奪われながら、卓球をして彼女に勝ちます。ノラはクリスの卓球の腕前と、性急に距離を詰めてくる彼の態度の両方に驚き、テニスの試合とかけた表現でクリスと会話をします。

Nora : I was doing just fine until you showed up.
Chris : Ah, the story of my life.
　　　So, tell me… What's a beautiful young American ping-pong player doing
　　　mingling amongst the British upper class?
Nora : Did anyone ever tell you, you play a very aggressive game?
Chris : Did anyone ever tell you you've very sensual lips?
Nora : Extremely aggressive.
Chris : **I'm naturally competitive.**

学習ポイント

　映画は冒頭、クリスがロンドンの高級テニスクラブへ職を求めてやってくる場面から始まります。英語による面接の表現や、クリスがロンドンの上流階級一家の息子であるトム・ヒューイット（マシュー・グード）と出会って友人になっていく部分など、日常生活で使える表現が多く出てきます。

　以下は面接の場面です：
Chris 　　　　　 : I've had a **good deal of** experience.
Mr. Townsend : Your **credentials and references** are excellent.

　面接を経て職を得たクリスは、裕福なヒューイット家の長男トム・ヒューイットを指導することになります。年代も近い2人はレッスン後にお酒を飲んで語り合い、親しくなります。英国らしい言い回しが沢山登場するシーンです。以下の場面で、トムはクリスのテニスの腕前を体感し知っているので、一般的な "get your hands off" という言い方をせず、"get your dirty great forehand off" という面白い言い方で表現しています。また、英国の若者がパブ等に飲みに行くと、おかわりをするごとに誰かが全員分をおごり、そのおごり合う順番を回していくという習慣があり、ここで2人はそのようなやりとりをしています：

Chris : Actually, I get this.（this=支払い伝票）
Tom 　: No, no…
Chris : No, please Tom, I insist.
Tom 　: Just get **your dirty great forehand** off.
Chris : Thank you. **I'll get the next one.**

　このようなクリスとトムのカジュアルな会話や、やがてクリスと恋に落ちるトムの妹のクロエ・ヒューイット（エミリー・モーティマー）とクリスの会話には普段使いできる表現がたくさん登場します。

　以下は一例です。
Chloe :（父親に頼んでクリスの職を世話しようとしていることについて）…You're not **gross**, are you?
Chris : God, no!　**It's extremely thoughtful of you.**

　また、クロエとクリスがデートの予定を話し合う場面なども、便利に使える定型表現が色々と登場します。以下はクロエに今晩何がしたいかと問われた際のクリスの返答です：

Chris : **I'm in a mood for a film.**

あらすじ

　若く、恵まれた容姿をしたクリス・ウィルトンは、テニスプレイヤーとしてのキャリアに見切りをつけ、ひとまずテニスコーチとして食いついでいます。ロンドンの高級テニスクラブで職を得たクリスは、そこに生徒として来たトム・ヒューイットと知り合います。トムはロンドンの裕福な上流階級一家の出身で、クリスはトムの誘いで彼の家族と共にオペラへ行くことになりました。トムの妹・クロエはクリスを気に入り、彼のために父・アレックの会社の重役ポストを用意させ、結婚への準備を整えていきます。クリスの人生は幸福で順風満帆に見えました。

　クリスはある日、アレックの別荘でトムやクロエたちと過ごすことになり、豪奢な別荘の中を見て回っていると、卓球をしている美しい女性と出会います。彼女は女優を目指してロンドンへやってきたノラ・ライスでした。クリスはクロエと順調な関係を築きながらもノラに恋焦がれていきます。しかし、ノラはトムの恋人でした。

　やがてクリスはクロエと結婚し、ノラはトムと別れ、2人は音信が途絶えた状態になります。豪華な新居で理想的な結婚生活を送っていたクリスですが、クロエに誘われて訪れたアート・ギャラリーで偶然ノラと再会し、彼女と情事を持つことになります。クロエを裏切る罪悪感を抱きつつもノラへの気持ちを抑えられないクリス。しかし、予想外の事態により物語は急展開を迎えます。

映画情報	製 作 費：1,500万ドル 製 作 年：2005年 製 作 国：英国、米国　　言　語　英語 配給会社：ドリームワークス（米国） 　　　　　アスミック・エース（日本）	**公開情報**	公 開 日：2005年12月28日（米国） 　　　　　2006年　8月19日（日本） 上映時間：124分 MPPA（上映制限）：PG-12 受　　賞：第78回アカデミー脚本賞ノミネート

薦	○小学生　○中学生　○高校生　●大学生　●社会人	リスニング難易度	発売元：アスミック・エース/ワーナー・ブラザース ホームエンターテイメント（平成29年2月現在、本体価格）DVD価格：1,429円	

お薦めの理由	現代の英国を舞台に、上流階級の生活になじんでいく主人公を描いた場面が多いため、スタンダードで使いやすい表現が登場します。英国英語のリスニングの練習にも、ロールプレイなどを通した日常会話の練習にも適した教材となるでしょう。ストーリーテリングの名手・ウディ・アレン監督が脚本を書いており、洒落た言い回しやメタファーに富んだセリフを楽しめるのもポイントです。	スピード　2 明瞭さ　2 米国訛　2 米国外訛　2
英語の特徴	クリス・ウィルトン、彼の友人となるトム・ヒューイット、彼の妻となるクロエ・ヒューイットらは、非常に綺麗で聴き取りやすい英国英語を話します。クリスと情事を重ねていくノラ・ライスは米国英語を話しますので、発音や言い回しの違いを楽しみましょう。脇役の中には強いロンドン訛りを話すキャラクター（刑事）も出てきますので、クリスらの英語と比較しながら観るのもお薦めです。	語　彙　2 専門語　3 ジョーク　2 スラング　2 文　法　2

授業での留意点	1．英語の難易度 　全体を通してゆっくりとしたスピードで、英国英語・米国英語ともに地方性の訛りはほとんどありません。クリスのセリフ部分と、冒頭とラストのナレーション部分などは特にリスニングしやすいです。 2．専門用語 　クリスがテニスプレイヤーであったことから、マッチポイントというタイトルにも表れる通り、テニスに関係したメタファーが出てきます。しかし、専門用語というほど聴き慣れない単語はほぼありません。 　上流階級のヒューイット家は別荘を持ち乗馬や競馬などさまざまな趣味を持っています。彼らの生活に関すること、たとえばハンティングなどの場面で数語程度の専門用語が出てきますが、特筆するほどではありません。 3．上流階級の生活 　英国英語独特の皮肉な言い回しや、上流階級らしい本音と建て前の使いわけの部分を取り上げてみると興味深い表現があります。（クロエが"I grew up in Belgravia...."と言う場面があり、Belgravia は世界でも最も地価の高い地域の1つとされる高級住宅街であることから、ヒューイット一家の裕福ぶりがうかがえます。） 　たとえば、クリスが知り合ったばかりのクロエにテニスを教える部分があります： Chloe : Was I dreadful? Chris : Not at all. **You have a very unique style.** Chloe : Yeah, **it's called clumsy.** 　クリスが初めてトムと彼の家族とオペラに出かけた後、クリスはトムの両親あてにお礼の花を届けさせます。その後のクリスとトムの会話です： Tom : They thought it's very thoughtful and **totally unnecessary.** 　　　...But, **off the record,** well done. **A plus,** because they love that sort of thing. 4．スラング 　しばしば英国のスラングが出てきます。**gross**（怒っている）、**epic**（すごい、素晴らしい）など。 5．注意点 　暴力表現等は少ないですが、ラブシーンの中に性的な場面がしばしばありますので、シーン選定の際に多少の注意が必要かもしれません。

映画の背景と見所	冒頭、クリスの長い独白によるナレーションが印象的です。また、物語全体を象徴する部分でもあります。 "...The man said 'I'd rather be lucky than good' saw deeply into life. People are afraid to face how great a part of life is dependent on luck. ...There are moments in a match when the ball hits the top of the net and for a split second it can either go forwarded or fall back. **With a little luck it goes forward, and you win. And if it doesn't, you lose.**" 　中盤、着々と上流階級の仲間入りをしていく幸運なクリスの様子が描かれます。しかし、将来の見えない相手であるノラに強く惹かれてしまい、身を焦がすように情事に溺れるクリスが同時に描かれ、観客をはらはらさせます。 　後半、ノラとクロエの間で決断を迫られるクリスは、ノラを殺そうと決意をし、完全犯罪を目指して手はずを整え実行します。クリスは警察に追われながらも幸運な偶然によって捕まらず、クロエと裕福な生活を続けることになります。物語は、2人の子供にトムがなにげなく言う言葉で終わります。映画全体を鑑みると非常に皮肉がこもった印象的なセリフです。 　Alec : With parents like Chloe and Chris, this child will be great with anything he sets his mind to. 　Tom : Do you know what, I don't care if he's great, **I just hope that he's lucky.**

スタッフ	監督・脚本：ウディ・アレン 製　　作：レッティ・アロンソン 編　　集：アリサ・レプセルター 撮　　影：レミ・アデファラシン 衣　　装：ジル・テイラー	キャスト	クリス・ウィルトン：ジョナサン・リース・メイヤーズ ノラ・ライス　　　：スカーレット・ヨハンソン トム・ヒューイット　：マシュー・グード クロエ・ヒューイット　：エミリー・モーティマー アレック・ヒューイット：ブライアン・コックス

マディソン郡の橋	The Bridges of Madison County

（執筆）河口　和子

セリフ紹介

何と言っても最後の別れ際のセリフが印象的でしょう。家族を持つフランチェスカは家族とロバートの間で気持ちが揺れます。最後の夜、荷造りまでしてロバートと出て行こうとする間際で、フランチェスカは留まることを決意します。彼女の揺れるセリフと、ロバートの優しさがあふれたセリフの場面を紹介します。

Francesca : I want to keep it forever. I want to love you the way I do now the rest of my life. Don't you understand… we'll lose it if we leave. I can't make an entire life disappear to start a new one. All I can do is try to hold onto us both. Help me. Help me not lose loving you.

Robert 　: Don't leave me. Don't leave me alone. Please. Listen. Maybe you feel this way. Maybe you don't. Maybe it's just because you're in this house. Maybe… maybe when they come back tomorrow you'll feel differently. Don't you think that's possible?.... [中略]

Robert 　: I can't say goodbye yet! We'll leave it for now. We're not saying goodbye. We're not making any decision. Maybe you'll change your mind. Maybe we'll accidentally run into each other and you'll change your mind.

Francesca : Robert, if that happens, you'll have to decide. I won't be able to.

Robert 　: I'll never say this any other time, to anyone, and I want you to remember it. This kind of certainty comes only once and never again. No matter how many lifetimes you live.

学習ポイント

この映画は、離婚歴のある初老の写真家ロバートと、彼が取材で訪れた田舎町で偶然出会った熟年農婦フランチェスカとの4日間の美しく完全な愛を描いたものです。人間同士が完全に一体になり、精神的に満たされたこの愛は、2人にとって完全で無二のものです。まず、2人の大人が相手を思いやる、数々の愛の言葉を検証していくのがよいでしょう。初めて出会った日、ロバートが「アイオワに来てよかった？」と尋ねます。それに対してフランチェスカは、後悔はないが、私が少女の頃描いていた夢とは違うのと答えます。"It's not what I dreamed about as a girl." ロバートは彼女の心に寄り添い、あなたは「単純じゃない」"not a simple woman" と言います。そしてフランチェスカは自分のことを理解してくれたロバートを夕食に誘います。そして2人は次第に距離を縮めていきます。最後の日の朝、朝食をとっている時、フランチェスカは感極まり、世界にあちこちいる女たちはどうしているのかと言ってしまいます。そして、"I've got to know the truth or I'll go crazy."（ロバート、本当の気持ちを教えて、聞かないと気が狂ってしまう、正直に言って、明日ですべてが終わってしまうんですもの）と言うフランチェスカに、ロバートは、"…if I asked myself right now why I make pictures, the only reason… was to bring me here. Right now it looks like the only thing I've done all my life was to make my way to you…"（僕が何回もこういう経験をしていると君に思わせた、そう思わせたなら謝る、なぜ写真を作るのか、その訳は、ここで君と出会うためだった）と、一生に一度の本当の愛を語るのです。

次に、映画の音楽を通して学習する方法があります。音楽を担当したレニー・ニーハウスは場面場面で効果的に音楽を使用しています。サン＝サーンス作曲「サムソンとデリラ」から「あなたの声に心は開く」'Mon coeur s'ouvre à ta voix' のようなクラシックも使用されていますが、注目したいのは何と言ってもジャズの名曲がちりばめられているということです。ダイアナ・ワシントンの 'Blue Gardenia'、'I'll Close My Eyes' やジョニー・ハートマンの 'I See Your Face Before Me' などジャズのラブソングが効果的に使われています。歌詞の聞き取りや、意味を理解した上で、一緒に歌ってみるのもよいでしょう。

次に、ロバートが契約を交わしている雑誌社「ナショナル・ジオグラフィック」についてです。これは、ナショナル・ジオグラフィック協会の公式雑誌で、1888年に創刊されて以来、現在も月刊誌として世界中で購読されています。写真の掲載基準はきわめて厳しく、そのため高い水準を保っています。映画の中でもロバートは愛機 Nikon F を持ち、必死に仕事をする姿が目に浮かびます。「ナショナル・ジオグラフィック」の写真を鑑賞しながら記事を読むのもよいでしょう。読解力の強化にもなります。

あらすじ

これは世界的ベストセラーになったロバート・ジェームズ・ウォラーの同名小説を映画化したものです。1989年、フランチェスカ・ジョンソンの葬儀を出すために、彼女の長男マイケル夫妻と長女キャロリンが実家に戻ります。弁護士から故人の遺志により、火葬をして遺灰をローズマン橋から撒くよう告げられると、皆全員が驚き、反対します。そして、彼らは遺品の中からロバート・キンケイドからの手紙も見つけます。またロバートの弁護士からの手紙もあり、そこには遺品はすべてフランチェスカに残し、遺体は火葬してローズマン橋から灰をまいてほしい旨が記されていました。封筒からは鍵がでてきて、2人は寝室の物入れの中を開けます。そこには、カメラ、ハイクロスのネックレス、「また夕食にどうぞ」と記されたメモ、子供たちに宛てられた手紙がありました。その手紙には子供たちのことをどれほど愛しているか、そして愛する子供に自分が短い人生をどう生きたかを知ってもらいたいという思いが記されていました。そして、その手紙の指示通り2人は彼女の書いた3冊のノートを開き、読み始めます。それは、イリノイ州の州祭りがあった週、当時16歳のキャロリン、17歳のマイケル、夫リチャードが、出かけたたった4日間の留守の間に起こった出来事について書き綴られていました。ローズマン橋を撮りにやってきたロバートとフランチェスカは偶然出会い、そして生涯に一度の確かな愛をお互いに得るのです。短くも美しい永遠の愛についての物語です。

映画情報

原　　作：ロバート・ジェームズ・ウォラー 　　　　　*The Bridges of Madison County.* 製 作 費：3,500万ドル　　製 作 年：1995年 製 作 国：米国　　　　　言　語：英語 ジャンル：ドラマ、ロマンス　　カラー映画	公 開 日：1995年6月 2日（米国） 　　　　　1995年9月23日（日本） 上映時間：135分　　MPAA（上映制限）：PG-13 受　賞：アカデミー主演女優賞ノミネート、ゴールデン・グローブ賞 　　　作品賞、女優賞ノミネート、ブルーリボン賞外国作品賞受賞

薦	○小学生 ○中学生 ○高校生 ●大学生 ●社会人	リスニング難易度	発売元：ワーナー・ブラザース ホームエンターテイメント（平成29年2月現在、本体価格） DVD価格：1,429円 ブルーレイ価格：2,381円

お薦めの理由	この映画は、ロバート・ジェームズ・ウォラーによる同名小説を映画化したものです。この映画は、世界的大ヒットを記録しました。それは、大人の恋を何とも美しく描いているという点と、豪華キャスト、クリント・イーストウッドとメリル・ストリープが出演しているという点によるものと考えられます。世界的ベストセラーになった、小説をあわせて読むことで、英語の読解力もつけることができるでしょう。	スピード	3
		明瞭さ	2
		米国訛	2
		米国外訛	2
英語の特徴	舞台は米国中西部アイオワ州の片田舎です。主人公ロバートは、ワシントン出身で雑誌社の写真家、一方フランチェスカはイタリアの田舎町バリ出身で元教師という設定になっています。フランチェスカの母語はイタリア語ですが、長年米国に住んでいる設定で、しかも米国女優が演じているので、イタリア語訛りはほとんど感じられません。概して、教養ある中年の男女が話す英語は明瞭で聞きやすいです。	語　彙	3
		専門語	2
		ジョーク	3
		スラング	3
		文　法	3

授業での留意点

　この映画の中には、W.B.イェイツ（W.B. Yeats, 1865–1939）の「さまよえるアンガスの歌」'The Song of Wandering Aengus' という詩が引用されています。W.B.イェイツはアイルランド出身の詩人で、ノーベル文学賞も受賞しました。この詩は彼の中期の詩集『葦間の風』（The Wind Among the Reeds, 1899）に収められています。2人が夜散歩する場面では、この詩の第3スタンザの最後の2行 "The silver apples of the moon, / The golden apples of the sun."（月の銀の林檎、太陽の金の林檎）を、夕食に誘うメモには、最初のスタンザの5行目 "And when white moths were on the wing,"（白い蛾が羽を広げるころ）が用いられていました。題名にある Aengus は、ケルト神話の愛の神です。アンガスはハシバミの枝を切って、そこにいちごをつけ、銀の小さい鱒を釣ります。それを床に置くと、自分の名前を呼ぶ声が聞こえます。その鱒は林檎の花を髪につけた、きらめく少女に変わり、再び名前を呼ぶと走り去ってしまいます。すっかり老人になってしまったアンガスですが、きっと彼女を見つけだし、一緒に林檎を摘みたいと思っています。妖精が鱒に姿を変え、再び妖精に戻りますが、妖精が姿を変えることはケルトの話の中ではよく見られます。林檎の花は永遠の青春を象徴、金の林檎、銀の林檎は永遠の愛の喜びを象徴すると考えられています。永遠の青春をまとった少女を求めて、アンガスはあくことなく追い求めて行くのです。ロバートがロマンチックな夜の散歩の場面でこの詩を用いているのは、妖精の魔力を借りて永遠の愛を誓っているようです。大学の授業でイェイツの詩を取り上げ、詩の内容を理解したあと、暗唱する機会をもうけるとよいでしょう。ちなみに、雨が降りしきる交差点の最後の場面は、数ある映画の中でも名場面の1つにあげられるでしょう。車の扉に手をかけ、いつでも出て行けるフランチェスカは、心が激しく揺れます。そのときロバートは、バックミラーにフランチェスカからもらったペンダントを絡ませます。このクロスのペンダントはこの話の重要なアイテムにもなっていますが、いつものクロスではなく、ハイクロス（ケルト十字）といわれるものです。十字部が円環になっています。これは、アイルランド等ケルト文化圏でよく使われているものです。

　最後に、この映画の舞台となった、1960年代の米国におこった社会運動、特にウーマン・リブ（女性解放運動）について、調べて発表等の機会を与えるのもよいでしょう。フランチェスカは、イタリアの小さい町から、心に少なからず夢を抱き、米国まではるばるやってきます。結婚をしてしばらく教師をしますが、出産を機に、夫の希望もあり辞職し、その後は良妻賢母として家族のために尽くします。彼女は自分で人生の選択をしましたが、夫や社会が望む圧力の中での決定でした。その当時、性による役割分担によって多くの女性が息苦しさを感じていたのも事実です。その息苦しさに疑問や不満を示したのがこの運動の始まりだったのです。

映画の背景と見所

　この映画の舞台は1960年代の米国です。当時、ベトナム反戦運動や公民権運動など様々な社会運動が米国で起こりました。ウーマン・リブ（女性解放運動）もその中の1つです。この運動は、「男女は社会的には対等・平等であって、生まれつきの肌の色や性別による差別や区別の壁を取り払うべきだ」と主張するものです。舞台の米国アイオワ州の片田舎には、全くといってよいほどこれらの運動の影響は感じられません。この地域に住む一女性フランチェスカもまた、結婚し子供ができると専業主婦として、家族のために尽くします。一見、幸せな家庭を絵に描いたように写るかもしれませんが、彼女は、家族の世話をしながら、ふとした瞬間に心に空虚感を感じざるを得ないのです。農作業からかえった夫と息子は、扉を大きな音を立てて無造作に閉める、粗野ぶり。娘は母親の好きな音楽を勝手に変える無神経さ。せっかく作った夕食の感謝もなければ、食卓は無言のまま。こんな日常に、突如、ロバートがやってきます。彼は、女性にタバコや酒を勧めますし、夕食の支度の手伝いを進んで申し出ます。都会ワシントン出身のロバートは当然ウーマン・リブの影響も受けているでしょう。またロバートとの会話の中で、W.B.イェイツの詩を引用する等、フランチェスカの奥に眠っていた知的な部分も刺激されます。彼女がまさに求めていた空白の部分を埋めてくれたのが彼だったのです。このような観点からこの映画を見てみてもおもしろいでしょう。

スタッフ	監　督：クリント・イーストウッド 脚　本：リチャード・ラグラヴェネーズ 製　作：クリント・イーストウッド 　　　　キャサリン・ケネディ 音　楽：レニー・ニーハウス	キャスト	ロバート・キンケイド　　　：クリント・イーストウッド フランチェスカ・ジョンソン：メリル・ストリープ キャロリン・ジョンソン　　：アニー・コーリー マイケル・ジョンソン　　　：ヴィクター・スレザック リチャード・ジョンソン　　：ジム・ハイニー

マルコヴィッチの穴	Being John Malkovich	（執筆）水野　資子

<table>
<tr><td rowspan="2">セリフ紹介</td><td colspan="2">

【Chapter 9 / 00:24:42】
PUPPET MAXINE : Tell me Craig, why do you love puppeteering?
PUPPET CRAIG　: Well, Maxine, I'm not sure exactly. Perhaps it's the idea of becoming someone else for a little while. Being inside another skin. Thinking differently, moving differently, feeling differently.
PUPPET MAXINE : Interesting. Would you like to be inside my skin, Craig? Think what I think? Feel what I feel?
PUPPET CRAIG　: More than anything, Maxine.
PUPPET MAXINE : It's good in here, Craig. It's better than your wildest dreams.
【Chapter 9 / 00:25:58】
MAXINE　　　　: You're not someone I could get interested in, Craig. You play with dolls.
CRAIG　　　　 : Puppets, Maxine. You see, it's the idea of being inside someone else, and…, and…, seeing what they see, feeling what they feel.
MAXINE　　　　: Yikes.
CRAIG　　　　 : Please let me explain. It's just that I feel something for you. I've never felt this way before. You know, not about anybody. Not even my wife. And I just really feel you and I belong together, Maxine.
</td></tr>
</table>

学習ポイント

　これぞ典型的な愛すべき米国人！というような強い個性とダメ人間力をもった登場人物が次から次へと登場します。それぞれに魅力がありますので、登場人物の中で、最も自分自身を投影しやすいキャラクターを1人選び、そのセリフから考察を広げていくと、楽しみながら学習できるでしょう。

　また、ジャンルはコメディードラマではあるものの、様々な名言が飛び交うのもこの映画を味わい深くしています。全編を見て楽しみつつ、「あ！今、すごくいいこと言ったなぁ！」と思ったら、その言葉を書き取って、自分のお気に入りの英語名言コレクションに追加するのも楽しいでしょう。

【学習のポイント】
　1. 自分を最も投影しやすいキャラクターを選んで、そのセリフを考察する。
　2. 全編に散りばめられた登場人物が何気に口にする名言を書き出す。

　他の作品と同様、一度、日本語字幕を表示した状態で全編を鑑賞し、ストーリーの流れと内容を把握しましょう。ストーリー展開は多少難解な部分もあるかもしれませんが、あまり気にし過ぎずに、映画館で見るときのようにリラックスして楽しんでください。

　本作の魅力は何と言っても登場人物の強烈な個性です。主役の人形使いのクレイグと、その妻の動物愛好家ロッティのキャラクターもさることながら、クレイグが一目惚れする女性マキシンや、クレイグが働く会社の社長ドクター・レスターにも、そのセリフの言い回しや、愛嬌のある表情や動きで、多くの人が魅了されることと思います。その中から1人、自分が最も引きつけられた人物を探し、その人物の魅力が引き出されていると感じたシーンに戻り、セリフを書き出していきましょう。インターネットで検索すれば本作の初稿の脚本が閲覧できます。DVD とはセリフまわしが異なる部分はありますが、参考になるはずです。

　本作のもう1つの魅力は、全編にちりばめられた名言です。冗談を言っているようでいて、しゃれた言い回しで小気味よく返答をしていたり、人間の意識・無意識についての名言をサラリと口にしていたりします。「ハッ！」としたら名言ポイントです。かっこいいなと思ったセリフを、どんどんノートに書き留めていきましょう。

　英語の学習は、聴き取りや書き取りで終わりません。それを習得し、いかに適切なシチュエーションで自発的に使えるかが鍵となってきます。覚えたセリフ、書き留めた名言は、できる限り実際に使っていきましょう。日記に、友達へのメールやカードに、ネイティブ・スピーカーとの会話にと、覚えたての表現を使う場面を見つけ広げていく力も、英語上達に欠かせないスキルと言えます。

あらすじ

　クレイグはニューヨークの売れない人形使い。彼が劇中で表現する世界は、どれもこれも問題作ばかり、一般受けしません。クレイグの妻ロッティは早く子供が欲しいと望んでいますが、なかなか子づくりには進めないクレイグ。ロッティは、満たされない思いを埋めるかのように、アパート内で飼っている犬やイグアナやインコやチンパンジーを、自分の本当の子供のように扱います。ある日、子供のことが考えられないのは安定収入がないからだと考えたロッティは、クレイグに就職をすすめます。

　手先が器用なクレイグは、求人広告で、書類のファイリング係を求めていたレスター社に応募します。しかしその会社の様子がどうもおかしいのです。場所はビルの7階と8階の間の、7と1/2階。天井高は150cmほどしかなく、大人はみんな身を屈めて歩いています。社長ドクター・レスターに面接で気に入られ、その日の内に入社が決まったクレイグは、会社のオリエンテーションで同じ階の会社で働くマキシンに一目惚れ。そんなある日、クレイグはひょんなことから会社のロッカー裏の壁にドア付きの「穴」があるのを見つけます。それはなんと、俳優マルコヴィッチにつながる穴でした。「15分だけマルコヴィッチになれる」というふれこみでマキシンと商売を始めたクレイグ。これはクレイグだけでなく、関わった全ての人の人生を、大きく変えていくことになる穴でした。

<table>
<tr><td rowspan="5">映画情報</td><td>製　作　費：1,300万ドル
製　作　年：1999年
製　作　国：米国
撮影場所：米国
ジャンル：コメディー、ドラマ</td><td rowspan="5">公開情報</td><td>公開日：1999年9月　2日（米国）
　　　　2000年9月23日（日本）
上映時間：112分　　MPAA（上映制限）：R
受　　賞：ヴェネツィア国際映画祭
　　　　　国際批評家連盟賞他</td></tr>
</table>

薦	○小学生　○中学生　○高校生　●大学生　●社会人	リスニング難易度	発売元：NBCユニバーサル・エンターテイメント （平成29年2月現在、本体価格） DVD価格：1,429円　ブルーレイ価格：1,886円

お薦めの理由	前半は笑いどころ満載で、かなりレベルの高いアメリカンコメディーです。しかしそれだけで終わらないのが本作のすごさです。妙に核心を突く名言が登場したり、人の生を哲学的・宗教的とも言える観点から捉えていたりします。何度も見たくなること必至でしょう。ユーモアセンス抜群の監督スパイク・ジョーンズと人間の深層心理に迫る脚本家チャーリー・カウフマンのコンビ初作品。傑作です。

スピード	3
明瞭さ	3
米国訛	1
米国外訛	1
語彙	3
専門語	2
ジョーク	3
スラング	2
文法	3

英語の特徴	ごく一般的な米国英語によって話は進みます。米国英語特有の音の脱落や変化のために、多少聴き取りにくい部分があるかもしれませんが、使われている語彙は高校レベルですので、何度も繰り返し聴き直すといいでしょう。残念ながら英語字幕はついていませんが、日本語字幕を表示しながら視聴すれば、高校生の英語力でも、主旨を聴き取ることができる表現がほとんどです。

授業での留意点	傑作と呼べる作品ですから、可能な限り、言語習得だけで終わらず、内容を味わう活動を入れていただきたいと思います。学生達同士で、「もし自分が15分間○○になれたら…」という視点で話をさせると、自由で面白い発想を引き出すことができるのではないでしょうか。仮定法を使ったモデル文を配布しておき、英語で自分の意見を発表させるのも面白いでしょう。 　本作品を授業内で扱う際の手順と留意点を示しておきます。 【手順と留意点】 1. 鍵となるシーンのリスニングシートを準備、配布 　　音の変化の多い米国英語が使用された本作は、ディクテーションに向いています。シーン全体のセリフ全文をディクテーションさせるか、空所補充のワークシートを用意するかは、クラスのレベルに応じて決めると良いでしょう。選択するシーンは、1つでも複数でも構いません。主な登場人物クレイグ、ロッティ、マキシンの「人となり」が明確に伝わって来るようなセリフ部分を選んでおけば、キャラクターをより深く捉えさせることも可能です。（例：4:30〜クレイグ…Consciousness is a terrible curse. I think, I feel, I suffer. / 52:15〜マキシン…I think the world is divided into…など） 2. 学生に各自で鑑賞させる 　　全編を通して見てから、リスニングシートにとりかかるように指示を出しておくことが大切です。 3. 授業内でペアワーク 　　リスニングシートの答えをペアで照らし合わせ確認させます。1、2度声を出して読み方のチェックをし、スペルと発音の関係性を確認させておきたいところです。その後、「もし自分が15分間他人の中に入ることができるとしたら、誰か」「なぜその人を選んだか」「その人が何をしている時にその人になりたいか」などを10分程度で話をさせましょう。最後にそれらを英文で書かせます。仮定法を使ったモデル文を用意しておき、それを応用して書かせると良いと思います。 4. 発表 　　時間の余裕があれば、その日の宿題として、プレゼン形式の発表準備を課し、翌週全員に発表させると良いでしょう。持ち時間1人1分、自分が穴に入ってみたいと思う人の写真を準備させ、英文は暗記させてきます。本作品を用いた学習のよい締めくくりとなり、授業が盛り上がることと思います。

映画の背景と見所	監督スパイク・ジョーンズにとってこれが映画監督デビュー作。それまでは CM やビョーク、ビースティーボーイズ、ファットボーイ・スリム等の PV を製作、MTV ミュージック・ビデオ・アワードの受賞経歴を持っています。本作の製作時は映画監督のソフィア・コッポラと結婚していました。彼女の監督代表作品『ロスト・イン・トランスレーション』は東京が舞台で、その作品中の主人公の夫はジョーンズ監督がモデルだと言われています。最近では日本人女優の菊池凛子との交際が報道されました。本作でもマキシンの行きつけの飲み屋が日本人バーであったり、マルコヴィッチ自身がマルコヴィッチの穴に入った時に、すでに穴に入っていた先客がヒロシという人であったりと、ジョーンズ監督の日本贔屓なところが作品中に垣間見えます。 　子供の頃筆者は、家の2階の押し入れの中に自分の知らない通路があって、その先に今まで見たこともない豪華な部屋があるという夢をよく見ていました。似たような幻想を思い描いたことのある人は、ビルの7階と8階の間に存在する世界を見た時、思わずニンマリしてしまうのではないでしょうか。「自分とは別の人になって世の中を見てみたい」という非現実的な願望が、摩訶不思議な幻想世界の中で完全に現実化されていく本作。人間の心理にありとあらゆるアプローチで迫る作品を生み出す脚本家チャーリー・カウフマンならではの展開です。

スタッフ	監　督：スパイク・ジョーンズ 脚　本：チャーリー・カウフマン 製　作：マイケル・スタイプ他3名 撮　影：ランス・アコード 編　集：エリック・ザンブランネン	キャスト	クレイグ・シュワルツ：ジョン・キューザック ロッティ・シュワルツ：キャメロン・ディアス マキシン　　　　　　：キャサリン・キーナー ジョン・ホレイショ・マルコヴィッチ：ジョン・マルコヴィッチ レスター社長　　　　：オーソン・ビーン

	ミスティック・リバー	**Mystic River**	（執筆）三井　美穂

セリフ紹介	子供のころ暴行を受けて以来、誰にもその話をしたことがなかったデイヴは、自分をケイティ殺しの犯人と疑っている妻セレステに対してはじめて心の内を吐露します。　(Chapter 22) 　Dave　　： It's like vampires. Once it's in you, it stays. 　Celeste： What stays? 　Dave　　： Did you know there were child prostitutes in Rome Basin? …I can't trust my mind anymore, Celeste. 2人の男に4日間も監禁され暴行を受けたことをデイヴは妻に告白します。幼いデイヴにとって男たちはオオカミでしたが、誰も助けに来てくれなかったためにデイヴはたった1人で命からがら逃げだします。そして性的暴行を働いた男たち (pedophile, child molester) は、やがて吸血鬼 (vampire) のようにデイヴの生き血をことごとく吸い取り、大人になったデイヴは抜け殻のようになってしまいます。一度の出来事がいつまでもデイヴを苦しめていることを、このセリフで比喩的に表しているのです。 　この告白はまた、ストーリーの要になっているケイティ殺害事件の当日なぜデイヴが血まみれで帰宅したのか、真相をほのめかしています。セレステは夫に対する猜疑心でいっぱいなので気づきませんが、日頃心を閉ざして多くを語らないデイヴが感情を抑えきれずに口走った言葉は、Rome Basin 一帯での犯罪についてで、小児性愛者がらみの犯罪にデイヴがなんらかのかかわりをもっているのではないかと匂わせます。映画の結末で事件の真相が明らかになりますが、その伏線となっているセリフです。
学習ポイント	主役の3人の俳優は概して聞き取りの難しいセリフ回しをします。でも場合によってはわかりやすいところもありますから、そういう場面を選んで聞き取りの練習をするといいでしょう。いくつか例をあげてみます。 　刑事のショーンがケイティの友人に質問する場面などは、比較的聞き取りやすいでしょう。やり手の刑事が若い人たちを相手に怖がらせないように質問をするときは、やはりある程度スピードを落とし明瞭な発音になると思われます。例えば Chapter 13で "Who was she dating?" や "You guys were having a goodbye dinner, right?"、"She was leaving town, wasn't she, going to Las Vegas?"、"She closed her bank account, she had hotel phone numbers."、"A 19-year-old girl doesn't go to Las Vegas alone. So who was she going with? Come on, girls. Who was she going with?" など、文法的にも簡単で十分聞き取れる、日常生活でも応用の効くセリフがあります。 　また Chapter 15でショーンと相棒の刑事がケイティの恋人ブレンダンの自宅を訪れたときの会話も聞き取りに向いています。 　Powers　　： So where were you between 12:30 and 2 a.m. on Sunday morning, Brendan? 　Brendan　 ： I was asleep. 　Sean　　　： Can you confirm that, Mrs. Harris? 　Mrs. Harris ： I can confirm that he closed his door at 10 o'clock. He came down for breakfast at 9. 　　　　　　　 I can't confirm that he didn't open his window and go down the fire escape. いかにも刑事と参考人の会話ですが、日常的に使われる語だけで成り立った簡単な文です。"confirm" は「確認」という意味ですが、チケットの予約などの「確認」をするときなどによく使う語です。 　この後に続くブレンダンとショーンの会話もぜひ聞き取りたいところです。 　Brendan　： I loved her so much. I'm never gonna feel that again. It doesn't happen twice. 　Sean　　　： Doesn't happen once most times. ブレンダンの言葉は若者らしい熱いセリフです。英語で言ってみたいものです。また「たいていは一度だってそんな気持ちになれないさ」というショーンのセリフも、気が利いています。 　そのほか、ケイティとブレンダンが待ち合わせをしたシーン (Chapter 4)、セレステがデイヴをいたわるシーン (Chapter 6, 16)、ブレンダンが弟を問い詰めるシーン (Chapter 30) なども聞き取りに向いています。ミステリーだからといって、セリフが全部特殊なわけではありません。
あらすじ	3人の少年ジミー、ショーン、デイヴが歩道の生乾きのセメントに名前を彫っていると、刑事らしき男がやって来ていたずらをとがめ、デイヴを車で連れ去ります。車の男は実は小児性愛者で、デイヴを数日にわたって監禁し暴行し続けました。逃げ帰ってきたデイヴはこの事件のトラウマからどこか精神を病んだまま成長します。事件以降それぞれ違う生活を送り疎遠になっていた3人ですが、25年後、ジミーの娘ケイティが殺害された事件を機に、被害者の父、刑事、容疑者として再会します。3人を中心にケイティにかかわる人々がそれぞれ疑心暗鬼になり犯人を捜しはじめます。ジミーははじめ娘のボーイフレンド、ブレンダンを疑いますが、ブレンダンは弟が自分を愛するあまり嫉妬にかられてガールフレンドを殺害したのだろうと弟を責めます。デイヴの妻はケイティ殺害事件当日血まみれになって帰ってきた夫を疑い、その疑念をジミーに打ち明けます。デイヴが犯人だと決めつけたジミーは復讐のためにデイヴを殺害し、ミスティック川に死体を流します。殺人課の刑事になっていたショーンがケイティ殺害事件の真相を突き止めたときには、すでに取り返しのつかないことになっていました。ケイティ殺害の意外な犯人も、デイヴの血まみれの原因も、最後には明らかになります。25年前の事件が、デイヴだけでなくそれぞれの人生の歯車を大きく狂わせていたのでした。

映画情報	製　作　費：3,000万ドル　　製　作　年：2003年 製　作　国：米国　　　　　言　　　語：英語 製作会社：ヴィレッジ・ロードショー・ピクチャーズ 配給会社：ワーナー・ブラザース ジャンル：サスペンス	公開情報	公　開　日：2003年10月　8日（米国） 　　　　　　2004年　1月10日（日本） 上映時間：138分　　MPAA（上映制限）：R 受　　賞：第76回アカデミー主演男優賞（ショーン・ペン） 　　　　　　助演男優賞（ティム・ロビンス）

薦	○小学生　○中学生　○高校生　●大学生　●社会人	リスニング難易度	発売元：ワーナー・ブラザース ホームエンターテイメント （平成29年2月現在、本体価格） DVD価格：1,429円　ブルーレイ価格：2,381円

お薦めの理由	ティム・ロビンスが、『ラスト・サムライ』で助演男優賞にノミネートされた渡辺謙を制してオスカーを勝ち取り、主演のショーン・ペンとともにアカデミー賞をはじめあらゆる賞を総なめにした映画です。イーストウッド監督は善悪の判断を押しつけることなくそれぞれのキャラクターをさらりと描いていますが、それが作品をかえって濃密な仕上がりにしています。大人の世界の英語をぜひ味わってください。	スピード	4
		明瞭さ	4
		米国訛	2
		米国外訛	1
		語彙	4
英語の特徴	ボストンが舞台とはいえ、心を病んだ男のモソモソとした話し方、刑事の早口、犯罪に手を染めた男のとても品があるとは言えない言葉づかいなど、リスニングに不向きな英語もあります。しかし日常的にすべての話者が滑舌よくわかりやすく話してくれるわけではありませんから、上級者はこのような映画に挑戦しましょう。ただし、ののしり言葉には気をつけてください。女性たちのセリフは聞き取りやすいです。	専門語	4
		ジョーク	2
		スラング	4
		文法	3

授業での留意点

内容的にも大人向けの映画ですから、大人らしいセリフに注目してみましょう。

①大人の後悔―仮定法の使い方

　大人になると過去の出来事を振り返り、やり直したいと思うことも増えるかもしれません。この映画では、子供の頃の誘拐事件が3人の人生の大きなターニングポイントになっていますから、「もしもあのとき…」という仮定をして自分の半生を振り返ります。

　ジミーは娘の遺体を確認した後、今は刑事となっているショーンに言います。（Chapter 11）

　"What if you or I had gotten into that car instead of Dave Boyle? If I'd gotten into that car that day, my life would have been a different thing."「もしあの車に乗り込んだのがデイヴじゃなくておまえか俺だったら？もし俺が乗ってたら、人生まったく違ってただろうに」

ジミーは怖いものなしの強い性格で、18歳のとき結婚しケイティが生まれます。でももし自分があのとき誘拐されていたらデイヴのようにひきこもっていたはず、ケイティが生まれることもなかった、娘がこんな事件に巻き込まれるくらいだったら、自分がデイヴのようになればよかった、と父親の偽らざる気持ちを吐露します。最初のセリフは "What if ..."「もし…だったらどうする？」の形を使った仮定法過去完了です。2つめのセリフは通常の仮定法過去完了の形をとり、「もし…だったら、…だっただろう」と素直に解釈できます。仮定法過去完了とは見た目の時制が過去完了（had - ed）ということで、意味上は過去にありえなかったことを表します。

　他の2人も同じ仮定の話をします。

Dave: You'd know what I mean if you'd got in that car instead of me. （Chapter 32）

Sean: I think all three of us got in that car. And all of this is just a dream, you know? In reality, we're still 11-year-old boys locked in a cellar, imagining what our lives would have been if we'd escaped. （Chapter 33）

デイヴの仮定法は前半が仮定法過去、後半が過去完了で、「過去に…だったら、今…だろうに」という、過去と現在のつながりがよくわかる形です。ショーンのセリフは途中までが事実で、「想像」（imagining）の中だけが仮定法です。いまだに3人が過去の出来事に縛られている様子を表す、映画の中でいちばん詩的なセリフです。

②あくまでも夫を立てるジミーの妻アナベス

　ジミーがデイヴ殺しを告白したときの妻は、この映画でいちばん恐ろしい存在かもしれません。ここでは細かく取り上げることはしませんが、何が怖いのか、英語をじっくり聞き取ってください。

映画の背景と見所

　ボストンの労働者階級が住む街が舞台で、オープニングからなにやら淀んだ空気を感じさせる映画です。犯罪に手を染めた男が復讐心から無実の幼なじみを手にかけてしまいますが、"We bury our sins here, we wash them clean." と言って、ミスティック川で罪を洗い流します。犯罪映画ですがこのような宗教的な言及がいくつかあります。たとえばオープニングの誘拐犯の1人は司祭の指輪（bishop's ring）を身に着けていますが、2002年にボストンのカトリック教会で起きた性的虐待事件（the priest scandal in the Boston Archdiocese）を示唆していると思われます。ケイティが殺害されたのは妹の聖体拝領の日でした。カトリック教会で行われる儀式ですが、マーカム夫妻の信仰に物言いがついた感があります。罪を洗い流すための川が常にそこになければならないほど、この街には罪があふれているのかもしれません。

　ラストシーンのパレードでマーチングバンドが演奏する曲は John Philip Sousa の "Semper Fidelis"（ラテン語で "always faithful" の意味）です。米国海兵隊のために作曲されたもので、「任務に忠実」であるべきという意味ですが、妻として夫に忠実であるべき、という意味にもとれます。家族愛が奇妙な形で実現される後味の悪い作品ですが、唯一見る者の心を和ませるのは、刑事ショーンの妻が帰ってくる結末でしょう。

スタッフ	監督・製作・音楽：クリント・イーストウッド 製作総指揮　　：ブルース・バーマン 脚　本　　　　：ブライアン・ヘルゲランド 原　作　　　　：デニス・ルヘイン 美術監督　　　：ジャック・G・テイラー・ジュニア	キャスト	ジミー・マーカム　　　：ショーン・ペン デイヴ・ボイル　　　　：ティム・ロビンス ショーン・ディヴァイン：ケヴィン・ベーコン ホワイティ・パワーズ　：ローレンス・フィッシュバーン アナベス・マーカム　　：ローラ・リニー

ミルク	Milk	（執筆）安田　優

セリフ紹介

　警官によるゲイバーの暴力的な手入れ（crackdown）後、ミルクが政治に関わる必要性を感じる場面です（00:16:54）。

Milk: If we had someone in government who saw things the way that we see them, like the black community has black leaders that look out for their interests. Politics is theater. It doesn't matter so much about winning. You make a statement. You say, I'm here. You get their attention. I mean, it'll be fun.

　ここでは "If we had…" と実際にはいないが「もしいれば」と仮定法過去を用いた願望が示されています。黒人コミュニティーには彼らの利害に目配りする指導者がいるのに対して、同じマイノリティーであるゲイ・コミュニティーには代弁者がいないのにということです。"someone… we see them" までは直訳では「私たちが物事を捉えるやり方で物事を捉える行政に携わる者」となり、ここではコミュニティーの "leader" と同義です。また政治を劇場にたとえていますが、観客=聴衆の受け止め方を意識し、一定の効果を生み出すために演じる=話すという点で共通項があります。代弁者を持たない、同性愛者の危うい状況については、続くミルクの語りにも見ることができます。

Milk: Even though the Castro was firmly our area by 1973 it wasn't safe for us. We would have to wear whistles on our necks or in our pockets. And if you ever heard a whistle, you would run to help.

　同性愛者の多いカストロ地区でさえ、彼らにとって必ずしも安全ではなく、緊急時に助けを呼ぶ笛を携帯する必要があったのです。ここではミルクの回想という形を取っているため、過去の習慣を表す "would" が使われています。

学習ポイント

　性的マイノリティーへの偏見は根強く、実は米国でも、保守派を中心に同性愛を非難する動きが途絶えることはありません。マイノリティーと触れる機会がない、と考える人もいるかもしれませんが、マイノリティーは数の問題だけではなく、権力を持っているかどうかという問題でもあります。現在では改善されている部分もあるかもしれませんが、家父長制社会においては、多くの場面で男性に比べて不利益を被る女性もまた、マイノリティーと言えます。性的マイノリティーの中でも、男性同性愛者に関しては、自ら同性愛者であることを公言（come out）しない限り、他者はその性指向を認識することはできません。ミルク暗殺後の追悼行進の映像にかぶさって流れる語り（01:58:42）を見てみましょう。自らの死後を想定し、ミルクが主張を朗読録音したものであり、言い含めるような発話が印象的です。

I ask this, that ①If there be an assassination, I would want five, ten, a hundred, a thousand to rise. ②If a bullet should enter my brain, let it destroy every closet door. I ask for the movement to continue, because ③it's not about personal gain, and it's not about ego, and it's not about power. It's about the "us's" out there. ④Not just the gays, but the Blacks and the Asians, and the seniors, and the disabled. The "us's." Without hope, the "us's" give up. And I know you can't live on hope alone. But without hope, life is not worth living. So you, and you, and you… you got to give them hope. You got to give them hope.

　仮定法（右頁参照）を使った①と②の発話はほぼ同義で、暗殺されたら多くの人に立ち上がってほしい、ということです。"in the closet" で「ゲイであることを隠す」という意味があります。②の直訳は「銃弾にクローゼットのドアを壊させろ」ですが、要はミルクが全ての同性愛者の "come out" を望むということです。同性愛者への暴力を想起させる語 "bullet"（銃弾）と「（自由に）～させる」という意の使役動詞 "let" を用いることで、同性愛者を襲う銃弾をこそ、逆説的に同性愛者を自由にする契機にせよ、と抑圧に屈しない姿勢を強調しています。男性同性愛者は、家父長制社会では性指向を明示しなければ、異性愛男性として通り（pass for heterosexuals）、アイデンティティーの抑圧と引きかえに、男性の特権を享受できます。これは男性中心社会を維持するための一戦略でしょう。しかし、その誘惑に負けると、自らの真の声を失います。身の危険を伴うかもしれませんが、自らを偽らずに立ち上がるべきだ、ということがミルクの主張です。更にミルクは被抑圧者側の連帯の必要性を訴えます。③と④では "not A (but) B"（「A ではなく B だ」）という形で、B 部分を強調しています。"us's" と us を複数にすることで、他の社会的弱者と連携し、権力側に主張し、立ち向かうべきということです。もちろんミルクはその困難さも認識していますが、「希望」に望みを託しているのです。

あらすじ

　同性愛者だと公言し、公職に就いた最初の人物がハーヴェイ・ミルクです。1972年にミルクと彼の恋人スコット・スミスは、サンフランシスコのカストロ・ストリートに引っ越しし、カメラ屋を始めます。そこに同性愛者たちが集まりだすと、保守系住民が彼らを疎んじるようになります。ミルクはその対抗策として、新たな商工会を立ち上げ、「カストロ・ストリートの市長」という名で知られるようになります。

　1973年以降、同性愛者を含む社会的弱者や人種的マイノリティーの権利・機会の平等、地位向上を求め、ミルクは市政執行委員に立候補します。1977年、3度目の立候補で初当選を果たします。委員となったミルクは、カリフォルニアの公立高校で働く同性愛者の教師を、それだけで解雇できるという法修正案プロポジション6号を巡る住民投票のために奔走します。米国で同性愛者の権利を守るためには、負けられない戦いだったのです。ミルクは、当時のレーガン大統領などの支持を勝ち取り、プロポジション6号は否決されます。その後、1978年、かねてミルクと難しい関係にあった保守派の市政執行委員ダン・ホワイトが、彼の管轄区における精神病院開設の件や、彼自身の意思による執行委員辞職と復職の件などで、ミルクと市長を逆恨みし、彼らを射殺します。ミルクたちを悼み行進する人々の映像と、ミルクの言葉とともに映画は幕を閉じます。

映画情報

製作費：2,000万ドル	公開日：2008年11月26日（米国）
製作年：2008年	2009年 4月18日（日本）
製作国：米国	上映時間：128分
配給会社：フォーカス・フィーチャーズ	興行収入：3,184万1,299ドル（米国）
ジャンル：伝記、ドラマ、歴史	MPAA（上映制限）：PG-12

薦	○小学生 ○中学生 ●高校生 ●大学生 ○社会人	リスニング難易度	発売元：ポニーキャニオン （平成29年2月現在、本体価格） DVD価格：3,800円

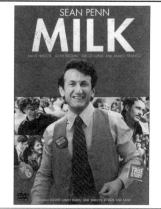

お薦めの理由	同性愛者をその外見から識別することはできません。日本のメディアでも、同性愛者に関する正確な情報が少ないが故に、偏見に満ちた、誤解を招く表現がなされることがあります。意思疎通では、相手に敬意を払うことが必要です。そのためには、相手を知らねばなりません。同性愛者の一歴史を学び、異性愛者同様、彼らが権利を守られるべき存在であることを知ることは、多様な社会で生きる上で有用です。

スピード	3
明瞭さ	4
米国訛	3
米国外訛	1
語彙	3
専門語	3
ジョーク	3
スラング	2
文法	3

英語の特徴	聞き取りづらいセリフもありますが、全体的には聞きやすいでしょう。"straight"（異性愛者）や"homosexual"（同性愛者）など性指向に関連する表現、また"run for office"（公職に立候補する）、"supervisor"（市政執行委員）、"campaign"（選挙・政治運動）、"make a statement"（声明を発表する）、"movement"（政治・社会活動）、"activist"（活動家）など政治関連の表現などを学べます。

授業での留意点	この作品では、条件節（従属節）＋帰結節（主節）のパターンの仮定法表現が多く見られます。仮定法が苦手な人も多いと思いますが、ミルクのセリフのいくつかをもとに基本的な文法事項の復習をしてみるといいでしょう。下表は if-節を用いた仮定法の基本パターンです。必ずしも表の通りに使われる訳ではありませんが、基本パターンを覚えておくことで実際の会話や TOEIC などの資格試験に応用しやすくなります。

①仮定法現在	If ＋ 主語 ＋ 現在形 / 原形〜, 主語 ＋ 現在形 / 未来形….	実現するかどうかの可能性は半々
②仮定法過去	If ＋ 主語 ＋ 過去形（be 動詞は were / 口語では was も）〜, 主語 ＋ would / should / could / might ＋ 原形….	現在の事実とは反対のことを仮定
③仮定法過去完了	If ＋ 主語 ＋ had ＋ 過去分詞〜, 主語 ＋ would / should /could /might ＋ have ＋過去分詞….	過去の事実とは反対のことを仮定
④仮定法未来	If ＋ 主語 ＋ should ＋ 原形, 主語 ＋ would (will) / should (shall) / could (can) / might (may) ＋ 原形….	事実になる見込みはほぼないような仮定

映画冒頭のセリフでは、"If I was speaking to a slightly hostile audience, or a mostly straight one, I might break the tension with a joke."（敵対的な聴衆、異性愛者が大多数の聴衆に話すとすれば、ジョークで緊張を和らげるだろう）という仮定法表現が使われています。仮定法過去は、内容的にあり得る/得ないことのどちらの可能性もありますが、「あり得ないけれど」という話者の気持ちを示すことが多いでしょう。ここではミルクが、反感を持つ聴衆に話すという状況を、望ましくはないと考えていることが読み取れます。話者がどのような気持ちで仮定法を使っているかについて、セリフをもとに考えてみてもいいでしょう。また、if を省略し、主語と動詞/助動詞を倒置することで、同様の意味を示すことができます。仮定法過去の場合は、were か had を使っている場合に限定されます。この場合は "If I were speaking to..."がより標準的表現ですので、"Were I speaking..., I might..."とすれば、if を使わずに表現できます。TOEIC などにも役立ちますので、仮定法過去・仮定法過去完了の倒置表現も併せて頭に入れておきましょう。

ここではジョークの有用性も示されています。話者に批判的な相手との対話では、ジョークは特に有効です。具体例として、ミルクが "I know. I know I'm not what you expected, but I left my high heels at home."と、聴衆の面前で話す場面が提示されています。異性愛者が抱く男性同性愛者のステレオタイプ（女性的・女装など）を逆手に取り、「ハイヒールを家に忘れてきた」と笑わせ、聴衆との距離を縮め、コミュニケーションを円滑にしているのです。

映画の背景と見所	本作品は、ハーヴェイ・ミルクの伝記的事実に基づいて製作されたものです。第81回のアカデミー賞では8部門でノミネートされました。作品賞は逃しましたが、脚本賞と主演男優賞の2部門で受賞しています。舞台となるサンフランシスコは同性婚を認めるようなリベラルな土地柄で知られ、カストロ・ストリートは大規模なゲイ・コミュニティーの中心です。保守的な田舎では、1998年に当時21歳のマシュー・シェパードが殺害されたように、同性愛者であることを理由にした暴力・殺人が起こりやすいと言えますが、サンフランシスコのような都会でも全く起こらないわけではありません。マシューの事件を契機に、マイノリティーへの憎悪や偏見に基づく「ヘイト・クライム」の適用対象として性的マイノリティーが加えられることになりました。本作冒頭でもミルクが "This is Harvey Milk speaking on Friday, November 18th. This is only to be played in the event of my death by assassination."（00:02:31-）と、自らの暗殺を想定して録音を行うように、性的マイノリティーは最悪の場合、生命を脅かされることもあります。また異性愛者であれば当然持つ権利を奪われることもあります。それゆえ、ミルクをはじめとする性的マイノリティーは声を上げるのです。ミルクたちが彼らの権利を守るために命懸けで戦っていたのだということを意識して、作品を鑑賞してみてください。性的マイノリティーを扱う『トーチソング・トリロジー』（1988）も併せて鑑賞するといいでしょう。

スタッフ	監 督：ガス・ヴァン・サント 脚 本：ダスティン・ランス・ブラック 製 作：ダン・ジンクス、ブルース・コーエン 撮 影：ハリス・サヴィデス 音 楽：ダニー・エルフマン	キャスト	ハーヴェイ・ミルク ：ショーン・ペン スコット・スミス ：ジェイムズ・フランコ ダン・ホワイト ：ジョシュ・ブローリン クリーヴ・ジョーンズ：エミール・ハーシュ ジャック・リラ ：ディエゴ・ルナ

	麦の穂をゆらす風	The Wind That Shakes the Barley	（執筆）磯部　哲也

セリフ紹介	Officer : I, too, serve my government.　「私も政府に仕えています」 Damien: Your government suppresses our parliament, bans our papers. Your presence here is a crime, a foreign occupation. What's a democrat to do? Turn the other for another 700 years? 　　　「その政府は我々の議会を抑圧し、我々の新聞を発行禁止にしている。君たちがここにいることは、犯罪だ。外国からの占領だ。民主主義者は何をするべきか。もう７００年間おとなしくしていろというのか」 　アイルランドのレンスター王であったダーモット・マクローは退位させられた自分の王国を取り戻そうとして、イングランド王ヘンリー二世に助けを求めました。1171年に、ヘンリー二世はアイルランドに来島しました。そのとき以来700年間以上、アイルランドは英国の支配下に置かれることになりました。 Damien: I studied anatomy for five years and now I'm going to shoot this man in his head. I've known Chris since he was a child. I hope this Ireland we're fighting for is worth it. 　　　「僕は５年間解剖学を勉強した。今、この男の頭を撃とうとしている。クリスは子供のときから知っている。このアイルランドにそれだけの価値があってほしいものだ」 　医学校を卒業したデミアンは、仲間を引き渡した領主ハミルトンだけでなく、密告した幼いころから知っている少年クリスさえ処刑しなければならいジレンマに陥ります。自分が目指す国家がそれだけの価値があると信じることだけが心のよりどころとなっています。デミアンは医師として常にけが人の手当てをしています。

学習ポイント	アイルランドの歴史を調べてみましょう。映画は1920-22年までの3年間にアイルランドの地方に住むデミアンの行動や彼のまわりで起こった出来事しか描いていませんが、セリフの中にはダブリンで起こった歴史的事件への言及があります。デミアンと一緒にブラック・アンド・タンズによって捕らえられた鉄道の運転手ダンは、ダブリンで24,000人の労働者がロックアウトされた1913年の労働争議の最中に、ジェームズ・コノリーの演説を聞いたことをデミアンに話します。1916年にイースター蜂起が起こりました。パトリック・ピアスは中央郵便局前で、「アイルランド共和国宣言」を読み上げましたが、1週間で鎮圧されました。1918年の総選挙で、シン・フェイン党はアイルランドの105議席中73議席を獲得、英国議会に登院せず国民議会を設立しました。アイルランド義勇軍は、正規軍としてアイルランド共和国軍（IRA）となり、英国政府は弾圧部隊としてブラック・アンド・タンズを組織しました。1919年に対英独立戦争が開始しました。このような状況で、映画は始まります。 　IRA によるゲリラ的戦闘と報復行為が続きました。英国政府は、1920年にアイルランド統治法を成立させ、アイルランドを北6州と南26州に分割しました。北6州はこの統治法を受け入れ、1921年に北アイルランド議会を設立しました。南26州も1921年7月に休戦に応じました。デミアンたちは、フィンバーからの手紙で休戦を知ることになります。12月に、英国＝アイルランド条約が締結（ていけつ）されました。シン・フェイン党の代表者はマイケル・コリンズとアーサー・グリフィスら5人で、英国の代表者は英国首相のロイド・ジョージ、チャーチルら7人でした。デミアンたちは、和平会議の様子と条約の調印を映画館でのニュース映像を通して知ることとなります。英国＝アイルランド条約で、北6州の分離を認めて、イギリス国王に忠誠宣誓を行うことにより自治領としてのアイルランド自由国が成立することが合意されました。この条約の批准をめぐって、国民議会は真っ二つに分裂、条約の賛否についての議論が地方でも活発に行われている様子が描かれています。1922年1月に、64対57で条約は批准され、アイルランド自由国が成立しました。そして、条約賛成派と条約反対派との間での内戦は、アイルランド共和国軍がたてこもっていたフォー・コーツ（アイルランド最高法廷）を自由国軍が爆撃したことで、1922年6月に起こりました。デミアンたちは、ダブリンにいるフィンバーからの電報で、フォー・コーツの爆撃が伝えられ、自由国軍に反撃を開始するように指令されます。条約反対派であるデミアンと条約賛成派である兄テディは、今後、敵同士として争うことになります。内戦は1923年5月まで続き、条約賛成派の政府自由国軍が勝利を収める結果となりました。アイルランド自由国は、1949年に英連邦から離脱し、アイルランド共和国となります。依然として北6州は分離されたままの状態だったため、1960年末から始まる北アイルランド紛争が引き起こされることとなります。

あらすじ	1920年のアイルランド。医学校を卒業したばかりのデミアンは、ロンドンで職に就くため村を出る予定でした。友人ミホールは、英国兵に英語名ではなく、アイルランド語で名前を言うことに固守したため、英国兵に殺されることになります。駅で英国軍の搭乗を拒否する車掌と運転手を英国軍が襲う光景を目撃します。そこで、デミアンは IRA に入隊することを決意します。デミアンは、遊撃隊として動き、武器を奪うために警察の兵舎を襲います。デミアンと同志は、アイルランド人の少年クリスの密告により、英国兵に捕えられますが、処刑される日に、ドネゴール出身の父親を持つ英国兵の手引きによって脱走します。デミアンは、密告を強要した領主ハミルトンと密告したクリスを処刑します。デミアンたちは、増援部隊を襲撃するゲリラ活動を完了したあと、突然、休戦の知らせを受け取ります。映画館で、英国＝アイルランド条約の交渉風景をニュース映像で見ます。条約の賛否を問う議論が活発に行われることになります。1922年にアイルランド自由国が成立。英国軍が撤退し、アイルランド自由国軍が誕生します。内乱が起こり、デミアンは条約反対派として活動、兄テディは条約賛成派としてアイルランド自由国軍に加わります。デミアンたちが兵舎を襲撃したとき、仲間のダンが撃たれ、デミアンも捕らえられます。テディは、デミアンに仲間のアジトと武器のありかを言えば、命は助かると訴えますが、デミアンは密告を拒否し処刑されます。

映画情報	製 作 費：650万ユーロ　　製 作 年：2006年 製 作 国：アイルランド、英国、ドイツ、イタリア 　　　　　　スペイン 言　　　語：英語 ジャンル：ドラマ、戦争	公開情報	公 開 日：2006年　5月18日（フランス） 　　　　　　2006年　6月23日（英国） 　　　　　　2006年11月18日（日本） 上演時間：126分　　興行収入：2289万9908ドル 受　　賞：カンヌ国際映画祭パルムドール受賞

薦	○小学生　○中学生　○高校生　●大学生　●社会人	リスニング難易度	発売元：NBCユニバーサル・エンターテイメント（平成29年2月現在、本体価格）DVD価格：4,700円

お薦めの理由	アイルランド自由国の成立前後の1920-22年までの状況を、ダブリンではなく地方での独立戦争を描いています。歴史上の有名な人物を登場させるのではなく、医学生や一般市民を描いています。特殊な独立戦争ではなく、普遍的で現代的な意味 —巨大な軍事力に対するゲリラ的な戦闘、内戦における兄弟同士の対立や戦いの目的— を探求しようとする作品です。	スピード	4
		明瞭さ	4
		米国訛	5
		米国外訛	5
英語の特徴	アイルランド人役は、アイルランド英語（特にコーク地方）の発音を使い、スコットランド英語の発音を使う英国人役もいるため、聞きづらいです。老人役やパブなどでの地元住民同士での会話は、特に聞き取りにくい英語を話します。条約の賛否をめぐる場面では、背景を知らなければ理解できない用語がでてくる上に、議論も早口となっています。さらに、アイルランド語も出てきます。	語　彙	3
		専門語	5
		ジョーク	4
		スラング	4
		文　法	4

授業での留意点

映画には、アイルランド特有の文化が描かれています。その歴史を調べてみましょう。

① 「麦の穂をゆらす風（The Wind That Shakes the Barley）」
　ミホールの葬儀のときに歌われる歌は、リムリック生まれの詩人ロバート・ドワイヤー・ジョイス（1836-83）によって書かれたバラッド「麦の穂をゆらす風」です。映画の題名はこのバラッドに由来しています。歌は、恋人と一緒に暮らすか、それとも1798年の蜂起に加わり祖国のために戦うかについて悩むアイルランドの青年を描いています。詩の中に出てくる大麦は、行軍の時に食料として大麦を携帯していたことに関係しています。蜂起後、春になるとアイルランド兵士が埋葬された墓から大麦の芽が生えてきたことから、大麦は英国支配に対して決して屈服しないアイルランド・ナショナリズム精神の象徴として考えられるようになりました。

② 「兵士の歌（Soldier's Song）」
　テディ・オドノヴァンが仲間の名前とアジトの場所をはくように拷問にかけられているとき、ほかの部屋に閉じ込められているデミアンたちは、テディが屈服しないように励ますために、「兵士の歌」をアイルランド語で歌います。この歌は、1907年にパダー・カーニーが書いた英語の歌詞をリーアム・オーリーンがアイルランド語に訳し、パトリック・ヒーニーが作曲したものです。1912年に「アイリッシュ・フリーダム」紙に初めて掲載されました。1916年のイースター蜂起におけるアイルランド義勇軍の行進曲として歌われていました。1926年に国歌として採用されました。英語の冒頭の歌詞は次の通りです。
We'll sing a song, a soldier's song, / With cheering rousing chorus,「我々は歌う、兵士の歌を／激励する合唱と共に」

③ アイリッシュ・ダンス
　休戦後、デミアンたちは、ホールでアイリッシュ・ダンスを踊っています。英国支配下では、踊ることが禁止されていました。そのため、外から窓を通して見たとき、踊っていることが見つからないように、上半身を動かさないで、足だけで踊るアイリッシュ・ダンスが考案されました。アイリッシュ・ダンスも、アイルランド人の英国支配への1つの抵抗でもあります。

④ ハーリング
　アイルランドに古くから伝わる球技です。ハーリーと呼ばれる木製のスティックでボールを打ち、相手ゴールに入れて得点を争うゲームです。映画の冒頭で、ハーリングをしていた青年たちが、IRAに入隊したあと、スティックを銃に見立てて構え、訓練を受けている様子が描かれています。

映画の背景と見所

　デミアンは、医学の道を捨て、心ならずもIRAに入隊し、祖国の独立のために戦うことになりました。デミアンにとって、自由国成立までに戦ってきた目的と自由国成立後に起こった内戦で戦う目的は、誰と戦うから、何のために戦うかへと意味が変わってしまいました。
　デミアンは処刑される前に、シネードに手紙を書き、彼の望む国家の到来にはまだ時間がかかることを述べます。「戦争に加わりたくなかったけれども、加わってしまった。今は逃げたいけれども、逃げられない。我々は不思議な民族だ。君は子供たちに自由を味わってほしいと言っていたね。僕もそれを願っている。しかし、僕たちが想像したよりも長くかかりそうだ」
　デミアンの命は尽きてしまいましたが、内戦は23年まで続きます。北アイルランド紛争は、1960年代末に始まり、和平合意が成立する1998年まで続きます。デミアンと同時代の歴史上の人物マイケル・コリンズやイーモン・デ・ヴァレラを描いた『マイケル・コリンズ』（1996）と『麦の穂をゆらす風』を比較して見てみましょう。さらに、北アイルランド紛争を描いた『邪魔者は殺せ』（1947）、『クライング・ゲーム』（1992）、『ブラディ・サンデー』（2002）を見て、アイルランド統治法がもたらした負の遺産を考えてみましょう。

スタッフ

監　督：ケン・ローチ
脚　本：ポール・ラヴァティ
製　作：レベッカ・オブライエン
撮　影：バリー・エイクロイド
音　楽：ジョージ・フェントン

キャスト

デミアン：キリアン・マーフィー
テディ　：ポードリック・ディレーニー
ダン　　：リーアム・カニンガム
シネード：オーラ・フィッツジェラルド
ペギー　：メアリー・リオドン

めぐりあう時間たち	**The Hours**	（執筆）須田　久美子	

<table>
<tr><td rowspan="1">セリフ紹介</td><td>

Virginia : Mrs. Dalloway said she would buy the flowers herself.
Clarissa : Sally, I think I'll buy the flowers myself.
Laura 　 : It is your birthday, you shouldn't be up buying me flowers.

　これらのセリフは、『ダロウェイ夫人』をめぐるこの映画において、3人の主人公たちをつなぐ言葉です。一番上のヴァージニアとは実在の作家ヴァージニア・ウルフのことで、彼女のセリフは小説『ダロウェイ夫人』の冒頭です。「花を買う」という言葉を合図に、ヴァージニア、ローラ、クラリッサたち、異なる時代を生きる3人の時間が動き出します。それらはやがて絡み合い、1つの大きな物語となっていくのです。

Virginia : I wish, for your sake, Leonard, that I were happy in this quietness, but if it is choice between Richmond and death... I choose death.
Clarissa : It would be wonderful to say you regret it. It would be easy... but what does it mean? What does it mean to regret when you have no choice? It's what you can bare. There it is no one is going to forgive me. It was death. I chose life.

　物語が展開すると、主人公たちは自身が抱えてきた問題に直面することになります。自分の意志ではなく、他の誰かに決められたり与えられたりした人生は、ヴァージニアとクラリッサに言わせれば"death"なのです。彼女たちは自ら人生の選択をすることになり、クラリッサもまた、現実から目を逸らし続けることをやめ、決断の時を迎えます。

</td></tr>
</table>

<table>
<tr><td>学習ポイント</td><td>

　3人の主人公たちが抱える問題や葛藤はどういうものなのか、まずはじっくり考えてみる中に、映画を教材として用いる意義があると思います。その上で、主人公たちを取り巻く環境や背景について学ぶとより面白いでしょう。

　主人公たちは何不自由ない生活をしているように見えます。ヴァージニアは理解ある夫を伴侶として持つ作家、ローラは快適な一軒家の専業主婦で第二子を妊娠中、クラリッサは同性のパートナーと暮らし編集長として生きています。充実した生活を手に入れているかのような彼女たちに、いったい何の問題があるのでしょうか。

　その点を考えるにあたり、まずは何気ないセリフに注目するとよいでしょう。物語の起点となる言葉は、上記の項目であげたように、パーティのための「花を買う」というセリフですが、そこから何が分かるでしょうか。誰かのために「花を買う」人とはどのような人物でしょうか。それは人をもてなす行為として常識的かつ好ましいことであり、その人物は社交的で、充足した生活を送っていることを想像させます。

　ところが、映画ではその行為の痛ましさが露わになってきます。『ダロウェイ夫人』を読むローラは、主人公ダロウェイ夫人のことを、"This woman is incredibly.... Well, she's a hostess, and she's incredibly confident and she's going to give a party. And maybe because she's confident, everyone thinks she's fine... but she isn't." と、すなわち、パーティ準備に忙しく立ち回るダロウェイ夫人は偽りの幸せの中にあると言い、その姿は、夫のためにささやかな誕生会の準備をするローラ自身であるのです。同様に、クラリッサは文学賞をとった友人リチャードのためにパーティを開こうとしますが、彼に、"Oh, Mrs. Dalloway... always giving parties... to cover the silence" と言われ、たじろぎます。そして自らも "Just daily stuff, you know, schedules and parties, and details" で埋め尽くされた生活を送っていること、自分は「偽りの慰め（false comfort）」に逃げていることを認めます。クラリッサもまた小説のダロウェイ夫人のように、自分の空っぽな人生に気が付かないふりをして、誰かのためと称して花を買い、パーティを開くことで虚しい日々を慰めているということになるのです。

　主人公たちは、そのような生き方に疑問を持ち始めます。夫のためのケーキをレシピ通りに作れないローラは、マニュアル通りのいわゆる「良妻賢母」の人生が合わない姿を暗示します。自分の人生はこれでいいのだろうか、いったい自分はどんな人生を望んでいるのか、という問いに向き合うとき、そこには苦しみも伴うのですが、それは自分の可能性の追求でもあるのです。ヴァージニアは、"You cannot find peace by avoiding life." と言いますが、「生きる」とは、自分の意志で自分の人生を選択するということです。ふとしたセリフには人生の深い問いが込められ、その意味を、主人公たちを取り巻く背景と合わせて考えてみると、有意義な学習になるはずです。

</td></tr>
</table>

<table>
<tr><td>あらすじ</td><td>

　この映画は、英国の作家ヴァージニア・ウルフの『ダロウェイ夫人』をモチーフとした物語です。映画は、ヴァージニア・ウルフが夫に宛てた手紙を読み、入水自殺するシーンから始まります。そして時代が進み、ローラ・ブラウン、クラリッサ・ヴォーンの物語が始まります。これら3人の主人公ですが、ヴァージニアは『ダロウェイ夫人』の作者であり、ローラは読者、クラリッサは「ダロウェイ夫人」とあだ名されています。

　1923年、リッチモンドで、ヴァージニア・ウルフはロンドンの喧騒から離れた町で療養生活を送りながら『ダロウェイ夫人』の執筆にあたっています。1951年、ロサンゼルスで、ローラ・ブラウンは夫と幼い息子と一軒家で暮らす専業主婦です。おとなしく控えめな良妻賢母といった様子で、夫のためにケーキを焼き、ささやかな誕生会の準備をするところです。2001年、ニューヨーク市で、クラリッサは文学賞をとった友人かつ昔のボーイフレンドであるリチャードのためにパーティを開こうとしています。

　これら3人の「ダロウェイ夫人」たちは、「花を買う」という言葉を合図に、生きる時代や場所は異なれど、彼女たちの時間は互いに絡み、大きな流れとなって現れてきます。本当の意味で生きるとはどういうことか、という問いに、それぞれが出す答えとは…？

</td></tr>
</table>

映画情報	製　作　費：2,500万ドル 製　作　年：2002年 製　作　国：米国、英国 配給会社：パラマウント映画（米国）　　　　　　　アスミック・エース（日本）	公開情報	公　開　日：2002年12月25日（米国）　　　　　　　　　2003年 2月14日（英国） 上映時間：114分 興行収入：1億884万6,072ドル 受　　　賞：アカデミー主演女優賞

薦	○小学生 ○中学生 ○高校生 ●大学生 ●社会人	リスニング難易度	発売元：ワーナー・ブラザース ホームエンターテイメント（平成29年2月現在、本体価格）DVD価格：1,429円 ブルーレイ価格：2,381円

スピード	3	
明瞭さ	3	
米国訛	3	
米国外訛	3	
語彙	3	
専門語	2	
ジョーク	1	
スラング	1	
文法	3	

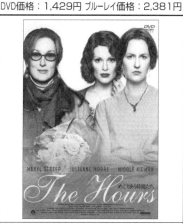

お薦めの理由

自分の人生は本当に自分の意志で選んだものでしょうか。この問いかけは、若い学生たちにとっても無関係ではないでしょう。英国の作家ヴァージニア・ウルフの小説『ダロウェイ夫人』を土台に、3人の女性の物語が絡み合っていく様は、視聴者を引き込みます。生きることとはどういうことか、誰しもが行き当たる人生の問いを、主人公の女性たちの視点を通して見つめることができる作品です。

英語の特徴

難解な単語や表現は特になく、配慮が必要な言葉遣い等もありません。一方で、妊娠や出産、病気に関する婉曲な表現があり、会話の中でさっと流れていくので、少し注意する必要があるでしょう。例えば、クラリッサは「娘の父親にあったことがない」と言いますが、人工授精で出産していることを示します。英語の発音に関しては、主演のニコール・キッドマンをはじめ、耳になじみやすい英語です。

授業での留意点

学生たちがこの映画をなんとなく見ているだけでは、ピンとこないまま終わってしまう可能性があります。主人公たちの何も問題のなさそうな様子の裏に、鋭い感性と深い葛藤があることを感じることができれば、彼女たちがどのように最終的な決断へと至ったのか考えることができ、映画の世界に入っていくことができるでしょう。そのためには、身近で何気ない場面やセリフの中に、人物たちの思考や感情を理解する手がかりがあることへの注意を促すとよいと思われます。

例えば、主人公たちが登場して間もないシーンに朝食の話題が出てきます。ヴァージニアは「朝食を食べたのか」と夫に尋ねられ、きちんと食べるよう促されます。ローラは、夫が息子に朝食を食べるよう言い聞かせる場面を見ます。クラリッサはリチャードに朝食を食べるよう促します。映画の世界でなくとも、朝食を食べることは良いことと見なされるでしょうし、朝食をとる人間は健康で健全なのかもしれません。しかしそれは、ともすると、健全な人間なら朝食を食べるのが当然であり、そのルールまたは義務に従わない人間はどこか変なのではないかということにもなりかねません。起床したら朝食を食べるという常識にあてはまらない人物たちの姿は、マニュアル通りの人生を歩むことに戸惑いをみせる姿にもつながっていくのです。特にヴァージニアは、食事について敏感な反応を見せます。料理係が苦労して作った夕食を食べるのは「義務（obligation）」だと夫に言われたとき、彼女は "There's no such obligation. No such obligation exists!" と、激しく言い返します。自分は誰かに決められたルールや予定をただただこなす人間ではなく、自分の意志で生きたいのだと敢然と反抗します。このように、小さな話題の中にも、映画が浮き彫りにする人間の葛藤について考えてみるヒントがあり、それを通じて英語のセリフもより生き生きと感じることができます。

私たちは何かをする際にも「そうしなければならないから」している場合はないでしょうか。世間から、あるいは他人から求められているからという理由だけで選択してきたことはないでしょうか。あるべき姿の人間と、本当に自分が望む生き方とのギャップという問題は、若い学生たちにとっても共感できるテーマだと思います。映画が浮かび上がらせる人生の問いを、映画のセリフを通して身近なものとしてクラスで導入し、学生一人ひとりあるいは複数で議論させると面白いでしょう。ヴァージニアやローラが、今の生活を "death" だというのはなぜか、また、彼女たちが言う "life" とは何か、テーマを具体的に絞ってもよいと思われます。

また、映画に特に興味を持った学生には、モチーフになった作品、『ダロウェイ夫人』を読んでみるようすすめるとよいでしょう。意識の流れ手法として実験的な小説を生み出し、文学史的にも重要な作家ヴァージニア・ウルフの作品に触れることは、教養を深める良い機会になるはずです。

映画の背景と見所

3人の「ダロウェイ夫人」たちは、それぞれ別の時代を生きる女性たちであり、その背後からは異なる時代の姿が見えてきます。ヴァージニア・ウルフは精神の病を抱えながら執筆に専念する作家です。彼女のセリフに、「見下げ果てたヴィクトリア朝時代のやつら」とありますが、女性の生き方に関して言えば、女性を家庭という領域に押しこめた19世紀の価値観に対する反発と挑戦でもあります。ヴァージニアは、20世紀に入り、旧来の価値観や保守的な女性像を脱却した女性の象徴でもあるのです。そして、彼女の読者であるローラは、第二次世界大戦後の米国に生きています。彼女の夫はローラを我が理想と呼び、戦地にいる男たちの憧れの存在であったことを熱く語り、ローラ自身もまた自ら癒しの天使となって専業主婦を演じています。戦地から帰る男たちに慰めの場を提供することが、ローラの時代の女性たちに担わされた役割だったということです。そしてクラリッサは現代の米国において自立した一女性であり、また、彼女が同性の恋人をもつこと、人工授精で子供をもうけていることから、ずいぶんと時代の価値観が変遷したことをうかがわせます。一方で「進歩的」な女性クラリッサもまた、自分が一体どんな人生をのぞんでいるのか、現実を直視せず、身近な人間達と真剣に向かい合うことを避け、その中途半端な生き方に迷っています。背景も時代も異なる女性たちが、それぞれに抱える問題にいかに対処していくのかが一番の見所でしょう。

スタッフ

- 監督：スティーブン・ダルドリー
- 脚本：デヴィッド・ヘアー
- 製作：ロバート・フォックス、スコット・ルーディン
- 原作：マイケル・カニンガム
- 音楽：フィリップ・グラス

キャスト

- ヴァージニア・ウルフ：ニコール・キッドマン
- ローラ・ブラウン　　：ジュリアン・ムーア
- クラリッサ・ヴォーン：メリル・ストリープ
- リチャード・ブラウン：エド・ハリス
- レナード・ウルフ　　：スティーヴン・ディレイン

メンフィス・ベル	**Memphis Belle**	（執筆）井土　康仁

<table>
<tr>
<td rowspan="1">セリフ紹介</td>
<td>
　本作は戦闘シーンが中心にすえられておりますので、軍事用語や専門用語がたくさん出てきます。それらの表現を少しだけアレンジすれば、日常会話でも遜色（そんしょく）なく使えるものが数多くあります。たとえば "Watch that fighter in back." というような表現を覚えてしまえば、「後（方）にいるものに気をつけろ」というどこでも耳にする表現として使えます。あるいは「上（方）に」「下（方）に」という言葉も、"Three o'clock low." "Behind me, twelve o'clock high!" のように、簡単に言えることが学べるでしょう。
　あるいは映画では「あと3分半で爆撃行程に入る」と、少し軍事用語のようなこの表現も、英語にすると "We're three minutes, thirty seconds from the bomb run." のようになり、「あと何分で〜に到着する」というような、いつでも使える英文に応用できます。
　最後に、この映画のハイライトとも言える、ダニーを救おうとするバルとフィルのセリフを紹介します。
Val : It's his (Danny's) only chance.
Phil : No, you're his only chance, but you're too goddamn chicken to help him!
Val : If he stays on board, he'll die.
Phil : If you throw him out there, he's gonna die. And you know it! Val, you can save him! So what if-if you're not a-a doctor yet? You can-You can help him, I know you can! Val, he needs you! He's gonna die! Don't do this, Val. You'll always regret it. I know you're scared, b-but we're all scared! Now, go help Danny!
</td>
</tr>
<tr>
<td rowspan="1">学習ポイント</td>
<td>
　個性豊かな10人の若者が、映画の中心人物になっているので、彼らが話す英語が、この映画を授業で使う上での学習ポイントになるかと思われます。
　映画の語り（あるいは視点）が、1人に焦点をあてて語られているわけではないので、本編の筆頭主人公が見えづらい作りになっています。操縦士のデニスの名前が、クレジットの最初に出てくることを考えると、彼が主人公と考えてもいいように思います。実際デニスには、"captaincy" があり、彼のセリフからも、その重圧を担おうとする責任感が出ていることを考えれば、チームのまとめ役としての「主人公」と捉えるべきかと思います。しかしながら、デニスは最初から強い "captaincy" を発揮しているわけではありません。映画の中心となるフライトの前、彼は次のようなセリフ "Being Captain, well, uh, well, you've got nine men who are totally depending on you." を吐いています。なぜデニスがこのような言葉を漏らすかといえば、彼はもともと家具屋の息子だからです。"I (Dennis) was in the furniture business. This isn't like making furniture." 家具を作るという行為は、真摯に材料や道具と向き合うことであり、自分以外の人の命を預かることではありません。その重圧に耐えかねて、思わず言ってしまったセリフなのだと思われます。
　さらに出撃前、デニスは「メンフィス・ベル」号に向かって、やがてその荷がおりることから来るであろう、安堵感を口にしています。"Well, I, uh, I'm gonna miss ya (Memphis Belle), gal. We, uh, been together a long time (...) I can't believe it. It's gonna… be over so soon. I can't imagine goin' home. Home."
　しかしながら、デニスのセリフをつぶさに追えば、彼が自分の重責を果たし、そして成長していく過程を見ることが出来ます。映画の中盤近く、彼は次のようなことを言います。"Well, hey, fellas, think about this. My family has a furniture business. We make furniture, and then we sell it. You can all come to work for me." 修羅場を潜（くぐ）り抜けることで、生死を賭けてともに戦っている仲間との連帯感が生まれ、思わず語ったセリフのような印象を受けます。そしてダニーが負傷した際、キャプテンとして一歩引いたところから状況を的確に判断し決断を下します。
Dennis : All right, Val, I'll go along with anything you say. You're the doctor.
Val　　: We just don't have a choice, Dennis. We've got to do it.
Dennis : All right. Tell the men that's my decision.
「メンフィス・ベル」号に乗る若者たちのセリフを丁寧に追っていくことで、彼らの変化を見ることもこの映画での学習ポイントかと思います。
</td>
</tr>
<tr>
<td rowspan="1">あらすじ</td>
<td>
　第二次世界大戦の最中である、1943年。米国は、ナチス・ドイツに対して、爆撃体制を整えるため、英国に基地を構えています。戦火は次第に激しくなっていき、米国はドイツ本土にある、戦闘機の生産工場フルッグシバゥア工場への爆撃を決断します。
　「メンフィス・ベル」号に搭乗する10名の若者たちも、その作戦に加わります。そのメンバーは、文学好きや、病気がちで信仰心の篤い者、少年院にいた経験がある者など、様々な背景を持った若者ばかりです。作戦決行前夜、彼らはパーティに興じる一方、戦争の最前線へ飛び込んでいく恐怖を口にするものもいます。
　やがて夜が明け、若者たちは、これまで撃墜されることのなかった「メンフィス・ベル」号に乗り込み、飛び立っていきます。爆弾の投下目標地である、ブレーメンへの往路は順調に進んでいきます。冗談を交わしながら、ときにはドイツ軍の戦闘機とも一戦交えながら、ドイツへと突き進んでいきます。
　ところが、目標であるブレーメンの上空に達したとき、思わぬ事態が彼らを襲います。ターゲットのフルッグシバゥア工場を、分厚い雲がすっかり覆っており、爆弾を投下したくても、工場がはっきり確認できず、落せないのです。しかし、彼らの任務は爆弾投下です。任務遂行のために、キャプテンは引き返す決断を下します。
</td>
</tr>
<tr>
<td rowspan="1">映画情報</td>
<td>
製　作　費：約2,300万ドル
製　作　国：英国、日本、米国
言　　　語：英語
撮影場所：英国
ジャンル：アクション、ドラマ、歴史、戦争
</td>
<td rowspan="1">公開情報</td>
<td>
公　開　日：1991年2月8日（日本）
上映時間：107分
字　　　幕：日本語、英語
興行収入：約2,700万ドル（米国）
画面アスペクト比：1.66：1
</td>
</tr>
</table>

薦	○小学生 ●中学生 ●高校生 ●大学生 ●社会人	リスニング難易度	発売元：ワーナー・ブラザース ホームエンターテイメント （平成29年2月現在、本体価格） DVD価格：1,429円

お薦めの理由	中心人物の多くが学生と変わらない年齢なので、それだけ学生も感情移入しやすい映画だと思います。映画のほとんどが戦闘シーンです。例えば『プライベート・ライアン』のように戦闘シーンが執拗（しつよう）な描き方をしていないので、授業でも比較的注意を払わずに見せる事が出来ます。戦場で使われるような、日常会話とはまた違った英語に触れられるのも、この映画のお薦めポイントです。	スピード	3
		明瞭さ	3
		米国訛	3
		米国外訛	3
		語彙	3
英語の特徴	爆撃機に乗ったシーンが多いので、その場面で使われる表現がこの映画の英語の中心部分となっています。例えば「爆撃手（bombardier）」や「燃料移送ポンプ（the fuel transfer pump）」「爆撃行程（bomb run）」といったような、特殊性の高い表現がたくさん使われています。ただ、会話は普段でも使える表現が主だったものですので、そういった表現も多く学べると思います。	専門語	2
		ジョーク	1
		スラング	1
		文法	3

授業での留意点

本編を授業で使う際、英語以外に留意すべきと思われる最も重要な点は、視点が限りなく一点に近いところから作られている、ということです。つまり、攻撃の対象となるドイツがいて、それを叩く連合軍、というところからの視点です。本編は、収録時間がそれほど長くないわりに、登場人物が多く、特定の人物に感情の焦点をあてるのが難しいこともあるので、敵国側を描くことより散漫な映画になってしまう恐れがあるのはもちろんですが、かなり一方的な描き方がされている、ということだけは授業の中で学生に指摘しておくべき点かと思います。

加えて、爆撃機が物語の中心にありますので、戦闘機に乗る日米の若者の、精神状態の描き方というのも、本編を使いながら授業内で学べる箇所かと思います。本編には、戦争に駆りだされた若者たちのモチベーションや、敵国を攻撃する理由などは、ほとんど述べられることがありません。あるいは命を落すかもしれない、というような緊迫感もそれほど綿密に描かれているわけではありません。むしろ戦場で手柄を上げ、本国へ帰ることが彼らの最大の目標のような描き方をしています。そこには、ドイツに住む一般人への配慮や、爆弾を投下した結果に思いを馳せるような姿勢もありません。敵地に向かい、困難を乗り越えて、爆弾を投下し、無事帰還する、というのが本編の大まかな筋であり、人物の内面描写が希薄であるという感は否めません。

一方日本で作成される多くの戦争映画は、戦場へ赴く者たちの戸惑いや葛藤などがその中心におかれ、そこに観る側の強い共感のような、様々な感情がのせられることになります。そういったことを踏まえた上で、本編を観ると（それはもちろん、作られたものであるにせよ）日本人と米国人の、戦争という行為への考え方の違いのようなものが、授業の中で指摘できるかと思います。

本作を授業で使う上で、大変興味深い点としては他に、中心人物である若者たちを取り囲む、文化的な要素が挙げられるように思われます。例えば出撃前に使われる曲の「ダニー・ボーイ」と「アメイジング・グレイス」などです。「ダニー・ボーイ」は、（諸説あるようですが）これから戦場へ赴く息子あるいは孫に対して、両親あるいは祖父母が歌った歌と言われています。それを大変ポップでダンサブルな曲にアレンジして、しかも一緒に出陣するメンバーが歌っています。授業内で英語の歌詞を活用しながら、使われた意味を学生に考えてもらうのもいいかもしれません。

最後に、ダニーが読むアイルランドの詩人（ちなみに、ダニーもまたアイルランド出身です）W.B.イェイツの詩に触れておきます。ダニーが引用したイェイツの詩は、'An Irish Airman Foresees his Death' からのものです。イェイツの知人であるグレゴリー夫人の息子ロバートは、第一次世界大戦の最中、戦闘機に乗りイタリアの空に散ります。そのロバートについての詩です。詩が書かれた背景を解説することで、より深い作品理解へと導けるかと思います。

映画の背景と見所

第二次世界大戦中が舞台となっていますので、当時の文化などに触れるには、大変適した映画かと思います。爆撃機や服装もさることながら、21世紀の現在とは大きく異なる道具を駆使して、戦場で戦っている兵士の様子は、それなりのリアリティがあるのではないでしょうか。無人の爆撃機が爆弾を投下するような、人対人の戦いを、出来るだけ回避するための技術がある今から見ますと、文字通り命がけで戦っている彼らの姿からは、おのずと多くの物語が生まれてきます。そういった点も、この映画の見所です。

戦争映画のかたちを取っていますが、根本にあるのは青春映画です。学生と変わらぬ年齢の若者が、不安などさまざまな心情を抱えながら、1つになって目標に向かって突き進んでいく様子というのは、青春映画でも数多く描かれてきました。仲間の1人が命を落す危険にさらされた際には、皆で助け、励まし合い、消えそうな命を救おうとする。戦場が彼らの生きている世界ですので、その外側までどうしても目を向けてしまいますが、若者たちの成長を描いた作品としても、授業での鑑賞に堪えうるかと思います。

この映画を使って、史実を整理することも、本編の見所となるかもしれません。実際の第二次世界大戦中の話ですので、それぞれの国同士の関係を、簡単に復習することもできるでしょう。

スタッフ	製　　作：デビッド・パットナム、 　　　　　キャサリン・ワイラー 監　　督：マイケル・ケイトン＝ジョーンズ 脚　　本：モンテ・メリック 撮　　影：デヴィッド・ワトキン	キャスト	デニス：マシュー・モディン ダニー：エリック・ストルツ ルーク：テイト・ドノバン フィル：D.B.スイニー クレイ：ハリー・コニック・ジュニア

モナリザ・スマイル	Mona Lisa Smile	（執筆）安田　優

セリフ紹介

　映画冒頭のベティ・ウォレンによる語りです。ベティがタイプライターで打ち込む内容が、彼女の心の声として、また主人公キャサリンが列車でウェルズリー大学へ向かう映像とともにヴォイス・オーヴァーで提示されます。

　　All her life, she had wanted to teach at Wellesley College. So, when a position opened in the Art History department, she pursued it single-mindedly until she was hired. It was whispered that Katherine Watson, a first-year teacher from Oakland State, made up in brains what she lacked in pedigree. Which was why this bohemian from California was on her way to the most conservative college in the nation. But Katherine Watson didn't come to Wellesley to fit in. She came to Wellesley because she wanted to make a difference.

　ここではキャサリンが、彼女に欠けている「家柄の良さ」（pedigree）を、「頭の良さ」（brains）で補う人物とうわさされていることが言及されます。米国で最も「保守的な」（conservative）大学に身を置くことになる主人公が、「伝統に囚われない人」（bohemian）、つまり与えられた環境に「合わせる」（fit in）タイプではなく、「状況をより良くする」（make a difference）ことを目指す進歩的な（liberal）な人物として紹介されます。この語りは、家柄などの伝統を重視する環境に、個々人の持つ能力を重視する人物が飛び込むという状況を明確にします。これにより、このあとの物語内で描かれていく対立構図が予示されることになります。また、リベラルなイメージの西海岸（＝カリフォルニア）と、保守的なイメージの東海岸（＝マサチューセッツ）という、2つのイメージの対比もまた、主人公の人物像をほのめかしています。

学習ポイント

　本作品では、何度か大学の講義場面が登場します。そこで学生が活発に発言をする様子は、多くの皆さんにとって刺激的でしょう。講義を受ける姿勢について考えてみると面白いかもしれません。まずはキャサリンがウェルズリー大学で行う初回講義場面（0:06:33-）を考えてみましょう。"Be careful. They can smell fear." と同僚からアドバイスされ、キャサリンは緊張しながら教室へ入ります。"Good morning... This is History of Art 100.... We'll be following Dr. Staunton's syllabus. Any questions so far?" と科目名の確認と、シラバスに沿って進めることなどを告げ、キャサリンは講義を始めます。ちなみに米国の大学では科目が番号付けされ、基礎レベルは数字の小さな100番台です。

　　Katherine : From the beginning, man has always had the impulse to create art. Can anyone tell me what this?
　　Joan　　 : Wounded Bison, Altameera, Spain, about 1500 BC.
　　Katherine : Very good, Joan. Despite the age of these paintings, they are technically very sophisticated...

　キャサリンがスライドに映っているものについて尋ね、学生が答えるという形式で講義が運営されます。学生の発言に対しては "Very good" / "Yes, that's exactly right." / "Impressive" など、コミュニケーションにおいて有用な「褒める」表現を差し挟み、円滑な双方向的授業を試みます。この場面での学生たちの回答は表面上、キャサリンが "Have any of you taken Art History before?" と言わねばならないほどに「模範的」です。しかし、キャサリンが博士号を持たないことを知りつつ、故意に "Dr. Watson, I presume." と発言するなど、主人公への敵対的な雰囲気も見て取れます。教師が口を挟む余地のない状況で、キャサリンは "By a show of hands only, how many of you have read the entire text?" と尋ねます。学生たちは全員挙手し、彼女は打ちひしがれて "Well, you girls do prepare." と学生を褒めるしかありません。そしてベティが "If you've nothing else for us, we could go to independent study." と言い放つと、学生たちは全員退室するのです。日本と比べ米国では、指定テキスト量が圧倒的に多い場合がほとんどです。また予習ではテキストの批判的な読みが求められます。優秀な学生たちはこの場面で、新任教員が信頼に値するかどうかを試しているとも言えるでしょう。授業後、"You know, not everybody wanted you... These jobs usually go quickly. Ex-students, friends of, you know... the right people..." とスタウントン教授の秘書が話すように、ここでの学生の態度は一面では、卒業生でもなく、"right people" の知人でもない、キャサリンの孤立した状況を強調します。しかし同時に、学生たちの反応は「型にはまった」ことを教えるキャサリンへの落胆、つまり保守的教育を受けてきた学生たちが、実は心のどこかで変化を求めていることを表しているようにも思えます。キャサリンに信念通りの講義を行う決意をさせるという点でも重要な場面です。

あらすじ

　物語の舞台は1950年代。現代的思想を持つ主人公キャサリンが、伝統的な教育、つまり家父長制度に沿う教育を施すウェルズリー大学へと、美術史教師として赴任します。この女子大で、教員に求められていることは、家庭を守る、良き妻の輩出です。キャサリンは、彼女に反発する保守的な教員や学生、その親たちに囲まれながらも奮闘します。学生の持つ高い潜在能力を引き出したいと考えるキャサリンは、シラバスにないモダン・アートを用いて、既存の考えに縛られず、自ら考え、生きることの重要さを学生に説きます。次第に、新たな女性像を示すキャサリンに共感する学生も増えていきます。しかし、学校長はキャサリンの規範から外れる指導内容を批判し、キャサリンは信念を貫くかどうかの選択を迫られます。個人的にもキャサリンは、遠距離に住む恋人ポールの求婚に戸惑い、また同僚教員ビルへの感情に気づいて揺れ動きます。さらに、学生たちも、保守的な社会に絡め取られるかどうかの選択を迫られます。優秀なジョーンは、イェール・ロースクールに合格しますが、結婚相手のために弁護士への道を断念します。他方、キャサリンに激しく対立していたベティは夫の浮気を契機に、世間体を捨て離婚し、自活する道を選びます。大学の意向に沿う講義の実施を条件に、キャサリンは次年度の契約を打診されます。しかし、学生たちに世界を見つめる新たな視点をという財産を与えた彼女は、自らの意志を曲げることなく、大学を去っていきます。

映画情報

製　作　費：6,500万ドル
製　作　年：2003年
製　作　国：米国
配給会社：コロンビア映画
ジャンル：ドラマ

公開情報

公　開　日：2003年12月19日（米国）
　　　　　　2004年 8月 7日（日本）
上映時間：119分
MPAA（上映制限）：PG-13
興行収入：6,369万5,760ドル（米国）

薦	○小学生　○中学生　●高校生　●大学生　○社会人	リスニング難易度	発売元：NBCユニバーサル・エンターテイメント （平成29年2月現在、本体価格） DVD価格：1,429円　ブルーレイ価格2,381円

| お薦めの理由 | 約60年前の女性の状況が描かれていますが、彼女たちが直面する状況を、単なる過去の出来事とはねつけていいのでしょうか。状況は改善されているかもしれませんが、現在も男性優位の社会であり続けています。この映画を契機に、自らが置かれている状況を見極め、その社会で当たり前とされていることが、本当に当たり前なのかを考えて、行動できるようになってもらいたいと思います。 |

スピード	3	
明瞭さ	5	
米国訛	3	
米国外訛	1	
語彙	3	
専門語	3	
ジョーク	2	
スラング	2	
文法	3	

英語の特徴

物語の舞台が名門女子大学ということもあり、理路整然かつ明瞭に、また比較的ゆっくりと発話されており、理解しやすいでしょう。教員と学生のやりとりを含む、大学の講義の様子も興味深く描かれています。"Back to Chapter 3. Has anyone read it?" など講義内で用いられる表現や、絵画などの美術に関連する表現、Van Gogh など 画家名がどのように発音されるかなども学ぶことができます。

授業での留意点

(1) キャサリンの考えは、私たちが物事をどのように捉えるべきかについてヒントを与えてくれます。2度目の講義からわかる彼女の考えを考察してみましょう。キャサリンはシラバスにはないシャイム・スーティンの静物画を見せ、"Is it any good? Hm? C'mon, ladies, ①there's no wrong answer. ②There's also no textbook telling you what to think. It's not that easy, is it?" と学生に話しかけます。①と②では共に "there's / there is no"（全く存在しない）と強意を用いて見解を発しやすくしています。学生に発言を促すと同時に、既存の考えに頼らず、自ら考えることの難しさを教えます。"There is no wrong answer so speak up!" や "There is no right or wrong answer, so please be honest." など、話しやすい雰囲気作りにも便利な表現です。この発話後は実際、学生たちの間で "Alright, no. It's not good. In fact, I wouldn't even call it art. It's grotesque." / "Is there a rule against art being grotesque?" / "I think there's something aggressive about it. And erotic." と活発な議論が展開します。芸術の評価基準について、キャサリンは続けて "What is art? What makes it good or bad, and who decides?" と問いかけます。"right people" が芸術と言えば、それは芸術なのか。では "right people" とは誰なのかという議論の後、スーティンの絵画に戻り、キャサリンは "Look beyond the paint. Let us try to open our minds to a new idea." と表面だけをみるのでなく、新しい考えを前向きに考える（open one's mind to）ようにしようと、語りかけます。この場面は、従来の考えに縛られない物の見方をすることの重要性を教えてくれます。

(2) キャサリンは彼女の "dream job" であるウェルズリー大学の職を捨ててまで、信念を貫きます。物語終盤のベティに宛てた手紙の中で、彼女は "I came to Wellesley because I wanted to make a difference. But ③to change for others is to lie to yourself." と主張します。「自分の原則を曲げることは、自分にうそをつくことだ」という③の内容を受ける形で、ベティは論説の中で "My teacher, Katherine Watson, ④lived by her own definition, and ⑤would not compromise that. Not even for Wellesley. I dedicate this, my last editorial, to an extraordinary woman who lived by example and compelled us all to see the world through new eyes." と続けます。④の「自らの定義に従い生きる」、また⑤の「妥協しない」という表現は③とほぼ同様の内容になります。映画内の表現を、映画中の他の語句を使って言い換える練習も、表現力向上に有効です。試してみてください。ベティが "compelled us all to see the world through new eyes" と言及するように、キャサリンは学生たちにいやおうなく、世の中を見る新たな視点を授けます。この映画を通して、私たち観客も柔軟に物事を捉える姿勢の重要さを学べるのではないでしょうか。

映画の背景と見所

第二次世界大戦後という時代設定がなされています。女性を労働力として重用した戦争期が終わっても、引き続き女性の労働力は求められてはいました。しかし女性が就くことのできる職種は限定されており、同時に、女性は家庭を守る主婦としての、次世代を担う子供を産み育てる母としての役割を担うべき、という考えが強くなります。舞台となる女子大でも、良き主婦になり家庭に入るための教育が施されるだけです。家父長制社会の要請通り、結婚と出産が女性の既定路線でした。この作品が描くウェルズリー大学の教育は、当時の保守的で画一的な考えを持つ女性を産み出す教育、つまり男性中心の社会に都合のいい教育を体現していると言えます。もちろん、一部には規範から外れる考えを持つ学生も描かれますが、その多くは社会から抑えられてしまいます。女性の選択肢が、限られている世界が映画の舞台だということを意識してください。そのような強固な考えが蔓延する状況へと飛び込んで、学生に新たな行動様式を示してみせるのが、主人公キャサリンなのです。彼女も含めた登場人物が規制の厳しい環境下で、それぞれの選択の可能性を模索する過程がこの映画の見所です。周りの期待通り主婦になることを選んだり、社会的・経済的に厳しい道を選んだりと、様々な選択が見られます。限られた選択肢の中で、女性が将来の選択を余儀なくされた時代であることを考慮し、彼女たちの選択の苦悩について考えてみてはどうでしょうか。

| スタッフ | 監　　督　：マイク・ニューウェル
製作総指揮：ジョー・ロス
脚　　本　：ローレンス・コナー
　　　　　　マーク・ローゼンタール
音　　楽　：レイチェル・ポートマン | キャスト | キャサリン・ワトソン　：ジュリア・ロバーツ
ベティ・ウォレン　　　：キルスティン・ダンスト
ジョーン・ブランドウィン：ジュリア・スタイルズ
ジゼル・ヴィ　　　　　：マギー・ギレンホール
ナンシー・アビー　　　：マーシャ・ゲイ・ハーデン |

モリー先生との火曜日	Tuesdays with Morrie	（執筆）寶壺　貴之

セリフ紹介

（1）ミッチが敬愛していた大学時代の恩師のモリー先生に、卒業しても必ず連絡すると約束していたのに自分のことで忙しすぎて、結局16年間も連絡をすることができなかったことを回想する場面です。
I promised I'd keep in touch, but I got busy dancing my own dance.（連絡をすると約束したのに、自分のことで忙しかった）本当は連絡したかったのにできなかったことを悔やんでいます。

（2）ミッチがジャニーンにモリー先生がバスケットボールの試合で発した言葉について説明する場面です。
What's wrong with being number two?（ナンバー２じゃだめなのか）

（3）大学時代にモリー先生が沈黙の重要性について語ったことを、ミッチがモリー先生に話す場面です。
You were making a point about silence.（先生は、沈黙の意味について教えてくれた）

（4）モリー先生がミッチに自分の病気のことを説明して、自分のこれからの前向きな生き方について語る場面です。
When you know how to die, you know how to live.（死に方さえ分かれば、どう生きたらよいのか分かる）

（5）ミッチとモリー先生が久しぶりに大学のキャンパスを訪れています。学生が試験のために一生懸命勉強しているところで、先生が学生に向かって人生で大切なことを教えようとしている場面です。Throw down your books!
You have nothing to lose your grades.（本を捨ててしまえ。成績なんかなんてことはない）

（6）ミッチがモリー先生に、恋人ジャニーンとの関係について相談した時にモリー先生が語る場面です。
Love is the only rational act. Let it come in.（愛は、唯一理にかなった行動だ。素直に受け入れろ）

学習ポイント

　この映画は、日々仕事に忙殺されている主人公ミッチが大学時代の恩師のモリー先生に16年ぶりに再会して、毎週火曜日に訪ねることによって、先生との対話を通して自分の人生観を見直し人間的成長を遂げていくヒューマンドラマです。このことは、原作 Tuesdays with Morrie（Mitch Albom, 1997）の冒頭でも次のように書かれています。
　The last class of my old professor's life took place once a week in his house, by a window in the study where he could watch a small hibiscus plant shed its pink leaves. The class met on Tuesdays. It began after breakfast. The subject was The Meaning of Life. It was taught from experience.（p.1）つまり、毎週火曜日のモリー先生との授業のテーマは「人生の意味」で、先生の経験から語られる講義です。その意味でこの映画の中で、モリー先生が語る人生観に関する英語表現について表意のみならず、真意を理解することは大学生にとってとても良い学習になります。
　まずモリー先生が ALS（筋萎縮性側索硬化症）に侵されて、ABC 放送のインタビューに答える場面です。モリー先生は、Morrie: I'm on the last great journey here, one we all gotta take. Maybe I can teach people what to pack for the trip. Or maybe my dying can be of value something we can all learn from like a human textbook. I've been a teacher all my life. You think I'm gonna quit now? と述べます。ここでは、モリー先生の「生きるとは何か」についての考えがよく反映されています。病に侵されていても人生最後の旅の話をしようとして、自分のことを肯定的に「生きた教科書」に例え、そこから多くの人々に学んでほしいということを述べています。次にミッチが16年ぶりに久々にモリー先生に再会した時、自分の病状を説明した後で次のように述べます。Morrie: Someday soon somebody's gonna have to wipe my ass for me. But I'm a lucky man. Mitch: You're lucky? Morrie: Yeah. I've still got time to learn, time to say good-bye to the people I love and time to teach my final course. Mitch: About dying? Morrie: Not about dying! About living! When you know how to die, you know how to live.　これは、ALS によって身体が動かなくなり、誰かに下の世話をしてもらわなければなりませんが、モリー先生はそのことも含めて「幸せだ」と言っています。人に依存できることがいかに幸せであり、まだ自分自身学べて、愛する者にも別れを告げることもでき、最後のコースを講義できるということを述べています。それは、「死」ではなく、「生」についてです。また、ミッチはモリー先生との最後の会話でどうしても先生の「死」を受け入れられず、別れが悲しいことを言うと、モリー先生は、Morrie: Death ends a life, not a relationship. と述べます。死によって人生は途切れるが、決して絆は途切れないことの大切さをミッチに教えたのです。この他にも様々な場面でモリー先生は人生の言葉を述べますが、すべてが前向きに生きることそして人生はものの捉え方次第であることをミッチに教えているのです。

あらすじ

　それはミッチ・アルボムが大学卒業後、16年ぶりの再会でした。スポーツコラムニストとして活躍するミッチはある夜、テレビで大学時代の恩師のモリー先生のインタビューを偶然目にして、先生が難病 ALS（筋萎縮性側索硬化症）に侵されていることを知ります。モリー先生は自分の命があと数カ月であると分かっていながら、それを嘆き悲しむことよりも、人に助けられることを楽しみました。そして人生の意味について毎週火曜日にミッチに教える講義が始まるのです。モリー先生はミッチに自分が難病に侵されていることを説明した後に、自分のことを "I'm a lucky man." とも表現していて、人生の残された時間のことを幸せに感じています。つまり、病気になって嘆くのではなく、命に限りがあることを知れば残された人生を前向きに精一杯生きていくことができ、その大切さをミッチに説いています。ミッチは毎週火曜日に恩師のモリー先生のところを訪ね、英語、数学、国語、社会という教科ではなく「愛、仕事、家族、子供、老い、許し、死」等という本当に人生にとって大切なものについて最後の授業を受けます。モリー先生の言葉の中で最も重要である、"When you know how to die, you know how to live." 「人は、死に方さえ分かれば、生き方が分かる」という表現の本当の意味を、ミッチはモリー先生との対話を通して考えます。そして、毎週火曜日の恩師の最後の授業のテーマは人生であり、ミッチは「本当の幸せとは何か」を学んでいきます。

映画情報

原　　題：Tuesdays with Morrie 製 作 年：1999年 製 作 国：米国 放　　映：ABC放送 言　　語：英語	公 開 日：1999年（米国） 上映時間：89分 受　　賞：2000年度プライムタイム・エミー賞 　　　　　作品賞 テレビ映画部門 　　　　　主演男優賞テレビ映画部門（ジャック・レモン）

| 薦 | ○小学生 | ○中学生 | ○高校生 | ●大学生 | ●社会人 | リスニング難易度 | 発売元：TCエンタテインメント/合同会社是空
（平成29年2月現在、本体価格）
DVD価格：3,800円 |

お薦めの理由	主人公ミッチが、大学時代の恩師のモリー先生に16年ぶりに再会して、先生との対話を通して自分の人生観を見直していくヒューマンドラマです。何といっても実話の小説をテレビ映画化した作品でリアリティがあり、大学生が自分の生き方を再考するのにお薦めです。また、日米の異文化理解の観点と同時に、文化の多様性と同時に普遍性についても学ぶことができる作品で、大学生にお薦めしたいです。	スピード	2
		明瞭さ	3
		米国訛	3
		米国外訛	3
		語　　彙	3
英語の特徴	主人公ミッチがスポーツ・コラムニストで、歯切れのよい英語は滑舌もよく聴き取りやすいです。またモリー先生は大学の先生らしくゆっくりと丁寧に話してくれます。使用されている英語表現は、殆ど俗語や卑語もなく学習教材としては適しています。他方、大学生にとってはミッチのスピード感あふれる英語はリスニングの学習にも適してモリー先生の比喩を使用した英語表現は奥深くとても勉強になります。	専門語	2
		ジョーク	3
		スラング	2
		文　法	2

授業での留意点

　この映画では、モリー先生とミッチやそのまわりの登場人物との会話から、大学生が「人生とは何か、生や死とは何か」を考えながら英語を学習することができます。主人公ミッチがこれまでの自分の人生をもう一度問いかけることを学ぶことによって、「自分の人生を前向きに生きることの大切さ」や「ものの捉え方」も考えることができます。前述の学習ポイントで挙げた場面の他にも、義母との関係、父の関係、恋人ジャニーとの関係などで出てくるモリー先生の英語表現について、授業で留意することで考察を深めることができます。

　またこの映画には前述のように、原作の実話に基づいた小説があるので、映画と小説を比較して学習することを薦めます。まず小説の英文を熟読して、モリー先生がテーマにしているトピックについて要旨をまとめます。そして、小説を読み終えたら、映画の場面と比較して、映画と小説の内容の共通点、相違点をまとめることもできます。さらに、グループごとにハンドアウトやパワーポイントを使用して、発表をすることも可能です。

　この作品には、人生の師であるモリー先生と主人公ミッチとの会話を中心に英語学習と共に異文化理解学習に適した場面があります。ミッチがコニーに教えてもらいながら、モリー先生を抱きかかえて椅子に移動して会話をするところです。モリー先生はミッチに、次のように語ります。

Morrie: Don't look so sad because I'm gonna die, Mitch. Everybody's gonna die even you. But most people don't believe it. They should have a bird on their shoulder. That's what the Buddhists do. Just imagine a little bird on your shoulder and every day you say, "Is this the day I'm gonna die, little bird? Huh? Am I ready? Am I leading the life I want to lead? Am I the person that I want to be?" If we accept the fact that we can die at any time, we'd lead our lives differently. So every day you say, "Is this the day?" **Mitch:** Hmm? One second. One second. Okay, go ahead. **Morrie:** If you did have a bird on your shoulder, you wouldn't put off the things closest to your heart. How come you didn't tell me?　モリー先生は、「人は必ず死ぬからそんなに悲しそうな顔をしないで」とミッチに諭します。また、仏教的な考えから引用して、「肩の鳥に尋ねなさい」と言います。これは、肩のところに止まっている鳥に「死ぬ日は今日ですか？」と聞きなさいということです。しかし、「いつ死ぬかを尋ねなさい」という悲観的な考えではなく、「悔いのない人生」や「望む人間になる」ということを確認して、「死ぬ覚悟ができていれば人生は変わる」というとても積極的で、前向きな考え方です。この考えは、仏教的に言う「無常」や「はかなさ」をただ悲しいものとして捉えるのではなく、客観的に捉えたうえで前向きに生きることにつながる考え方と同様です。文化をこえてモリー先生は人生の前向きな捉え方や生き方を表現しているのです。

映画の背景と見所

　この映画には原作があり、ジャーナリストのミッチ・アルボムによって書かれたノンフィクションです。難病ALS（筋萎縮性側索硬化症）に侵されたブランダイス大学のモリー・シュワルツ教授が死を目前にして、かつての教え子であるミッチに贈った「最後の授業」を記録したものです。1997年に米国でベスト・セラーとなり、映画は1999年に米国で製作され、ABCで放映されました。また小説に関しては2007年、出版10周年を記念してアルボムが書いた後書きが掲載された新版が発売されました。小説について述べると、最初の3章はミッチとモリー先生の最後の会話への導入、ミッチの卒業の振り返り、そして卒業から先生と再会するまでの経緯などが描かれています。ミッチはもともと、将来の夢はピアニストになることでしたがその夢を諦めて、スポーツ・コラムニストとして成功していました。番組『ナイトライン』でモリー先生のことが取り上げられているのを知って、ミッチが先生に電話をしてみるとモリー先生は16年経っているにも関わらず元学生のミッチのことを覚えていました。小説の原作を映画化したものですが、ジャック・レモンの迫真の演技もこの映画の見所の1つです。また、ミッチがモリー先生と毎週面会して、対話形式の授業を行うにつれて、ミッチの人生観がいかに変容していくか、言い換えるならばミッチがモリー先生との再会によってもう一度人生で最も大切なものが何であるかを見つけていく点が、この映画の最大の見所です。

| スタッフ | 監　　督：ミック・ジャクソン
脚　　本：トム・リックマン
製作総指揮：ケイト・フォート
　　　　　オプラ・ウィンフリー
音　　楽：マルコ・ベルトラミ | キャスト | モリー・シュワルツ：ジャック・レモン
ミッチ・アルボム　：ハンク・アザリア
ジャニーン　　　　：ウェンディ・モニツ
シャーロット　　　：ボニー・バートレット
ウォルター　　　　：ジョン・キャロル・リンチ |

欲望という名の電車	A Streetcar Named Desire	（執筆）須田　久美子

<table>
<tr>
<td>セリフ紹介</td>
<td>

　映画は、上流家庭の育ちで繊細、病的なブランチと、移民系労働者で逞しく粗野なスタンリーの対立を軸としています。ブランチにとっては妹、スタンリーにとっては妻であるステラが両者の間に立っており、それぞれがステラに向けて放つセリフに、両者のキャラクターが対照的に表れます。ブランチは妹に対して自分の想いを訴えます。
"He's like an animal. He has an animal's habits. There's even something subhuman about him. Thousands of years have passed him right by, and there he is. Stanley Kowalski, survivor of the Stone Age, bearing the raw meat home from the kill in the jungle.... This party of apes. Maybe we are a long way from being made in God's image, but Stella, my sister, there's been some progress since then."
　スタンリーを「動物」や「猿」と称する一方で、自分たちを「進化」し、高等な存在であると妹に諭します。ブランチ渾身のセリフにステラは心を動かされますが、直後に油と汗にまみれたスタンリーが現れると、彼女は彼に駆け寄って抱きつきます。
　"Hey, Stella. Hey, Stellaaaaaaa!!!" これはスタンリーの野性味あふれるセリフです。彼が酔っぱらってステラを殴り、彼女が家出。スタンリーは戸外で人目もはばからずステラの名を絶叫します。これを聞いたステラは、ブランチを置き去りにして、スタンリーのもとへと引き寄せられるように戻っていきます。ブランチの知的な言葉遣いよりも、スタンリーの野獣のような雄叫びは、ステラの心を瞬時に掴みます。ブランチがしがみつく品格といった価値観をスタンリーが象徴する動物的な欲望が凌駕する様を、両者の質・量ともに対照的なセリフが示すのです。

</td>
</tr>
<tr>
<td>学習ポイント</td>
<td>

　リーディング、リスニング、語彙力強化などに有効な教材です。セリフはどこをとっても観る人を引き込み、これを味わうためには、積極的に音読を取り入れると効果的でしょう。まずは学生に単語の意味を調べさせ、学生同士に役割分担をさせて音読させます。例えば、次の場面はブランチとスタンリーが初めて顔を合わせるところです。
Stanley ： Where are you from, Blanche?
Blanche ： I live in Auriol.
Stanley ： Auriol. Oh, yeah, that's right. Auriol, that's not my territory. Liquor goes fast in the hot weather. Want a shot?
Blanche ： No, I rarely touch it.
Stanley ： There's some people that rarely touch it, but it touched them often.
Blanche ： Ha ha.
Stanley ： You mind if I make myself comfortable?
Blanche ： Please, please do.
Stanley ： "Be comfortable," that's my motto.
Blanche ： Mine too. It's hard to stay looking fresh in hot weather. I haven't washed or even powdered and... here you are.
　あたりさわりない会話から酒の話題になった時に、両者の緊張関係が始まります。自分の酒が減っていることに気づいたスタンリー、酒を飲むことを隠すブランチ、それを見破っているかのようなスタンリー。ブランチはその話題を曖昧に笑ってはぐらかします。そして次には "be comfortable" がモットーだというスタンリーは、ブランチの前で汗だくの服を脱ぎだしますが、この部屋は彼のテリトリーであるというさりげない主張です。そして、最後のブランチのセリフには、彼女がスタンリーの視線を意識する様子が見てとれます。その後繰り返し出てくる、ブランチの自身の美の衰えに対する不安へとつながっていきます。
　数行のセリフの中にも細かな心理描写がなされており、学生たちは人物の心情を考えながら、役者になったつもりでセリフを声に出して読むことで、英語をより臨場感たっぷりに学ぶことができます。リスニング教材として使用するなら、十分な音読と分析に取り組んだ後に、映画の音声を聞くと、理解が深まり、より正確に英語を聞き取ることができるはずです。

</td>
</tr>
<tr>
<td>あらすじ</td>
<td>

　主人公ブランチ・デュボワは、ニューオーリンズの下町を走る「欲望行き」の路面電車に乗って妹ステラを訪ねます。ステラは工場労働者のスタンリー・コワルスキーと結婚し、二間の安アパートに住んでいます。ブランチは妹に迎え入れられますが、粗野なスタンリーとはしばしば衝突します。一方スタンリーもまた、上品ぶる彼女のことが気に入りません。スタンリーは、ブランチが失った故郷の地所のことを問いただし、徐々に彼女に対して遠慮なく振る舞うようになります。また、ステラから口止めされていたにも関わらず、妻が妊娠していることを告げてプレッシャーをかけます。ブランチの居場所は徐々に狭められていくことになり、彼女は現実逃避へと流れていきます。
　その現実逃避の癖はエスカレートし、スタンリーの態度はますます乱暴なものになっていきます。ブランチは、あなたの夫は野蛮で低級な人間であり自分たちとは違うのだとステラに必死に訴えかけるものの、結局は2人が離れがたい仲であることを見せつけられ、さらに孤立を深めます。そんな中、ブランチはスタンリーのポーカー仲間のミッチに接近します。他の荒々しい男たちとは違って紳士的な様子のミッチに、ブランチは昔の不幸な結婚について告白し、冴えなくても優しそうな彼との結婚に望みをかけます。しかし、スタンリーによってふしだらな過去を暴かれ、望みは打ち砕かれます。そしてついに、スタンリーはブランチに致命的な打撃を与えます…。

</td>
</tr>
<tr>
<td>映画情報</td>
<td>

製 作 費：1億8,000万ドル
製 作 年：1951年
製 作 国：米国
言　　語：英語、スペイン語
ジャンル：ドラマ

</td>
<td>

公 開 日：1951年9月18日（米国）
　　　　　1952年5月22日（日本）
上映時間：122分　　興行収入：800万ドル
受　　賞：第24回アカデミー主演女優賞、助演男優賞、助演女優賞など

</td>
</tr>
</table>

194

薦	○小学生　　○中学生　　○高校生　　●大学生　　●社会人	リスニング難易度		発売元：ワーナー・ブラザース ホームエンターテイメント（平成29年2月現在、本体価格）DVD価格：1,429円

お薦めの理由	戦後の米国を代表する劇作家テネシー・ウィリアムズによる脚本と、エリア・カザンが監督したこの映画は、アカデミー賞を4部門で受賞した不朽の名作です。日本でも舞台としてしばしば演じられます。ブランチとスタンリーをはじめ、生々しく葛藤する人間の姿は観る者を圧倒します。ヴィヴィアン・リーやマーロン・ブランドをはじめ、名だたる役者による演技は、学生たちに大きな衝撃を与えるに違いありません。

スピード	2
明瞭さ	4
米国訛	4
米国外訛	3
語彙	2
専門語	1
ジョーク	2
スラング	2
文法	3

英語の特徴

特別に難解な言葉はなく、分かりやすい英語で構成されています。やや長めの映画ですが、何気ない日常会話から、登場人物の強い思いが凝縮されたセリフがあったりと、変化に富み、秀逸な数々のセリフは、最後まで興味を持って読み進められます。ただし、登場人物の名前など、作者が特別な意図をもって使用する単語は多いので、授業の中で解説を加えることで、より作品の英語に親しめるでしょう。

授業での留意点

長さにおいても、内容においてもボリュームがある映画なので、2、3回の授業で扱うよりも、複数回の授業でじっくりと扱うのが向いている映画だと思われます。また、往年の名作とはいえ、今の学生にはなじみが薄いことを考慮して、キャラクターの心情を必要に応じて説明し、学生の理解を深めながら進めるとよいと思われます。映画には様々なアレゴリーやシンボルが含まれ、作品理解の手がかりとして示されています。それらを学生たちに発見させるよう誘導したり、こちらから積極的に解説を加えることで、学生はセリフをより理解でき、有効な教材として用いることができるでしょう。

例えば、ブランチという人物を理解するには、彼女が口ずさむ "It's Only a Paper Moon" という歌に注目させます。この歌は学生たちも一度は耳にしたことがあるでしょう。現実を直視することに耐えられず、嘘で塗り固めることで自分を保っているブランチの生き様は、「嘘でも誠になる、あなたが私を信じてくれさえすれば」という歌詞と重なります。このたわいもない流行歌には彼女が抱える心の傷の深さが映し出されています。彼女のでっちあげの人生、すなわち「紙の月」は、彼女の過去が暴露されると共に、脆くも破られ、彼女は狂気へと陥っていきます。

また、映画に出てくる名詞は何らかのものを象徴しており、学生たちの理解の手助けになるでしょう。映画のタイトルにある "Desire" という言葉は、実際に昔ニューオーリンズの下町を走っていた路面電車からとられたものですが、ブランチが否応なしに直面するものです。彼女のセリフに、"they told [her] to take a street-car named Desire, and then transfer to one called Cemeteries and ride six blocks and get off at―Elysian Fields!" とありますが、「欲望」という名の電車に乗り、「墓場」で乗り換え「極楽」で降りるというのは、人間の生々しい「欲望」渦巻く世界に飛び込み、翻弄され破滅するブランチ自身の未来の暗示でもあります。登場人物の名前もそれぞれの性質を表しており、例えば主人公ブランチ（Blanche）はフランス語で「白」を意味し、それが何を意味するのか、学生たちに考えさせるのは面白いでしょう。ステラ（Stella）はラテン語で「星」を意味し、暗闇の中でも輝き、どんな境遇でも希望となる意味が込められています。スタンリー（Stanley）は、「石の時代」を意味し、彼の逞しさと野蛮性を表します。

これら映画が示す様々な要素を理解することは、リーディングやリスニングの授業の他にも、ディスカッションやライティングの授業においても活用できるでしょう。

発展学習としては、原作との比較も面白いでしょう。最後の場面で、映画ではステラは家を出ていきますが、原作では日常生活が戻り、スタンリーは罰せられません。終わり方の違いを比べ、どちらの終わり方に納得がいくか学生たちに話し合わせ、議論を発展させることができます。

映画の背景と見所

映画の原作は、1947年にニューヨークにおいて初演されたテネシー・ウィリアムズによる同名の劇で、その舞台でスタンリーを演じたマーロン・ブランドと、ステラを演じたキム・ハンターを、映画ではそのままに配役しています。ブランチは、ロンドンでの舞台で演じたヴィヴィアン・リーをキャスティングしています。また、劇の舞台演出家であったエリア・カザンを監督として起用しており、のちに赤狩りで物議を醸すことになるこの人物の出世作でもあります。

ブランチとスタンリーの闘争は、映画の最大の見所といえますが、それは古い米国と新しい米国の対立でもあります。没落した南部の大農園出身のブランチと、ポーランド系移民のスタンリーの闘いは、淘汰される者と生き残る者を表しています。ブランチは、先代たちが土地を切り売りしては贅沢をし、堕落していった歴史を語りますが、それは、南北戦争を経て荒廃してゆく南部の大農園の姿であり、いわゆる「古き良き南部」の喪失を示しています。その最後の生き残りであるブランチは、スタンリーを差別的な言葉である "Polack" と呼び、蔑みますが、彼が持つ生きるエネルギーと欲望はブランチを圧倒していきます。スタンリーは、工業化し、経済発展をとげる米国を支える労働力の象徴でもあり、その彼によって、古き良き南部の理想を引きずるブランチが、力でねじ伏せられる様は、古い米国が新しい米国に凌駕される姿でもあります。

スタッフ

監　督	：エリア・カザン	
脚　本	：テネシー・ウィリアムズ、オスカー・ソウル	
原　作	：テネシー・ウィリアムズ	
製　作	：チャールズ・K・フェルドマン	
撮　影	：ハリー・ストラドリング	

キャスト

ブランチ・デュボア	：ヴィヴィアン・リー
スタンリー・コワルスキー	：マーロン・ブランド
ステラ・コワルスキー	：キム・ハンター
ハロルド・ミッチェル	：カール・マルデン
スティーヴ・ハベル	：ルディ・ボンド

ラストサムライ	The Last Samurai	（執筆）寶壺　貴之

<table>
<tr>
<td rowspan="1">セリフ紹介</td>
<td>
（1）ナレーターが冒頭で、日本を作り上げたのは勇敢なサムライたちであることを説明する場面です。
I say Japan was made by a handful of brave men warriors willing to give their lives for what seems to have become a forgotten word: Honor.（私は思います。日本を作ったのは一握りの勇敢な男たちです。彼らは今や忘れられたこの言葉に命を捧げました。「名誉」です）
（2）オールグレン大尉が日本に向かう船の中で、南北戦争と同様、反旗を翻した者の制圧に向かうという自分の人生の果たすべき仕事の役割について嘆いて述べる場面です。
Apparently, this is the only job for which I am suited. I am beset by the ironies of my life.
（どうやらこれが私の天職らしい。運命の導く道は皮肉なものなのだ）
（3）オールグレン大尉が日本に着いて、案内するサイモン・グレアムが日本の様子を説明する場面です。
You see the Emperor is mad for all things Western and the samurai believe it's changing too fast. The ancient and the modern are at war for the soul of Japan.
（天皇は性急に西欧化を望み、サムライは「それは急すぎる」と怒っている。古い時代と近代とのせめぎ合いだ）
（4）天皇との謁見の時、「インディアン」についてご大問の際、大尉が「彼らはとても勇敢でありました」と述べたことに対しての天皇のおことばです。
Thank you very much.（ありがたく思います）
</td>
</tr>
</table>

<table>
<tr>
<td rowspan="1">学習ポイント</td>
<td>
　この映画は、明治天皇が即位して近代日本が誕生した1870年代の頃を舞台に展開されています。特に、日本人の「武士道精神」がとてもよく分かる作品で、随所に日本人の習慣や考え方を学習することができる場面があります。当時の「日本」という国を歴史的、精神的両面から理解するためにもここでは2つの場面を取り上げます。
　第1に、映画の冒頭では、古事記の一説（イザナミとイザナギの神が剣で、日本の国土を生成したと信じている人々の住む国）を引用する形で、日本の国柄を紹介しています。Narrator: They say Japan was made by a sword. They say the old gods dipped a coral blade into the ocean and when they pulled it out, four perfect drops fell back into the sea and those drops became the islands of Japan. I say Japan was made by a handful of brave men warriors willing to give their lives for what seems to have become a forgotten word: Honor. 古の神が剣を海に浸け、それを引き上げると四つの滴が滴り落ちて、それが日本列島になったということを説明しています。そして、日本を作ったのは一握りの勇敢な男たちで、彼らは今や忘れられたこの言葉に命を捧げました。「名誉」です。つまり、ここでは日本史上、重要な「古事記」を引用しているので、まず日本の成り立ちについて歴史上の観点から学習できます。また「サムライ」の「名誉」を例に挙げ、「武士道」こそが日本を作った精神的支柱であることが分かります。
　第2に、オールグレン大尉が日本に着いて、案内するサイモン・グレアムに出会い、サイモンが日本の文化や歴史そして日本人の精神性について説明する場面です。Simon: Twenty years ago, this was a sleepy little town. Now look at it. You see, the Emperor is mad for all things Western and the samurai believe it's changing too fast. The ancient and the modern are at war for the soul of Japan. So your new employer, Mr. Omura, is bringing in every Western expert he can get. Lawyers from France, engineers from Germany, architects from Holland and now, of course, warriors of America. I came over the British trade mission, oh, years ago. I was soon relieved of my position. I had an unfortunate tendency to tell the truth in a country where no one ever says what they mean. So now, I very accurately translate other people's lies. サイモンの説明では、20年前までこの町は本当に寂れていたのが、天皇は性急に西欧化を叫び、サムライは性急すぎると怒っていて日本は古い時代と新しい時代がせめぎ合っていたそうです。実業家で大臣の大村はフランスから弁護士、ドイツからエンジニア、オランダから建築家、米国から軍人をというように手当たり次第に西欧の専門家を招き入れています。サイモン自身も数年前、英国貿易使節団についてきたのですが、すぐにクビになったのです。誰も本音を言わない日本の風土の中で、ものを言いすぎたと述べている点から、日本と西欧の「ものの考え方」や「精神性」の違いを比較して学習することができます。
</td>
</tr>
</table>

<table>
<tr>
<td rowspan="1">あらすじ</td>
<td>
　時は、明治維新直後の日本で近代日本が誕生した1870年代後半のことでした。政府は軍事力の近代化を図ろうと西洋式の戦術を取り入れることを決断し、もう一方では時代に合わない侍たちを一掃しようとしていました。その意図のもと、政府軍に西洋式の戦術を教えるために、南北戦争の英雄ネイサン・オールグレン大尉（トム・クルーズ）が来日します。かつては名誉と国のために命を懸けた男でしたが、時代は急速に変わり南北戦争以降の数年間で、「実用主義」が「勇気」に、「利己主義」が「犠牲」に取って代わり名誉など、どこにもなくなってしまいました。失意で魂を失ってしまったオールグレンは、仕事のため西洋式の武器の使い方などを教え始めますが、ある時政府に反旗を翻す侍のひとり、勝元（渡辺謙）に出会いました。不平士族の領袖である勝元にオールグレンは捕えられてしまいますが勝元は彼を殺さず、妹のたか（小雪）に手当てをさせます。オールグレンは回復して、古きよき日本の人たちの生活の風景を目の当たりにする中、反乱軍＝サムライたちの精神世界に魅せられるようになります。勝元も、オールグレンにどこか不思議な魅力を感じ始めていました。サムライたちの揺るぎない信念に支えられた「サムライ魂」を感じ取った時、オールグレンは失いかけたかつての自分を思い出していきます。日本で自分と同じ魂を見出したオールグレンは、信念に敢えて殉じようとする彼らと共に命を懸けて戦うことを決意するのでした。
</td>
</tr>
</table>

<table>
<tr>
<td rowspan="1">映画情報</td>
<td>
製　作　費：1億4,000万ドル
製　作　年：2003年
製　作　国：米国
配給会社：ワーナー・ブラザース
言　　　語：英語
</td>
<td rowspan="1">公開情報</td>
<td>
公　開　日：2003年12月5日（米国）
　　　　　　2003年12月6日（日本）
上映時間：154分
MPAA（上映制限）：R
興行収入：1億1,111万ドル
</td>
</tr>
</table>

薦	○小学生 ○中学生 ○高校生 ●大学生 ●社会人	リスニング難易度	発売元：ワーナー・ブラザース ホームエンターテイメント （平成29年2月現在、本体価格） DVD価格：1,429円 ブルーレイ価格：2,381円

お薦めの理由	この作品は、1870年代後半の日本を舞台にした物語です。日本人の中には脈々と続いているサムライ・スピリットがあり、今も欧米で活躍する日本の男性が「サムライ」と称され「大和魂」に注目が集まっています。この映画はサムライ・スピリットにハリウッドが真っ向から取り組んだ記念碑的作品です。主演のトム・クルーズも「この作品に参加できて本当に嬉しい」と語っている点もお薦めの理由です。	スピード	3	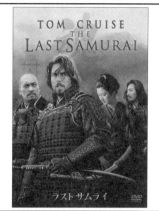
		明瞭さ	3	
		米国訛	4	
		米国外訛	3	
		語　彙	3	
英語の特徴	1870年代後半、日本は性急に西欧化を望んでいる時代背景があり、米国をはじめ外国から専門家を招いている点もあるので、様々な英語を聞くことができます。それに付け加えて、明治天皇と謁見する場面では"The divine Emperor Meiji bids you welcome."等、「礼」を尽くした場面の英語を学ぶこともできます。日本人の話す場面等、外国訛りも含め、World Englishes という観点から学習できます。	専門語	3	
		ジョーク	3	
		スラング	2	
		文　法	2	

授業での留意点	授業では、日本の文化や歴史について考慮し映画の場面を用いて学習していくことに留意します。例えば、大尉が天皇に異例で謁見する場面があります。For 2000 years, no emperor was even seen by a commoner. You have to realize what an honor this is. It's all highly ritualized, of course. You may look at him, but do not speak unless spoken to. If he stand, you must bow. If he bows, you must bow lower. 西洋では考えられないような日本の儀式的な行動と動作があり、謁見の特別さとそこで使用される英語表現を学ぶことができます。 　別の場面としては、前述の冒頭のナレーターの最後で Narrator: I say Japan was made by a handful of brave men warriors willing to give their lives for what seems to have become a forgotten word: Honor. という部分があります。日本を作ったのは勇敢な男たちであり、彼らは今や忘れられた「名誉」という言葉に命を捧げた人たちであるというサムライの精神性について述べられています。「武士道」について代表的な書物は、新渡戸稲造著、矢内原忠雄訳の岩波文庫の『武士道』（1938）です。ここの中で、義 [Honesty and Justice]、礼 [Polite Courtesy]、勇 [Heroic Courage]、名誉 [Honor]、仁 [Compassion]、誠 [Complete Sincerity]、忠 [Duty and Loyalty] について述べられていますが、冒頭の部分はまさにこの中の、名誉 [Honor] の部分についての言及です。このように、映画の中に出てくる様々な場面と新渡戸の『武士道』と照らし合わせて日本の歴史や日本人の精神性について学習することも可能です。「武士道」とは行状や道徳、名誉に関して武士の規範を説いたものですが、もう一点、参照したいのが武士道の神髄を初めて修正した書物として名高い、山本常朝著『葉隠』（1716）です。「武士道とは、死ぬ事と見付けたり」ということばから始まりますが、死を探求することではなく、主君への忠義と死という意味で、今日のみに生きて明日を思わないということです。オールグレン大尉と勝元の会話の中で、Katsumoto: Like these blossoms we are all dying. To know life in every breath, every cup of tea, every life we take. The way of the warrior. Orgren: Life in breath. Katsumoto: That is Bushido. という場面があります。人も桜も生命がありいずれか散るという例えから、吐息の1つにも1杯のお茶にも1人の敵にも生命があり、いずれ死ぬということが武士道の考え方であると述べています。まさに『葉隠』にある「武士道」の精神です。勝元に同じ魂を見出したオールグレンは、信念に敢えて殉じようとする彼らと共に命を懸けて戦うことを決意するのです。さらに、「こだわらない」という生き方は日本人の精神構造に大きく作用している「無常」や「はかなさ」の精神であり、鈴木大拙著 Zen Buddhism and its Influence on Japanese Culture（1938）も参考にしながら、日本人の心に作用している「禅的なものの見方、考え方」について「武士道」と共に考察するならば、さらに発展的な学習を進めることができます。

映画の背景と見所	本作は、ハリウッドが長年の構想と巨額の製作費をかけ、日本の「サムライ・スピリット」に初めて、真っ向から取り組んだ記念碑的作品と言えます。主演はハリウッドの大スター、トム・クルーズで、渡辺謙、真田広之、小雪といった豪華日本人キャストも脇を固めるのではなく互角以上に演じています。トム・クルーズは「日本人魂」に魅せられた1人で、数々のヒット作がありながら、今回は普通の演技者としてではなく、人間的存在をすべてかけて打ち込んだという態度で取り組みました。トムはインタビューの中で、「武士道精神はすごく魅力的だと思う。『情け』とか『語らずして行う』とかそういう考え方はすごく普遍的な何かがあると思うし、どんな年代に生きている人にとっても大事なことだ」と話しています。サムライの哲学に世代や文化をこえた普遍性を感じていることが良く分かります。トム自身、最近の仕事に対するスタンスとして、心から尊敬でき本当に一緒に仕事をしたいと思う方々のみと仕事をするというポリシーを持っていますが、今回、渡辺謙さんをはじめすべてのスタッフに心から尊敬と感謝の念を持つことができ、本当に幸せであると言っています。トム・クルーズの熱い想いもこの映画の背景になっています。日本の西欧化というような「歴史」を学ぶ以上に、武士道精神を主軸にした「ひとりの人間の精神がどのように変わり成長を遂げていくのか」を観ていただけるのが、この作品の見所です。

スタッフ	監督・制作・脚本：エドワード・ズウィック 製作・脚本：マーシャル・ハースコビッツ 製　　作：トム・クルーズ、ポーラ・ワグナー他 脚本・原案：ジョン・ローガン 音　　楽：ハンス・ジマー	キャスト	ネイサン・オールグレン大尉：トム・クルーズ サイモン・グレアム　　　　：ティモシー・スポール 勝元盛次　　　　　　　　　：渡辺謙 氏男　　　　　　　　　　　：真田広之 たか　　　　　　　　　　　：小雪

	リプリー	The Talented Mr. Ripley	（執筆）三井　美穂

セリフ紹介	トムがはじめてディッキーに会ったときの2人の会話です。 Dickie : Everybody should have one talent. What's yours? Tom　 : Forging signatures, telling lies, impersonating practically anybody. Dickie : That's three. Nobody should have more than one talent. トムはディッキーの父親のものまね（impersonating）をして、ディッキーの心をつかみます。でもこの3つの才能（サインの偽造、嘘、ものまね）がトムを破滅に導くことになります。 　終盤になって、トムはようやく心を許せる相手ピーターに出会いますが、真実はなかなか話せません。 Tom　 : I've lied about who I am, and where I am, and no-one will ever find me. Peter : What do you mean... lied about who you are? Tom　 : I always thought it'd be better to be a fake somebody than a real nobody. Peter : What are you talking about? You're not a nobody. That's the last thing you are. トムは自分の境遇を卑下し、自己の存在の軽さに耐えられず、「何者でもない本当の自分より、偽物の誰かのほうがいいと思ってた」と言います。ディッキーのような階級の人たちにずっと憧れていたことがわかります。でもピーターは素のままのトムを愛していて、「何者でもないなんてこと、あるはずないじゃないか」と言います。"the last thing"は「最後の」ではなく「もっともありそうもない」の意味です。

学習ポイント	様々な才能を活かすすべを持たないトムは、自分を"nobody"と思い悩み、誰か別の人間になりたいと思い続けていました。この気持ちが"impersonification"（ものまね）の特技を生んだのかもしれません。自己否定から生まれた悲劇が映画の大きなテーマですので、トムの自己否定がうかがえる場面を追っていきましょう。トムの気持ちにどっぷりと浸かってみると、誰でも同じような悩みをかかえていることに気づくかもしれません。 　オープニングで、トムはこの事件を回想して語ります。"If I could just go back... if I could rub everything out... starting with myself, starting with borrowing a jacket."プリンストン大学のジャケットを借りてパーティーでピアノを弾いたのがすべてのはじまりです。このときすでにトムはプリンストン卒と嘘をついていますが、回想では仮定法を使って、後悔を表しています。しかし、ディッキーを連れ戻しにイタリアの空港に降り立ったとき、トムはディッキーの名を騙り、"I've never been happier. I feel like I've been handed a new life."と、新しい自分を喜びます。 　トムはボートの上ではじめてディッキーに正直な思いをうちあけますが、拒絶され、逆にディッキーの嘘と移り気を責めます。ディッキーも激しくトムをののしって言います。"Who are you? Huh? Some third class mooch? Who are you? Who are you to say anything to me? I really, really don't want to be on this boat with you right now. I can't move without you moving. Gives me the creeps. You give me the creeps!"「おまえは誰だ？下層階級のたかり屋のくせに。俺にそんなことを言うなんて、何様のつもりだ？降りてくれ。むしずが走るんだよ！」トムの苦悩の原因は階級とホモセクシュアリティですが、それに対するディッキーの強い拒絶反応を目の当たりにし、衝動的に犯行に及びます。このセリフの直後に残忍なシーンがありますので、授業では注意が必要です。 　ラストシーンで、トムは自分の長所をピーターに言わせながら、犯行に及びます。 Tom : So tell me some good things about Tom Ripley. Peter: Good things about Mr. Ripley? It could take me some time. Tom is talented. Tom is tender. Tom is beautiful. 　　　 Tom is a mystery. Tom is not a nobody. Tom has secrets he doesn't want to tell me, and I wish he would. 　　　 Tom has nightmares. That's not a good thing. Tom has someone to love him. That is a good thing. 「いいところ？あげていくと時間がかかるよ」と言いながら、ピーターはトムの長所をたくさんあげていきます。嘘と欲と血にまみれたトムの世界で、汚れのないピーターの存在はトムにとっても映画を見る者にとっても救いです。しかし、唯一の理解者を手にかけるほど、トムは偽りの自分に執着しなければならないのです。ピーターのセリフをひとことずつおさえていくことで、トムの悲劇の度合いが増します。

あらすじ	様々な仕事で日々の生活をなんとかしのいでいるトム・リプリーは、イタリアにいるグリーンリーフ家の放蕩息子ディッキーを米国に連れ戻すように頼まれます。気まぐれで傲慢だけれども、自分の知らない世界に住む美しいディッキーに、トムは惹かれはじめます。ディッキーには心優しく知的な恋人マージがいますが、ディッキーは地元の女性とも関係を持っていて、その女性は妊娠を苦に自殺してしまいます。このことを2人の秘密にすることで、トムはディッキーの心をつかんだつもりになっていました。ところがその直後、トムはディッキーを連れ戻す役目を解任され、ディッキーもトムと別れてお互いに新しい生活を始めようと言い出します。新たな旅立ちの記念旅行中、トムはディッキーに対する自分の気持ちを告白します。しかし、マージとの結婚を打ち明けられ、さらに「むしずが走る」などとののしられ、カッとなったトムはディッキーをなぐり殺してしまいます。この犯罪を隠すために、トムはディッキーに成りすましますが、ディッキーの友人でトムに反感を持っていたフレディがトムを疑いだし、トムは2度目の殺人を犯します。ディッキーと自分と2役を演じながら周りの人たちを騙してうまく立ち回ろうとするトムは、偽りのない本当の姿のトムを愛してくれるピーターにも犯罪のことは打ち明けられず、そのピーターをも手にかけてしまうのでした。

映画情報	製　作　費：4,000万ドル　　　　製　作　国：米国 言　　　語：英語、イタリア語 配給会社：パラマウント映画（米国） 　　　　　　松竹映画（日本） ジャンル：ミステリー、犯罪、ドラマ	公開情報	公　開　日：2000年8月5日（日本） 上映時間：139分 興行収入：8,129万ドル（米国） MPAA（上映制限）：R 受　　　賞：英国アカデミー賞助演男優賞（ジュード・ロウ）

薦	○小学生　○中学生　○高校生　●大学生　●社会人	リスニング難易度	発売元：ワーナー・ブラザース ホームエンターテイメント （平成29年2月現在、本体価格） DVD価格：1,429円　ブルーレイ価格：2,381円		
お薦めの理由	貧しいトムが、まったく別の世界に住むディッキーに恋してしまいますが、拒絶され、衝動的に殺人に及びます。罪悪感に苛まれながらも犯行を隠すために嘘をつき続けるトムを、マット・デイモンが最高の演技で見せてくれます。 　美しい映像に魅了されますが、実は階級格差やホモセクシュアルなどの問題を考えさせる映画です。原作とも異なる点がありますから、比較するのも面白いでしょう。	スピード	3	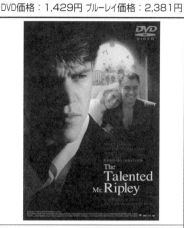	
:::	:::	明瞭さ	3	:::	
:::	:::	米国訛	1	:::	
:::	:::	米国外訛	2	:::	
英語の特徴	概して明瞭な発音で、スピードもそれほど速くありません。ディッキーとマージの英語は特に聞き取りやすいので、この2人の会話を中心にリスニングの練習をするといいでしょう。またピーターの英国英語もリスニングに適しています。汚い言葉は一切使わないので安心です。ディッキーとフレディのセリフには卑猥な言葉もでてきますから注意が必要です。イタリア人刑事の英語も勉強になります。	語彙	3	:::	
:::	:::	専門語	2	:::	
:::	:::	ジョーク	2	:::	
:::	:::	スラング	3	:::	
:::	:::	文法	3	:::	
授業での留意点	比喩的な表現と一種の言葉遊びがいくつか出てきます。直接的な主張だけでなく、こういった高度な英語表現を聞き取り理解することに挑戦してみましょう。1人で見ていると聞き逃しがちなセリフです。 　マージがディッキーの気まぐれについてトムに話すとき、ディッキーを太陽にたとえます。"The thing with Dickie... it's like the sun shines on you, and it's glorious. And then he forgets you and it's very, very cold." 太陽が輝くときは愉快な気分になりますが、陽の当たらない場所は冷たく、寂しい気持ちになります。ディッキーはそれほど移り気ですが、周りの人々はみんなディッキーに惹かれます。「太陽」はぴったりの表現ですね。日本語なら「秋の空」に当たるでしょうか。セリフの出だしの部分は聞き取りにくいですが、"it's like" からは聞き取れます。 　マージはトムの2役にだまされ、ディッキーの部屋のドアの前で胸の内を告白します。"I was going to say I would count to three and if you didn't open the door... but I won't count anymore. On you. I won't count on you anymore. Whatever it is, you've done or haven't done, you've broken my heart." 1つ目と2つ目の "count" は「3つ数える」の意味ですが、2つ目の後に "on" を使って、3つ目の "count" につなげています。3つ目は "count on" になっているので、明らかに「頼りにする、当てにする」の意味に変わっています。言葉遊びのようなこの使い方は、英語学習者がすぐに口にできるような表現ではありませんが、英語の魅力が感じられます。このセリフは思いを込めてゆっくり話されますので、聞き取りに適しています。 　少し長めですが、トムが胸の内に隠した苦悩を地下室に例えたセリフを見てみましょう。 Tom ： Don't you just take the past and put it in a room in the basement, and lock the door and never go in there? 　　　　That's what I do. Peter: God, Yes. But, of course, in my case, it's probably a whole building. Tom ： And then you meet someone special and all you want to do is toss them the key. 　　　　And say, "Open up. Step inside." But you can't, because it's dark, and there are demons. ピーターは「地下室」どころか「家全体」がいっぱいになるほど忘れたい過去がある、とジョークで返します。相手があまりに陰鬱になっていると、ちょっとしたジョークで相手の気持ちを軽くしたくなります。でもトムの「地下室」の比喩はまだ続き、「カギ」を渡したいけれど渡せない、と秘密を打ち明けられないことを伝えます。ピーターのセリフは聞き取りやすいですが、トムのセリフを全部聞き取るのは大変です。穴埋めなどで部分的に聞き取った後、内容理解につなげるといいでしょう。				
映画の背景と見所	時代は1950年代です。第二次世界大戦後、民主主義、資本主義の勝利を自信にして米国が勢いを増していく時代です。それまで疎んじられていた黒人音楽のジャズがポピュラーになり始め、平等を訴える公民権運動が徐々に大きくなっていく頃です。その中で、経済的な恩恵に与れないこと、さらに平等の概念から外れたホモセクシュアルであることは、自己否定の大きな要因です。この映画が描いているのは、時代に取り残されたと悲観する男の姿です。単なるミステリー映画として見るよりも、時代背景を考えて見るほうが、トムのディッキーに対する、あるいはディッキーの住む世界に対する執着を、より理解できるでしょう。ジャズとクラシック音楽の演奏シーンもたくさん用意されていて、トムの心象風景に合わせて使い分けられています。 　50年代ですから、レトロなものがたくさん見られます。音楽を聴くのはレコードで、手紙を書くのはタイプライターです。こういった小道具の美しさも見て楽しめます。トムの犯罪も、このころだからこそ見破られなかったと言えます。今なら指紋やDNA鑑定などで簡単に犯人を割り出すことができるのでしょうが、そういった科学的な裏付けがない分、トムをますます追いつめることになります。しかしこの哀れなトムのキャラクターは、ハイスミスの原作とは大きく異なります。比べてみるのも面白いでしょう。				
スタッフ	監督・脚本：アンソニーミンゲラ 製作総指揮：シドニー・ポラック 製　　作　：ウィリアム・ホーバーグ 　　　　　　トム・スターンバーグ 原　　作　：パトリシア・ハイスミス	キャスト	トム　　　：マット・デイモン ディッキー：ジュード・ロウ マージ　　：グウィネス・パルトロウ ピーター　：ジャック・ダヴェンポート フレディ　：フィリップ・シーモア・ホフマン		

	ルル・オン・ザ・ブリッジ	Lulu on the Bridge	（執筆）三井　敏朗

<table>
<tr><td rowspan="2">セリフ紹介</td><td>

シリアは親密になったイジーに「あなたはどっち？」と問いかけます（0:38）。

CELIA : Tell me something, Izzy. Are you an ocean or a river?
IZZY　: What?
CELIA : It's a game I used to play with my sister. You have to answer.
IZZY　: An ocean or a river? A river.
CELIA : Are you a match or a cigarette lighter?
IZZY　: A match. Definitely match.
CELIA : Are you an owl or hummingbird?
IZZY　: I used to be a hummingbird. But now I'm an owl.

このように問いかけはいつまでも続きます。質問にも答えにも、特に意味はありません。心理学的に何かを引き出そうという試みでもありません。シリアが子供の頃から繰り返してきた言葉遊びなのです。しかし何気ない質問とその答えを繰り返すうちに、自分が何者なのかを考えるちょっとした手助けになるのかもしれません。暴漢に銃で撃たれてから生きがいだった音楽を失い、絶望したイジーは「今のあなたは、誰なの？」と問われても "I don't know. Maybe nobody."（0:14）としか答えられなくなります。シリアの「あなたはどっち？」の遊びは、イジーが少しずつ自分を取り戻していく手がかりになったのではないでしょうか。
</td></tr>
</table>

<table>
<tr><td rowspan="2">学習ポイント</td><td>

一つひとつの単語の発音は知っていても、セリフを聞き取ることはなかなかできません。実際の会話では前後の単語とつながって音が大きく変化していくからです。この変化に慣れておく必要があります。また、日常会話の自然な流れの中では、常識的に相手に伝わる部分ははっきりと発音されない傾向があります。冠詞や、イディオムで使われる前置詞、動詞の語尾変化などがこれにあたります。特にイディオムとは本来誰もが知っている共通の決まり文句ですのでこの傾向は強くなります。もともと明瞭に発音されていないのですから、いくら一生懸命に耳を澄ませても聞き取れるはずがありません。発想を変えてみましょう。リスニングとは、言葉の一語一句すべてを聞き取ることではありません。耳に残った言葉から、内容を「推測」するのが大切なのです。

「推測」力を高めるには語彙の豊富さや基本的な文法の知識が不可欠です。それらが「推測」の大きな助けになるからです。例をあげてみましょう。暴漢に銃で撃たれ、一命はとりとめたものの、もうサックスを吹くことができなくなったイジーが絶望から次のように語ります（7:30）。

IZZY: Life is life, and it's only beautiful if you make it beautiful. I wish I could say（1）I've done that, but I can't. The only beautiful thing I've ever done is play music. If I can't have that, I（2）might as well be dead.

下線部はどちらも早口の小声で語られるため、たいへんに聞き取りづらい部分です。しかし下線部（1）の直後に来る過去分詞 "done" が聞き取れれば、現在完了形が使われていることがわかりますから、直前には "I have" の短縮形である "I've" が来ると推測できます。ここで必要なのは現在完了形という基本的な文法の知識です。また「～するのと同様だ、かわりはない」の意味を表す "might as well" という慣用のフレーズがあります。もしこのフレーズを知っていれば直前に語られるセリフとの関連から下線部（2）は "might as well" が使われている、と推測できるのではないでしょうか。

このようにリスニングには文法と語彙の知識が深く関係しています。また、よく使う単語は耳に残りますが、知らない単語を音だけで正確に聞き取るのにはかなり高度な技術が必要です。リスニングの授業で映画を使うなら、事前にイディオムや単語を抜き出して予習をしておくのが効果的です。リスニング用に選ぶ場面としては、状況の把握のしやすさを考慮して日常の自然な会話が交わされているところが最適ですが、思い切って意外性のあるシーンを選ぶのも面白いと思います。前者ならばシリアがレストランの店主ピエールに挨拶をするあたり（0:04）や、ハナがイジーの部屋を訪れる場面（0:13）など。後者はキャサリンが独自の映画論を述べる場面（0:15）、またはドクター・ヴァン・ホーンがイジーの過去を次々と言い当てていく場面（1:15）などがお勧めです。
</td></tr>
</table>

<table>
<tr><td rowspan="2">あらすじ</td><td>

サックスプレイヤーのイジーは、ライブハウスでの演奏中に暴漢に銃で撃たれ重傷を負います。一命はとりとめたものの、片方の肺を摘出したために演奏ができなくなり、音楽が人生のすべてであったイジーは失意の底に落ち込みます。やがてイジーは、ふとしたきっかけで手にした暗闇で光る不思議な石に導かれ、女優の卵であるシリアと知り合い、恋に落ちます。彼女は希望を失っていたイジーに、もう一度生きることの意味を与えてくれたのです。シリアはイジーの口添えで、映画『パンドラの箱』のヒロイン、ルルの役を射止めます。イジーとシリアを結びつけた謎の石は幸運をもたらしますが、同時に不吉な影も引き寄せました。イジーの前に、石のありかを探しているドクター・ヴァン・ホーンという奇妙な男が現れます。彼は誰も知らないはずのイジーの過去を次々に暴きたて、ついにはシリアが石を持っていることを探り当てます。男たちに追われたシリアは石を持ったまま、橋の上から川へ身を投げて姿を消します。シリアの失踪を知り、再び絶望の淵に追いやられたイジーは、未完成のままの『パンドラの箱』を見ているうち悲しみ耐え切れずに涙を流し、目を閉じます。次の瞬間、すべては長い夢だったかのように舞台はイジーが暴漢に銃で撃たれた夜に引き戻されるのです。彼は救急車の中で息を引き取るのですが、夢の中の女だったはずのシリアが通りかかり、走り去る救急車の後ろ姿を見つめて静かに十字を切ります。
</td></tr>
</table>

<table>
<tr><td rowspan="4">映画情報</td><td>製　作　年：1998年</td><td rowspan="4">公開情報</td><td>公　開　日：1998年　8月14日（米国）</td></tr>
<tr><td>製　作　国：米国</td><td>　　　　　　1998年12月19日（日本）</td></tr>
<tr><td>配給会社：日本ヘラルド映画
　　　　　（ポニーキャニオン＝日本ヘラルド映画提供）</td><td>上演時間：103分
MPAA（上映制限）：PG-13</td></tr>
<tr><td>ジャンル：ドラマ、ミステリー</td><td>バリャドリード国際映画祭ノミネート（1998年）</td></tr>
</table>

薦	○小学生　○中学生　○高校生　●大学生　●社会人	リスニング難易度	発売元：日本ヘラルド映画 （平成29年2月現在、DVD発売なし） 中古販売店等で確認してください。

お薦めの理由	1995年に公開された『スモーク』で脚本を書いたポール・オースターが、本作品では脚本に加えて監督も担当しています。現実と幻想が錯綜する、不思議な雰囲気を持った映画です。謎が謎のまま残されるので、一筋縄ではいきませんが、いわゆる予定調和的な結末に物足りなさを感じている人は楽しめると思います。なおオースター自身が文庫本収録のインタビューで一応の種明かしをしています。参考まで。	スピード	3
		明瞭さ	4
		米国訛	4
		米国外訛	3
		語彙	3
英語の特徴	主に米国英語が使われています。語彙的にはさほど特殊な言葉はありませんが、早口のニューヨーク風英語なので、慣れるまでは少し聴き取りづらいかもしれません。映画製作がストーリーに大きく関わるだけあり、『パンドラの箱』の他に実在の映画や俳優の名前が登場します。"The Reluctant Debutante"は1958年公開のコメディー。"Singin' in the Rain"は同名のミュージカル『雨に唄えば』の主題曲です。	専門語	4
		ジョーク	3
		スラング	4
		文法	3

授業での留意点

　この作品は不思議な雰囲気を持った映画です。難解という訳ではないのですが、物語のキーポイントである青く光る石の謎や、人の心を読み取る男の正体が最後まではっきりと解明されないことが、どこか奇妙であいまいな感覚を生み出しているのでしょう。すべては暴漢に銃で撃たれたイジーが死を迎える一瞬に見た、長い夢だったのでしょうか。しかしラストシーンでは、夢の中に現れたはずのシリアがまるでイジーが息を引き取ったのを知っているかのように、救急車に向かって十字を切ります。現実と夢とが交差しているのです。

　謎が最後まで明らかにならないのならば、いっそのことそのあいまいさを楽しんでみてはどうでしょう。映画の中からヒントを探し出し、自分なりの解釈を作ってみましょう。テーマは「青く光る石は何を表しているか」、「ドクター・ヴァン・ホーンの正体」、「シリアが十字を切る意味」などが使えそうです。絶対の正解は必要ありません。意味を考える、そのプロセスを楽しむのです。最初に「自分の解釈」「理由」「根拠となるセリフ」「自分の解釈の弱点」などの項目をテンプレートにしておくと、作業を始める手がかりになります。学習者が複数なら、1人ずつプレゼンテーションを行うこともできますし、またペアを組んでお互いの意見を交換し合うのも効果的な学習法だと思います。

　ここでは例として「青く光る石」に関する手がかりとなりそうなセリフを抜き出してみます。まずはシリアが暗闇で青い光を放つ石に初めて触れる場面です（0:34）。

IZZY　：You feel more alive, don't you?
CELIA：Yes. More connected.
IZZY　：Connected to what?
CELIA：I don't know. To myself. To the table…. The floor… the air in the room. To everything that's not me.
　　　　To you.

石の光は人の心に暖かい気持ちを起こさせるのかもしれません。

　もう1つ別な場面をあげてみます。イジーは出会ったばかりのシリアに語ります（0:35）。

IZZY　：The way I'm feeling now, I could spend the rest of my life with you. I think I'd be willing to die for you.

またドクター・ヴァン・ホーンは石のありかを隠すイジーに詰め寄ります（1:05）。

DR. VAN HORN: Do you know how precious that stone is? It took years to achieve the light.
　　　　　　　　Do you have any idea of the good it can do?

これらのセリフをヒントに、どのような解釈が生み出せるでしょうか。

映画の背景と見所

　監督と脚本を手がけたポール・オースターは、『孤独の発明』や『ムーン・パレス』などの作品で知られるユダヤ系の米国人作家です。オースター本人のインタビューによると、最初は本作の監督をヴィム・ヴェンダースに頼むつもりだったのですが、「映画製作についての映画が続く」という理由で断られ、結局自分でメガホンを取ることになった、とのことです。確かに本作では『パンドラの箱』の再映画化がメインストーリーの1つになっていますが、『パンドラの箱』は1929年に公開された実在の映画で、ルルとはそこに登場するヒロインの名前です。

　主演のハーヴェイ・カイテルはニューヨーク出身のユダヤ系俳優です。『タクシードライバー』（1976）で印象的なヒモの役を演じた他、『最後の誘惑』（1988）や『天使にラブソングを…』（1992）など多数の作品に出演しています。また本作の前にオースターが脚本を書いた『スモーク』（1995）でも主役を演じています。

　シリア役ミラ・ソルヴィーノはウディ・アレン監督のコメディー『誘惑のアフロディーテ』（1995）やマリリン・モンローの生涯を描いた『ノーマ・ジーンとマリリン』（1996）、チョウ・ユンファとの共演作『リプレイスメント・キラー』（1998）などに出演しています。

　また俳優以外では、ミュージシャンのルー・リードが、本人のそっくりさんという妙な役柄で特別出演しています。

スタッフ

監督・脚本：ポール・オースター
製　　作：ピーター・ニューマン
　　　　　グレッグ・ジョンソン
　　　　　エイミー・カウフマン
音　　楽：グレアム・レヴェル

キャスト

イジー・マウアー　　　：ハーヴェイ・カイテル
シリア・バーンズ　　　：ミラ・ソルヴィーノ
キャサリン・ムア　　　：ヴァネッサ・レッドグレイヴ
ドクター・ヴァン・ホーン：ウィレム・デフォー
笑う男　　　　　　　　：デヴィッド・バーン

レインメーカー	The Rainmaker	（執筆）松原知津子

セリフ紹介

"How do you know when a lawyer is lying?" --- "His lips are moving." "What's the difference between a hooker and a lawyer?" --- "A hooker will stop screwing you after you're dead." 弁護士とはいつも嘘をついているもの、弁護士は売春婦と違って、相手が死んでしまってもお金を巻き上げようとするもの。これは相棒デックが最初にルーディに話す弁護士に関するジョークで、正義感あふれる新米弁護士のルーディには釈然としないものでした。

"I hope that you are astonished, as I am, that a wealthy company would take money from a low-income family, and then keep it, while denying a legitimate claim. It's no wonder they spend so much on their lawyers." 亡くなる直前にビデオ撮りされたダニーの、命をかけた訴えです。保険金がおりて骨髄移植手術が受けられれば90％の確率で生き延びることができるのに、という怒りや悔しさを通り越したやるせなさを訴えています。この映像を最終弁論の中でルーディが使用し、陪審員の良識に訴えます。

"Just do what you think is right, in your hearts. If you don't punish Great Benefit, you could be their next victim." 最終弁論でルーディが陪審員に語りかけるセリフです。これに答えるように、陪審員はベネフィット社に15万ドルの損害賠償金と5千万ドルの懲罰的賠償金をダニーの母に支払うことを命じます。

"Every lawyer, in every case, crosses a line he didn't mean to cross. It just happens. And if you cross it enough times, it disappears forever." 最後にルーディが弁護士になることをやめるのは、自分も経験を重ねるといずれはこの線を越えてしまうこと、そしてそれを意識することもできなくなることを悟ったからでした。

学習ポイント

日本と比較して米国には数多くの弁護士（lawyer, attorney）がいます。人口10万人に対する弁護士人口は、日本の23人に対し、米国では400人にもなります（2013年データ）。そのため、弁護士が自らの生活を保障するために、日本では考えられないようなことも裁判になると冗談めいて言われることがあります。映画の中でもデックが様々な機会を利用して顧客をつかむ方法をルーディに教えます。弁護士の数の多さは、法廷ドラマ、法廷サスペンス、法律映画の数の多さにも関係があります。

この映画によく出てくる法廷での言葉をおさらいしておきましょう。bar とは、傍聴席と裁判官のいる席を分ける法廷内の手すり、または裁判所そのものも指します。bar exam「司法試験」、motion to dismiss「棄却の申し立て」、continuance「（訴訟手続きの）延期」、objection「異議あり」、denied / overruled「（異議を）認めない、却下」、sustained「（異議を）認める」、settlement「和解」、Your Honor（裁判長への呼びかけ）、manslaughter「故殺（計画性のない事故殺人。謀殺（murder）と区別）」、jury「陪審員」、verdict「陪審員による評決」など。

生活に余裕がある人もそうでない人も、万一の場合に備えて保険をかけている人は多いことでしょう。この映画では低所得者層の代表としてブラック夫人が、白血病を発症した息子ダニーに骨髄移植手術を受けさせるため、月々かけてきた保険金を請求します。しかし請求は8回も拒否されます。"All claims are initially denied." グレイト・ベネフィット社には、保険金の請求が来ると、まず最初は全て拒否し、1年間は拒否するという査定マニュアルがありました。保険金を請求するたびに拒否されると請求者はやがてあきらめる、というのが支払いを渋る会社の手口なのだと、当時ダニーの担当者で裁判の直前に解雇された証人のジャッキーは証言します。ダニーの母は8回目の拒否の通知を受け取った後、弁護士の卵、ルーディに相談し、遂に原告となって会社を訴えることにしたのでした。日本でも2005年以降、数々の保険金不払い事件が明るみに出ました。身近な実際の社会問題ともなった保険金問題についても考えてみましょう。

米国の司法制度は連邦裁判所と州の裁判所で扱う事件が違い、州ごとに制度の仕組みが違うなど複雑なので、すべての裁判について知ることは難しいでしょう。原作者ジョン・グリシャムには「映画の背景と見所」にも述べる映画化されている著作のほか、数多くの法廷小説があるので、参考になると思います。

また、映画でもおなじみの米国の陪審制度と2009年から日本で始まった裁判員制度の違いを調べるのも良いかもしれません。法学部の学生の皆さんには興味深いと思います。

タイトルの『レインメーカー』とは、「雨が降るように大金を稼ぐやり手の弁護士」を意味しています。

あらすじ

弁護士を目指しているルーディ・ベイラーにはコネもなく、仕事探しに苦労しますが、ようやく「悪徳弁護士」ストーンの事務所で働くことになります。仕事仲間のデックは保険会社勤めをやめて弁護士の勉強を始め、司法試験には受かっていませんが、経験豊かで頼りになり、仕事の見つけ方などをルーディに指南します。ルーディが法律相談を受けた案件の1つは、白血病の息子ダニーにかけてきた保険金の請求に応じようとしない大手保険会社、グレイト・ベネフィットに対して母親が起こした訴訟です。ルーディの司法試験合格と同じ頃、ストーンは脱税などで逮捕状が出たために町を離れ、ルーディとデックは独立して小さな事務所を構えます。

ルーディにとっての初めての裁判は、グレイト・ベネフィットの代理人である経験豊かなベテラン弁護士団が相手です。ドラモンド率いる弁護団は判事をまきこんで和解を求めて来たり、ルーディらの事務所に盗聴器をつけて情報を事前に入手しようとしたりして、公正な裁判の進行を妨害しようとしますが、ルーディはダニーと母親の望み通り、果敢に裁判を続けます。ルーディらは保険会社の請求却下の手口を知る当時の証人を探したり、過去の判例を有利に使ったりして立場を堅固にし、保険会社の CEO を証言台に立たせ、会社の姿勢を質します。

夫による DV 被害者であるケリーを助けることはルーディ自身をも支え、彼の人生を決めるきっかけになります。

映画情報

原　　作：ジョン・グリシャム	公開日：1997年11月21日（米国）
『原告側弁護人』（1995）	1998年 6月27日（日本）
製 作 費：4,000万ドル　 製 作 年：1997年	上映時間：135分
製 作 国：米国　　　　　 言　語：英語	興業収入：4,600万ドル
配給会社：ギャガ＝ヒューマックス（日本）	オープニングウィークエンド：1,062万6,507ドル

薦	○小学生　○中学生　○高校生　●大学生　●社会人	リスニング難易度	発売元：ギャガ （平成29年2月現在、本体価格） ブルーレイ価格：3,800円

お薦めの理由	新米弁護士が正義感に支えられて、一つひとつの案件と誠実に取り組んでいく姿勢には好感が持てます。母親がかけてきた保険金の請求が拒否されたために手術を受けられず、若くして命を失うダニー・レイの件、夫からの莫大な財産を息子には残さないという遺言の作成を依頼する家主のミス・バーディーの件、そして夫から DV を受けながらも、身寄りのない弱い立場であることから離婚できないケリーの件です。	スピード	4
		明瞭さ	4
		米国訛	3
		米国外訛	1
英語の特徴	タイトルの *rainmaker* とは米国の俗語で、政界にコネを持ち、法律事務所や会社の利益を増加させるやり手の弁護士や重役のことです。映画の中では、判事の交代で裁判がルーディらにとって有利に運びそうになった時にデックが口にします。"You know what a rainmaker is? The bucks will be falling from the sky!" 裁判の場面では弁護士の誘導尋問に気をつけましょう。	語彙	3
		専門語	4
		ジョーク	3
		スラング	2
		文法	2

授業での留意点	ルーディの弁護士という職業に対する心境の変化を追っていきましょう。 　父親が嫌っていた職業であるのにも関わらず彼が弁護士になろうとしたのは、"I'd wanted to be a lawyer since I read about civil rights lawyers of the 60's. They did the impossible." と言っているように、不可能なことをやり遂げた、1960年代の公民権運動で活躍した弁護士にあこがれたからでした。仕事を始めたばかりの頃、デックに "In law school, they don't teach you what you need to know. It's all about theories and lofty notions and big, fat ethics books" 学校では理論や高尚な概念や倫理ばかりで必要なことを教えてくれないと言われますが、ルーディは "What's wrong with ethics?"「倫理の何が悪いのか」と開き直ります。学校を出て間もない彼は、学校で学んだこと、すなわち倫理に基づいてこれからの弁護士生活を始めて行くつもりなのです。 　夫から受けた DV によるけがで入院しているケリーに初めて出会うのは、司法試験の直前です。自己紹介の後、彼女に "What kind of lawyer will you be?" と聞かれたとき、"They (Criminals) are entitled to a defense."「裁判では犯罪人にも弁護される資格がある（ので犯罪人も弁護するかもしれない）」と言いますが、"Murderers? Rapists and child molesters? Men who beat their wives?"「殺人犯は？強姦犯人は？子供に乱暴する人は？妻を殴る人は？」と聞かれると、"No" と答えた後、"I'll probably be doing more... civil litigation"「民事訴訟を扱う弁護士になりたい」と気持ちの変化を見せます。夫に金属バットで殴られて大けがをさせられ、そのたびに入退院を繰り返しているケリーを見て、ルーディの弁護士としての気持ちはどのように変わって行ったのでしょうか。それはなぜでしょう。ルーディ自身の両親への思いも合わせて考えてみましょう。 　ルーディは経費節約のため、夜行バスではるばるテネシー州のメンフィスからグレイト・ベネフィット社のあるオハイオ州のクリーブランドへ証言録取書（deposition）を取りに行きますが、証言をとる予定だった4人のうち2人がもはや会社にはおらず、相手方の裁判に対する姿勢に怒りを隠せません。"I'm wondering, do you even remember when you first sold out?" と、ドラモンドに問います。ここでルーディが使う "sell out" は「自分の主義を捨てる、信条を曲げる」と解釈するとわかりやすいでしょう。弁護士として弱者ダニーとその家族のために懸命になっているルーディにとって、大会社の代理を務める弁護士ドラモンドのやり方は許せないものでした。日に日に弱って行くダニーを見舞い、ルーディは孤独感を深めながらも裁判に真摯に取り組むことを誓います。 　最後に裁判では勝利を勝ち取ったものの、グレイト・ベネフィット社の破産申告により賠償金はとれません。この裁判では皆が負けたわけですが、ルーディにとっての初の裁判はこれ以降の彼の人生を再考させるきっかけになります。
映画の背景と見所	『グッド・ウィル・ハンティング／旅立ち』（1997）、『オーシャンズ』三部作（2001、2004、2007）、『ボーン』シリーズ（2002、2004、2007）、『インビクタス／負けざる者たち』（2009）、『ヒアアフター』（2010）、『幸せへのキセキ』（2011）などに出演しているマット・デイモンが、正義を見つめる硬派の好青年、ルーディを演じます。思慮深く謙虚で、経験が浅いがゆえに慎重に言葉を選ぶルーディの役柄は、後の『ボーン』シリーズの計算し尽くされたアクション物とはまた一味違います。対する老練な弁護士ドラモンドを演じるのは『帰郷』（1978）、『ナショナル・トレジャー』シリーズ（2004、2007）などのジョン・ボイトです。 　原作は、自らの弁護士としての経験から数多くの法廷小説を書いているジョン・グリシャム（1955–）です。彼の小説には『評決のとき』（1989）、『ザ・ファーム／法律事務所』（1991）、『ペリカン文書』（1992）、『依頼人』（1993）、『処刑室』（1994）など、映画化されているものが数多くあります。 　最初の判事とドラモンドが、ルーディに和解金を提示して裁判を終わらせようとする場面は、老練な2人がそれぞれの経験と知恵をちらつかせて新米弁護士の出鼻をくじこうとするのですが、音楽がコミカルで、2人の目論見が外れることが暗示されています。

スタッフ	監督・脚本・製作総指揮：フランシス・フォード・コッポラ 製　作：マイケル・ダグラス、スティーブン・ルーサー 　　　　フレッド・フックス 撮　影：ジョン・トール 音　楽：エルマー・バーンスタイン	キャスト	ルーディ・ベイラー：マット・デイモン デック・シフレット：ダニー・デヴィート レオ・ドラモンド　：ジョン・ボイト ケリー・ライカー　：クレア・デインズ タイロン・キプラー：ダニー・グローバー

| | | ザ・ロイヤル・テネンバウムズ | The Royal Tenenbaums | （執筆）平野　順也 |

<table>
<tr>
<td rowspan="1">セ
リ
フ
紹
介</td>
<td colspan="2">

22年間別居していた妻のエセルの前に、ロイヤルが突然現れ家族と一緒に暮らしたいと伝えます。死期が近づいているからと説明しますが、泣き崩れる妻を前に、ロイヤルはまた別のことを言い始めます。通常なら冗談にならないような会話が一瞬にして喜劇へと変わるというユニークな場面がこの映画には多く詰まっています。

ETHELINE : What are you doing here?

ROYAL　　 : I need a favor. I want to spend some time with you and the children.

ETHELINE : Are you crazy?

ROYAL　　 : Now, hold on, dammit.

ETHELINE : Stop following me.

ROYAL　　 : I want my family back.

ETHELINE : Well, you can't have it. I'm sorry for you, but it's too late.

ROYAL　　 : I'm dying, baby.

ETHELINE : (Shocked) I'm sorry. I didn't know…. What'd they say? What's the prognosis? (She starts crying).

ROYAL　　 : Hold on. Hold on.

ETHELINE : (Urgently) Where's the doctor? Let's get…

ROYAL　　 : Wait a second…. Listen…. I'm not dying. But I need some time.
</td>
</tr>
</table>

| 学
習
ポ
イ
ン
ト | この映画にはユニークな登場人物が多く登場します。セリフが多くないキャラクターの一人ひとりに見せ場が与えられていて、カラフルなキャラクターによって彩り鮮やかな映画になっています。その中でも特に独特なのがジーン・ハックマン演じるロイヤル・テネンバウムです。かつて天才と称賛され今は落ちぶれた子供達から、どうにかして父親としての信頼を勝ち得ようとするロイヤルのちょっと外れた言動は、決して道徳的でも規律的でもないものの、笑いを誘ってしまいます。しかし、彼自身の成長とともに、セリフの中身も変わっていくので、この変化に注意して映画を進めていくのも良いでしょう。妻との別居を子供たちに伝える場面では、ロイヤルは次のように言っています。

MARGOT : Are you getting divorced?

ROYAL　　 : At the moment, no… but… it doesn't look good.

RICHIE　 : Do you still love us?

ROYAL　　 : Of course I do.

CHAS　　 : Do you still love Mom?

ROYAL　　 : Yes, very much, but your mother's asked me to leave and I must respect her position on the matter.

MARGOT : Is that our fault?

ROYAL　　 : No. No. Obviously, we made certain sacrifices as a result of having children, but, uh… Lord no.

　ロイヤルは子供たちからの質問に真摯に答えているのですが、一番最後のセリフで彼の本性が表れます。「わたしたちのせい？」と尋ねるマーゴに対し、ロイヤルは「No. No.」と最初は答えているのですが、その後すぐ「子育てのために色々と犠牲にした」と、子供たちに愚痴を言うのです。また、映画のクライマックス近く、父親らしいアドバイスを与えようとマーゴと会話をする場面でも、ロイヤルの無責任さが顔を覗かせます。

MARGOT : You probably don't even know my middle name.

ROYAL　　 : That's a trick question. You don't have one.

MARGOT : Helen.

ROYAL　　 : That was my mother's name.

　しかしロイヤルは決して悪気があってこのような言葉を口にするのではないというのがポイントです。また、彼のセリフの数々は彼の意地悪さよりも、不器用さが強調されるように絶妙のユーモアに飾られて書かれているので、どのようにセリフが表現されているのか注意して読み解いていきましょう。 |

| あ
ら
す
じ | ロイヤルはエセルと結婚し2人の子供をもうけ、1人の少女を養子にむかえます。彼らが別居を始めてから、3人の子供たちは神童として非凡な才能を開花させていきます。チャスは数学やビジネスの天才として子供ながらに様々な成功をおさめ、リッチーはテニスプレイヤーとしてその手腕を発揮します。そしてマーゴは劇作家として中学生のころにはその早熟した才能を認められるほどに成長します。しかし、そんな甘い生活もそう長くは続きません。22年後、ロイヤルが住まいにしていたホテルから追い出されたころには、子供たちはみんなそれぞれの問題を抱えて生きています。チャスは最愛の妻を飛行機事故で失い、子供たちの安全を確保するという強迫観念にかられています。いつ何があっても避難できるように、ジャージを着て生活する毎日です。試合中に衰弱しきったリッチーは巡航客船に乗り、あてもなく世界を放浪しています。マーゴは愛のない結婚生活に疲れ、チャスの親友と不倫を重ねています。テネンバウム一家がそれぞれ挫折を味わい生きていますが、エセルが会計士のシャーマンから求婚された日から、大きな変化が現れます。突然エセルの前に現れたロイヤルは、つれない態度を示すエセルに打ち明けます。彼は癌を患っていて、もう長くは生きることができないというのです。ロイヤルを看病するために、バラバラになっていた家族が再び一つ屋根の下で生活することになります。しかしロイヤルには隠している大きな秘密があるのです。 |

<table>
<tr>
<td rowspan="4">映
画
情
報</td>
<td>製　作　費：2,100万ドル
製　作　年：2001年
製作会社：タッチストーン・ピクチャーズ
　　　　　モルデカイ・フィルムズ
配給会社：ブエナ・ビスタ</td>
<td rowspan="4">公
開
情
報</td>
<td>公　開　日：2001年12月6日（米国）
　　　　　　2002年　9月7日（日本）
上映時間：109分
受　　　賞：ジーン・ハックマン（第59回ゴールデン・グロー
　　　　　ブ主演男優賞、AFIアワード主演男優賞）</td>
</tr>
</table>

薦	○小学生　○中学生　○高校生　●大学生　●社会人	リスニング難易度	発売元：ウォルト・ディズニー・ジャパン（平成29年2月現在、本体価格）DVD価格：1,429円

お薦めの理由	人生が非常に興味深いのは、悲劇と喜劇という全く異なる性質の出来事が共存しているからではないでしょうか。この映画は悲喜劇としての人生そのものを豊かに表現することに成功しています。悲しいと感じられる会話であっても、役者の演技や監督の演出といった不思議なスパイスが加えられることによって、笑いが起こるような場面に変わります。人生の妙をセリフと共に楽しんでみてはいかがですか。	スピード	4	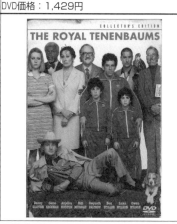
		明瞭さ	4	
		米国訛	4	
		米国外訛	2	
		語彙	5	
英語の特徴	英語は聞きやすくリスニング教材として最適です。しかし、セリフは細かい箇所にいたるまで徹底的に練られており、語彙や特徴的な言い回しだけではなく、場面の雰囲気や、イントネーションなどまでに注意しないと、作り手の意図は伝わりません。また、時には非常に高度な英語が使用されているので、難しいと思われるかもしれませんが、挑戦する価値があるセリフが山のように使用されています。	専門語	3	
		ジョーク	5	
		スラング	4	
		文法	4	

授業での留意点

　この映画のセリフを十分に理解するためには、決して文法力や語彙力といった能力だけではなく、コミュニカティブな能力も必要になります。言語的な側面だけに注意するのではなく、映像にも注目し、役者の演技を味わいながら、些細なニュアンスを読み取っていかなくてはなりません。学習者がそんなニュアンスをきちんと理解しているかどうかを確認しながら授業を進める必要があるでしょう。

　例えば、「セリフ紹介」で説明した、エセルにロイヤルが突然現れ、重病だと嘘をついてまで、家族に戻りたいと伝えるセリフを例にして、ニュアンスの重要さを確認してみましょう。まず、ロイヤルは避けるエセルを引き留めるためにも、真剣に自分の余命が6週間であると告げます。それを聞いたエセルはショックを受け、パニックを起こし泣きはじめます。ロイヤルはまさかそこまでショックを受けるとは思っていなかったようで、人目を気にしながら、大泣きするエセルを落ち着かせるために、実は死なないと言うのです。ここで、嘘だということは、エセルを泣き止ませるためだけであって、家族に戻るという最初の目的を無視することになるのですが、おそらくロイヤルはそこまで考えてないのでしょう。勿論、真剣に考えているエセルは、その嘘だという一言にさらに逆上し、ロイヤルを強く引っぱたくわけですが、ロイヤルは、今度はその逆上を止めるためにも、また「本当に死ぬんだ」と彼女に言うのです。この会話のやり取りは、ロイヤル演じるジーン・ハックマンの渾身の演技のおかげで、ユーモラスに表現されています。監督のウェス・アンダーソンもこの場面が上手くいくかどうか不安だったようです。彼はメイキング映像の中で、この場面のジーン・ハックマンの演技について述べていますが、彼が最初に計画した作戦を簡単に変更してしまうほど無頓着で無邪気なロイヤルの性格が伝わらないと、「死ぬ」、「死なない」、「死ぬ」を繰り返す、内容的にはシリアスな場面が生きてこないわけです。

　また、この映画で使用されている音楽もセリフや演技と同じように、物語を理解するための重要な鍵となっています。例えば、マーゴの知らざれる過去が探偵によって暴かれるシーンでは、Judy や Jackie は不良で若くしてに死んでしまうのではないか、と歌われるラモーンズの「Judy is a Punk」が流れ、ロイヤルが孫たちを連れて街で悪戯をしてまわる場面では、悪さをする子供たちの無邪気さが歌われるポール・サイモンの「Me and Julio Down by the Schoolyard」が使われています。これら以外にも、ローリング・ストーンズやエリオット・スミスといった多くの曲が登場人物の心境を説明する1つのスパイスとして使用されています。本映画を使用するときは、セリフだけではなく、使用されている曲を用い、歌詞の分析に取り組むこともお勧めします。例えば、歌詞が登場人物の心境をどれほど伝えているか、確認しつつ学習を進めてみるのもいいのではないでしょうか。

映画の背景と見所

　現代、生活は豊かになり、便利なものに溢れています。しかし、そのような社会は私たちを幸せにしているのでしょうか。多くの夫婦が離婚を経験し、「家族」という言葉、定義、そして価値観も変わっていったのではないでしょうか。この映画の登場人物は、例え成功を収めている人であっても、何かの悲しさや問題を抱えているのです。テネンバウム家の子供たちは、幼い頃に天才と称されたにもかかわらず、大人になった今、人との接触をさけ、過去の栄光に苦しみながら生きています。精神学者のシンクレアは妻の浮気に苦しみ、ベストセラー作家のイーライはドラッグ中毒者でもあります。この映画は、物質主義的な幸せや成功が犠牲にする、本当の意味の幸せについての物語だともいえるでしょう。キャストの1人、ダニー・グローバー演じる会計士のシャーマンがこの映画の核かもしれません。シャーマンは、他の登場人物と比べると「成功」とはほど遠い地味なキャラクターです。シャーマンがエセルに求婚する際、自分はエセルが交友してきた人たちのように「大物」ではないと述べます。しかし、自分にはそのような「大物」に負けないぐらい、自分を捧げることができると言うのです。映画のクライマックスはエセルとシャーマンの結婚式です。効率や成功が求められる現代に、この映画はユーモアを交えながら、本当に大切なことを教えてくれるのではないでしょうか。

スタッフ	監督・脚本・製作：ウェス・アンダーソン 脚　　本　：オーウェン・ウィルソン 製　　作　：バリー・メンデル、スコット・ルーディン 製作総指揮：ラッド・シモンズ 音　　楽　：エリック・サティ	キャスト	ロイヤル：ジーン・ハックマン エセル　：アンジェリカ・ヒューストン マーゴ　：グウィネス・パルトロウ リッチー：ルーク・ウィルソン チャス　：ベン・スティラー

ロスト・イン・トランスレーション	Lost in Translation	（執筆）水野　資子

<table>
<tr>
<td>セリフ紹介</td>
<td colspan="2">

　ＬとＲの発音を混同してしまうことは日本人に起こりがちな問題ですが、それが原因で起きてしまうミス・コミュニケーションが本作で取り上げられています。

【Chapter 6 / 00:17:24】
Call Girl　: Mr. Kazuo sends premium fantasy. My stockings – "lip" them. "Lip" my stockings. Yes, please.
Bob　　　: (puzzled)
Call Girl　: Hey, "lip" my stockings.
Bob　　　: Hey, "lip" them? "Lip" them? What?
Call Girl　: "Lip" them, like this. "Lip" them.
Bob　　　: "Rip" them? Do you want me to rip your stockings?
Call Girl　: Yes, "lip" my stockings, please.

【Chapter 16 / 1:08:48】
Charlotte : Why do they switch the "R"s and the "L"s here?
Bob　　　: They have to amuse themselves. 'Cause we're not making them laugh.
</td>
</tr>
<tr>
<td>学習ポイント</td>
<td colspan="2">

　日本人英語学習者にとって、これほど良い教材となる映画はめったにないと思います。恋愛コメディーとしての本作の魅力は、何と言っても、CM撮影のため来日したハリウッド俳優ボブと日本人通訳者やカメラマン、そしてコールガールとの間に生じるミス・コミュニケーションの滑稽さです。その描き方に不快感を抱く日本人もいるかもしれませんが、この映画で描かれているシーンにはかなりのリアリティーがあり、多くの日本人や米国人が共感を抱いています。
　学習のポイントは、ストーリーの至る箇所に散りばめられたミス・コミュニケーションが発生している場面にあります。ですから何度も繰り返し鑑賞することを推奨します。スラングもたくさん登場しますので、日本語字幕を使って鑑賞してみるとよいでしょう。
　次に、映画を全編見終わったあとの学習例をステップごとに紹介します。
1. ミス・コミュニケーションが発生している場面を見つけ、シーンナンバーやタイムをメモします。この時、日本語字幕をつけていても構いません。自信のある人は、英語字幕に変えたり、字幕をオフにしたりしても構いませんが、焦ってハードルを上げ過ぎる必要はありません。楽しむことができる負荷レベルで学習することが、継続の秘訣です。
2. 選んだシーンに戻り、各シーンのセリフを*ディクテーションします（*聴き取った英語を書き取ること）。何度も巻き戻して、できるだけ書いてみましょう。単語として認識できなくても、音として聴き取れたものはローマ字表記でも構いませんので、できるだけ多くの音を拾い上げるつもりで行いましょう。最後に英語字幕をオンにして正しく聴き取れていたか確かめて下さい。
3. 次に、これらのミス・コミュニケーションは何が原因で起こったかを分類してみましょう。「A：言語の過った使い方が原因」、「B：発音ミスが原因」、「C：言語以外（AB以外）の態度、行動、表情などが原因」。AとBの言語的誤りについては、どういう表現なら相手に意図が通じたか考え、自分なりに正しい表現に直してみましょう。Cにカテゴライズされたものは、文化や習慣の違いによって起きた誤解です。日本人と米国人にどのような感覚の違いがあるのか、よく観察してみて下さい。
4. 最後に、コッポラ監督はこの作品を通じていったい何を伝えたかったのか、またそれについて自分は何を感じ、学んだかを考えてみて下さい。SNSやブログなどを利用し、自分の感想を文章にまとめ、本作から学んだ表現や自分の思いを発信してみるといいですよ。学んだことを自分なりにアウトプットすることは、言語獲得において最も有効な手段です。
</td>
</tr>
<tr>
<td>あらすじ</td>
<td colspan="2">

　ハリウッド俳優のボブは、CM撮影で初来日。英語がろくにできない通訳者や、子供を叱りつけるようにボブに指示を出すCM監督、ＬとＲの発音を混同したり、何にでも適当にYesと答えるカメラマン、といった日本人との意思疎通の難しさに、相当なストレスを感じながら仕事をこなします。ホテルに戻れば、米国にいる妻から、どうでもいいようなことで昼夜構わず部屋にファクスが入ります。妻と言葉は通じているものの、心が通じ合ってはいなかったのです。
　ボブと同じホテルに滞在しているのは、若手売れっ子カメラマンとその妻シャーロット。シャーロットは大学卒業後に結婚、自分の生き方を見出せないまま時を過ごしてきました。異国の地に夫と共にやってきましたが、多忙な夫をひたすらホテルで待ち続ける空虚な日々を送っています。シャーロットもまた、遠い異国の土地でひとり、孤独を抱いて生きていたのです。
　そんな寂しさを心に秘めた2人が、ある日ホテルのバーで偶然出会い、恋愛とも友情とも言い難い、特別な関係性を築いていきます。やがてわずかな滞在期間を終えて帰国することになったボブ。2人が最後に交わした言葉とは。そして、2人の行く末は…。
</td>
</tr>
<tr>
<td>映画情報</td>
<td>

製　作　費：400万ドル
製　作　年：2003年
製　作　国：米国
撮影場所：東京
ジャンル：コメディ、恋愛ドラマ
</td>
<td>

公 開 情 報

公　開　日：2003年9月12日（米国）
　　　　　　2004年4月17日（日本）
上映時間：102分
MPAA（上映制限）：R
受　　賞：アカデミー脚本賞他
</td>
</tr>
</table>

薦	○小学生　○中学生　○高校生　●大学生　●社会人	リスニング難易度	発売元：東北新社
			（平成29年2月現在、本体価格）
			DVD価格：3,800円

お薦めの理由	英語におけるコミュニケーションにおいて、日本人がいかにも犯しやすいミスを米国人の視点で描いているところが、この作品の教材としての魅力です。また言葉以外でも、コミュニケーションにおける間（沈黙）のとり方や相槌のうち方、贈り物の捉え方の違い、食文化の違いも大変勉強になります。2020年のオリンピック開催を前に、日本人として意識しておきたい情報が満載です。	スピード	3
		明瞭さ	3
		米国訛	1
		米国外訛	3
英語の特徴	平易で聴き取りやすい米国英語と、日本人が話す典型的な和製英語によって話は進みます。米国英語で話される部分は、日常的に用いられる表現がほとんどで、多少のスラングを含み、話すスピードが速くなる部分もありますが、難解な表現はほとんどありません。発音も明瞭ですから、高校生レベルの英語力があれば、十分取り組むことができるレベルです。繰り返し視聴することで、聴き取ることができる英語でしょう。	語彙	3
		専門語	2
		ジョーク	2
		スラング	2
		文法	3

授業での留意点

本作品を授業で使用する場合、「学習ポイント」（左頁参）1,2,3を事前学習として学生に課し、3,4の内容を授業内で深めるとよいと思います。3の「A：言語の過った使い方が原因」と「B：発音ミスが原因」で生じたミス・コミュニケーションのシーンについては、実際、どのような表現ならば意思疎通できたのか、全員に revised script を準備させてくるとよいでしょう。授業ではグループワークを推奨します。グループ毎に1つのシーンを担当させ、それぞれが準備してきた revised script をグループ内で調整させ、それを脚本に revised シーンを演技発表してもらうと面白いでしょう。「CM 撮影時のボブと通訳者と撮影監督の掛け合いシーン」や、「ホテルの部屋でのボブとコールガールのシーン」、「病院の待ち合いベンチでの老人とボブの会話シーン」などは、盛り上がること請け合いです。

このようにグループで作業をさせる目的は、完成度の高い発表をさせることよりむしろ、体を動かしながら他者と共に自発的に言語活動することによって、脳の働きを活性化させることにあります。ですから、グループワークに多くの時間を与えることで学生にプレッシャーをかけすぎないよう、程よい制限タイムを設けてテキパキと楽しく活動させることが鍵となります。

発表後は、学生が演じた revised シーンの表現文例を板書にて紹介しておきたいところです。「見る/聞く」、「話す」の活動時には必ず、「書く」「読む」という作業を通じ、文字と音で明確に正しい英語表現を意識、獲得させることが重要です。

また、3の「C：言語以外（AB 以外）の態度、行動、表情などが原因」で生じたミス・コミュニケーションのシーンは、習慣や文化の違いについての研究・考察を深めることができる絶好の題材ですので、学生に十分な議論をさせたいところです。例えば Chapter 14の冒頭で「寿司屋の板前がボブにまくしたてられた英語がわからず沈黙していると、ボブが不快感をあらわにするシーン」があります。東京大学のマイケル・ハンドフォード教授によれば（2010 Professor finds meaning in silence）、耐えられる沈黙の長さは英語話者が3～4秒、日本語話者が5～6秒ということですから、せっかちな英語話者とのんびりした日本語話者であれば3秒もギャップがあり、ボブが不快感を示したことは腑に落ちます。本作から、日本語と英語という2つの言語の背景に存在するそれぞれの文化的違いを考察し、それが英語における意思疎通においてどのような影響を及ぼすか、議論させてみると面白いと思います。

最後に学習の締めくくりとして、本作を通じて監督は何を伝えたかったのか、またそれについて自分はどう感じ、何を学んだかを1パラグラフ程度の英文にまとめ、発表させてみてほしいと思います。より深い思考力と、豊かな表現力を育むことが期待できると思います。

映画の背景と見所

本作が公開された2003年、コッポラ監督は夫であった映画監督のスパイク・ジョーンズと離婚しています。スパイク・ジョーンズは1980年代、写真家としての活動を始め、数多くの CM やミュージック・ビデオも手がけていました。2人は仕事で来日した経験もあることから、コッポラ監督が書いたこの脚本のシャーロットとその夫のジョンは、当時まだ夫婦であった2人がモデルであるとされています。実際に、シャーロットの話し方や佇まいは、コッポラ監督と酷似していて、本作のセリフの中にも、コッポラ監督本人の気持ちが代弁されていると思われる場面が多々見受けられます。

本作品は一見、言葉や生活習慣の違いの中で生まれるミス・コミュニケーションが主題となっているようですが、実際は、同じ言葉を喋っているのにも関わらず心が通じ合っていない夫婦が、それぞれの夫婦の関係性についてもう一度考え、自分達の結婚の意味を見つめ直そうとしている映画だと思います。勢いで結婚してしまったけれど先行きが全く見えない若夫婦と、倦怠期を迎えた熟年夫婦を対比して見ると、また視点が広がります。ボブが最後にシャーロットにささやいた言葉は、映画では聴き取れず、字幕にも現れません。ボブは何と言ったのか、それを考えてみるのも一興ではないでしょうか。

スタッフ	監督・脚本：ソフィア・コッポラ	キャスト	ボブ：ビル・マーレイ　　ジョン：ジョバンニ・リビシ
	製作：ソフィア・コッポラ、ロス・カッツ		シャーロット：スカーレット・ヨハンソン
	編集：サラ・フラック		ケリー　　　　　：アンナ・ファリス
	撮影：ランス・アコード		通訳カワサキ：竹下明子
	音楽：ブライアン・レイツェル、ケヴィン・シールズ		CM監督　　　：DIAMOND☆YUKAI

	ロミオ&ジュリエット	Romeo + Juliet	（執筆）井土　康仁

セリフ紹介	シェイクスピアが原作の映画ですので、当たり前のことですが有名なセリフは数多く出てきます。ここではあまりにも有名なものを幾つかみておきます。 　まずは出会ったその日に2人それぞれの家柄について、バルコニーで嘆くジュリエットのセリフから： 　Juliet　：Oh, Romeo. Wherefore art thou Romeo. Deny thy father and refuse thy name. Or if thou wilt not, be but sworn my love and I'll no longer be a Capulet. 　Romeo：Shall I hear more, or shall I speak at this? 　Juliet　：'Tis but thy name that is my enemy. Thou are thyself, though not a Montague. 　名前によって運命が決まってしまう不条理さを嘆いた後、「バラの名前」のくだりが続きます： 　"What's in a name? That which we call a rose, by any other word would smell as sweet. So Romeo would, were he not Romeo called, retain that dear perfection which he owes without that title." 　ロミオが、ジュリエットが死んでしまったと嘆くセリフもまた、大変美しい言い回しになっています： 　"My love. My wife. Death, that hath sucked the honey of thy breath, hath had no power yet upon thy beauty. Thou art not conquered. …Dear Juliet, why art thou yet so fair? Shall I believe that unsubstantial death is amorous and keeps thee here in dark to be his paramour?" 　最初から最後まで、文学的な香りが高いセリフで埋め尽くされている作品です。

学習ポイント	ロミオが生まれ育ったモンタギュー家は、とても高貴な家柄です。ですので、彼は高い教養の持ち主であり、文学の素養があります。ロミオの最初のセリフに、彼の人となりが大変よく反映されております： 　"Why then, O brawling love, O loving hate, O anything of nothing first create! Heavy lightness, serious vanity, misshapen chaos of well-seeming forms." 　まるで『不思議の国のアリス』に出てくるような、パラドックスに満ちたセリフです。このような不思議な言葉づかいで思考をする人物が、この物語の主人公であることを授業で学生にしめすことで、作品の雰囲気が伝えられるように思います。 　ロミオの友人は、喧嘩好きの荒くれ者たちです。喧嘩好きだから、というわけではありませんが、ロミオのことをしっかり理解してくれる人物が彼の周りにはあまりいません。しかしマキューシオは別です。彼は、その名が示すとおりヘルメス的な人物であり、自分の言葉にも他人の言葉にもとても意識的です。恋に悩むロミオとの丁々発止は、大変面白いやり取りになっています： 　Romeo　：You have dancing shoes with nimble soles. I have a soul of lead. 　Mercutio：You are a lover. Borrow Cupid's wings and soar with them above a common bound. 　Romeo　：Under love's heavy burden do I sink. 　この映画では、現代ではあまり使われないような、複雑な文学的表現が数多く出てきますが、この場面の2人のやり取りは、簡潔な英語でありながら、とても美しい表現です。このように言葉を操るマキューシオだからこそ、ティボルトの言った"Consort"という言葉が許せなかったのかもしれません。 　その人物設定に瑕疵（かし）がないというわけではありませんが、マキューシオはその名前も含めて、大変練られた人物になっております。主人公ではない人物の分析法を、授業で指摘するには格好の人物かもしれません。 　もう1人の主人公であるジュリエットは、14歳の設定になっています。名家であるキャピュレット家に生まれてしまったために、彼女はその歳で結婚するよう両親に強いられます。とはいえ、14歳はやはり14歳です。ロミオと出会い彼と愛を誓い合った夜、その別れ際にジュリエットは次のようなセリフを言います： 　"Parting is such sweet sorrow that I shall say good night till it be morrow." 　文学作品が時間や国境を越えて理解されているのは、人の心が同じように出来ているからなのかもしれません。この映画を通じて、文学作品の成り立ちの奥深さも学習のポイントとして学べる点のように思います。

あらすじ	舞台はイタリアのヴェローナ。モンタギュー家の御曹司であるロミオは、ロザラインという女性との恋に悩んでいます。想い悩み続けるロミオに、友人でもあるベンヴォーリオは、ロザラインに会いに行こうと持ちかけます。彼女は今夜、パーティーに出席するらしいのです。若いロミオにとって、愛しい人に逢うためであれば場所など関係ありません。たとえそこが、宿敵キャピュレット家が催すパーティーであったとしても。 　ロザラインに会うために行ったはずのパーティーの席で、ロミオは運命の女性とめぐり合ってしまいます。彼女の名前はジュリエット。キャピュレット家の一人娘です。2人はお互いが宿敵同士の家の出であることを知らぬまま、恋に落ちていきます。その夜、2人は互いの苗字を知りますが、名前など2人にとっては障害ですらありません。彼らはすぐ結婚の約束をします。次の日、両家の争いが終ることを切に望むロレンス神父のもと、2人は結婚式を挙げます。ところがロミオに強い憎しみを抱く人物が、2人の仲を引き裂くことになります。ジュリエットの親戚であるティボルトです。彼はどうしてもロミオを認められず、決闘を申し込み、戦いの末ロミオに殺されてしまいます。殺人を犯したロミオはヴェローナから追放されてしまいます。事件を知ったロレンス神父は、どうにかしてロミオとジュリエットを引き合わせようとします。

映画情報	製作費：（約）1,450万ドル（米国） 製作国：米国 撮影場所：米国、メキシコ 配給会社：20世紀フォックス 言語：英語	公開情報	公開日：1996年11月1日（カナダ） 　　　　　1997年4月5日（日本） 上映時間：120分 興行収入：37億9,563万リラ（イタリア） 字幕：日本語、英語

薦	○小学生　○中学生　●高校生　●大学生　●社会人	リスニング難易度	発売元：20世紀フォックス ホーム エンターテイメント ジャパン （平成29年2月現在、本体価格） DVD価格：1,419円　ブルーレイ価格：2,381円

お薦めの理由	シェイクスピアの名前は知っているけれど、どんなものを書いたのかはっきりとは知らない、という学生は存外多いかもしれません。もしシェイクスピアの作品を（あらすじくらいは知っているけど）見たことがないという学生がいれば、この映画は打って付けの作品といえるでしょう。ストーリーの分かりやすさ、そして展開の速さ。授業内でも退屈することなく鑑賞できます。	スピード	5
		明瞭さ	4
		米国訛	1
		米国外訛	1
英語の特徴	20世紀に作られた映画ですが、原作にそって作られていますので、セリフは大変古い言い回しです。それゆえ単語も文法も、現代英語にのみ触れてきた学生にとっては、スクリプトを見ながらであっても、出合ったことのない単語・表現ばかりなので、すぐには理解しづらいでしょう。加えて、表現もまたかなり修辞的なものです。最高峰の文学作品の英語を学ぶには、もっともよい作品だと思います。	語彙	5
		専門語	5
		ジョーク	4
		スラング	1
		文法	5

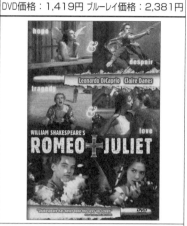

授業での留意点	この映画の原作である『ロミオとジュリエット』はあまりにも有名ですので、たとえ細かいところまでわからなくても、大まかなストーリーを知っている学生は多いように思います。しかしながら、原作者であるシェイクスピアのこととなると、英文学に興味のある学生を除いて、少しは知っている、あるいは殆ど知らないといった学生が大半を占める気がいたします。そこで、この映画を授業で使うにあたり、シェイクスピアの人物像に触れておくのも大切な授業での留意点となることかと思います。 英文学におけるシェイクスピアの偉大さは、日本文学内での彼のそれに匹敵する人物が見当たらないこともあり、日本人の私たちには理解しづらい部分が少なからずありますが、シェイクスピアにまつわる事実無根を含めたあまたとあるエピソードを調べれば、その偉大さを感じ取ることが出来るでしょう。 たとえば、シェイクスピアをめぐる有名な論争の1つに、ウィリアム・シェイクスピアという劇作家は、1人の実在の人物ではない、というものがあります。彼は1人ではなく、複数の人間が寄り集まって作り上げた架空の人物ではなかろうかと。つまり数学におけるブルバキのような存在であるというのです。真偽の程は別として、シェイクスピアの天才は、とても1人の人間でまかなえるものではないと考えられているのです。 歴史に造詣が深く、確かな洞察がなければ決して書けないような史劇から、何世紀にもわたって人を笑わせ続けている喜劇まで、質・量ともにシェイクスピアが持ち合わせていた天才が作り上げたものは、世界中どこの文学界を見渡しても、他に類を見ないでしょう。 あるいは、シェイクスピアが生きた時代のヨーロッパ文化における、演劇が果たした役割というものを指摘してもいいでしょう。そうすることで、ヨーロッパの歴史や文化に学生の目を向けさせることができるように思います。演劇という表現形式の原点や、今日まで引き継がれてきた理由などを調べることで、異文化理解を促すことができるでしょう。 芸術の表現形式には、それぞれの文化の深層に埋もれているものが色濃く反映されています。今では女性が舞台に立つことは当たり前のことですが、シェイクスピアが活躍していた時代の英国では、女性が舞台に立つことが禁じられていました。そのような、過去と現在の差異を理解することは、過去の事柄を知るばかりではなく、現在を理解するための新たな視点を与えてくれる事にもなります。 大学で学問を学ぶということは、とりもなおさず、様々な視点を手に入れることなのです。時代も距離も大きく離れた場所で生まれた作品を理解することで、改めて現在の立ち位置というものが見えてくるように思います。
映画の背景と見所	原作がシェイクスピアですので、舞台は何百年も前の設定となっています。ところがロミオたちは、自動車で走り回ったり、ヘリコプターに追いかけられたり、剣の代わりに拳銃を使って決闘します。音楽もラップ調の、20世紀になって出てきた音楽です。この映画がそういった構成をしている背景には、1968年に撮影されたもう1つの『ロミオとジュリエット』があることも関係しているように思います。68年の作品は、原作により近いかたちで撮られています。衣裳もセットも本作と比較すると実にシンプルです。新旧2つの『ロミオ～』を並べてみると、20世紀末に『ロミオ～』を映画で撮ったバズ・ラーマン監督の意図が浮かび上がってくるように思います。 日本語字幕だけではいささか伝わりづらい部分がありますが、ロミオ以下登場人物が話している英語は、セットや音楽などとは裏腹に、大変古い言い回しを使っています。英語が古いばかりでなく、その表現自体も一聴しただけではすんなりと理解できない、かなり「文学的な表現」を使っています。セリフ回しと視覚効果とのギャップもまた、この映画の見所と言えるでしょう。 最後に、本作の舞台となっているヴェローナの街の社会制度も注意しておくべき点のように思います。結婚するジュリエットの年齢からロミオに下される裁きまで、現代社会の多くのものとは違う制度で動いているからです。

スタッフ	監督：バズ・ラーマン 脚本：クレイグ・ピアース、バズ・ラーマン 原作：ウィリアム・シェイクスピア 撮影：ドナルド・マカルパイン 音楽：ネリー・フーバー	キャスト	ロミオ：レオナルド・ディカプリオ ジュリエット：クレア・ディーンズ ティボルト：ジョン・レグイザモ マキューシオ：ハロルド・ペリノー ロレンス：ピート・ポスルウェイト

		ワーキング・ガール	Working Girl	（執筆）石川　有香

<table>
<tr>
<td rowspan="1">セリフ紹介</td>
<td>
　テス・マクギルはニューヨークのビジネス街で働く秘書。上司は一流大学をでたエリートばかりで、夜学出身のテスは、コーヒーを入れ、電話の取次ぎを行い、荷物を運ぶだけの毎日です。上昇志向の強いテスは、働きながらも講習や研修に参加してスキルを磨き、服装や髪型にも気を配って、チャンスをつかむ日を夢見ています。秘書仲間のシンシア（愛称はシンディまたはシン）にランチを誘われても、テスは、話し方教室に参加するために断ります。
Tess : No lunch. I got speech class.
Cyn : What do you need speech class for? You talk fine.
　シンシアは、そんなテスに対して、エグゼクティブを気取って、上司のファッションをまねしてみても、所詮、秘書は秘書。専門職には就けないのだから、いい加減に目を覚まして、地道な生活を送るべきだと注意をします。
Cyn : Sometimes I sing and dance around the house in my underwear. Doesn't make me Madonna. Never will.
　歌手の Madonna は、下着のような格好で、歌って踊るスーパースターです。彼女のまねをして、家で、下着で歌って踊っても、スーパースターになれるわけではないのです。それでも、努力を続けてきたテスですが、恋人にも上司にも裏切られ、ついに、大きな賭けに出ます。秘書の身分を隠して、上司の留守中に、勝手にビジネスを行ったのです。発覚すれば、即刻解雇。なぜ、このような危険を侵したのでしょうか。テスは、次のように答えます。
Tess : I mean, you can bend the rules plenty once you get upstairs, but not while you're trying to get there.
　　　 And if you're someone like me, you can't get there without bending the rules.
</td>
</tr>
<tr>
<td rowspan="1">学習ポイント</td>
<td>
　終身雇用・年功序列制度をとっている会社が多い日本と比較すると、米国の会社では、一般に、実力主義、成果主義に基づいて評価が行われます。多くの場合、ビジネスのチャンスは、個人の専門知識や資格、これまでの業績に基づいて与えられると言われています。映画では極端な例が描かれているようですが、「実力」というのは、裏を返せば、出身校や MBA などの学位・学歴も含まれます。人脈によって、明らかな優遇措置が取られることもあり、上記のテスのセリフにあるように、さまざまな目に見えない「ルール」があることは、否定できません。米国では、ある意味で、日本以上に、学位や学歴が重要であるとも言えるでしょう。ただし、大学の入学選抜では、テストの成績だけではなく、通常、面接も重視されます。有名大学に合格するには、将来のリーダーとしての人間的資質が求められることになります。米国の大学入学選抜の方法や奨学金の資格を調べて、日本と比較してみるのも、米国社会を理解する上で、よい活動となるでしょう。
　さらに、テスの上司たちを見ると、一流大学を出た後も、経営学や法学などの専門職大学院で専門知識を身につけています。秘書のテスは、ステップアップを目指していますが、一般に、秘書の給与は300〜500万円程度とされ、専門職のエリート社員と比較すると、大きな差があります。映画でも、はじめて上司の家を訪れたテスが、豪華な生活ぶりに驚いた様子が描かれています。映画を手がかりに、職種による給与や勤務状況などの違いを米国連邦労働省のサイトや新聞の求人広告で調べ、日本の場合と比較するのもよい活動になります。
　また、映画では、テスが、話し方教室にも通っていることに注意を向けてみましょう。上司のキャサリンとテスの秘書仲間の服装や話し方などを比較して、気づいたことを話し合うのは、言葉への関心を高めるよい活動になるでしょう。秘書の身分を偽って、電話をかける場面では、テスは、秘書役とエグゼクティブ役の2役を演じています。それぞれの役割に応じた話し方をしていますので、特徴を見つけるタスクを取り入れてみたいものです。語彙や発音、イントネーションに加えて、テスが声の高さを変えているところにも注意をさせ、その効果について話し合うとよいでしょう。また、テスは、エグゼクティブを装うときには、Ms. McGill と名乗っていますが、周囲からは、Miss McGill と呼ばれています。それぞれの登場人物が、どういう場面で、どの敬称を用いているのか、順にセリフを取り上げて、女性の敬称についても考えさせることもできるでしょう。
　さらに、映画は M&A が題材ですので、企業研究・経営研究の手がかりとすることもできます。企業形態や株式の仕組みについての調査学習を行うこともできるでしょう。また、会社での電話・来客対応、プレゼン方法、文書作成、マナー研究などにもつなげることも可能です。
</td>
</tr>
<tr>
<td rowspan="1">あらすじ</td>
<td>
　テスは、ニューヨークの証券会社で働く秘書。まじめで努力家。夜学に通い、毎晩のように、講義やセミナーを受け、いつかは専門職につきたいと考えています。ところが、上司は、学歴のない彼女の話は、まじめに取り合ってくれません。いつも上司とは衝突ばかりで、ついに、部署を追い出されてしまいます。しかし、新しい上司のキャサリンは、テスのアイディアにも耳を傾けてくれます。一層、仕事に精を出し、がんばるテス。恋人ミックや秘書仲間のシンシアは、そんなテスを応援しながらも、彼女の生き方には疑問を持っています。
　そんなある日、キャサリンが休暇のスキーで骨折をして、入院してしまいました。キャサリンは、テスに、自宅の雑用を頼みます。キャサリンのアパートで手紙や留守番電話を整理していたテスは、彼女の裏切りに気づきます。キャサリンは、テスが提案したトラスク産業とラジオ局の合併企画を、自分のアイディアと偽って、横取りしようとしているではありませんか。ショックを受けたテスは、反撃に出ます。キャサリンの入院中に、エグゼクティブになりすまして、自分で、合併企画をとりまとめる決心をしたのです。手を組む相手は、キャサリンの元恋人のジャック。そこで、テスは、これまで誰も考え付かなかった大きな合併を成功させてしまいます。この成功により、ついに、テスはトラスク産業に専門職を得て、自分のオフィスを手に入れます。
</td>
</tr>
</table>

映画情報	製 作 費：2,800万ドル 製 作 年：1988年 製 作 国：米国 言　　語：英語 ジャンル：コメディー、ドラマ、ロマンス	公開情報	公 開 日：1988年12月21日（米国） 　　　　　1989年 5月 6日（日本） 上映時間：115分 興行収入：640万ドル 画面アスペクト比：1.85：1

薦	○小学生　○中学生　●高校生　●大学生　●社会人	リスニング難易度	発売元：20世紀フォックス ホーム エンターテイメント ジャパン（平成29年2月現在、本体価格）DVD価格：1,419円　ブルーレイ価格：4,700円

お薦めの理由	テスは、学歴が低いため、努力をして企画案を出しても、上司から相手にされません。それでもあきらめず、ステップアップを目指しています。秘書仲間の応援を得て、「不運な運命」を、「努力」「根性」「友情」で打ち破り、最後には「勝利」を勝ち取るという、わかりやすいサクセスストーリーで、楽しく学習できます。敵役のキャサリンの身勝手ぶりも強調されていて、笑いを誘うことでしょう。	スピード	2
		明瞭さ	2
		米国訛	3
		米国外訛	3
		語　　彙	3
英語の特徴	経済用語や株式用語が出てきますが、全体として、英語はわかりやすく、学習に向いています。会議や電話の応対などのビジネスの決まり文句も学習できます。特に、インターンシップや就職活動を控えた大学生は、映画をきっかけに、経済・金融などの専門的な用語の学習も可能です。また、秘書仲間のくだけた英語と比較すると、キャサリンの英語は、聞き取りやすくなっています。比べてみるのもよい活動です。	専門語	3
		ジョーク	2
		スラング	3
		文　　法	3

授業での留意点

　この映画では、不当に差別されている女性が取り上げられていますが、授業では、女性をあらわす言葉にも注目させたいところです。本作品のタイトルは"Working Girl"となっていますが、なぜ、"Working Woman"ではないのか、"girl"を辞書で調べて、定義を考えることからはじめるとよいでしょう。また、"Working Girl"に対して、"Working Boy"ならば、どういう意味になるか、どのように使用されるのかを調べることからはじめてもよいでしょう。

　米国連邦労働省は、両性の雇用機会の平等を確保するために、1975年に、『職種名称辞典』を改訂して、salesmanやsalesgirlなど、性や年齢に関係する名称を削除しています。現在、policemanやfireman, stewardessなどの英語の職種名称が、どのように言い換えられているのか、なぜ、そうした名称が使われるのか、調べる作業も効果的でしょう。さらに、「リケ女」や「育メン」など、男女でバランスの取れてない言葉は、普段使用している日本語にも、数多く見られます。男性や女性を表す言葉が、実際の生活に及ぼしている影響を取りあげて、普段、無意識的に使用している言葉を社会構造と結びつけて議論をさせるのも、言葉への関心を高める上で、よい活動となるでしょう。

　さらに、映画では、表面上、2人の女性が対立する構図となっていますが、その奥には、女性に対するステレオタイプも潜んでいますので、授業では注意が必要です。テスは、皆がスーツを着ているエグゼクティブのパーティーに、肩を出したワンピースを着て参加し、ジャックが恋愛感情を持つように、意図的に振舞っているようにも思われます。夜学出身ながら、夢に向かって努力を続けるヒロインのテスに対して、キャサリンは、エリート校出身の金持ちでわがままな敵役ですので、最後には、敗北者となるわけですが、テスが、性的にも魅力的なグラマー体型の金髪女性である一方で、運動で体重コントロールを行い、セックスも積極的に楽しむキャサリンは、やせ型の黒髪女性となっています。また、キャサリンとテスが対決する会議場面では、キャサリンが、か弱い女性を演じて、男性の助けを得ようとしていることや、テスが、結局は、ジャックやトラスク社の社長といった男性の力を借りて、出世を勝ち取っていることなど、映画ではさまざまなステレオタイプが使用されています。こうしたステレオタイプは、無意識のうちに刷り込まれる傾向がありますので、授業では、適宜、指摘を行い、注意を促していきたいところです。

　また、本作品には、セックス・シーンが数箇所含まれています。たとえば、キャサリンに裏切られ、意気消沈して、予定よりも早く帰宅したテスが、今度は、恋人の浮気現場に出くわしてしまうという場面があります。上司にも恋人にも裏切られて、テスが絶望の淵に立たされる重要な場面ですが、特に過激な映像となっていますので、教員の判断で、カットすることも可能でしょう。

映画の背景と見所

　米国では、地域の住民が安い学費で高等教育が受けられるように、入学資格が緩やかな、公立のコミュニティーカレッジ（2年制）が設置されています。そこでは、主に、一般教育や職業教育を行っていて、社会人もスキルアップのために、少しずつ単位をそろえていくことが可能です。また、高齢者が生涯学習を行うこともできます。さらに、コミュニティー・カレッジ卒業後には、4年制の大学へ編入して勉強を続けることもできますし、経営学や法学などの専門職大学院へ進学するルートもあります。実際に、何年もかけて、博士号をとる人もいます。

　一方、エリート教育制度も整っており、幼少期から特別プログラムを受けることも可能です。日本のように、能力が異なる子供に対しても画一的に同じ教育を行うのではなく、米国では、それぞれの能力に応じた教育を行うことこそが、平等であると考えられています。特殊な教育環境で、限られた対象者にのみ、高いレベルの教育内容を提供している中学や高校もあります。また、公立高校でも、それぞれの学校は、設定された目標に向かって教育を行う義務が課せられ、統一試験によって教育成果が測られていますので、全体として、成果主義が浸透しています。しかし、「成果」とは、試験の点数だけではなく、入学試験などでは、生徒会、クラブ、ボランティアなどの活動の成果も、評価対象となっています。

スタッフ

監　督：マイク・ニコルズ
脚　本：ケビン・ウェイド
製　作：ダグラス・ウィック
音　楽：カーリー・サイモン（主題歌）
　　　　ロブ・マウンジー

キャスト

テス・マクギル　　　：メラニー・グリフィス
ジャック・トレイナー：ハリソン・フォード
キャサリン・パーカー：シガニー・ウィーバー
シンシア　　　　　　：ジョーン・キューザック
ミック・ドゥガン　　：アレック・ボールドウィン

索引

Almost Famous	あの頃、ペニー・レインと	16
American Beauty	アメリカン・ビューティー	20
Atonement	つぐない	120
Aviator, The	アビエイター	18
Baby Boom	赤ちゃんはトップレディがお好き	14
Beautiful Mind, A	ビューティフル・マインド	142
Being John Malkovich	マルコヴィッチの穴	178
Bourne Identity, The	ボーン・アイデンティティー	166
Bowling for Columbine	ボウリング・フォー・コロンバイン	164
Breakfast at Tiffany's	ティファニーで朝食を	122
Bridges of Madison County, The	マディソン郡の橋	176
Bridget Jones's Diary	ブリジット・ジョーンズの日記	154
Brokeback Mountain	ブロークバック・マウンテン	156
Capote	カポーティ	48
Changeling	チェンジリング	116
Chocolat	ショコラ	92
Client, The	ザ・クライアント/依頼人	58
Coffee and Cigarettes	コーヒー＆シガレッツ	66
Crash	クラッシュ	60
Cry Freedom	遠い夜明け	126
Curious Case of Benjamin Button, The	ベンジャミン・バトン 数奇な運命	162
Dancer in the Dark	ダンサー・イン・ザ・ダーク	112
Dark Knight, The	ダークナイト	106
Devil Wears Prada, The	プラダを着た悪魔	150
Elephant Man, The	エレファント・マン	42
Elizabeth (1998)	エリザベス(1998)	40
English Patient, The	イングリッシュ・ペイシェント	24
Eternal Sunshine of the Spotless Mind	エターナル・サンシャイン	36
Ever After	エバー・アフター	38
Fantastic Mr. Fox	ファンタスティック Mr.FOX	144
Far and Away	遥かなる大地へ	138
(500) Days of Summer	(500日)のサマー	72
Flashdance	フラッシュダンス	152
Gandhi	ガンジー	50
Good Will Hunting	グッド・ウィル・ハンティング	56
Gosford Park	ゴスフォード・パーク	70
Great Expectations (1998)	大いなる遺産 (1998)	44
Guilty by Suspicion	真実の瞬間	94
Holiday, The	ホリデイ	168
Hours, The	めぐりあう時間たち	186
Hurt Locker, The	ハート・ロッカー	132
In the Name of The Father	父の祈りを	114
Inception	インセプション	26
JFK	JFK	80
Julia	ジュリア	88
Karate Kid , The (1984)	ベスト・キッド (1984)	158
Karate Kid, The	ベスト・キッド	160
Kids Are All Right, The	キッズ・オールライト	52
Last Samurai, The	ラストサムライ	196
Legend of Bagger Vance, The	バガー・ヴァンスの伝説	134

索 引

Lost in Translation	ロスト・イン・トランスレーション	206
Lulu on the Bridge	ルル・オン・ザ・ブリッジ	200
Marvin's Room	マイ・ルーム	170
Match Point	マッチポイント	174
Meet Joe Black	ジョー・ブラックをよろしく	90
Memphis Belle	メンフィス・ベル	188
Michael Collins	マイケル・コリンズ	172
Milk	ミルク	182
Mona Lisa Smile	モナリザ・スマイル	190
Murder in the First	告発	68
Mystic River	ミスティック・リバー	180
Name of the Rose, The	薔薇の名前	136
One Flew Over The Cuckoo's Nest	カッコーの巣の上で	46
Passage to India, A	インドへの道	28
Philadelphia	フィラデルフィア	146
Pianist, The	戦場のピアニスト	102
Rainmaker, The	レインメーカー	202
Reader, The	愛を読むひと	12
Remains of the Day, The	日の名残り	140
Romeo ＋ Juliet	ロミオ＆ジュリエット	208
Royal Tenenbaums, The	ザ・ロイヤル・テネンバウムズ	204
Sabrina	麗しのサブリナ	34
Saving Private Ryan	プライベート・ライアン	148
Seabiscuit	シービスケット	78
Secret, The	ザ・シークレット	76
Seven Year Itch, The	七年目の浮気	130
Seven Years in Tibet	セブン・イヤーズ・イン・チベット	100
Shakespeare in Love	恋におちたシェイクスピア	64
Shine	シャイン	84
Shipping News, The	シッピングニュース	82
Shutter Island	シャッターアイランド	86
Sophie's Choice	ソフィーの選択	104
Sting, The	スティング	98
Streetcar Named Desire ,A	欲望という名の電車	194
Super Size Me	スーパーサイズ・ミー	96
Talented Mr. Ripley, The	リプリー	198
Thank You For Smoking	サンキュー・スモーキング	74
Thelma & Louise	テルマ＆ルイーズ	124
Titanic	タイタニック	108
Total Eclipse	太陽と月に背いて	110
Trainspotting	トレインスポッティング	128
Tuesdays with Morrie	モリー先生との火曜日	192
Twins	ツインズ	118
Wall Street: Money Never Sleeps	ウォール・ストリート	32
Wedding Planner, The	ウェディング・プランナー	30
What's Eating Gilbert Grape	ギルバート・グレイプ	54
Wind That Shakes the Barley, The	麦の穂をゆらす風	184
Witness	刑事ジョン・ブック 目撃者	62
Working Girl	ワーキング・ガール	210
Wuthering Heights (1992)	嵐が丘（1992）	22

会 則

1章 総 則

第 1 条　本学会を映画英語アカデミー学会（The Academy of Movie English、略称TAME）と称する。

第 2 条　本学会は、映画の持つ教育研究上の多様な可能性に着目し、英語Educationと新作映画メディアEntertainmentが融合したNew-Edutainmentを研究し、様々な啓蒙普及活動を展開するなどして、我が国の英語学習と教育をより豊かにすることを目的とする。

第 3 条　本学会は教育界を中心に、映画業界・DVD業界・DVDレンタル業界・IT業界・放送業界・出版業界・雑誌業界、その他各種産業界（法人、団体、個人）出身者が対等平等の立場で参画する産学協同の学会である。

第 4 条　映画英語アカデミー賞の細則は別に定める。

第 5 条　本学会の事務局を名古屋市・出版社スクリーンプレイ社に置く。

第2章 事 業

第 6 条　本学会は第2条の目的を達成するため、以下の事業を行なう。

①毎年、新作映画メディアの「映画英語アカデミー賞」を決定する。

②学会誌「映画英語アカデミー賞」を発行する。

③ポスターやチラシ、新聞雑誌広告など、多様な広報活動を行う。

④映画メディア会社の協力を得て、各種映画鑑賞と学習会を開催する。

⑤新作映画メディアの紹介、ワークシート作成およびその閲覧をする。

⑥大会（総会）、講演会および研究会の開催または後援をする。

⑦第2条の目的に添うその他の事業。

第3章 会 員

第 7 条　本学会には会則を承認する英語教師の他、誰でも入会できる。

第 8 条　会員は会費を納めなければならない。既納の会費及び諸経費はいかなる理由があっても返還しない。

第 9 条　会員は一般会員、賛助会員および名誉会員とする。

①会員は本学会の会則を承認する個人とする。会員は学会誌を無料で受け取ることができる。ただし、その年度の会費納入が確認された会員に限る。

②賛助会員は本学会の会則を承認する企業等とし、1名の代表者を登録し、1名分の会員と同等の資格を有するものとする。

③名誉会員は本学会の活動に特別に寄与した個人とし、理事会の推薦に基づき、会長が任命する。

第10条　会費は年額（税抜）で会員3,000円、賛助会員20,000円、名誉会員は免除とする。

第11条　会員登録は所定の方法により入会を申し込んだ個人または企業等とする。

第12条　会員資格の発生は本学会の本部または支部がこれを受理した日とする。

第13条　会員資格の消滅は以下の通りとする。

①会員・賛助会員・名誉会員は本人（または代表者）により退会の意思が通達され、本学会の本部または支部がこれを受理した日とする。

②新入会員は、会員資格発生日より2ヶ月以内に初年度会費納入が確認されなかった場合、入会取り消しとする。

③会費の未納入が3年目年度に入った日に除籍とする。除籍会員の再入会は過去未納会費全額を納入しなければならない。

第14条　本学会の会則に著しく違反する行為があった時は、理事会の3分の2以上の同意をもって当会員を除名することができる。

第15条　学会誌を書店等購入で（または登録コード紹介で）、映画英語アカデミー賞の趣旨に賛同され、所定の期間と方法で応募し、事務局審査の上、登録した個人を「臨時会員」とし、次回一回限りの投票権が与えられることがある。

第4章 役 員

第16条　本学会は以下の役員を置く。

①会長　　　　1名

②副会長　　　若干名

③専務理事　　必要人数

④理事　　　　支部総数

⑤顧問　　　　若干名

⑥会計監査　　2名

第17条　各役員の役割は以下の通りとする。

①会長は本学会を代表し、業務を総理する。

②副会長は会長を補佐し、会長に事故ある時はその職務を代行する。

③専務理事は小学校・中学校・高等学校・大学の各部会、選考委員会、大会、映画英語フェスティバル、学会誌、事務局、各種業界出身者で構成し、それらの重要活動分野に関する業務を役割分担総括する。

④事務局担当専務理事（事務局長）は本学会の事務を統括し、学会事業の円滑な執行に寄与する。

⑤理事は理事会を構成し、各地方の実情・意見を反映しながら、本学会の全国的活動に関する事項を協議する。

⑥顧問は本学会の活動に関する著作権上または専門的諸課題について助言する。

⑦会計監査は学会の決算を監査する。

第18条　各役員の選出方法ならびに任期は以下の通りとする。

①会長は理事会の合議によって決定され、総会で承認する。

②副会長は専務理事の中から理事会で互選され、総会で承認する。

③専務理事は本学会に1年以上在籍している者より、理事会が推薦し、総会によって承認された会員とする。

④理事は原則として都道府県支部長とし、支部の決定の後、理事会に報告・承認により、自動的に交代する。

⑤顧問は本学会の活動に賛同する会社（団体）または個人の中から、理事会が推薦し、総会によって承認された担当者（個人）とする。

⑥会計監査は理事以外の会員の中より会長がこれを委嘱する。

⑦役員の任期は、承認を受けた総会から翌々年度の総会までの2年間、1期とする。ただし、会長の任期は最大連続2期とする。他の役員の再任は妨げない。

⑧役員に心身の故障、選任事情の変更、その他止むを得ない事情の生じた時、会長は理事会の同意を得てこれを解任できる。

第5章　理事会

第19条　①理事会は会長、（副会長）、専務理事、理事、（顧問、名誉会員）にて構成する。

②理事会は会長が必要と認めた時、あるいは、理事会構成員の4分の1以上からの請求があった時に、会長がこれを召集する。

③理事会は原則としてメール理事会とし、出席理事会を開催する事がある。出席理事会は委任状を含む構成員の2分の1以上が出席しなければ議決することができない。

④理事会の議長は事務局長がその任に当たり、事務局長欠席の場合は副会長とする。

⑤理事会の議決は、メール理事会は賛否返信の構成員、出席理事会は出席構成員の過半数で決し、可否同数の時は会長の決するところによる。

⑥顧問ならびに名誉会員は理事会に出席し助言することができ、出席の場合に限り（委任状は無効）構成員の一員となり、議決権を有する。

第6章　委員会

第20条　本学会は映画英語アカデミー賞選考委員会を常設する。委員会の詳細は細則に定める。

第21条　本学会は理事会の下にその他の委員会を臨時に置くことがあり、委員の詳細は理事会の議決によって定める。

第7章　大　会

第22条　①定例大会は原則として1年に1回、会長が召集する。

②理事会の要請により、会長は臨時大会を開催することができる。

第23条　大会は（会員）総会、映画英語アカデミー賞の発表、映画鑑賞、研究発表および会員の交流の場とする。研究発表者は理事会より依頼された会員・非会員、あるいは理事会に事前に通告、承認された会員とする。

第24条　総会に付議すべき事項は、以下の通りとする。

①活動報告と活動計画の承認

②会計報告と予算案の承認

③役員人事の承認

④会則（細則）改正の承認　⑤その他

第25条　総会の議決は出席会員の過半数で決し、可否同数の時は議長の決するところによる。

第8章　会　計

第26条　事務局長は会計および事務局員を任命し、理事会の承認を得る。

第27条　本学会の経費は会員の会費、学会誌出版による著作権使用料収入、講演会等の収入及び寄付の内から支弁する。

第28条　学会業務に要した経費は、理事会が認めた範囲で支払われる。

第29条　本学会の会計年度は毎年3月1日に始まり、翌年2月末日に終わる。

第30条　会計は年度決算書を作成し、会計監査の後、理事に提出し、その承認を得なければならない。

第9章　支　部

第31条　本学会は理事会の承認の下、都道府県別に支部を設けることができる。その結成と運営方法については別に定める。

第32条　支部は必要に応じて支部の委員会を設けることができる。

第33条　理事会は本学会の趣旨・目的、あるいは会則に著しく反する支部活動があったときは、理事会の3分の2以上の同意をもって支部の承認を取り消すことができる。

第10章　会則の変更及び解散

第34条　本会則を変更しようとする時は理事会において決定した後、総会で承認されなければならない。

第35条　本学会を解散しようとする場合は構成員の3分の2以上が出席した理事会において、その全員の同意を得た後、総会で承認されなければならない。

第11章　責任の範囲

第36条　本学会は学会の公認・後援、及び依頼のもとに行われた行為であっても、その結果起こった損失に対してはいかなる責任も問われない。また、会員は学会に補償を請求することができない。

第12章　付　則

第37条　本学会は第1回映画英語アカデミー賞が映画英語教育学会中部支部によって開始され、本学会の基礎となったことに鑑み、同学会中部支部会員（本学会の結成日時点）は、本人の入会申込があれば、本学会結成日より満2年間、本学会会員としての資格が与えられるものとする。会費の納入は免除とする。ただし、学会誌の受け取りは有料とする。

第38条　書籍「第1回映画英語アカデミー賞」に執筆者として協力されたその他の地方の著者も前条同様とする。

第39条　本会則は2016年（平成28年）3月12日に改定し、即日施行する。

運営細則

第1章　総　則

第1条　本賞を映画英語アカデミー賞（The Movie English Academy Award）と称する。

第2条　本賞は、米国の映画芸術科学アカデミー（Academy of Motion PictureArts and Sciences、AMPAS）が行う映画の完成度を讃える"映画賞"と異なり、外国語として英語を学ぶ我が国小・中・高・大学生を対象にした、教材的価値を評価し、特選する"映画賞"である。

第3条　本賞を映画の単なる人気投票にはしない。特選とは文部科学省「新学習指導要領」の学校種類別外国語関係を参考とした教育的な基準で選出されるべきものとする。

第2章　対象映画の範囲

第4条　本賞は前年1月1日から12月31日までに、我が国で発売開始された英語音声を持つ、新作映画メディアを対象とする。

第5条　新作とは映画メディア発売開始前の少なくとも1年以内に、我が国で初めて映画館で上映が行われた映画とする。

第6条　映画とは映画館で上映されるために製作された動画作品のことであり、テレビで放映されるために作成されたテレビ映画その他を含まない。

第7条　メディアとは学習教材として一般利用できる、原則的にDVDを中心とするブルーレイ、3Dなど、同一映画の電子記録媒体の総体である。

第8条　日本映画のメディアで英語音声が記録されている場合は対象に含む。

第3章　選考委員会

第9条　選考委員会は会長、副会長、ノミネート部会長によって構成する。

第10条　選考委員会の議長は選考委員会担当専務理事がその任にあたる。

第11条　選考委員会に付議すべき事項は以下とする。
①ノミネート映画の決定
②投票方法と集計方法の詳細
③投票結果の承認
④特別賞の審議と決定
⑤その他本賞選考に関わる事項

第12条　選考委員会の決定は多数決による。同数の場合は会長が決する。

第4章　ノミネート部会

第13条　選考委員会の下に小学生・中学生・高校生・大学生部会を編成する。

第14条　各部会の部会長は専務理事である。

第15条　各部会の部員は会員の中から自薦・他薦とし、部会長が推薦し、選考委員会が決定する。

第16条　部会の決定は、所定の方法により、各部員の最大3作までのノミネート推薦を受けての多数決による。同数の場合は部会長が決する。

第5章　候補映画の選抜と表示

第17条　本賞の候補映画は、DVD発売開始直後、まず事務局で選抜される。

第18条　選抜は学習かつ教育教材としてふさわしいと評価できるものに限る。

第19条　選抜DVDは、学会ホームページで表示する。

第20条　表示後、会員は選抜に漏れた映画DVDを、事務局に追加提案できる。

第6章　ノミネート映画

第21条　選考委員会は毎年1月上旬に、ノミネート映画を審査、決定する。

第22条　選考委員会の審査は以下の方法による。
①各部会から『R指定』等を考慮して、3作以上の映画タイトルの提案を受ける。
②同一映画が重複した場合はいずれかの部会に審査、調整、補充する。
③各部会の最終ノミネートは原則として3作とする。
④選考委員会は部会からのノミネート提案映画を過半数の評決をもって否決することができる。
⑤また、過半数の賛成をもって追加することができる。

第7章　会員投票

第23条　投票は本学会会員による。

第24条　投票の対象は選考委員会によって決定されたノミネート映画のみとする。

第25条　投票期間は毎年、1月下旬から2月末日までとする。

第26条　投票の集計作業は原則として毎年3月1日、非公開かつ選考委員会立ち会いで、事務局長責任の下、事務局により厳正に行う。

第27条　投票結果は各部とも1票でも多い映画を
　　　　もって確定、同数の場合は部会長が決し、
　　　　選考委員会の承認を受ける。

第28条　投票総数ならびに得票数はこれを公開し
　　　　ない。

第29条　投票方法と集計方法の詳細は選考委員会に
　　　　よって定める。

第8章　発　表

第30条　本賞は毎年3月初旬、受賞映画を発表す
　　　　る。

第31条　発表は適切な日時、場所、手段と方法によ
　　　　る。

第32条　受賞の対象者は、原則として発表時点に、
　　　　我が国でその映画メディアを発売している
　　　　会社とする。

第9章　学会誌「映画英語アカデミー賞」

第33条　学会誌の、学会内での発行責任者は会長で
　　　　ある。

第34条　学会誌の、学会内での編集責任者は学会誌
　　　　担当専務理事である。

第35条　ただし、書店販売書籍としての、学会外で
　　　　の発行者は出版会社の代表者であり、「監
　　　　修映画英語アカデミー学会」と表示する。

第36条　総合評価表（B5サイズ、見開き2ページ編
　　　　集）
　　　　①学会HPで映画DVDが表示されたら、原
　　　　　則、その後2ヶ月を期限として総合評価
　　　　　表原稿を募集する。
　　　　②原稿は所定の見開き2ページ書式パソコ
　　　　　ンデータ原稿に限る。
　　　　③応募は本年度会費を納入したことが確認
　　　　　された会員に限る。
　　　　④応募期限終了後、学会誌担当専務理事は
　　　　　一定の基準により、その映画の担当部会
　　　　　を決し、その部会長に採用原稿の決定を
　　　　　諮問する。
　　　　⑤総合評価表の具体的項目と編集レイアウ
　　　　　トは学会誌担当専務理事が出版会社と協
　　　　　議の上、適時、変更することができる。

第37条　部会別査読委員
　　　　①部会長は、部会内に若干名にて査読委員
　　　　　会を編成する。
　　　　②査読委員会は学会誌担当専務理事から諮
　　　　　問のあった原稿を精査する。
　　　　③部会長は査読委員会の報告に従って、採
　　　　　用原稿を決定する。

　　　　④部会長は採用に至らなかった原稿には意
　　　　　見を付して会員に返却する。

第38条　詳細原稿（B5サイズ、約30頁）
　　　　①部門別アカデミー賞映画が決定された
　　　　　ら、学会誌担当専務理事は原則、各部
　　　　　長を責任者として詳細原稿を依頼する。
　　　　②詳細原稿は所定のページ書式エクセル原
　　　　　稿に限る。
　　　　③詳細原稿には、著作権法に適法したワー
　　　　　クシート数種含むものとする。
　　　　④詳細原稿の具体的項目と編集レイアウト
　　　　　は学会誌担当専務理事が出版会社と協議
　　　　　の上、適時、変更することができる。

第39条　学会誌担当専務理事はその他、出版社との
　　　　連携を密にして適切に学会誌を編集する。

第10章　著作権

第40条　学会誌「映画英語アカデミー賞」に掲載さ
　　　　れたすべての原稿の著作権は学会に帰属
　　　　する。

第41条　ただし、原稿提出者が執筆実績として他の
　　　　出版物等に掲載を希望する場合は書類
　　　　による事前の申し出により、許可されるも
　　　　のとする。

第42条　学会はスクリーンプレイ社と契約し、学会
　　　　誌の出版を同社に委託する。

第43条　前条に基づく、著作権使用料は全額を学会
　　　　会計に計上する。

第44条　掲載の原稿執筆会員には、学会誌当該号に
　　　　つき、アカデミー賞担当会員で1名で執筆
　　　　者には10部を、2名以上の複数で執筆には
　　　　各5部を、総合評価表担当会員には3部を
　　　　無料で報償する。

第45条　理事会はすべての原稿につき、PDF化して
　　　　学会ホームページに掲載したり、データ
　　　　ベース化して同一覧表掲載したり、その
　　　　ほか様々に広報・啓蒙活動に使用するこ
　　　　とがある。

第11章　細則の変更

第46条　本細則の変更は理事会構成員の3分の2以
　　　　上が出席した理事会において、その過半
　　　　数の同意を得て仮決定・実施されるが、
　　　　その後1年以内に総会に報告、承認されな
　　　　ければならない。

第12章　付　則

第47条　本細則は、2016年（平成28年）3月12日
　　　　に改定し、即日施行する。

支部会則

第1条 支部は映画英語アカデミー学会○○都道府県支部（○○ branch, The Academy of Movie English）と称する。

第2条 支部は毎年アカデミー賞受賞映画の鑑賞・学習会を主催するなど、本学会の事業をその地域的な実情に即してさまざまに創意・工夫して発案し、実行することを目的とする。

第3条 支部の事務局は原則として支部長または支部事務局長が勤務する職場におく。

第4条 本学会の会員は入会時に、原則として居住または主な勤務先が所在するどちらかの支部（支部なき場合は登録のみ）を選択する。その後は、居住または勤務が変更されない限り移動することはできない。居住または勤務地に変更があった時に一回限り移動することができる。

第5条 会員は所属支部以外のいずれの支部事業にも参加することができるが、所属支部（都道府県）以外の支部役員に就任することはできない。

第6条 支部に次の役員を置く。
①支部長　　1名
②副支部長　若干名
③支部委員　若干名
④事務局長　1名
⑤会計監査　2名

第7条 各役員の役割は以下の通りとする。
①支部長は支部委員会を招集し、これを主宰する。
②副支部長は支部長を補佐し、必要に応じて支部長を代理する。
③支部委員は支部の事業を協議、決定、実行する。
④事務局長は事務局を設置し、支部活動を執行する。
⑤支部長、副支部長、支部委員、事務局長は支部委員会を構成し、委任状を含む過半数の出席にて成立、多数決により議決する。

第8条 各役員の選出方法ならびに任期は以下の通りとする。
①支部長は支部委員会の合議によって決定される。
②副支部長・事務局長は支部委員会の互選による。
③支部委員は支部会員の中から支部委員会が推薦し、支部総会において承認する。

④会計監査は支部委員以外の支部会員の中より支部長がこれを委嘱する。
⑤役員の任期は承認を受けた総会から翌々年度の総会までの2年間、1期とする。ただし、支部長の任期は最大連続2期とする。他の役員の再任は妨げない。
⑥役員に事故ある時は、残任期を対象に、後任人事を支部委員会にて決定することができる。

第9条 支部長は毎年1回支部大会を招集する。また支部委員会の要請により臨時支部大会を招集することがある。

第10条 支部結成の手順と方法は以下の通りとする。
①支部は都道府県単位とする。
②同一都道府県に所属する会員5名以上の発議があること。
③理事会に提案し、承認を得ること。
④発議者連名で所属内の全会員に支部設立大会の開催要項が案内されること。
⑤支部結成大会開催日時点で所属会員の内、委任状を含む過半数の出席があること。
⑥支部結成大会には、上記の確認のために、理事会からの代表者が出席すること。
⑦支部結成後はその都道府県内の全会員が支部に所属するものとする。

第11条 事務局長または支部長は会員個人情報管理規定（内規）にしたがって支部会員個人情報を責任管理する。

第12条 事務局長は会計および事務局員を任命し、支部委員会の承認を得る。

第13条 支部の経費は理事会から配分された支部活動費およびその他の事業収入、寄付金、助成金などをもってこれにあてる。

第14条 支部委員会は、毎年度末＝2月末日時点での会費払い込み済み支部所属会員数×1,000円の合計額を支部活動費として理事会から受け取ることができる。

第15条 会計は会計監査の後、毎年1回支部（会員）総会において会計報告、承認を受け、また理事会に報告しなければならない。

第16条 本支部会則の変更は理事会の提案により、全国総会の承認を受けるものとする。

第17条 本支部会則は平成26年3月1日に改定し、即日施行する。

発起人

平成25年3月16日結成総会現在153名。都道府県別、名前（五十音順。敬称略）。主な勤務先は登録時点で常勤・非常勤、職位は表示されません。また会社名の場合、必ずしも会社を代表しているものではありません。

都道府県	名前	主な勤務先
北海道	穐元 民樹	北海道釧路明輝高等学校
〃	池田 恭子	札幌市立あいの里東中学校
〃	小林 敏彦	小樽商科大学
〃	道西 智拓	札幌大谷高等学校
福島県	高橋 充美	個人
栃木県	田野 存行	株式会社エキスパートギグ
埼玉県	設楽 優子	十文字学園女子大学
〃	チェンバレン暁子	聖学院大学
〃	中林 正身	相模女子大学
〃	村川 享一	ムラカワコンサルティング
千葉県	内山 和宏	柏日体高等学校
〃	大庭 香江	千葉大学
〃	岡島 勇太	専修大学
〃	高橋 本恵	文京学院大学
〃	益戸 理佳	千葉工業大学
〃	宮本多美子	順天堂大学
〃	大和 恵美	千葉工業大学
東京都	石垣 弥麻	法政大学
〃	今村 隆介	個人
〃	大谷 一彦	個人
〃	小関 吉直	保善高等学校
〃	清水 直樹	エイベックス・マーケティング
〃	杉本 孝子	中央大学
〃	杉本 豊久	成城大学
〃	平 純三	キヤノン株式会社
〃	堤 龍一郎	目白大学
〃	中垣恒太郎	大東文化大学
〃	中村 真理	相模女子大学
〃	仁木 勝治	立正大学
〃	Bourke Gary	相模女子大学
〃	道西 隆侑	JACリクルートメント
〃	三井 敏朗	相模女子大学
〃	三井 美穂	拓殖大学
〃	吉田 豊	株式会社M.M.C.
神奈川県	安部 佳子	東京女子大学
〃	今福 一郎	横浜労災病院
〃	上原寿和子	神奈川大学
〃	上條美和子	相模女子大学
〃	大月 敦子	相模女子大学
〃	鈴木 信隆	個人
〃	曽根田憲三	相模女子大学
〃	曽根田純子	青山学院大学
〃	羽井佐昭彦	相模女子大学
〃	三浦 理高	株式会社キネマ旬報社
〃	宮本 節子	相模女子大学
〃	八木橋美紀子	横浜清風高等学校
新潟県	近藤 亮太	個人
富山県	岩本 昌明	富山県立富山視覚総合支援学校
石川県	須田久美子	北陸大学
〃	安田 優	北陸大学
福井県	長岡 亜生	福井県立大学
福井県	原口 治	国立福井高等専門学校
山梨県	堤 和子	目白大学
岐阜県	匿名	個人
〃	網野千代美	中部学院大学
〃	伊藤明希良	岐阜聖徳学園大学大学院生
〃	今尾さとみ	個人
〃	今川奈津美	富田高等学校
〃	岩佐佳菜恵	個人
〃	大石 晴美	岐阜聖徳学園大学
〃	大竹 和行	大竹歯科医院
〃	岡本 照雄	個人
〃	小野田裕子	個人
〃	加納 隆	個人
〃	北村 淳江	個人
〃	小石 雅秀	個人
〃	小山 大三	牧師
〃	近藤 満	個人
〃	白井 雅子	個人
〃	千石 正和	個人
〃	武山 箏子	個人
〃	東島ひとみ	東島獣医科
〃	戸田 操子	くわなや文具店
〃	中村 亜也	個人
〃	中村 充	岐阜聖徳学園高等学校
〃	長尾 美武	岐阜聖徳学園大学付属中学校
〃	橋爪加代子	個人
〃	古田 雪子	名城大学
〃	寶壺 貴之	岐阜聖徳学園大学短期大学部
〃	宝壷 直親	岐阜県立各務原西高等学校
〃	宝壷美栄子	生涯学習英語講師
〃	吉田 譲	吉田胃腸科医院
〃	鷲野 嘉映	岐阜聖徳学園大学短期大学部
〃	渡辺 康幸	岐阜県立多治見高等学校
静岡県	上久保 真	フリーランス
愛知県	石川 淳子	愛知教育大学
〃	伊藤 保憲	東邦高等学校
〃	井土 康仁	藤田保健衛生大学
〃	井上 雅紀	愛知淑徳中学校・高校
〃	梅川 理絵	南山国際高等学校
〃	梅村 真平	梅村パソコン塾
〃	大達 誉華	名城大学
〃	久米 和代	名古屋大学
〃	黒澤 純子	愛知淑徳大学
〃	小島 由美	岡崎城西高等学校
〃	子安 恵子	金城学院大学
〃	柴田 真季	金城学院大学
〃	杉浦恵美子	愛知県立大学
〃	鈴木 雅夫	スクリーンプレイ
〃	濱 ひかり	愛知大学
〃	松浦由美子	名城大学
〃	松葉 明	名古屋市立平針中学校
〃	的馬 淳子	金城学院大学
〃	武藤美代子	愛知県立大学
〃	諸江 哲男	愛知産業大学
〃	山崎 僚子	中京大学
〃	山森 孝彦	愛知医科大学
三重県	林 雅則	三重県立木本高等学校
滋賀県	大橋 洋平	個人
〃	野村 邦彦	個人
〃	八里 葵	個人
〃	山口 治	神戸親和女子大学名誉教授
〃	山田 優奈	個人
京都府	小林 龍一	京都市立日吉ヶ丘高等学校
〃	中澤 大貴	個人
〃	藤本 幸治	京都外国語大学
〃	三島ナヲキ	ものづくりキッズ基金
〃	横山 仁視	京都女子大学
大阪府	植田 一三	アクエアリーズスクールオブコミュニケーション
〃	小宅 智之	個人
〃	太尾田真志	個人
〃	竪山 隼太	俳優
兵庫県	金澤 直志	奈良工業高等専門学校
〃	行村 徹	株式会社ワオ・コーポレーション
香川県	日山 貴浩	尽誠学園高等学校
福岡県	秋好 礼子	福岡大学
〃	Asher Grethel	英語講師
〃	一月 直充	福岡歯科大学
〃	岡崎 修平	個人
〃	小林 明子	九州産業大学
〃	篠原 一英	福岡県立福島高等学校
〃	高瀬 春歌	福岡市立福岡女子高等学校
〃	高瀬 文広	福岡学園福岡医療短期大学
〃	鶴田知嘉香	福岡常葉高等学校
〃	鶴田里美香	楽天カード株式会社
〃	中島 千春	福岡女学院大学
〃	中村 茂徳	西南女学院大学
〃	新山 美紀	久留米大学
〃	Nikolai Nikandrov	福岡学園福岡医療短期大学
〃	Haynes David	福岡学園福岡医療短期大学
〃	福田 浩平	福岡大学医学部医学科歯科口腔外科学講座
〃	藤山 和久	九州大学大学院博士後課程
〃	三谷 泰	有限会社エス・エイチ・シー
〃	八尋 春海	西南女学院大学
〃	八尋真由実	西南女学院大学
長崎県	山崎 祐一	長崎県立大学
熊本県	進藤 三雄	熊本県立大学
〃	平野 順也	熊本大学
大分県	清水 孝子	日本文理大学
宮崎県	南部みゆき	宮崎大学
〃	松尾祐美子	宮崎公立大学
鹿児島県	吉村 圭	鹿児島女子短期大学
海外	Alan Volker Craig	言語学者

理事会

映画英語アカデミー学会は、2013年3月16日結成大会にて、初代理事会が承認されました。
理事会（2013年3月16日総会承認、以下追加＝ 2015.3.18修正、4.7修正、2016.11.4修正）

役職	担当（出身）	氏名	主な勤務先
顧　　問	レンタル業界	世良與志雄	CDV-JAPAN 理事長（フタバ図書社長）
〃	映画字幕翻訳家	戸田奈津子	神田外国語大学客員教授
〃	弁護士	矢部　耕三	弁護士事務所
会　　長	学会代表	曽根田憲三	相模女子大学名誉教授
副 会 長	映画上映会	吉田　豊	株式会社ムービーマネジメントカンパニー
〃	選考委員会	寶壺　貴之	岐阜聖徳学園大学短期大学部
〃	出版業界	鈴木　雅夫	スクリーンプレイ
専務理事	大会	宮本　節子	相模女子大学
〃	学会誌	鯰江　佳子	スクリーンプレイ
〃	フェスティバル	高瀬　文広	福岡医療短期大学
〃	ハード業界	平　純三	キヤノン株式会社
〃	レンタル業界	清水　直樹	株式会社ゲオ
〃	雑誌業界	三浦　理高	株式会社キネマ旬報社
〃	アニメ業界	鈴木　信隆	アニメ系有力企業
〃	IT 業界	田野　存行	株式会社エキスパートギグ
〃	小学部会	子安　惠子	金城学院大学
〃	中学部会	松葉　明	名古屋市立大森中学校
〃	高校部会	井上　雅紀	元愛知淑徳中学校・高等学校
〃	大学部会	安田　優	北陸大学
〃	事務局長	鈴木　誠	スクリーンプレイ
理　　事	宮城県	Phelan Timothy	宮城大学
〃	埼玉県	設楽　優子	十文字学園女子大学
〃	千葉県	宮津多美子	順天堂大学
〃	東京都	中垣恒太郎	大東文化大学
〃	神奈川県	宮本　節子	相模女子大学
〃	山梨県	堤　和子	目白大学
〃	富山県	岩本　昌明	富山県立富山視覚総合支援学校
〃	石川県	安田　優	北陸大学
〃	福井県	長岡　亜生	福井県立大学
〃	岐阜県	寶壺　貴之	岐阜聖徳学園大学短期大学部
〃	愛知県	久米　和代	名古屋大学
〃	三重県	林　雅則	三重県立木本高等学校
〃	滋賀県	Walter Klinger	滋賀県立大学
〃	京都府	小林　龍一	京都市立日吉ヶ丘高等学校
〃	大阪府	植田　一三	Aquaries-School of Communication
〃	奈良県	石崎　一樹	奈良大学
〃	兵庫県	金澤　直志	奈良工業高等専門学校
〃	香川県	日山　貴浩	尽誠学園高等学校
〃	福岡県	八尋　春海	西南女学院大学
〃	大分県	清水　孝子	日本文理大学
〃	長崎県	山崎　祐一	長崎県立大学
〃	宮崎県	松尾祐美子	宮崎公立大学
〃	熊本県	進藤　三雄	熊本県立大学
〃	鹿児島県	吉村　圭	鹿児島女子短期大学
会　　計		小寺　巴	スクリーンプレイ
会計監査		前田　偉康	フォーイン
〃		菰田　麻里	スクリーンプレイ

ノミネート委員会

ノミネート部会

■小学生部（18名、平成28年10月7日現在）

東京都	土屋佳雅里	ABC Jamboree
愛知県	石川　淳子	愛知教育大学
〃	大達　誉華	名城大学
〃	河辺　文雄	春日井市立春日井小学校
〃	木下　恭子	中京大学
〃	久米　和代	名古屋大学
〃	黒澤　純子	愛知淑徳大学
〃	子安　惠子	金城学院大学
〃	柴田　真季	金城学院大学
〃	白木　玲子	金城学院大学
〃	杉浦　稚子	安城市立作野小学校
〃	戸谷　鉱一	愛知教育大学
〃	服部　有紀	愛知淑徳大学
〃	松浦由美子	名城大学
〃	的馬　淳子	金城学院大学
〃	矢後　智子	名古屋外国語大学
〃	山崎　僚才	名古屋学院大学
宮崎県	松尾麻衣子	(有)ARTS OF LIFE

■中学生部（9名、平成28年5月31日現在）

北海道	池田　恭子	札幌市立あいの里東中学校
千葉県	高橋　本恵	文京学院大学
東京都	竹市　久美	御成門中学校
福井県	伊藤　辰司	北陸学園北陸中学校
愛知県	比嘉　晴佳	個人
〃	松葉　明	名古屋市立大森中学校
三重県	井本　成美	三重県熊野市立有馬中学校
大阪府	飯間加壽世	株式会社ユニサラパワーソリューションズ
〃	能勢　英明	大阪市立本庄中学校

■高校生部（20名、平成29年2月15日現在）

福島県	吾妻　久	福島県立須賀川高等学校
〃	大石田　緑	福島県立あさか開成高等学校
茨城県	多尾奈央子	筑波大学附属駒場中・高等学校
群馬県	亀山　孝	共愛学園中学・高等学校
千葉県	松河　舞	元日本大学習志野高等学校
神奈川県	伊藤すみ江	個人（元川崎市立総合科学高校）
〃	清水　悦子	神奈川県立百合丘高等学校
〃	中原　由香	ECCジュニア
富山県	岩本　昌明	富山県立富山視覚総合支援学校
岐阜県	日比野彰朗	羽島高校
愛知県	井上　雅紀	元愛知淑徳中学校・高等学校
〃	岡本　洋美	東邦高等学校
〃	大橋　昌弥	中京大学附属中京高等学校
〃	濱　ひかり	岡崎城西高等学校
三重県	林　雅則	三重県立木本高等学校
大阪府	上田　敏子	大阪女学院高校
〃	清原　輝明	TKプランニング
〃	谷野　圭亮	大阪教育大学大学院生
〃	由谷　晋一	津田英語塾
福岡県	篠原　一英	福岡県立久留米高等学校

■大学生部（49名、平成28年8月26日現在）

北海道	小林　敏彦	小樽商科大学
宮城県	Timothy Phelan	宮城大学
埼玉県	設楽　優子	十文字学園女子大学
〃	チェンバレン暁子	聖学院大学
千葉県	大庭　香江	千葉大学
〃	岡島　勇太	専修大学
〃	宮津多美子	順天堂大学
東京都	石垣　弥麻	法政大学
〃	今村　隆介	個人
〃	小嶺　智枝	明治大学・中央大学
〃	ゴメス由美	東京国際大学
〃	堤　龍一郎	目白大学
〃	中村　真理	相模女子大学
〃	三井　敏朗	都留文科大学
〃	三井　美穂	拓殖大学
神奈川県	岩野　明美	相模女子大学
〃	上原寿和子	電気通信大学
〃	曽根田憲三	相模女子大学
〃	水野　資子	相模女子大学
〃	宮本　節子	相模女子大学
山梨県	堤　和子	目白大学
石川県	井上　裕子	北陸大学
〃	轟　里香	北陸大学
〃	船本　弘史	北陸大学
〃	安田　優	北陸大学
福井県	長岡　亜生	福井県立大学
〃	原口　治	国立福井高専
岐阜県	古田　雪子	名城大学
〃	寶壺　貴之	岐阜聖徳学園大学短期大学部
愛知県	井土　康仁	藤田保健衛生大学
〃	小林憲一郎	南山大学
〃	杉浦恵美子	愛知県立大学
〃	田中　里沙	金城学院大学
〃	服部しのぶ	藤田保健衛生大学
〃	諸江　哲男	愛知産業大学
滋賀県	Walter Klinger	滋賀県立大学
京都府	藤本　幸治	京都外国語大学
〃	村上　裕美	関西外国語大学短期大学部
大阪府	植田　一三	Aquaries-School of Communication
〃	朴　真理子	立命館大学
奈良県	石崎　一樹	奈良大学
兵庫県	金澤　直志	奈良工業高等専門学校
〃	行村　徹	株式会社ワオ・コーポレーション
福岡県	秋好　礼子	福岡大学
〃	小林　明子	九州産業大学
〃	高瀬　文広	福岡学園福岡医療短期大学
〃	八尋　春海	西南女学院大学
宮崎県	松尾祐美子	宮崎公立大学
熊本県	平野　順也	熊本大学

リスニングシート作成委員会

委員長		鈴木　雅夫	(副会長)	委　員	高校担当	岩本　昌明	(富山県立富山視覚総合支援学校)
委　員		Mark Hill	(スクリーンプレイ)	〃	大学担当	大庭　香江	(千葉大学)
〃		Bourke Gary	(相模女子大学)	〃	大学担当	松尾祐美子	(宮崎公立大学)
〃		Walter Klinger	(滋賀県立大学)	〃	上級担当	石崎　一樹	(奈良大学)
〃	中学担当	小池　幸子	(鎌倉市立第一中学校)	〃		映画英語アカデミー学会会員有志	
〃	中学担当	水野　資子	(相模女子大学)	協　力		スクリーンプレイ編集部	

■映画英語アカデミー学会に入会希望の方はこの用紙を使用してFAXまたは郵送にてご連絡ください。
For those who wish to join The Academy of Movie English (TAME), please complete this form and send by FAX or post.

Tel: 052-789-0975　Fax: **052-789-0970**　E-mail：**office@academyme.org**
送付先は、〒464-0025 名古屋市千種区桜ヶ丘292 スクリーンプレイ内 TAME 事務局
Please send applications to：〒464-0025 TAME Office, Screenplay Dept., Sakuragaoka 292, Chikusa, Nagoya.

■学会ホームページに接続されると、メールで申し込みができます。http://www.academyme.org/index.html
Applications can also be made via the TAME website or by e-mail.

映画英語アカデミー学会入会申し込み用紙
Application to join The Academy of Movie English (TAME)

氏　名 Name	フリガナ姓		フリガナ名	
	姓 Family name		名 Given name	
E-mail				
自　宅 Home	住　所 Address	〒　　-		
	電　話 Phone number	-　　-	FAX FAX number	-　　-
職　場 Work 学　校 Academic	名　前 Company or Academic Institute			
	所　属			
	住　所 Address	〒　　-		
	電　話 Phone number	-　　-	FAX FAX number	-　　-
所属支部 Preferred branch		□自宅地域 Home Area	□職場地域 Work/Academic Institute Area	
郵便物送付 Preferred mailing address		□自宅優先 Home	□職場優先 Work/Academic Institute	
部　会 Group	委　員 Membership	次のノミネート部会委員を引き受ける用意がある。 I would like to participate as a member of the following group. □小学生部会　　□中学生部会　　□高校生部会　　□大学生部会 　Elementary group　　Junior high school group　　High school group　　University group		

後日、入会の確認連絡があります。万一、一ヶ月以上経過しても連絡がない場合、ご面倒でも事務局までご連絡ください。
TAME will send confirmation of your application once it has been received. Please contact the office if you do not receive confirmation within one month.

映画英語アカデミー学会

TAME (The Academy of Movie English)

賛助会員 入会申し込み用紙

年　　　月　　　日

映画英語アカデミー学会の会則を承認し、賛助会員の入会を申し込みます。

会社名	社名	（フリガナ）			
	住所	〒			
担当名	氏名	（フリガナ）		年　　　月　　　日生	
	部署名		職位		
	電話		ＦＡＸ		

（上記は、書類の送付など、今後の連絡先としても使用しますので正確にご記入下さい）

◇賛助会費について◇

賛助会費	年会費２０，０００円を引き受けます。

この用紙は右記まで、郵送するか ＦＡＸにて送付してください。

映画英語アカデミー学会事務局　〒465-0025 名古屋市千種区桜が丘292 スクリーンプレイ内
TEL:(052)789-0975　FAX:(052)789-0970

編 著 者

井土　康仁	（藤田保健衛生大学）		寶壺　貴之	（岐阜聖徳学園大学短期大学部）

著 者

足立　桃子	（元龍谷大学）		藤原　まみ	（山口大学）
網野千代美	（岐阜聖徳学園大学）		冬野　美晴	（九州大学）
石垣　弥麻	（法政大学）		朴　真理子	（立命館大学）
石川　有香	（名古屋工業大学）		松居　敏子	（中部大学）
石田　理可	（愛知学院大学）		松原知津子	（名城大学）
磯部　哲也	（愛知工業大学）		水野　資子	（目白研心中学校高等学校）
伊藤明希良	（高浜市立翼小学校）		三井　敏朗	（都留文科大学）
大石　晴美	（岐阜聖徳学園大学）		三井　美穂	（拓殖大学）
大庭　香江	（千葉大学）		武藤美代子	（愛知教育大学）
亀山　太一	（岐阜工業高等専門学校）		諸江　哲男	（愛知産業大学）
河口　和子	（愛知淑徳大学）		安田　優	（北陸大学）
須田久美子	（北陸大学）		山田久美子	（愛知淑徳大学）
長岡　亜生	（福井県立大学）		山本　幹樹	（熊本大学）
服部しのぶ	（藤田保健衛生大学）		鷲野　嘉映	（岐阜聖徳学園大学）
平野　順也	（熊本大学）			

敬称略。各五十音順。( )内は発行日時点での主な勤務先です。職位は表示されません。

先生が薦める 英語学習のための特選映画100選 「大学生編」

発　　行	平成29年(2017年)3月9日　初版第1刷
監　　修	映画英語アカデミー学会
著　　者	井土　康仁、寶壺　貴之、他29名
編 集 者	鯰江佳子、小寺　巴、菰田麻里
発 行 者	鈴木雅夫
発 売 元	株式会社フォーイン　スクリーンプレイ事業部
	〒464-0025 名古屋市千種区桜が丘292
	TEL:(052)789-1255　FAX:(052)789-1254
	振替:00860-3-99759
印刷製本	株式会社チューエツ

定価はカバーに表示してあります。

無断で複写、転載することを禁じます。

乱丁、落丁本はお取り替えいたします。

Printed in Japan

ISBN978-4-89407-551-1